U0926423

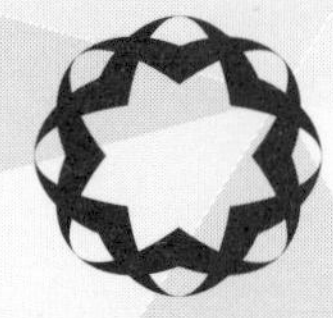

融媒时代普通高等院校新闻传播学类核心课程“十二五”规划精品教材

编辑委员会

新闻编辑学

融媒时代普通高等院校新闻传播学类核心课程『十二五』规划精品教材

丛书主编◎张　昆

主　编◎谭云明　郑　坚

副主编◎罗新河　陈　端

编　者◎（排名不分先后）

谭云明　郑　坚　罗新河　陈　端　田　静

向　鹏　常志刚　袁丽红　许　静　邓　庄

李端生　周　丽　张远见　徐　然　全嘉琪

陈秋云　谭　巧

華中科技大學出版社

http://www.hustp.com

中国·武汉

内 容 提 要

本书从融媒时代新闻编辑的新特点和新挑战视角出发，紧扣新闻编辑工作的策划、编稿、编排等关键环节，详细介绍当代新闻编辑的基本知识和技能，既展示出各类新闻媒介编辑的共性，又展示出各类新闻媒介编辑的个性。同时，对特色类新闻的编辑知识和技能也进行详细介绍，从而突破传统新闻编辑学教材过分强调报纸编辑而忽视其他类媒介新闻编辑的局限，使读者对新闻编辑学拥有一个完整而系统的知识体系。全书视野开阔，体例新颖，行文生动活泼，既有较系统的理论阐释，也有较强的实用性。

本书既可作为高校新闻传播学专业本科生适用教材，也可作为全国新闻传播学硕士研究生入学考试参考书，同时也可作为新闻媒体从业者和爱好者学习用书。

图书在版编目(CIP)数据

新闻编辑学/谭云明，郑坚主编.—武汉：华中科技大学出版社，2015.8
融媒时代普通高等院校新闻传播学类核心课程“十二五”规划精品教材
ISBN 978-7-5680-1150-1

Ⅰ.①新…　Ⅱ.①谭…　②郑…　Ⅲ.①新闻编辑-高等学校-教材　Ⅳ.①G213

中国版本图书馆 CIP 数据核字(2015)第 194775 号

新闻编辑学
Xinwenbianjixue

谭云明　郑　坚　主编

策划编辑：周小方　陈培斌
责任编辑：刘　烨
封面设计：原色设计
责任校对：曾　婷
责任监印：周治超
出版发行：华中科技大学出版社(中国·武汉)
　　　　　武昌喻家山　邮编：430074　电话：(027)81321913
录　　排：武汉正风天下文化发展有限公司
印　　刷：湖北恒泰印务有限公司
开　　本：787mm×1092mm　1/16
印　　张：26　插页：2
字　　数：600 千字
版　　次：2019 年 1 月第 1 版第 2 次印刷
定　　价：48.00 元

总序 INTRODUCTION

当前，世界新闻传播学的发展正处在一个关键的历史节点，新闻传播学科国际化、实践化趋势日益凸显。尤其是现代传播技术的发展，新兴媒体层出不穷、迅猛崛起，媒介生态格局突变，使得新媒体与传统媒体共生的格局面临着各种新的问题。传播手段、形式的变化带来的传播模式的变化，媒体融合背景下专业人才需求的演变，媒体融合时代传统媒体的生存与发展战略，网络化时代的传播自由与社会责任，新的媒介格局决定的社会变迁，全球化语境下国家软实力建构与传播体系发展，等等，这些问题都不是传统意义上的新闻传播学所能完全解释的。

传统意义上的新闻传播学本身需要突破，需要新视野、新方法、新理论，需要拓展新的思维空间。新闻传播学科"复合型、专业化"人才培养模式改革势在必行，尤其是媒介融合时代专业人才需求的演变，使得已出版的教材与新形势下的教学要求不相适应的矛盾日益突出，加强中国新闻传播教育对交叉应用型人才培养急需的相关教材建设迫在眉睫。毋庸置疑，这对新闻传播学而言，是一种巨大的推力，在它的推动下，新闻传播学才有可能在现有基础上实现新的超越。"融媒时代普通高等院校新闻传播学类核心课程'十二五'规划精品教材"正是在这种巨大推力下应运而生。

为编写这套教材，我们专门成立了编委会，编委会成员有国务院学位委员会学科评议组新闻传播学科组成员、新闻与传播专业学位教育指导委员会委员，教育部高等学校新闻传播学类教学指导委员会委员，以及中国新闻传播教育理事会、中国新闻史学会、中国传播学会、中国网络传播研究会、中国广播电视学专业委员会、中国广告教育学会的专家学者，各高校新闻传播学院（系）院长（主任）和主管教学的副院长（主任）与学术带头人。

在考虑本套教材整体结构时，编委会以教育部2012年最新颁布推出的普通高等学校本科专业目录新闻传播大类五大专业核心课程设置为指导蓝本，结合新闻传播学科人才培养特色和专业课程设置，同时以最新优势特设专业作为特色和补充，新老结合，优势互补，确定了以新闻传播学科平台课及新闻学、广播电视学、广告学、传播学（网络与新媒体）等四大专业核心课程教材共计36种为主体的系列教材体系。其中，新闻传播学科平台课程教材8种，即《新闻学概论》、《传播学原理》、《传播学研究方法》、《媒介经营管理》、《媒介伦理》、《传播法》、《新闻传播史》、《新媒体导论》；新闻学专业核心课程教材6种，即《马克思主义新闻学经典导读》、《新闻采访与写作》、《新闻编辑学》、《新闻评论》、《新闻摄影》、《新闻作品赏析》；广播电视学专业核心课程教材9种，即《广播电视导论》、《电视摄像》、《广播电视编辑》、《广播电视新闻采访与报道》、《广播电视写作》、

《电视专题与专栏》、《广播电视新闻评论》、《电视纪录片》、《广播电视节目策划》；广告学专业核心课程教材8种，即《品牌营销传播》、《广告学概论》、《广告调查与统计》、《新媒体广告》、《广告创意与策划》、《广告文案》、《广告摄影与设计》、《广告投放》；传播学（网络与新媒体）专业核心课程教材5种，即《人际传播》、《公共关系学》、《活动传播》、《网络新闻业务》、《新媒体技术》等。

为提高教材质量，编委会在组织编写时强调以"立足前沿，重在实用；兼容并蓄，突显个性"为特色，内容上注重案例教学，加强案例分析；形式上倡导图文并茂，强调多通过数据、图表形式加强理论实证分析，增强"悦读性"。本套教材的作者都具有比较丰富的教学经验，他们将自己在教学中的心得和成果毫无保留地奉献给读者，这种奉献精神正是推动新闻传播学科教育发展的动力。

我们期待"融媒时代普通高等院校新闻传播学类核心课程'十二五'规划精品教材"的出版能够给中国新闻传播学科各专业的教材建设、人才培养乃至学术研究注入新的活力，期待这套教材能够激活中部地区的新闻传播学科资源，推动中青年学术英才在科学思维和教学探索方面攀上新的台阶、进入新的境界，从而实现中国新闻传播教育与新闻传播学术的中部崛起。

国务院学位委员会学科评议组新闻传播学科组成员
2006—2010 教育部高等学校新闻传播学类教学指导委员会副主任委员
华中科技大学新闻与信息传播学院教授、博导

張昆

2014年8月1日

前言
PREFACE

新闻编辑学是一门实践性很强的应用新闻学科，而现代传媒发展很快，变化多端，作为应用新闻学科之一的新闻编辑学，如何紧跟传媒实践，及时总结经验，并将之提升到理论认识的高度，最后用之指导传媒实践，这既是该学科研究的题中应有之义，也是该学科研究的重要挑战。华中科技大出版社组织出版的"融媒时代普通高等院校新闻传播学类核心课程"无疑是一个很好的探索研究，而本书能有机会参与探索，自是一份荣幸和自豪。

在现代科技，特别是互联网科技的推动下，各类新闻媒介的互相借鉴与融合既已成为一种现实，也是一种时代的必然。正因如此，新闻编辑学的业务发展自然也就出现了各类新闻媒介业务相结合与相交融的趋势。因此，完整意义上的"新闻编辑学"应该既包括各类型新闻编辑业务的共同规律与原理，也包括对不同类型媒介的新闻编辑业务技能的传授。即"新闻编辑学"应包括报纸、广播、电视、期刊、网络、移动新闻等各类新闻媒介编辑业务的共性和个性的内容。然而，过去市面上的大多数新闻编辑学教材，名为"新闻编辑"，实际所传授的知识还是以报纸编辑为主，对广播电视新闻编辑、新闻期刊编辑、网络新媒体编辑涉猎较少。正是基于这种考虑，本教材编写欲以融媒时代新闻编辑的新挑战和新特点为视角，紧扣当代新闻编辑工作的策划、编稿、编排等关键环节，既展示出各类新闻媒介编辑的共性，又展示出各类新闻媒介编辑的个性。同时，在本书第十五章单列了"特色类新闻的编辑"，以适应当前对专业特色类新闻编辑人才紧迫之需。通过本书，尽可能让初入"新闻道"者，对新闻编辑学有一个完整而系统的知识体系，而不仅仅是一个"报纸编辑"或"广电新闻编辑"抑或"网络新闻编辑"的感觉。

不仅如此，本教材在编写体例上也有所创新，每个章节大体由五部分组成，这种设计既符合读者对新闻编辑实践规律的认识，也比较适合读者学习新闻编基本知识和技能的习惯，这五部分构成是：

◇ 本章导言：以简略文字引出本章学习重点和难点。

◇ 本章引例：导入案例，贯彻案例教学理念，以案例形式提纲挈领（知识要求：了解、理解、掌握。技能要求：知道、了解、会用）引出本章关键知识点、需要重点解决的问题。

◇ 阅读材料或经典案例：为了论证或展示某种观点，在书中的观点后穿插"阅读材料"或"经典案例"，且每个阅读材料或案例后设置"思考与提示"，通过问题的解决达到将理论与实践充分结合，解决实际工作中的问题，提高理论水平和增强解决实际问题的能力。

◇ 本章相关概念（中英文对照）。

◇ 本章思考题:考虑教材内容和学生的需要设计不同题型,一般包括简答题和实践操作。

本教材的编写是集体智慧的结晶,而非某一位或几位作者的贡献。教材编写采取主编负责制,首先由主编谭云明拟定写作大纲,经与主编郑坚商定后,交由各位作者具体负责编写,每章作者撰写完书稿后,再交由主编谭云明统稿,全嘉琪、徐然在统稿方面也做了不少工作。本书作者涉及全国十所高校的近 20 位专家,组织之难,可想而知。好在这些作者对本教材的写作非常热心和专注,他们大多是高校新闻院系从事新闻编辑学教学和研究的,很多还是年轻的学者,他们有丰富的媒体实践经验,思想很活跃,视野很开阔。在此,向他们表示衷心的谢意!

本教材的具体撰写分工情况如下:中央财经大学谭云明、徐然撰写绪论、第一章,湖南工业大学郑坚撰写第二章、第十五章第二节,中央财经大学陈端撰写第三章、第十五章第一节,衡阳师范学院邓庄撰写第四章、第十五章第三节,吉首大学李端生撰写第五章、第十五章第四节,中央财经大学全嘉琪、北京大学陈秋云撰写第六章,吕梁学院常志刚、袁丽红撰写第七章,新疆财经大学周丽撰写第八章,吕梁学院常志刚撰写第九章,湖南工业大学罗新河、谭巧撰写第十章,湖南大学许静撰写第十一章,北京师范大学张远见撰写第十二章,吉林财经大学田静撰写第十三章,湖南大学向鹏撰写第十四章、第十五章第五节。

一本好教材,既要有经典的理论和案例,也要有最前沿的学术和实践,也就是说它要把最经典、最新鲜、最好的知识营养奉献给读者。也正是基于这样的理念,本教材参考了诸多业界和学界专家学者的真知灼见,在此特向这些专家学者再次表示衷心的感谢!

有人说,出书是一门遗憾的艺术,编写教材亦然。本教材编写历时一年多,过程很是艰辛,各方虽尽心尽力,但难免有错漏和不尽如人意之处,敬请各位专家和读者批评指正。学无止境,勤能补拙。愿以此共勉。

谭云明

2015 年 8 月 30 日于北京

目录

CATALOGUE

CHAPTER

绪论 融媒时代新闻编辑的新挑战

第一节 融媒时代的到来

一、互联网技术催生媒介融合

随着卫星技术、数字化技术和网络技术的进步，以及这些技术在广电、通信领域的全方位渗透与应用，传统媒介的界限渐渐模糊，新媒体形式层出不穷，媒介终端可实现功能逐步强大。互联网已经成为人们获取新闻、学习知识、信息交流、生活娱乐不可缺少的工具，并逐渐影响和改变着信息传播的模式。互联网对现代信息传播的影响主要体现在下面三个方面。

（一）网融合

多元网络之间的融合已成为趋势。互联网、通讯网、广电网等日益融合，形成人与信息之间、人群之间全新的信息传播体系。

我国的媒介融合起步较晚，但发展较快，主要体现在“报网合一”和“三网融合”两个方面。“报网合一”是指报纸的全媒体运作，有两种实现方式：一种是以网站为主导，多媒体记者属于网站采编，新闻编辑工作统归于网站指挥；另一种是报网并行，新闻编辑的工作同时服务于报纸和网站，多媒体记者肩负着多重任务。“三网”是指电信网、互联网以及广电网。“三网融合”是指广播、电视的全媒体运作，也有两种实现方式：一种是将服务与内容在广电网和电信网上实现同步；另一种是通过相互的配合实现业务的融合。“报网合一”和“三网融合”都已进入全面发展阶段。多网融合的进程将扩大网络覆盖范围，降低网络应用成本，提高网络应用的质量和效率。

（二）微传播

微传播有广义与狭义之分，广义的微传播是指以微博、手机短彩信、QQ、MSN、户外显示屏、出租车呼叫台等为媒介的信息传播方式。狭义的微传播是以微博为媒介的信息传播方式。

微传播已经开启网络信息传播的“核裂变时代”，每个人进行公共传播的能量被发掘出来，这种个体信息单元的能量经由互联网连续形成的超越时空局限的网络结构集聚放大，每个社会成员构成的微信息单元正在形成网络信息传播的新结构、新方式、新能量。以微博为媒介的微传播，是去中心化的裂变式多级传播模式，传播碎片化信息，借以实现自我表达、交往需求与社会认知。

（三）泛关联

整个网络信息传播正在推进着新的社会关联结构的形成，随着微传播单元的激增，人们在互联网上已经超越时空位置和文化背景，进行着新的社会关系的编织。人和人之间的关系变得更加交叉化和多元化，也许只需要有共同的兴趣或者关注一个事情就可以建立全新的关系，这种关系可以是虚拟的，也可以是现实的，但并不像以往人和人之间的关系那么强和直接，而是一种弱关系与间接关系。正是因为人与人之间泛关系的建立，人际关系也呈现多元化趋势：人和人之间可以是工作关系，也可以是偏好关系；可以是真实关系，也可以是虚拟关系。整个社会关系更加多元化。

总之，互联网不仅为每个社会成员的信息创造架设了传输平台，同时也提供了强大的信息集成结构。因此，传统媒体固有的信息传播方式已经被互联网所颠覆，媒介技术的进步使传统媒介之间的界限日渐模糊，新媒介形式层出不穷，媒介终端可实现的功能逐步强大，媒体转型融合已成为发展的趋势。

二、媒介融合

（一）媒介融合的定义

媒介融合这一概念最早由美国马萨诸塞州理工大学的伊契尔·索勒·普尔教授提出，其本意是指各种媒介呈现出多功能一体化的趋势，主要指的是电视、报刊等传统媒介融合在一起。美国新闻学会媒介研究中心主任 Andrew Nachison 将“融合媒介”定义为“印刷的、音频的、视频的、互动性数字媒体组织之间的战略的、操作的、文化的联盟”，他强调的“媒介融合”更多是指各个媒介之间的合作和联盟。

喻国明教授在《传媒经济学教程》中认为，媒介融合是指报刊、广播电视、互联网所依赖的技术越来越趋同，以信息技术为中介，以卫星、电缆、计算机技术等为传输手段，数字技术改变了获得数据、现象和语言三种基本信息的时间、空间及成本，各种信息在同一个平台上得到了整合，不同形式的媒介彼此之间的互换性与互联性得到了加强，媒介一体化的趋势日趋明显。

由此可见，“媒介融合”的概念应该包括狭义和广义两种：狭义的概念是指将不同的媒介形态“融合”在一起，产生“质变”，形成一种新的媒介形态，如电子杂志、博客新闻等；而广义的“媒介融合”则范围广阔，包括一切媒介及其有关要素的结合、汇聚甚至融合，不仅包括媒介形态的融合，还包括媒介功能、传播手段、所有权、组织结构等要素的融合。广义的“媒介融合”是一种大尺度范围内的聚合，其初级阶段可以用媒介组合来代替，其是一种由物理变化向化学变化的发展过程，是一个从低级到高级逐渐发展的过程；狭义的“媒介融合”使媒介产生化学变化，它是我们真正要实现的目标，是媒介融合发展的最高阶段。

概括而言,"媒介融合"是指随着传播技术的进步,报纸、广播、电视、互联网几大媒介载体的边界逐渐模糊,逐渐改变各自的媒体形态,从以前的割裂、分离状态逐渐走向互动、融合,这种融合主要包括内容、渠道、终端三个方面的融合。

(二)媒介融合的发展

1. 从媒介融合的方式来看

从媒介融合的方式来看,一般可以分为四个阶段:

1)组织融合

最初的"媒介融合"是组织的融合,这种结合往往是依靠外部的力量(如行政力量)使媒体结合成一个共同体,如中国的许多报业集团都属于这种类型,但这类集团往往只是名义上的,是一种十分松散的组合,没有形成有机分工的态势。

2)资本融合

第二阶段的"资本融合"比前一阶段有了很大的进步,因为它是在市场的作用下使有实力的媒介集团在资本市场上完成对其他媒介或媒介集团进行收购或者两个媒介组织之间通过资本市场进行的合并。这种通过媒体之间的整合与并购,在传媒业中是以规模出效益的。

3)传播手段融合

第三阶段是"传播手段融合"阶段,从小范围来说是指利用新技术改造传统媒体;从大范围来说是指大型的传媒集团不同媒介的传播手段在一个大平台上进行整合,实现这些媒介之间的内容相互推销和资源共享,报纸、广播、电视、网络全部用一套班子,由"多媒体编辑"统筹策划,将采回的材料和新闻用于集团旗下的各个媒体。

4)媒介形态融合

"媒介融合"的最高阶段是媒介形态的融合,新技术的发展日新月异,完全有可能在未来产生一种与今天的媒介形态完全不同的新媒介,这种媒介有可能融合了几种甚至全部媒体的优点。

2. 从媒介融合的不同层面来看

从媒介融合的不同层面来看,一般可以分为五个阶段:

1)技术融合

普尔之所以提出媒介融合的概念,是因为他认识到,从技术上来看,过去界限分明的各种传统媒体的技术越来越相似、相通。他指出:"在技术的推动下,过去在媒介与它所提供的服务之间存在的一对一的关系正在被侵蚀。"随着各种媒体的数字化进程不断发展,其必然结果就是各种媒体的界限越来越模糊,每一种媒体都在向过去不属于自己的领域延伸,在这个延伸过程中,它们采用的技术越来越相似甚至会变得一致,其功能也越来越趋同。因此,技术融合是媒介融合的基础,也是其推动力量。

2)业务融合

业务融合可以表现为三个方面:一是媒体间合作、互动的加强;二是融合性产品的出现；三是融合性新闻的发展。

从媒体间合作来看，报网互动、台网互动等是目前较为常见的方式，但是，互动只是融合的起步方式。新一代数字报纸、网络电视、手机报纸等，都是融合性的新媒体产品，从深层促进了媒介融合。其中，作为电视与网络融合产物的网络电视，以及作为广播电视与手机融合产物的手机广播电视，更是具有革命性的意义。而融合性新闻，一种将文字、图像、声音、视频等手段结合起来，在平面媒体、网络媒体、手机媒体等多种媒体平台上形成多形式、多角度的新闻报道，更是业务融合的深层表现形式。

3）平台融合

平台融合指的是各种媒体内容的传输平台越来越趋向一致，平台融合是媒介融合的一个重要层面，但这种融合不是简单地将各种媒介完全合流且使其成为一体。从新一轮电子报纸、电子杂志的实践来看，它们往往是“借道”网络，而不是停留在网络上。对于信息生产来说，融合也许不是终极目标，而只是一个环节或一个途径。网络不一定要作为各种媒介产品的直接载体，而是可以仅仅作为媒介产品的传播渠道。媒介融合将带来的是平台的“先合后分”的局面，即各种媒介产品都将汇流到网络（在未来可能还会有超过今天的互联网或移动互联网的更好的平台出现）中进行传输，而后又分散到各种不同的接收终端中，这样仍然可以保持媒介产品的多样化。

4）市场融合

数字化使各种媒体产品有了共同的平台基础，这为多种媒体的产品集中到一个共同渠道中提供了可能性。业务形态的整合，也将使各种不同媒体的内容产品最终汇流为一个大市场，原有媒体市场的界限可能不再那么分明，再根据受众需求进行组合与分装。这种组合可以取决于传媒机构这样的传播者，但未来可能更多地取决于受众。可以说，市场融合的结果并不是产品的单一化，而是更加多元化、个性化。

5）机构融合

媒介融合过程会逐渐带来相关机构的融合，这种融合的第一个层面是媒体集团内部机构之间的整合。传媒集团内部的机构融合包括各个部分职能的调整；相关工作人员思维方式、工作方式的调整；整个工作机制的变革。机构融合的第二个层面，是过去彼此独立的传媒企业之间的合作或融合。这种融合带来的挑战更大，只有机构融合的各方互做让步，真正融为一个新的共同体，并且以这个新共同体的利益与发展目标为自己的追求，根据新的业务需要来进行业务流程再造，才能带来凤凰涅槃的新生，才能真正实现媒介融合所要达到的新境界。

3. 国内学者的看法

国内有学者以三个层次来说明媒介融合的真正内涵和实践发展的趋势。

1）战术性融合

媒介融合的第一个层次是战术性融合。所谓战术性融合，一般是指传统媒体（报纸、广播、电视）与新媒体（网络、手机）之间在内容和营销领域的互动与合作。目前，国内的媒介融合还处在这一层次，大多是传统媒体在竞争的压力下主动去拥抱新媒体，以拓宽传播平台，加强与受众的互动，扩大媒体的影响力。形式上通常是传统媒体内容在新媒体上的再一次呈现，新媒体没有充分的内容原创，且融合的整体水平不高，但是有些媒体已经开始新的突破和尝试。

2）结构性融合

媒介融合的第二个层次是结构性融合。其特点是一个传媒公司或者集团同时拥有报纸、电视、广播、网络等媒体形式，各媒体之间在统一的目标下最大程度实现新闻资源的共享、开发与整合，各媒体协调合作，创造更大的传播效果，组织结构性融合比媒体战术性融合（媒介互动）的程度要深，其核心在于同一旗下各个媒介平台的整合。美国的坦帕新闻中心是媒介整合的先锋，新闻中心包括报纸、电视频道和网站，三种媒体同属一个新闻公司，在同一栋大楼里运作，虽然有独立的人员、办公区域和运作机制，但资源实现共享。

3）媒介大融合

媒介大融合是媒介融合的最高层次。随着媒介融合的深入和传媒技术的发展，数字化将成为未来各个媒体平台共同存在的形式，最终可能出现网络、媒体、通信三者的"大融合"，打造出全新的融多种媒体形式于一体的数字媒体平台。在媒介全面融合层次，传统媒体与新媒体的界线消解，传播方式上殊途同归，都汇流到最终的数字媒体平台中。

这三个不同层次的媒介融合，会改变编辑业务的宏观和微观操作方式，而且随着媒介融合的深入和各个层次的跨越，编辑的职能也会有不同层次的转型。

第二节　新时代下的新闻编辑的挑战

随着媒介技术的不断进步，传媒业竞争的加剧，媒介融合是未来新闻传播业发展的趋势。单一的媒介内容的制作、生产和传播将走向多个媒体互动、整合甚至融合。融媒体，是一种实现广播、电视、互联网优势整合，并且使其互为利用，全面提升其功能、价值、手段的新型运作模式。"融媒体"时代的到来，传统的编辑思维和职能发挥难以适应未来传媒业发展的要求，使新闻编辑面临着前所未有的挑战。

一、新闻编辑生态环境的变化

所谓"媒介生态环境"，是指由政策、资源、技术和竞争等环境构成的，大众传媒机构生存和发展的环境。在融媒时代下，新闻编辑的生态环境发生了一系列变化。

（一）媒介符号和技术手段的多元化

在媒介相互分离的状态下，新闻和信息的生产、传播符号都是相对单一的。报纸媒体的媒介符号主要为文字和图片，广播电视媒体主要由音频和视频来展现，而网络可以集纳文字、图片、音频和视频，因而就目前的媒介融合现状是传统媒体多和网络媒体互动，借助网络媒体的传播平台和信息集纳能力，扩展传统媒体的信息发布、传播平台和受众的互动空间。在传统媒体和网络媒体的互动状态中，传统媒体相对单一的信息呈现形态会受到冲击，编辑工作不再是只专一于一种媒介符号和信息制作就可以胜任，而是要考虑如何多样地使用媒介符号，根据不同媒介形态的特点来选取策划方式、采访手段和信息的最后整合与编制。

（二）传播者本位向受众本位的转变

Web3.0 的网络技术使广大网络用户的集体智能和力量得以爆发并有可能主导新闻传播的走向。受众的参与冲击了原有的被动的“受众”观，甚至在一定程度上改变了原有的传播途径。传统媒体环境下，新闻编辑最重要的权力，即信息控制权，他有权决定什么是新闻，体现了大众传播媒介的议程设置功能。而融媒时代下，被新技术武装起来的“受众”能够成为信息的生产者，并能自由地表达自己的思想观点，他们不仅具有原创能力，也具有自主权。传播者本位转向受众本位，不仅受众的反馈和互动需要在信息的传播过程中有效实现，而且受众也可能被纳入信息生产和制作的过程之中。

（三）新闻编辑的社会责任难度加大

新闻编辑是新闻传播效果的主要负责人，新闻传播应达到的效果有两个方面：一是受众获得了知晓权，可以根据变化做出相应的反应；二是新闻应该对社会发展具有推动作用。然而，综观融媒体时代，新闻传播较之以前似乎更难达到应有的效果。新媒体使受众能够更便捷地获得丰富的信息，但也更加模糊了真实世界和媒介世界的边界，身在其中的新闻编辑者似乎无法廓清两者的边界，因此，正逐步成为破坏新闻真实性的助推者。面对海量信息，受众不能及时、有效地分辨其真伪性，在信息传播更为便捷的同时，也带来了巨大的隐患。

二、新闻编辑工作方式的变化

新闻编辑工作方面的改变主要包括两方面：一方面是传统的编辑流程再造转型为编辑流程一体化；一方面是新闻编辑由传统的幕后工作式转化为互动式。

（一）新闻编辑流程的变化

传统的媒介产业可以分为两大类：第一类是印刷媒介产业，包括报纸、杂志、图书等；第二类是电子媒介产业，包括广播、电视等。传统媒介产品的生产流程具有纵向一体化的特点，例如，广播和电视通常采、编、播三个环节一体化；图书、杂志和报纸习惯于将编、印、发各个环节的业务联成一体。随着媒介融合程度的加深，原有的传统的编辑流程无法适应媒介融合的信息生产状态。媒介融合下的编辑流程需要全面一体化，改变各种媒介单一制作信息内容、缺少协同的状态，最终实现在同一个平台上完成对用户的即时互动和提供多媒体的信息服务。

编辑流程的一体化会给采编队伍的组织、总体报道策划、信息的采集和加工、制作、完成最终的媒介产品发布和效果监控等各个环节都带来变化。融媒体生产流程除继续向纵向一体化延伸外，还在媒介及其表现形式和表达方式、手段的选择和使用上向横向一体化延伸。

（二）新闻编辑方式的变化

传统新闻传播以报纸、广播和电视为主要渠道，新闻编辑的工作方式主要是与记者互动，在幕后对新闻报道进行策划、加工和设计。这样的工作方式不要求与受众直接交流和互动。而今天，新媒体开创了互动式数字媒介的时代，以技术融合为主要特征的媒介融合则进一步将新闻传播的阵地简便化，传统媒体也纷纷借助新媒体手段企图守住阵地。互动式数字媒介的时代要求新闻编辑工作从幕后转向台前，成为公共论坛的主持人，具备采、编、播、控等多种业务能力，尤其是对公共论坛互动的控制能力，以及通过公共论坛收集数据分析受众需求的能力。然而，目前一些新闻编辑还不能适应这样的角色，当受众评论偏离预设方向或传播偏离预定轨道时，新闻编辑常常不知所措，不知如何与受众互动。为了适应这样的转变，互动式的编辑理念需要在编辑工作中得到充分体现，为受众提供最便捷和全面的信息寻求方式，提供多样的信息内容，在编辑环节中纳入受众参与。

第三节 媒介融合背景下新闻编辑如何转型

针对我们前文提到的新闻编辑面临的种种挑战，新闻编辑该如何应对呢？如何才能在融媒时代保持自己的核心竞争力而成功转型呢？可以从以下几个方面进行考虑。

一、转变新闻编辑的受众意识

传统媒体构建起的是一种单向式的传播模式，受众只能被动地去接受新闻编辑传递出来的信息，没有反馈的渠道，新闻编辑往往会忽视受众的意识。新媒体的兴起为受众提供了表达思想的平台，单向式的传播模式逐渐被打破，受众在接受信息的同时还能够成为信息的生产者和发布者。面对全方位的受众，转变新闻编辑的受众意识，接受受众的参与，重视受众的参与，与受众形成一种共同体验的和谐氛围，以便于编辑工作的开展。

（一）树立编辑主动的受众意识

编辑主动的受众意识是指编辑要有预测受众关注点的意识，要主动站在受众的角度思考，为受众提供其所需的信息资源。在新媒体语境下，由于新闻传播主体的变化和传播渠道的多样化，新闻编辑已无法控制传播什么，他面对的不再是传统意义上的受众，而是形形色色的信息产品使用者和检验者。传播者本位逐渐模糊，媒体干预受众接受信息的能力正在减弱，这就自然要求编辑要主动向受众靠拢。而编辑最通用的靠拢方式就是使其成为所属媒体的人格化身的自觉，其中自觉亦即新闻编辑应该有把自己定位为媒体代言人的意识，把媒体的定位与受众的期待结合在一起，并跳出单一媒体来了解其他媒体受众的兴趣点，从而集合各个媒体受众的兴趣点去制定编辑方针和下一阶段的编辑基调。以报纸为例，报纸特别强调编辑的受众意识，要求编辑从受众需求出发去选题、策划、改稿、排版，为此，不少报社采取"读者来信"等方式来提升读者意识，但同时面临所选信件是否具有代表性的问题，使其最终没有跳出编辑的预设范围而缺乏广泛性。随着报网融合的深入，不少新闻编辑开始运用论坛、微博及以社会调查表为主的社会学方式等与受众进行沟通，借此了解受众需求，从而提高新闻编辑的受众意识。

（二）在编辑过程中纳入受众参与

传统的新闻播报过程中，受众仅仅是被动的新闻接受者，新闻编辑人员传播什么内容，他们便会接受什么内容，不会参与到新闻编辑的环节中。但随着传播者本位向受众本位的转变，受众日益参与新闻编辑环节，而网络技术的广泛使用使得网民力量得到聚集和爆发，受众反馈和受众与媒体的互动在信息传播中得到了有效实现，并被纳入信息生产过程，而更便捷和更全面的信息提供则成为新闻编辑工作的最终目标。受众参与纳入方式有两方面：一是在策划中重视受众的参与度，使受众参与成为新闻的一部分，借以提高受众对媒体的关注度；二是让受众参与到编辑过程中来，可以采取在旧媒体上分享新闻编辑的信息处理过程，让受众切实体验和分享，从而使其产生一种责任感。

（三）应对单媒体受众转变为应对多媒体受众

"单媒体受众"是指从单一的媒体获得信息的受众，而"多媒体受众"则是指从多种媒体同时获得信息的受众群体。在融媒体时代新闻编辑工作者需要由原来的仅仅应对单媒体受众转为应对多媒体受众，即由原本只用考虑面对一种媒介的受众，转向要考虑面对多个媒体受众的情况。比如说，在过去，报纸编辑只需要考虑读者的需求就好；但是在现在，报纸编辑除了要考虑纸质报读者的兴趣爱好和习惯外，还得考虑到手机报、电子报等媒介读者的兴趣爱好和习惯，做出融媒时代下的新闻报道。

在面对单媒体受众向多媒体受众转变的情况下，新闻编辑要有主动应用多媒体平台的意识。如将传媒机构内部的网络编辑部与传统报纸编辑部进行整合，使两个编辑部的人员各司其职，相互合作，达到事半功倍的效果。具体工作流程如下：网络编辑负责采集编排网络信息，对信息进行分化；图片编辑负责根据各种媒介特性来编辑图片，以便各个媒介使用；视频编辑与图片编辑类似，负责所有视频的编辑；而文字编辑则负责编辑各种文字资料，把同一个信息用不同表达方式表达，接着总结信息，发给网络编辑，让其对总结的材料进行编辑，编辑成符合网络平台发布的新闻，最后都传到总编辑部进行审核，审核通过后，便可通过各个媒体及时发布出去，这样就能同时满足各个媒体受众的需求，达到一个多媒体资源有效整合的状态。

二、转换新闻编辑的角色定位

在传统的新闻界里，新闻编辑似乎总是一个隐藏在媒体身后的角色，但随着融媒时代的到来，新闻编辑已不仅仅局限于做好幕后英雄，除了要编好文稿，排好版面，编辑好视频、音频之外，还需要渐渐走上前台，在前线坐镇指挥，这也意味着新闻编辑的职能正在不断延伸，新闻编辑应适时调整自己的角色定位。

（一）兼具信息“把关人”和论坛“主持人”意识

传统的新闻编辑充当的是信息的筛选者和过滤者，或者说是“把关人”的角色。传统的新闻编辑可以依据栏目的自身定位等特点来编辑新闻。而在媒介融合和交叉交融环境下，已逐渐转向对外答疑和协调观点，并利用多媒体为受众提供需求解析，在公共论坛中充当主持人的角色。新闻编辑的任务就变成根据受众的需求，从新媒体数据库的海量信息中，提取相关的新闻素材和资料，采用集成、配置和深度加工等编辑手法，围绕着单条新闻、单个话题或问题、单个新闻事件的相关新闻或多篇新闻报道进行编排、组合，并通过适当的渠道发布到受众那里，从而提升原有内容的价值，或创造新的价值。概括而言，传统媒体编辑应借助网络等新媒体提出议程，提前引导受众的关注度，如在记者招待会前夕，给出受众参与方式并对问题加以收集和整理，让记者在会上提问并做成答记者问专栏，从而体现“主持人”的价值。

（二）兼具编辑工作和媒体经营水平

在媒介融合背景下的全媒体时代，媒体营销贯穿于整个媒体运作过程之中，也就是说，新闻编辑在选题策划阶段就应充分考虑市场因素，而在确定选题后，新闻编辑更要对市场进行判断，明白该选题的受众是什么人，他们的阅读习惯如何，消费能力如何，然后根据这些评估结果来选择形式，然后制定出符合该形式的内容。

随着媒体增多和信息量增大，受众的注意力被不断分散而成为一种稀缺资源，这样，媒体只有整合受众关注点并与品牌创造结合，学会在泛滥的信息中披荆斩棘，找到重要的信息，尤其是知道如何利用这些信息，即学会知识管理，才是媒体持久发展的关键。诚如新闻事件和话题策划执行一样，满足受众兴趣点就能增强信息的轰动效应，达到牵引和凝聚受众关注度的目的。而在众多的注意力营销手段中，事件营销和受众营销是最为行之有效的方式，使受众时刻关注事件成为其生活不可分割的一部分并成为一种习惯。

（三）兼顾新闻编辑与事件策划

在传统媒体的编辑工作中，做精新闻稿件是基本功，而弄好事件策划也是不可或缺的部分，新闻报道策划是新闻编辑实现传播效果最佳化的创造性活动。在融媒时代，原本以前对单一媒体的事件策划拿捏到位的传统媒体在面对新平台的事件策划时显得力不从心，这是媒介融合后的传统媒体新闻编辑所要加强的地方。传统媒体可以利用整合平台能发布多种形式的信息的优势，在与之相对应的网络平台上开设新的栏目，把接到的信息实时地更新到新栏目中，使得事件可以更快速、更直观、更全面地展现在受众面前。另外，传统媒体同样可以借助整合媒体以多媒体传播信息的优势，参与到社会活动的策划中，比如某个地方的风景很好，具有当地特色，但是地方比较偏远，不为人们所知，那么传统媒体就可以与该地合作，在当地通过拍摄视频、照片和撰写文字稿件等形式，将其发布在互联网上，增加该地区的知名度，在宣传该地区的旅游资源和风土人情的同时，也把这作为一个新闻来报道，让受众了解到更多的资讯，获得更多的知识，如此一来，地方获得了关注，媒体得到了点击率，受众增长了知识。

三、转变新闻编辑人才的培养模式

媒介融合背景下，传统的编辑人才不能适应现有的发展模式，“三跨”人才即跨学科知识、跨媒体技能、跨文化思维的人才，目前已逐渐成为新闻业的宠儿。

（一）新闻编辑人员内在素养要求

1. 知识储备

在融媒体时代，新闻来源复杂多样，涉及知识面广泛，单单具备专业知识远远不能胜任当今时代的新闻编辑工作。因此，相关工作人员除了加强专业知识方面的学习之外，还应注重丰富自己的人生经验、储备其他各类知识，如交叉学科、边缘学科的知识，争取成为一个复合型人才。当一个人在真实世界拥有越广阔的体验，在欣赏与分析信息时就会拥有越牢固的基石，才能在新闻解析、整合的深度上下工夫。

2. 坚守新闻专业主义精神

新媒体时代，新闻来源多样、复杂，报道失实的发生，往往与新闻编辑过于迎合受众需求有关，进一步说就是与其新闻专业主义精神的丧失有关。由于新闻编辑对受众知晓权的维护和推动社会发展具有不可推卸的责任，因此，新媒体时代，媒介产业工作者更加强调的是对新闻专业主义精神的坚守。

（二）新型编辑人才的培养

如何培养“三跨”人才，可以从以下几方面努力：对于教师而言，需要具有复合型知识结构，完成知识体系的重建和媒介技术的融合；对于课程设置而言，要立足“宽口径、厚基础”要求，合理安排新闻传播专业知识教育，如人文、社会和自然学科知识教育，职业素质与职业道德教育等，课程则应包括传播学概论、自然科学基础等；对于实践环节而言，可以将新闻课堂和报社编辑部、教授办公室整合在一起，使学生们直接投身于真正的媒体生产当中。

CHAPTER 1

第一章 新闻编辑工作

本章导言

本章主要介绍了新闻编辑工作的基本内容。新闻编辑工作是新闻传播的总策划；是采编业务的总串联；是组织传播的总合成；是新闻报道的总把关；是新闻素材的总加工。学习本章内容，需要认真学习以下几点。

(1) 编辑的起源与发展。

(2) 新闻编辑工作的价值意义。

(3) 新闻编辑工作的具体内容与任务。

(4) 新闻编辑工作的特性与具体流程。

(5) 我国新闻编辑部门的体制机制。

本章引例

当我们购买一份报纸、收看电视节目、浏览网页信息时，往往只会关注产品本身，当我们静下心来，思考一下报纸上的新闻、电视里的节目等是如何产生的，便会认识到新闻编辑工作的重要性了，倘若没有新闻编辑，我们的生活将单调无色。本章主要介绍了编辑与新闻编辑，新闻编辑工作的特性、任务、流程、体制以及现代新闻编辑工作的新发展。需要我们了解编辑工作的起源与发展，了解新闻编辑部门的体制机制，掌握新闻编辑工作的具体内容与任务，具体流程与工作特性。

第一节　新闻编辑工作的内涵和价值

新闻编辑工作因传播媒介的不同大体分为两类：一类是与文字媒介相联系的报纸、杂志、通讯社的编辑工作；一类是与电子媒介相联系的广播、电视及网络的编辑工作。

每一种新闻传播媒介的编辑工作因其传播手段的不同而有着各自不同的内容、个性和要求，当然也有着许多共性。因文字媒介的新闻编辑工作历史长、经验多，涉及内容更为庞杂，更具有普遍意义。所以，本章所讲新闻编辑工作主要以文字媒介的新闻编辑工作为主，同时兼及电子媒介的新闻编辑工作。

一、何为新闻编辑

（一）编辑概念溯源

在现代汉语中，“编辑”有多种含义，既可以指编辑工作或编辑行为，也可以指从事编辑工作的人员，既可以指一种社会活动，也可以指一种社会职业。新闻编辑是有关新闻的编辑，新闻编辑学则是着眼于运用各种人文社会科学、自然科学研究方法进行新闻编辑的科学。毫无疑问，新闻编辑学只是广义上的编辑学的一个分支，与编辑学具有共同的渊源、共同的特性。我们知道，编辑学从孕育、萌芽到成熟经历了一个漫长的历史过程，它伴随着文化典籍的出现而产生，用于记载史实、表达思想。下面从“编辑”的发展过程对其进行探索。

“编辑”一词，古已有之。不过“编”、“辑”在远古时是两个独立的单音节词，其具体含义东汉许慎在《说文解字》中做了解释：“编，次简也”，“辑，车舆也”。对此，清代学者段玉裁解释说：“舆之中无所不居，无所不载，因引申为敛义。”“编”的原义是指用以穿连竹简的皮条或绳子，其目的在于排列竹简，变无序为有序；“辑”的原义是指车舆、车厢，引申为聚敛，旨在变分散为集中，“辑”与“集”同。“编”、“辑”合起来就是搜集整理的意思，它是一种对以文字、符号、图画等为载体的信息进行收集整理，使之集中有序，和顺协调，用以传播或贮存的一种活动。

“编辑”作为一个合成词的正式出现究竟缘于何时，目前尚未定论，但一般说来，始见于初唐史学家李延寿所著《南史・刘苞传》：“（刘苞）少好学，能属文，家有旧书，例皆残蠹，手自编辑，框框盈满。”这里“编辑”一词的含义是校补、正误和整理顺序的意思，与现代的词义已相差不远，这正好印证了《说文解字》的释义。

随着社会的发展，“编辑”一词所饱含的内涵和外延在不断地丰富和变化。一方面，编纂工作逐渐超出了编辑的工作范畴，编辑已从编著合一状态中独立，现代编辑的工作主要是选择题材、物色作者、审读和加工稿件；另一方面，现代“编辑”又突破了书籍的框框，超出了文字的范围，报纸、广播、电视、期刊、网络、有声读物等精神产品的出版、问世，都离不开编辑工作。不仅如此，“编辑”一词在现代语汇环境中，其含义也可谓多种多样，至少可做如下理解。

其一，表示一种特定的人，即从事编辑工作的专业人员，“编辑＝编辑者”。

其二，表示一项特定的工作，即在新闻或其他出版物的出版活动中，编辑者所从事的有关决策、组织、加工、设计等专业性工作，“编辑＝编辑工作”。

其三，表示一种特定的劳动，即编辑者在从事编辑工作时所付诸的具体劳动，“编辑＝编辑劳动”。

其四，表示一类特定的职称或职务，即从事编辑工作的专业人员的专业技术职称或职务。

“编辑”含义的变化和多样性，使得人们对于“编辑”概念的把握众说纷纭。例如，有的从编辑的“劳动”特性来阐释，认为“编辑是在利用传播工具的传播活动中，以满足社会精神文化需要为目的，致力于在作者和读者之间建立传播关系，把印刷和发行作为自己后续工作的一种社会文化活动”①。有的从编辑的“工作”特性来说明，认为“按照一定的编辑方针指导下制定的编辑计划，以作品原稿为加工对象，进行创造性的整理编辑，使之成为出版物形态，这种具有学识性的、技术性的工作称为编辑”②。诸如此类，人们对“编辑”的界定显得复杂多样，从而缺乏统一性。

要对事物做出一个科学的界定，理应揭示出事物的本质属性。那么“编辑”的本质属性是什么呢？在此，我们不妨借鉴下浙江大学吴飞教授的某些观点，吴教授认为，要科学地界定“编辑”，起码应使该界定涵盖如下诸方面的内容③。

第一，编辑是利用大众传播媒介进行的大众传播活动的一部分，编辑活动不能游离于大众传播活动之外。

第二，编辑是一种专业性、创造性的社会传播活动，主要包括决策、组织、审读、编选、加工整理稿件等多方面的创造性、专业性的工作。

第三，编辑需要使用一套独特的符号系统进行操作，这些符号系统不经过系统的、专业化的训练是不可能驾驭的。

第四，编辑的目的在于一方面使作者的精神文化产品从内容、形式诸方面达到最满意效果，使其缔构成整体的、有系统的、供社会交流传播之用的文化成果，另一方面最大限度地满足和便利于受者。

第五，编辑是一种精神文化信息传播的中介。这种中介主要体现在：编辑是社会精神生产与消费的中介；是大众传播的中介；是联系传播和受众的中介；是人类文化成果积累、吸收的中介。

第六，编辑具有劳动的隐匿性，属于一种非显形的劳动。在很多情况下，编辑是一种幕后活动，是“为他人作嫁衣”的活动。

综上所述，我们将编辑的本质含义概括如下：编辑是一种在大众传播活动的专业活动中，为满足受众需要，使用独特符号系统，对他人的精神文化成果进行组织、编选、加工整理等创造性的优化处理，使其缔构成整体的有系统的出版物物化形态。

对“编辑”的含义做如此界定是比较合适的，至少可避免在现实中对“编辑”一词的多重词语定义，可很好地区分编辑与编辑者、编辑工作、编辑劳动等之间的内涵，比如，编辑者就是在大众传播活动的专业活动中，为满足受众需要，使用独特符号系统，对他人的精神文化成果进行组织、编选、加工整理等创造性的优化处理，使其缔构成整体的有系统的出版物物化形态的专业人员，依此类推。

（二）新闻编辑定义

前文，我们讨论了编辑的起源与发展，那到底新闻编辑具体指什么呢？

---

① 刘光裕、王华良：《编辑学论稿》，山东教育出版社，1989 年版。

② 吴飞、周勇等：《新闻编辑学》，杭州大学出版社，1995 年版。

③ 吴飞、周勇等：《新闻编辑学》，杭州大学出版社，1995 年版。

新闻编辑工作是伴随着第一张报纸的问世而开始的。在早期的新闻传播中,编辑工作的作用并不突出。我国古代报纸的编排形式长期受书籍的影响。即使是近代报纸,虽然幅面增大,在初期其编排形式依然没有脱离书籍的影子,报纸只是简单地排列新闻。直到20世纪初,社会所提供和需要的新闻在数量上已经超过了报纸版面的容量,于是,以稿件的组织、整理、加工、配置为主要内容的新闻编辑工作应运而生。从另一个角度看,写作活动与编辑活动的分工也是社会文明和进步的标志。进入现代之后,媒介家族越来越大,不仅包括原有的报纸、杂志、广播、电视,还有了互联网,新闻编辑工作的范围随之扩展,工作方式也发生了变化。

总体来说,新闻编辑属于按传播内容划分的编辑工作门类,是当代各种新闻媒介为有序地传播新闻信息、实现预期的传播目标而进行的一系列专业工作的总称。

具体而言,新闻编辑是指现代新闻机构中,从事新闻媒介成品生产过程中的决策、组织、选择、加工、设计、制作等专业性工作的总称。作为现代新闻机构中的新闻编辑,倘若按媒体类别来划分,它可分为报纸编辑、新闻期刊编辑、广播新闻编辑、电视新闻编辑和网络新闻编辑等几类。

(三)新闻编辑学与相关学科

新闻编辑是编辑学和新闻学的一个交叉学科,但又不仅仅限于这两个学科,还常常会运用逻辑学、心理学、社会学、修辞学、美学等学科原理来整理图文、制作标题、表达思想、传播信息,新闻编辑学与这些相关学科具有紧密的联系。

1. 新闻编辑学与新闻学

新闻学的主要研究对象是新闻事业,它包括报纸、广播、电视以及新兴媒体网络等在内的新闻传播事业,它以新闻事业为主,同时又涉及一切新闻活动或新闻现象。具体来说,新闻学主要研究新闻、新闻事业的产生和发展及新闻事业的性质、特征和功能,研究新闻事业和各种社会现象之间的关系,研究新闻道德和新闻工作者的修养等。

狭义的新闻学指的是新闻理论,广义的新闻学包括理论新闻学、应用新闻学、历史新闻学和边缘新闻学等。其中应用新闻学是对新闻实际业务的研究及其规律的概括,它包括新闻采访、新闻写作、新闻编辑、新闻评论、新闻摄影、广播电视新闻等。新闻编辑学即属于应用新闻学范畴,它与应用新闻学的其他学科存在一定的交叉性。

新闻编辑学主要以新闻报刊的产生和形成过程为主要研究对象。由于新闻的产生和发展与社会物质资料的产生和人类生存的需要紧密相关,因此新闻编辑学研究的范畴必然随着物质生活和精神生活的变化而不断丰富和发展。可以预见,随着新技术革命带来的信息传播媒介及手段的进步和改革,随着电子报纸、网络新闻等一系列与现代高科技相联系的新的新闻传播媒介和方式的诞生,随着人类社会对新闻信息需求的发展和变化,新闻编辑学的研究必将朝着更加深刻与广泛的方面发展。

2. 新闻编辑学与编辑学

关于编辑学的定义,如同对编辑的界定一样,历来便是众说纷纭。我们知道,编辑学的主要研究对象是编辑工作,从学科本质属性概括的角度来看,所谓编辑学就是研究编辑工作的性质、作用及其产生和发展规律的科学。编辑学按对象不同，可以分为报纸编辑、图书编辑、期刊编辑、广播电视编辑、网络编辑等，其内容包括理论研究、应用研究和历史研究三个部分。

而新闻编辑学除了包括传统意义上的报纸新闻编辑、电视新闻编辑、广播新闻编辑、通讯社新闻编辑外，还包括近些年随着网络的出现而崛起的新兴编辑门类——网络新闻编辑。新闻编辑学无疑是编辑学研究的一个分支，编辑学研究中还包括其他非新闻编辑业务的部分。

同样，我们可以发现，随着编辑学的不断发展与完善，新闻编辑学也在不断进步发展，正如网络技术的发展促进网络编辑的兴起，网络编辑技术的发展促进网络新闻编辑的完善一样，新闻编辑学将日益发展。

3. 新闻编辑学与其他相关学科

对新闻编辑学而言，从新闻的特质、编辑的信息以及知识所涵盖的内容考察，它具有渗透性、交叉性、跨越性和覆盖性特征。因为新闻的内容会涉及社会生活的方方面面，对于新闻"把关人"之一的编辑来说，就必须掌握尽可能多的相关学科的知识。从编辑业务来看，可能会涉及的相关学科包括信息论、文化学、语言学、文学、心理学、传播学、逻辑学、艺术学、写作学、美学和方法论、系统论、控制论以及计算机操作技术等。从能力要求讲，编辑又要尽量培养自己的辩证思维能力和创新能力，从而能够全面、客观地看待新闻事件。

逻辑学在新闻编辑过程中的应用，可以说是随处可见的。它不但应用在每一篇写作的文字里，同时也应用在标题制作中和新闻处理上。例如当同类新闻发生时，要将其归并；新闻版面的区分，标题次序的排列，文字的语气、语意和文句层次等均要符合逻辑。更为重要的是，逻辑是指导人们认识世界的思维规律。讲求逻辑是保证新闻传播准确的基本前提，新闻本是客观事实的主观反映，是传播者运用逻辑思维认识后表达出来的。缺乏自觉按照逻辑规律来审视、制作新闻的意识就会使得新闻的意义出现模糊甚至错误。

同样，新闻媒介是舆论导向和教育工具，为了使阅读的人接受，新闻编辑必须洞悉读者的心理。只有洞悉人们的心理，才能更好地参与新闻编辑，做出符合大众阅读习惯和兴趣的新闻，所以，心理学上很多法则和原理，正是新闻编辑学上要应用的。

新闻编辑学和其他社会科学也有极密切的关系，在处理政治新闻的时候，要涉及政治学；在处理经济新闻的时候，要用到经济学；处理军事、文教、体育、社会新闻的时候，更要有军事的常识，文化的素养，体育的知识和刑法、民法的概念。因此，新闻编辑学是和社会科学有相当关联的一门学科。

可以说，相对于媒体其他专业分工来讲，编辑是一个学科跨度最大、内容涉及最广的工种。随着信息社会与知识经济时代的到来以及信息知识的社会化、生活化、网络化的趋势，新闻编辑普适性的品格也将越来越突出。

二、新闻编辑工作的内涵

我们知道，报纸、杂志、广播、电视、网络等不同媒介的新闻编辑，其编辑工作的具体内容和操作方式各有特点和要求，但其新闻编辑工作的内涵是相同的，新闻编辑的内涵概括而言就是宏观方面要尽可能广阔博大，微观方面要尽可能细致周密。我们可以从以下几个方面来理解其内涵。

1. 客观真实的工作原则

任何媒介的新闻编辑工作都会遵循共同的规律和工作原则。这就是新闻传播的基本规律，即客观真实地反映客观实际、满足社会日益增长的信息需求，以及发挥新闻传播的舆论导向原则。这是新闻编辑的根本方向，也是与其他领域（如文艺、科技等）编辑工作的重要分水岭。

2. 编辑活动贯穿始终

编辑工作的另一内涵在于编辑活动贯穿于新闻传播的全过程，从策划和组织报道、选择和加工新闻稿件，到设计版面或编排节目和收集反馈信息，都属于编辑工作范畴，它是串联各项业务的一个红线和纽带，使得新闻产品生产、传播得以有条不紊、贯彻始终地进行下去，对于新闻传播的效果，具有举足轻重的影响。在信息时代，是否善于编辑更是直接关系到每一个新闻媒介的生存利发展。

3. 工作对象的特殊性

新闻编辑工作的主要对象是稿件，即对来自不同渠道的新闻稿件进行筛选、加工、配置和组合，这同新闻采访的工作对象全然不同。后者以社会的现实生活为对象，其工作过程是采集新闻素材、撰写新闻报道。就工作对象而言，新闻编辑工作是新闻采访工作的继续，是以优化稿件和版面、节目为目标的整合性工作。

4. 工作过程的创造性

工作对象的特殊件，决定了新闻编辑的日常工作任务主要有以下三项：从各种新闻稿件中选取所需的稿件；运用适当的方法处理和加工稿件；按照最容易为受众接受的方式配置稿件、组织版面或节目。这些日常新闻编辑工作，不是简单的"来料加工"，而是需要殚精竭虑的"再创作"过程。

新闻编辑的工作主动性和创造性，在很大程度上决定着最终成品的质量、传播效果，以及新闻媒介在受众中的形象。所以有人说，新闻编辑的责任"是在一片乱糟糟之中，提取出合理的材料，使之为人所能理解，致力于引导舆论脱出迷雾，进入清明思想的阳光"；为此，他不能像旁观者那样"坐在岸边静观历史巨流的汹涌澎湃"，而必须"身临中流，试着去测量它的力量，如有可能，还要指引它流入深水道"，必须致力于"觅求最好的意见（评论），最好的消息来源"。

三、新闻编辑工作的价值

任何一项工作都有它自身的意义与价值，新闻编辑工作由于其特殊性，它的价值主要体现在社会价值方面，具体的可以从以下几个方面讨论。

1. 反映社会现实

在信息技术不发达的过去，人们获取信息的途径有限，最初往往会通过报纸、广播来了解世界、认识世界；当有了电视之后，人们能更加方便地获取社会的各种信息。此时新闻编辑工作的最大价值在于收集整理各类新闻报道并公之于众，如实反映客观现实，使人们认识现实世界。随着网络技术的发展，人人都是媒介，似乎不需要新闻编辑者的参与，人们亦能了解社会。其实不然，在网络社会，新闻编辑工作的价值不仅在于整理海量信息，方便人们认识社会，还在于作为“把关人”，对各类信息去伪求真、去粗存精，保证信息的准确性，以反映社会现实。

2. 媒体形象的设计师

在现如今，媒体的形象至关重要，大家认识媒体，主要是通过他们的新闻报道，所以说，新闻编辑工作是展现媒体形象，表现媒体魅力的重要力量。电视、报纸、广播及网络媒体的创办，需要制定编辑方针，该任务由以总编辑为首的新闻编辑委员会来承担，新闻编辑委员会规定了新闻媒体的受众目标、新闻报道的内容及风格特点，编辑方针是全体新闻工作者需要遵守的行动指南，并指引其他的新闻业务活动。此外，新闻编辑还负责设计新闻媒体产品的外在形象及结构、规模。总而言之，新闻编辑是媒体形象的设计师。

3. 新闻素材价值的提升者

新闻稿件首先由记者提交给编辑部，这些稿件实际上已经对原始的新闻素材进行了选择和加工，可以说是半成品。记者和新闻编辑往往是站在不同的立场角度去看待新闻素材的，新闻记者往往受身在其中的限制对事物的感受难以保持冷静，这会影响到他们的视野，也会影响新闻事件本身的真实性。而新闻编辑所处的位置相对独立，新闻编辑往往是新闻素材中的潜在价值的发现者，潜在价值一旦被发现，或许就能找到一个更好的报道角度。新闻编辑对于提高新闻素材的价值，还体现在面对众多的复杂的新闻稿件，新闻编辑可以从中比照、拓展、联系，筛选或提升一个更为深刻的报道方向、报道主题或者从中发现更有社会价值的新闻线索。

第二节 新闻编辑工作的内容和任务

前文我们简要阐述了什么是新闻编辑工作，使我们对新闻编辑有了大致的了解，接下来我们将具体说明新闻编辑工作的内容与任务。

一、新闻编辑工作的内容

（一）新闻编辑工作现状

新闻编辑工作向来是新闻出版的核心与灵魂，他曾伴随报纸主宰者新闻传播的历程。随着信息化新时代的来临，新闻媒体行业面对着前所未有的激烈竞争，新闻编辑的重要性日益突出。新时代带来了信息过剩的压力，也让新闻编辑行业面临着十分严峻的考验。对于新闻编辑工作者来说，不仅需要适应传统编辑岗位的素质要求，还要适应新时代对新闻编辑工作者带来的更高的要求。

1. 编辑环境复杂化

编辑环境是大众传媒外围的各种情况与条件的总和，是新闻报道所传播的信息的发源地和目的地。编辑工作既作用于编辑环境，又受到编辑环境的制约。了解和研究编辑环境，是编辑工作的重要内容，也是搞好编辑工作的基本前提。当今时代，编辑环境充满了变数，出现了更为错综复杂的局面。

1）社会环境

就我国本身而言，经济快速发展，社会深刻变革，人民对新闻的需求与日俱增，需要各种信息来更好地从事社会交往、个人学习娱乐。同时，社会对信息的需求呈现出受众差异化与受众群体细分的特点，这也促进了传媒类型的多样化。社会的变革往往会带来许多新情况、新问题，如观念变革、企业改制以及人事、工资、医疗、教育、住房等各方面的问题层出不穷。因此，对新闻编辑者来说，需要不断更新知识结构，保证编辑的学识水平。

另外，世界科学技术正在经历着一场伟大的革命，即科技的发展和转化速度日益加快；科技发展的方向不仅向微观深入，而且有向着系统化、宏观化发展的趋势，其走向复杂多样，例如信息技术的发展带来了网络媒体的繁荣，网络编辑工作也就应运而生。

显而易见，当代编辑环境互动和变化的广度、力度和速度都在加大加快。这是社会发展的必然趋势。它催生出无数新闻事实，给新闻媒体提供了更为丰富的新闻源，同时进一步增加了编辑人员判断和把握新闻的难度。新闻编辑工作既面临新的发展机遇，又面临前所未有的挑战。

2）媒介环境

当今社会传媒的种类和数量激增，导致了新闻市场的竞争日益激烈。就报纸媒体来说，眼下的机关报、都市报、晨报、晚报、专业报等各种类型的报纸竞争激烈，版面从十几版至百多版不等，读者群日益细分。全国目前有各类报纸两千多家，不少城市还出现了多家功能定位相似的报纸。在这个新兴媒体快速发展的年代，传统媒体显得颇为吃力，只有不断寻找新特色并发挥已有的优势，才能应付强烈冲击。

得益于科技发展，当前的记者、编辑都告别了纸和笔，采访、编排、签发等多个环节都在电脑上进行。互联网的普及，使得编辑可以利用联网数据库发觉各类新闻资料，最大限度地利用信息资源，使编辑的业务得到很大的改进。编辑可以在电脑上随意对图片进行缩放、剪辑和加工；可设计制作各种图表；彩色印刷使得报纸五彩斑斓；新科技使得广播声音更加动听，视频画面更加优美。所有这些都使得媒体的形象大为改观，表现形式更加丰富，推进了编辑业务的创新。

2. 媒介工作的发展

新闻编辑流程在电脑上运作之后工作效率大大提高，这一流程本身的运转更加合理，为报纸等传统媒体提供了新的发展空间，报纸网络版就是它的延伸。现在越来越多的报纸开始在互联网上建立自己的网站，而推出手机版也成为纸媒发展的趋势。新一代的网络报纸已不再是纸质报纸的简单翻版，它们不受出版时间的限制，随时更新和补充信息，读者可以获得更为全面的信息，并可与编辑进行双向交流。报纸编辑工作在网络媒介诞生后，进一步表现出两种趋势：一是对各类传统新闻媒介编辑业务的融汇与整合，即把报纸的文字、图片、版面编辑方式和广播的音频编辑、电视的音频与视频编辑相融合，使其在具备传统传播特点的同时，融合网络传播的特点，形成多媒体传播模式。二是编辑业务与新闻信息采集的一体化趋势，因为在网络传播模式中受众也是传者，他们在进行传播活动时也集辛勤的采写、编辑和发布于一身。即使在专业化的网络传播媒介中，由于网络传播追求时效性、讲求互动性的特点，也在促使新闻采集与编辑一体化。目前，除了编辑新闻稿和涉及新闻网页之外，网络编辑还兼职做部分采访或全部的新闻发布工作。这些都表明编辑工作有了更大的发展空间。

（二）新闻编辑工作内容

随着科技的发展，随着编辑工作范围的不断扩大，编辑学的研究领域也不断地拓宽，不同的编辑部门，编辑工作的具体情况肯定有所不同，进而也就产生了不同的编辑分支学科，诸如图书编辑学、杂志编辑学、报纸编辑学、广播电视编辑学、网络编辑学、图片编辑学等。报纸、广播、电视、期刊、网络作为一种大众传媒，均以公开向社会提供新闻作为自己的主要职责，对这些被传播的新闻进行策划、选择、整理、加工的一系列工作就是新闻编辑工作。简单地说，新闻编辑工作就是新闻编辑部门播发新闻所进行的一系列工作，包括宏观编辑业务和微观编辑业务，具体地说包括策划、编稿和编排三大部分。

策划属于宏观编辑业务的范畴，指媒介总体策划媒介产品中新闻单元的策划以及新闻报道活动的策划，策划包括宏观策划、中观策划和微观策划。宏观策划包括报纸编辑方针的确立及报纸的整体设计；中观策划即是对近期或远期的报道内容和形式进行计划；微观策划则主要是对落实报道计划所进行的具体策划与组织而言，是指对各种计划外的重要报道从报道思想、采访思路、采访手段到具体写作、版面安排，以及如何“开篇”、如何掀起高潮、如何结尾、分几步走等都做出事前详细设计，并随着报道进程的变化及时调整思路，作出对策报道的策划又有长期、中期和即时之分。

编稿是对稿件的编辑加工，包括选择稿件、修改稿件和制作标题。

编排是指稿件的配置与播发，对报纸而言，是稿件的配置与版面的设计与审定，是将单篇稿件进行搭配、组合，通过版式设计将其组合成一块完整、统一、协调的版面的操作过程；对广播电视而言，是新闻栏目的编排与录制。如对电视栏目的设置、主题的选择、素材的加工、解说词的改编、画面的剪辑、音乐音响的选配以及对各类人员的组织协调等。

编稿和编排构成了微观编辑业务。

另外，虽然不同类型的媒介中新闻编辑工作的具体任务及其分工有所不同，但从新闻编辑业务的共性方面进行分析，可以对新闻编辑工作进行如下概括：新闻编辑工作是新闻编辑在新闻媒介产品生产过程中所进行的一系列工作。新闻编辑工作的内容包括新闻信息载体设计、新闻报道的策划与组织、新闻作品的修正和把关、新闻信息的整合与展示。

新闻信息载体设计是宏观的、前期性的新闻编辑业务，具体包括对报纸新闻版组或新闻版(含新闻性专版)的定位与设计、对广播电视新闻频道或新闻栏目的定位与设计、对网络媒介的新闻频道或新闻栏目的定位与设计。

新闻报道的策划与组织是中观的、贯穿传播活动全过程的新闻编辑业务,具体包括对各个时期新闻报道选题的决策、对报道方案的设计,以及新闻报道活动的组织实施和调控。

新闻作品的修正与把关是微观的、更加具体的新闻编辑业务,具体包括了对所有表现形态的新闻作品的选择、修正和核查把关。这些新闻作品包括了文字稿件、新闻图片、广播音频报道、电视影像报道、网络多媒体新闻等。

新闻信息的整合与展示是介于微观与中观之间、后期性的新闻编辑业务,具体包括对单个新闻作品的组合配置,对报纸版面的设计编排,对广播电视新闻栏目的组合编排和播出、对网络新闻栏目的组合编排,以及对新闻网页的设计编排。

二、新闻编辑工作的任务

我国的新闻事业是党和政府的喉舌,是人民群众的喉舌,传媒的根本任务是要使中国特色社会主义的基本理论以及一系列方针政策,迅速与广大人民群众见面,变成人民群众的实际行动;并把广大人民群众在实践中创造和积累的经验,以及他们的要求和呼声,反映到传媒上来;为人民服务,为社会主义服务。媒体的所有工作都应该服务于这个根本任务,当然新闻编辑工作也不例外。

传媒的根本任务需要全体传媒人的共同努力才能实现,作为传媒工作一个组成部分的新闻编辑工作在完成传媒根本任务的过程中,担负着自己的特定任务或具体任务,这个任务概而言之就是:对传媒的内容和形式进行总体设计,并通过稿件的选择、修改和编排来组织实施,最后把好的内容,以好的形式,组成好的报纸版面或广电节目或网站页面奉献给受众。

新闻编辑工作的具体任务是由它的特性所决定的。依据新闻编辑工作的特性,其具体任务包括如下几个方面。

(一)决策任务

决策,亦即策划,是指编辑为解决新闻工作中关系全局性的问题所做的判断和行动设计。新闻编辑负有决策的重任,是因为编辑首先是报道计划的制订者,担任总编辑、部主任职务的编辑,更是驾驭全局的决策者,他们直接掌握着媒体创办或改进的方向,直接影响媒体产品的质量,尤其是总编辑,更是负有为整个媒体进行决策的重大责任。

新闻编辑的决策按层次来分,可分为战略决策、战术决策、战役决策三种。战略决策是有关媒体的总体决策;战术决策是一个较长时期、较大范围的报道的决策;而战役决策是关于较短时间、一个较小范围的报道的决策。战略决策指导战术决策和战役决策,并依靠战术决策和战役决策来实现。三者相辅相成,构成统一的决策系统。新闻编辑决策的内容主要包括:参与确定媒体的编辑方针,负责制订报道计划,对报道的内容、数量、地位、报道方法做具体安排和适时调整等等。有关策划的问题,将在后文中做详细介绍。

（二）加工任务

在传统观念中，有人认为编辑工作就是“剪刀、糨糊加红墨水”式的技术性的简单劳动，这显然是一种误解。新闻编辑工作是一项具有专业性、创造性的工作。不过，相对于作者的直接创造性劳动而言，编辑工作的创造性具有间接再创造的性质和隐匿性的特征。他们把自己的劳动和智慧融化在作者的创造成果之中，这是一种具有鲜明的服务性特色的创造性精神劳动。以一篇见报的新闻作品为例，编辑为作者从主题、内容，到语言文字、篇章结构上所做的各种性质的加工改造，社会公众是很难看到这种劳动的，真可谓“为他人作嫁衣”。

编辑的再创造或加工，不仅仅体现在对具体作品的修饰字句（声音或画面）、润饰加工上，而且贯穿在整个编辑工作过程中，从约稿、组稿、选稿，一直到制作标题、组织版面或页面、制作节目板块，自始至终都包含了编辑的创造性劳动。总之，加工任务是编辑处理新闻稿件信息中，必须完成的一个非常重要的具体任务。

编辑的加工包含着主动的和被动的两个方面。一方面，编辑加工处理新闻信息时，既不能随意改变作者的本意，又不能随意改变原稿信息的风格，更不能主观臆造或任意篡改事实，因而编辑工作有它的局限性，是被动的。另一方面，编辑通过对新闻信息的加工处理，要提高整个报道的思想性、指导性和艺术性，要最大限度地发挥新闻稿件信息中的新闻价值，这就要充分发挥编辑的主动性，因而编辑工作又是能动的。编辑加工的能动性主要表现为以下几点。

1. 充分发挥原稿的潜能

新闻稿件无论是文字的还是音像的，往往有一种潜能，而作者本人因各种各样的原因一时不一定能够意识到它。编辑的任务就是要通过“再创造”的艺术，消除原稿中的消极不利因素，使稿件的潜能最大限度地发挥出来：其一，通过去粗取精、沙里淘金的方式，把稿件中最精彩的内容突现出来，使稿件具有最大的吸引力；其二，采用最恰当、最有效的表现方法、表现形式，使稿件易于被受众所接受，从而力求传播效果尽善尽美；其三，选择最佳发表时机，使稿件发表后能够产生最大的反响。此外，编辑还可以通过特有的编辑手段，如标题的点睛、稿件的配置、版面（页面或节目）的编排等，使稿件的潜能进一步发展，争取最佳的社会效果。

2. 沟通传者与受众的思想

作者（传者）和受众（受者）之间构成传播的两极，他们通过某一特定的媒体结成了一定的社会关系，而只有当这种社会关系是融洽的时候，传播才能取得良好的效果。然而，作者作为传者一极，由于受一定条件的限制，他未必能完全了解受者之所需，在如今媒体竞争促使传者本位向受者本位转移的时代，作者所发出的内容信息很可能不完全切合受众的口味，这样所传播的新闻信息就难免夹杂着某些妨碍传通的“噪音”，比如稿件太长，该突出的内容没有突出，缺乏背景材料等。而编辑因相对于作者来说，对受众的要求和心理有比较多的了解，因此在加工的过程中就可以消除其中的“噪音”，使新闻信息能够更好地传送给受众。这是一方面。

另一方面，受众对作者发出的新闻信息也有一个“注意—阅读（视听）—理解—接受”的过程。有时，作者发出的信息，受众是愿意接受的，但因故未能引起受众的注意；有时虽引起了注意，又因稿件太长，没有时间等原因而不能产生去接受的行动；有时虽然接受了，但又不能理解。凡此种种，都不能达到传通的目的。编辑加工的任务，就是要采用各种有效的编辑方法，使作者发出的信息能够引起受众的注意，便于受众阅读、视听，从而为受众所理解和接受。

（三）把关任务

新闻编辑工作的一个重要特性之一就是新闻报道的总把关，这一特性决定了编辑工作的任务之一就是把关。新闻编辑人员俨然是新闻传播“驿站”中的把关人。

“把关人”一词在西方传播学中为“gatekeeper”，即看门人，认为编辑工作在防止和消除报道差错，以及正确引导舆论中，确实担负着特别重要的责任，如同足球场上的守门员，不能有任何疏忽。然而，把关并不是“锁门”，编辑不仅是足球的“守门员”，而且还应该成为排球的“二传手”，要千方百计地打好接应，巧妙地组织好精彩的“进攻”。

编辑工作的把关任务应该把握如下几个关键。

1. 严格遵守编辑方针

即编辑审读（视听）和选择时，决不能从个人好恶出发，滥用稿件取舍权，选用什么稿件，舍弃什么稿件，应该与编辑方针和报道计划相符合。

2. 编辑把关既要阻塞，也要开导

即阻挡假的、劣的、错的东西，而对真的、好的、正确的东西要创造一切条件放行，使“假恶丑”无孔不入，使“真善美”畅通无阻。编辑这个把关人如同掌握着交通要道的红绿灯，他对稿件既能开红灯阻挡，也能开绿灯发行。

3. 编辑把关既要勇敢又要慎重

所谓勇敢，就是要敢于阻止坏稿通行，也敢于为好稿开“绿灯”，尤其是对于好稿的非难，无论来自何方，都要据理力争。所谓慎重，是因为编辑把关是时间紧迫的情况下进行的，尤其那些身处于报刊付印、广播电视节目播出、网站页面展示前最后一道关口的编辑和总编辑，他们在履行阻塞或开导职责时，稍一疏忽就有可能酿成错误，因此编辑工作的把关必须一丝不苟、慎之再慎。

现代传媒舆论导向的正确与否，关键也在于编辑是否严格把关。1996 年 9 月 26 日，江泽民同志在视察人民日报社时曾说过，“舆论导向正确，是党和人民之福；舆论导向错误，是党和人民之祸”。因此，在当今错综变化的时代背景下，编辑要严格把握好传媒的政治关、事实关、文字关、艺术关。

（四）发言任务

作为现代传媒，它不仅要忠实地报道事实，而且要对现实生活的各种问题，表明自己的态度和立场，做出自己的评价和分析，亦即发言：赞成什么，反对什么，限制什么，从而引导人们去判断是非，认清前进的方向。通过发言，媒体鲜明地表明自己的立场和态度，以此做出正确的舆论导向。如果媒体面对现实生活的重大问题、各种矛盾，或坐视不管，或模棱两可、含糊不清，或绕着问题走，就必然会给人们带来思想的混乱，这是媒体的失职失责。因此，媒体应该而且有必要发言，并巧妙地发好言。

媒体发言主要是通过编辑来进行的。发言是新闻编辑工作的重要任务之一，编辑人员是媒体的主要发言人。现实生活是丰富多彩的，社会生活的矛盾是纷纭复杂的，因此，媒体发言的方式也是多种多样的：有直接发言的，也有间接发言的；有明显发言的，也有含蓄发言的；有篇幅长的发言，也有只言片语的发言。编辑应该根据不同新闻内容、不同的问题、不同的情况，灵活选择不同的发言方式。

1. 直接发言

直接发言是指组织撰写各种评论，如社论、评论、短评、按语、编后语等，这是媒体最重要的发言手段。编辑应该经常组织撰写好评论，这是编辑义不容辞的责任。

那么，在什么样的情况下采用直接发言方式呢？一般说来，对于涉及全局性的重要问题和重大事件，对实际工作有指导意义的新事物、新动向，需要采用直接发言方式，以此来分析和揭示各种事物在现实生活中的指导意义，阐释事物发展的规律，引导人们去正确认识和对待各种客观事件，使之跟上时代前进的步伐。比如 1992 年初，邓小平南方谈话并发表了重要讲话，《深圳特区报》于 2 月 20 日至 3 月 6 日，组织撰写了 8 篇社论，被誉为“猴年新春八评”，它们分别是《扭住中心不放松》、《要搞快一点》、《要敢闯》、《多干实事》、《两只手都要硬》、《共产党能消灭腐败》、《稳定是个大前提》、《我们只能走社会主义道路》。“八评”以其鲜明的观点、清新的文风，在关键时刻、关键地方，传播了我国关键人物所讲的关键问题。这“八论”比较全面地阐释了邓小平的讲话精神，掀起了新的思想解放高潮，对全国开放起了极大的推动作用，在海内外产生了巨大的“轰动效应”。

2. 间接发言

即采用发表来信、问答、工作访问、批评、建议、以作者名义写的言论、撰写新闻提要、各类节目的解说词、串联语等方式来发言的。间接发言能够起到表扬、批评、要求、建议、号召、监督的作用，同时能够影响受众的情绪，起到引导现实方向的作用。另外，从广义上讲，每篇新闻稿件对各种事物的抑扬或褒贬，都是媒体间接发出的声音，亦即间接发言。

3. 含蓄发言

即通过标题的长短、字号的大小、位置的高低、次序的先后不同来表示稿件之间的轻重、主次；或运用编排手段和版面空间的不同组合布局，引导受众判断稿件的意义。这种发言方式完全有别于评论，评论一般有深入的分析、周密的论证，它对事物的分析、判断、论证的过程，通过文字或音像直接地表现出来。而标题发言的特点是画龙点睛，“立片言以居要”；版面发言则是对稿件的内容进行分析、判断以后，把这种分析、判断的认识结果，通过编排手段，以版面的具体图像间接地表现出来。因此，无论是标题发言，还是版面发言，都是比较隐蔽的、含蓄的，它常常起到文字语言所不能起的作用。

如果以篇幅长短而言，发言的方式有长篇发言，如社论等；有简短发言，如按语、标题发言等。

总之,发言的方式多种多样,无论采用哪种发言方式,作为编辑,都要以马克思主义的理论及党的路线、方针、政策为指针,以客观事实为依据,坚持实事求是的态度,并注意说服力和感染力,使受众不仅受到教益,而且能够欣然接受。因此,编辑发言既要敢于发言,又要善于发言。

(五)组织任务

系统论认为,整体效应并不等于孤立部分之和,而是可以大于各部分的总和。新闻编辑就是要把各类分散的、孤立的稿件或报道串联起来,组织成为一个有机的统一报道整体,使之发挥单篇报道所不能发挥的效应。这里的编排,就是新闻编辑工作的组织任务之一。

媒体原本就是众多信息的集合体,如何发挥媒体集合体的新闻效应,关键在于编辑能否善于根据各类稿件信息之间的不同联系,把它们加以巧妙的组合,使之能够真实而生动地反映现实生活,并引导受众把视线集中到现实所提出的主要任务上来。如果组织不合理,呈现给受众的有关现实画面,就可能杂乱无章,甚至是一种假象,其传播效果就可想而知了。

新闻编辑工作的组织任务,从其组织的范围来看,大致有三种基本模式。

1. 微观型组织

它涉及的是一组稿件或报道,即根据稿件或报道间的互相联系,将若干具有共同性的稿件或报道,组成有机的稿群或报道集合。因其涉及的稿件或报道不多,所以属微观型组织活动,就整个媒体来说,它只是局部性组织。一组稿群或报道集合体的组织形式常见的有三种:一是同题集中,即在同一条新闻标题之下,将几篇稿件或报道组织在一起刊发、播出。二是专栏,即将若干篇稿件或报道具有共同性的稿件或报道组织在一起,并在报纸版面、网络页面或广电节目时段让它自成格局。三是配套,即围绕一两篇稿件或报道,配发相关的评论、图片、资料。

2. 中观型组织

它涉及的是报纸的一个版、广电的一个节目板块、网站的一个页面,以及一天的报纸、一个时段的广电节目或网站内容。中观型组织就一个更大规模、更长时期报道的组织来说,它只是其中的一个局部或侧面,但相对于单篇或两篇以上的稿件或报道的组织来说,它又是全局。中观型组织模式不同于微观型组织,它不能只是单篇稿件或报道和一组稿件或报道的简单集纳,而要从整体上加以精心编排。它不仅应该是有秩序的,是多类稿件或报道的分门别类,以便受众阅读或视听,而且在内容的配置、版面(页面或节目板块)的安排中,尽可能体现出报道思想和媒体的风格特点。

3. 宏观型组织

这是一个较大规模、较长时期的报道的组织,即根据党和国家当前的中心任务,以及各媒体所分工的报道范围,对一个时期的报道所做的总体规划。宏观型组织一般要在调查研究的基础上,制订出报道提示或报道计划,然后组织力量加以具体实施。这种报道组织常见的形式有连续报道、集中报道、系列报道等。总编辑和编辑部主任，一般处在组织报道的领导地位，组织宏观报道的任务主要落在他们的身上。这就要求他们，面对纷繁复杂的问题进行报道时，深谋远虑地做出分析、判断，正确地把握好报道方向。

第三节 新闻编辑工作的流程和特性

一、新闻编辑工作的流程

新闻编辑工作是新闻产品生产传播过程中最重要的组成部分，它由多道工序组成，新闻编辑各工序安排的程序就是新闻编辑工作的流程。

以新办报纸为例，首先是以报纸总编辑为首的编委会在调查读者和分析市场的基础上，根据办报方针，制定报纸的编辑方针，设计出报纸方案。报纸设计方案对报纸的规模（例如共出多少版面）、报纸的结构（例如各类型版面的分工组合）、报纸的风格特色做出详细的规划。然后各专业编辑部门负责人或版面主编根据这一办报总体规划，按照当前形势和中心工作，确定新闻报道重点和计划。编辑人员负责选稿、改稿、制题、组版、校对等工作。栏目负责人和主编、总编辑最后把关，一张报纸按照上述操作程序周而复始地出版，经过发行人员送到读者手中。

上述工作流程可表述为：确定编辑方针—设计内容结构、版面形象和风格特色—设计各新闻版及专栏—设计和组织目前阶段的重大新闻报道—分析、选择新闻稿件—修改新闻稿件—制作新闻标题—配置新闻稿件—编排新闻版面—校对、签发—印刷—发行。

从编辑工作的流程可以看出大致可以分为三个阶段。

第一阶段：来稿分流阶段。即将收到的各种来稿、来信集中分类，这项工作的一般由群工部负责。该部编辑将来稿筛选、分类后，根据稿件内容分送给不同专业的编辑。

第二阶段：加工整理阶段。各专业性编辑部门（如经济部、科教部、都市新闻部、国内新闻部、评论部等）的编辑们审读各自的稿件，经斟选、加工和整理，编成备用稿，同时还要从稿件、稿群的内容、角度等方面决定是否要配发言论、图片或其他资料，决定是否采用专栏、专页的形式等，经编辑修改后交给编辑部的负责人定稿。

第三阶段：版面编辑阶段。在这一阶段中，版面编辑对各部门送来的稿件进行再评价、再选择、再修改，并最终决定如何编发这些稿件（如决定哪些退稿，哪些立即刊发，哪些延时刊发，哪些用作内参等），然后设计版面，进行版面编辑工作，最后将拼组好的版面交送有关负责人检查和审阅，无误后付印发行。

在这一系列流程中，除印刷和发行外，每一环节都少不了编辑的参与和创意。大到编辑方针的制定，小到错别字的校对，都是需要编辑悉心负责的。从上面的流程我们不难看出，现代新闻编辑其实是一个笼统的大概念。大体说来，新闻编辑有两种类型：一是宏观编辑，即编辑的统筹决策，负责报纸中带有宏观性、全局性的工作，如制定报纸的办报方针，确定报纸的风格、宗旨，报纸各版内容的设置，以及时空范围较大的报道的策划与安排；另一类是微观编辑，即编辑的具体业务，在宏观的编辑决策程序后，将策划方案落实到编辑个体，工作进入到具体操作阶段。他面对的是具体的稿件，如稿件的选择与修改、稿件的配置、标题的制作、版面的设计等。我们一般口头上说的编辑，指的就是微观编辑，即他们只面对具体稿件（报纸编辑面对文字、图片；广播电视编辑面对的是具体声像素材）。只有这两类编辑密切地配合，前后呼应，严格地按照编辑流程做好各自的工作，才能共同为读者奉献出一份质量优良的报纸。

在这些编辑工作流程中，接受信息反馈和处理各类信息是这一流程中贯穿始终的一项工作，报纸编辑在任何一道工作程序中都要有意识地接受来自记者、作者、读者等各方面的意见和建议，并据此对正在进行的工序做出适当的修正。值得注意的是，新闻编辑工作流程既包括较为宏观的编辑决策与设计工序，又包括具体的编稿、组版工序。对于一张新创办的报纸，或即将改版的报纸来说，这两个方面缺一不可，而且决策与设计对编稿与组版具有指导和制约作用，即选稿、改稿、制作标题、组拼版面，都要依据报纸的编辑方针，以及报纸的整体设计方案进行操作。

值得注意的是，随着社会发展和技术的不断进步，报纸编排经历了铅字排版到电子编排的历程。因此，其具体的编辑工作流程有所不同。

（一）铅排报纸编排流程

从 15 世纪中期开始，一直到 20 世纪 70 年代，报纸铅字排版经历了一个漫长的发展过程。1041—1048 年，我国宋代毕昇发明的胶泥活字印刷术，于 15 世纪初传入西方。1450 年前后，德国的古登堡在中国胶泥活字印刷术的基础上发明了铅活字技术，此后铅字逐渐应用于报纸印刷。1815 年，由英国传教士米怜、马礼逊和中国工人梁发等创办的我国第一家中文报刊《察世俗每月统记传》，受技术条件限制，采用木版雕印。1859 年，美国传教士甘布林在宁波试制成功电镀汉字模，从此，铅字取代木活字在中国的书报刊排印中得到推广应用。

从新中国成立到 1986 年《经济日报》率先采用激光照排之前，我国报纸编排一直采用铅排。报纸一直沿用写稿依靠纸笔、传递依靠车辆、印刷依靠铅字、洗相依靠双手的传统新闻生产工艺。

铅排报纸编排流程是：本报记者、通讯员采写稿和社外来稿—编辑选稿、改稿—部主任审发—总编室主任审发—排字工人用铅字排出小样—校对员初校—排字工人改排后出小样—编辑修改小样—部主任审改小样—排字工人二次改样—校对员二校—排字工人改排出小样—组版编辑画版样—拼版工人拼版出大样—校对员三校—出版部主任（组版编辑）审改大样—拼版工人改版—值班总编辑审改大样—拼版工人再改版—组版编辑校改（对红）—印刷工人出清样—值班总编辑签发付印—印刷工人打纸型—浇版（制成 PS 版铅锌版）。

铅排大报一个版，一个熟练拣字工人需要花费六个小时。铅排时代报纸一般都是四个版，第二、三、四版的稿件一般要提前一周发排，第一版的一般稿件要提前两三天发排，重要新闻稿当天发排。铅排报纸不仅速度慢，而且质量差。

（二）报纸电子编排流程

报纸电子编排，是指依托计算机技术和现代网络通信技术，对新闻稿（文字稿、图片稿和表格等），进行录入、编辑、校对、排版、传递等流程的一系列电子化的操作。即用计算机技术编排稿件，以代替传统的纸和笔；以激光照排代替铅排；以计算机数字化传稿代替模拟传稿；以网络为载体发布新闻代替以纸张为载体发布新闻。

计算机激光照排技术，最早在 20 世纪 60 年代由美国报业率先采用。从 70 年代初起，西方发达国家普遍采用了计算机激光照排新技术。1974 年 8 月，国家一机部组成工程组，启动了旨在使汉字进入计算的“748”工程。1979 年 7 月，华光Ⅰ型排出了 8 开的报纸底片，取得初步成果。1983 年，华光Ⅱ型研制成功。1985 年，国产华光计算机激光编辑排版系统华光Ⅲ型成功推出。1986 年，计算机激光编辑排版系统的关键性输出设备——大报版激光照排机研制成功。1987 年，《经济日报》引进感光树脂版印刷报纸，使用华光Ⅲ型出版了世界上第一张采用计算机编辑、激光照排、整面输出的中文报纸。这一变革成为我国报纸告别“铅与火”编排，迎来“光与电”编排的新时代。1992 年，北大方正、华光以文图合一、整版输出为特点的彩色报纸编排系统在一些报社应用。1994 年，北大方正飞腾组版软件 1.0 发布。到 1995 年“八五”计划完成之时，计算机激光编辑排版系统在全国各类报社已经普及，普遍使用北大方正飞腾组版软件 4.0。北大方正飞腾组版软件 4.1 已经推出。在不到 10 年时间，我国报纸的编排手段和印刷出版技术基本实现了以计算机为主体的电子化作业，完成了从铅排时代到光电时代的飞跃。

与以手工操作为主的铅排相比，报纸电子排版的特点：一是编排速度超常快（一位熟练的组版编辑编排大报一个版，包括画版、录入、组版，一般只需要三四个小时）；二是编排手段更丰富；三是组版式方式直观简捷；四是文字校对和资料检索更为便捷；五是编辑创意更灵活。

报纸电子编排流程与手动铅排，既有相同之处，又有相当大的区别。两者相同之处在于：一是新闻编辑的基础理论没变；二是传统的选稿、改稿、制作标题、组版等基本原则变化不大。两者的区别在于：因计算机、网络通信等技术的介入，报纸新闻稿件的录入、校对、输出和组版技术的电子化和网络化，带来了版面设计风格的变化和出版方式的革新，简化了报纸的编排流程，提高了报纸的质量和出版速度。

根据我国大小报社目前技术装备是否全程网络化，可以把报纸电子编排流程分为非网络化的报纸电子编排和网络化的报纸电子编排两种形式。

1. 非网络化的报纸电子编排流程

非网络化的报纸电子编排流程是将传统编排手段和计算机电子化新闻编排手段相结合的编排方式。它的特点是：编辑选稿、改稿、校对、画版等工作仍然依靠纸和笔进行。它与铅排时代不同的是：将铅排系统换成了计算机激光照排系统，省却了铸字、拣字、压纸型等人工排版工序，有效地提高了报纸的印刷质量和出版速度。

尽管这种编排流程已将录入和组版连成了局部网络，但从技术的角度看，这还不是一种完全意义上的新闻电子编排，只能算作传统新闻编排向电子网络化新闻编排的过渡形式。因为这种流程主要以单机为操作对象，计算机系统各部分间的联系主要靠的是软盘及其硬拷贝。其工作程序由四大部分组成。

1）文字录入

编辑部将经过审定准备发表的稿件及发稿单送往激光电子照排车间由录入人员进行稿件输入工作，然后拷贝出来，打出小样供初校用。图片扫描后进行存储。

2）版面设计

版面编辑根据初校的稿件，在版样纸上画出版样，包括确定文字和图片所占的面积、位置，标题字体、字号的选定，线条、花边的确定等。

3）组版

专业组版人员根据版样，在组版机上生成组版大样文件，通过主机生成版面结果文件，由激光印字机输出大样，经修改后输出胶片制版印刷。

4）印刷

由激光照排机输出胶片，然后制成 PS 版（过去是铅锌版，现在是铝版）印刷。

非网络化的报纸电子编排流程具体是本报记者、通讯员采写稿和社外来稿—编辑选稿、改稿—部主任审发—总编室主任审发—专业录入人员在录入编辑机上录入稿件小样—打出小样后由专业校对员初校—组版编辑根据初校后的小样用版样纸画版样—组版工人在组版机上组版—激光印字机输出版面大样—专业校对员二校，组版编辑、出版部主任、值班总编辑同时审改大样—组版工人电脑改版后出清样—专业校对员三校，值班总编辑审改清样后签发—激光照排机出胶片—核校胶版后成 PS 版铝版。

非网络化的报纸电子编排流程由铅排流程的 24 道工序减为 13 道，新闻报道的时效性和质量大大提高。

2. 网络化的报纸电子编排流程

网络化的报纸电子编排流程是以计算机技术、网络通讯技术等为基础，由全数字化的电脑网络编辑系统构成的新闻电子编排流程。电脑网络编辑系统的核心是采编流程管理系统，它将采、写、编、改、排、签发全部集中在网络中进行。这种编辑流程为无纸编辑形式，其主要特点是利用计算机技术进行写稿、编辑、发稿、组版，以代替传统的纸和笔。它是目前中外报纸普遍采用的一种高效率的电子编排系统。

广播、电视、网络新闻编辑工作的流程在总体结构上与报纸新闻编辑是一致的，即确定编辑方针—设计新闻载体的结构、形态和风格—设计并组织新闻报道—编辑加工新闻作品—对单一新闻作品进行组配—将单个节目串联成完整的栏目，并发布或播出。

网络编辑要规范工作流程提升竞争力

随着互联网的不断普及，更多的网民开始纷纷关注更深层次的新闻。在网络新闻大战中，竞争的焦点正在悄然地发生转移，从“眼球信息”的初级阶段演绎到“头脑信息”

的深层次较量。提高网络新闻竞争力的主要部分体现在日常新闻质量、突发轰动事件以及网站新闻搜索,这是一个潜移默化的综合因素作用的结果。

1. 规范网络编辑工作流程,让网络编辑以及相关员工有规可依、有法可循

首先,应该适应不断变化的竞争环境,应该对稿件采集的来源、新闻稿件编辑的具体事项、一天的工作流程以及交接班时注意的事项等等做出相应的规范。其次,建立对新闻事实核准制度,在各个栏目建立起在各自领域内对合作媒体群的评估体系,确定新闻价值的判断原则以及实现方法。最后,要不断查找发现自己的短处并且及时对症下药,进行有针对性的指导和培训,增强网络新闻的整体竞争力。

2. 建立突发事件预案

长期以来,突发性新闻事件因其蕴含的巨大新闻价值而成为新闻报道中的一大重点,是新闻网站在短时间内提升人气或者改善品牌的最好机会。在突发事件报道过程中,由于要在短时间内调动大量人力,因此需要培养一支专门应急的"特种兵"小分队。网络新闻媒体应该建立突发事件预案,建立高效率的快速反应机制。利用新闻传播速度、方式、广泛程度等方面的优势争取受众的注意力。

建立突发事件预案,可以从两个方面入手:一是设置紧急处理流程,在事件发生时电话通知值班总编,得到指令后按紧急处理流程迅速发布快讯;二是制定固定专题模板,根据突发事件的具体情况,按照模板迅速制作出新闻报道。这样在发生突发事件时,可以第一时间为受众全面深入了解情况提供一个开放性和多样性的途径。

3. 抢抓新闻制高点

网络新闻表现出来的娱乐化、平民化、媚俗化为现阶段消费时代的自然表现。"媚俗美学成为后传播时代的审美风尚,即美学已渗透到了经济、政治、文化以及日常生活中,因而丧失了其自主性和特殊性"。

鉴于受众在网络新闻内容选择上对于媚俗与娱乐元素的偏好,追求浏览率的网站,需要一定比例的"软新闻"。实际上,对于成熟的品牌网站来说,没有必要一味迎合受众的这种"求软"心理。"硬新闻"永远是主流媒体的标志性核心产品,应该以"硬"为主,"软"只是一种佐料,只是气氛上的调剂。

4. 网络新闻编辑在"把关"过程中要防止新闻煽情化

心理学家研究成果表明,受众的本我是趋向"享乐"与"刺激"的,他们喜好"新奇"、"娱乐"的传播内容。网络传媒为了在众多的媒体中脱颖而出,就必须要注意受众的这一内在需求,通过满足网民的阅读喜好,来获得支持。

5. 技术创新

好的发布系统可以形成更快的发布速度、更丰富的表现形式、更快捷的专题组织以及更多的内容关联,而这些都是提升网站访问量的关键因素。同时,利用好搜索引擎也是重要的一部分。

新闻网站吸引受众,提高网络新闻的点击率,一是要依靠口碑等人际关系的传播,二是要依靠网站搜索的链接来实现。与搜索引擎相结合后,每一条新闻都可以看成是网站、频道的品牌营销通路。因为网友通过一个主题词的搜索,都可能进入网站的一条新闻、一个专题、一个栏目、一个频道。从这个意义上讲,网络新闻的生产过程本身就是

构成自身品牌的营销过程。

6. 加大专稿写作力度

在众多的新闻网站中，是否做到真正吸引受众、有长足发展是新闻网站能否在激烈竞争中存活下去的决定性因素。网络新闻媒体具有两个突出的特点：原创性与整合性。原创性的独家新闻报道是网络新闻的特色。在现有资源情况下，要提升新闻网站的知名度，原创的新闻是必不可少的。典型报道在我国一直是主流媒体的优势和强项。作为新闻的重要组成部分，典型宣传在唱响主旋律、引领积极健康的主流舆论方面发挥着重要的作用。首先要深入学习理解，使先进典型宣传主题紧扣党的路线方针政策；其次要精心细致采访，寻觅独家视角，使典型宣传主题增强个性特色。同时，还应做一些解释性报道、客观性报道等深度报道。保持新闻特点的同时注意受众的现实情况，行文多考虑时新性、趣味性、可读性、思想性、人情味。这样网络才能有新的生命力和活力。

7. 研究受众需求增强互动性

互联网带来的不仅是一种新的传播方式，同时也对大众的生活习惯、工作方式、价值观念以及思维方式产生了重大影响。从传播学的发展历史来看，受众与传播者的角色经历了多次的转变。

做好网络新闻，要分析受众的微观和宏观需求，理解网络新闻的受众，满足受众的心理要求。在宏观上，以传播者为中心，网络编辑考虑的是战略目的——提高新闻点击率等，网络编辑有新闻的选择权，传播者是主动的。在微观上，网络新闻的选择是以受众为中心，需要了解受众需要的信息和传播的方式。

根据受众心理特征，网络编辑需要处理好网络新闻“软”与“硬”、“新”与“旧”、“真”与“假”、“深”与“浅”以及“长”与“短”的关系。由于网络的开放性和跨空间性，使得受众群体有一定的发言权。新闻事件发生之后，现场目击者、当事人可以通过论坛发布信息。广泛的信息来源使得受众在全面了解信息之后就能发表自己的看法、就不同观点进行争论。交互功能可以通过嘉宾聊天、新闻留言、网上新闻调查、主题论坛等方式来实现。页面、栏目设计根据网络受众对新闻内容阅读的跳跃性以及检索性，建立合理的链接系统、方便受众搜索。应该遵循视觉接触中心的原则，注重版面“和谐、平衡、活泼、富有表现力”的色彩进行设计。

网络新闻媒体的版面语言主要体现在新闻在网页的“空间位置”上。一般说来，处于网页左方和上方的信息强势较大，因为这部分信息往往最先争得读者的“眼球”。这样，受众能从阅读的顺序中体会到稿件重要与否。标题的字体大小、排列方式、色彩等手段也在网络新闻的表现中得到应用。

思考与提示：

1. 如何通过规范网络编辑工作流程来提升网络媒体的竞争力？
2. 网络新闻媒体如何建立突发事件预案？

二、新闻编辑工作的特性

（一）新闻编辑工作与采集工作的比较

要考察新闻编辑工作的特性，不妨先从新闻产品生产、传播体系的宏观整体着眼，从新闻编辑工作和新闻采集工作的比较中来把握其特点。在新闻产品生产、传播过程中，与新闻编辑工作关系最为密切的无疑就是它的“原材料提供者”采集部门。因为，无论是报社、通讯社、杂志社，还是广播电台、电视台，采访、写作和编辑是非常重要、缺一不可的两大新闻业务部门，人们常常将之合称“采编”。一些编辑部的人员在内是编辑，出外是记者，称作“采编合一”制度；而有一些编辑部门实施“采编分离”制度，专门设版面主编负责版面编辑工作，编辑人员不采访，专业部的记者只做采访工作，不负责编排任务；更有一些机构混合采用上述两种分工模式，对时效性强的新闻编辑内容如要闻版、实事版等实行“采编分离”，对时效性相对较弱，而报道深度要求较高的内容如新闻性专版实行“采编合一”。总之，采用哪种分工模式需要根据编辑部门的具体情况来实施，具体情况具体分析。

新闻信息的采集只是整个新闻生产过程中的一个重要环节，而新闻编辑工作从前期新闻媒介的整体设计、新闻报道的策划组织，到新闻作品修改把关和新闻信息的整合展示，贯穿了整个新闻生产的全过程。随着科技发展和媒介形态的演变，采编两大业务部门互相融合将成为一种趋势，如广播电视的现场直播，网络媒体的新闻报道，多采用采、写、编、评、摄、播一体化模式，一气呵成。尽管如此，采编工作还是互为依靠、联系而又有别的。二者的具体关系表现如下。

首先，新闻采集和编辑互相依存，共存于一个新闻生产、传播系统，具有共同的宗旨和目标，那就是生产、传播优质的新闻产品，服务广大受众。

其次，采编工作的区别主要表现在以下几点。

一是工作对象不同。记者工作的对象是现实生活，编辑工作的对象则是稿件。

二是工作性质不同。记者采集工作是一线工作，直接面对社会现实；编辑是二线工作，或对记者采访提供指南，或对采集成果进行修改加工。

三是工作任务不同。采集的任务是写稿或摄录音像素材，产品是以个体稿件的形式展现，主要体现个人劳动；编辑的任务则是把关、编排播发，产品是每一期的报刊、每一天的节目、每一档的栏目，是一个综合体，主要体现集体的劳动。

四是工作方式不同。采集可以由记者独立承担，一般自始至终由一人进行，即使几个人合作采写某一新闻、共同构思，也是分头写作，电视新闻采集需由多人合作进行；编辑工作必须集体来做，由许多环节组成，从总编辑、频道总监、主编等人对媒介的设计，编辑部主任、策划人等策划组织报道，到后期编辑设计出报纸版面、广电节目、网站页面，可谓环环相扣，全体协作。

新闻采集与编辑两大工作的差异，客观上使二者之间的矛盾成为可能：新闻编辑策划的水平如何，直接影响记者采集的成败和水平的发挥；编辑对新闻采集的取舍、修改和展示又直接关系记者劳动成果的能否体现和如何体现；编辑人员的人品修养和业务水准也影响着采编合作的成果。上述可能导致的矛盾冲突，需编辑适当把握方可避免。

（二）新闻编辑工作的特性

1. 新闻传播活动的总设计与总指挥

在市场经济环境下，新闻媒体面对的已经不是媒体供不应求的“卖方市场”，而是受众自由选择媒体的“买方市场”。媒体间的竞争首先是产品质量和服务质量的竞争，而产品质量和服务质量又主要体现在新闻传播效果上。公众欢迎的是新闻信息量大、时效性强、可信度高、可读性强并且能够让他们参与到传播活动中的媒体。而媒体的这些品质不可能自然地生成,必须靠有创意的新闻产品设计和有意识、有组织的新闻传播活动来营造。新闻编辑工作的一项重要任务就是设计媒体的新闻产品和策划、组织新闻报道。

1）新闻编辑是编辑方针的制定者,是媒体形象的设计师

在报纸、广播、电视、网络媒体的创办或者改版过程中,以总编辑为首的编辑委员会担负着制定编辑方针的任务。编辑方针规定了媒体的受众对象、报道内容和风格特色,因此成为编辑部全体人员共同遵守的行动指南,并指引所有新闻业务活动。新闻编辑还担负着设计新闻媒体产品的信息规模、结构和外在形象的任务。

每一个新闻版组、每一块新闻版面、每一个新闻频道、每一个新闻栏目都是由编辑策划的,它们作为新闻媒体的有机组成部分,成为向广大受众传递新闻信息的载体。媒体产品的政治水平、文化水平以及专业水平,都直接受编辑水平的制约。目前正在不断向前推进的媒体融合,对新闻编辑的决策与设计水平提出了更高的要求,如在一个融合的媒体集团中,每一个媒体的定位要求更加精准和个性化,而同时对于不同终端产品,还需要有一体化的设计思路以促进“产品链”的生成和传播效果及媒体收益的最大化。

2）新闻编辑是每一阶段新闻报道活动的策划者和组织者

报纸的总编辑、编辑部主任、版面主编,电台电视台的总编辑、新闻频道总监、新闻部主任、栏目制片人、编辑策划人等都担负着策划和组织新闻报道的任务,这项任务在任何新闻媒体都常规性地、日益频繁地进行着。社会公众对新闻传播的需求不断提高,他们不满足于获知新近变动的新闻事实,而要求媒介围绕新闻事件或社会现象提供尽可能详尽的背景资料,解释其产生的原因,分析其带来的影响,预测其发展的趋向。为此,新闻报道由平面式走向立体式,从单向性走向多向性,追踪报道、系列报道、组合报道等运用得越来越多,公众参与新闻传播也越来越多,新闻编辑设计和组织报道的任务必然越来越重。

媒介融合之后,策划内容生产与管理内容分配的高层编辑人员将占据更加重要的地位。美国学者认为,“多媒体分配总编辑”(multiple assignment editor)就是在媒介融合之后担负着特殊任务的高层编辑人员。在美国占据市场份额排名前 100 名的中型和大型媒体新闻编辑部中,“多媒体分配总编辑”往往由多人担任,他们根据责任或工作时间段来分工,如在大型媒体新闻编辑部中有分设策划总编辑(planning editor)和分配助理(assignment desk assistant)的,也有分设“白班分配总编辑”、“夜班分配总编辑”和“周末分配总编辑”的。而在小型媒体编辑部中,通常只设一个“分配总编辑”,每周 7 天每天 24 小时都在负责内容生产。研究者认为,“在多媒体的或融合的新闻编辑部中,制片人和分配总编辑的角色变得更加复杂和重要。他们现在要考虑的已经不仅仅是在电视新闻中报道什么与如何报道,他们必须决定如何最好地同时在报纸、广播电视和在线平台上完成新闻报道”。显然,高层编辑人员策划和组织传播的工作对象已经由单媒体变成多媒体,策划与管理报道活动的难度大大提高了。

3）新闻编辑是记者从事采访写作的指挥员和参谋

新闻编辑不仅策划报道,而且是每一个重大报道战役的指挥者,他们向记者部署采

访任务，协调各部门、各工种以及记者之间的关系，随时了解记者的工作情况并提供力所能及的帮助，比如提供采访线索、提供资料、推荐合作者等。在记者的采访写作过程中，编辑还要为其做好参谋。编辑与记者的工作性质不同，更应该站在全局的高度看问题，可与记者互补，加深对报道客体的认识，与记者一道找到更有价值的选题和更好的报道角度，生产出优秀的新闻作品。可以说，新闻竞争越激烈，媒介就越需要足智多谋、指挥有方的新闻编辑。

2. 新闻传播活动的集大成者和总把关人

如果说记者的工作对象是单个的新闻作品，编辑的工作对象则是报纸、频道、栏目等集合体。如在报纸编辑部中，由于编辑工作的目标是生产出由各类稿件组合成的综合产品——报纸，报纸编辑就必然处在精加工和总合成的位置上。编辑部的各类工作人员如记者、资料员、评论员、照排技术人员等，无一不与编辑工作发生联系，他们的劳动成果通过编辑工作汇集成一体。在已经运用计算机采编系统的报社，网络系统上的一个个编辑工作站实际就是一个个枢纽，来自各方面的稿件都集中在这些工作站的“备稿库”中。各部门编辑对这些稿件进行分类、选择、加工，不合格的产品被退还，准备采用并编好的稿件则放进“成品库”中。总编室白班编辑根据当天版面的需要，从“成品库”中选取稿件再度进行加工和配置，经过这轮处理的稿件就进入了“上版库”，留待版面编辑将其设计成完整的版面。设计好的版面再由技术人员照相制版，印刷成报纸。采编系统中的三类稿库，既是编辑的作业场所，又是记者、评论员、资料员等劳动成果的集散地。采编网络系统的运行，使编辑在网络上与各工种对话、合作，而编辑工作的最终目标，就是将编辑部门所有人的劳动成果在报纸上集中体现出来，向广大读者奉献高质量的文化产品。所以说，编辑工作是各项采编业务的集大成。

在新闻传播活动过程中，编辑工作是新闻传达至读者的最重要的一个关卡。有人把编辑比作足球场上的守门员，如果说传球失误还可以寻找机会更正，或者被守门员拦住而不至于造成败局的话，守门员的失误却无法修正，造成的损失无法弥补。虽然记者、作者对新闻都有自觉“把关”的责任，但编辑由于其特殊地位，在把关上担负的责任更为重大。这种把关既包括杜绝新闻报道在政治思想和政策上的差错，也包括技术性的差错。新闻编辑无法阻止各种差错的出现，但必须把一切差错消灭在版面之外，保证新闻传播的真实性和准确性。

3. 新闻素材价值的提升者

当记者、作者把新闻稿交到编辑部时，这些稿件已是对原始的新闻素材的选择和加工后的成品，但是，这些成品并不一定完全符合报纸的要求。编辑选择和处理稿件，首先是对新闻素材重新认识的过程。由于新闻采写与编辑工作的种种差异，编辑和记者往往是从不同的角度看待新闻选题和新闻素材的，工作在一线的记者对事物的感受更加真实、深切，但也可能因为身在其中难以保持客观冷静，而且视野会受到限制。编辑所处的位置相对超脱，更多地从全局上考虑问题，对报纸的报道立场和原则把握得更加到位，对同类情况有更多的报道经验，因此有可能看到记者尚未意识到的问题，发现新闻素材中潜在的价值，找到更好的报道角度。编辑对于新闻素材的价值提升，还表现在面对众多的新闻稿件,编辑可以通过对稿件进行对比、联想、拓展,从中提升出一个更深刻的报道主题,或者发现更有价值的新闻线索,重新策划和组织报道。

新闻编辑对于新闻稿件的加工修改,不是简单的"剪刀加糨糊"的技术性工作,而是根据编辑方针和报道意图对新闻素材进行再挖掘和再表现的过程,是富有创造性的劳动。当然,编辑对新闻素材的"再创作"要以新闻事实为依据,不能随意添加或杜撰,不能违背事物的本质和规律,从这一点来说,新闻编辑的能动性、创造性又是受制约的。

新闻编辑对新闻素材价值的提升主要体现在以下两个方面。

一是对新闻素材的选择、组合、提炼与创新。编辑与记者的岗位不同,视野也往往不同。记者一般对社会现实了解颇多,对自己所从事报道的领域非常熟悉,但在全面的情况和读者的要求方面却往往不如编辑清楚,在写稿时可能不得要领,使新闻素材的潜力得不到充分发挥。编辑选稿、改稿、定标题,就是使最有新闻价值的内容得到突出处理,更深入、更全面地报道新闻事实。

二是对新闻表现形式的选择和创新。形式是为内容服务的,形式的运用往往又关系到内容传播的效果。新闻编辑对于新闻表现形式的选择主要通过选择稿件的写作方式、编排手法、版面或栏目的设计包装等来实现。此外,对个体的稿件进行组合,通过一系列稿件的综合表现形式,使受众了解事物发展的全貌,也是编辑对新闻素材的创造性运用。

4. 公共论坛的主持人与新闻话题的引导者

新技术与新媒体使普通公民获得了前所未有的参与新闻传播的能力,他们能借助手机、博客、播客、BBS 等发布新闻、表达观点。从整个社会的新闻信息流动来看,越来越多的新闻正在职业"新闻把关人"控制范围之外广泛传播,这已是不容回避的事实。因此,新闻编辑必须在这样一个新的媒介环境下重新思考自己的角色定位。

首先,新闻编辑需要担负起公共论坛主持人的新角色,组织与各类新闻相关的对话甚至观点交锋。由于新媒介不断出现,新闻信息源随之发生了结构性的变化,博客、播客等都是不容轻视的个人媒体,来自普通民众的新闻和言论在新闻传播中占据越来越大的比重。在这场变革中,专业新闻媒体如果不能把自己改造成公众交流的平台,就将失去受众失去市场。因此,新闻编辑必须从幕后走到前台,成为社会公众的对话者和新闻论坛的主持人,并将公众意见纳入新闻传播内容的范畴内。现在,已经有越来越多的传统媒体的记者编辑在网络媒体上开设了互动专栏,从中获取信息和线索,主持有关各类新闻议题的讨论。2006 年获得中国新闻奖网络新闻专题一等奖的新华网的专题报道《网民感动总理,总理感动网民——总理记者招待会网上答问》,便是新闻编辑策划与主持报道的一项成果。在温家宝总理记者招待会召开前三天,新华网以"温总理记者招待会,你想问什么?"为题,公开向网民征集问题,并将网民的帖子在新华网首页发布。温总理在记者招待会上回应了网民的提问,新华网立即推出"点评总理记者招待会,温总理深情回应网民"的引导帖文,获得了网民 30 万次点击跟进和约 2000 条的帖文回复。整个报道还链接直播的视频音频、现场图片,形成了互动性专题。2006 年以来,所有参评中国新闻奖的网络新闻专题都开设了论坛与网民互动,新闻编辑作为"主持人"的特点也表现得非常突出。

其次，新闻编辑需要更多地承担对公众普遍关注的新闻话题进行引导、解释与评析的任务，而不只是简单地决定报道什么或不报道什么。技术发展促使新闻传播方式正在从传统媒介主导的单向式变为专业媒介组织与普通公民共同参与的分享式、互动式，大众传播与人际传播更加紧密地结合与汇流。这种新格局一方面造成新闻信息供给过剩，另一方面也促成人们对专业媒体组织整合、诠释信息的更多依赖。而且不同的人对于同一条新闻的关注点不同，对于与这条新闻相关的其他信息及服务的诉求也不同，新闻编辑的任务就是要根据受众千差万别的需要，提供千姿百态的内容产品和信息服务，并在这种服务与交流过程中实现对社会舆论的引导。

第四节　新闻编辑部门的体制和机制

从上述新闻编辑工作的特性和任务来看，编辑工作有其特定的内涵，诸如媒体编辑方针的制定与实施，报道方案的制定与指挥，稿件的组织与编辑，标题的拟制，版面、页面与节目的设计编排等等，而承担这些工作的人员包括编辑部的编辑、主编以及媒体的总编辑。涉及这些编辑工作和人员，一般都是按照一定的体制来组织架构的，所以要更深入地了解新闻编辑工作，有必要了解好新闻编辑部门的体制与机制。

一、新闻编辑工作的体制和机制

（一）新闻编辑的体制

新闻编辑工作的体制一般是建立在媒体的编辑部基础上的。

所谓编辑部，是指新闻单位内负责新闻采写、编辑、通联和资料等新闻业务工作部门的总称，它是新闻单位的核心部门，其内部一般由若干个专业部门组成。随着传媒产业化的演进，媒体编辑部的职能在逐渐发生变化：从最初的既管编报、编节目又管广告、经营，到编辑部与经理部分立并行，再到一些经理人领导下的编辑部。

编辑部的最高领导人是总编辑，最高领导机构是编委会。总编辑是主管编辑、采访和通联等新闻业务的总负责人和主要决策人。为了协助总编辑的工作，一般又设置若干名副总编辑，分管某些重要部门或重要工序的工作。编委会是新闻单位编辑部工作的领导机构，凡是编辑部工作的重大问题均由编委会讨论决定。编委会成员包括总编辑、分总编辑和若干编委。总编辑为编委会负责人。总编辑与编委会对各专业部和各版的领导以及各部门的协调，主要通过编前会制度来落实，编前会就是在内容组版或播出前由值班总编辑、编委或总编室主任主持各专业部负责人参加的总协调会。在实行总编辑负责制的单位，编委会不仅领导编辑部，还领导经理部和其他行政部门。编委会成员一般由新闻单位的主办机关任命。

在我国，目前媒体通行的体制是总编辑负责制，即在总编辑主持下的编委会对新闻单位全部工作全面负责的领导体制。在这种体制下，总编辑处于领导的核心地位，在他主持下的编委会不仅负责编辑部，还负责领导经理部和其他行政部门的工作，对新闻单位内的重大问题具有决策权。在这种体制下，新闻单位对本单位工作起监督作用，并负责党务等工作。除了总编辑负责制外，我国的新闻单位还有实施党委（党组）领导下的社（台）长负责制、社（台）长总编辑负责制等。

（二）新闻编辑的机制

新闻编辑工作机制是指编辑内部各项工作的组织形式和运行程序，编辑部的各项工作由分工协作、分散到集中，都是在一定的组织形式下进行的。

1. 编辑部的分工

编辑部内部分工有一个演变过程，先后经历了三次大的分工。早期，由于新闻报道范围有限，发行量有限，从业人员很少。编辑部内部没有分工，他们外出采访是记者，回来是编辑，还兼有校对和出版发行工作。

随着社会信息需求的增加，新闻报道面不断扩大，编辑部的工作量不断加大，便出现了第一次分工：从事新闻报道的人员分成了编辑和记者两大工种。记者专门从事采访写作，不再兼做编辑工作；编辑专职从事稿件与版面的编辑。这一时期，报社总编辑或主编还要承担撰写言论的工作。

第二次分工是把言论从编辑工作中独立出来，专设“主笔”一职，负责言论的撰写，其地位与总编辑相当。

第三次分工是根据社会上各行业或地区的划分而做的与之相适应的分工。编辑部分设国际部、经济部、教科文部、体育部等等，目前是兼顾各行各业的报道，是记者、编辑与各行各业建立经常的联系，便于及时发现新闻，更有利于记者和编辑部积累专门知识，提高报道水平。

2. 编辑部的组织结构

编辑部的组织结构可以简单地定义为编辑部各种劳动分工与协调方式的总和，它规定着编辑部各个组成单元的任务、职责、权利和相互关系。关于编辑部的组织结构，各个媒体不尽行同。

在我国，编辑部的组织结构一般有两个层次。第一个层次是编委会，这是编辑部的最高领导机构，通常由正副总编辑和一些重要编辑部门的负责人组成。总编室是编委会的执行机构，负责协调报纸各版，兼管摄影、美编、资料等编辑附属工作。第二个层次是各个专业部门，包括经济部、教科文部、国际部、记者部等，是编辑部执行机构，一般主持一个或几个版面，负责本部报道的组织，并为报纸各版供稿。有的媒体还存在第三层——各部门又根据报道领域分工为报道组。各层次之间，有着指挥与被指挥的关系。但记者部直接受编委会领导。这也是我国与国外媒体不同的地方。国外媒体新闻编辑部统统采取分类制，并实行采编合一，即将不同的编辑记者置入一个部门，不设单独的记者部。

3. 编辑部的内部细分

新闻编辑工作也是一项由众多环节组成的“系统工程”，不同的岗位、不同的业务职能，形成了新闻编辑工作的多种类型。我们可以根据编辑部的组织结构将编辑工作分为三类：

一类是高层编辑，即编辑部门的总负责人，负责媒介呈现的整体形象确定。其主要工作包括确定和统筹编辑方针。报道方针，指导编辑部人员的工作，及时解决编辑部工作中出现的问题，准确地判断、选择和正确地修改、审定各类稿件特别是重要的或有疑问的稿件。

一类是中层编辑，即编辑部下属各具体业务部门的负责人，负责某一个新闻传播单元的内容确定和形式呈现，如专栏或版面的报道内容与形式、电视的时间流程、网络的多媒体手段配置、报纸的版面设计、标题制作等等。

一类是基层编辑，即大部分编辑人员，担负着普通、基层的编辑任务，主要负责稿件的梳理工作。他们的分工更细，有的负责具体的稿件编辑，有的专门负责通联，有的则负责校对。

由于媒体的性质和技术特质的差异，具体到各类媒体略有差异。如在报社，高层编辑主要指政府总编辑、总编室主任；中层编辑包括编辑部主任和版面主编；基层编辑主要指文字编辑和校队人员。在电视台，普通的编辑人员分为画面编辑、文字编辑与通联编辑；中层有栏目主任和责任编辑等；正副台长、新闻中心主任等人，则承担了高层的职责。

二、新闻编辑的分类

对于编辑人员可以从不同角度进行分类。西方有人把现代新闻媒体的编辑人员分为三种：一是录入编辑（又称拷贝编辑），主要负责从网络上收集本报记者发回的报道以及通过其他途径传给过来的信息，将其中有新闻价值的信息拷贝下来，并按照报纸的体例进行剪辑和编辑，为专栏编辑提供基本可用的稿件；二是专栏编辑，主要负责从录入编辑收缩出来的稿件中选取适合专栏或专版需要的文章，编成一个专栏或专版；三是组版编辑（又称排印编辑），主要负责审阅专栏编辑编成的专栏或专版，对错误和疏漏进行修改和补充，最后组合成版面，交付印刷出版。

为了明确各编辑工作的权责，调动各方面的积极性，一般编辑部内部有一个分工合作的机制。我们可以按照不同的标准，对编辑人员进行如下划分。

1. 按编辑管理范围和责任大小划分

1）总编辑

编辑部门的总负责人，是介于行政领导和新闻专家之间的“两栖”角色。其主要职责是制定编辑方针，审定报道方案，指挥实施编辑方针和报道方案，审定重要稿件和版面，对编辑部工作中出现的问题进行裁决，组织协调各部门的工作，审读签发报纸的大样、清样。

2）编辑部主任

编辑部下属各具体业务部门的负责人。其主要职责是拟定本部门报道规划并组织、调控报道；审读、挑选、修改、签发本部门记者和通讯员的稿件，并分类提供给有关版面主编。

3）版面主编

负责设计、组拼报纸版面的编辑，通常称为组版编辑。其主要职责是设计版面的报道内容与形式，审读、选择和修改稿件，修改标题，配置版的内容审阅、设计版面，校对样张。需要说明的是，有的报社还专门设计版面的版式编辑，在这种情况下，新闻版主编则只负责版面的内容，而不再设计版面。

4）版式编辑

也称"美术编辑"，负责图片编辑与版面编排，其主要职责是根据版面主编提供的稿件，对报纸版面进行设计编排。有些重视便面整体设计的报社还在版式编辑的基础上设有一个位置更高的"版面总编"岗位，对报纸的所有版面进行前期的总体设计和长期监控。

5）新闻编辑

协助编辑部主任和版面主编工作、担负一定范围的稿件编辑任务的人员。其主要职责是审读、初选和修改稿件，制作标题。

6）校对

从事新闻出版过程中校对工作的专职人员。其主要职责是根据文字原稿或定本校对校样，订正差错，保证出版物的质量。

2. 按编辑业务程序划分

1）日班编辑

日班编辑是编辑部内白天从事编辑工作的一般人员，包括日间从事组织、选择和修改稿件，制作标题，编辑副刊、专刊等项工作的人员。有些新闻单位（如日报）的编辑工作需要日夜连续完成，由于其工作程序前后相接而工作内容又各具特点，所以又有日班编辑和夜班编辑的划分。日班编辑的主要工作是：安排采访，联系作者，处理、修改和提供稿件等。

2）夜班编辑

夜班编辑是编辑部内夜间从事编辑工作的一般人员。其所从事的是报纸出版前必须在夜间完成的编辑工作。其主要工作是：处理日班编辑送来的稿件，确定当天报纸的内容，赶写重要评论，对稿件进行组合、审改，制作标题，设计版面等。

3）内务编辑

又称"编务"，是负责编辑部内部业务事宜的工作人员。其主要工作是搜集、研究和整理内部情况，汇集和编写各种资料，出版新闻业务交流刊物，培训通讯骨干等。

3. 按编辑内容的专业划分

新闻编辑按编辑内容的不同可划分为政治编辑、经济编辑、文教编辑、经济编辑、体育编辑、副刊编辑等。

这种划分在不同的报社情况不同，有粗有细。如综合性报纸，负责编辑经济新闻的编辑为数不多，称作经济编辑。而在经济类专业报纸中，经济编辑还要更详细地分为工交编辑、财贸编辑、农业编辑等等。

另外，有些媒体内设有言论编辑、特种编辑、特约编辑、电讯编辑等。言论编辑是指从事评论的编辑。特种编辑，即新闻单位从事某些特殊编辑业务的人员，主要是指从事副刊、专刊和美术、摄影等编辑工作的人员。因他们所从事的编辑业务具有特定的范围，有一定的专业性和专题性，与一般的编辑业务有所不同，所以称为特种编辑。特约编辑，是指新闻机构从外单位请来从事编辑工作的人员。电讯编辑，是指编写加工通讯社来稿以供出版的编辑。

本章相关概念

编辑　edit
新闻编辑　the news editing
编辑方针　editorial policy
把关人　the gatekeepers

思考题

简答题

1. 简述编辑的来源及其含义。
2. 新闻编辑工作与采集工作有何异同?
3. 联系实际谈谈新闻编辑工作的特性。
4. 报纸上一则新闻的面世需要经过哪些流程?
5. 我国报社编辑部内是如何分工的?

CHAPTER 2

第二章 新闻编辑人才

本章导言

(1) 全面了解新闻编辑在新闻传播活动中的角色。
(2) 了解新闻编辑的职业发展环境。
(3) 掌握新闻编辑合理的知识结构构成。
(4) 理解新闻编辑的互联网思维。

本章引例

"把关人"概念最早是美国社会心理学家、传播学的奠基人之一库尔特·卢因在研究群体中信息流通渠道时提出的,1947 年,卢因在《群体生活的渠道》一书中系统论述了这个问题,他认为在群体传播过程中存在着一些把关人,只有符合群体规范或"把关人"价值标准的信息内容才能进入传播的管道。20 世纪 50 年代,传播学者怀特将这一概念应用于新闻研究,提出了新闻传播的"把关"过程模式。怀特认为,新闻媒介的报道活动不是"有闻必录",而是对众多的新闻素材进行取舍选择和加工的过程。在这个过程中,传播媒介形成一道关口新闻编辑,通过这个关口传达给受众的新闻或信息只是少数。

新闻编辑如何承担好"把关人"的角色,其在现代新闻传播活动到底扮演了什么样的角色,需要具备哪些能力与素质,对自己的职业应该有怎样的认识和计划,这些内容将在本章学习。

第一节　新闻编辑的角色和职业设计

一、新闻编辑的角色

新闻编辑作为一种职业,在新闻媒介产生之后才出现。自新闻编辑这一职业出现以来就在新闻产品的生产、传播过程中占有主导、核心地位，这就决定了新闻编辑通常需要担任多重重要的角色。

（一）确立新闻产品水准和风格的设计师

新闻报道具有传播信息、引导主流价值观等职责，媒介生产出的新闻产品呈现出不同的水准和风格。确定媒介新闻产品应面向怎样的受众群体，新闻产品应呈现出怎样的水准和风格，应报道怎样的内容，这些都是由编辑来决定的。新闻编辑的水平决定了其传播媒介的新闻传播水平。[①]

那么，编辑又是如何来实现定位新闻产品的风格的呢？新闻产品承载的首要任务即是传播信息，面对海量信息，编辑会选择性地接受和选取新闻信息进行传播，这就决定了新闻传播的内容。其次，编辑根据某一新闻报道中的信息来确定新闻报道的方式，来策划和组织报道。记者根据编辑的策划和组织进行采访、写稿，编辑再根据媒介的需要和报道的预期效果目标来处理修改稿件和版面。我们在日常生活中所接受到的任何新闻产品都是经过了新闻编辑的选择、加工、修改、处理实现的。

总而言之，编辑决定了新闻的采写、组稿、组版、节目编排，是新闻产品水准和风格的设计师，进而决定媒介的外在和内在双方面。

（二）对新闻产品进行再创造的加工者

单个的新闻产品通过加工和组合，才能成为大众传媒传播的成品。通过记者采写新闻是新闻成品制造的第一道工序，是初步创作，而编辑是对新闻产品进行再创造的加工者。

以文字作为载体进行新闻传播的产品，如报纸、杂志、电子新闻读物，可以通过新闻编辑对记者稿件的修改和版面的安排实现新闻产品的再创作。以文字为载体的新闻产品，其新闻编辑修改记者的稿件，包括对标题的修改、稿件中新闻信息详略的调整、字数的添加删减、版面的控制等等。以影像作为载体进行新闻传播的新闻产品，如电视台、互联网门户网站等，这些新闻媒介的新闻编辑根据新闻稿件和新闻影像资料结合，进行剪辑、配图、评论、添加画外音、解说词等，通过这些再创造形成新闻单个产品的成品。

新闻编辑再将单个的新闻产品组合成系统的新闻稿件或编排成系列节目通过所在的媒介平台进行传播。

（三）媒介生产新闻产品的系统指挥者

最初，编辑只负责媒介的新闻业务工作，随着传媒产业化的演进，媒体编辑部的职能在逐渐发生变化：从最初的参与新闻业务工作扩张到媒介的广告、经营。[②] 媒介高层次的编辑在生产新闻产品的过程中开始担当系统指挥者的角色。

一个新闻产品的生产过程是一个分工协作的过程，需要多个部门团结协作。中高

---

① 杨金鹏：《新闻编辑学实用教程》，华中科技大学出版社，2011 年版。

② 谭云明：《新闻编辑》，中国传媒大学出版社，2008 年版。

层次的新闻编辑还需要履行系统指挥者的职能，在生产新闻产品的过程中调度好各个部门，保证新闻产品的高质量、高水平。以传统纸媒为例，一份报纸的产生需要通过记者的采写，编辑的修改、组稿，美工的排版，责任编辑的审稿，印刷工人的印刷，五个基本环节。这就需要有一个系统的指挥者来进行统一调度，保证每一个环节高效率的运行，使新闻传播工作更顺利地进行。

新闻编辑作为一个系统的指挥者，在生产新闻产品的过程中，需要建立全局意识，熟悉新闻产品生产的每一道环节，熟悉每一个流程，这样才能更好地胜任"管理者"的角色，带动整个新闻生产部门的前进和发展。

（四）媒介产品生产系统和销售系统的联系者

任何被生产出的产品都需要通过销售来创造利润和价值，新闻产品也是如此，生产出的新闻产品只有通过销售才能实现其价值和使用价值。生产和销售分属于媒介不同的两个系统部门，新闻编辑是连接着两个不同系统的重要枢纽。

媒介产品的生产系统和销售系统是两个相互依存、相互促进的部分。生产系统根据销售系统的销售情况，客户需求等指标来改进生产方案。而生产出的产品的质量，其影响力又会直接影响到销售情况，销售系统会根据生产系统的特点来有的放矢地制定销售方法。比如，一份报纸要通过销售才能传递到读者手中，才能实现其双重价值。完成了销售任务的报纸才实现了其生产的价值。反之，一份报纸的生产质量直接影响到其读者数量，影响到这份报纸可占领的市场份额，进而影响它能获取的广告份额。再比如，电视新闻节目，它的销售体现在收视率上，一档电视新闻节目被制作出来，只有播出并被观众观看才实现了其价值。生产出的这档电视新闻节目的质量会直接影响到它是否能被播出；播出以后又能获得多少收视率。收视率的高低是影响其广告收入的指标。

新闻编辑是联系生产和销售两大部门的枢纽。新闻编辑获取报纸的销售量或者电视节目的收视状况信息，将这些信息反馈给生产部门进行分析并作为及时调整改进新闻产品的生产方针的依据，努力提高新闻产品生产的水平，进而使新闻产品具备更大的影响力，获取更多的受众，赢得更好的销售状况。新闻编辑的枢纽作用会促进媒介的生产与销售系统共同发展、共同进步，实现媒介品质的全面提升。

二、新闻编辑的职业设计

新闻编辑的职业设计对新闻编辑的职业规划与发展都非常重要，关系到新闻编辑未来在职业岗位上工作和发展的整体策划，以帮助他们更好地发挥其潜力。在不同种类的媒介中，新闻编辑所要面对的职业环境和工作方式都有所不同，职业设计也会有所差异。

（一）新闻编辑职业的由来

新闻编辑这个职业与媒介的产生和发展密不可分。新闻编辑职业的出现与媒介的出现同步，并且随着媒介形态的发展变化而变化。

人类传播经历了一个漫长的发展过程。在语言出现以前，人类通过手势、面部表情、肢体动作或者某些具有约定俗成意义的简单声音进行传播，这种传播使得传播范围和信息量都非常有限，受到时间和空间的双重限制。口头语言出现以后人类跨入口头语言传播时代，口语传播需要在面对面的情况下才能进行，传播仍在很大程度上受到限制。再后来，文字符号作为信息载体传播信息，这种传播方式能使传播者与信息相分离，超越时空限制，但仍无法实现远距离、大范围的共识传播。造纸技术和印刷技术发明后，出现了书籍、报刊，这就是第一类印刷媒介，他们使信息得到大量的复制和更大范围的传播，将人类活动推进到一个全新的发展阶段。[①] 中国在公元 450 年发明了雕版印刷术，是印刷术发明最早的国家。公元 1040 年宋代发明家毕昇发明了活字印刷术，北宋末年和南宋初年报业通过运用活字印刷术有所发展，宋朝的“小报”成为世界上最早的印刷新闻。放眼世界，公元 1405 年德国人古登堡发明了金属活字印刷术，此后欧洲诸国的报业都有所发展，1529 年欧洲出现一些印有社会新闻、时事新闻、奇闻轶事的小报，这些小报都是不定期印刷的。之后，1566 年，意大利出现单面印刷的报纸《威尼斯新闻》，德国在 1609 年出现世界上最早的印刷周报《报道与新闻报》，1663 年出现最早的印刷日报《莱比锡新闻》。[②] 中国受到西方影响，出现许多近代报刊，如《察世俗每月统记传》，辛亥革命以后，国内的报业开始效仿欧美和日本的报社制度，设置主笔、仿员、编辑等，从此中国的编辑职业得到了确立。

新闻编辑明确工作内容也经历了很长一段时期，学者将报纸编辑内部的分工分为三个阶段。[③] 最早时报业的从业人员少，编辑需要身兼数职，报业内部基本没有明确的分工。经过一定阶段的发展，报业从业人员增加，报社内部采访需求的扩大使得部分人员专门从事记者工作。这是第一次分工，言论工作成为编辑工作的一部分。第二次分工出现了主笔，专门撰写言论。还出现了专门负责与读者、作者、通讯员联系的“通联”，负责各方面的来稿，初步处理稿件，组织社外稿件，这已是编辑的工作范畴。第三次分工将编辑工作进行了更细致的划分，有专门的经济编辑、文教编辑、图片编辑等等。

最初的新闻编辑是指报纸的新闻编辑，从传媒发展过程可以得出，报纸是新闻信息的第一代载体，最初的新闻编辑也主要是从事文字新闻稿件的修改加工。1983 年路易斯·达盖尔发明摄影术，为新闻摄影提供技术基础。1842 年在德国出现世界上最早的新闻照片，德国两名画家拍摄了汉堡的一场大火。1897 年 1 月 2 日，一张有中间制版照片的《纽约论坛报》出现，标志着照相铜板印刷术发明成功。[④] 此后图片制版技术、传真技术、照相技术不停被改进，新闻摄影在新闻传播中的地位也越来越重要。20 世纪初，随着摄影和制版的技术传入中国，北京、上海的报纸开始出现新闻图片。这时，新闻编辑除了文字以外还需要处理图片。并且开始注重文字和图片的组合，注重设计报纸的版面。

此后随着科技的发展和革新，媒介形态发生变化，新闻媒介家族扩大，新闻编辑的工作范畴也随之扩展。新闻编辑进行新闻传播活动的环境越来越复杂，需要掌握的新知识也日益增加。

---

① 郭庆光：《传播学教程》，中国人民大学出版社，1999 年版。

② 李磊：《外国新闻史教程》，中国传媒大学出版社，2008 年版。

③ 焦国章：《新闻编辑学教程》，郑州大学出版社，2008 年版。

④ 魏明：《外国新闻史》，南京师范大学出版社，2005 年版。

（二）新闻编辑的职业发展环境

经济全球化的来袭使得世界各个地区、国家的联系越来越紧密，人类进入知识经济时代，报纸编辑面对的职业发展环境更加开放，也更具有挑战性。

新闻编辑面对的是社会变革加剧形成的更加复杂的社会环境。我国由计划经济向市场经济转变，经济的发展使得社会对信息量的需求迅速增大，媒介提供的信息成为人类社会生活的依据，小到为家庭生活和个人生活，大到生产经营、社会交往。计划经济时期单一的机关报不能满足社会需求，报纸的种类日益增多，常见的报纸有都市报、晚报、晨报、专业型报纸等，报纸的版面也越来越多，增至十几版到几十版不等，这样一来，编辑的工作量就增大了。社会改革加剧，社会各个方面都产生变化，各种社会制度都产生变化，传播的客体复杂性大大增加。社会变革还会增加知识的更新速度，新闻编辑需要及时充电，补充更多更新的知识跟上时代的变化。从受众来讲，报纸类型的增多让受众“细分”，经过“细分”后的受众会对报纸有更高层次的要求，对于编辑来讲，把握新闻的服务对象的难度也增大了。

媒介种类和数量的剧增使新闻编辑面临更大的竞争压力。我国的新闻传播经历了发展的黄金时期，报社、广播电台、电视台、网络媒介都迅速发展壮大。我国现有广播电台 2000 多家，电视台 3000 多家，不同种类的媒介直接的竞争非常激烈。在与其他类型的媒介竞争中，不同媒介要不断寻找和发挥自身的优势。

（三）不同媒介环境中的新闻编辑

现代科技的发展使媒介种类多元化，不同媒介的新闻编辑需要面对不同的工作，特别是处在新媒体中的新闻编辑，面对崭新的技术环境，要跟上时代的变化发展需要及时调整自己适应职业环境。

报业新闻编辑职业环境的发展变化。1986 年，北京大学王选教授等人研制出华光电子出版系统，被《经济日报》采用成为世界上第一家采用计算机激光屏幕组版、整版输出的中文报纸。后来北京大学进一步推出了速度更快、功能更全面的“北大方正”出版系统，90 年代，多家报社都致力于开发报社内部的计算机采编系统，实现从采到发所有环节全网络进行。[①] 这给报纸的版面编排方面带来了很多方便，并且使报纸版面编排的设计空间更大。20 世纪 90 年代以后，受到国际互联网的冲击，我国的报业全面面向互联网，新闻编辑通过互联网查找新闻资料，更好地利用信息资源。在 1993 年，《杭州日报》通过一家联机服务网络推出了《杭州日报·下午版》。1995 年，《中国贸易报》正式进入国际互联网成为我国第一家在网上发行的报刊。现在，更多的报纸在互联网上建立自己的网站，还有不少推行手机客户端。报业新闻编辑的工作受到互联网技术的影响，大大提高了工作效率，使得新闻传播的范围更广，速度更快。

广播电台、电视台中的新闻编辑。19 世纪 40 年代电报技术的发明与 70 年代电话技术的发明为电子媒介的产生提供了技术支持。1907 年美国物理学家德福雷斯特研

---

① 钟立群:《新闻编辑学研究》，人民日报出版社，1997 年版。

制出三极管，使无线电技术产生重大突破。[①] 1920 年 11 月 2 日，世界上第一座广播电台在匹兹堡成立，呼号 KDKA，由美国西屋公司电气专家弗兰克·康德拉建立。1923 年 1 月，美国记者奥斯邦与一位旅日华侨在上海合作建立“中国无线电公司”，成为国内第一座广播电台，呼号 XRO。这座电台因侵犯我国无线电主权，触犯法律，加之经营不善三个月后宣布倒闭。之后，北洋政府、国民政府也开始尝试创办广播电台，但在新中国成立后建立了全国广播网，我国的广播事业才真正发展起来。以中央人民广播电台为代表的广播新闻在报道内容和报道量上相比于之前都有很大的突破，广播次数有所增加。广播新闻是以口头新闻的方式进行传播的，电台不具备自采力量，新闻编辑的工作主要是从报纸上选择摘取广播要传播的内容。直到 20 世纪 50 年代，中央台记者奔赴朝鲜进行战地采访，这是我国新闻发展史第一次出现的录音报道。“文化大革命”时期，我国的广播事业发展受到严重阻碍，直到“四人帮”被粉碎，我国广播事业进入新的发展阶段，80 年代中后期和 90 年代初，全国掀起了两次广播热。第一次是 1986 年 12 月15 日，珠江经济广播电台的开播掀起了广播热，广播掀起整体性的结构改革，珠江模式改变了广播功能单一，节目重复率高，无法适应市场需求的老旧局面，拓展了系列台、专业台纵向发展的空间。1992 年 10 月 28 日上海广播电台开播，掀起了第二次广播热。东方台与上海广播电台形成竞争，打破一省一台的局面，开创了同省市广播电台相互竞争的新局面。东方台双向选择的招聘体制、独出心裁的节目形式和内容都给广播电视事业注入了新的活力。东方台的新闻编辑还注重扩大广播的信息来源，他们到北京联络各大报社，积极拓展新闻来源。

电视的发展经历了四个阶段，分别是 20 世纪 40 年代进入口播阶段、50 年代进入影片新闻阶段、70 年代以后进入电子新闻摄录阶段、80 年代以后实现卫星传送阶段。在 20 世纪 90 年代，我国全面进入有线电视事业的发展时代，自 70 年代开始，我国就开创了电视新闻栏目《新闻联播》，80 年代开创《观察与思考》，此后又推出了《经济半小时》、《焦点访谈》，这些新闻节目都在全国范围内产生了很大的影响。2003 年 5 月，中央电视台正式成立新闻频道，全天播放新闻节目，将国内国际发生的新闻事件第一时间播报给观众。在口播阶段和影片新闻阶段，电视新闻编辑的工作依赖于胶片，在电子新闻摄录阶段应用 ENG(电子新闻采集)技术，告别了胶片录制，缩短了新闻编辑制作新闻节目的时间，简化了制作程序。20 世纪 80 年代以后，应用计算机系统传送稿件和字幕，再次提高了电视编辑的工作效率。20 世纪 90 年代，电视新闻编辑进入非线性编辑系统制作电视新闻节目，大大丰富了节目制作手段，提高了画面质量，填补了 ENG 设备只能顺序看片不能随意挑选画面的缺陷，大大节省了制作的时间，丰富了电视节目类型。

20 世纪后期，网络媒体崛起，为新闻传播提供了一个新的载体。网络媒体是一个综合性十分强大的媒体，它集报纸、广播、电视的优势于一身，信息的容量限制与传播速度之快是其他几种媒介所无法比拟的。网络媒体的交互性使信息传播得到迅速的反馈，并且传受双方都掌握信息交流的主动，改变了信息传播的传统模式。互联网的全球

---

① 郭镇之:《中外广播电视史》，复旦大学出版社，2005 年版。

化使网络新闻传播无地域、国界限制。网络新闻编辑要掌握许多新的媒介技术，从网络传播的综合性特点来考量，全面加强自身对图片、文字、版面的处理能力。熟悉网页制作、计算机网络知识，包括熟练地使用 HTML 语言，熟悉基本的办公软件，熟悉 PhotoShop、Dreamweaver 等图文编辑软件，善于利用各种社交媒体。

第二节　新闻编辑者的知识能力结构

一、新闻编辑的知识结构

知识结构是指一个人知识体系的构成情况与结合方式，合理的知识结构是从事社会职业的要求。新闻编辑除了要具备新闻专业知识外，还需根据实际工作中的需要学习与新闻学科相交叉的学科知识。

（一）新闻专业知识

新闻编辑应该具备的最基础的新闻专业知识，即新闻传播领域的理论知识与应用知识。不同领域的新闻编辑需要具备与其领域相对应的专业知识。

从宏观上来讲，新闻编辑的工作包括新闻产品的策划与报道策划，需要掌握新闻传播的规律。新闻编辑应该具备新闻传播领域的理论知识包括中外新闻传播史、传播理论研究等。从微观上来讲，新闻编辑具体的日常工作涉及稿件的选择、稿件的修改、标题的制作、新闻的排版、节目的剪辑。所以，其需要具备的应用知识包括新闻写作、新闻标题制作、电视新闻节目制作、深度报道、排版、剪辑等等。现许多高层的新闻编辑或总编也在高校中从事教学和理论研究，这有利于新闻实践与理论相结合、相促进，将传播理论研究运用到实际工作中，又根据时代的发展变化将实际工作中遇到的问题以传播学理论知识加以分析解决，获取新的传播学理论成果。如著名新闻工作者、《人民日报》原总编辑范敬宜，在媒体的工作中勤于思考、苦心钻研，撰写了多篇关于新闻市场、新闻摄影、新闻工作者的社会责任等多篇新闻领域的学术成果。范敬宜同志同时在清华大学、人民大学、武汉大学等高校兼任教授，坚持将平时在新闻工作岗位上的实践与新闻专业理论知识相结合，在学术和工作上都取得了成功。

新闻编辑还应具备与自己所从事的报道领域相关的专业知识，对自己所从事的报道领域有深入的研究。例如，房产类的新闻编辑就应该具备更多房产方面的知识背景，并对当前房产业有全面的了解，对房产的发展和前景有自己的看法和研究，这样才能全面客观地进行新闻报道。特别是一些评论性的文章，会对受众产生导向作用，所以新闻编辑必须具备相关领域扎实的知识背景，才能客观准确地对新闻事件做出评价判断，为受众提供正确的决策依据。

（二）交叉学科知识

新闻工作是一个需要与不同的学科产生交集的工作，新闻编辑的工作范畴很广，需要面对不同的人和事物。当然,并没有人能同时掌握所有学科的知识,但是新闻编辑应尽可能多地了解与新闻工作频繁发生交集的学科知识。

在新闻编辑的工作中,需要与听众、观众、读者这些人群交流、沟通,所以需要具备相当的交流沟通能力,这就要求有相关的社会学、公关学、心理学方面的知识储备。新闻编辑还需要策划和组织新闻专题报道,这就需要运用管理学的知识。新闻编辑还要发挥指挥者的角色,在新闻产品的生产过程中要使媒介每个部门资源优化配置,善于发现团队中每个个体的优缺点,这需要运用人力资源管理方面的知识。不论在哪一领域的新闻报道中,都会涉及法律问题,所以新闻编辑还需要具备相关的法律知识。

除此以外,从新闻的基本分类来看,现在最常见的新闻可分类为社会新闻、财经新闻、体育新闻、娱乐新闻等,这几类新闻中又可以细分,进行细分后由专门的编辑负责。比如社会新闻中又可分为社区、学校、医院等,所以要求编辑对交叉学科知识储备的深浅也是有所侧重的。如果细分到某一范畴内负责的新闻编辑,就需要更多的储备,相关的知识都有了解和研究。否则,就会出现一些报道上的偏差和失误。

二、新闻编辑的能力结构

不同的职业要求从业者具备不同的能力,不同职业的能力结构要求也是根据不同职业所从事的活动得出的。新闻编辑从事新闻传播活动,要特别注意培养以下几方面的业务能力。

(一)接收、鉴别、整合信息的能力

新闻编辑要具备主动积极的接收、鉴别、整合信息的能力。接收信息是新闻编辑从事新闻传播活动的基础,是生产新闻产品的原材料。新闻编辑接收的信息关系到媒介产品的设计、编辑方针的确定。在现代社会,社会变化的速度与频率都在加快,所产生的信息量巨大,新闻编辑应该学会如何更快速、全面地接收来自各方面的信息,新闻编辑需要接收的信息大致分为四种类型。

1. 受众提供的信息

受众包括读者、听众、观众、网民,新闻产品最终是为受众服务的,了解受众的需求与愿望,才能使新闻传播活动更好地进行。一般新闻编辑通过阅读受众的来信、接听受众的来电、进行受众调查或上门调查来获取受众信息。现在最常见的是媒介将微博、微信作为与受众互动、接收受众信息的一个重要渠道。

2. 社会信息

新闻编辑需要接收的社会信息包括政治、经济、文化各个方面的信息,实事信息,社会生活信息等等。这些信息是新闻传播的最主要内容,是媒介新闻产品的来源。

3. 媒介信息

新闻编辑担负着整个新闻传播活动的系统指挥者角色,及时获取媒介内部信息至关重要,新闻编辑根据所接收的媒介内部信息来进行总体策划。对于媒介内部的人力、

物力、财力等各种资源的信息都要做到心中有数，这样才能更好地利用和开发媒介资源，提高新闻传播的效率。

4. 行业信息

行业信息主要是指新闻行业内部的方针政策，新闻行业的最新动态。了解行业内其他媒介的定位、报道策划方式、组版风格，对自身具有非常重要的参考价值，是避免重复劳动和实现创新所必需获取的信息。

新闻编辑在接收到海量信息后，需要对信息进行甄别。通过判断、调查去伪存真，留下有价值的信息进行传播，快速、准确地把握信息的报道价值是新闻编辑必须具备的能力。信息通过记者传播到受众这个过程中，新闻编辑起到把关的作用，新闻编辑作为"把关人"，需要对新闻信息进行筛选。新闻编辑鉴别信息的标准主要包括：信息是否能吸引受众，以及在受众中会产生的影响；信息是否客观、全面、准确地反映了事物的本来面貌；现在是否是此信息的最佳报道时机等。

新闻编辑在鉴别信息时要做到既快又准，信息具有时效性，新闻编辑要做出果断的判断以防错过报道的最佳时机。其次，要全面准确地判断信息的真伪，以免造成各种不良的影响。

在媒介生产新闻产品的过程中，常见的专题报道、新闻栏目、新闻频道这些都是新闻编辑将信息整合后呈现出的形态。新闻编辑鉴别有价值的信息后，还要将信息资源进行整合，进行综合性开发利用。新闻编辑面对的信息来自于不同的信息源，新闻稿件、新闻图片、影像，对于不同内容不同形式的新闻报道新闻编辑要将他们进行整合，将个体中的重点进行强化，有机组合和配置新闻资源，以达到新闻传播的最佳效果。

新闻信息的整合环节直接关系到新闻报道的深度和广度，由于媒体行业日益激烈的竞争，做独家新闻越来越困难，要想将同一新闻信息报道得与众不同，就要依靠新闻编辑出色的策划和整合能力。

（二）组织、沟通、创造能力

新闻编辑是新闻报道的组织者，在新闻编辑的工作中最常见的就是组织报道、组织新闻论坛，协调社外约稿、部署记者采访，所以组织能力也是其必备的能力之一。更高层次的新闻编辑需要更高层次的组织能力，其关系到媒介人才的培养、队伍的构建，进而形成一支相对稳定的队伍进行新闻传播活动。组织者要与多方沟通联系，新闻编辑在新闻传播活动中的重要角色决定了其必须具备良好的沟通组织能力。新闻编辑沟通能力体现在编辑与记者、编辑与受众、编辑与销售部门的联系中，编辑对记者要给出决策性的意见，对受众要及时了解其需求及对新闻产品的反馈，与销售部门的销售情况及时了解并反馈到生产部门，这些都需要编辑具备良好的沟通能力，只有这样才能使新闻传播活动有序进行。

组织和沟通能力的培养需要新闻编辑在日常生活中注意与人交往。热心社交、性格开朗的新闻编辑会具备相对较好的组织沟通能力。

新闻编辑的创造能力体现在对新闻稿件、新闻照片、版面风格设计的大胆使用中，创造能力是指新闻编辑在生产新闻产品时能突破传统的思维。媒介新闻产品质量的优劣很大程度取决于新闻编辑的创造能力,新闻编辑所从事的策划、编排、组稿、排版这一系列工作都是创造性劳动,善于打破常规,不跟风,大胆创新才能制作出有特色的新闻产品。

创造能力的提高需要养成良好的思维习惯:一要善于观察,对一些细微的事物有敏锐的察觉能力,对微小的变化和差异都有敏锐的感知。二要敢于对权威理论持怀疑、批判的态度。三要坚持利用发散性思维思考问题,善于从多角度、多层次、多侧面思考问题。四要培养自己的想象力,心理学指出,想象力是人脑在过去感知的基础上对感知过的形象进行加工、改造,创建出新形象的心理过程,想象是创造的重要条件。常见的想象方法有类比法、启示法、联想法等,新闻编辑在日常的工作生活中应该经常运用这些方法以提升自己的想象力。最后要善于捕捉灵感,灵感是创造性思维的突发心理现象,需要具备合理的知识结构和思维原料,新闻编辑要努力捕捉灵感并将其运用到新闻报道的策划中。

(三)对文字和新技术传播手段的运用能力

不论是报纸、电视、广播、网络哪一类型的新闻媒介,新闻编辑每天都需要修改、处理大量的稿件,处理的内容包括制作标题、配发言论评论、编写串联词等任务,这就需要新闻编辑具有深厚的文字功底。

编辑对文字的运用能力还体现在迅速修改稿件的写作速度上,新闻稿件讲求时效性,新闻编辑要在极有限的时间内修改稿件,平时就要注意提高写作的速度,训练写作的技巧,勤学苦练。新闻编辑一方面要多阅读各种优秀的文章和名著,加强自己的文字修养;另一方面要关注当下新闻文体写作的变化,勇于创新。

当今时代是信息时代,新媒体的崛起,要求新闻编辑具备熟练的计算机与网络技能。新媒体时代的来临既是挑战也是机会,新媒体编辑必须集各媒体传播手段之所长,熟练使用多种新闻表现方式。网络新闻传播可以同时利用文字、图片、声音和影像手段,增强传播效应。这与来自报纸、电台、电视台等传统媒体的记者、编辑不同,传统媒体记者、编辑大多仅擅长于他们以往所属媒体的表现形式,而新媒体编辑需要同时了解多种媒体表现形式,并在恰当的时候选择恰当的形式,使形式更好地为内容服务。

新闻编辑本身应该具备网页制作能力、计算机网络知识,包括熟练地使用 HTML 语言,熟悉基本的办公软件和图文编辑软件。新媒体编辑还应该对图片处理、视频制作软件有深入的认识,除 HTML 语言外,对 CSS、JAVA Script 等可以使网页更加美观、增强互动的技术语言也应该有所了解并可以用来进行简单开发。

交互性是网络在新闻传播活动中最大的优点之一。在网络传播中,受众与新闻传播者或者受众与受众之间可以在一定程度上进行直接的双向交流。论坛、新闻留言都是当前最常用的沟通方式。新浪网、搜狐网、腾讯网等网站相关的门户新闻网站成为网络新闻传播的主力军,这些网站的新闻浏览量已经大大超越了传统媒体。天涯等网络论坛成为信息量交换最密切、最频繁的新闻论坛,网络新闻编辑也更好地利用了交互性。新媒体编辑能比传统编辑更快地获得读者反馈,既可以增强网民的参与感,提高网民的忠诚度,也可以针对发现的问题及时进行改进。

第三节　新闻编辑的素养与互联网思维

新闻编辑在新闻工作过程中处于关键地位，作为两级传播的中介人，发挥着守门人和把关人的作用。新闻编辑不仅承担着具体新闻稿件的选择、加工和制作，承担着新闻选题、策划和版面制作，还承担着处理新闻稿件与广告之间的关系、处理新闻生产系统和销售系统之间的关系的工作，更承担着确定媒体的定位、风格以及未来的发展方向等多重工作。新闻产品的生产和传播都离不开新闻编辑工作，而新闻编辑工作的成功与否又与编辑者的素质息息相关。那么，一个新闻编辑需要有哪些必备素养呢？

一、政治理论素养

政治理论素养是指新闻工作者在长期的学习和实践中总结出来的关于政治、经济、社会、文化等方面知识的系统的理论和观点。在我国，新闻媒体是党的喉舌，它既是党的舆论宣传工具，也是人民群众的代言人，是党联系人民群众的桥梁和纽带。各级媒体都要为人民服务，为社会主义服务，为党和国家工作大局服务。这是由我国媒体的社会主义性质所决定的。政治新闻是媒体新闻内容的重要组成部分。政治报道在各类新闻媒体中都属于重要的日常报道，中国媒体如此，西方媒体亦如此。因此，政治理论素养对新闻编辑来说是极为重要的。

阅读材料 2-1

“以马克思主义思想为指针的一切公开发行的俄国报纸，目前已成为向俄国社会民主党工人群众进行党的宣传鼓动工作的一个最重要的公开喉舌。”

——列宁　1912 年 7 月《论俄国社会民主党的现状》

“你们是党和人民的耳目喉舌。中央就是依靠你们这个工具联系群众，指导人民，指导各地党和政府的工作的。”

——刘少奇　1948 年 10 月 2 日《对华北记者团的谈话》

新闻“作为宣传、教育、动员人民群众的一种舆论形式，总是直接或间接地反映我们党和国家的政治立场、政治主张和政治观点。报社的同志，必须讲政治，必须具有良好的政治素质，具有很强的政治鉴别力和政治敏锐性，必须树立高度的政治责任感。每个同志都要自觉地在思想上、政治上与党中央保持一致，在任何复杂多变的形势面前都要保证清醒的头脑。这是坚持正确的办报方向，始终保持正确舆论导向的关键所在”。

——江泽民　1996 年 1 月在接见解放军报社师以上干部时指出

思考与提示：

1. 作为新闻工作者，应如何培养政治理论素养？
2. 政治理论素养对于新闻业有什么意义？

在中国的媒介环境中，政治性，特别意味着对党和国家主流意识形态的坚守，新闻编辑要深刻领悟党和国家的路线、方针、政策，用正确的、科学的世界观来指导自己的工作。政治知识的欠缺，容易使新闻编辑把关不严，在新闻报道中犯政治错误，造成严重的社会影响。因此，作为一名新闻编辑，必须具有很强的政治敏锐性和政治鉴别力，还要具有高度的政治责任感。如何提高自身的政治素养呢？

（一）意识形态方面

新闻编辑者在思想上要坚持四项基本原则，熟练掌握马克思列宁主义的基本理论，熟悉国内外的政治形势和社会思想动向，正确理解和贯彻执行党和国家的路线、方针、政策，坚持“两为”方向。要能以全面、联系、发展的观点去观察事物、分析问题，避免出现舆论导向上的偏差。只有这样，才能在新闻工作中正确把握舆论导向，正确确定报道思想，拟订报道计划，认清纷繁复杂的社会现象，使新闻符合事物的本来面目，避免错误的传播以及不良影响。否则，看问题就会片面、狭隘，不能准确把握时代的脉搏，在新闻价值判断上容易产生问题。同时，要坚持正确的价值取向，坚决维护国家形象、民族荣誉和社会道德规范，时刻把社会效益放在高于经济效益的地位上。

（二）政策把握方面

首先，新闻编辑者应该对党和国家的方针、政策，特别是近一时期出台的党和国家的方针、政策、国家经济的发展情况，以及国内、国际发生的重大事件的时间、地点及背景都做到心中有数。在新闻工作中，利用版面、标题、画面剪辑等新闻编辑语言，有效地帮助公众深入理解中央重大方针政策。对政策性问题和导向性问题必须严格把关，严格贯彻党的路线、方针和政策。防止有危害国家安全的信息和言论进入传播渠道，对重大问题和敏感问题报道的选择要注意分寸，防止蓄意炒作。

其次，要重点了解目前我国背景下的社会主义市场经济政策以及法律政策，这些政策知识可以帮助新闻编辑保证媒体的权威性与准确性，为改革、发展和稳定提供有效的舆论支持。

在新闻工作中，把党的宣传与新闻政策、方针相结合，谨慎把握媒体能报道什么，不能报道什么，一般报道什么，着重报道什么，留意报道中的注意事项，做好把关人的角色。坚持以正面宣传为主，及时传达党和国家的主张，引导记者和通讯员对人民生活中的焦点、热点和难点问题的深入挖掘，在唱响主旋律的基础上反映人民呼声，贴近人民群众，贴近生活。

作为一名合格的新闻编辑，必须具有清醒的政治头脑，任何时候都不能忽视其政治敏锐性与政治鉴别力。特别是在改革开放的今天，新闻编辑如果不注意党的路线、方针、政策的学习，就难免会在一些大是大非的原则问题上因认识模糊而取舍不当，就会给党和人民的事业造成无可挽回的损失。同时，新闻编辑人员要时刻记住自己所在的媒体具有推动社会政治、经济和各方面发展的重大作用，在工作中必须牢记全心全意为人民服务的宗旨和原则，无论是在选题、编辑、排版还是策划时，都要围绕推动社会主义精神文明建设进行，为社会主义现代化建设事业服务，为社会主义事业朝着正确的方向发展指明方向。

二、职业道德素养

所谓职业道德，就是同人们的职业活动紧密联系的、具有自身职业特征的道德活动现象、道德意识现象和道德规范现象，它是社会道德在职业生活中的具体化。[①] 它既是对本职人员在职业活动中的行为标准和要求，同时又是职业对社会所负的道德责任与义务。新闻职业道德是新闻工作者在长期的新闻实践活动中形成的调整人们相互关系的新闻规范和准则，是社会道德对新闻记者这一职业所提出的特殊要求。

（一）自我奉献精神

新闻编辑的工作主要是一种“幕后”的工作，它体现的是集体的劳动成果。新闻编辑要负责策划、组织报道和编稿组版的业务，责任重大。然而，在日常的新闻报道中，受众更容易关注新闻记者或者通讯员，而往往忽视了编辑在整个过程中发挥的作用，难免会使编辑产生“为他人作嫁衣”的感觉。一般夜班编辑忙碌的时间往往是从下午一直到深夜，日夜颠倒，生活不便，十分辛苦。这就要求编辑要对新闻工作有极大的热忱，有自我牺牲和自我奉献精神，全身心投入到新闻工作事业中去。

（二）遵纪守法，严于自律

在新闻信息传播活动中，新闻编辑担任着把关人的角色，担任着重大社会责任，因此，编辑要以为人民服务为新闻工作的最高宗旨，严格遵循职业道德规范。

世界上许多国家都制定了新闻人员的职业道德守则，联合国也制定有《国际报业道德规范》。早在 1981 年，中共中央宣传部新闻局和中央新闻单位就曾共同拟定了一个《记者守则》（试行草案），这是新中国成立以来新闻工作者的第一个职业道德规范。

目前，我国主要的新闻职业道德规范条例是《中国新闻工作者职业道德准则》，它是建立在以全心全意为人民服务为核心的马克思主义新闻伦理道德观的基础上的，是加强新闻工作者自律的一项重要措施。该条例在 1991 年制定通过了《中国新闻工作者职业道德准则》，1994 年和 1997 年分别进行了两次修订。在 2009 年，新闻工作者协会第七届理事会第二次全体会议公布了第三次修订的内容，全文 2100 多字共分为七部分。该准则对整个新闻界的从业者提出需遵守的职业道德规范，为我国新闻工作者确定职业道德和解决有关道德问题提供了基本的准则。

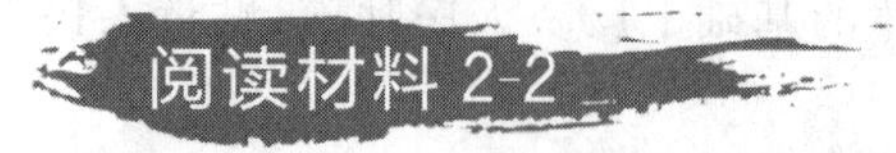

《中国新闻工作者职业道德准则》

（中华全国新闻工作者协会第七届理事会第二次全体会议 2009 年 11 月 9 日修订）

中国新闻事业是中国特色社会主义事业的重要组成部分。新闻工作者要坚持以马

---

① 罗国杰：《当代中国职业道德建设》，企业管理出版社，1994 年版。

克思列宁主义、毛泽东思想、邓小平理论和"三个代表"重要思想为指导,深入贯彻落实科学发展观,高举旗帜、围绕大局、服务人民、改革创新,贴近实际、贴近生活、贴近群众,用马克思主义新闻观指导新闻实践,学习宣传贯彻党的理论、路线、方针、政策,继承和发扬党的新闻工作优良传统,积极传播社会主义核心价值体系,努力践行社会主义荣辱观,恪守新闻职业道德,自觉承担社会责任,敬业奉献、诚实公正、清正廉洁、团结协作、严守法纪,做到政治强、业务精、纪律严、作风正。

第一条 全心全意为人民服务。要忠于党、忠于祖国、忠于人民,把体现党的主张与反映人民心声统一起来,把坚持正确导向与通达社情民意统一起来,把坚持正面宣传为主与加强和改进舆论监督统一起来,发挥党和政府联系人民群众的桥梁纽带作用。

(1) 积极宣传党和政府的重大决策部署,及时传播国内外各领域的信息,满足人民群众日益增长的新闻信息需求,保证人民群众的知情权、参与权、表达权、监督权;

(2) 牢固树立群众观点,把人民群众作为报道主体和服务对象,多宣传基层群众的先进典型,多挖掘群众身边的具体事例,多反映平凡人物的工作生活,多运用群众的生动语言,使新闻报道为人民群众喜闻乐见;

(3) 积极反映人民群众的正确意见和呼声,批评侵害人民利益的现象和行为,依法保护人民群众的正当权益。

第二条 坚持正确舆论导向。要坚持团结稳定鼓劲、正面宣传为主,唱响主旋律,不断巩固和壮大积极健康向上的舆论。

(1) 始终坚持以经济建设为中心,服从服务于改革发展稳定大局不动摇,着力推动科学发展、促进社会和谐;

(2) 宣传科学理论、传播先进文化、塑造美好心灵、弘扬社会正气,增强社会责任感,坚决抵制格调低俗、有害人们身心健康的内容;

(3) 加强和改进舆论监督,着眼于解决问题、推动工作,坚持准确监督、科学监督、依法监督、建设性监督;

(4) 采访报道突发事件要坚持导向正确、及时准确、公开透明,全面客观报道事件动态及处置进程,推动事件的妥善处理,维护社会稳定和人心安定。

第三条 坚持新闻真实性原则。要把真实作为新闻的生命,坚持深入调查研究,报道做到真实、准确、全面、客观。

(1) 要通过合法途径和方式获取新闻素材,新闻采访要出示有效的新闻记者证。认真核实新闻信息来源,确保新闻要素及情节准确;

(2) 报道新闻不夸大不缩小不歪曲事实,不摆布采访报道对象,禁止虚构或制造新闻。刊播新闻报道要署作者的真名;

(3) 摘转其他媒体的报道要把好事实关,不刊播违反科学和生活常识的内容;

(4) 刊播了失实报道要勇于承担责任,及时更正致歉,消除不良影响。

第四条 发扬优良作风。要树立正确的世界观、人生观、价值观,加强品德修养,提高综合素质,抵制不良风气,接受社会监督。

(1) 强化学习意识,养成学习习惯,不断提高政治和业务素质,增强政治意识、大局意识、责任意识,努力成为专家型新闻工作者;

（2）深入基层、贴近群众、体验生活，在深入中了解社情民意，增进与群众的感情；

（3）坚决反对和抵制各种有偿新闻和有偿不闻行为，不利用职业之便谋取不正当利益，不利用新闻报道发泄私愤，不以任何名义索取、接受采访报道对象或利害关系人的财物或其他利益，不向采访报道对象提出工作以外的要求；

（4）尊重新闻同行，反对不正当竞争。尊重他人的著作权益，引用他人的作品要注明出处，反对抄袭和剽窃行为；

（5）严格执行新闻报道与经营活动分开的规定，不以新闻报道形式做任何广告性质的宣传，编辑记者不得从事创收等经营性活动。

第五条　坚持改革创新。要遵循新闻传播规律，提高舆论引导能力，创新观念、创新内容、创新形式、创新方法、创新手段，做到体现时代性、把握规律性、富于创造性。

（1）深入研究不同传播对象的接受习惯和信息需求，主动设置议题，善于因势利导，不断提高舆论引导能力和传播能力；

（2）认真研究传播艺术，利用现代传播手段，采用受众听得懂、易接受的方式，增强新闻报道的亲和力、吸引力、感染力；

（3）善于利用新载体、新技术收集信息、发布新闻，提高时效性，扩大覆盖面。

第六条　遵纪守法。要增强法治观念，遵守宪法和法律法规，遵守党的新闻工作纪律，维护国家利益和安全，保守国家秘密。

（1）严格遵守和正确宣传国家的民族区域自治制度、各民族平等团结和宗教信仰自由政策，维护国家主权和社会稳定；

（2）维护采访报道对象的合法权益，尊重采访报道对象的正当要求，不揭个人隐私，不诽谤他人；

（3）维护未成年人、妇女、老年人和残疾人等特殊人群的合法权益，注意保护其身心健康；

（4）维护司法尊严，依法做好案件报道，不干预依法进行的司法审判活动，在法庭判决前不做定性、定罪的报道和评论；

（5）涉外报道要遵守我国涉外法律、对外政策和我国加入的国际条约。

第七条　促进国际新闻同行的交流与合作。要努力培养世界眼光和国际视野，积极搭建中国与世界交流沟通的桥梁。

（1）在国际交往中维护祖国尊严和国家利益，维护中国新闻工作者的形象；

（2）积极传播中华民族的优秀文化，增进世界各国人民对中华文化的了解；

（3）尊重各国主权、民族传统、宗教信仰和文化多样性，报道各国经济社会发展变化和优秀民族文化；

（4）积极参加有组织开展的与各国媒体和国际（区域）新闻组织的交流合作，增进了解、加深友谊，为推动建设持久和平、共同繁荣的和谐世界多做工作。

附则：对本《准则》，中国记协各级会员单位要结合实际制定相应实施细则，认真组织落实；全国新闻工作者要自觉执行；各级各专业记协要积极宣传和推动，欢迎社会各界监督。

思考与提示：

(1) 作为新闻工作者，应如何以身作则？

(2) 除本准则外，国家立法部门还在哪些法律文件中提到了相关法律法规？

自我国近代报业诞生以来，新闻事业的发展经历了一个多世纪的风风雨雨，但绝大部分新闻工作者都有着良好的职业道德传统。梁启超曾对报人提出要自重自爱，要志存高洁，要敬业不克如初的要求。这可视作是中国新闻界中较早提出的道德修养的要求，对今天的新闻事业仍然具有启示意义。当前，某些新闻工作者因个人价值观扭曲而职业道德滑坡，搞有偿新闻、低俗新闻，甚至索要“封口费”等，引起受众的不满，严重影响了媒体的声誉。因此，新闻编辑应自觉学习和遵守新闻工作职业规范，严格遵守宪法和各项法规中与新闻传播相关的条律，遵守新闻宣传纪律，不以稿谋私，出卖版面；不偏听偏信，造谣惑众；不泄露国家机密，破坏国家稳定；杜绝将一切妨碍社会发展进步的不良内容公之于众。

（三）团队协作，执著探索

随着现代科学技术的发展，新闻传播活动越来越多地需要以团队合作的方式来完成。在新闻传播中处于核心地位的新闻编辑人员尤其需要与记者、通讯员以及广大受众建立良好的沟通渠道。新闻工作中大量的策划报道、编稿组版工作、信息反馈的接受等，都是通过与他人的交流和配合来完成的。因此，新闻编辑要有团队协作意识，与同事和谐相处，协同协作，共同进步。

新闻编辑还要有执著的探索精神。当今时代，日趋激烈的新闻竞争和复杂多变的编辑环境，向新闻编辑提出了新的挑战。面对新挑战，现有的经验方法很难应对，唯有不懈地探索，寻求新的对策才能使新闻报道具有绵绵不断的生命力。没有探索就没有突破，就没有进步，就不可能使新闻报道充满生机和活力。

三、新闻编辑的互联网思维

互联网的崛起给媒体行业带来了翻天覆地的变化，全民互联网时代的到来使得传统媒体不得不走向变革之路，媒体行业开始纷纷强调互联网思维。那么，到底什么才是媒体的互联网思维呢？互联网思维是指互联网技术衍生出许多新媒体后，这些新媒体使得信息传播产生了新的方式和途径，对传统媒体固有的新闻传播方式造成了很大的冲击，传统媒体开始形成以依托互联网技术整合新闻资源的思维模式，以实现传统媒体和新媒体媒介资源大融合。①

新闻编辑在新闻产品的生产、传播过程中占有主导、核心地位，是实现媒体变革的主力军，新闻编辑互联网思维的培养非常重要，他们是媒体新的运作模式、新的新闻理念、新的编辑部文化、新的思维方式、新的经营模式的重要践行者。新闻编辑自身要主

① 虞国芳：《谈西方电视的互联网思维——基于 CNN 和 BBC 全媒体转型的观察思考》，《电视研究》，2014 年第 12 期。

动培养互联网思维，推动传统媒体与新媒体的媒介资源融合，适应媒介发展的新环境，从以下四个方面在工作中加强自身的互联网思维。

（一）加强对数字技术能力的运用

互联网和新传播技术带来了“大数据”时代，数字技术使得新媒体传播速度更加迅猛，传播范围更加广泛，传播互动性更强。为应对互联网技术的高速发展，新媒体时代的新闻编辑除了需要具备传统新闻采编的能力以外，还需要进行数字技术培训，具备数字技术运用能力。

新闻编辑的数字技术运用能力将运用在新闻传播的过程中。新闻编辑应着眼于打造快捷的网络平台，优化传统的新闻生产流程。一旦出现突发性新闻时，能提供这样一个移动平台让记者将采集到的新闻以最快的速度传送给受众。新闻编辑打造的这种基于移动网络的新闻生产方式，可以做到随时随地报道新闻，使新闻变得更新鲜。这种利用移动设备将新闻发送到移动平台的新闻报道方式被称为“移动新闻”。BBC(英国广播公司)打造的 Quickfile 新闻信息平台，就是新闻编辑利用数字技术所打造的这样一个移动网络平台，已经屡次在突发性新闻的报道中抢占到新闻时效制高点。

同时，新闻编辑的数字技术运用能力包括对网络大数据的梳理分析能力。新闻编辑借用新媒体平台把新闻第一时间传送给用户以后，新闻编辑还可以通过分析网页、手机、社交媒体和视频网站等平台的用户数据，通过用户数据分析工具的数据预测，不断调整报道内容。在新闻日趋碎片化、扁平化、同一化的今天，通过分析用户喜好确定的新闻传播内容更容易被受众接受，达到更好的传播效果，产生更广的影响力。

互联网思维使得很多媒体大力引进数字技术人才，在国外媒体中，图表部门、互动新闻和数字设计部门等技术性部门成为报社的新兴热门部门。它们与传统媒体部门相配合、协作，共同应对挑战。这是新媒体发展的趋势之一，很快国内媒体也将走上这一变革之路。高层次的新闻编辑处于媒体运作的核心地位，需要沟通数字技术部门和传统媒体部门，所以高层次的新闻编辑更要注重加强自身对数字技术能力的运用才能在技术性部门和传统部门之间起到更好的沟通作用。

（二）注重跨平台合作扩大媒体影响力

社交类媒体应用的高速发展拓宽了新闻资讯的传播渠道，在移动互联网的技术支持下，新闻报道方式和编辑思路需要与社会化媒体相接轨，以加速自己的社交化进程，实现渗透式传播，保证新闻资讯在社会化媒体上的广泛传播。

新闻编辑首先要重视社交类媒体资源，自身对社交类媒体有深入的了解和熟练使用。BBC 很早就关注社交媒体的使用，甚至还推出过自己的社交媒体平台，但未能成功。于是，BBC 鼓励自己的记者编辑运用社交媒体，开发社交媒体，并为内部员工每人配备了一台苹果手机，要求每一个记者和编辑都要有自己的微博账号，学会使用 Twitter 和 Facebook。

著名的 CNN(美国有线电视新闻网)也已经屡次与社交类媒体合作，成功地生产新闻产品，扩大自身影响力。多个成功的案例表明，媒体资源的融合给传统媒体和新媒体带来的是双赢的局面。国内也有很多影响力广泛的社交类媒体，如腾讯公司开发的社交软件QQ、微信，新浪旗下的新浪微博等，新闻编辑要重视这些社交类媒体应用，在生产新闻产品的过程中主动恰当地寻求与这些社交类媒体平台的合作。

（三）调动用户参与新闻传播的积极性

新闻编辑的互联网思维中非常重要的一部分，即是要重视受众在新闻传播中作为传播者的力量。互联网使传统媒体时代的受众不仅仅是新闻产品的受众，他们利用互联网参与到新闻信息的传播过程中，成为重要的信源。他们不仅仅是信息的接收方，也成为信息的提供方。新闻编辑要加强互联网思维，以开放的编辑心态更好地利用受众提供的新闻素材，调动民众参与新闻传播的积极性。

受众参与新闻信息传播是丰富媒体新闻素材和新闻选题的一个良好方式，类似BBC、CNN的新闻编辑在一些主流媒体对用户生成内容栏目的开设，体现出了媒体在互联网环境中开放性的编辑心态。BBC网站新闻有多个互动栏目，如“Have Your Say”(你来说)、“Your Pictures and Stories”(你的图片和故事)、“Can You Help?”(来帮忙)。而CNN网站也开设有名为“I report”(我来报道)的用户参与栏目。

BBC和CNN的新闻编辑所策划开设的这些栏目是利用互联网接收用户信息传播的良好端口，为我国新闻媒体与用户互动提供了很好的范例。我国一些传统媒体很多还坚持着“热线爆料”等一些老旧的、落后的信息搜集方式，一些转型中的媒体开设网站以后与用户之间的互动也很少，并未充分利用用户传播的海量信息资源，造成资源的浪费与流失。实际上，国内媒体开发互联网资源的基础非常好，当前，我国网民数量庞大，根据中国互联网络信息中心(CNNIC)发布的第34次《中国互联网络发展状况统计报告》显示，截至2014年6月，中国网民规模达6.32亿，互联网普及率达到46.9%，网络成为用户进行信息获取和意见表达的一个重要通道。所以，国内媒体的新闻编辑应立足互联网，重视用户参与新闻传播的强大力量，为用户提供便捷的互联网平台，使更多的用户愿意参与到新闻信息的传播之中，成为可被所在媒体利用的信息资源。当然，这同时要求新闻编辑增强新闻信息的甄别能力，在用户提供的海量信息中能快速辨别其真伪，去伪存真，坚持新闻信息传播的真实性。

本章相关概念

新闻编辑　news editor
新闻编辑角色　news editor role
职业环境　professional environment
知识能力构成　knowledge competence
互联网思维　thinking in the Internet

思考题

简答题

1. 简述新闻编辑的角色。
2. 分析不同的媒介环境中新闻编辑工作的不同。
3. 简述新闻编辑应该具备的知识能力。
4. 什么是新闻编辑的互联网思维?
5. 你觉得我国目前新闻编辑工作者的职业素养情况怎样? 如何改进?

CHAPTER 3

第三章 新闻媒体的定位与设计

本章导言

(1) 媒体定位是近年来借鉴市场营销学理论提出的概念,系指媒体在激烈的媒体竞争中,基于对社会传播需求和自身资源能力的深刻认知确定自身独特的竞争位势、竞争策略、内容结构和产品表现形式,以求最大限度地占领目标用户群体的心智空间,更好实现媒体的经济及社会价值。

(2) 媒体的可持续发展需要各种内外部资源的支撑,而恰当的定位则是获得后续资源支撑的重要前提。影响媒介定位的因素有区域经济社会发展状况、区域人群结构和细分受众、媒介控制者、广告客户、传播渠道、市场竞争等。

(3) 编辑方针是决定新闻、出版机构特性和风格的准则,是新闻、出版机构立场、观点、方法的体现。它对组织报道、制作稿件、选择稿件、文字格调、版式处理方法等具有决定性影响。

(4) 新闻产品设计,是对媒介产品中以传播新闻为主要职能的组成部分的设计,包括确定新闻产品在整个媒介产品中的位置和比重,以及进一步设计新闻产品中的每一个组成部分。新闻产品设计是一种集体性的创造活动,也是一项难度极大的系统工程,运行过程包括设计预备阶段、方案设计阶段和方案试行阶段。

本章引例

CCTV-2 经济频道的媒体定位

在多频道环境下,靠一套综合节目吸收所有的“大众”在自己的身边的年代已经结束。要在新一轮竞争中获胜,就必须形成自己的节目特色,重新吸引特定的听众和广告客户。正是在这一媒介生态环境下,电视也开始创办服务于人们大众经济生活的且不同于综合频道的特色频道,1996 年中央电视台推出了以经济宣传为特色的第二套节目,目的在于更好地满足于当时的改革开放形势发展的需要。

定位只是一个调焦的过程，而要想获得高清晰的"照片"，还应当依赖反复和仔细的微调。可以这样说，CCTV-2 从诞生开始，它就是我国电视事业革新和探索的产物，代表了一个特定时期我国电视发展的最高水平。频道定位是频道竞争之本，它决定了频道资源、形象、宗旨和功能；并由此进一步决定了频道的节目竞争力。此外，它的目标观众定位，还决定了频道的广告资源，并由此而直接影响频道的赢利。所以，解决频道定位的合理性是频道发展的重中之重。CCTV-2 经济频道的定位的形成应当是频道定位的历史选择与选择历史的结果。

从诞生之初，中央电视台第二套节目就在不断地探索自己的发展之路。1996 年是中国电视，也是 CCTV-2 发展历史上关键的一年，这一年的 6 月，经济部由新闻中心划归广告经济信息中心，CCTV-2 定位为经济、社会教育频道，形成了以经济宣传为特色的崭新格局。其实，将社会教育与经济并列是不妥当的，因为"社会教育"不仅在功能上与经济节目有明显的分歧，而且和"经济"一样，是同样属于需要软化的内容。这是一个忽视了观众和竞争对手的频道定位，它过高的准入标准缩小了观众规模，削弱了电视的欣赏旨趣，它的不和谐在很短的时间里，就陆续地呈现了出来。1997 年 5 月 5 日，中央电视台第二套节目又全面调整，广大观众从此可以从早上到夜间收看到完整而系统的经济节目。这次调整将社会教育这一功能大大弱化了。2000 年 7 月 3 日，作为频道专业化改革的重要步骤，中央电视台推出全新包装定位的专业化频道 CCTV-2，即现在的"经济 · 生活 · 服务"频道，这一次的改革是继第一套《东方时空》新闻改革之后出现的又一种新的电视频道改革模式，也是后来中央电视台倡导的"频道专业化"进程的全新探索。社会各界对这一次改版都给予了积极中肯的评价，认为"经济 · 生活 · 服务"这一频道定位的相对合理性表现在以下方面：首先，它从形式上排除了社教与经济的冲突，使频道的专业化程度得以保障；其次，对生活这一弹性的理念的引入，降低了频道的准入高度，有效地扩大了频道的观众的可能规模；第三，作为频道功能和特色的服务性，正式作为频道定位提出，表明了频道在服务功能上的努力。"经济 · 生活 · 服务"理念的重新提出，已经有了显然不同于当初的深度内涵。这不仅是因为我国经济体制的性质有了科学的界定，而且服务的功能、对象和主体，都发生了更为深远的变化。

CCTV-2 在 2003 年 10 月 20 日终于明确了自己的频道定位，用"经济频道"取代原来"经济 · 生活 · 服务"的定位语，明确了频道定位的核心理念——"大众、综合、实用"，由此，"我们把 CCTV-2 的频道呼号从原来的'CCTV 经济 · 生活 · 服务频道'改为'CCTV 经济频道'。"原经济频道节目总监梁晓涛在介绍频道定位时再三强调，频道呼号的改变并不是频道定位的窄化，新版推出的 CCTV-2 并不是完全专业化的财经频道，而是以经济资讯为核心内容，具有专业特色的服务频道。2005 年 3 月 28 日在原有改版成绩的基础上，再做微调，这次的改版使 CCTV-2 经济频道的收视率有了较大幅度的提升。CCTV-2 近 30 年的成长历程，也是一个逐步完善自身形象和功能定位的过程。

它不仅与当时社会发展的水平紧密关联，更与我国电视产业的复苏和腾飞的艰难旅程相伴始终。与此同时，人们也不难发现：频道的每一次调整或变化无不透露出“经济节目的硬度与大众收视口味之间的矛盾”选择的两难困境，也折射出了中国电视频道竞争激烈的程度。这是因为，定位理论是基于竞争和对目标市场的分割而产生的现代营销理论。

CCTV-2今天的频道定位的选择，不但是一种新理念的产生，而且也是历史发展的结果，更是中国电视生态环境变化的必然选择。相信开放的定位，会给CCTV-2的未来留有更多的弹性，经济的轴心位置是不变的，变的是它的辅助元素。

(1) 掌握媒体定位的内涵以及不同角色的媒体定位。

(2) 掌握影响媒介定位的因素。

(3) 掌握不同形式的编辑方针。

第一节 媒体科学定位的内涵

一、媒体定位的概念与内涵

媒体定位是近年来借鉴市场营销学理论提出的概念，系指媒体在激烈的媒体竞争中，基于对社会传播需求和自身资源能力的深刻认知确定自身独特的竞争位势、竞争策略、内容结构和产品表现形式，以求最大限度地占领目标用户群体的心智空间，更好实现媒体的经济及社会价值。

具体而言，媒体定位包括媒体角色定位、受众定位和内容定位，其中角色定位是根本，受众定位是核心，内容定位是关键。

(一) 媒体角色定位

“角色”一词最初来自戏剧，20世纪30年代开始运用于社会学领域，代表性人物有美国社会学家米德(G. H. Mead)和人类学家林顿(R. Linton)。米德认为，角色是一定社会关系所决定的个体的特定地位、社会对个体的期待以及个体所扮演的行为模式的综合表现。媒体角色是指与媒体一定的社会地位、身份相一致的一整套权利、义务和符合一定社会期望的行为模式，主要表现为媒体在社会中的功能。[①] 西方的传播学认为，媒体的社会功能包括环境监测、社会连结、社会动员、社会教化和娱乐几个方面。但媒体的角色和功能离不开特定的历史语境，就我国国情而言，党管媒体的原则是中国共产党领导下的新闻事业的根本原则，无论是舆论引导、舆论监督抑或是文化交流与传承，都必须秉持党性与

① 彭雪松、肖轶、王文浩、何威：《社会事件中的媒体角色差异——以“7·23”温州动车事故为例》，人民网。

人民性相统一的理念进行具体的实践操作。与此同时，现代社会的媒体又是相对独立的经济主体，在承担媒体社会功能和角色的同时也有自身的利益追求，要在二者之间取得良好平衡。尤其在当今融媒体时代，不仅媒介所扮演的社会角色日益多元化，而且各种媒介体系叠加，特定媒体社会角色的履行与社会功能的实现不可避免地受到其他外部媒介操作实践的影响，要在鲜明的社会角色承担与自身经济价值实现之间寻找最佳结合点并非易事。

日本大地震中《人民日报》和《南方都市报》的媒介角色对比[①]

2011 年 3 月 11 日，日本东京下午 2 时 46 分左右，日本东北部海域发生里氏 9.0 级特大地震，整个日本东部地区受灾惨重，3 月 12 日，福岛第一核电站 1 号机组厂房发生爆炸，其后几日，多个机组相继发生爆炸，核泄漏引发的核辐射问题成为新的灾难，影响扩展到整个太平洋领域。在破坏性的地震和海啸后，日本又面临人道主义危机和核危机，对经济的影响在不断蔓延。面对这一具有重大新闻价值的突发性事件，《人民日报》和《南方都市报》基于各自不同的媒体角色，分别选取了各自的报道视角。

《人民日报》：积极救援的国际形象＋安定民心的国内形象

《人民日报》共 58 篇相关报道，重点集中于中国在日公民、中国环境受到的影响（35%）；中国救援（38%）。事件发生后，《人民日报》第一时间向外传递了中国的救援意愿，从报道主体上看，国家部委、慈善基金会、协会、企业都纷纷展开具体的援助，呈现出中国从政府到民间、从官方到企业的整体救援行动，“救援”主题占了重要比例；在占比 35%的关于中国在日公民以及中国环境受核辐射影响的报道中，《人民日报》的关键词是“无伤亡”和“无异常”，通过各类权威部门告知公众中国核辐射环境“无异常”，宗旨在于“安定民心”，因为日本一直是中国公民出国学习、工作、旅游的重地，作为党报，利用其权威性发布信息，安定民心，应当说是一种应有的报道角度。

《南方都市报》：还原灾难现场＋人文色彩的故事化报道

《南方都市报》共计 124 篇相关报道，对灾难事件报道有 45 篇，占 36%；对日本公民/环境的报道 31 篇，占 25%；对日本救援行动报道 17 篇，占 14%。从横向角度来说，《南方都市报》对灾难事件本身的报道有 45 篇，是报道比例最高的，展现出日本遭受地震、海啸、核泄漏以及恶劣天气重重灾难的全貌。从纵向角度来说，灾难事件的报道、日本公民受灾情况、日本环境受灾情况、日本各界救援情况的报道比例总计 75%，这是将现场的各种情况展现在读者面前。在灾难事件中发掘新闻故事，是西方灾难新闻报道中一种常用灾难的手法。《南方都市报》除了描述灾难的现场，还善于捕捉灾难事件中的各种新闻故事。比如 3 月 16 日《4 月龄女婴震后三天获救，日本灾区无数民众体会

① 董天策、章丽琴：《媒体定位与灾难新闻的报道视角——简析〈人民日报〉、〈南方都市报〉对日本大地震的报道》，《今传媒（学术版）》，2011 年第 6 期。

生命跌宕起伏》和21日《日本祖孙被困九天后获救》等等，这些报道以亲历灾难者的视角讲述故事，表达出对受灾民众的深切关爱，以人文主义的关怀关照灾难受害者。

思考与提示：

两家报纸在报道国外灾难新闻时具有不同的报道视角，即国家视角和新闻视角。党报是面向党政机关干部、知识分子的机关报，其主办者的政党、国家机构的性质直接决定了党报的属性和价值定位。《人民日报》是一份由中国共产党中央委员会主办、重点面向全国各党政机关发行的机关报。一方面，其承载着传达中央声音、指导地方工作、展示政府形象的对内政治性功能；另一方面，随着世界一体化进程的加速，中国越来越注重自身在国际关系中形象的建构，《人民日报》不仅仅要传播国家对内形象，还需要在重大国际事件中发表国家态度和声音，从国际关系的视角进行新闻报道。换句话说，就是要通过一份"可代表国家政府声音"的报纸展示中国在国际政治舞台上的国家对外形象。基于此，在报道如此重大的国外灾难时，《人民日报》肩负着传递中国救援声音和安定国内国外民心的政治重任，国家视角是其理所当然的定位和价值追求。都市报则是面向城市各阶层市民读者的市场化报纸，没有国家政府的资助，需要自筹资金、自负盈亏，争取受众、提高发行量成为报纸的生命之源。基于此，提供受众感兴趣的"新闻"成为其一贯的生存之道。《南方都市报》作为一份典型的都市报，在这次报道尝试中呈现出的新闻视角，体现出专业主义理念与人文关怀。首先，尊重新闻本身的规律，提供关于灾难各方面的新闻报道，满足受众对灾难的知情权；其次，并不追求煽情化的报道吸引眼球，而是在新闻专业主义理念的引导下客观地呈现灾难现状；再次，抛开民族主义的狭隘视角，以人文关怀关照受灾者、受灾区，并引导受众对国外灾难形成感同身受的人道情怀。不论是党报的"国家视角"还是都市报的"新闻视角"，都与报纸本身的价值定位和价值追求相关，而我国报纸在对同一事件的报道中呈现各自不同的视角，正反映出各类报纸越来越明晰的媒体定位与新闻价值取向。

（二）媒体受众定位

现代社会，人们受教育水平、职业、地缘、收入水平、心理特征等方面的差异越来越明显，需求也越来越多样化，围绕细分受众群体进行差异化传播是媒体运营的大势所趋。清晰而稳定的受众定位是决定媒体决定媒体市场价值大小的重要因素，也是媒体长期生存发展所要面临的一项战略问题。

学者喻国明在《影响力经济——对于传媒产业本质的一种诠释》一文中指出，"传媒在市场上的真正价值在于它在多大程度上成为其所凝聚的那群具有社会行动能力的人们了解社会、判断社会乃至做出决策、辅助实践的信息来源和资讯支点。换言之，传媒作为一项产业的市场价值在于它在多大程度上能够影响它的受众，并且这种对受众的影响力能够在多大程度上进一步影响社会进程、影响社会决策、影响市场消费和影响人们的社会行为"。媒体内容的传播能够影响到哪些社会人群，影响到什么层面，直接决定了其社会影响力的大小。尤其在广告支撑的大众传播模式之下，媒体的受众定位不仅决定了其后续的内容结构和风格特色，也决定了广告商对其广告投放价值大小的评判和广告投放预算安排。但受众定位并非越高越好，一些媒体不顾自身能力优劣，盲目瞄准高收入群体，但在竞争中力有不逮，切分不到市场蛋糕，反而陷入生存危机。

因此，媒体要善于对看似同一的受众进行社会、心理分析和群体划分，寻找其他媒体尚未注意和开掘的角度切入，在新的历史时空背景下界定自己的受众群体。

湖南卫视对自身目标受众群体的划分不是简单按照地理疆域或者收入、教育等人口社会学划分口径，而是确立“锁定全国、锁定娱乐、锁定年轻”的战略定位，用“青春、靓丽、时尚”的形象和“快乐、关爱”的内涵，牢牢地占据了娱乐领先的位置，在全国范围内吸引了众多的新生代年轻受众；与此同时，正像都市报填补了党报的受众真空一样，湖南经视则面向湖南受众，形成了“全国人民看卫视，湖南人民看经视”的受众定位格局，及时填补了湖南卫视留下的本土受众空白。

现代社会的发展日新月异，目标受众群体的自身结构和需求特征也在加速变化。因此受众定位也必须一直处于动态平衡的状态，保持高度的敏感性，通过调整适应受众市场变化，但不论如何求新求变，都应明确受众定位是一项长远的战略问题而不是短期的战术问题。

（三）媒体内容定位

良好的内容是媒体聚合目标受众人群和吸引广告主进行广告投放的基础，也是媒体以专业化操作对自身社会角色和目标受众定位的显性回应。应秉持怎样的原则在纷繁复杂、瞬息万变的大千世界中遴选合适的内容？

1. 精准化

内容定位要基于自身生存发展空间所在，恰当定位传播目标受众群体，并贴合自身的社会角色定位迎合媒体自身目标人群的需求和偏好量身定做，避免内容编辑的泛泛之作。

经典案例 3-3

在 IT 领域曾被评为“增长最为迅猛的杂志”的《互联网周刊》的主编姜奇平谈到该刊在一个爆炸性增长的市场上如何把握内容定位问题。该刊作为专业的行业杂志，对行业技术趋势和商业趋势把握具有明显的优势，具备透视业内两年趋势的能力，但是从商业的角度考虑最终确定为领先半年的透视，因为行业透视过于前卫会失去一部分低端读者，收窄杂志的受众人群规模，不利于杂志发展扩张，但行业透视过于滞后又会失去一些高端读者，所以要做到动态、精准的平衡。

2. 结构化

对于新闻媒体来说，保障目标受众群体的信息结构安全是一条基本的要求，这就需要以产品化思维和“宴席”意识对内容进行有机组合，既有满足目标受众群体信息刚需层面的硬新闻呈现，也有满足目标受众群体情感与心灵需求的软性内容，“软”“硬”结合，结构化配置。

3. 特色化

要善于挖掘自身积累优势，打造彰显自身的特色内容“菜系”。能够争取独家的信源渠道自然是上选，但在信息爆炸、渠道泛滥的今天，更重要的是秉持自身传播价值理念对信息进行整合处理，彰显特色化风格。

4. 品牌化

从一个较长时间段来看，媒体通过内容的运营沉淀下用户情感忠诚和媒介接触行为忠诚，这构成了媒体品牌的基础要件。良好的品牌意味着一种未来内容提供品质上的信用背书，可以为媒体赢得持续的用户关注和广告投放，并且在经济上获得相应的品牌溢价。因此，在媒体的内容供给方面，要有意识地发掘彰显自身特色的要素资源打造属于自身的品牌价值，对支撑品牌价值的关键要素进行动态调整与修护。

二、媒体科学定位的价值

在信息爆炸、渠道泛滥的今天，精准科学的定位是媒体在激烈竞争中赢得可持续竞争优势的基本前提。媒体科学定位的价值表现在以下几个方面：

对于受众而言，基于稳定的内容预期选择契合自己需要的媒体，可以减少目标信息搜索的时间精力成本；对于广告商而言，科学的媒体定位与稳定的内容供给可以凝聚吸引相对明晰稳定的目标受众人群，提升广告投放的精准程度；对于媒体而言，科学定位有助于在后续的采编工作中凝聚共识，聚焦核心目标受众的需求来有针对性地提供内容以保持稳定的内容供应品质，同时面向内容生产的双重市场——受众市场和广告主市场造就稳定的预期以维持市场地位。

第二节 影响媒介定位的因素

媒体的可持续发展需要各种内外部资源的支撑，而恰当良好的定位则是获得后续资源支撑的重要前提。因此，媒体的定位应该基于科学的调查研究来理性决策，是对媒介生存发展环境认知、媒介自身竞争条件和目标受众需求综合把握的结果。

影响媒介定位的因素有很多，而且不同时期各因素影响力的大小和影响方式也有差异，我们重点剖析以下几个方面。

一、区域经济社会发展状况及需求重点

媒体生存发展的主要资源补偿方式是“二元售卖”——第一重卖内容，第二重把内容所凝聚起来的受众注意力资源售卖给广告商。伴随媒介形态的衍变，广告形式不断多样化，从简单的版面、时段广告形态衍变为今天各种植入式、富媒体广告多元并存的

局面，但总体而言，一个地区媒体成长的可能空间与该地区的经济社会发展水平、发展速度和发展重心息息相关。地区经济出现新的发展热点，必然催生出相应的信息需求和广告投放需求，从而带动满足这些需求的细分媒体的成长。

二、区域人群结构和细分受众需求状况

首先要对一个区域目标市场的城市规模、人口数量、人口密度、年龄结构、性别比例、收入状况、职业结构、文化程度、家庭大小、社会阶层等有通盘了解，因为这一指标对媒介覆盖区域中可能达到的“触及率”具有预测价值；其次包括该地区人群的的生活方式、价值观念、利益追求等，这一指标对媒介的功能定位具有直接参考作用；再次是该地区受众的媒介接触偏好与接触习惯，包括报纸购买和阅读习惯、频率，广播电视的视听时间、频率，对媒介的信任度等。随着移动互联网的普及，媒介用户的接触习惯逐渐向移动端迁移，借助数据跟踪和挖掘技术，关于用户使用习惯和需求的偏好可以被更为精准地把握。

在上述区域人群总体情况调研的基础上可以进行受众细分，受众细分可以采用几种常用方法，包括以下几点。

1. 单一变数细分法

根据影响受众需求的某一种因素为标准进行受众细分。比如根据受众的年龄划分成不同的年龄段，不同年龄段的受众需求有相对的一致性，这就为面向不同年龄段受众的媒介创造了存在的基础。

2. 综合变数细分法

根据影响受众需求的两种或两种以上的因素为标准进行受众细分。这是一种最常用的方法，因为对于媒介产品来说，影响其需求的往往不止一项因素。

3. 系列变数细分法

根据影响受众需求的层次系列，逐步逐层地进行受众细分。这对于综合性、全国性的大媒介尤其适用。

4. 市场环境指数细分法

采用预先选定的某些指标来反映市场的整体环境，然后根据媒介自身的特点，选择将要进入的细分市场。媒介可以根据自身的条件选择适合进入的市场，为该市场中的受众服务。这种方法对于媒介进行资本运作时选择新的媒介进行投资很有参考价值。

在进行受众细分时，还要重点考虑两方面因素，一个是细分受众的数量和购买能力。这是确定目标受众的首要条件。因为如果细分受众的数量达不到一定规模，或者细分受众的总体购买能力有限，媒介产品的出售就难以形成规模，这将影响媒介的社会效益和经济效益。第二是细分受众的信息需求获得满意的度。媒介定位应以细分受众需求全部或部分尚未得到满足为前提。

三、媒介控制者

传播制度作为社会制度的反应，其内容是十分复杂的，它体现了社会制度或制度性

因素在各个方面对传播媒介活动的制约和影响。传播制度中既包括媒介与政府的关系,也包括媒介与社会群体以及广大受众的关系问题;既包括言论出版的自由与权利问题,也包括言论出版者所应承担的责任和义务问题。一句话,传播制度体现了全部社会结构和社会关系的复杂性。

影响媒介定位的媒介控制者包括几个方面:国家和政府的政治控制,各种利益群体和经济势力对传播媒介的控制,以及广大受众的社会监督控制。

媒体与政府的关系主要涉及新闻自由的限度和政府管制的边界问题,有鉴于媒体的公共属性和媒体传播的社会责任,不管东方还是西方国家,对媒体或多或少实施一定的控制都是稳定社会的必需,但在控制的理念、依据的标准和操作的手法上存在较大差异。对言论自由的斗争始于英国资产阶级革命时期,1695 年英国废除了出版许可证法,事前检查制度也随之成为历史,这标志着言论自由最早在制度上得到确立。在美国,1766 年取消了加在媒体等身上的印花税,1791 年通过宪法第一修正案,更是从法律角度确立了言论自由的地位,新闻自由就是在这样的制度和思想上逐步完善起来的。媒体成为制约政府权力、维护社会多元存在的一种重要力量。

与此同时,政府也规定,新闻自由也不能危害国家秩序和利益,干涉司法公正,侵害公民私权。一旦新闻自由越过了这些底线,国家权力就会介入进来,对媒体进行管制和规范。虽然媒体无不标榜自己的公正客观,但它事实上会受到各种利益背景和价值取向的影响,从而造成对事实的扭曲。那些带有倾向性的新闻报道,不仅会侵害公民的名誉权和隐私权等权利,也会对司法审判造成影响,影响判决的公正性。1992 年美国的“罗德尼·金诉洛杉矶警察局案”,因为在事件的前前后后都是媒体拽着舆论和司法(除初审外),而媒体的新闻报道则与事实偏离甚远。为了防止新闻媒体干涉法院独立审判,美国法律规定媒体对庭审活动只能进行文字描述,禁止拍照和实况转播,并要求陪审团与媒体报道暂时隔绝。1994 年,40 多名来自世界各地的杰出法学家和媒体代表在西班牙马德里制定了《关于媒体与司法独立关系的马德里准则》,以系统规范新闻自由和司法独立的关系。同时,各国法律规定,对于那些诽谤性报道,媒体也要承担相应的责任。[①]

经典案例 3-4

(一) 新加坡新闻管理制度

1974 年以前,新加坡的主要报纸都由豪门或私人团体所有,国家对报纸缺乏监管。新加坡从 20 世纪 70 年代开始推行报纸改制,各报须由公众持股重组成为上市公司。淡马锡控股(国家资产经营和管理公司)趁势对媒体的实体股份公司进行投资和持股,直接或间接地控制了本土主流媒体。

1. 取缔外国操纵的本国媒体

新加坡政府 1971 年吊销了本地英文小报《新加坡先驱报》的出版执照,指该报涉及

---

① 尹冬华:《西方国家的媒体与政府》,四川新闻网,2007 年 2 月 9 日。

"黑色行动",接受外国可疑组织的资助,蓄意挑拨对国家政策和制度的不满情绪,并与"政府作对"。

2. 禁止或限制有争议的本土新闻

只要涉及新加坡本国的新闻都须接受新加坡政府的审查,外国媒体也不例外。近年来,新政府多次借助法律手段控告外国媒体。最著名的是《国际先驱论坛报》诽谤新加坡国家领袖案。1994 年该报刊登《所谓的"亚洲价值观"往往是经不起考验的》的文章,声称新也存在着中国传统的"王朝政治"。虽然该报事后刊登了道歉信,但仍以诽谤罪遭到起诉。新高等法庭最终判决此案的三名答辩人赔偿原告约 65 万美元,创单一诽谤案最高赔偿额。

3. 为种族、宗教等敏感新闻划红线

新加坡是个民族、语言、宗教多元化国家。严禁媒体触碰上述敏感话题,危及社会稳定和种族团结。20 世纪 50 年代,新加坡部分媒体不负责任的报道,导致有关小女孩玛丽亚赫托(生母是天主教徒,养母为伊斯兰教徒)的抚养权之争演变为种族冲突,造成上百人死伤。

4. 通过协调机构人性化引导媒体

新加坡通讯及新闻部下设的一家由社会各界代表组成的协调结构,负责协调引导媒体的职能,该机构在监督过程中发现问题,会及时与媒体沟通,并提出改进意见。比如《新明日报》近期对红灯区进行了较为具体的报道,该机构建议报社今后类似报道不要过细,避免助长社会不良风气。

(二) 新加坡管理互联网的做法

1. 建立法规,依法科学管理

早在 1996 年,新加坡就颁布了《广播法》和《互联网操作规则》。《广播法》规定了互联网管理的主体范围和分类许可制度,《互联网操作规则》则明确规定了互联网服务提供者和内容提供商应承担自审内容或配合政府要求的责任。1996 年发布的《互联网操作规则》第四条第一款规定,禁止播发"有违公共利益、公共道德、公共秩序、公共安全、国家和谐以及新加坡法律所禁止的其他内容"。这两部法规成为新加坡互联网管理的基础性法规。根据新加坡广播管理局指导原则的规定,网上不能包括以下信息:危及公共安全和国家防卫的内容;动摇公众对执法部门信心的内容;惊动或误导部分或全体公众的内容;引起人们痛恨和蔑视政府、激发对政府不满的内容;影响种族和宗教和谐的内容;对种族或宗教团体进行抹黑和讥讽的内容;在种族和宗教之间制造仇恨的内容;提倡异端宗教或邪教仪式的内容;色情及猥亵内容;大肆渲染暴力、裸体、性和恐怖的内容等。

在新加坡购买预付费手机 sim 卡前,都被要求提供护照号或其他有效证件信息。即使手机卡注销,也可以查出使用者的信息,当局据此可有效追查手机短信谣言。

2. 因势利导,构建沟通平台

新加坡媒体发展管理局公共传播司设有新媒体组,负责政府各部与民众的沟通。2006 年 10 月,政府推出了一个总门户网站,用于与民众互动,听取反馈意见。政府高官和议员都通过网站与民众交流,就热点问题进行讨论。此外,新加坡政府善用社交媒体平台了解情况。新加坡政府在促进互联网教育方面尤其重视对青少年和家长的教育宣传。早在1999年就成立了志愿者组织互联网家长顾问组，由政府出资举办培训班，鼓励家长指导孩子正确使用互联网。此外，政府还鼓励供应商开发推广"家庭上网系统"，帮助用户过滤掉不合适的内容。①

我国正处在社会转型期，利益博弈激烈，存在着各种潜在的矛盾冲突，媒体一方面在报道中需要正确行使舆论监督职责推动社会良性进步，另一方面也必须考虑到某些报道可能引发社会矛盾激化、出现后续局面不可控的因素。十八大以来，党和政府加强了对媒体传播管理和舆论引导方面的工作力度也正是出于上述考虑。2014年2月27日，中央网络安全和信息化领导小组成立，中共中央总书记、国家主席、中央军委主席习近平亲任组长，李克强、刘云山任副组长，凸显了对新时期网络新媒体阵地的高度重视。

除此之外，各种企业、社会组织包括财团也会出于自身利益需求通过各种手段操纵和利用媒体，例如投资入股一些重要媒体称为股东，或者用金钱收买媒体从业人员进行有目的的新闻策划或者有偿新闻等，这些做法既违反了新闻职业伦理，也损害了媒体的社会公信力。媒体在定位之初就必须充分考虑到未来基于自身定位可能面对的潜在控制主体、控制因素和控制手段，避免不当定位可能带来的政治或其他法律风险。

四、广告客户

虽然近年来受基于多元盈利模式的新媒体冲击，目前传统媒体出现广告收入大幅下滑的现象，但另一个值得瞩目的现象是网络广告市场规模不断飙升。绝大多数媒体的生存发展依然离不开广告的支撑。相比于其他产业，传媒组织在产品供给方面的一个重要特点就是同时面对双重客户群体——目标受众群和目标广告客户群。媒体首先要提供优良的产品吸引目标受众群体的关注，然后才能把所吸引的稀缺注意力资源售卖给广告客户。可以说，目标受众定位、内容定位与其吸引广告客户群体的能力息息相关。媒体不仅在定位之初就要充分考虑自身内容所吸纳的受众注意力资源对各种类型广告主的价值大小，而且还要考虑基于自身定位的内容持续生产与其所希望重点吸引的广告投放之间的匹配程度。衡量内容与广告投放内在匹配程度的一个重要指标就是"有效投放度"，即特定广告产品所面对的目标消费群体与特定媒体内容所吸引的目标受众人群之比。因此，衡量媒体核心竞争力的指标并不仅仅是其在目标受众市场"圈地"的规模、半径和尺度，还包括其通过内容传播所能吸引到的广告主类型、广告投放规模和投放频度。

经典案例 3-5

2007年，美国爆发了一场席卷全球的次贷危机，一些报纸的经营连带陷入危机，但《华尔街日报》的广告收入却逆市上扬。其在2006年未雨绸缪就广告模式进行的调整是重要原因。2006年《华尔街日报》时尚版增刊的推出是预示其广告模式的拓展，即在稳定的B2B市场之外开辟B2C市场。改版之前，《华尔街日报》的广告高度依赖IT、金

① 杨晓、张阳：《因势利导，看新加坡如何管理媒体和互联网》，新华网国际频道，2013年09月11日。

融领域的机构投放者，包括花旗集团、美国运通公司等，但2006年上半年这两个领域的广告投放出现大幅下滑局面，暴露出广告投放行业依赖过强为媒体经营带来的潜在危机。时尚版的推出，对《华尔街日报》而言最直接的收获就是拓展广告收入来源，尤其是吸引奢侈品广告的投放。《华尔街日报》的读者群是高收入和引领消费潮流的一个群体，顺势推出时尚版面引领其目标读者群的消费潮流，吸引了大批时尚类广告投放，对完善报纸的内容结构和广告结构具有积极意义。

五、传播渠道

任何媒体的内容传播和影响力打造都必须依赖特定的传通渠道，而不同的传播载体具有不同的介质属性特征，总是更适合特定类型内容的传播。因此，传播渠道对内容类型会产生逆向过滤和选择作用。尤其在新媒体勃兴的时代，新兴传播渠道层出不穷，面向社会公众的注意力争夺战日益白热化，因此必须在定位上把握载体特质，通过精准定位来吸引目标受众。同时，由于媒体面对的是受众和广告商双重市场，在定位时也必须考虑传播渠道对广告资源开发的影响。

移动电视的内容定位与广告资源开发

公交车载移动电视是一种新兴的媒体渠道，也是现代都市百姓接触频率非常高的一种媒介载体，其所吸引的注意力资源频度高、规模大而且持续稳定，但在内容与广告的定位及匹配运营方面必须充分考虑自身的特点。公交车是处于移动状态的封闭型公共空间，其所吸引的是都市百姓碎片化注意力的闲置时段，而且面对的受众群体身份庞杂，区域属性特征明显，因此在内容定位上必须结合这些特点，以本地新闻、服务信息为主，注重内容与当地居民生活工作的关联性，才能更好赢得受众注意，从被动收视变为主动关注。同时，在目标广告资源的开发上，也最好以区域属性比较强的房地产广告或者消费身份区隔不明显的食品饮料等日常快消品为主。

六、市场竞争

在竞争环境下确定媒体发展策略和应对策略，一方面要研究自己，确定自己的优势和劣势，更要研究市场中的竞争力量，明确自己有哪些对手，他们的市场规模有多大，他们的优势和劣势，他们对市场的控制能力如何等等。在知己知彼的基础上，确定自己在市场中的占位，从而制定有效的竞争策略与战术。

判断市场结构类型，经济学上一般分为四种模式：完全竞争市场、垄断性竞争市场、寡头垄断市场、完全垄断市场。

完全竞争型媒介市场结构的主要特征包括：媒体众多，而且媒体之间的产品完全没有差别，提供同质的标准化产品；任何一家媒体增加或减少产量都不会影响到价格，市场中的媒体只是价格的接受者，而不是价格的决定者；不存在垄断，竞争程度最高的市场；企业能自由进入退出市场。

完全垄断型媒介市场结构特征包括：存在唯一的生产者，完全控制媒介产业或市场，它是价格的决定者，进入的门槛高，不允许自由进入。

寡头垄断型媒介市场结构特征包括：媒体数目不多，只有几家媒体为市场提供产品，因而具有某种程度的竞争；由于媒体数目较少，媒体之间相互影响，任何一家媒体产品价格和产量的变化都会影响到市场上其他媒体的销售量与利润，因此，任何一家媒介在做出决策时，要考虑到其竞争对手的反应。

垄断竞争型媒介市场结构特征包括：市场中有许多的竞争者，但还没多到足以实现完全竞争的程度；这类市场与完全竞争市场不同的是，垄断竞争中的生产者生产有差别的产品。

第三节 媒体定位与编辑方针

所谓编辑方针，又称编辑纲领，是决定新闻、出版机构特性和风格的准则，是新闻、出版机构立场、观点、方法的体现。它对组织报道、制作稿件、选择稿件、文字格调、版式处理方法等具有决定性影响。

每一家媒体都会根据自身的定位与发展战略制定相应的编辑工作准则，它为媒体的新闻产品设计和具体内容的编排确立了目标。编辑方针包括媒体宗旨、传播内容、传播水准和传播风格特色等方面，是基于媒体定位的总体方向性指引，为了更好落实编辑方针，媒体往往还要制定更为详细的总体性实施方案和阶段性实施方案，例如报纸的版面分工、专栏设置与出版周期等。不同的编辑方针会直接影响到媒体的内容选材和呈现风格。

以报纸编辑为例，结合其载体特征，编辑方针主要包括以下四个方面。

一、报纸读者对象的设定

读者是报纸编辑工作最终的服务对象，而且读者正逐渐成为现代传播活动的参与者。报纸的读者对象是根据报纸的性质、办报宗旨以及报业市场竞争的需要确定的。报纸的设计要针对具体的读者对象来操作，因此编辑方针首先要规定报纸的目标读者。报纸读者群的结构往往是多元组合。如《青年报》的读者，总体上说是青年，但从结构上看，它又是由不同年龄、不同职业、不同地区、不同性别的年轻人组成的一个群体。编辑方针不仅要确定目标读者的总体范围，还要进一步规定读者群中的主体是哪类人，次要的读者又是哪类人。如《北京青年报》历史上曾经有过三种不同的读者定位：20 世纪 50 年代至 20 世纪 60 年代主要面向团干部和团员，20 世纪 80 年代前期主要面向中学生，20 世纪 80 年代后期至今全面走向社会，以全市广大青年为主，读者对象是编辑方针中最重要的内容，它对其他几项内容会产生制约作用。比如《北京青年报》历史上三种不同的读者定位，决定了这家报纸在各个时期的传播内容不同，报纸的水准和风格特色也不同。在报纸全面走向社会以后，主体读者的范围扩大了，新闻报道的内容便不再局限于青年的活动，只要是青年们关心的新闻，《北京青年报》都积极报道，而且报纸的水准提高了，更具有锐意创新的风格特色。

二、传播内容的设定

报纸传播的内容指的是报纸新闻传播的总的报道面有多大。具体说来，包括报道对象的分布有多广、报道的领域有多宽、报道的区域有多大等。报纸新闻传播的内容是由报纸的性质、办报宗旨和读者对象的需要决定的。比如《人民日报》作为中共中央机关报，作为全国最大的一家综合性日报，其报道范围要比地市级的党委机关报大得多，也比各类行业报大得多。中国和世界各地发生的新闻都在《人民日报》的报道范围之内，各行各业的变化都是其报道的对象。相比之下，地方综合性报纸虽然也报道国内外大事，但本地区的新闻才是报道的重点，构成报道内容的主体部分；行业报的报道内容则主要是行业范围之内的新闻。此外，报纸要设立何种副刊、专刊，也是编辑方针包括的内容。编辑方针对报纸传播内容的规定，将直接指导报纸总体规模和内部结构的设计，报纸版面的分工、栏目的设置都与此有关。

三、报纸的水准

指报纸的思想水平、文化水平和专业技术水平所达到的高度。它具体通过报纸传播内容的深度、广度以及语言文字、版面设计、制版印刷等多方面因素综合来表现。报纸的水准也是根据报纸的性质、办报宗旨和读者对象确定的。如面向知识分子阶层的综合性报纸，对思想水平、文化水平和专业技术水平一般都要确定较高的标准，报道应该达到一定的广度和深度。面向普通市民的晚报，传播内容侧重社会生活领域，报道讲求通俗易懂、平易近人，对语言文字的运用和版面设计与前者大不相同。至于面向某些专业读者的行业报，对行业内新闻传播的深度则有较高的专业要求。编辑方针中对报纸水准的规定也将具体指导报纸的设计。

四、报纸风格特色的设定

报纸的风格特色指报纸的整体结构、传播内容、传播方式和版面形象等所综合表现出的格调和特点。报纸的风格特色是由报纸的性质、办报宗旨、读者对象决定的。如《人民日报》作为中共中央机关报，强调以权威性、指导性、理论性为主要特色。这种特色具体表现为重要言论多，对全国各行各业有指导意义的新闻多，报道稳健而有深度、版面庄重大方等。共青团中央机关报《中国青年报》的读者对象和《人民日报》不同，其风格特色也相应不同，其以生动活泼、富有朝气受到年轻人的喜爱。编辑方针对报纸风格特色的规定，为报纸设计指明了努力方向。

杂志的编辑方针与报纸类似，但由于杂志在目标读者群体的定位上更为细分化、内容更侧重与读者的情感共鸣和联结，并且出版周期更长，所以在版面设计、读者导读、边框底纹等细节的操作上更为精细化、精致化。

电视栏目的制作和编辑同样面临受众定位、传播内容定位、水准和风格定位等问题，这一点与报纸编辑在本质上是相通的，但由于表达呈现手段不同，电视节目的制作和编辑是一个更为复杂的系统工程，包括了策划、选题、采访、拍摄、剪辑、合成等多个环节，后期阶段的编辑工作主要围绕"剪辑"进行，要遵循视听规律和影视语言的语法章法，对原始素材进行选择和重新组合。只有视听语言准确流畅，才能很好地讲述事件、表达观念和情绪，而视听语言的形成与表达效果，主要依赖于画面组接的质量，包括转换场景、结构段落、处理时空、组合声画等任务。在不同的指导理念和编辑水准影响下，同一素材的命运可能会有极大的不同，传达效果也完全不一样。

江苏卫视《非诚勿扰》节目的定位与编辑策略

1999 年，中国内地的省级电视台连同中央电视台的节目完成了"上星"的历史转变，中国电视业的"中央电视台—省级卫视—省级地面频道—地市台频道"的结构框架基本确定。经过其后几年的进一步发展，更多的省级卫视频道和副省级卫视频道上星，使得省级卫视逐渐成了中国电视的主力军。但在其迅速发展壮大的过程中，省级卫视也开始面临着同质化严重、竞争加剧的困境。如何抢占市场、提高收视率，进而增强对广告商的吸引力，成了每个卫视都需要思考的生存之道。

在残酷的市场竞争中，省级卫视逐渐认识到，由于资源有限，而且容易陷入同质化竞争和对广告吸引力减弱等问题，走广而全的综合频道模式并不是好的竞争策略。面对这样的状况，走内容差异化的路线成了大多数卫视的选择，江苏卫视《非诚勿扰》节目就选取社会热点关注领域进行特色化栏目内容设置与编辑，依托其良好的差异化定位在省级卫视节目群中脱颖而出，带来了丰厚的广告收益，由此带动了一轮电视征婚真人秀节目开发的热潮。

《非诚勿扰》节目定位分析

1. 受众定位

有专家认为我国目前正处于第三次单身浪潮，沿海一些发达城市甚至已经进入了第四次单身浪潮中，因为各种情况单身的人很多，江苏卫视将新节目基本定为关注年轻的单身人士是比较合理的。而从对《非诚勿扰》自开播以来 110 期内容的数据分析中可以看出，上节目的男女嘉宾在年龄上以"80 后"为主体；在职业上以企业白领居多，体力劳动者较少；在居住地区方面，城市居民占了绝大多数，尤其是居住在一线城市的居多。节目组对嘉宾有一个选择的过程，也就是说能上台的嘉宾其实更多地反映的是节目组的理念。《非诚勿扰》节目组在单身人士这一受众群体中又进行了进一步的细分，以商业利益为主导，将受众更有针对性地定位为城市观众和高消费人群。

2. 节目形式定位

在节目形式的定位上，《非诚勿扰》主要是基于对受众市场的研究，并借鉴国内外同类型节目的经验。因为主要受众是年轻的、有高消费能力的城市单身人士，所以节目内容的设计要符合他们快节奏、时尚、有冲突性的要求。

与国内早期一档相亲节目中男女嘉宾各12个人略显拖沓的模式不同,《非诚勿扰》采用的是英国同类型节目《Take Me Out》的一个男嘉宾对多个女嘉宾的模式,这一过程分为三个环节,分别是"爱之初体验"、"爱之再判断"和"爱之终决选"。每一个环节只有大概5分钟,一个男嘉宾从上场到退场基本维持在15分钟左右,节目的节奏快,符合年轻人的口味。

3. 节目内容定位

《非诚勿扰》是一档婚恋交友类节目,节目的内容主要是关于男女嘉宾的身份背景、性格、价值观、择偶标准等的展示,这在男女嘉宾的资料介绍,特别是双方的语言交流中得到了充分的体现。但是这档节目的内容定位并不止于此,而是在于通过这些男女嘉宾反映了现代年轻人的主流价值观,展现了社会价值观和变化的某些方面。

在对《非诚勿扰》的内容分析中发现,男嘉宾最看重女嘉宾的性格,其次是外貌,这反映出来现在社会对女性的基本评价方式。而最不看重女嘉宾的方面,出现了居住地、婚恋史等选项,也表明了社会交通的发展或是理念上的变化。女嘉宾的择偶标准总体上还是将责任感、工作能力、性格等放在重要位置,但是同样出现了马诺和朱真芳这样看重金钱的女嘉宾。虽然"拜金主义"在社会上确实存在,但是在这个节目中过于集中和形式夸张地进行了展现。从《焦点访谈》的相关报道中了解到,参加节目的女嘉宾都是节目组精心挑选的,节目组甚至会训练她们应该怎样讲话才能引起更多的争议和话题。就这一点来看,《非诚勿扰》确实过于追求收视率和经济效应,虽然这一做法是成功了,节目连创晚间同时段电视节目的收视纪录,但是这种做法也逐渐引起观众和管理部门的不满,节目被越来越多的人批为恶俗,导致了节目的整改和调整。在整改之后,节目少了刻薄的评价和赤裸裸的"拜金",主持人也更加注重在提及某些问题的时候进行正确的价值观引导。

4. 节目风格定位

在节目风格上,《非诚勿扰》可以说一直有着自己鲜明的个性,以契合城市单身人士的审美倾向,追求时尚和视觉感受。

节目中女嘉宾的言谈举止大多数有着很强的个性,前面提到的"拜金女"是一类比较极端的例子,还有中性的谢佳、女博士许贺和经常"脱线"的夏燕等,都能凭借自身的个性给人留下很深的印象。而在男女嘉宾的交流过程中,双方也经常是口无遮拦,尖锐的话语经常出现,造成了场上的冲突不断。虽然这样的冲突使节目不乏味,能吸引观众,但同时也容易使节目显得过于浮躁。而对于这一问题,《非诚勿扰》巧妙地运用了主持人这一关键要素来解决。

在《非诚勿扰》中,主持人孟非和嘉宾乐嘉是不可缺少的关键人物,在百度贴吧里更是有很多人表示喜欢看这个节目就是因为有这两人。孟非原是新闻节目主持人,他稳健和睿智、幽默但不失风度的主持风格,广受观众欢迎。而乐嘉的风格非常直接、尖锐,可以看做节目的一个"助燃器",使得节目更加好看了,而且他的专业评价也能将节目中的情况引入更深层次的社会问题中。在节目后来的发展过程中,又引入了江苏省委党校的心理学女教授黄菡和孟非、乐嘉两人搭档,用一个温和的女性形象来淡化节目中的火药味。[①]

---

① 陈潇:《〈非诚勿扰〉媒介定位分析》,《青年记者》,2012年第17期。

第四节 媒体类型与产品设计

新闻产品设计,是对媒介产品中以传播新闻为主要职能的组成部分的设计,包括确定新闻产品在整个媒介产品中的位置和比重,以及进一步设计新闻产品中的每一个组成部分。新闻产品设计是一种集体性的创造活动,也是一项难度极大的系统工程,运行过程包括设计预备阶段、方案设计阶段和方案试行阶段。

新闻产品设计需要注意的问题是:充分的占有信息并准确的分析信息,保证新闻产品设计的合理性和可行性;在可行性与超前性之间找到平衡点;产品设计应该与采编机制改革同步;正确处理借鉴与创新、变革与稳定的关系。①

每一种大众传播媒介都有其自身的载体特点,新闻产品设计也必须根植于其载体特点进行设计。例如,报纸基于出版周期的限制,在时效性上没有太大优势,因此深度报道更能彰显其高公信力的媒介特质;纸质印刷、文字呈现的特点使其在媒介体验上相对弱于广电网络媒体,因此在传递更富逻辑性的内容方面具备相对优势。过去报纸在传播渠道上的一大弊端是传播范围受制于地理发行空间,随着数字化时代的来临,报纸内容可以通过 iPad 版、手机版等新的媒介形态呈现于读者,从而在一定程度上克服了原有内容生产方面的局限。电视媒体具有声画合一、实时传递的特点,在视听体验上大大优于报纸,另外可以通过镜头的剪辑切换短时间内传递更多有效信息,但在呈现深度上逊于报纸,在互动性体验上弱于网络。网络的优势在于海量信息呈现、全天候不停歇的播出周期、多媒体的平台兼容性、传播范围上的无远弗届等,目前日益超越传统的报刊广电成为人们信息依赖度最高的主流媒介载体形态。尤其是 2013 年以来,随着智能手机等移动端的普及,移动端的传播重要性不断凸显,基于社交网络的媒介新闻产品大规模崛起,成为我们探讨新闻产品设计需要重点关注的一个领域。

新闻产品的设计包括大众媒介新闻产品的设计、社交网络媒介新闻产品的设计和融合媒介新闻产品的设计。

一、大众媒介新闻产品设计

大众媒介新闻产品设计是指对大众媒介中以传播新闻为主要职能的组成部分的设计,新闻产品是媒介产品中以传播新闻为主要职能的那一部分。新闻产品不是孤立存在的,而是作为整体的媒介产品的一个有机的组成部分。因此,新闻产品的设计首先要确定它在整个媒介产品中的位置和比重,其次从媒介的规模、结构、内容、形式等多方面有意识地突出某种特性,表现出与众不同的媒介形象。

大众媒介产品因为相对复杂,通常是以“树状结构”出现的,以报纸为例,呈现出如下的树状结构,由班组、版面、专栏、稿件等几个层次组成整体的架构,具体见图 3-1。

① 蔡雯、许向东、方洁:《新闻编辑学》,北京,中国人民大学出版社,2014 年版。

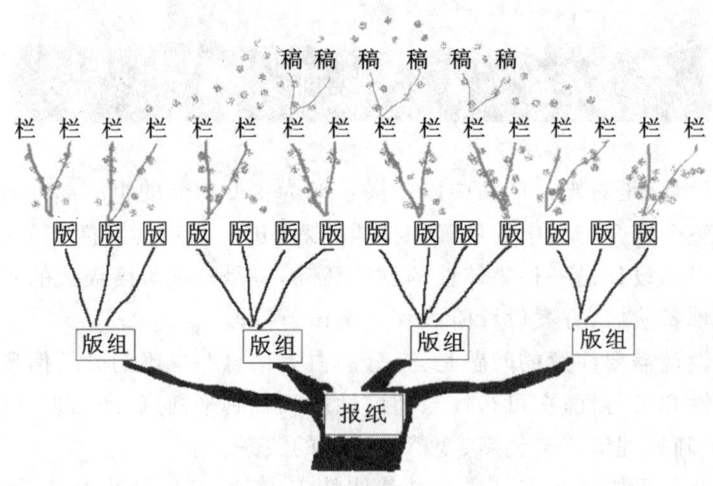

图 3-1 大众媒介产品的树状结构

报纸由哪些版面构成(固定的版面与周期性呈现的版面)、板块的顺序、版面的顺序、版面的定位与构成、选题特点、栏目设置、编排风格等都构成了产品设计的重要内容。

广播电视节目的结构是由频道、板块(栏目)、子栏目、单个节目层层构架而出,网络媒介则由主页(含频道及要闻目录的第一层网页)、频道首页(含专栏及稿件目录的第二层网页)、稿件正文(第三层网页)层层构架而成。

在进行新闻产品设计时,需要通盘考虑,把新闻产品系统置于整个传播媒介的母系统之中,服务于母系统的整体目标并且和媒介整体的目标和定位紧密联系。除此之外,还要与媒介新闻产品设计与媒介的传播机制紧密联系结合,进行精确的定量安排并确定操作规则。

大众传播媒体新闻产品设计的内容包括整体规模设计和内部结构设计两个方面,前者指确定报纸新闻版组或新闻版、广播电视新闻频道或新闻栏目、网络媒介新闻频道或新闻网页在整个媒介产品中所占的比重,如版面总量、时间总长等。后者则重点观照新闻产品中的各个组成部分,包括报纸各个新闻版面及其中主要栏目的设计、广播电视各新闻栏目的设计、网络媒介中各级新闻网页及其主要栏目的设计等。除此之外,还包括外部形象设计,例如《经济观察报》推出时使用橙色纸张,一开始就在众多的报纸杂志中以鲜明的外包装特色脱颖而出。

《财经》和《第一财经周刊》基于不同定位的产品设计对比

随着社会的发展,决定财经杂志影响力的已不仅仅是财经新闻本身,还包括了与财经新闻相互关联又相互影响的政治、社会、文化等领域的所有信息。《财经》杂志和《第一财经周刊》杂志就是在“泛财经”的这个大背景下出现的。两本杂志的成功之处在于时刻以目标受众为核心，基于良好的产品设计形成了独特的编辑、写作、选图、排版和选题风格，成功地在目标受众群里产生了强大的影响力。

（一）两者各自定位与办刊理念

1.《财经》杂志定位及办刊理念

《财经》杂志的前身是《证券市场周刊》，创刊于1998年4月，2000年正式改名为“财经”。它的主办单位是中国证券市场研究设计中心，被誉为中国证券业的“黄埔军校”。《财经》杂志主要是秉承着“独立、独家、独到”等编辑理念，以权威性、公正性以及专业性的新闻原则，及时对中国与世界发展进程的重大事件和焦点人物进行报道、评论以及分析，受众定位是高层政府官员、制造业、通信业、银行业、金融业等社会精英人士，通过选择在社会各个领域中最具有社会行动能力的人群作为主要目标受众，充分发挥意见领袖在口碑传播中的影响力，从而形成以一当十的社会影响力，逐渐确立了《财经》杂志的高端定位与权威性。

2.《第一财经周刊》杂志定位及办刊理念

2008年2月25日，由上海文广新闻传媒集团旗下的第一财经（CBN）主办的《第一财经周刊》创刊了。成立于2003年7月的CBN由《第一财经日报》起家，逐步扩展至电视、广播、网站、研究院等领域，是中国大陆地区唯一跨媒体的专业财经资讯供应商。《第一财经周刊》的定位是“服务于广大的公司人群”，也就是中国经济转型后构建市场化商业逻辑和商业思维的推动者。它更多地关注中国中小企业成长的机会、个人创业与理财，以中国年轻一代的知识青年作为主要目标受众，致力于成为华人世界中最专注于公司人群、发行量最大的商业读物。有调查显示，《第一财经周刊》的读者中，在企业或公司中的担任管理工作的占到了64.9%，平均年龄为32.78岁，与杂志最初的定位基本吻合，表明杂志真正把握住了青年白领群体的阅读需求。

3. 传播形式（如论坛、会展、微博等其他延伸媒体）

除了传统的杂志售卖等传播和营销方式，两本杂志也开辟了不同的传播渠道，如发布了电子版杂志APP，进行微博营销等，旨在将已有影响力进一步扩大，进入良性循环。

《财经》杂志的活动营销建立在品牌影响力的基础上，实现了高端读者群与高质量广告客户资源的对接，也对杂志本身的品牌形象塑造和经济效益起到了带动作用。自2004年以来，《财经》年会、《财经》论坛、《财经》圆桌等会议活动不仅为政商学界精英人士提供了一个交流的平台，也扩大了财经品牌在国内外媒体界和财经界的知名度和影响力。

《第一财经周刊》杂志借由CBN整体的跨媒体传播平台，与第一财经日报、第一财经电视、第一财经广播、第一财经网站、第一财经研究院形成了一个国内最具影响力且品种最完整的财经媒体集团，它们的第一财经指数、行业分析报告、行业数据库、金融咨询终端等财经资讯产品，以及《第一财经》论坛、企业社会责任论文、会展和培训等财经公关产品也都在逐渐壮大并带来丰厚利润。

（二）两者各自栏目设置与细节对比

以《财经》和《第一财经周刊》同在2013年3月25日出版的杂志为样本，对其栏目设置、编辑风格、写作风格、图片选择、排版设计、专题及封面选择等做了详细分析与数据收集和整理，从中管窥其基于不同编辑方针和受众定位的产品设计方案。

1.《财经》杂志栏目罗列及分类

《财经》杂志(2013 年第 9 期，总第 351 期)共 136 页，有 18 个栏目以及附加的数据库和英文摘要，包括 43 篇文章。这 18 个栏目按目录顺序依次是封面文章、社评、经济学家、观点评述、时事报道、资本与金融、经济全局、公共政策、环境与科技、财经特稿、公司与产业、特别报道、市场与法制、财经速览、财经双周、财经专栏、随笔和逝者。从名称便可看出，超过半数的栏目以宏观报道为主，重点集中在政经和财经上。这 18 个栏目主要可分为封面文章、财经、政经、产经以及文化五大板块。其中，财经板块不仅是整版刊物的核心所在，也是《财经》中的重要资本。财经版块中主要包括了“财经观察”——为当前我国具有社会性质的财经进行评论而撰写的文章，一般是由总编辑亲自撰写；“资本与金融”——其内容主要包含了银行、证券、基金、保险以及外汇等多个资本市场领域；“观点评述”——其主要是邀请不同的专家对同一个话题或是观点进行阐述，话题的内容并不受限；“财经速览”——在该板块的新闻一般都是类似于简报或是周边的文章——一个新闻性较强的短小文摘性的栏目，包括焦点、双周预告、新闻简报、中国周边、人物志等众多小栏目，旨在弥补杂志信息量的不足；政经板块中主要有“时事报道”——一般是针对于国内外发生的重大时政或是经济新闻；“经济学家”——每一次邀请一个经济学界的专家学者，就某一个经济问题进行探讨。产经板块其中的内容主要是涉及能源类、汽车类或是房产类等多种不同的行业类型。文化板块主要是相当于副刊，刊登一些读者的随笔或是信札等精品文章。除财经速览和财经双周外，其余栏目大多均由一至四篇不等的中长篇报道组成。

2.《第一财经周刊》杂志栏目罗列及分类

《第一财经周刊》杂志(2013 年第 10 期，总第 245 期)共 120 页，共有 21 个栏目，包括 39 篇文章。这 21 个栏目按目录顺序依次是：封面故事、特别报道、Giant 大公司、Fast 快公司、Star 炫公司、POINTS 观点、Personal Business 个人商业、办公室话题、Life Style 生活方式、What’s up、Pause、Exhibition、Lives、Speech、The Who/Top-List、编读往来、对话、媒体、全球和报告。从名称便可看出，超过半数的栏目以微观报道和商业报道为主，包括每周世界上发生的政经焦点、商界的大事件、白领阶层的职业生涯或是职场故事、商业的最新动态，以及具有影响的人物对话等重要消息，重点集中在公司报道上，报道对象除了热点话题外，更偏向都市年轻人的工作和生活。泛财经的特点更为显现，不仅提供最新的音乐、书籍、展览资讯，更将视角放于全球，对其他国家重要媒体的报道和文章进行了摘录和翻译。特色栏目有：“公司与分析”——针对每一周发生的重要新闻事件进行快速解读，并时刻掌握商业的最新动态，对每一家公司发展的潮流与暗流进行观察。“大公司”——关注目前全球跨国公司的竞争情况，观察本土的大企业在全球市场上的成长、发展与变革。“快公司”——深入发掘目前在全球上具有巨大增长潜力企业的最新创新信息并将有趣的、前瞻性的信息进行整合，解读各企业是如何为客户创造新的价值的动态信息。“炫公司”——对目前全球最时髦的行业进行聚焦、并对最具有创新的商业思维进行了解。

根据文章所涉及的领域和内容分类统计结果如表 3-1、表 3-2 所示。

表 3-1 按领域对文章进行分类统计的结果

领域	数量 \ 杂志名称	财　经	第一财经周刊
宏观	政经	25	2
	财经	7	4
	产经	20	18
	世界经济	13	20
微观	国有企业	10	1
	其他类型企业	6	30
	财经人物	12	9

（注：一篇文章可能涉及多个领域）

表 3-2 按内容对文章进行分类统计的结果

内容 \ 数量 \ 杂志名称	财　经	第一财经周刊
政策	30	3
公司	4	15
人物	11	16
事件	29	18

（注：一篇文章可能有多个报道内容）

从表中可以清晰看出，两本杂志的报道重点完全不同。《财经》的报道重点以宏观领域中的政经和产经为主，侧重对政策和事件的报道。《第一财经周刊》的重点为除国有企业外的其他类型公司，对政策极少单独报道，而是将对宏观政策的报道融入对公司、人物和事件的报道中。

另外，从两本杂志各自的栏目设计的关键词上也可以较为清晰地看出杂志的侧重点。《第一财经周刊》的关键词多为：生意、传媒、IT、企业、科技、产品、创新、理财、文化、科技等。而《财经》的栏目关键词则多为：隐忧、上市、政策、机制、市场、产业、法制等。不难发现，《财经》偏重于社会责任和人文关怀的宏大立场；《第一财经周刊》则更多地从微观角度切入与目标读者息息相关的商业新闻，提供信息，是一份具有休闲性的新型商业读本。

（三）两者编辑写作风格对比分析

1. 编辑风格

作为双周刊或周刊，新闻时效性是其区别于旬刊和月刊的明显标志。《财经》的编辑思路主要依据它的“三独”办刊方针，即独立、独家、独到，注重实效性，偏重对国内重大经济和政治事件的报道，强调事件的影响，善于对事件追根溯源进行深度报道。样本中，封面文章《电改试金石》后，又辅以《电监会背影》、《电改国际镜鉴》和《电改停滞根源在政府》三篇文章，分别从政府、国际、评论等多角度多方面进行深度剖析，突破了单一视角的局限，呈现了立体式的真相，也体现了经济与时政、揭露与监督的联系。与《财经》异曲同工,《第一财经周刊》牢牢把握以受众为核心的思路,放眼全球,为年轻读者提供每周全球政治经济焦点、商业大事记、重要商业人物对话等信息,报道重点集中在商业新闻与科技前沿领域,配合丰富多样的排版为读者提供一种有趣不枯燥的阅读体验。

2. 写作风格

《财经》的写作风格主要是用词严谨犀利,强调新闻报道的真实性、客观性,善于引用政策法规的相关条文及权威可靠的数据。而《第一财经周刊》的写作风格则恰恰相反。虽然独家性和深度挖掘的能力不如《财经》,但它的优势在于将复杂深奥的经济商业知识以轻松诙谐的语言传播给读者,实实在在降低了财经杂志的阅读门槛。报道多以具体案例为主,关注企业和企业家的困境、选择、冲突等,以中立的态度见微知著地探讨转型期经济和企业发展方向。

(四) 图片选择及版面设计比较分析

1. 图片选择

财经类事件经常不够直观,只有单一的视觉元素,比如每当反映股市涨跌就拍交易所的液晶显示屏,反映通胀就通过拍摄超市里的商品陈列,久而久之,这种单调、程式化的图片容易使读者产生厌烦和视觉疲劳。笔者认为,本文讨论的这两本杂志在图片选择能力上都表现得比较优秀。《财经》的图片选择一般是选取高清晰的彩色照片,并针对每幅图片在旁边进行详细的说明,重要的图片有时占一整个版面。制作的图表颜色也比较单一,以白色为底色,多采取传统的柱状图直观表现数据,与杂志严谨的风格相得益彰。但图片不是编辑重点,重点依然是文字,因此不是每篇文章都配有图片;《第一财经周刊》的图片选择一般是选择具有抽象性和代表性的图片,图表的制作也生动具体许多,类型也不仅限于传统的表现数据的图表。比如《第一财经周刊》样本中《黄浦江里有什么?》这篇文章配了一个江水污染源及自来水净化过程的示意图,不仅直观地反映了文章内容,也使整个版面生动有趣,而在同样报道了这个主题的《财经》杂志样本的《追溯"漂流猪"》文章中却没有配图。

2. 排版设计

所谓版面是无声的语言,杂志的版面安排也能反映出报道的方向、思想和侧重点。《财经》杂志的基础色调以蓝、黑、黄、红为主,正文大部分为竖向三栏,其余多为竖向两栏,封面文章的标题为黑体,其他文章标题和正文内容一般为宋体,小标题有时为黑体。除主题图片占整版或半版外,图片一般占两栏或三栏,而图表则基本占一栏,配合内容的特色,体现出庄重沉稳、深邃宁静的状态。《第一财经周刊》的排版设计风格以前卫、时尚、抽象为主,看似随意实则精心设计。内容的排版设计多为竖向两栏,每一版都有至少一幅图片,图片所占篇幅不定,但没有出现一张单独的图片占整个版面的现象。从图片、标题和排版设计上都充分借鉴国外时装杂志的做法,加入了跨页插画、左右对称,并活用各种美术字,使杂志充满时尚元素。

(五) 封面设计及位置安排比较分析

根据喻国明教授的"三步五秒效应",一本杂志能否卖出去,封面几乎是决定性因素,因此,封面的选题和排版尤为重要。《财经》杂志的封面总体为简约风格,和"财经"二字的深蓝色背景相呼应的是封面的暗色调以及单一的人物或事件照片。比如样本杂志的封面上"电改试金石"几个大字和摘要等位于居中偏上的位置，下方则是一团杂乱无章的各色电线缠绕成一个半圆形，以白色为底色，显得干净而严肃，通过一乱一净形成强烈对比和反差。相较之下，笔者认为《第一财经周刊》的封面更利于抓住年轻人眼球。封面色调常常明快而生动，具有很强的设计感，选择的标题常以疑问句方式出现。比如样本杂志的封面以暖色调为主，标题"今年的毕业生"位于一本摊开的笔记本下方，而"笔记本"上则为此篇报道的内容摘要，字体全部采用手写体，底色则为木质纹理配以几片红色和黄色的枫叶，带有浓浓的校园气息，同时也传达出一种淡淡的毕业离别气氛，可谓构思巧妙。两本杂志对封面文章的处理都是将其安排在整本杂志的中间部分，从杂志各版块的关系来看，这样安排起到了突出重点和承前启后的作用。

两本杂志成功之处在于时刻以目标受众为核心，各自形成了独特的编辑、写作、选图、排版和选题风格，通过对杂志内部各种细节的处理，成功地在目标受众群里产生了强大的影响力。①

二、新兴移动网络媒介的新闻产品设计

在大众媒介之外，近年来以移动网络和社交网络为平台的新闻产品层出不穷，如微博、微信与公众号、移动客户端应用等，这些产品的形态与传统媒介不太相同，最突出的是其更加强调用户之间的社交关联和用户体验，满足的是用户在碎片化时间里的资讯获知需求，具有"微内容"、"微话题"、"微传播"的特点，追求"小而美"的产品设计和用户体验，而非传统媒体的"大而全"。与其他新闻产品设计一样，微媒体的内容设计需要基于对特定目标受众群体需求的深度把握，并且充分考虑竞争性对手的内容选择与风格，追求在差异化基础上对目标用户需求的最大化满足。

因为体量相对"微小"，结构上也相对简单，这类"微媒体"在产品设计方面需要重点关注的是以下几个方面。

1. 信息内容设置的结构与重点

一般而言，新兴的"微媒体"倾向于深耕某个细分内容领域，不追求内容呈现的包罗万象。但即使在细分领域，也同样存在着内容选择的价值判断和结构化设置问题，由于目标受众定位和功能定位的差异，对内容的选择也需要有相对稳定的价值判断标准与重点倾向。

2. 信息发布的数量、时间和频率

一般而言，"微媒体"信息发布时间间隔周期相对较短，追求传播的时效性，通常以天为周期或者一天之内按照固定时点进行数次发布的比较常见。这样做的好处是建立起目标受众的"约会意识"，尤其是在早间或者晚间发布有助于目标受众形成某种行为习惯和依赖。在确定信息发布时点时，要充分考虑目标受众一天之内的生活工作节奏与时间安排惯性，尽量使相关信息发布与目标受众在不同时间段中的惯性注意力分配习惯兼容。例如，早间以简明扼要的硬新闻发布为主，方便受众短时间内了解本领域

① 本部分内容由中央财经大学新闻系曾帆同学归纳整理。

的重要事件，晚间以深度话题或情感、休闲娱乐话题为主。在微媒体运营领域，最典型的案例莫过于“逻辑思维”，虽然该媒体平台传播内容不以新闻见长，但其主持人罗振宇的理念值得“微媒体”新闻产品设计者借鉴：“抢占全国人民上厕所的时间，争取到第一个受众开始需要内容的时间。”（罗振宇语）每天早上六点半准时发布，每次60秒语音内容，形式上高度统一化，这与都市白领人群的作息时间吻合度很高，而且能年深日久如此坚持的微媒体非常少，有助于以这个鲜明的时间特点造就对受众独特的认知标示。

3. 信息的表现形态

微博、微信公众号、移动客户端等移动新媒体就传播特点而言一大优势就是多媒体的呈现方式和良好的互动体验。因此，应该尽量组合采用文字、图片、音频、视频、动画等多种展示手段，以更为生动活泼的方式对内容进行多维度呈现，并且从用户的角度考虑产品使用的便捷性，彰显用户主权，给用户与编辑后台反馈的通道和用户之间建立社交联结的空间，此外最好能够搭建与其他社交媒体传播平台的有机链接，方便用户转发、评论等以扩大内容传播的影响。

4. 产品价值的深入挖掘

内容价值的深挖和内容与应用的结合是当今的一大趋势，微媒体内容的传播与微社区的构建往往相伴而行。当前出现了一些基于微内容聚合与分享的微社群构建，微媒体新闻产品的设计需要以产品化思维来统驭，将内容传播与延伸价值链条统合起来。

一财网与一财手机客户端的产品设计对比分析

目前依托于日新月异的移动互联网技术发展，手机客户端在功能上也不断丰富完善，从开始时简单的发布新闻，到后期的定期推送、个人定制。手机新闻客户端大致分为三种模式：一是自身生产内容，客户端本身就是内容的提供商和生产商，如传统媒体和腾讯、新浪等门户网站的新闻客户端；二是聚合式的“新闻＋平台”模式，客户端除了自己生产新闻内容以外，也会融合其他媒体的内容，并且通过自己的编辑团队做简单梳理后传递给受众，如搜狐新闻客户端；三是依靠算法产生内容，纯粹地汇聚其他媒体的新闻资讯内容然后推送给客户，如百度新闻等。大数据时代中受众的个性化、精准化阅读成为客户端主要的内容建设重点，大数据通过对于用户各种行为习惯的测算，通过云计算和云平台可以为受众提供更加适合的内容推送。

下面以第一财经旗下一财网网站内容设计与第一财经移动客户端的对比分析来透视移动客户端在内容设计上的一些特色。

（一）频道设置的对比分析

频道设置是区分媒体内容建设的主要标志，通过在首页频道栏能够迅速明确内容主要架构和分类，用户可以快速选择自己所感兴趣的频道和版块。

“一财网”的频道主要有首页、宏观、时政、金融、股市、商业、科技、思想、人文等9个基本频道设置构成，覆盖了宏观经济、时事政策、行业新闻以及金融投资等主要财经方面，为受众构建了一个内容全面、结构合理、信息多样的综合性财经新闻平台。

第一财经客户端的频道设置分为今日头条、大作、视频、股票、商业、财富、科技、国策、时局、神评、8小时等基本栏目，基本也覆盖到宏观经济、微观投资以及时政新闻和国家政策，能够满足了受众对于财经新闻动态的基本阅读需要。进入第一财经客户端后，会停留在今日头条，显示最近发生的重大新闻动态。如果想浏览其他频道，需要左右滑动观看，这也是符合手机客户端用户体验的设置。

通过两者对比，我们可以看到其不同之处在于第一财经客户端的频道设置出现了大作、神评及财富等版块，大作是专注于国内外重大财经新闻事件所做的大策划，属于新闻专题写作，通常会包括若干篇新闻报道的聚合，旨在为受众全面、完整的解读重大的新闻事件的来龙去脉，比如第一财经客户端关于《2015年度两会前沿——中国会经济往哪走》的新闻专题策划，总共包括70条相关新闻出现，涵盖了上届两会回顾、政府执政成绩、去年反腐热点、一带一路、自贸区、互联网金融、房地产等热点话题，通过大批量、聚合式的新闻专题报道带给受众最具深度的新闻分析，从而形成集中效应。一财网与第一财经客户端栏目设置对比见表3-3。

表3-3 一财网与第一财经客户端栏目设置对比

	一 财 网		第一财经客户端	
栏目设置	首页	国内外重要新闻	今日头条	国内外重要新闻
	宏观	宏观经济政策新闻	大作	重大新闻专题策划
	时政	时事政治新闻	视频	汇聚财经视频资源
	全球	全球相关新闻报道	股票	股市情况报告和分析
	金融	国内外金融行业动态	商业	行业动态报道和分析
	股市	股票市场解读和分析	财富	投资和理财信息
	商业	行业整体动态报道和分析	科技	互联网科技动态
	消费	消费相关行业动态报道和分析	国策	相关的国家财经政策解读和分析
	科技	互联网科技动态	时局	国内外相关社会新闻
	思想	财经新闻评论	神评	评论员文章和专栏
	人文	人文艺术领域新闻报道	8小时	其他领域新闻报道

神评版块是由自由撰稿人或者专家学者对某些重大财经新闻事件进行分析评论，提供专业性、权威性的财经新闻评论。第一财经客户端的神评专家包括《第一财经日报》副总编辑、独立经济学家、TMT评论人以及美女记者等，基本上覆盖各个年龄段和知识领域，这些评论大都短小精悍，具有发散性和思想性，能够引起受众的共鸣和互动。比如《众筹一个万达广场，如何？》[①]将互联网金融的众筹模式与房地产实体经济跨界融

① 夏心愉：《众筹一个万达广场，如何？》，第一财经客户端。

合，深入浅出地为大家介绍众筹模式的新概念，让受众可以轻而易举地了解新闻内容。一财网类似内容存在于侧边栏的专栏频道，受众很难发现这个版块，进入页面后也不容易浏览到相关新闻，其并不属于一财网的重点频道。

财富版块选择发布与日常生活紧密相关的股票、黄金、房地产等方面的投资内容，更多地通过手机随时随地掌握理财和投资信息性匹配，让用户可以不用坐在电脑前完成对股市和其他理财产品的配置组合。

综上所述，虽然一财网和第一财经客户端基本的频道设置类型大同小异，但是客户端更加适应受众碎片化、快速化的需求，能够在最短时间内提供受众最需要的新闻信息和动态。第一财经客户端创新之处在于侧边栏的设置，这是一财网和第一财经独有的版面设置形式。为了尽可能在单一屏幕显示上完成立体化的页面布局，一财网的侧边栏主要包括新闻、视听、图集、同乐坊和专栏，能够让用户轻松地在各个栏目之间进行切换，既可以选择文字新闻、电视直播和广播、也可以选择图集和互动论坛，更加方便快捷。手机客户端的侧边栏主要是为受众提供第一财经的直播视频和广播节目，满足受众，这得易于第一财经的全媒体平台，能够为受众提供可视化、直接的新闻报道，也能获得实时的新闻报道。

(二) 内容来源及表现形式对比

前面已经论述第一财经客户端和一财网类似，其内容来源都来自第一财经集团旗下的日报、周刊、第一财经频道等自有的财经新闻内容，这些内容大都保留了纸媒新闻报道的严谨性、权威性。两者也都能通过视频服务、广播服务提供第一财经的在线直播节目、财经新闻和财经评论广播节目等，可以充分利用网络平台和客户端平台，在线实时提供投资理财信息服务。

两者虽然内容来源一致，但是客户端的内容在标题名称、标题长度、排版等表现形式方面还是和一财网有所区别，比如一财网的《牛市来袭新老股民齐入场 新一波"韭菜"就要收割了?》与客户端《第五代股民跑步入场，钱多，胆大》相比而言，一财网的标题还是倾向于继承传统的纸质媒体新闻报道，但客户端在内容形式方面更加符合手机媒体的需要，标题更加接地气、简洁，能够在较短时间内抓住用户的眼球；再比如一财网的《佳洁士因"PS过度"领天价罚单 面对虚假广告可得长点心》和客户端的标题《PS玩过了，佳洁士领虚假广告最大罚单603万》，客户端新闻更加接地气、吸引人的眼球，增强受众体验效果。而且客户端的新闻更新速度远远快于一财网，这是由于手机客户端可以第一时间推送最新的新闻动态，而网站的编辑、审核工作相对来说较慢。客户端的新闻内容更加适应手机客户端的特点，表现形式多样、图片、文字、视频结合起来，手机浏览更加方便快捷、用户体验度较高。综上认为，虽然一财网和手机新闻客户端的新闻来源一致，但客户端在新闻更新速度、表现形式等方面都相对于网站来说更加符合当前的受众需求。

(三) 受众互动与分享对比

传统的内容建设研究维度除了上述分析以外，并没有从受众互动和分享这个环节入手。但随着媒介发展，受众环形反馈机制成为内容建设极其重要的环节。本文创造性将受众互动和分享纳入内容建设中来，丰富了内容建设对比的指标体系。

一财网和第一财经客户端的受众互动与分享环节主要集中在以下三个方面。

一是通过"跟帖—评论"的环节，这是传统的单向性受众评论反馈机制。在一财网注册登录后就可以对本条新闻内容发表自己的见解，但其实际反馈效果不佳；同样在客户端的最后也可以发表评论。根据抽样统计随机选取两者评论数量来看，客户端的评论数量远远大于网页评论数量，主要在于手机客户端评论方便快捷，而且能够实时操作。

二是从内容的社交分享上看，受众可以将喜欢的财经新闻报道一键分享到微信朋友圈、新浪微博、QQ好友、腾讯微博、豆瓣等多个社交媒体，这也是目前财经新闻客户端与社交媒体相结合的发展方向，内容通过社交媒体的带动产生二次传播效果，受众分享和互动更加积极；第一财经客户端也设置了分享键，同时添加了一个收藏功能，如果受众喜欢文章可以将本文收藏起来进行阅读，这也是符合手机客户端的阅读要求。

三是一财网的受众互动社区——同乐坊。用户注册登录以后可以从侧边栏直接进入同乐坊的页面，同乐坊聚集了一大批传媒人、分析师、投资经理和草根高手，能够通过热门博客、热门群组来直接与受众互动，回答受众的问题和疑问，为受众提供财经资讯和投资的咨询，比如同乐坊的知名人物韩云拥有关注将近44669人、粉丝79060人，是社区群落里面的意见领袖，其经常对股市发表评论和股市推荐，有利于增强用户黏性、提高受众的增值服务。相比之下，客户端的用户之间不能进行相互的交流和联系，缺少横向的互动贴合。

综上所述，不管是客户端还是一财网对于受众互动和分享环节都基本上具备基本的受众互动机制，并试图将线性的传播模式转变为环形，及时获得受众的阅读反馈，同时将社交引入财经新闻客户端，形成社区群体。一财网的用户规模已经到百万级别，每日有众多读者通过一财网接受新闻资讯、在线收听、收看第一财经的广播和电视节目。同时一财网拥有财经微博社区——同乐坊，社区用户规模不断扩大，有近十万人规模的各色中高端投资者和理财产品购买者进行互动交流和讨论。①

三、全媒体传播时代的新闻产品设计

2008年以来，“全媒体”开始在新闻传播中崭露头角。这是媒介融合发展到一定进程自然而然的产物，媒介融合在内容、渠道、功能层面不断深化，对同样的内容可以通过不同载体渠道进行整合传播，充分凸显每一种载体渠道的优势特征，形成传播效果上的协同效应；与此同时，针对受众则表现出超细分、高度贴合场景化、差异化需求的产品设计理念，依据不同载体对信息表现的侧重点对媒体传播形态进行取舍和调整，使用户获得最佳体验，以此提升新闻产品的质量和竞争力。

融合媒介时代的新闻产品设计需要关注的要点如下。

（1）对特定新闻事件的报道，整合传媒组织所拥有的多种载体渠道，把产品的设计与供给作为一个整体来看待，根据新闻传播的特点和规律，把握不同载体渠道对于新闻事件各要素呈现的效果及侧重点的优势，全方位统合新闻报道的选题、角度、信息量、信息发布时间节点和后续跟进报道发布的频率以及新闻产品的表现形态等，力求形成差异化、多样化、互补性的产品组合，以此全方位满足目标受众对新闻信息获取的不同需求。

（2）重不同内容之间的内在关联，可以在产品之间通过链接等方式实现交叉推荐和注意力导流，把受众的注意力锁定在自己的全媒体传播平台上以达到传播效果的最大化。

① 本部分内容由中央财经大学传媒经济学硕士研究生王喆整理。

（3）充分把传统媒体在内容传播上的公信力、权威性与品牌优势和新媒体的社交关联性、互动性、体验性优势结合，尤其是关注信息传播的"最后一公里"——通过一些传播亮点和话题效应的设定提升信息在社交网络平台上被传播的可能性与传播范围。

（4）全媒体时代高度以用户需求为中心的传播特征也带来了媒体运营商业模式拓展的可能空间，信息的传播可以与其他延伸服务统合设计，以此实现媒体多层次多元化运营。

南都的全媒体转型与产品设计

2010 年，《南方传媒研究》刊发文章《南都全媒体集群构想》，整体阐述了南都面对全媒体时代来临向"现代型的信息集成商、全媒体数字信息运营商、媒体和信息的混合运营商"转型的目标：从"受众、规模和技术围绕品牌建立媒体核心资源系统"到"围绕'活性'用户为中心来建立自洽式的应用平台系统"；从"静态的、有明显截稿时间的报道模式"，转变为"全天候动态报道模式"；从"新闻、广告、服务资讯素材的单一使用"到"快速共享和 100%被多层次利用加工"。

打造网络化的、实时动态的线索库即报料平台＋原创库即素材平台＋中央库＋应用库即"对内对外集成＋发布"台，将以出报为核心目标的生产流程，改造成以数字化产品生产为主要目标、保持并提升报业出版效率的生产流程；将以城市投递发行为主的报业传播方式，转变为以互联网、移动媒体、广电、户外以及平面媒体相融合的信息传播方式；将以报纸广告销售为主的盈利模式，升级为资本运营、品牌运营、技术运营、全媒体广告运营相结合的全面运营能力。

从南方都市报内容和品牌核心优势出发，一方面通过复制"改版国际国内时评深度娱乐等内容的整体输出共享"的《黔中早报》模式、"股权式合作办报理念、关键岗位人员、国际国内时评等内容共享"的《云南信息报》模式实现《南方都市报》现有内容在全国主要城市、大珠三角城市整体的输出；另一方面，以数字媒体作为必不可少的内容输出渠道，实现从单媒体、单媒介到多媒介、多渠道、多终端输出、延伸，实现内容在不同介质、终端上的产品化：在报纸上推出"网眼"版、主页版（南都全媒体的橱窗）、顺德读本的"微新闻"、3D 报纸以及"微博"版；延伸在南都网上的"PDF 版、电子报、电子杂志形态的数字报精华版、邮件版南都新闻"；延伸到手机终端的"彩信版南方都市报手机报、基于 iPhone＋iPad、操作系统的手机客户端上的综合型新闻产品、南都视点生活播报"；延伸到广电传播制作平台的"南都视点直播广东"；依托于户外屏的"南都视点联播网"，延伸到微博等社会化媒体平台上的个官方微博"南都全媒体集群、南方都市报、南都评论、南都吃喝玩乐、南都视觉、南都全娱乐、南都网络问政"；2011 年 4 月成立南都音视频制作部，实现图文信息的音视频数字化生产规模化、常态化。上述这些新产品是基于南方都市报报纸、却又拥有了远超过南方都市报报纸的体验：更新，更精致，更互联网，更具从新闻到资讯、从阅读到使用与体验、从内容到营销到广告的延展性。

总体而言，新闻产品设计是一项难度比较大的系统工程，大体可以分为三个阶段：

(1) 设计预备阶段：从产生策划意图、着手准备到方案设计之前，需要多方面采集信息，分析研判媒介竞争环境，或者借助技术手段进行数据挖掘以找出最恰当的产品细分定位；

(2) 方案设计阶段：指确定媒介的编辑方针，并优选具体产品方案。要根据定位所确定的目标受众群体偏好和需求，结合媒介性质和宗旨确立媒介传播内容、传播水准和风格特色，在充分讨论论证的基础上拟订出不同的产品设计方案，并且综合权衡各方面因素进行比较优选。在选择确定最终方案时，需要综合考虑传播效果、成本、风险等因素。

(3) 施行方案阶段：指将新闻产品设计方案投入试行，以验证其市场反应，以便进行后期修正完善，或者做出局部调整。

在进行新闻产品设计时，需要秉持公益性、适用性和个性化、差异化原则，即保证新闻产品作为社会公共文化产品发挥应有的社会功能，同时又要充分考虑自身产品独特竞争力的打造。这些都需要充分占有和准确分析信息，在合理性和可行性、超前性之间找到平衡点。

本章相关概念

媒体定位　media positioning

编辑方针　editorial policy

思考题

一、简答题

1. 影响媒介定位的因素有哪些？

2. 编辑方针包含哪些方面？

3. “微媒体”在产品设计方面需要重点关注什么？

4. 简述融合媒介时代的新闻产品设计需要关注的要点。

CHAPTER 4

第四章 新闻编辑策划与报道组织

本章导言

1. 新闻编辑策划是新闻报道工作中一项非常重要的内容，一般按照选题与策划准备、报道方案设计、在报道实施过程中接受反馈并修正方案这一流程来进行。

2. 在编辑新闻的过程中，应根据新闻编辑策划的真实性、导向性、创新性、可行性和前瞻性等特点，制作出真实可靠的新闻内容。

3. 新闻发现力是记者最重要的职业素质，新闻发现不只存在于采访过程中，它贯穿于寻找新闻线索、确定新闻选题、深化新闻主题、明确报道思路、创新报道角度、优化报道方式等新闻生产的全过程中。

4. 新闻活动中存在着纷繁多样的形态，围绕报道环节的一系列策划行为在其中占有突出地位。根据不同的标准，可以将新闻编辑策划划分为不同的类型。

5. 在制定好报道策划方案后，报道管理者需要通过组织机构设置与报道力量配置，来保证策划好的报道方案得以实施。同时在开展报道组织的过程中，报道管理者又应根据变化发展的实际情况，对报道组织做适时的、恰当的调控，从而保证报道组织的顺利进行。

本章引例

2003 年 8 月 13 日《成都商报》A1 版《手机黑客惊现太升南路》，A18 版整版新闻《改装手机卡，改装后的"二合一"手机卡可实现 G 网 C 网的自由转换》，8 月 14 日《成都商报》A19 版 1/3 版面新闻《手机黑客惊现太升路·追踪，运营商不懂两网如何兼容》，8 月 15 日《成都商报》A17 版新闻《"双网卡"的背后是哈慈——哈慈提供材料显示，"双网卡"的市场价值超过 20 亿元》，该新闻由于悬念十足，当时全国共有 1200 个媒体及网页转载，哈慈四川代理商的双网卡在四川销售一路攀升。

(1) 掌握新闻编辑策划的真实性、导向性、创新性、可行性和前瞻性的特点，理解其运作的基本流程。

（2）掌握选题策划的典型性、可行性、扩展性标准，了解新闻发现是新闻编辑最基本的素养。

（3）掌握新闻策划文案的制作要求，理解根据不同标准将新闻编辑策划分为不同类型。

（4）掌握新闻报道的组织和调控的内容，包括机构设置与力量配置、信息反馈与报道调整。

第一节 新闻编辑策划的流程与特点

一、新闻编辑策划的流程

新闻编辑策划是新闻报道工作中一项非常重要的内容，是一项建立在实践基础上的智力劳动。一般来说，新闻编辑策划按照选题与策划准备、报道方案设计、在报道实施过程中接受反馈并修正方案这一流程来进行。

（一）选题与策划准备阶段

选题决策是整个新闻编辑策划的中心与重点，也是报道策划运行的第一步。策划方案、策划人员的调度以及策划的实施都要以报道主体为核心，因此确定报道主体，是报纸编辑策划的第一要务。发现新闻线索是选题决策的第一步，策划者依据新闻价值对新闻线索进行判断，一旦发现值得策划的重要报道选题，就会进入选题筹备阶段。策划者会围绕着这一线索广泛收集各类信息，包括报道对象的信息（背景情况、目前进展态势、各方反应、专家的评价与分析等）；报道接受者的信息（受众对报道对象的了解程度与获知需求点等）；报道竞争者的信息（其他媒介的报道开展情况等）。策划者在对所搜集信息进行分析的基础上，从不同的角度对初步的报道选题提出质疑、补充和调整。

（二）报道方案设计

设计报道方案并撰写策划书。确定报道选题，是从整体上确定策划报道的对象，完成了策划的第一步。接下来应该谋划策划的细则，即设计报道方案与撰写策划书，这是新闻编辑策划运作流程的主要阶段。这一阶段的编辑策划工作是在广泛征求、汇集并参考多方面意见的基础上，结合新闻编辑方针，充分发挥主观能动性，初步制定策划方案，然后再征求意见，进行补充修正和完善。新闻编辑的素质高低，直接决定着新闻编辑策划水平的高低。报道方案设计的主要内容应包括报道目标与任务、报道规模与进程、报道结构与方式、报道分工与发稿安排等。

（三）在报道实施过程中接受反馈并修正方案

实施方案的过程，其实也是方案被检验的过程，在方案检验过程中，自然有许多从各方面反馈来的信息，包括方案本身存在的缺陷与问题。而且策划方案无论多么详尽和全面，在实际操作过程中总会有一些意外情况发生。因此在方案实施过程中需要策划人员灵活变通，根据报道客体的变动情况，认真整理分析反馈信息，采纳其中合理的部分，并对策划方案予以适当调整，包括调整报道主题、报道内容、报道规模、报道人员、报道方式等。

在对新闻报道告一段落后，策划过程并没有结束，还需要在受众当中进行报道效果的调查与评估。一方面可以使策划者知道策划的不足和问题，以便改进工作；另一方面在调查中可能发现新的新闻线索，或者受到受众启发，产生新的报道选题。在调查与评估中，应重点反思是否实现预期的报道目标，报道实施过程中存在什么问题，这些问题事前是否预料到，今后遇到这类问题有无解决的办法等。

二、新闻编辑策划的特点

（一）真实性

新闻事实是第一性的，新闻报道是第二性的，事实没有发生，或该事实完全是凭空捏造，就是在源头制造假新闻事件，这样的策划当然违背了新闻真实性原则，是绝对应该抵制的。

如中国新闻网 2013 年 3 月 25 日刊发了一则《深圳 90 后女孩当街给残疾乞丐喂饭感动路人》的新闻。报道称，在深圳打工的 90 后某女孩单膝跪地给残疾乞丐喂饭。在配图照片中，一名身穿粉红格子衬衫、扎着马尾辫的女孩单膝跪地，在给一位患有残疾的老人喂盒饭。女孩是湖南新化人，出生于 1991 年，目前正在深圳打工。3 月 24 日下班回家路上，女孩看到老人盯着快餐店里的盒饭后便掏钱为老人买来了盒饭，然后亲自喂饭。这则名为“深圳 90 后女孩给残疾乞丐喂饭”的图片报道在各大新闻网站与微博上疯转，众多网友为女孩竖起大拇指，称赞此举是社会正能量。但很快就有网友指出新闻是策划团体炒作。经深圳媒体证实，整个行为其实是某商业展的炒作。附近一位目睹拍摄过程的报刊亭老板称，女孩只喂了几口饭，便随拍照的男子离开。此后，策划者出面致歉，承认照片是摆拍。首发媒体中国新闻网也表示歉意，中国新闻社称已对当事记者、网站当日值班责任人等做出了处理。而提供消息的通讯员石金泉，本是一名知名拍客加网络推手，曾为广东电视台以及深圳当地多家媒体供稿。2011 年，他因策划《眼癌宝宝母亲跪爬，被“富家公子”戏弄》的虚假报道，公开向社会道歉。[①]

新闻报道策划一般来说有两种方式：一是新闻事件发生后，新闻工作者赶赴现场，进行报道策划，推出大众欢迎的报道；二是新闻工作者参与正在发生或还没发生的事件之中，以自己的主观努力促其圆满和完善，尔后再予以报道。出现问题和意见较多的是第二种方式，因为事实在前，新闻在后，符合新闻传播规律，而在事件发生之前或进行当中由媒体设计促成事件发生、发展并进行报道的行为，有造假新闻之嫌。

---

① 年度虚假新闻研究课题组：《2013 年虚假新闻研究报告》，《新闻记者》，2014 年第 1 期。

对于第二种方式，赵振宇教授认为，新闻工作者在做好新闻报道的同时，在有可能的条件下参与到社会活动之中，遵循事物发展的基本规律，促其完善和圆满，在此基础上进行报道，不仅是可行的，有时还是必需的，此举不仅在当代的中国新闻界，而且在国外很早就有这样的纪录。[①]

丁柏铨教授认为，在多数情况下，新闻事实是媒介之外的一种存在，遵循自身的规律发展，这时对新闻事实进行干预是不恰当的；在一定条件应当允许媒体为新闻事实的发生创造条件。历史上和现实中，也确实有一些新闻事实是经过新闻媒介的策划而最终成为事实的，它并没有违背新闻规律，这种策划是可取的。[②] 当然，此类新闻报道策划的前提是必须遵循事物发展和新闻报道的基本规律。

经典案例 4-1

2006 年 9 月 2 日，来自贵州的年轻男子郭云，在广州市中山大道某天桥突然将一位跟着母亲过桥的 3 岁女孩任湘抛下天桥，随后自己也跳下天桥自杀身亡。郭云为何对素不相识的女孩下此毒手？为何又自杀？从 9 月 3 日至 16 日，《广州日报》等媒体对这起恶性事件的报道持续近半个月，采用贴身追访、连续报道的方式，派出记者在广州、湖南、贵州跟随当事人采访，刊发报道近 20 篇。媒体的介入行动推动了事件的发展，如《南方都市报》发动现场目击者提供郭云事发前有关遭遇的线索；远在贵州纳雍的郭云父母没有钱，《新快报》资助他们来穗，并促成了郭、任两家人的见面；任家父母要把任湘的骨灰送回家，《广州日报》给他们派了专车，并发回了来自新闻现场的独家报道。

思考与提示：

1. 媒介的参与和干预对事件发展起到了什么作用？
2. 媒介的参与和干预符合新闻报道规律和事物发展规律吗？

经典案例 4-2

2007 年 3 月，有媒体记者乔装成患者，将事先准备好的茶水送到杭州 10 家医院检测，结果有 6 家医院检测出茶水有炎症。消息一出，舆论哗然，该事件随之以“茶水发炎，医德沦丧”为关键词而引发社会强烈关注。后来全国 92 家三甲医院医务人员以实验证明：茶水当成尿验，九成化验单呈假阳性。在“茶水验尿”事件中，还有一个值得关注的现象：记者故意向医生提供了虚假病史，谎称自己“尿痛”。医生根据记者的“病史”，并结合尿常规白细胞增高的检验结果，做出尿路感染的诊断，这是无可辩驳的。

思考与提示：

1. 为什么记者不用正常人、健康人的尿液去做检测以判断医院的诊疗行为？
2. 媒介的参与和干预符合新闻报道规律和事物发展规律吗？

---

① 赵振宇：《新闻报道策划》，武汉大学出版社，2008 年版。

② 丁柏铨等：《新闻知识 500 问》，湖南大学出版社，2000 年版。

如果没有人为地去生造、扭曲、夸大或缩小，对事件发生后的报道也符合新闻报道规律，而且记者由于参与到事件中，对报道对象有更深切感知，记者做出的报道会更生动、更真挚、更深刻，从而会更有效地吸引和打动受众。当然，记者由于违背了事物发展和新闻报道的一般规律，在参与活动中不恰当地夸大了人的主观能动性，按参与者的主观意志去改变既成的事客观事实，就有可能制造出虚假的新闻报道。

（二）导向性

舆论导向的正确与否、健康与否，是新闻报道策划的重中之重。新闻媒体应该把维护公共利益、促进社会和谐健康发展，作为新闻报道的出发点和落脚点。当前，我国正处于改革攻坚期，人们思想活动的独立性、选择性、多变性、差异性明显增强，加之新兴媒体日益成为社会生活中表达意愿的平台，舆论多元化成常态，尤其需要正确引导，以明辨是非，引领潮流。

坚持导向性原则，必须大力弘扬主旋律、传播正能量。所谓正能量，即所有积极的、健康的、催人奋进的、给人力量的、充满希望的人、事、理。传播正能量就是要宣传社会主义核心价值体系，传播有利于振奋人民斗志、凝聚民族力量、推动社会进步的精神力量，就是宣传英雄模范等典型人物，使之起到社会示范作用。

在舆论引导中要关注人民最关心的、与百姓利益关系紧密的热点难点问题，一般来说，这也是改革的难点和政府工作的重点。做好这些热点难点问题的引导工作，对于弘扬正气，针砭时弊，化解政府与民众的矛盾，推进政府中心工作等，均有重要作用。

坚持导向性原则，必须抵制低俗之风。为了吸引眼球对低俗的新闻内容进行炒作，或违背新闻伦理道德和法律法规，在报道中损害当事人合法权利，有意误导公众等等做法，应该坚决抵制。如某报连续多天策划一组稿件：《当 150 个小姐被收容》、《三陪小姐最后的陈述》、《艾滋干预：为小姐服务》。稿件中流露出作者试图为三陪小姐“正名”、鸣不平的所谓“新思维”。报道认为三陪小姐服务地方经济、服务人性、服务商业、安定社会，报道对打击、取缔色情服务不以为然，并以调侃的方式为三陪小姐“打游击战”出主意，因报道内容严重违反有关规定，新闻出版主管部门吊销了该报刊号。

“超级粉丝”杨丽娟追星

杨丽娟，甘肃省兰州市女子，从 16 岁开始痴迷香港歌手刘德华，此后辍学开始疯狂追星。杨丽娟的父母劝阻无效后，卖房甚至卖肾以筹资供她多次赴港及赴京寻见刘德华。2007 年 3 月 22 日，其曾经赴香港参与刘德华歌友会，实现生平夙愿，跟偶像合照。不过，其父（杨勤冀）最后由于杨丽娟的“追星”行为而在香港跳海身亡。2009 年 8 月，杨丽娟接受采访时对刘德华结婚新闻反应漠然。

杨丽娟事件的最初曝光是在 2006 年 4 月。当时，《西部商报》的记者王喜阳了解到一位67岁的老人到医院卖肾。采访中他意外得知,老人的女儿已经疯狂"追"刘德华长达13年。王喜阳的报道《不见刘德华,今生不见人》刊发后,杨勤冀表示希望能借助媒体强大的舆论来达到女儿见刘德华的目的。结果刘德华通过媒体公开批评杨丽娟"不正确、不正常、不健康、不孝"。刘德华的回应,让杨勤冀一家矛盾升级。杨勤冀在后来的遗书中写道,"母女责怪杨勤冀当初不该找媒体"。

北京某电视节目制作公司从2006年3月开始就三次来兰州,鼓动杨家去见刘德华。某电视台记者曾承诺:"我们台有实力,能联系到刘德华,见是肯定的。"正是在各类媒体的资助和策划下,杨家三口曾远赴北京,还到香港多次。结果杨父在2007年3月25日再度赴香港让女儿见到刘德华并合影后的第二天凌晨跳海自杀。

思考与提示:

你对媒体策划与组织"杨丽娟追星"的看法?

媒介的社会责任要求编辑、记者具有较高的道德水准和社会责任感,努力避名报道策划在道德层面产生负面效应。对于一些具有社会轰动效应,但也容易产生副作用的报道选题,策划报道时就应该慎重,注意策划的方式、方法和角度,努力寻求积极、正面的效果。

有的报道策划过度配置新闻资源,为追求卖点人为地左右新闻,小题大做,导致事实重要性与报道规模极不相称,也不容易产生导向性问题。如一家报纸在报道一个走失的幼女时,在头版连续10多天报道她在杭州的寻母过程,并配上大幅彩色照片。报道的大部分内容都是就事论事地记流水账,有几篇稿以相当的篇幅猜测、推断小女孩家在何处。

(三)创新性

创新是不满足现状,不断进取,求变求新的一种理念。创新是策划的核心和灵魂,新闻报道策划的力量在于创造,重在创新,没有创造性的策划实际上已经失去存在价值。与众不同是新闻策划的首要要求。成功的策划总与创造性思维密切相连。从选题构想到传播手段,都需要策划者创造出能引起受众关注的、并能实现新闻资源最优化配置的独特之点,同时辅以不同寻常的外化手段,由此获得传播的良好效果。

富有创意的媒体策划来自于创新性思维,尤其是编辑思维的创新。可以说,新闻报道策划中充满了编辑这一报道主体的选择与创造。首先是报道选题的决策,报道什么,不报道什么,重点报道什么,简单报道什么,取决于编辑对报道客体的价值等方面的判断。其次,如何报道新闻也要依赖编辑的创造与设计,从什么角度切入报道,以什么样的结构与方式进行报道,采用多大的规模来展开报道,用什么方式来包装来展示内容等,均取决于报道主体的创造性思维。因此,策划的过程就是创造性思维的过程,是逆向思维、纵深思维、发散思维、侧向思维等创新性思维方式在新闻报道策划中运用的结果。

创新表现在哪些方面?有学者研究归纳为四个未曾,即"涉足别人未曾涉足领域,报道别人未曾报道的内容,选用别人未曾选用的主题,采取别人未曾采取的形式"①。我们也可以将其归纳调整为新的报道内容、新的报道主题、新的报道角度、新的报道形式四个方面。

---

① 赵振宇:《新闻传播策划导论》,华中科技大学出版社,2003年版。

1. 新的报道内容

在新闻竞争日益激烈的今天，新闻媒体以相当大的财力、物力和人力，不断加强“独家新闻”的策划与报道，尤其是对具有较高新闻价值、社会影响较大、内容上人无我有的“独家事实”进行开掘，目的在于以“独家产品”造成独家影响，以赢得更多的受众，占取更大的新闻传播市场。这样的“独家事实”，必须依靠采编人员深入社会，对社会生活中新情况、新问题、新经验的发现，并挖掘隐藏在社会表象背后的本质和趋势，近年来借助微信、微博等社会化媒体来获取选题也成为一种趋势。

比如媒体策划报道的“B 牌城市”在众多关注中国城市经济发展的报道中就独树一帜。“B 牌城市”是指在“九二”式机动车号牌的编号方法中以 B 为代号的在 20 世纪 80 年代中期位于该地区经济发展水平第二的大城市，如鲁 B 青岛、川 B 重庆、苏 B 无锡市、浙 B 宁波市等，“换句话说，‘九二’式机动车号牌显示的几乎就是 1994 年全国各省、自治区内的城市经济发展水平排行榜。”报道的主题是反映中国社会经济发展的十年进程——B 牌城市存在了近十年，它折射中国城市的地位和形象沉浮，也反映出中国城市的个性魅力弱势。虽然是谈城市经济发展，打造名牌城市、魅力城市这样一个宏观的主题，却是从一个“九二”车牌中 B 牌这样一个小角度着手，见微知著，又不局限于某几个 B 牌城市，而是围绕国家对于城市发展的宏观政策对城市规模及经济的影响、改革开放政策对不同 B 牌城市带来的影响、B 牌城市对中国城市进程造成的影响以及如何创建更多的名牌城市进行了富有启迪性的思考，对此类经济记者普遍感到难以驾驭的宏观报道主题如何操作提供了可供借鉴的选题思路。

2. 新的报道视角

随着信息传播技术的进步、新闻观念的更新，信息资源共享的局面变得越来越普遍，创造绝对意义上的独家新闻越来越难。各媒体除了通过独家发现新闻线索、新闻事实，抢先报道新闻等手段外，越来越重视“后发性”独家新闻的创造，即通过对大家都可发现的新闻事实的独家开发、挖掘，运用独家眼光、视角来创造独家新闻。这类独家新闻建立在同一新闻事实的基础之上，成功关键要看谁具有“独一无二”的视角、眼光和思考。

新闻视角是指传播者观察、分析、理解和开发利用新闻事实信息资源的角度。面对同样的新闻事实，可以从不同的视角来思考。比如我们可以从不同侧面、不同层面的空间视角来看，或者从过去、现在、未来时间视角来观察、分析，就会得到不同的东西。我们也可以从不同人的眼光来看，比如从传播者与受众、领导者与被领导者、上层人物与平民百姓、当事人与局外人等等不同的视角去观察、审视同一新闻事实，也会发现不同的东西。以不同的视角观察、分析、理解新闻事实的实质，在于以“求异”、“换位”等思维方式与作为对象的新闻事实建立不同于习惯的、常规的认识关系，以便在这种“不同寻常”的关系中发现新的事物。如果视角转换得当，就有助于敏锐地判断对象事实的新闻本质，增强新闻报道的吸引力。[①] 在重大新闻事件报道中，寻找独家视角，找准切入点，以独特的方式重新整合信息，做到“人无我有”显得十分重要。

---

① 杨保军：《谈谈“独家新闻”(上)》，《新闻与写作》，2003 年第 3 期。

经典案例 4-4

2010 年亚运会在广州举办,《南方周末》的亚运会报道让读者大吃一惊,让新闻界吓了一跳。在所有媒体对广州举办亚运会的一片赞誉声中,《南方周末》做了一个意想不到的角度——广州欢迎你批评。乍看好像不友好,干吗不说些庆贺话客气话,开口叫骂不怕惹麻烦吗?①

相对于北京奥运会,广州亚运会没有那么高的国际规格与国际关注度;与上海世博会相比,也没有那么丰厚的财力投入。作者着力报道亚运筹备中的各种尴尬和社会各界的批评声音,开头如下:

"落雨大,水浸街……"

这首著名的广州童谣,据说将是 11 月 12 日广州亚运会开幕式的开场音乐。

半年前,一场暴雨导致水漫广州,不少当地媒体批评政府城市管理存在缺陷时,都将这两句三字文作为报道的标题或开头。

有人开玩笑说,这就是广州,连童谣都带批判色彩。

网上流传的一首名为"广州欢迎你"的歌曲,同样发扬了广州的批判精神。作者一反原作"北京欢迎你"喜庆迎客的气氛,将"我家大门常打开……"改成"我家的车很难开,一小时一公里;到了上下班的时候,更是恐怖时期"。

在承办亚运盛会的广州,中国人"家里来客人,家丑放一边"的传统,似乎没有得到很好的传承。

主持过北京奥运、上海世博有关节目的央视主持人白岩松说,过去办大事,尽量都说点悦耳的话,广州天天都能见到批评,令他感到惊讶。

距离开幕只有一周时间了,市民还在批。批政府的免费公交政策导致地铁爆满,迟早要出人命。这样的帖子在网上流传:"如果你爱她,请她坐广州地铁,免费;如果你恨他,请他坐广州地铁,要命。"

11 月 6 日,市交通委员会副主任颉亚林向公众道歉,宣布取消免费公交。

市民敢批评,政府能接受。这正是贯穿广州亚运会筹备工作的主线之一,而广州人"办大事"的风格也正蕴含其中。

思考与提示:

1. 为什么选择"广州欢迎你批评"这样一个报道角度?
2. 这样的报道角度会产生什么报道效果? 正面还是负面?
3. 该报道策划的成功之处在哪里?

3. 新的报道主题

好的新闻报道,是有"灵魂"的。这个"灵魂"就是新闻的主题。新闻主题是记者对客观事实的看法、态度和通过事实的报道所表达的主观意图,是新闻报道的中心思想,

---

① 杨兴锋:《南方报业采编经典案例(第一辑)》,南方日报出版社,2011 年版。

它犹如一条红线，贯穿通篇。独家新闻难觅，独家观点和见解却可以常有。同样一个事实，可以做出不同的分析、认识、评价和解释，从中就可以看出水平和能力的高下，因此追求新颖独到的观点和见解，是新闻报道策划创新的一个重要途径。

如中央人民广播电台"午间半小时"曾对重庆市的"市长公开电话"进行报道，在充分肯定"市长公开电话"在倡导"急老百姓之所急，想老百姓之所想"的政府工作作风所发挥的积极作用之后，进一步提出为什么会出现"市长公开电话"这一发人深省的问题，从而揭示出正常解决老百姓问题的渠道不畅通，才会出现大事小事都要找市长解决的现象。这就是"逆向思维"、"求异思维"的运用，使报道的主题和立意得到提升。

经典案例 4-5

2012 年 5 月 28 日至 6 月 3 日，央视新闻频道《走基层》报道连续播出七期《走基层·蹲点日记·为了南水北调》，并于 5 月 30 日起在《新闻联播》中连续播出五期"走基层·为了南水北调"系列报道。"为了南水北调"的主题定位是：在民生层面，这是基层干部群众纠结在"小家、大家、国家"中的家国情感、舍我精神和大局意识；在国计层面，这是当下中国"利用制度优势办大事"的生动写照。重大成就的实现离不开民众的支持与奉献，这面勋章属于国家更属于国人，这样的视角和情感的逻辑起点贯穿整个系列报道。

由于移民搬迁涉及 18 万人，冲突更为剧烈，矛盾更为突出。为保证报道的感染力与可信度，为保持《走基层》的纪实品质，矛盾不容回避，需要适度展示、合理表现。"为了南水北调"以移民干部与移民之间在搬迁过程中的矛盾冲突作为切入点，报道了移民党员干部如何以国家政策为纲、以情感沟通为线，化解移民心结，两年移民 18 万的艰辛与感慨；展示了移民们亲情难舍、故土难离、大局为重、心系国家的宽忍与崇高。

这项世纪工程在报道中被浓缩为了三个完整的故事："小村里最后一户移民"、"带头外迁的村支书"和"最后一个搬走的外迁村"。选择这三个故事，除了情节曲折、可视性强的故事属性之外，更重要的是能够为主题服务的新闻逻辑，每个故事分别代表着移民搬迁中的矛盾和值得铭记的精神。

"最后一户"：在利益矛盾中展示群众的政策意识和大局意识。核桃园村移民孙全秀是小村里最后一个不肯搬迁的移民，自称"钉子户"，舍不得家里的两层小楼，代表着移民普遍的"小家和大家"取舍间的利益冲突。选取孙全秀这个人物，不仅能完整体现群众搬迁之痛和干部劝迁之难，同时也是因为这户移民身上可贵的政策法规意识和大局观念。遇事要说理、心中有大义，移民孙全秀的人物形象对于观众有着特指的启示意义。

"带头搬迁"：在情感矛盾中展示党员干部的责任意识和舍我精神。整个系列报道的重头戏是余嘴村村支书赵久富带头搬迁的故事，代表着移民搬迁最难的一道坎儿：故土难离、亲情难舍。最难的节骨眼儿上考验着基层党员干部的情操与抉择——要求群众做到的，党员干部能不能带头做到？赵久富惜别年过八旬的父母，放弃内安后主动带领 270 名村民远迁千里之外的黄冈。记者从当地的一个汇报片中看到了赵久富满头白发的母亲的画面，这个只有3秒钟的镜头触动了记者，此后赶到郧县找到了镇上的通讯员，又发现了完整的"党旗宣誓"、"母子惜别"的现场资料，使这段珍贵的、触动人心的视频通过央视首次被观众看到。

"最后一村"：在干群矛盾中展示干部与群众之间的沟通理解模式。孙家湾是200多个外迁村庄中最后一个搬迁的外迁村，由于全村被长江水利委员会规划为武汉和江陵两个安置地，导致了孙家湾外迁过程中干群之间的矛盾冲突最为剧烈。通过最后一个外迁村庄的故事，展示了干部与群众之间，如何才能通过政策与感情实现互信及和解。[①]

思考与提示：

1. 成就类报道如何开拓主题，做出新意？

2. 如何增强正面报道的吸引力和影响力？

4. 新的报道形式

报道形式或报道方式，是指编辑将零散的新闻材料整合为报道整体的操作模式。越是选题重要、报道规模大的报道，越需要组合运用多种报道方式。因此对报道方式的选择、组合和创造是新闻报道策划创新的重要一环。连续报道、集中报道和系列报道是新闻媒体比较常见和传统的报道方式，受众参与式、媒介介入式、媒介联动式报道也越来越受到媒介重视。

1997年香港回归前夕，河南《大河报》刊发一篇《豫AT1997免费拉你迎回归》的消息，报道了一位出租车司机打算在香港回归期间免费为顾客服务的事情。消息发布第二天，一位鲜花店老板打电话表示愿意为这辆免费服务的出租车免费"梳妆打扮"，后来又有一位读者打电话希望为这辆车免费维修。随着这些消息公布，社会反响起来越强烈，要求加入的人越来越多，报社决定展开"免费拉你迎回归"的连续报道，并在7月1日发起同一名称的社会公益活动，把报道推向高潮。这就是一个综合运用受众参与式、媒介介入式的连续报道。

从2014年2月28日开始，《深圳晚报》推出"深圳爱心测验"报道，也综合运用了媒介介入式、受众参与式、连续式等报道方式，聚焦"有人摔倒　你管不管"这一社会热点话题，产生了广泛社会影响。深圳晚报记者兵分三路前往4个区8个地点，在公共场所"摔倒"以测验市民的反应。"深圳爱心测试"报道属于媒介介入式，媒介直接参与报道客体，成为其中的重要角色，如报道记者"摔倒"的测试结果、心路历程、面对质疑，记者心声等。"深圳爱心测试"报道又采取受众参与的方式，受众的意见构成报道的重要客体，如报道同行点评、微博互动、各界看法等情况。另外，深圳晚报记者在进行体验式采访时保持法律意识和道德意识，掌握好尺度。如记者4人一组，只要有人报警，会立即停止测验，并告知真相，确保不浪费公共资源。

有的媒体为了追求轰动效应，在报道方式上标新立异而不考虑社会影响，往往又会造成不良的社会后果。1997年，南方一家报社为测试上海警方的快速反应能力，在上海街头早晨冒充外地到沪的旅客，以被抢去一条项链为由向"110"报警。报案后仅2分

---

① 吴闻：《试析"走基层"视野中的成就类主题报道——以央视〈为了南水北调〉系列报道为例》，《电视研究》，2012年第10期。

零10秒,就有4辆警方先后赶到现场。记者据此发表了体验式报道,虽然到采访事件获得公安部门特许,但记者虚拟身份,谎报案情的做法还是招致不满和批评。同样,某报社记者虚拟病人病危拨打"120"电话,以测验医院救护车的工作效率,被公众指责其浪费宝贵的医疗资源。因此,报道方式的考虑不周、设计不当,也很容易产生副作用,对此必须加以防范。

(四) 可行性原则

策划可行性,指策划方案具有可操作性,能够正确地指导新闻采编活动,取得有效的结果。在报道策划过程中报道主体应该加强分析论证,周密部署,使方案切实可行,并且在实施过程中灵活变通,这样才能避免纸上谈兵。

策划者在策划进程中善于审时度势,及时准确地掌握对象及其环境变化的信息,随时变通,调整策划目标并修正策划方案。从很多产生巨大社会影响的好策划来看,几乎没有最初的策划与后来的报道完全相符的情况。因此策划报道时不宜设计得太具体、太细致,应为执行者预留一定的自由发挥的空间;策划还应强调现场应变,允许突破策划设想,写出与策划初衷不同的好稿件。提高新闻报道中策划的应变性,是编辑和记者共同努力的结果。

(五) 前瞻性原则

新闻编辑策划的前瞻性是新闻报道的前期准备,指的是在预见到的新闻事实发生之前的准备,这包括对事件发生、发展、演变过程的掌握。新闻编辑策划的前瞻性带有事先策划的性质,主观意识较为明显,因此,所制定的计划、步骤、目标只能是初步的,不能一锤定音,要随着事实的发展随时进行调整,使前瞻性在事实的检验下得到印证和深加工。

在通常情况下,新闻是偶然性的,它会不会发生并不以人的主观意志为转移的,也是难以预见、不可预见的。然而,事实上某些新闻是可以预见的。这种预见大多见诸于某一新闻事实尚未发生,但其发生已在意料之中的事件性新闻。预见性新闻大多要经过策划,中外媒体都会这样做。因此,前瞻性、预见性是新闻编辑策划的一个重要特征。

有些新闻是突发性的,事先没有预料到,但一旦发生,对它的发展、演变、进程会有一定的预见性。如一些伟人和名人的逝世,这是不可预测的、突如其来的。但发生了,也要进行策划,根据对事态发展的一般规律的把握,对来自各方面信息的把握,依据上级规定的宣传报道的口径和政策,可抢新闻的第二落点、第三落点。这里面也包含着预见性。最初的仓促可转变为较为从容的策划,包括对重要报道的组织、版面的调整、人员的调配、图片制作等等。这类报道由于影响大、要求高、牵涉面广、政策性强,必须认真、慎重策划。[①]

新媒体时代到来,编辑和记者的沟通存在"正向信息流"和"反向信息流"两个信息流,正向信息流是记者反馈给编辑部,反向信息流则是编辑部反馈给记者,两个信息流同时存在。过去,新闻发生了,处在新闻源或者靠近新闻源的记者或通讯员向编辑部报告,编辑部再根据已经掌握的情况,做出具体报道安排,这是"正向信息流"。随着通讯

---

① 谭云明:《新闻编辑》,中国传媒大学出版社,2008年版。

技术的发展,当事人或新闻现场的人把事情直接发到网上,出现了“反向信息流”:记者还不知道的事情,编辑就已经知道了,因为编辑可以天天盯网,网络可以让后方更直接地指挥前方。网络的发展让媒体采编流程发生变化:大量工作是后方编辑部整合最新情况,指挥记者采访,媒体采编部门负责人必须从“派料”变成真正的信息指挥,告诉记者怎么做。网络的另一个影响是,使所有策划都要提前。以前不少策划是在新闻见报引起反响后才考虑,通过策划把事情做大。但现在所有策划都要提前,接到“报料”几小时后就必须决定这个事情是否需要做大,编辑部的应对速度必须更快。①

第二节 新闻发现与编辑策划

一、新闻发现能力:最基本和最难培养的新闻素质

新闻发现力是记者最重要的职业素质,同样也是从事编辑工作必不可少的职业素质。新闻发现以及新闻发现力是一个新闻工作者的基本素质。从新闻思维来说,新闻报道一般需要解决两个问题:一是写什么,二是怎么写。“写什么”是新闻发现问题,“怎么写”是新闻表现问题。“新闻发现,即对新闻事实的发现,或曰对事实中新闻价值的认知。它是贯穿于新闻采访、写作、编辑等操作环节中的新闻思维活动,是新闻实践的主导性思维,也是新闻工作者的基本职业素质。”②因此,是否具备新闻发现力,这是判断一个人能不能当一名好记者、好编辑的基本素质。

在人们传统印象中,新闻发现是记者的事情,是记者在采访过程中应当完成的任务。新华社总编辑南振中将新闻发现力归纳成六个方面:善于发现或者找到迄今还没有通过大众传播媒介传播的、鲜为人知的新鲜事实;善于发现或者澄清社会上众说纷纭、莫衷一是的重大事件的事实真相;善于发现或者提炼出有助于解决当前各种困难和社会矛盾的新鲜经验;善于发现和捕捉能给人以启迪的新思想,深刻地揭示人们观念上的新变化;善于发现和表现最能体现时代精神、对人们有较大激励和鼓舞作用的典型人物;善于发现能够体现事物发展规律的新的苗头、新的动向,准确地预测和描绘事物发展趋势。③

由此可见,新闻发现不只存在于采访过程中,它贯穿于寻找新闻线索、确定新闻选题、深化新闻主题、明确报道思路、创新报道角度、优化报道方式等新闻生产的全过程中。在新闻实践中,有很多在编辑环节发现新闻的实例,许多编辑在选稿、改稿、配置稿件等环节中发现了新的角度,或找出隐含在被报道事实中更重要的价值,或认识到事物之间意想不到的联系,或寻找到别具一格的表现方法,从而使原稿报道价值成倍增长。因此,编辑岗位是已被实践证明了的重要的新闻“发现场”。

---

① 张立伟:《发展报道的宏观策划》,《中国记者》,2009年第12期。

② 张征:《新闻发现论纲》,中国人民大学出版社,2006年版。

③ 南振中:《记者的发现力》,新华出版社,1999年版。

经典案例 4-6

《丹江口日报》通讯《“垃圾王”的党魂》报道一位老干部的感人故事：77 岁的丹江口市人大常委会副主任杨绍震，一生勤俭，做过多年的丹江口市法院院长，离休多年，身体却很硬朗。他置别人的冷嘲热讽于不顾，执著地到垃圾堆去寻破烂，每天早晨 5 点多钟起床，骑着自行车出门去捡破烂。丹江口市区几个垃圾场，他每天光顾一两次，以寻旧皮鞋为主，6 年来捡回约 5000 双旧皮鞋及上百个书包。对捡回的皮鞋，他一双双整理如新，经过洗净、晒干、缝补、擦油、分类包装五道工序，然后送给贫困山区的乡民。①

思考与提示：

1. 对这一先进事迹如何评价？
2. 如果在这篇报道的基础上进行更深入采写，还有哪些方面可以开掘？

新闻发现力从根本上来说是认知事实真相的能力和把握受众需求的能力。认识事实真相是进行新闻发现的前提和基础；把握受众需求是新闻发现对事实的新闻价值进行衡量的标准和依据。只有准确把握了事实真相和受众需求，才能依据新闻传播规律，选择符合传播目的事实信息进行传播。②

长期以来，我国新闻报道中存在着同质化、模式化、低俗化等弊病，其根本原因是记者、编辑思想中普遍存在的片面的甚至是错误的新闻发现思维模式，包括以政策为本、以好人好事为本、追随受众兴趣、盯住大事奇事、规避新闻监督和社会难点报道等。③因此，从社会认识论的角度看，任何新闻报道都是经过记者、编辑在众多事实中选择和决策才能实现的，而推动选择事实和决策报道的过程，就是发现新闻的思维过程。④

二、新闻报道策划的选题标准

新闻发现的起点是发现和获取新闻线索。新闻线索的发现者可能是记者、编辑等媒体内部人士，也可能是媒体之外的任何一位公众。但很多新闻线索并没有能够成为媒体报道内容或者新闻选题，这是因为记者、编辑等“把关人”对大量线索进行选择，做出取舍，以决定哪些事实不适宜报道，哪些事实适宜简单性报道，哪些事实适宜策划性报道。可以说，新闻选题是对新闻线索的认识深化和思维创造的结果，尤其是高质量的选题，关键要看新闻工作者处理新闻事件的眼光、能力和价值取向。优秀的新闻编辑可以围绕着某一条新闻线索，通过新闻策划活动充分挖掘、展现隐藏在新闻线索中的新闻价值。

在新闻生产环节中，新闻编辑的分析、判断和选择发挥着关键作用，而编辑又要受

---

① 潘堂林：《怎样发现新闻》，湖北人民出版社，2007 年版。

② 许颖：《新闻采访与写作》，中国传媒大学出版社，2011 年版。

③ 张征：《新闻发现论纲》，中国人民大学出版社，2006 年版。

④ 张征：《新闻发现论纲》，中国人民大学出版社，2006 年版。

到各种内外部因素的影响。在众多可以报道的选题中，需要编辑进行策划的事实一般应该具有更大的新闻价值和更重要的社会意义。也就是说，客观事实本身的特质是第一位的决定性因素。除此之外，媒体资源和条件、政治和社会文化氛围、受众资源等，也对选题的确定发挥着或大或小、或明或暗的影响。从这个意义出发，如何在变化万千的世界中找寻富有新闻价值的选题是每一个新闻编辑都要面对的难题。

综合各方面因素，对于新闻媒体策划的新闻选题有一些衡量优劣、决定取舍的标准，这是我们在开展新闻策划时需要遵循的要求。

（一）选题具有典型性

典型性，就是代表性，就是在个性中集中反映着共性。富有典型性的事物，一般是具有普遍意义和代表性的突出事物。普遍意义，是指代表事物的面要宽，影响要大，包括思想意义、教育意义、借鉴意义，它是成为典型的基础。突出，主要指同类事物中最先进的事物，也包括一些转变型的事物，以及少数最恶劣的事物。[①] 无论是人物、事件，还是问题、现象，越是具有代表性和普遍意义就越典型。正面典型，可以作为学习和效仿的榜样，起到正面引路的作用；反面典型，可以给人以警示和教训，起到防患于未然的作用。

在我国的改革开放进程中，不断产生许多的新情况、新问题、新经验，典型发挥的引领、示范作用十分重要。尤其对于地域辽阔、人口众多、发展极不平衡的中国来说，发现典型、报道典型、推广典型，使典型成为学习和效仿的榜样，是新闻媒体必须担负的一项重要使命。[②]

策划报道正面典型，必须正确而有效地选择好典型，典型应该具有时代特点和现实针对性，充分顾及民众的需求和认知态度、心理感受，而绝不能仅从主管部门和领导机关的政治需求出发来选择典型，采取绝对化和万能化的说教模式。

经典案例 4-7

许振超是中宣部推出的工人典型。这次报道的成功，首先是典型选得准，是一个有故事的人物，富有创新色彩，来自于生活。他是一名普通工人，青岛港的一名桥吊队长；一名“老三届”学生，只有初中文化程度，通过超乎常人的艰辛与努力成为“技术大拿”，别人排除不了的故障他能“手到病除”，看得懂英文资料，会一串精彩的“绝活”，创造了“无声响操作”，把偌大的集装箱放入铁做的船上或车中，铁碰铁不出声响。在生活中，当年拎着饭盒上下班的许振超，现在住大房子、开汽车、用最新型手机等，都是他真实的充满浓厚生活气息的故事，人们看到的不是一个无所不能、只知奉献的“不食烟火”者，而是身边的一个“工友”、一个“同事”。许多工作认为许振超了不起，但是可信、可亲、可接受。

这个典型因为在同事中有很好的口碑，名震一方，被青岛港集团总裁常德传看好，

① 童兵：《典型报道：功能、不足和改革》，《新闻记者》，2011 年第 10 期。

② 杨秀国：《新闻报道策划》，人民日报出版社，2012 年版。

并委以重任。这个线索最初被《青岛日报》捕捉到开始进入媒介的视野，见报后反响很大。这个典型所蕴含的价值很快被挖掘出来，成为媒介议题和政府议题。中宣部组织16家中央主要新闻媒体30多位记者对他进行集中采访，电视、广播、报纸、网络等多媒体联动，一个普通的工人很快为全国人民所熟知所认同。

这个典型的推出是符合时代特点并具有现实针对性的。一方面，国家正处于快速发展时期，新技术、新设备需要工人去掌握和使用，工人们要自强自信，把个人的命运和企业的命运、国家的命运绑在一起，许振超的责任感与自强自信对此做出完美的诠释。另一方面，国企经营还没有建立起与市场经济相吻合的运行机制和用人制度，就业市场的激烈竞争造成用人的苛刻条件，很多人因为年龄和学历的原因被过早剥夺劳动的权利，许振超年过五十，没有正规大学文凭，他的知识全是工作锻炼和自学积累而成。许振超这一典型的塑造，对消除就业市场上年龄和学历的认识误区有所裨益。因此，许振超的个人事迹才进入媒介视野，又转化为国家议题。①

思考与提示：

1. 许振超这个典型的选择有什么特点？为什么受到欢迎？
2. 如何拉近典型人物与群众的距离？增强典型报道的传播效果？

每个国家的主流媒介都有宣传其意识形态的自觉性，用典型性报道来影响人们的价值观，以求得意义的传播与共识的形成。2011年，美国传媒为纪念"9·11"事件十周年而推出纪录片《重生》就是一例。该片的制作团队找到10名"9·11"事件亲历者，镜头跟着他们走进追悼会、走进手术室、走进婚礼现场，进行了数百小时的访谈，最后从中又选择5人，用他们在事件前后的经历制成纪录片《重生》。这5个人名副其实地成为美国居民面对"9·11"苦难和成功重建事业的"典型"。纪录片结尾时用受访者的话说：他们仍然拥有一切，他们心怀感激。这样的案例在西方媒体上还可以找到许多。

典型性不仅包括正面的典型人物和典型经验，也包括带有倾向性的问题、带有普遍意义的现象，社会关注度高，政治敏感，更需要进行重点策划报道。2004年，《新周报》创刊号刊发的《南师大女生停课陪舞事件调查》，报道了南京师范大学校领导强行指派音乐学院全班女大学生陪舞，接受陪舞的对象是江苏省主要部门38名正副厅级领导，其间他们正在参加江苏省委党校的"厅局级干部学习班"。报道在当时引发强烈的轰动效应，被《新周刊》评为"2004年中国社会关注的十大热点新闻"之一。颇具戏剧性的是，这个报道曾数度面临流产的命运，原因在于当时报社对新闻价值的判断与把握上的分歧。报社同事认为，类似这种陪舞现象社会上太普遍，不值得特别关注，而且陪舞过程中并没有发生性侵害，因而没有新闻兴奋点，建议放弃该选题。但该报主编认为，低俗的社会接待风气居然蔓延到了"德高为师、身正为范"的著名师范大学校园内；接受陪舞的是厅局级高级官员，并且还是在参加省委党校学习提高期间，仅这两点就足以让中国所有的公众关注，拍板决定刊发。报道引发各大媒体包括新华社记者的追踪跟进，成为创刊号上最大亮点。

具有普遍性的热点、难点问题一般是群众关心的、与群众利益密切相关的问题，受

① 傅宁：《典型性报道：政府和公众之间》，《电视研究》，2007年第11期。

众关注度高，是媒体选题的重要来源。事实上，选题是否具有典型性，关键是看社会和公众对选题的关注程度。社会和公众越关注，选题就越具有典型性。而社会和公众之所以关注，是因为选题与他们的利益关联度高，与他们的生存与发展紧紧相连。研究者在 2012 年对中部六省电视新闻节目品质的调研中发现，受众对电视新闻节目品质的不满集中反映于新闻选题缺少对公共事务的关注。① 由于新闻节目中宣传指令性选题偏多，而与公众密切相关的公共事务类选题比较少，以致受众很难从电视新闻里看到他们真正关心的热点问题和现象，像责任事故、社会冲突、犯罪、腐败等负面新闻报道少之又少，越是与公共利益相关的事项，越被视为政治敏感问题被回避掉了，这样的选题思路是无法满足受众的期待和要求的。

（二）选题具有可行性

选题的可行性，指策划选题具有得以实施的环境和条件，新闻主体必须考虑选题是否为政策所许可，选题是否具有积极健康的意义，舆论导向是否正确，是否能赢得受众的理解与认同，本媒体是否具备策划实施的物质、人力等条件。在实践中，“胎死腹中”的策划屡见不鲜；在传播过程中出现负效应，以致策划被迫中断的情况也并非少见。这说明，策划并不是媒体随意而为的事情，必须把策划放到全局中去考虑和权衡。

编辑在做热点、难点问题的选题决策时必须考虑到热点、难点问题的关注度很高，但是与非、对与错常常交织在一起，不容易让人看清楚，而且许多难点、热点又是关键点，这就决定了报道对象大都是些敏感度高、政策性强、牵涉面广的重大问题，稍有不慎就可能出现偏差，造成难以弥补的影响。在做此类选题策划时不能一味追求轰动效果，还要考虑报道的结果，考虑是否有利于工作的推进和问题的解决。

《南方日报》编辑在谈到如何选择、把握好经济难点、热点题材时认为，最为关键的是两点：一是要有大局意识；二是要全面、准确掌握党和国家的各项方针政策。他们认为，党和国家的工作是大局，党和人民的根本利益是大局，应该在这个大局下做出选题决策，即凡是有利于社会主义市场经济体制建立，有利于推进生产力发展，有利于提高人们的思想道德水平，有利于政府改进工作，有利于化解矛盾、平衡心理的难点和热点，都可以作为选题。根据实践，南方日报在选择题材方面摸索出一些经验：一是找准结合点，即“找到政府要做或已在做的工作重点与老百姓关心的热点、难点这两者之间的结合点，这个结合点既有利于帮助政府做好工作，又有利于为群众办好事、办实事。找好了结合点，报道也就成功了大半”。二是选题时精心把握好度。“度包括‘三不选’，即是非模糊、理论不清、难于定论的不选；是非已分，但过于超前，目前难以做到的不选；容易激化矛盾、引起公愤、造成心理失衡的不选。度也包括升降温要有度。”②

从 2002 年开始，新华社每年都要在春节前后，也就是农民工返乡或回城的时候，组织有关农民工的大型调研式报道。第一次策划叫“走近民工”，第二次叫“关注民工工资”，第三次叫“农民工子女求学调查”，第四次叫“农民工文化生活调查”，第五次叫“新

---

① 管成云：《电视新闻节目的品质状况与改革策略——以中部六省电视台的访谈调查为基础的研究》，《新闻记者》，2013 年第 10 期。

② 谭立谋、刘红兵：《无限风光在险峰——经济难点、热点报道刍议》，《新闻战线》，1998 年第 10 期。

春回访农民工”。新华社确定体验式采访的思路，着重反映农民工的生存状态，挖掘他们的情感世界，目的是引起社会关注。新华社把党和政府想说的与人民群众想听的结合起来，取得策划的成功，也影响了党和政府的决策。2006年3月，国务院出台了《关于解决农民工问题的若干意见》。

中央电视台《焦点访谈》栏目组在进行舆论监督节目策划时强调“关注报道的结果”：“比如，某座城市环境污染非常严重，很多地方的空气污染指数都达到了五级。在这样的环境中，人的健康受到极大的损害。环保是当今人类非常关心的话题，但是像上述城市存在的大气污染情况，以我们的财力，显然不是一朝一夕能够解决的，只能慢慢改善。试想，如果我们的媒体整天渲染我们健康所受到的威胁，肯定会引起读者的恐慌，而这样的报道于解决问题并无益处。同样是环保话题，如果某单位或部门不顾国家的法令，超标排污，造成严重后果，那么就可以作为报道的选题。其差别在于后者的问题不仅是应该解决的，而且是政府有能力解决的。舆论监督的指向与政府工作达到了一致。”①

（三）选题具有扩展性

这里的扩展性，是指所报道事实的内容复杂、内涵丰富，具有横向拓展和纵向挖掘的广阔空间。内容的复杂性决定报道不能停留在简单肤浅的层次上，即这样的事实不是一篇报道就可以说清楚，必须通过多篇报道在空间或时间上的组合，从多种角度、多个层面上充分地挖掘和展示事件的全貌和本质。

因此，经过策划与组织的报道，在报道方式上体现为集中式、系列式或连续式，在报道结构上体现为线型结构或网状结构模式。如对汶川大地震的报道，各媒体均组织大规模、多篇幅的稿件集中于同一天或同一时段刊（播）出，形成强大声势，并紧跟事件发展变化进行追踪，连续多日发出报道，反映事件全过程。

选题的扩展性来自于事实的扩展性，事实的扩展性或者说成长性：一是事实本身的发展变化，正在进行中的事比已经结束的事有悬念，因为其生长变动的空间大，传播价值高；二是事实对其他事物的影响也正在发展变化。②

不可预见的、有重大社会影响的突发性事件，可以预知的、有重大社会影响的活动和事件无疑是极具扩展性的选题，需要在第一时间组织策划报道并及时跟进。一些看似不起眼的事情也往往蕴含着丰富的内涵，更考验新闻工作者的眼光和见识。如《南方都市报》之于“孙志刚事件”，《华商报》之于“黄碟事件”，《新京报》之于“宝马撞人案”等。这三个事件，都是在市民日常生活层面发生的，“孙志刚事件”反映的是一个普通的公民在城市街道上行走遭遇不测；“黄碟事件”讲叙的是一对普通的年轻夫妻在家中看影碟遭遇冲击；“宝马撞人案”报道了一位进城卖菜的农妇在城市街道被撞身亡。《南方都市报》等媒体在处理这样的新闻时并没有仅突出其刺激性，而是在议题设置上建立起政治与个人的关联，唤醒普通民众作为公民的合法个人权利意识，极大地扩展了选题的内涵

---

① 孙杰：《“焦点访谈”的实践与舆论监督的策略》，《中国记者》，1999年第1期。

② 杨秀国：《新闻报道策划》，人民日报出版社，2012年版。

和深度。

对于这样的选题，编辑需要思考的是能否将小事件、个体经验放到宏大背景去设想，能否从单一事件中找到与某种社会普遍现象的关联。如2009年4月21日，在广州打工的重庆两兄弟自称为母筹钱治病劫持一名女子，被广州警方制服。《南方都市报》为此做了“兄弟劫持人质救母”的专题连续报道，引发社会广泛关注。一起普通的刑事案件背后蕴含着丰富内涵，反常性(新鲜独特、违背常理)、趣味性(有悬念，有情节、有趣味)、变动性(正在进行中，后续可能有出人意料的变化)、冲突性(人情与法理的冲突)集聚，新闻价值突出，开掘空间很大。《南方都市报》对此事件进行横向拓展和纵向挖掘，调查报道了张氏兄弟的工作、生活和家庭状况，发动公众参与对此事件的讨论，实时追踪法院审判、社会反应等事件进展，从而开掘和反映出市场经济冲击下传统价值观的消逝、对农民工的人文关怀不足、社会保障缺失等多方面的主题。

第三节 新闻编辑策划的类型和文案

一、新闻编辑策划的类型

新闻活动中存在着纷繁多样的形态，围绕报道环节的一系列策划行为在其中占有突出地位。根据不同的标准，我们可以将新闻编辑策划划分为不同的类型。以下是几种主要的分类。

1. 按策划结构层次作为分类标准

按策划结构层次作为分类标准，新闻编辑策划可以分为宏观策划和微观策划。

宏观策划是一种中长期的战略性策划，包括提出和制定媒体传播的总体原则和指导思想；依据指导思想，制定好新闻报道策划的规划，如确定一段时期的报道重点，组织战役性的重大报道等；安排新闻报道的整体结构，确定内容的比例关系和形式的比例关系。① 宏观策划是统筹媒介的新闻生产，要点是建构筛选新闻的框架和生产新闻的网络，它决定“本媒介”新闻报道的重点与特色。② 如中央电视台新闻中心要求采编人员对中国社会有个基本目录单，包括社会问题单、社会热点单，即具有宏观策划思维，如现在老百姓关心什么？这可能包括医疗、房价、就业等。不同社会热点和问题在不同阶段有不同侧重，这两年要关注什么，某个事件爆发，它和目录单中哪个问题相关联，已有储备是什么，事件来龙去脉怎么样，大的社会背景是什么，这都要了然于胸。虽然每个选题看起来动态性很强，但它一定在这目录单中。只有把某个具体问题放到大的社会背景下报道，才能真正让观众明白是怎么回事。③

微观策划是新闻编辑策划最基础、最具体的结构层次，它是贯彻宏观策划的总体思

---

① 谭云明：《新闻编辑》，中国传媒大学出版社，2008年版。

② 张立伟：《发展报道的宏观策划》，《中国记者》，2009年第12期。

③ 张立伟：《发展报道的宏观策划》，《中国记者》，2009年第12期。

想，提出新闻报道策划实施的具体运作方案，并组织方案的实施和对方案进行反馈调整。

2. 按报道主体在新闻发生过程中的不同作用作为分类标准

按报道主体在新闻发生过程中的不同作用作为分类标准，可以分为独立型报道策划和非独立型报道策划。

前者指报道策划与其他策划活动无关，策划者不介入报道客体中，不干涉新闻事件的发生发展，单纯谋划新闻事件的报道活动。决大数新闻报道策划都是独立型策划，这是由新闻传播客观公正的特点决定的。后者指报道与其他策划产生互动关联，策划者介入到事件的发生发展中，如策划某项公益活动，策划者既是当事者，又身兼报道者的角色，新闻报道策划与社会活动策划紧密结合在一起，新闻报道策划部分具有“新闻事件策划”的特点，媒介是否可以报道这些活动，应根据新闻选择的标准与社会效果进行把关。

3. 按报道客体发生的状态分类作为分类标准

按报道客体发生的状态分类作为分类标准，可以分为可预见性报道策划和非可预见性报道策划。

前者是指能够提前获知的事件性新闻和非事件性新闻的报道策划，此类策划可以提前进行精心谋划与组织安排，如奥运会、亚运会举办，重要会议召开、载人飞船发射，大型工程奠基或结束等。后者是指对无法预见的突发事件的报道策划，这类新闻的策划一般在事件发生之后快速做出，如对火灾、地震、飞机失事、恐怖袭击等各种自然灾害或意外事故的发生做出报道安排。从某种意义上说，突发事件的策划水平成为一家媒体综合新闻能力的标志。

4. 按报道策划的运行时态作为分类标准

按报道策划的运行时态作为分类标准，可分为周期性报道策划和非周期性报道策划。

周期性报道策划是新闻采编部门对日常新闻报道的一种常规性策划，报道对象具有周期或间隔重复出现的特点，如每年一度的六一节、国庆节、元旦、春节、母亲节、重阳节等节日，植树节、环保日、无烟日、戒毒日、防艾滋病日等特定日子。周期性策划的最大难点在于这些日子很多是周期性重复的，如何不断出新是媒体策划者要时时思考的问题。非周期性报道策划是根据报道需要临时进行的报道策划，报道对象不具有重复出现的规律性，如突发性的天灾人祸一般不可能提前纳入日常性的报道策划中，只能在事情发生后立即策划报道。还有一些重要活动的举行或重要会议的开展，虽然可以纳入周期性报道策划中提前准备，但由于报道内容重要，需要以较长时间、较大规模的报道来完成，因此也需要在周期性报道策划之外再进行临时专门的策划，对报道做出细致安排。

二、新闻编辑策划的文案

新闻报道方案的制定，一般是以一个文案的形式体现出来，即最终会细化形成文字稿,也就是新闻报道策划书,并向所有参与报道的人员公布,征求意见做出修改,待决策层批准后即可正式实施。新闻报道策划的文案没有固定的写作模式,但一般应包括以下几方面的内容。

1. 明确报道目标与任务

对于新闻工作者而言,对报道目标与任务的描述就是对于报道工作的全貌描述。为什么要进行本次报道策划?策划的意图和目的是什么,策划书首先应该用简明扼要的文字对此加以说明,以便所有参与报道的人目标明确,因为参与策划的是少数人,大多数人属于报道策划执行者,只有把策划意图和目的阐释清楚,才能提高认识,统一思想,确保策划方案顺利实施。

2. 确定报道范围与重点

报道范围是指报道客体的组合,规定了报道对象的具体覆盖面,包括哪些人和事。报道重点是报道客体中最重要的部分,包括报道的核心人物、核心事件或核心问题是什么,需要报道策划者投入最多的力量,在媒介上予以重点表现。

3. 规定报道规模与进程

报道规模是对报道持续多长时间、占据多大版面空间与多少栏目时段、动用多少采编人员进行安排,报道进程是对报道时段的分割与安排,包括报道分几个阶段进行,何时开始,如何推进,各阶段如何衔接转换,何时结束等。

4. 确定报道分工与发稿计划

报道分工是基于目标与任务的需要,把采访对象和采访内容分配并落实到每一个相关人员身上,并提出注意事项,报道分工的策划最终形成任务人表和日程表。任务人表有利于任务人明确职责,也便于策划组织者对任务人进行必要的解释和督促,保证报道活动顺利开展。日程表主要用于时间的安排控制,一般以时间进度表(倒计时)的方式来表现。时间的安排要合理,如前面的时间进度安排紧凑,后面就时间来调整。

发稿计划是报道进程中各阶段刊出新闻稿件的统筹规划,包括确定每条稿件的题目、内容、体裁和篇幅,确定稿件刊出的先后次序与具体时间,稿件在版面上的位置或节目中的时段和栏目。报道分工与发稿计划是对报道规模与报道进程的具体落实。

5. 设计报道结构方式与表现形式

报道结构,是报道各个组成部分的搭配与排列的外在形式,即围绕着报道选题和主题,将各单篇报道串联和组织成一个张弛有序、紧密配合的整体。策划者可以根据报道内容的不同,将结构设计为并列式、递进式、纵横交叉式等。报道方式是将各新闻稿件整合为报道整体的操作方法,即新闻编辑运用某种手法组织相关报道,使之形成一定规模或持续一定时间的报道整体。我国媒体上常用的报道方式可以分为集中式、系列式、连续式、互动式、媒介介入式等几种类型。报道方式虽然与报道结构一样考察个体与整体的关系,但考察角度不同。报道结构主要考察报道对象与报道主题的整合,报道方式主要考察新闻稿件在媒体上的搭配如何更加突出和醒目,产生更好的报道效果。

新闻报道表现形式五花八门,复杂多样,如果按照微观到宏观的标准对新闻报道的表现形式进行梳理，大致会存在以下几个层次：第一层，构成元素层面，主要包括主题、材料、结构、语言等；第二层，新闻体裁层面，主要包括消息、通讯、专稿（专题）、评论等；第三层，新闻组合层面，包括新闻版面、新闻节目、新闻栏目、新闻频率等；第四层，媒介层面，包括广播、电视、报纸、杂志、网络、新媒介等。四个层次划分标准统一，具有系统性和逻辑性强的优点，便于实际操作。[①] 当然，报道策划文案对四个层面的表现形式的设计并不会十分细致，可能会对报道的主要体裁和表现风格等有一些设想，至于稿件的搭配，版面、节目、时段的设计等细节处理，可能由编辑在刊发稿件时再进行具体设计。

在制定新闻报道策划方案时，一般应针对同一个报道选题制定两套方案，不同方案的比较和完善，为优选创造了条件，同时一套方案被证明不适用，可以马上启用预案即备用方案。预案的制定，应该与另一方案在报道角度、报道方法等方面有所不同。

第四节　新闻报道组织与调控

新闻报道组织与调控是新闻编辑策划的重要内容，也是新闻编辑工作的具体任务之一。在制定好报道策划方案后，报道管理者需要通过组织机构设置与报道力量配置，来保证策划好的报道方案得以实施。同时在开展报道组织的过程中，报道管理者又应根据变化发展的实际情况，对报道组织做适时的、恰当的调控，从而保证报道组织的顺利进行。所有这些，都是新闻编辑策划体系中不可或缺的组成部分。

一、机构设置与力量配置

媒介管理者必须依靠一定的组织管理来实现报道策划目标，报道组织管理是与新闻报道策划并驾齐驱的贯穿报道始终的工作，新闻报道策划能否取得成功，在很大程度上取决于对报道的组织管理。报道不成功并非都是由创意与设计不足造成的，有时很好的策划方案没能取得预期效果，问题经常出在组织管理上。

为保障新闻报道顺利进行，媒介既既有常设的策划机构，也有根据完成特定的策划报道的需要而临时成立的组织机构。如《人民日报》2009 年专门成立了“新闻协调部”，负责全社重大报道策划。专门成立部门负责重大报道策划是《人民日报》对前几年经验的总结。《人民日报》从 2003 年开始编采分开，编采分开后很重要的一个工作是沟通和协调，成立专门的策划和协调机构有助于解决这一问题。江苏广电总台专门成立企划部，调动一些有思想、有创意的人专门从事新闻策划工作，并设立“金点子”奖，奖励创新。日常策划由企划部负责，重点策划则由企划部组织，指定专人负责，甚至邀请台外专家参与。

选题的丰富性决定了报道组织机构的多样性，为实现报道创新，在组织结构设置和报道管理上也不断变化和创新。《新华日报》为弥补条口记者分工过于明确，模糊板块

① 陈作平：《新闻报道新思路——新闻报道认识原理及应用》，中国广播电视出版社，2000 年版。

新闻频漏的缺陷，成立虚拟新闻策划中心。策划中心由每位部主任轮流担任中心主任，为期一个多月，期间，中心主任有权调动各部资源，全视角策划、跨部门组织指挥报道。实践证明这种制度突破了条口限制，锻炼了策划队伍，推动了新闻策划上水平。有的媒体还采取重大主题策划项目制的方式，如《新华日报》在重大主题策划中还引进房地产项目公司制的形式，实行重大主题策划项目经理制。通常指令一个人牵头成立项目小组，围绕主题展开策划，任务完成后小组解散，工作表现带入最后的项目业绩考核。整个工作团队受项目主要负责人指挥，服从调配，全力协作完成。《现代金报》的重大报道策划也实行项目制，确立项目负责人统筹策划，并注意跨媒体合作，项目负责人受权可以调动文字、摄影和视频记者。

报道组织机构往往是为实现短期的报道目标而建立的一种临时性组织机构，因此此类机构设置宜简不宜繁，最高领导层人数不宜过多，组织层次不宜太多，否则会影响信息的传递速度和决策时效。同时在建立组织机构时，应根据报道客观环境的不同，预先对工种、岗位和发稿平台等进行周密考虑和部署，保障报道策划的顺利实施。1998 年夏季，我国长江和松花江、嫩江流域发生百年未遇的特大洪灾，国内各媒体都进行了大量报道。解放军报社成立了主要领导挂帅、有关部室领导参加的“抗洪抢险宣传报道协调小组”，每天研究汛情，确定重点报道选题，制定报道方案，协调前后方工作。报社派出 50 名编辑记者奔赴一线，将报道站点周密分布到各个重灾区。同时后方编辑和领导昼夜值班，24 小时收稿不间断。由于报道机构设置合理严密，《解放军报》推出一大批精彩报道，赢得一致好评。

在当前媒介融合趋势下，越来越多的媒体在重大新闻报道策划中构建传统媒体与新媒体的联动平台来进行报道组织管理。2008 年 10 月，佛山传媒集团派出联合采访组首次越洋采访美国大选，在此次美国大选报道中，佛山传媒集团充分利用博客快捷性、即时发布、互动参与性强的优点，搭建起可以为报纸、网站、广播、电视承载、筛选、加工信息产品的跨媒介编辑平台——“佛山传媒集团访美博客”。这个跨媒介采编平台由新提交稿件（素材库）、已刊播稿件（成品库）、互动区（前后方沟通与报道调控）和背景资料（原始资料数据库）构成。这种虚拟化的编辑平台极大地缩小了新闻和信息收集与发布之间的时间差，增强了新闻的时效性。前方联合采访组第一时间将信息放在工作博客上，后方编辑团队马上可以浏览到，并对前方采访组进行报道任务分配与调控，并提供采访上的支持，使大选报道的采编流程得到优化，各类新闻素材首先发布在统一的编辑平台上，根据各媒介的介质特性进行加工整合后多平台发布，增强了传播效果，提升了媒介影响。从未来来说，在新闻报道策划运用跨媒介编辑平台，将使新闻资源得以统一配置与共享，实现成本最小化与效益最大化，整个组织流程的调控也会更为方便。

经典案例 4-8

2014 年 6 月 9 日，《中国青年报突发性事件全媒体报道应急预案（试行）》颁布实施。该预案对选题标准、报道原则、建立突发事件报道的应急机制、四级响应程序、一般操作常规等做了明确详细的阐述,可操作性强。根据突发事件线索的不同价值,预案明确规定了四级响应程序。一级响应程序是最高级别:报社领导认为突发事件特别重大,根据事件发展可将二级响应程序提升为一级响应程序,专门成立由相关部门组成的报道小组,向前方增派记者,建立相关事件微信报道群,加大报道规模,中青在线全媒体报道专题上线,即时消息及时发中青在线和微博。美编及时制作图表在微博、网站、专题、报纸上呈现。评论部组织评论。

云南鲁甸地震烈度大,破坏性强,人员伤亡严重,事件特别重大,报社领导在地震发生当天就决定组织成立了报道小组,成为报社抗震救灾报道的指挥中枢。报道组专门建立了一个鲁甸地震报道微信群,前方记者、后方各媒体平台相关编辑(包括纸媒、网站、微博微信、客户端"黔青小伙伴"等各传播终端的编辑)、相关跑口记者(如联系民政部、中国红十字会、地震局、公安部、交通部、国土资源部等部门的记者)、美编和新媒体技术人员、报道组负责人和值班社领导均加入这个群。

前方记者的行踪信息、新闻线索、相关报道信息、报道提示、组稿计划等均在该群分享;选题讨论、前方记者给各数字媒体平台发送稿件、值班领导审稿及分发、呈现的指令等均在该群进行。有关抗震救灾的信息在这里充分流动,前方记者采访不再盲目;后方编辑组织策划有了更多的信息参考;减少了稿件层层审核的时间,提高了各数字媒体平台发稿的时效,作者及其他成员也可看到编后的稿件,发现差错也可及时提出,从而保证了各数字媒体平台抗震救灾报道的及时、准确。①

思考与提示:

1. 应急预案在突发事件报道中发挥了什么作用?

2. 在传统媒体与新媒体融合的时代,重大突发事件报道的组织与策划、采编流程发生了怎样的变化?

二、信息反馈与报道调整

报道调控与报道组织是一个问题的两个方面,在报道组织过程中报道调控同步推进,一方面接受反馈,一方面修正方案,直至报道结束,因此报道调控也是报道组织过程中的关键部分。所谓报道调控,是指在报道进行过程中对报道效果的把握,亦即随时根据客观条件的变化调整报道规划,控制报道进展,以达到最佳的报道效果。报道调控包括接受反馈和调整报道两个基本内容。

(一)接受反馈

由于报道方案的制定要早于新闻事实的发展进程,有一定超前性,因此策划者在按报道计划组织实施报道的过程中,常常出现策划中没有预料到的突发情况,或原先的设想可能与发展变动的事实不符,或者策划本身考虑不周。策划者必须及时根据这些变化,对报道计划做适当修正和补充。而报道调控的基础是随时了解变化了的信息,主

---

① 吴湘韩:《融媒时代重大突发事件报道的组织与策划——以〈中国青年报〉云南鲁甸地震全媒体报道为例》,《中国记者》,2014年第9期。

动、全面、及时地接受各方面的反馈信息,只有这样报道调控才能有的放矢。

策划者要接受的反馈信息包括以下几个方面。

报道者的反馈。记者、通讯员和其他作者是采写报道的主力军,他们对实际情况掌握得最多最细,对报道的效果也获知最快,他们既是报道的参与者,又是媒体和社会间沟通的桥梁。一项报道能否按原计划推进,报道者的感觉往往最灵敏。而且他们身处报道第一线,对实际情况比较熟悉,常常能对报道的调整和补充提出许多真切的意见和建议。因此报道组织者应首先注意接受报道者的反馈,充分发挥他们的主动性和创造性。

报道对象的反馈。被采访者、被报道者是报道的当事人,他们能否接受报道,能否给予配合,他们在报道进行过程中是否改变自己的行为和观点,都直接影响下一步报道的进行。因此在报道中了解他们的情况至关重要。事实上,在报道过程中,应被报道者要求而调整报道的情况经常发生,诸如表扬性报道,被表扬者有顾虑,要求省略某些原定的报道内容;批评性报道,被批评者提出报道内容不实,或报道中说的情况已经发生了变化;问题性报道,被采访者提出反映的问题得到一定解决,或已进一步恶化,等等。这些都是调控报道的主要依据。

受众的反馈报道是否成功,受众的反应是一个主要的标尺。倘若报道在进行过程中没有引起受众的关注,或得到的反应不佳,这个报道就很难说有价值。因此,报道一旦开始,组织者应密切关注受众的反应,并据此随时调整报道计划。可以说,在某种程度上我们的报道调控就是为了最大限度地激发受众的热情和积极性,使其不仅成为报道的热心读者,而且成为积极的参与者。

此外,被报道者的上级,媒体的主管部门和有关领导人员经常会在报道进行过程中提出各种意见和建议,这些反馈信息,也可能成为调整报道的原因。

(二)调整报道

所谓调整报道,就是在接受各方面的信息反馈之后,根据需要对报道方案进行调整并进行新的部署和实施。调整报道主要包括以下几方面。

1. 调整报道思路

这是对报道方案的最大调整,如改变原来的报道主题、报道范围和重心、报道方法等。由于这几乎是对原来计划的全盘否定,实际上用得不多,除非确实遇到与原来设想不符的实际情况,或遇到无法抗拒的阻力。同时这也说明最初的策划出现较大疏忽和漏洞,考虑不周到细致。

2. 调整报道内容

调整报道内容即在不变更报道思路的情况下,补充或压缩报道内容,改变原来的发稿计划。这也是在对报道计划做较大的调整。

3. 调整报道规模

调整报道规模即通过延长或缩短报道的时间,增加或减少报道篇幅,提高或降低报道的版面、节目地位等方式来改变报道的阵势与力度。这种调整主要是随报道内容的调整而进行的。

4. 调整报道形式

调整报道形式即变更报道的组织方式，使报道取得好的效果。各种报道形式在实际运用中并不会互相排斥，能够组合运用，在报道进行过程中调整报道形式，可以将一种报道方式变成多种报道方式，也可以从运用原定的方式变为运用新的方式。这种调整是根据报道思路的调整和报道内容的调整而进行的。

5. 调整报道力量

调整报道力量即改变原定报道人员部署和资金及技术设备的配置，建立新的报道机制。这是由报道规模和报道内容的调整而做出的反应。

6. 调整编辑态度

由于报道对象本身的变化，从而导致编辑对现实情况认识上的变化，即编辑在态度上，或从低调到高调做出调整，或从高调到低调做出调整。所谓低调，是指在报道中态度不鲜明，感情不外露，以叙事为主，不发表直接表明编辑立场的评论；所谓高调，则指在报道中鲜明表达编辑态度，感情强烈。编辑态度的调整，还表现在一种褒与贬的变化上，即或从肯定的态度转到否定的态度，或从否定的态度转到肯定的态度。①

本章相关概念

新闻策划　news plan

报道组织与调控　reporting organization and regulation

思考题

简答题

1. 新闻编辑策划具有哪些特点？如何做到策划的创新性？
2. 举例说明新闻编辑策划有哪些主要类型？
3. 在新闻编辑策划中，选题决策的标准是什么？

① 谭云明：《新闻编辑》，中国传媒大学出版社，2008 年版。

CHAPTER 5

第五章 新闻信息的捕捉和加工

本章导言

(1) 新闻信息捕捉和加工的必要前提是对新闻信息内涵与表现特征的深度理解及认知。

(2) 新闻信息捕捉的具体行为表现是对这种信息做出的深度分析和分析后的相应选择。

(3) 选择出来后的新闻信息是一种初始性、尚待加工处理的信息,具有一定的不成熟性。

(4) 加工与整合新闻信息是新闻媒介编辑工作的重要环节,而在加工整合中增大新闻信息效应的正面价值则是一个重要的操作程序,具有一定难度。

本章引例

1981年8月29日,湖北《孝感报》收到一篇通讯员的新闻信息稿,内容为当时孝感地区下辖的应城县一名叫杨小运的农民表示,愿意在完成当年一万斤粮食统购任务的基础上,再超售一万斤,但有一个条件,要求国家奖售给他一辆永久牌自行车。该报一位编辑却将这条信息稿子当做废品处理了,理由是:第一,农民交售粮食是天经地义之事,这个农民竟向国家提出交换条件,思想境界不高;第二,卖粮数量也不算很多,不足为奇;第三,新闻信息稿中一些数字也不太清楚,不足为用。但当时该报总编辑却从废稿堆中捡回了这篇几近被"枪毙"掉的稿子,他的理由则是:第一,不应一味指责农民的"交换"思想,而应该看到这是一种进步,是一种勇敢的挑战,杨小运的行为有新意;第二,当时刚刚实行农业生产责任制,有关部门和社会舆论都在担心农民打了粮食不肯平价卖给国家,而杨小运对此作出了很有说服力的回答;第三,原新闻信息稿中一些数据模糊之处,找到相关当事人核实一下并不难。出于上述认识和分析,总编辑将这条稿子修改后刊登在9月5日《孝感报》显要位置上。果然,这则200多字的小消息一经见报就在全地区进而在全国引起了很大反响,《人民日报》也予以及时转载,此消息也获得了当年的全国好新闻奖(中国新闻奖的前身)。

(1) 了解新闻信息的分析角度,并掌握新闻信息价值认定标准。
(2) 了解新闻信息效应,并掌握新闻信息主题的确立方法。
(3) 掌握处理和加工新闻信息内容的方法。

第一节　新闻信息的分析和选择

对新闻信息的分析可以有效检测新闻编辑工作者的综合素质与能力,是新闻编辑人员主体工作中的重要质量环节,有助于发现有价值的新闻内容和提高新闻编辑自身综合素质,也是有潜力的新闻信息提供者被发现的一大途径。而新闻信息的选择则是依照一定标准,对分析后的新闻信息做出最终取舍的编辑行为过程。新闻信息选择是新闻编辑工作过程中的又一重要环节,决定着新闻媒介新闻传播活动质量与效果的优劣,是新闻编辑人员的重要编辑把关行为,也是他们素质、修养与能力的又一次重要展示。新闻信息分析与新闻信息选择之间存在紧密联系,分析是选择的前奏和必要前提,选择是分析的必然后续。新闻信息分析与选择的行为目的相同,都是为新闻媒介能传播及时、优质的新闻信息而做好前期的工作,为获得理想的传播效果而服务;从新闻编辑工作程序角度而言,新闻信息分析与选择是为下一步的新闻信息加工与整合工作做准备。

一、对新闻信息的解读

(一) 新闻信息内涵

信息是人们在适应外部世界并且使这种适应反作用于外部世界的过程中,同外部世界进行交换的内容的名称。新闻信息则是信息中具有新闻价值的那部分,是通过报纸、广播、电视、网络等新闻媒介公开传播的新近或正在发生的客观事实的状态。就新闻信息的内容、质量和新闻媒介的关系而言,存在着尚未经加工整合和经过媒介编辑加工处理的两类新闻信息。前者是媒介记者、通讯员或受众提供,后者则是将这类信息的加工成品由新闻媒介刊播出来,最终成为新闻信息作品。新闻信息通常以文字、声音、图片、视频、图表几种形式体现。

(二) 新闻信息表现特征

1. 真实性

对被反映与纪录的客观事实(包括人物、事件、活动、现象等)保持绝对要求下的高度吻合,做到事实原貌是什么,记录和反映出来的内容就该是什么,这是新闻信息真实性的表现,也是这类信息价值得以存在和被利用的根本前提。新闻信息的真实性表现有个别真实与局部(整体)真实、现象(表象)真实与本质真实、一时真实与持续真实以及多层次的真实等类型。

2. 及时性

客观事实一旦发生或出现，就以尽可能快的速度，在尽可能短的时间里对其做出反映、记录，形成对客观事实状态有价值的信息内容，这就是新闻信息的及时性表现。这种及时性能很好地满足受众对客观事实欲尽快了解、知晓的心理愿望，达到比较好的信息传播效果。新闻信息总体上需要体现出及时性，但在某些特别情况下，也需做到传播速度的适当性，注意时效与时宜的相统一。

3. 公开性

新闻信息从其产生和使用的终极目的而言，就是通过报纸、广播、电视、网络等新闻媒介公开地向社会大众传播的新近或正在发生的客观事实的状态。能让尽可能多的人们了解、知晓信息的主题所指和传播者的动机，是这类信息价值体现的内在要求。

4. 客观性

已然出现或正在发生的事实不以人们主观意志为转移，不因人的主观愿望承认与否而消失，这正是事实客观性特征的基本体现。客观事实的存在构成了新闻信息的本源，作为记录和反映这种事实的新闻信息，也一定要体现出一种相应的客观性，而尽量减少主观性色彩，做到如实地、以本来面目呈现被反映的事实内涵。

5. 公正性

新闻信息的公正性体现在对客观事实的记录和反映尽量做到不偏不倚，只是尽己所能地做出呈现，特别是对客观事物中存在对立和是非好坏关系的事实，作为新闻信息的一种反映，则应以社会认可的标准给予表现，通过事实本身的力量和逻辑，来主持公平与正义，不能抑善扬恶，冲淡社会公认的价值观。

6. 全面性

客观事实出现与发生后具有多面性内涵表现，并蕴含着不同的主题和价值。相应地，新闻信息对客观事实的反映和记录也会呈现出多面性，而不仅是对其某一个方面的反映。因而，全面性的新闻信息能包含更多有用的事实，可以在一定选择角度和报道主题的要求下，产生出不同侧面的新闻成品。全面性也是新闻信息公正性体现的一个有用前提。

7. 影响性

因为具有公开性特征并通过了大众化的新闻媒介传播，新闻信息必定会产生相应的社会影响，具备一定或很大的传播效果，进而在信息接受者心理或行为上出现相关的反映。影响性的存在使新闻信息的自身价值得以体现，信息功能得到发挥，社会效果可以见证。

二、新闻信息的分析

（一）新闻信息分析的界定

新闻信息分析是指新闻编辑人员对新闻信息内容与形式诸方面进行全面认知、分析和审查的编辑处理过程。这里的“分析”内涵指新闻编辑人员动用自己心智和眼、耳、手、嘴等身体感官去接触、认知自己的编辑行为客体——作为新闻信息载体的新闻稿件，以获得对稿件的总体印象和基本评价结果。

进入新闻编辑人员分析行为范围的新闻信息稿件主要有三大类：一是新闻作者自发投送来的信息稿件；二是通过新闻编辑策划等途径组织得来的信息稿件；三是新闻编辑工作人员因为特别需要搜寻到手的信息稿件。三类新闻信息稿件中以一、二类居绝大多数。当这些稿件从不同途径汇集到新闻编辑人员面前时，新闻信息分析工作即拉开序幕。对一个高度负责任的新闻编辑者来说，不管信息稿件是否新闻稿，或是新闻性不太强的稿件，一旦由于种种缘故进入自己的分析视野，他都应该给予认真对待。至于能否被采用，则该当别论，但不应弃之不管，或随意转给其他类编辑人员了之。这是对作者不负责任的表现，表明了实际工作中一些编辑者职业修养的缺失。所以说，新闻信息分析是一项责任心很强的编辑工作环节。新闻信息稿件以后的命运如何，新闻作者的期望是否落空，其才华是否被发现和赏识，都将在这一环节一览无余。

新闻信息分析的实质是新闻编辑者作为主体认知客观世界的一种途径，是主观见之于客观，主体作用于客体的行为过程，也是编者与作者借助稿件媒介进行思想与信息交流、观点碰撞和相互影响的思维互动的表现。

（二）新闻信息分析角度

新闻媒介编辑人员在对新闻信息做出较全面分析时，把握恰当的分析视角，有助于对新闻信息的正确定位和高质量、有条理的处理。以下分析角度可供参照。

1. 新闻信息提供者及信息来源

从新闻信息提供者身份入手分析，可知晓他们为媒体的专职记者、特约记者或是一般的通讯员，还是普通受众。这有利于识别新闻信息的来源和信息基本质量，因为专职记者的信息质量大多高于通讯员或一般受众所提供的信息，从而可使编辑人员在分析新闻信息时做出不同质量标准下的区别对待。

2. 新闻信息的真实性鉴别

对新闻信息真实性进行必要的、认真的鉴别是这类信息能否在后续环节被新闻媒介采用刊播的一个关键性前提。如果经分析、鉴别为真实可信的信息，则可进行下一步的信息编辑处理工作；反之，则应及早放弃所得的不可靠信息，以保证新闻信息发布的真实性。

3. 新闻信息内容与新闻媒介的定位关系

新闻信息在真实可信的前提下，还要被分析是否与所提供给的新闻媒介的性质、运行宗旨、传播功能及媒介物质技术性能等相对应和匹配。如果一则新闻信息的内容为财经报道但被投送到了一家体育定位的报纸，一般情形下是不便采用的；如果一家电视台收到一份以图片方式承载的新闻信息，那么该图片也不宜被电视媒介采用，因为两者技术性能不太匹配。

4. 新闻信息的价值大小表现

新闻信息价值包含了信息的重要性、显著性、及时性、反常性、接近性、趣味性等方面，它们是分析新闻信息时必须考虑的几大要素标准，如果经分析看出价值很大，则是极有用的信息，可及时进行加工处理后由媒介发布；反之则作一般对待或放弃。

5. 新闻信息体现的形式特征

任何新闻信息都会以一定的形式特征来体现，如文字、声音、图片、视频、图表，或几者的合一。由于不同形式的新闻信息和被采用后发布的新闻媒介存在是否相适应、相匹配的问题，而且这还关系到不同媒介的传播效果，所以，对新闻信息体现的形式特征做出分析是有必要的。它应成为一个分析角度。

6. 新闻信息的类别

对新闻信息分析时做出类别上的划分，同样是一个有效的切入视角。类别划分有形式、内容、主题、选材等不同的标准，可根据对信息处理的实际需要选用较恰当的标准进行分类。这样做有助于对新闻信息的识别、选择和加工处理，同时可更科学地与媒介的定位及传播技术特征相适应，以达到更好的传播效果。

7. 新闻信息传播效果预测

新闻媒介编辑人员在接触到各种新闻信息稿件时，除了上述分析视角下的考虑与行为，还应以一定的超前眼光，对不同新闻信息一旦采用发布后可能出现的效果做出一定预测，是产生正面反响或是出现负面舆论；是有利于社会完善还是会给人们的思想意识带来混乱。这既是对媒介负责，也是对社会负责。

（三）新闻信息基本分析方法与程序

1. 新闻编辑人员调动视听感官，对新闻信息稿件进行全面认真的接触审查

视听感官包括眼、耳，这两者是新闻编辑人员接触新闻信息稿件的核心器官。编辑人员对稿件的印象、识别、理解和价值判断，主要来自眼、耳作用于稿件后产生的印象与信息内容，然后及时输入脑中进行分析、综合，对稿件中信息的基本方面就有了认识和判断。所以，新闻信息分析的先行视、听接触非常重要，编辑人员的视听感官要灵敏、深刻，对新闻信息的接触审查要全面、认真和深入。这是做好后续新闻编辑工作的重要前提。

2. 留心分析过程中对新闻信息内容与表现形式上的特征印象

新闻信息稿件一旦进入新闻编辑人员的视听范围，必定会在他们脑海中留下印象，这种印象各具特征，是好是差，是深是浅，是独特还是一般，多由信息自身特质和编辑者心理感受决定。就新闻编辑人员一方来说，要特别留心稿件分析中与信息内容和信息表现形式有关的各种特征，因为这有助于对新闻信息性质、质量和内在价值作出不同判断，可决定稿件中信息的最终取舍。

3. 对新闻信息优缺点作必要记录和说明

编辑人员通过留心分析、审视新闻稿件信息内容与表现形式上的特征，可以发现信

息的优点及不足。有的信息内容可能优点多，不足很少，有的则反之。那么，不管属哪种情况，新闻编辑人员在分析、审视过程中都应对信息的优缺点做出必要记录和说明，这是对新闻信息负责任的表现，也有利于答复新闻信息提供者询问新闻稿件处理情况时能拿出依据。自然，这些记录和说明同样是后一步选择可用新闻信息的重要参考甚至就是依据。所以，新闻编辑人员分析中的记录与说明不是可有可无，而是十分重要。当然，随着编辑手段的进步，这种记录与说明方式可以有变化，传统的手工记录、先进的电脑记录都可行。

4. 对分析审查后的新闻信息稿件做出一定识别标记和归类

这样做主要是区分出新闻信息稿件是否被处理，防止稿件的相混不清，有利于后续新闻编辑工作的进行。这样做也可表明新闻编辑工作的劳动量和工作效率。特别是对已分析、审查的新闻信息稿件做出归类，能为后续的稿件选择准备前提。

5. 剔除确属非新闻编辑工作范围内的信息稿件

这种工作情况有可能出现，它主要针对非策划、非组织稿件途径所得到的自发性信息稿件。由于多种原因，这类本不属于新闻编辑专业人员处理的非新闻信息稿件，有可能被新闻编辑人员遇见并被审视、分析，有的虽带有一定新闻性但经最终审查后被排除。那么，新闻编辑人员在这种较特殊情况下对投送到自己面前的稿件信息也应做一定分析，发现确属非新闻信息稿件后做好标记，并及时转至新闻媒介其他类型编辑人员手中，不至于使这类信息稿件在自己手中就完结。因为这类稿件对新闻编辑工作作用不太大，或许对媒介其他传播板块较合适。新闻媒介机构各类编辑人员都不要轻易对待作者的各种信息稿件，而应尽可能给它们一个较理想的归属。

6. 对明确提出信息处理答复要求的作者一定给予分析审查后的答复

由于编辑事务多、来稿量大等原因，新闻编辑人员一般情况下对分析审查后的新闻信息稿件没给作者答复处理结果，这可以理解。当然，我们也提倡一种有稿必复的编辑敬业精神。但是，对于已经在新闻信息稿件上附言或通过电话、网络等方式明确希望得到处理答复的作者，新闻编辑人员则一定要给予审稿后的答复。因为这类作者对自己的稿件极有可能还有其他安排的考虑，一旦这家新闻媒介不考虑采用，他还有其他投稿设想可以付诸行动，或是依据编辑分析审稿处理意见做出修改。而要是得不到及时答复，则有可能误事。这就要求新闻编辑人员设身处地为新闻作者利益考虑，不让作者失望。这应属编辑本职工作分内之事，也有利于树立良好的编辑工作形象，赢得新闻作者们的赞赏；实质上也为新闻媒介留住了一个作者，说不准下一次他的新闻信息稿件会为媒介带来一个惊喜和一次很好的传播。所以，新闻编辑人员要注意自己工作的细节，莫因一份信息稿件的不回复而对所属新闻媒介造成不应有的损失。

7. 新闻编辑人员从心理上做好稿件信息选择的准备

在经过以上各种新闻分析基本程序以后，新闻编辑人员手中应该留有若干在种类、质量、特色上较合乎要求的新闻信息稿件，它们将有可能被新闻媒介刊播。这时，编辑人员就应从心理上做好新闻信息稿件选择的准备，以饱满的工作热情和创造性的头脑，面对分析、审查过后不同印象的新闻信息稿件，以迎接下一步新闻编辑工作环节的到来。

阅读材料 5-1

今年夏天杭州人口福不浅，每天吃剩的西瓜皮就有 9000 吨，比往年多出三分之一……全市每日西瓜的总销售量高达 850 万公斤，且瓜价基本稳定。

思考与提示：

以上是某媒体已刊登出来的新闻中的一段内容，但存在几个经不起分析和推敲的地方。9000 吨西瓜皮重量是如何统计出来的？比往年多出三分之一又是怎样计算出来的？利用数学知识将 9000 吨西瓜皮换算成公斤，再与 850 万公斤西瓜做对比，你就会发现一个荒唐的结果。

思考与提示：

通过以上例证，总结一下对新闻信息进行严谨认真的分析审查的重要性。

三、新闻信息的选择

（一）新闻信息选择的基本标准

1. 新闻信息的真实与准确性标准

真实性是新闻信息选择中最根本的一条底线标准，离开这一条，新闻传播的前提将不存在。同时，信息的真实性与准确性关系十分密切，欠准确的信息往往也欠真实，因此，为保证新闻信息的真实，应尽力将准确做到位。

2. 新闻信息的新闻价值标准

选择新闻信息必然要看其蕴含的新闻价值要素，包括新鲜性、重要性、显著性、接近性、反常性、趣味性等方面体现出的大与小、多与少、强与弱等。新闻价值对新闻信息的取舍起核心作用。

3. 新闻信息的文化价值标准

新闻传播事业具有文化创造和传承的功能，新闻媒介传播出来的新闻信息能对广大受众的思想意识或行为产生文明程度的影响，可丰富社会的文化生活，提升人们对真善美与假恶丑的辨别力。如此，新闻编辑者在选择新闻信息稿件发布时，就应将文化价值标准纳入进来作为重要参照。

4. 新闻信息的宣传价值标准

新闻传播业同样具有阶级和国家意识形态体现的功能，许多新闻信息在传递出新闻与文化价值的同时，也包含有一定或相应的宣传价值，即传达出观点和倾向，希望人们的思想给予接受和认同，并作出相应的行为，以适应阶级或国家利益的需要。可见，对新闻信息发布的选择，宣传价值标准不可忽略。

5. 新闻信息与媒介编辑方针符合性标准

新闻媒介信息的处理和编辑方针决定着媒介的基本性质、运行定位和传播宗旨，新闻信息的提供应该考虑与所接收媒介的稿件处理及编辑方针是否符合或基本匹配，如果符合度高，则是这一标准下较合格的信息；反之，则可以舍去。

6. 新闻信息自身的专业与规范性标准

新闻信息内容和形式表达应有自身的专业标准，讲究新闻行业的运行套路，做到规范性强、合乎新闻媒介的刊播标准。基于这种要求，新闻编辑人员在接收和处理新闻信息稿件时，要拿出专业和规范的标准来挑选并制作、推出合格的新闻产品。

7. 新闻信息的易接受性标准

作为一种面向大众的信息产品，新闻信息在内容和表现形式上应充分考虑到自身是否容易为大众所喜爱和接受。那么，当新闻信息在前期阶段以待处理的新闻稿件形式面目出现时，其内容的大众化、语言的通俗性，其形式的喜闻乐见特征，都应成为被选择时的一大标准。

（二）新闻信息选择的方法

1. 严格按基本标准选择新闻信息

以上列出的基本标准应是新闻信息被选择时的核心参照，新闻编辑人员要选择出合乎要求的新闻信息稿件做后续的编辑处理，就应较严格地使用如上的一些标准。它们不一定同时都拿来关照某一条新闻信息稿件，但其中某一、二项标准定会用上。

如新闻信息稿件总体内容与形式应合乎新闻媒介自身定位要求、合乎新闻编辑方针和所投向的新闻媒介的特征，凡与这一要求不相符的新闻信息稿件，新闻编辑人员都应该舍去。例如，中国中央电视台是面向海内外的国家级权威电视传媒机构，而一所农村小学的常规运动会新闻文字稿投向该台，则在稿件形式与信息内容价值上均不合乎该台电视新闻选稿标准，故不可能被考虑采用。除非该运动会有着不同寻常的新闻价值和传播意义。

2. 新闻编辑人员应以信息内容为本，择优选取

新闻编辑人员选择新闻信息稿件时要一切以稿件本身优劣为取舍标准，不选关系稿、人情稿，不看稿件作者的背景。这样，在新闻信息稿件最终被确定时，优稿入围是题中应有之意。只有优秀的信息稿件才能支撑起媒介传播效果的脸面。

3. 编辑人员要以沙里淘金的精神，选择有价值的新闻信息

沙里淘金意味着行为者付出大量成本与代价，也考验着其恒心和韧劲。这是一种敬业坚守的精神体现。新闻编辑人员有了这种精神，则对作者的新闻信息稿件应该怀有耐心，尽量不惜付出，从中发现和选取有价值的信息，经过优化处理后予以采用。

4. 树立受众本位理念，选择时常换位思考

新闻信息选择的最终目的是满足新闻传播中受众的需要，所以，新闻编辑人员在选择时应心系受众，换位设想：一条新闻信息稿一旦被选用，假如我是受众，该稿件传播价值对我有多大？我会不会关注？会对我有什么影响？我还有什么东西需要从该信息中获得？等等。这样换位思考后的选择结果，往往会有更强的针对性和周密性，会更吸引受众。

5. 对组织来的新闻信息稿件与自发来稿一视同仁

对新闻媒介编辑人员组织所得的新闻信息稿件与作者自发的来稿要持同一的高标准,这是新闻编辑信息选择中又一基本要求。组织所得的稿件尽管有双方的一定协议,但如果所约稿件信息内容或形式不太合乎新闻编辑的要求,也不能降格采用。而自发来稿中确有新闻信息价值的,则不管作者与编者是否有一面之交,理应选用。

6. 选择过程中与新闻信息提供者进行必要时的沟通

新闻编辑人员在对新闻信息稿件的分析和选择过程中,有时会遇见信息内容不明了的情况,此时就需要与信息提供者(记者、通讯员或一般受众)进行必要的沟通和了解,以做到正确认知和透彻理解新闻信息的内涵,从而使后续的信息传播准确无误。

第二节 新闻信息的加工和整合

新闻信息加工和整合在新闻信息稿件处理的过程中发挥着关键作用,决定着新闻媒介新闻信息发布、刊播的质量,并影响着新闻传播效果,所以,新闻编辑人员务必对其予以高度重视。同时,新闻信息的加工和整合能集中体现新闻编辑者的创造性劳动,能够检测出他们的综合职业素质与专业才能,也具有发挥他们实际技能的作用。当然,这种信息加工和整合行为也意味着对新闻信息制作者劳动成果的实质性终极认定。

一、新闻信息加工

(一)新闻信息加工的内涵

新闻信息加工是指在新闻编辑活动中,新闻编辑人员在新闻信息稿件分析、选择的基础上,对新闻稿件信息内容与形式诸方面做出实质性的修改、增删、校正、润色等完善性行为,以达到新闻媒介规定的刊播标准的过程。

(二)新闻信息加工的基本特征

1. 新闻信息加工是一种行为过程

新闻信息加工必须由新闻编辑人员付出必要的行动,这种行动包含着编辑者的脑力劳动付出,再配以外在的劳动情形和动作过程,包括视觉、听觉的作用,双手的操作,笔墨的使用。在电子信息时代,计算机技术已在新闻信息加工领域得到普及,有纸加工正成为过去,而且有的新闻媒介信息加工本身就得凭借电子设备。只有经过一系列具体、可触及、可感知的加工动作行为实施,这种工作才会得以完成。

2. 新闻信息加工是信息分析和选择的后续工作

在新闻编辑工作程序中,新闻信息分析和选择是先行工作,为新闻信息加工准备了重要前提。新闻信息加工则紧跟其后,承接前两项工作未完成的任务,三者一并构成新闻稿件信息处理的整体内涵。

3. 新闻信息加工的行为要求更高更精细

新闻信息加工介于新闻信息选择与新闻信息稿件刊播之间,在它前面有了新闻信息分析、选择过程,新闻信息稿件的质量已经得到很大保证,对信息加工环节很有利,同时也提升了加工行为的门槛。因此,新闻信息加工的自身行为要求更高,也更精确细致。这种高精要求是必需的,因为经过加工这一重要编辑工作过程之后,新闻信息稿件的走向就是被有机整合到新闻媒介而被发布、刊播。为了使信息面向社会发布、刊播质量优、影响大,新闻信息加工的行为质量也必须走高才对。

4. 新闻信息加工是对新闻信息稿件的全面完善处理

这一特点显示了新闻信息加工的内涵是丰富、全面的,凡经过分析、选择环节后与新闻媒介刊播标准尚有距离的新闻信息稿件,都必须通过全面加工、优化,以达到完善。对新闻信息稿件全面完善处理包括了内容、形式、风格等质量上的多方面把关、删减、补充、修正、润色等行为。新闻编辑人员的劳动付出、智慧显现、能力水平和工作作风,都会在加工行为过程中得到生动、有力和全面的展示。

5. 新闻信息加工是新闻编辑人员创造性劳动与智慧的集中体现

如果说新闻信息分析、选择是新闻编辑人员主体作用于客体的较抽象的思维活动的话,那么,到了加工这一环节,编辑人员的抽象思维活动需要继续对作为信息客体的新闻稿件加以认识、分析、理解、判断等抽象化处理,同时还必须将这些抽象活动借助物质工具外化为行为结果,并在作用对象——新闻稿件上一一体现出来,这就是新闻信息的加工过程。在这一过程作用下,新闻信息稿件原作者的智慧、观点、表现技巧等将进一步趋于完善,稿件也由原作者一人的心血结晶而变为融入了编辑人员大量心血的混合劳动结晶,其内容与形式,都将大大优于初始。当然,新闻编辑人员的这一劳动过程,也是创造性地显示自己高水平的行为过程,而不仅仅是对原信息稿件的简单加工或外包装。

6. 新闻信息加工更多地体现出新闻编辑人员的水平与能力

在充分发挥主观才智对新闻信息稿件作出分析、选择后,新闻编辑人员还得投入更大精力,更高水平地对挑选出来的信息稿件做优化处理。这使得编辑人员的劳动进入了一个更高层次,工序更加复杂,要求也更为严格。

(三)新闻信息加工的方法

1. 将分析、选择出来的新闻信息稿件作为加工对象

面对若干有意识组织和自发投送上来的新闻信息稿件,新闻编辑人员必须先进行新闻信息分析和选择两道工序,把不可用的信息稿件清出,留下基本可用的作为待加工的对象。可见,新闻信息加工先要明确基本对象,那种不经过分析和选择程序拿来就加工的做法是违背新闻编辑规律的,也是不可取的。只有先行确定了加工对象,新闻编辑工作效率才有可能提高,编辑工作质量才有基本的前提保障。

2. 新闻编辑人员再度调动感官功能作用于待加工的新闻信息稿件

待加工的新闻信息稿件确定后，新闻编辑人员要依照新闻信息分析、选择时的基本做法，将自己的视觉、听觉核心功能再度积极调动起来，全面审视、审听将被加工的新闻信息稿件，以期发现不足，找到突破口，并用心留下印象，为实质性付诸加工行为做好准备。新闻编辑人员这一阶段视、听觉对待加工信息稿件的精神层面作用，不同于前一阶段的新闻信息分析和选择，因为它的范围更集中、目的更明确、行为意象也更清晰，那就是为了具体加工而做准备。

3. 准备好相应的信息加工物质手段

这些物质手段不管传统或现代，或两者兼有，只要能行之有效地使用于新闻信息稿件，就要积极准备好。当然，加工的物质手段也要保证质与量。

4. 新闻编辑人员进入新闻信息稿件加工行为状态

这是新闻信息加工的关键环节，此时的新闻编辑人员应身心集中，运用各种加工物质手段，积极有效地作用于被加工信息稿件的方方面面。此时的新闻编辑人员主体与客体、人心与物件都有机融汇于特定的时空场景下，并和谐运行，犹如医生对病人动手术。在关键的氛围和环境中，编辑人员进行着对信息稿件的全面加工处理，及至达到完善优化。这一过程充分体现着新闻编辑者的创造性劳动付出。

阅读材料 5-2

国家教委发言人今天下午就今年高校毕业生分配工作的进展情况和存在问题发表谈话。发言人说：今年全国高校毕业生分配工作开展得早，工作进展顺利。对已在校学习的学生，凡是取得毕业资格的，只要他们服从分配，国家还是负责安排工作的……

思考与提示：

1. 按照消息文体对导语的基本要求，分析上述导语存在的问题。
2. 试对以上消息导语做压缩性加工处理。

5. 注意标注加工中遇到的疑难点

新闻信息加工是一个比较复杂、多样的过程，有的加工修改起来比较顺利，耗时短小，一些问题能迎刃而解，新闻信息稿件经过处理后变得干净合格；而有的则难度较大，在加工修改中会令新闻编辑者视、听觉停顿生疑，运思和上手犹豫难定，对新闻信息稿件的某处考虑再三不知如何定夺，这也属正常现象。那么，一旦碰到此类情况，负责加工修改的编辑人员应以恰当方式对稿件中的疑点、难点问题做出必要记录或识别标记，以便集中群体智慧和力量来研究讨论，拿出最好的解决方案。同时，针对新闻信息稿件中的其他问题，编辑人员能自行解决的可以先行解决，不至于导致整个加工修改工作停止，影响效率。

6. 借助新闻资料人员优势查疑解难

新闻资料人员作为新闻编辑工作的辅助人员，其重要职责就在于对新闻编辑工作给予帮助性服务，在新闻编辑人员加工修改工作中遇到有关问题时，能提供相应解决问题的线索或办法，或当好咨询和答疑的助手。所以，新闻信息加工工作切莫忽视新闻资料人员的既有优势，要充分发挥他们的功能。这同时也是充分利用新闻媒介机构内部现有文献资料的一种表现。

7. 与新闻信息制作者保持必要联系

与新闻信息的制作者保持必要联系，是一种有效的加工修改方法，它可以在新闻编辑人员信息加工遇到有关疑问时，及时向作者询问求解。这对保证新闻信息稿件质量有积极意义，同时还可以就稿件处理的进展和结果答复新闻信息作者。

8. 对已加工信息稿件做内容与形式上的总体整理

新闻信息稿件的加工修改应包括政治内容上的把关、新闻事实的核对、语言文字的增删、段落层次的调整、标题的拟定、声音与画面的审视审听及技术处理等内容。一些新闻信息稿件经过这些编辑行为作用后，有可能在内容与形式上出现一定零乱，影响了美观，给人视、听效果上带来遗憾。鉴于这种情况，新闻编辑人员对业已加工修改完毕的新闻信息稿件，还有必要以一定的编辑手段做内容与形式上的总体整理和打扮，这样会有利于下一步编辑工作的展开。

9. 让他人对已加工的新闻信息稿件做质量把关

新闻编辑人员自身的工作对新闻信息稿件的加工修改质量起着至关重要作用，一般情况下，经这类专业人员处理后的新闻信息稿件是有质量保证的。但再高明的编辑者，也不能对稿件质量打万无一失的包票，须知智者千虑，也有一失。所以，真正高明的编辑者是那些既严格要求自己，认真进行加工修改工作，也能以谦虚之心请他人为自己已加工的稿件再把关、审核的人。那么，哪些人有可能协助把好这道关呢？新闻媒介机构的中高层负责人、新闻记者和评论人员、新闻校对人员、新闻播音与主持人员、新闻资料人员、新闻调查研究人员、新闻作品后期制作者，甚至新闻媒介机构编外作者们。以上这些人员对已加工的新闻信息稿件的把关具有可行性和可信度，有能力为已加工的新闻信息稿件的质量更上一层楼出一分力。

10. 新闻编辑人员对已加工的新闻信息稿件做最终审查

已加工过的新闻信息稿件在经过了以上从被选择到新闻编辑相关人员的层层处理和把关后，质量上应该有了保证。但是，为了精益求精，防止细小纰漏残留，新闻编辑人员本着对社会负责、对受众负责、对历史负责，也对自身负责的职业精神，有必要对已经加工修改的新闻信息稿件认真做一次最终审查分析。

二、新闻信息的整合

（一）新闻信息整合的内涵

从广义而言，新闻信息加工的编辑行为内涵应包含了对新闻信息整合的工作内容，新闻信息整合也即新闻信息加工的一种表现，它和对新闻信息的修改、增删、校正、润色等编辑行为相提并论。从狭义上理解，新闻信息整合则指通过对这类信息的加工、协调后的重新组合行为。它建立在信息加工基础之上，具有对信息内容进行再度和更新层次上制作的特征。可见，新闻信息整合是一种信息创新性的新闻编辑行为，需要新闻编辑人员付出比微观加工层面更大的智慧和更多的精力，其创新与创造意义也更明显。本章以下所述内容如无特别说明，则将“新闻信息整合”的内涵定位于狭义理解的范围内。

当然，本章前面及后续各节内容表述中的“新闻信息”如无特别的说明，也都指向微观视角下的单篇类的新闻信息稿件，所以，这里所认知、讨论的新闻信息整合同样只针对经过了新闻编辑人员整合行为后所形成的单篇类的新闻信息稿件，而不指向报纸、广播、电视、网络几大新闻媒介中相应版面、时段、节目、网页上若干单篇新闻信息稿件的组合与配置问题。

（二）新闻信息整合的方式

1. 对同一新闻题材下不同新闻信息稿件的整合

新闻媒介编辑工作中会遇到这样的情况：对同一个有价值的新闻事实反映与报道的题材，短时间内接收到来自不同方面的新闻信息初始性稿件，而媒介又不太可能全部刊播发布。于是，对这样的新闻信息就有必要做出编辑加工和恰当的整合，以适合媒介采用，并达到更好的传播效果。

2. 对一个新闻主题统摄下分散而同质性新闻信息的整合

这种情况与上述情况具有一定相似性，但报道的主题更明确和集中，并往往由新闻媒介内部自身策划和确立新闻主题，做出分工后由媒介记者或通讯员分头采写实施。针对实施后提供回来的新闻信息初始性稿件，新闻编辑人员须根据报道的需要与策划思路，对这些分散而同质性的稿件新闻信息内容或表现形式做出有机的整合，使之合乎事先设计的要求。在网络媒介新闻传播中，这种信息整合的编辑状况出现频度更高。

经典案例 5-1

2000 年 11 月 1 日，上海东方网《东方新闻》栏目在滚动新闻中陆续报道了“一架新航波音 747 飞机在台北桃园机场失事，一架俄制安-26 型客机在安哥拉的索里莫爆炸”等空难新闻。一两起空难事故在世界航空史上并不稀罕，可细心的编辑发现，从 10 月 31 日晚上 11 时至 11 月 1 日晚上 11 时，全世界先后有 6 架飞机发生了或大或小的事故。于是，他们对 6 条空难新闻进行综合，做出了独家新闻《24 小时内共有 6 架飞机出现意外》。这条网络新闻一时被各网站纷纷转载，并登上东方网单篇新闻点击率排行榜的榜首。

思考与提示：

（1）试分析新闻编辑者新闻敏感与聚合思维相结合后对该独家新闻形成的重要贡献。

（2）如何评价网络编辑人员整合网上新闻信息行为时带有的创新性？

（3）根据以上成功案例，自己尝试整合一下网上相关信息资源，并制作出一条有特色的新闻来。

3. 对新闻报道文体转换之间的信息整合

不同新闻传播媒介的新闻报道文体通常有消息、通讯、专题、综合报道、特写、图片新闻、视频新闻等。在一定情况下，为了选择最佳报道形式，达到最大的传播效果，围绕着同一题材与主题的新闻信息初始性稿件，新闻媒介编辑人员会改动它们的文体类别，进而转变为另一种报道文体，如由通讯变为消息，在此过程中，对信息内容的整合处理即是一种必然。当然，这种整合行为也定会包含着信息加工的相关程序出现。

4. 对广播媒介中记者(播音员)与被访者发出信息的整合

广播新闻媒介传播的技术特征决定了它的新闻信息发出者往往是记者、播音员或被访者几方，甚至是来自相关物体、动物、大自然的声音。为了一条广播新闻的成功制作，对来自不同方的新闻信息素材按相关要求进行认真的整合处理，则成了广播新闻编辑工作中常见的行为。从很大意义上而言，没有这样的信息整合，广播新闻传播将不能正常运行下去。

5. 对电视媒介中声、画、文三种信息的整合

同广播新闻媒介相比，电视媒介的信息整合幅度更大、类型更多、技术也更复杂，因为它是集声音、画面和文字于一体的合成信息的传播媒介，传播效果更理想。就声音信息而言，电视可以包括广播中能够出现的所有声音元素，仅这一类信息整合，电视就几乎替代了广播，况且电视还要实现与动态画面或文字信息的整合，技术难度自然更大。可以说，一条电视新闻的制作，往往就是新闻信息整合动作的生动呈现，包含了编辑制作人员幕后的许多付出。

6. 对图片新闻中画面与文字的信息整合

图片新闻中的静态画面是一种特殊的新闻信息符号，它以视觉形象的基本元素来反映和记录客观事实，呈现出的信息内容让接触者可以直观、直感。但一幅完整、规范的图片新闻必须得以一定的文字符号作为画面信息内涵的补充和延伸，以实现图与文的有机结合。在这个形成的过程中，画面与文字的信息整合就成为一道必要的新闻编辑程序。怎样较完美地实现画面信息和文字信息的整合，是图片新闻制作、传播的常规性动作，也构成新闻信息整合的重要行为类型。

7. 对新闻信息稿件中标题与主体内容的整合

作为文体形式的新闻信息稿件必须遵守文章要素的基本要求，拥有自己的标题。标题既是文章的指代名称，也蕴含着信息的内容，并且与文章主题、主体内容关系紧密。作为新闻信息的稿件，本质上乃为文章大类的一种，同样须有自己的标题与主体内容(这是新闻信息的核心组成部分)，那么，对二者的合理、合规搭配，就属于新闻信息整合的一个行为范畴，它需要协调和关联，需要点与面的结合，也是红花和绿叶的整合体。

三、新闻信息加工与整合的注意事项

1. 在加工与整合中对新闻信息做好多方面的把关

新闻编辑人员在新闻信息加工与整合中，对不符合政策法规要求，与新闻媒介定位

有距离，与新闻编辑方针欠吻合的信息内容要做好把关处理，对新闻信息稿件中知识性、常识性、语言上、相关表现形式上的不足也要认真纠正和完善，去掉不足，保证优质，这同样需要把好关。只有加工、整合过程的严格把关，才能保证新闻信息的高质量。

2. 用新闻传播的专业要求来加工与整合新闻信息

新闻性是新闻信息的本质特征，这一特征的存在使新闻信息与新闻媒介其他类信息相区别。所以，新闻编辑人员在新闻信息整个加工与整合行为中，脑中要树立起“新闻”意识，注意用新闻传播的专业要求与水平来加工新闻信息、整合新闻信息，从内容、形式上突出这类信息的新闻特征。

3. 多换位思考加工与整合新闻信息

换位思考有助于新闻编辑人员的认知、感觉和思维活动的更加全面，使其中的科学性、合理性、准确性因素增多，这对新闻信息加工与整合十分有利，可避免不少失误出现。那么在信息加工、整合过程中，编辑者重点从受众角度换位思考问题和实施编辑行为，则会在新闻传播效果上增加亮点。因为为着新闻受众的利益，从受众角度而加工、整合信息，不少受众想知道、很关心的内容，编辑人员首先就想到了，并通过加工与整合弄清楚了。有的新闻信息的表现形式也从受众的接受心理角度注意到了，那么，这样处理后的新闻信息将会在受众中产生接收共鸣，受到他们欢迎，传播效果也会更好。

4. 提倡新闻信息加工与整合中的尊重作风

新闻传播以事实为本位，以真实、正确反映被报道的客观事物本质和内在规律为前提，以广大新闻信息采写、提供者的无数信息稿件为对象。这几点原理，作为新闻编辑人员，心中要有数。那么，在具体的、时时要做的新闻信息加工与整合工作中，就应提倡一种尊重事实、尊重科学的原则和尊重新闻创作者劳动与著作权的良好作风，将新闻信息加工与整合做得合乎规律、规矩和规范，做到真实可信，让信息创作者、信息受众双方满意。

5. 在新闻信息加工与整合过程中应力戒不良心理效应

不良心理效应是新闻编辑人员在其信息加工与整合行为中时常会碰到的一个现实问题，处理不好的话，肯定对信息质量有负面影响，并很有可能在新闻信息内容上或多或少、或隐或显地表现出来，这不利于保证加工及整合质量，最后导致新闻传播效果受损。因此，这里特别提醒新闻编辑人员在新闻信息加工与整合过程中，要力戒不良心理效应的干扰，同时避免这类不良心理反应在信息内容中的隐性出现。

6. 加工与整合后的新闻信息稿件要合乎相应媒介载体的表达方式与要求

这是新闻信息稿件在加工与整合中编辑人员要预先考虑的一个技术性问题，因为加工整合处理后的新闻信息稿件最终要通过新闻媒介载体表达出来、刊播出来，才是一个完整的传播过程。而新闻媒介的种类、属性、特征、内部结构和表达方式各不相同，那么，一旦具体到哪一类哪一级的新闻媒介时，其新闻信息稿件的修改还要合乎这一媒介表达信息时的方式与要求，吻合度要高，才会使新闻传播活动顺利、及时。有了这种意识，新闻编辑人员在每道加工与整合的具体环节中，就会注意到所属媒介的新闻传播方式特点，并使稿件中的新闻信息从多方面满足这些特点上的要求。

7. 编辑人员熟练掌握运用好传统和现代的加工整合物质手段

加工与整合新闻信息必须借助一定的物质手段，从古到今，传统的印刷媒介编辑人员运用笔、墨、纸、刀、剪和粘贴物，将自己的思想、智慧和知识结合，进行着许多不为人知的创造性劳动，为人们提供各种精神食粮。在这一人与物有机结合的劳作中，绝对少不了新闻编辑人员的一份贡献。随着社会的进步和科技发展，人类的传播媒介也多样化起来，由古老的印刷媒介发展到现今的电子及网络媒介。于是，编辑手段也相应有了新的变化，不同类型、不同技术特征的编辑设备进入了编辑活动领域，传统的与现代的编辑物质手段融在了一起。这也导致了新闻编辑物质技术上的进步，那么，加工与整合新闻信息稿件的物质手段也必然有了新的起色，由传统的笔与纸唱主角进入到如今的计算机编稿，效率与质量都大大提高。不过在当下，要取消传统的加工与整合物质手段也不可行，最好的办法是传统与现代并用，谁更有利于媒介的新闻传播，就采用哪种手段。那么，熟练掌握、运用好各种加工物质手段，既能用手书写增删，也会敲击键盘增补，这对一个合格的新闻编辑人员来说，是应具有的常规职业技能之一。

8. 加工与整合后的新闻信息稿件应处于高标准规范状态

这种规范状态是全方位的、高要求的，是新闻编辑人员综合职业素质和加工整合技能的集中体现。加工整合后的新闻信息稿件只有达到了全方位的规范与质量保证，下一步的新闻编辑工作才会少许多麻烦，新闻信息的传播才会及时、优质和高效。可以说，到此时所呈现的新闻信息，已发生了质的飞跃，是一种完善和成熟的信息。

第三节 新闻信息效应的增减值

一、关于新闻信息效应

（一）新闻信息效应界定

新闻信息效应指新闻信息通过新闻媒介进行大众化传播之后，在人们心理、言语和行为等方面所引起的相应或相关的反应及其效果。由于新闻信息性质和影响的多样性，新闻信息的效应也相应具有多样性的表现，包括了正面积极的效应和负面消极的效应。同时，也因为新闻信息自身影响力存在大小之分，相应地，其效应也有具体表现上的强弱之别。

新闻信息本身内在特质的表现是这种效应最直接、最根本的诱发动因，而这种效应一旦在人们身上和社会范围发生，它的大小、强弱表现也受到不同人的个体特质因素的作用，在接收、接受和内化程度方面并非千人一面。因此，新闻信息效应的表现具有一定差异性，也存在一定层面和范围的同一性或相似性。

（二）评估新闻信息效应的意义

1. 是新闻传播效果观测与研究的重要体现

依照传播学的基本理论来看，对新闻传播效果的观测是一个重要分析环节，也是一个重要研究方面。相应地，开展对新闻信息效应的评估，则是新闻传播效果观测和研究的重要体现。新闻传播工作在日常运行中，不能只看过程而轻视结果，不注意新闻信息作用的发挥。因此，评估新闻信息效应应成为新闻媒介机构新思维下的一项重要后续工作。

2. 是检测新闻信息质量与影响的积极手段

新闻信息质量高低的检测，可通过评估这种信息效应来进行。因为效应影响着人们的思想、言语与行为，这种影响的大小和深浅，能有力反证新闻信息质量高低。开展对新闻信息效应的评估，理应成为检测这种信息质量和影响力的一个积极手段与常规性的工作。

3. 是对新闻编辑工作质量考核的有用尺度

同样，对新闻编辑工作人员日常本职工作质量的考核及评价，也可通过评估新闻信息效应的途径来实现，这起码是一条重要的途径。编辑人员对新闻信息的前期分析、中间选择和后续的加工整合工作质量，常常在媒介对新闻信息传播的效果环节上得到验证。作为考核新闻编辑工作质量的一把有用尺度，评估新闻信息效应的行为应不可少。加上从其他方面的考察，新闻编辑者的工作质量、工作水平就会有一个更全面公正的评价。

4. 有助于对新闻媒介受众的分析和掌握

对新闻媒介信息受众情况做出分析，是媒介机构更有效运行并获得社会认可的重要方法。而通过评估新闻信息效应，则有助于基本分析受众与媒介的接触关系，了解受众的信息需求意愿，掌握受众的新闻信息消费状况。这样做能更好地密切媒介与受众的关系，获得更高的忠诚度。

5. 有利于新闻媒介增强自身核心竞争力

在当今新闻媒介（特别是网络媒介）林立、媒介间竞争加剧的形势下，媒介的核心竞争力问题已经成为一个必须重视和亟须积极对待的现实课题。新闻媒介的核心竞争力就是如何赢得更多的信息受众并保持他们对媒介的忠诚度。而新闻信息效应又是这种吸引力和魅力大小的关键标志，那么，评估新闻信息效应无疑有利于知晓媒介对受众的吸引力和魅力指数，进而使媒介积极改进，不断增强自身核心竞争力，形成良性循环。

6. 能有效调控新闻信息效应发挥

新闻信息效应具有正负性，新闻信息效应的发挥可以通过信息质量来实现。为了有效检测新闻信息质量，就应开展对信息效应的评估，看出其中的正负优劣，并尽力做到扬长避短地发挥。可见，评估新闻信息效应能促进这种效应的有效调控。这对新闻媒介的良性运行十分有利。

（三）新闻信息效应评估基本标准

1. 受众对新闻信息的关注指数

新闻信息效应主要表现在这类信息受众的身心、言语与行动和信息本身的关系上，其中首要的是受众对新闻信息平常的心理关注指数表现。如果指数走高，则说明信息效应的发生就具备了有利前提；反之则表明信息效应出现的可能性不大。

2. 受众对新闻信息的接收量

通过对新闻媒介的行为接触，如读报、听广播、看电视、上网等，受众将接收到来自这些媒介传播出的各种新闻信息，但对这种新闻信息接收的数量多少则因人而异。受众由于存在个体差异性，对不同媒介不同新闻信息的接收情况肯定是量大、量小有别，量大预示着新闻信息效应存在乐观性；反之则说明信息效应不太理想。

3. 受众对新闻信息的接受和内化率

上述的“接收”与此处的“接受”存在行为概念内涵上的差异，甚至是实质性的差异。前者多体现于行为表层传受特征的存在；后者则实现了外部信息对人的内心的根本性影响，达到了一种内化境界。当然，“接受”的必要程序前提是“接收”。那么，接受率及其内化率的高低就成了评估新闻信息效应大小的重要标准。

4. 受众话语表达受新闻信息的影响性

作为社会个体成员或者群体成员的受众，其话语表达权具有自由性。但当他们的某些话语陈述和观点表达与一定的媒介新闻信息内容出现同一或相似性时，这就表明受众的话语表达和新闻信息之间发生了关联，亦即新闻信息对受众产生了相应的影响。而这种影响的大小完全可作为评估新闻信息效应的一个标准。

5. 受众行为表现与新闻信息影响力一致性大小

除了话语表达的影响性考察，受众的行为表现同样可与新闻信息之间发生关联，从而证明后者(信息)对前者(受众)的影响力。当然，这两种影响都和受众对新闻信息心理接受的内化率有直接的重要关系，是新闻信息对受众产生效应的外在表现。要评估这种信息效应，受众行为表现与新闻信息影响力一致性的程度显然是一个有效的实际标准。

6. 社会成员间言行与新闻信息内涵关联性大小

凭着受众个体对新闻信息的接受和受到的影响，并外化为话语和行为的相应表现，个体的受众还可以将自己的这种新闻信息效应通过人际的接触和信息交流，转化为社会公众成员间言行的一致性或相似性。显然，信息的二次和多次传播从中起了作用，导致新闻信息效应的扩大。那么，社会成员间言行与新闻信息内涵关联性的大小表现，也就构成了新闻信息效应评估的又一个基本标准。

二、新闻信息效应增值

通过对新闻信息传播效应的评估，能够发现这种效应的影响大小、深浅程度和表里程度，也能做到对效应的正负定性，并尽量放大效应当中的正面能量，实现新闻信息效应的增值。因此，观察、分析新闻信息效应的增值问题，有利于新闻传播事业的积极开展，有助于传播媒介中新闻信息价值的挖掘和释放。

（一）新闻信息效应增值的内涵

新闻信息效应增值的内涵可理解为新闻媒介编辑人员或管理者，通过对新闻信息内容、形式和传播方式进行专业的加工、整合与相关优化处理，使新闻信息在传达出应有效应的同时，还出现了效应的积极附加值，在媒介受众的话语、行为上产生了更大的影响性和相关的效果。可见，新闻信息效应增值是新闻传播中锦上添花的效果表现，它在一定情况下可拿经济学中的数字来进行量化统计和分析，但更多是社会层面上的公共效益认定，即对人们思想意识、言语和行为上产生的一些积极影响。

当然，由于新闻信息采制和发布的海量性，也并非所有的这类信息都存有潜在的效应附加值。因此，对新闻信息效应增值的追求不必苛刻或勉强，而宜从实际出发，对有增值可能的新闻信息则应尽力挖潜和发挥。

（二）新闻信息效应增值的路径

1. 站在受众立场采制发布新闻

新闻媒介机构积极实践受众本位的传播理念，增强媒介的服务功能，多站在广大受众的立场上考虑新闻传播的定位，采制、发布、提供更多为人们所关注、关心的新闻信息，以满足他们的信息需求。这样做的一大积极意义，就是大大扩展了与众人心理期许对接度较高的新闻信息来源，因为这些信息为人们所关注，接受率也相应提高，其信息效应有了很大保障，那么，要实现新闻信息效应的增值就有了量与质的基本前提。

2. 在信息名称(标题)上精心制作

从微观视角来分析，人们接触、关注一条新闻信息，往往先从注意、浏览、听闻信息作品的名称(标题)开始，特别是在网络媒介盛行的当下，许多传统媒介的新闻信息纷纷上网，而越来越多的人则通过网络获取新闻信息。因此，不管是哪种新闻媒介，它在传播新闻时，都不应忽视对新闻信息名称(标题)的精心制作(而非哗众取宠或忽悠受众)，以此来吸引更多信息受众的眼球和听觉，促使他们继续用心深度接触新闻信息的主体内容，从而赢得更多的受众人数，为新闻信息效应的增值准备足够的人气和增值面。

3. 增添特别的信息背景材料

新闻报道中植入信息背景材料能增加新闻内容的厚度、对比度，扩大信息中的知识面，对受众产生更好的接收和接受效果。为了实现新闻信息效应的增值，就需要增添更特别更有价值的信息背景材料，让材料在与及时性的新闻内容组合中产生更强的表达效果，提升受众知识上的眼界、思想认识上的深刻度，这将有利于新闻效应的增值。

4. 拥有信息的独特历史记录功能

新闻具有反映和记录历史的一大功能，但有的新闻信息也往往成为易碎品，时过境迁后被人遗忘。要让新闻信息在当时的传播新鲜价值大，在过后同样具有较大的历史保存性，以达到信息效应在时间推移上的增值，这需要新闻信息采集制作者和新闻编辑人员的精心加工及优质化处理，使新闻信息拥有独特的历史记录功能，虽经岁月冲洗而价值仍存甚至提升。

5. 新闻与广告的恰当融合

从广义上看，任何新闻信息都具有一种广告效应，让一些接触到的人对信息内容、价值倾向产生认同，进而产生相应的行为。从狭义和专业层面分析，新闻与广告又分属有区别的学科领域，甚至被有关法规划出了较明显的界限，如有突破则有受罚的可能。面对这种情形，在承认新闻具有广告性一面的同时，如能在不违背广告法规的前提下，做到新闻与广告元素恰当的融合，那么，新闻信息效应就有可能实现广告视角下的经济增值或社会效益增值。当然，这样做需要谨慎下的精心和必要的规范，且要以不违背法规为基本前提。

6. 信息形式与表现手法上的独创和特别

新闻信息表现形式是对内容的有机承载，表现手法是信息成品制作过程的不同方式，虽然新闻信息在由稿件到作品的形成中有形式、手法上的相应套路，如倒金字塔式、主标题的陈述句式、以事实说话基本表达方法等。但在此要求之下，新闻信息采集制作和编辑加工者如果在信息形式和表现手法诸方面用心创造，做出特别追求，使信息作品别具一格又广受认可，进而成为优秀或经典作品，那么，这样的新闻信息就会产生榜样的效果，并且使人长久记忆，起到经典示范作用。

7. 信息组合配置上追求增值

单条新闻信息通过在新闻媒介版面、时段或页面上的有机组合与配置，经过专题、主题的统摄和特别的表现方式策划，往往能产生一加一大于二的综合传播效应，对受众的影响和接受率有大的提升。这意味着实现了单条新闻信息传播效应的增值。可见，要达到新闻信息效应增值的目的，在信息组合配置上多做文章不失为一条有效途径。

经典案例 5-2

新中国成立前，老报人徐铸成在上海办《文汇报》。有一次，他看见报社一位编辑把国民党中央通讯社的一篇电讯稿扔进了废纸篓，就问为什么。这位编辑说，这是一篇有关国民党军政人员公祭大特务头子戴笠的消息，进步的《文汇报》不好用，也不应该用。徐铸成却把这篇电讯稿捡了起来，重新拟了一个标题——戴笠音容宛在，然后把它编排在国民党当局压制工潮和绑架学生等新闻的旁边，发了出去。

思考与提示：

上述案例中徐铸成先对电讯消息稿件的标题做了意味深长的加工，再通过与相关稿件的有机组合和配置，很好地实现了报纸传播效应的增值。

1. 从进步人士和普通读者的角度分析，徐铸成的编辑做法实现了哪方面积极的传播效应增值？

2. 从国民党当局者的角度来看，他们会产生什么样的阅读心理？

3.《文汇报》会因这种做法被查封吗？

三、新闻信息效应减值

同新闻信息效应增值相对立的则是效应减值，这是新闻传播活动中同样值得关注和研究的一个现实问题。如果实现了效应减值，也往往表明是对效应保值或增值的一种贡献，因为这种减值也意味着新闻传播环境在得到净化，它对受众的负面影响在降低。因而，做好新闻信息效应减值工作同样有着积极的意义。

（一）对新闻信息效应减值的界定

新闻媒介机构在发布、传播新闻信息时，通过对信息内容或表现形式预先的考虑和防范性设计，尽量规避发布后的新闻信息对受众心理、言语和行为上可能产生的负面效应程度。而一旦这种负效应或多或少在受众身上出现时，媒介机构则会采取相应的补救措施，利用自身的信息传播影响力尽可能来消除这种负效应，使之降到最低值。

从上述界定可以看出，新闻信息效应减值有两条途径：其一是新闻信息发布前加工处理环节上的考虑和防范设计，尽量使信息不在受众那里出现负效应；其二是发布后对负效应采取减值的补救行为，如有针对性地再发布正面引导性信息，或通过新闻评论来以正视听，或以媒介组织机构名义直接说明、澄清，等等。

（二）新闻信息效应减值的基本方法

1. 正确认识新闻信息传播后出现负效应的可能

由于信息受众的规模庞大并存在着个体差异，任何新闻信息一旦通过媒介公开传播辐射到受众身上，一般会出现三种效应：一是正面积极的效应；二是负面消极的效应；三是无所谓的零效应。因此，一厢情愿地希望所有新闻信息传播后都出现积极效应是不切实际的空想。何况在受众自我认识中哪种属积极效应，哪种被认定为负面效应，未必众口一词，因为各人的理解存有差异。所以，新闻信息一旦传播后即存在出现负效应的可能，对此要有一个正确的认识。

2. 对新闻信息发布前可能出现的负效应做出分析预测

基于以上认识，新闻媒介机构负责人和具体编辑人员对新闻信息发布前有可能出现的信息负面效应，要做出一定的分析和预测，留有心理准备。必要时，媒介机构可制定出负效应减值的预案。

3. 在新闻信息内容、形式表达上做出一定规避

具体操作上，如果预计到新闻信息内容或形式在某些方面有可能对受众带来一定传播负效应，则应对它们做出一定的灵活性规辟处理。当然，这类处理和规避以不损害原则认定下的新闻信息的基本内容和恰当的形式为前提，并对正确的传播规定做必要坚持。

4. 针对信息负效应事实上的出现采取补救措施

新闻信息发布和传播后，如果在受众方面出现了事实上的信息负效应，媒介机构可及时采取一些如上述“对新闻信息效应减值的界定”中所列陈的补救性措施，以尽量减少负效应值。这是新闻媒介作为社会公共机构对社会成员负责任的表现。

5. 积极提升受众的媒介素养

从另一个视角来分析，受众之所以出现信息接收与接受后的负效应，也与他们身上媒介素养的缺失或不够有关。因为这个问题的存在，受众对新闻信息的接收和理解可能出现偏差，出现错误，心理和行为反应与信息传播者的预期并不一样，甚至走向反面。由此，在当今信息社会，有必要大力开展对公众的媒介素养教育，以积极提升他们这方面的素养，增强其正确理解和接受新闻信息的能力。这是新闻信息效应减值的有效方法。

6. 营造良好的社会环境和人文氛围

良好的社会环境和人文氛围能够对一些并非恶意的新闻信息负效应表达一种理解和宽容，并对新闻媒介的信息减值措施给予积极配合，不至于让信息负效应蔓延和恶性发酵。事实上，这种良好的社会环境和人文氛围本身就是一种信息负效应的消解器，有利于媒介正能量的传播和信息的效应增值。但在当下，它还没有很好地形成，尚需要大力营造和建设。

新闻信息　news

新闻信息分析　news analysis

新闻信息选择　news selection

新闻信息效应　news effect

效应增值　value-added benefits

效应减值　impairment effect

思考题

一、正误判断题

1. 新闻信息有加工前与加工后之分。
2. 新闻信息分析是新闻信息加工的后续工作。
3. 新闻价值对新闻信息的选择起核心作用。
4. 通过信息整合后，消息可转变为通讯。
5. 新闻信息效应主要发生在传播者身上。

二、简答题

1. 为什么说新闻信息分析是主体作用于客体的编辑过程?

2. 怎样理解新闻信息整合是一种信息创新的编辑行为?

3. 新闻媒介机构为什么要关注新闻信息效应减值?

三、新闻编辑实践操作题,试对以下新闻句子中的差错进行修改

1. 今日,大学路派出所举行返赃大会,将在反盗窃专项行动中缴获的摩托车、电视机、电脑等价值20余万的赃物返还给受害群众。

2. 叶帅在几十年的革命生涯中,与香港、澳门有着很多的交往和联系,特别是与香港,过从甚密。

3. 谁也没想到,这个拿手术刀的手掌起勺来也同样麻利,转眼间变魔术般地做出一桌丰盛的鱼宴。什么红烧鱼、香辣鱼、清沌鱼、鱼香肉丝等,馋得人直流口水。

4. 石河子警方破获一起非法使用假币案。

5. 会议的主要议题是着重研究进一步搞好国营大中型企业的问题。

6. 出于稳定经济、抑制通货膨胀的需要,各国普降利率。

7. 此山真成了名贵中草药的博览会,雪莲、灵芝、当归、冬虫、夏草等,比比皆是。

8. 这个犯罪嫌疑人十分顽固,拒不认罪伏法。

9. 如今,我国商用汽车需大于求。

10. 这次选举产生社区正副主任41名,其中大专学历23人,本科学历16人,研究生2人。

11. 小徐经过刻苦努力,其处女作终于在报纸发表了,从此一发而不可收拾,在短短的两年时间里,就发表150多篇稿件。

12. 李江的事迹见报后反映强烈,收到读者来信将近500多封。

13. 小时候,水果少,我们春天揪榆钱儿、槐花,秋天偷别人院子里的枣、桑葚儿,实在馋得没辙了,就到药铺花3分钱买一个酸甜的大山楂丸——越吃越饿。

14. 綦江县城,万人空巷,市民们都待在家里收看中央电视台的现场庭审直播。

CHAPTER 6 第六章 新闻标题的编辑制作

本章导言

1. 本章主要讲述了在注意力经济时代新闻标题的沿革和功能、结构和种类以及新闻标题的编辑制作和优化等相关知识。

2. 媒介产业实质上是一种经营注意力资源的经济产业，受众的注意力是有限和稀缺的。作为一个开放的、包容的、推崇差异性和个性化的现代社会，如何使新闻标题具有吸引力是注意力经济时代应该研究的重点。

3. 新闻编辑在我国的出现和发展大致经历了分类标题、一文一题、现代标题出现、标题新闻时代四个阶段。而概括内容、传播信息，评价内容、表明态度，吸引受众、激发兴趣，以及美化装饰、展现风格是新闻标题的主要功能。

4. 新闻标题按其结构来分，大致有单一式和复合式。新闻标题因划分标准不同而呈现出不同的题种类型，这些题种各有特点。

5. 新闻标题的拟制是新闻编辑的基本业务技能之一，拟制的基本步骤大致是看稿、命意、立言、修饰；拟制的基本原则是题文一致、凸现精华，准确鲜明、雅俗得体，长短适度、言简意赅，生动活泼、亲切贴近。拟制好标题，掌握技巧是必需的，要重视“第一印象”，使标题富有“动感”、富有“意境”，使标题有“戏”，讲究“色、香、声、味”，巧用古典诗词、成语、谚语、俗语、流行语、方言土语、流行歌曲、修辞手法、数字和字母符号等是一些基本的制作技巧。

本章引例

千里赴蓉，只为活出个熊样

经过两个小时的手术、六个小时的昏迷，从天津来成都安家的取胆熊艾玛昨日终于卸下了插在它体内长达10年的塑料导管和身上沉重的铁马甲。

上午9时47分，艾玛被抬上专为它定做的手术床，推进了医院尽头的手术室。10 时 50 分，兽医正式开始为其进行摘除导管和胆囊的手术。

手术进展得很顺利，下午 1 时 30 分，手术结束了，艾玛的取胆导管和胆囊成功地被摘除。郭惠琳女士向记者展示了从艾玛体内取出的导管，足有 4 厘米长，直径超过 1 厘米。除此之外，还有一根稍细的胶管从大管中一直插到胆囊底部。“我解剖时就看到，艾玛的胆囊中因为导管的摩擦而生出了很多息肉。这些息肉堵塞了大的引胆胶管出口，所以养熊场主又再次植入了较细的导管，以便能到胆囊更深处抽取胆汁。这种一再植入胶管的疼痛是我们难以想象的。”郭女士说着，眼圈也红了。

手术结束 10 分钟后，艾玛被安全地转移到了康复笼内。下午 2 时许，艾玛苏醒过来。下午 3 时，它已经可以站起来在笼子里来回走动了。“看着它这么快就能走动真让人欣慰！”郭女士说，“要知道，这是它这么多年来第一次不用穿着铁马甲、滴着胆汁活动”。据了解，艾玛将继续在康复笼中呆 3 个月，直到它彻底康复并完成 3 个月的隔离期，然后它将被转移到康复区内的兽舍中，体验它生命中第一次在户外的草地上行走、活动的美妙滋味。

1. 总结例文，了解新闻标题在新闻中的作用和功能。

2. 了解各种形式的新闻标题的种类，并掌握新闻标题的结构，将其熟练运用到实际编辑中。

3. 掌握新闻标题制作的方法与技巧，并根据所学知识优化新闻标题。

俗话说，题好一半文。新闻标题被称作新闻的眼睛，一篇新闻报道最先映入读者眼帘的是标题。好的标题，可以在一瞬间吸引读者的视线，可以鲜明地表现新闻的主题，增强新闻的可读性，强化新闻的表达效果，从而让人产生“急欲一读”的强烈愿望。标题是新闻信息的精华所在，但凡好的新闻都有一个画龙点睛的标题。

新闻传播是双向选择的过程，一方面大众传媒向社会公众发布新闻信息，另一方面人们通过传播媒介获取信息。在传媒竞争日益激烈的注意力经济时代，竞争成败的关键，很大程度上是基于受众对新闻信息的注意力资源的配置，而这种注意力资源投入的程度又常常起始于标题。

新闻标题原是记者在撰写新闻的过程中拟就好了并连同新闻正文交给编辑的，可以说这是记者新闻写作的一个基本技能。不过，从整个新闻产品的生产过程来看，编制和拟定标题又是新闻编辑的一项基本业务。

其一，由于记者拟制标题时是从自己的新闻稿件出发，每篇新闻作品都是作为整个报刊版面、广电节目、网站页面的一个有机组成部分而存在，编辑有必要根据实际情况的需要对原标题进行修改、优化与加工。

其二，编辑长期以专业的水准从事各类稿件的编辑工作，对新闻标题的拟制更具有敏锐性，因此能站在深层次的角度去审视新闻的要义，发现新闻事件潜在的价值。

其三，从记者采写交稿到新闻信息的传播过程中，新闻事件可能有所变化，此时编辑就有必要对原稿件进行修改与调整，以适应实际状况。

所以，报刊版面上、广电节目中、网站页面上新闻标题的最后制定，都是由编辑完成的。在整体过程中，新闻编辑先对原稿标题进行认真审阅，既要考虑其文字表达的精准性，又要研究其表达内容的创新性和生动性，最后根据当下各媒体的编辑思想和各类稿件标题协调配合的要求，确定每一条新闻标题的内容和形式。

第一节　新闻标题与注意力经济

一、注意力经济的内涵

注意力是注意力经济的核心。所谓注意力是指人们关注一个主题、一个事件、一种行为和多种信息的持久尺度。注意力经济作为新兴名词，目前还没有一个精准、确切的定义。《词探》将"注意力经济"的定义为"一种以可利用的信息数量的扩张和消费者对这些信息可投入的注意力静态数量为基础的经济模式"。

1997 年，美国学者 Michael H.Goldhaber 在美国著名杂志《Hot Wired》上发表了《注意力购买者》(Attention Shoppers!)的文章，使得"注意力经济"一词第一次抬到历史的大舞台前。Michael H.Goldhaber 在文章中指出，当前有关信息经济的说法是不恰当的，因为按照传统的经济学理论，其研究的主要目标应该是如何利用稀缺资源并对此进行有效配置。当今社会是一个信息流通丰富甚至泛滥的社会，受众要接受的信息越来越多，被注视的对象越来越广泛，因此注意力越来越分散，而互联网的普及又加快了信息的流通，当下信息已成为过剩的资源，而不是稀缺资源。相对于过剩的信息，人们的注意力才是真正稀缺的资源。他进而指出，目前正在高速发展的以互联网为基础的"新经济"的实质是"注意力经济"，在新经济形态下，最重要的资源既不是传统意义上的实物与货币，也不是信息本身，而是人们有限的注意力。每个人的注意力在一定时期内都是有限的，相对于可无限流通的信息来说是稀缺的，因此，人们的注意力是非常有价值的。

二、新闻标题与注意力经济的关系

"注意力经济"时代的到来与社会进步以及信息技术的发展有着密不可分的关系。随着社会的进步，人们的生活节奏逐步加快，过去坐在饭桌前边吃饭边读报，或者是坐在椅子上边饮茶边看报的时代早已过去，人们不再花费大块时间来读报，而是利用零散的闲暇时间来快速浏览报纸。与此同时，由于信息技术水平的提高，纸质新闻已开始被其他形式的传播途径所取代，如手机中的新闻阅读软件、电脑里的网页浏览软件等。这些软件往往将新闻标题分类，按一定规律将同类新闻标题排列在同一页面，使读者迅速浏览标题并点击阅读自己所感兴趣的新闻内容。

新闻标题最基本的作用就是概括新闻事件的主旨，使读者一眼就能够了解到新闻事件的大致内容与中心思想。在"注意力经济"时代的背景下，新闻标题的这一作用决定了新闻的传播程度与被接受程度。因此"注意力经济"对于新闻标题有着重要的意义。

1.“注意力经济”时代是现代传媒产业发展的时代背景

“注意力经济”本质上就是以稀缺的注意力资源为基础，以丰富的信息量为背景，围绕相对于信息的过剩、注意力不足的这一对矛盾而呈现出的经济现象。在信息海量化的当今社会，注意力资源不足的事实越来越突出，因此其价值也越来越被关注。对于新闻标题来说，注意力是评判新闻标题好坏的重要标准之一。拥有了读者的注意力，就能够吸引读者阅读整篇文章，使新闻所要表达的思想与内容传播开来，成为社会行为与认知的导向，发挥传播的价值。任何新闻想要得到读者的认可，都必须在注意力市场上投资，抓住能够吸引读者注意力的要素，将最鲜明的亮点体现在新闻标题的编制上。同时，要想获取读者的注意力必须通过标题信息作为媒介，因为标题是最先接触读者注意力，也是最有效吸引注意力的环节。

在信息极大丰富并将持续增长的当前时代，在注意力短缺的状况愈加严重的未来，新闻产业的发展离不开稀缺的注意力资源，新闻的传播也离不开注意力经济的研究。

2.吸引读者的注意力是新闻标题的首要任务

标题是首先映入读者眼帘的部分，而标题的好坏直接影响着读者的阅读。读者对新闻作品的兴趣，往往首先来自最初的“注意”，即内心的“冲动”。而这种注意又是心理活动对一定事物的指向和集中，它使人们的心理活动具有一定的方向。这个现象反映在读者心理上，就是读者常常只关注那些一开头就能够牢牢地吸引住他们，并能够产生“冲动”的新闻和文章。因此，新闻的写作一定要重视开头的几个字，要使标题能够紧紧地抓住读者的眼球。

3.“读题时代”是未来新闻传播领域的发展趋势

随着社会生活节奏的加快，人们没有大量闲暇时间去仔细阅读文章内容，只能通过零碎的间隙去快速浏览新闻，因此“读题时代”成为新闻传播领域不可逆转的发展趋势。“读题时代”即人们仅仅阅读标题，而不深入阅读新闻正文，通过新闻标题便可大致了解当下的新闻动态，以最快的速度吸收新闻信息，在不花费大量时间的同时及时追踪社会动向。在这一背景下，标题成了新闻信息传播的主要媒介。因此，新闻信息传播的未来发展趋势中，重视标题的编制，注重标题的信息内容，以及加强标题的吸引力与感染力成为了新闻编辑者必不可少的工作。

第二节　新闻标题的沿革和功能

一、新闻标题的内涵

任何一门科学理论都包含一系列特定的概念与规律。将这些概念与规律按照逻辑顺序有机的排列，并通过科学论证与阐释说明，就构成了其严密完整的理论体系。自然学科如此，社会科学（包括新闻学及其分支学科——标题学科）也是如此。

那么什么是新闻标题？

有的说：新闻标题是新闻内容的总体概括，可以使人一眼就看到新闻的中心思想与所要表达的观点和立场。

有的说：新闻标题是新闻的窗口，就如同眼睛之于人。

有的说：新闻标题是体现新闻制作的最高水准，新闻稿件的闪光点首先体现在新闻标题上。

对于新闻标题的概念，其说法不一。上述说法中，第一种说法是从新闻标题的功能的角度阐释其含义；第二种说法是以比喻的手法，将新闻标题喻为眼睛；第三种说法则是从新闻标题的作用角度来说明标题的重要性。每一种说法都有不同的出发点，各有所长，但它们都没有完整地指出新闻标题的内涵。想要理解其真正的内涵，就要先从了解标题的概念入手。

《辞海》对标题做了这样的解释："新闻工作术语。报刊上新闻和文章的题目，通常特指新闻的题目。制作标题是新闻编辑的主要工作程序之一。报纸编辑部用标题来概括、评价新闻内容，帮助读者阅读和理解新闻。"《辞海》对于标题的解释，有利于我们对标题的确切理解，但是把标题仅看做新闻编辑的一项工作，而将其排除在写作手法和新闻文体之外，是不准确的，也是不完整的。

在日常的新闻写作过程中，人们时常会有这样的感触：在事先对文题毫无考虑的情况下，动笔布局为文的事情是不可能的，即使写出了文章，也决然写不出好的新闻作品来。因为标题是主题思想的表达以及对所要陈述的事实的集中概括，或是表示所要阐释的主要问题。因此，标题的拟定，将对所写新闻内容的取材、立论、谋篇产生直接的影响。纵观新闻编辑制作的整体过程，标题常常构思于动笔写作之前，而不是在新闻作品完成之后；在文章写作过程中，根据具体内容进行深层次的推敲与提炼，最终完成于通篇作品落定之后。新闻稿件写作与新闻标题的拟制是不能完全分开的，两者之间存在密切的联系，这是其一。其二，标题的拟定不仅存在于新闻文体和报纸编辑部门，其他文体，例如广告文本也有标题拟定的问题。其三，作为新闻作品的窗口，标题的拟制对作品的吸引力程度起着至关重要的作用。

新闻标题，就是指新闻的题目，是为了揭示新闻内容和阐明新闻中心思想而进行的富有鲜明特色的概括性的简短文字，通常被用来指代整篇新闻。从概念上看，新闻标题具有以下特点：首先，新闻标题的字体一般比正文的要大，并且位于新闻正文之前；其次，它必定是对新闻内容的浓缩与凝练，文字精辟、简洁；最后，它一定是对新闻事实的"画龙点睛"式评论，体现新闻的要义。因此，标题必须言之有物，要有内容，切忌空泛、笼统；要有鲜明的目的性，做到褒贬、是非分明。新闻标题有广义和狭义之分，广义的新闻标题是包括消息、通讯、新闻评论、特写、调查报告等文体在内的标题，狭义的新闻标题就是指消息标题。

在日常的新闻制作中，传统报纸的新闻标题与正文是紧密相连的，编辑在编排中也很少采用题文分离的编排方式。广播电视则是按时间线性编排节目，正文只能紧随于新闻标题之后。网络新闻标题因为受网络传播规律的制约，标题与正文只能分开，即标题与正文分别属于不同的网络页面，网民先是预览到新闻标题的目录页面，点击标题后才能看到与标题对应的正文，于是标题成为网民与正文联系的枢纽。当然，在网民点击进入到新闻正文的页面之后，在正文上面也会有标题，这与传统的报刊新闻标题并无区别，即前题后文。

二、新闻标题的沿革

标题是随着人类社会传播活动发展而产生的，它同新闻一起反映了时代的社会变迁，同时又推动和改变着时代的发展，并随着时代的发展而不断革新。

作为一个拥有五千多年历史的文明古国，我国最先发明了造纸术和印刷术，同时也是最先产生报纸的国家。早在唐朝时期，就有了关于报纸的记载。据史料记载，"邸报"是最早出现于唐王朝的宫廷报，它由地方政府派驻京都的"邸吏"负责传发。邸报的内容大多是皇帝的命令或诏书；王朝的法令或公告；臣僚的奏章或进谏；官员的赏罚、任免、升黜或褒贬等。这种报纸编排十分简单，要么是帛书，要么是手写后再用木板雕刻印成单张的；它根据内容的繁简来决定页数的多少，采用大小相同的楷体字，有界栏而无中缝，为书本式；同时，它是按日期顺序罗列事件，没有标题，也没有结束语。由历史记载可以推测，我国最开始的报纸是没有标题的。而标题的出现是距今一百多年的事情，其发展与变革大致可分为四个阶段。

（一）萌芽阶段：分类标题

明末清初时期，由于活体印刷术的采用，我国报纸开始从书本式发展为报纸式。由于当时的官报《京报》的刊载内容增加，发行范围扩大，推进了报纸编排技术的发展，标题的制作渐渐列入报纸编辑的范围。此时开始产生类似词条式的标题，如"宫门抄"、"上谕"、"奏折"等，将原本杂乱无章的内容分门别类，再为若干篇相同类别的新闻加一个总的题目，即类题。此时产生的标题实际是按照消息内容的外部特征，如报道的来源、报道的门类以及报道的紧急程度来进行分类编排的。虽然读者还不能从这些标题中直接接触到消息的具体内容，但与以往无标题时代相比较，已经在很大程度上方便了阅读。因此，具有区别消息类别功能的分类标题一直被沿用至今。

（二）成长阶段：一文一题

笼统的分类标题的出现，相比于无标题来说是一划时代的进步。但是随着新闻传播技术与方法的不断革新，随着西方帝国主义列强瓜分世界的战争的不断发生，人们想要了解外界的变化、接触外界的变革的心情变得迫切，这也使得报纸上刊登的新闻量急剧增加。那些只体现来自何地、属于何事的无具体内容的分类标题，已不再适应时代发展的需要，随之迎来了一文一题的时代。

据现有资料记载，我国最早出现的一文一题式标题的报纸是外国人创办的中文报纸《上海新报》，它突破了原来只在新闻栏笼统标出"中外新闻"字样的做法，开始使用一文一题式的新闻编辑手法，即根据每条新闻报道的具体内容来确定报道的标题，并采用一号活字排印的编辑手法。1870 年 3 月 24 日，《上海新报》上的"刘提督阵亡"、"种树得雨"等标题是最早期比较完备的标题，它突破了分类标题的形式，使新闻报道醒目突出，更加方便了读者的阅读。这便是现代新闻标题的发轫。

自此之后，一文一题的方法在报纸上日渐盛行。例如，梁启超在 1896 年创办《时务报》上，就刊登有"都城官书局开设缘由"、"中国议办商务局缘由"、"广西开办铁路"等标题。其中“广西开办铁路”与现代的新闻标题极为相近。但是从总体看来，当时的这类标题都十分简单，大部分是四字或六字为一句，只对其内容进行简单摘录，机械又呆板。因此，从标题拟定中很难判断编者的倾向性。此时的新闻标题也没有采用较大字号，而是与报道的正文同一字号，排列于前行。尽管此时的标题与现代新闻标题相比还没有达到凝练文章主旨、评论文章内容的作用，但一文一题的出现推进了新闻标题发展的历史进程，对于新闻标题的变革可以说是根本性的跨越。

（三）成熟阶段：现代标题出现

自19世纪70年代起，中国人自办的报刊逐渐突破了封建时代官报的束缚，进入了近代报刊的兴盛时期，并逐渐形成了以发表个人言论、报道新闻事件、刊登副刊和发行广告为基本功能的报纸结构。到了20世纪初，随着近代报业的进一步推进与发展，各报纸机构为了争取更大数量的读者，在良性的产业竞争下，不断地推动了新闻标题的改革与创新，使得新闻标题日趋完善，并逐渐形成了现代标题结构。其中有最为显著的三个特征。

第一，在新闻标题的字号上有了突破传统的变革，标题与正文的字号不再一致，而是加大了标题的字号，将标题与正文明显地区分开，使其更加醒目突出。这一改进在1904年《时报》创刊的“发刊词”中提出：“本报编排务求显醒。……用大字者，务求醒目；用小字者，刊登内容丰富也。”接着，在1905年2月7日，《申报》宣布改革方针时更具体地提出“别刊大字，择要标题，藉振精神，并醒眉目”。与此同时，《申报》还创造了一种“要闻大字排印”法，即一般新闻用五号字，要闻改用二号字，而且排列于全部新闻之前，使要闻醒目且显著，更容易吸引读者的注意力。

第二，新闻标题不再是报道内容的简单摘录，而是凝练新闻主旨或是表达新闻评论的浓缩性主题，能够体现新闻编稿人的倾向性。例如，1911年7月26日在汉口《大江报》上的一则短评标题“大乱者救中国之妙药也”。当时正值武昌起义前夕，面对清政府的腐败无能与帝国主义列强的侵略，中华民族正是生死存亡的紧要关头，这则标题，大声疾呼，震撼祖国大地，警醒了大批有识之士加入到革命队伍中。

第三，新闻标题摆脱了单行题的局限，产生了有主题和辅题相搭配的复式标题。例如：《呜呼祖国之文物（主题）——敦煌石宝书目及发现之原始（副题）》（《民吁日报》1909年11月8日）；《保定市面又动摇矣（主题）——此之谓民穷财尽（副题）》等。此类复式标题都有对主题起解释和强调作用的辅题，并且文体一致，内容呼应，基本上摆脱了传统标题的局限，成为一种新式的独特的语言版面，与现代新闻标题的形式已基本相近。

（四）发展趋势：标题新闻时代

新闻标题经过一百多年的发展与变革，逐步从简单的摘录阶段发展到凝练主旨、概括内容的阶段，而未来新闻标题的发展趋势则是标题新闻。标题新闻，是以标题形式表现新闻事实，是新形成的一种文体。这种新闻以题代文、文题相融，具有文简意赅、信息量大的特点。随着现代的变迁，人们的生活节奏逐渐加快。而大量的信息在社会中传播，使得人们无暇一一阅读每条信息，这迫使新闻编辑人员必须改变传统的新闻形式，以简练的语言、精准的用词来概括信息内容，吸引读者的注意力；同时，读者也可以通过新闻标题来迅速锁定自己所感兴趣的信息内容，将稀缺的注意力资源有效配置，以达到最好的阅读效果。

标题新闻时代的到来与传媒行业间的市场竞争是密不可分的，其中主要来自异质媒体的竞争。例如，广播的时效性使得报纸的时滞弊端显现，进而在一定程度上占据了报纸的市场份额；卫星电视的发展，使信息传播更加快捷，迫使报纸业加速其时效性；互联网的全面覆盖为报纸带来了严峻的挑战。随着信息技术与传播技术的不断升级，各种媒体都在提升着自身的时效性，其中一个外部表现就是“读题时代”的到来。因此，标题新闻已成为一种独立的信息传播手段。

三、新闻标题的功能

新闻标题的拟制是一门艺术，精彩的标题可以激发读者的阅读兴趣，拓展新闻传播的覆盖面与传播力度。同时，标题还反映出新闻撰写人对事件的观察角度、理解与评价。标题的编制在新闻写作中占据十分重要的位置，并肩负十分重要的功能。它不但向读者传达新闻的概况与主题，还具有激发读者阅读兴趣与优化整体新闻结构的功能。在工作繁忙、生活节奏加快的当今社会，许多读者都是利用闲暇来浏览新闻，并通过随意性翻阅来获取信息，吸收社会动态与最新事件。读者阅读的随机性和无目的性，使得新闻作品必须以更加醒目的面孔去面对读者，表现在新闻标题中就是尽量使标题新颖化、生动化，让读者在纷繁复杂的信息中一目了然，让人过目不忘、回味无穷。

那么，新闻标题的功能有哪些呢？具体如下。

（一）概括新闻内容，传递新闻信息

新闻标题是信息传播的窗口，因此，标题应非常准确地概括新闻的内容与实质，使主题一目了然，仅通过标题就能够对新闻信息的大致内容有所了解。这样有助于在繁多的条目中迅速检索出目标信息，同时也为读者节省了阅读时间，提升了阅读效率。

读者在阅读新闻时，常常带有特定的兴趣取向，对于某类信息具有浏览偏好。新闻标题中对信息的概括可以使读者在第一时间检索到目标信息，迅速找到感兴趣的新闻；同时，标题的存在可以使读者快速排查信息内容，一眼就能够知晓是否需要对该新闻深入阅读。从这个角度来说，新闻标题可以作为读者的索引，引导受众读什么、不读什么，使读者迅速抓住新闻内容的核心。

新闻标题不仅是读者的索引，还承担着递信息的功能。标题简洁明了地传达新闻的内涵，以最少的字词传达尽可能丰富的信息，是新闻作品的点睛之笔。随着人们生活节奏的加快以及信息的海量传播，人们有限的注意力成为了稀缺资源，这使读者更加倾向于主动、感性地接触信息。因此，标题成为了传递新闻主要内容的窗口，读者通过阅读新闻标题，即可获取信息内容，了解事件的概况。

A. 甘肃 14 婴儿同患肾病疑因喝“三鹿”奶粉所致

B. 有人破冰救援，有人趁夜哄抢　　（正题）

——车辆受困雪映两种境界　　（副题）

思考与提示：

1. 第一则新闻标题突出体现了标题的哪些功能？

2. 第二则标题中传播了怎样的信息内容？

通过上述两个新闻标题，人们不难获知标题中所概括的新闻信息：因喝"三鹿"有毒奶粉导致甘肃 14 名婴儿身患肾病；在暴雪天车辆受困的情况下，有帮助救援的热心之人，也有趁夜哄抢的无德之人。

"三鹿毒奶粉事件"是 2008 年下半年爆发的一起震荡中国乳品行业的重大事件，涉及受害婴儿有 29 万人之多，国内外各大媒体争相报道。第一则新闻标题在标题中就明确指出了引发这一社会事件的"三鹿"品牌，并阐明毒奶粉的危害程度，这为揭开"三鹿"黑幕、停止食用"三鹿奶粉"和抢救已食患儿生命赢得了时间，也为食品安全部门及时调查处理这一事件，进而引发社会公众对食品安全问题的问责，以及政府对食品安全法规的修改与完善起到了积极的推动作用。由此可知，想要提高新闻报道的传播深度和传播效果，拟制一个好的标题是至关重要的环节。要想达到这一效果，就必须尽可能地把事件中最主要、最关键、最具传播价值的信息，包括与新闻内容密切相关的各种要素，真实可靠地浓缩到标题之中，做成短小精悍的实题。

（二）评价新闻内容，表达媒体态度

评价新闻内容，就是指新闻标题在总结概括新闻的主要内容的同时，点明新闻的主旨。这种评价的意义在于可以使读者正确认识新闻的价值及其所蕴含的意义；与此同时，还能够借用标题向社会表明媒体部门的行为立场和观点态度，并通过这种方式引发社会共鸣，正确引导社会公众的意识形态，进而达到引发舆论导向的作用。由于媒体的公共产品特性，决定了新闻标题在公众面前应该表达正确的态度，辨别是非黑白，给社会一个积极的、正面的、具有模范作用的导向。

新闻标题在评价新闻内容，表明媒体态度的功能上主要有两种表达方式：显性直接方式和隐性间接方式。

1. 显形直接的方式

即在标题中直接发表议论，指明观点。这是新闻作品中对新闻内容进行评论的最常见也是最主要的方式，通常被称为"一句话评论"。当然，显形直接评论也具有多种不同的形式，不拘一格：或直接揭示事件本质，或叙事与评论结合，或引用他言评论，或借此事实喻他事作评，或加以语气词来增添情感色彩等。

A. 太原"瓷器展"挂羊头卖狗肉

B.按“智”造就亿万富翁（主题）

——张廷壁教授成为荆楚科学家首富（副题）

C. 女排奏捷，场面感人（主题）

——荣高棠大叫：郎平不要哭，要笑！（副题）

D. 美国唯恐西藏不乱

思考与提示：

1. 以上标题分别运用了何种手法？

2. 显形直接的评论方式的优势有哪些？

2. 隐性间接的方式

即在标题中不直接发表议论，而是通过隐喻的方式，或是叙事的方式含蓄地引出议论，以此来表明态度。具体方式有：

首先，通过对新闻事实的不同选择来表达。一般来说，一篇新闻报道往往包含许多新闻事实，哪些最重要哪些不重要，标题中标什么不标什么，这都有一个选择的问题，其中无不包含了一种价值判断和评价。

其次，通过新闻事实在标题结构中位置的不同安排来表达。新闻标题的结构大体分为主题、引题、副题，主题所反映的是最重要的新闻事实，位置显著；相对而言，引题、副题所反映的是次重要的新闻事实，位置较主题来说不太显著。正因如此，编辑可将新闻事实安排在标题结构中的不同位置上，以此来表明自己对新闻的评价和态度。

再次，通过对新闻标题实施不同编排手段来表达。这在报纸媒介中表现得尤为突出，编排手段大体包括字体、字号、题花、线条、色彩、压题图片等。一般来说，不同的新闻内容，可利用上述编排手段的一种或多种，对标题实施恰当的编排，以此来凸现编辑对该新闻的评价和态度。

经典案例 6-3

A. 十五个月的孩子无辜丧生（主题）

——到底是谁的错？（副题）

B. 生活中浪费掉的宝贵能源太多了（引题）

节能型社会，从你我做起（主题）

思考与提示：

1. 以上两则标题在表达方式上分别有哪些特点？

2. 以上两则标题分别运用了什么样的拟题方式？

A 标题在主题上叙述事实，副题用来提出问题，表明文章重视事实的叙述，通过提出疑问来使读者关注事件的具体情况。B 标题利用引题叙述事实，在主题中提出观点与建议，呼吁读者以身作则，珍惜宝贵的能源。

（三）吸引读者目光，激发阅读兴趣

徐宝璜认为："一新闻之题目，因其形式与地位，易惹为注目，实不啻该新闻之广告，使编辑得法，既可借以引起阅者好奇心，复可同时用以稍满足其欲望，使其对于该新闻，不能不看。"读者打开一份报纸，首先关注的便是标题。新闻标题的拟制直接决定了新闻是否能够被读者接收，即是否继续阅读。读者在看到标题后，或是被标题所吸引，深入阅读整篇新闻；或是直接略过正文，查看下一个标题，可以说标题决定了新闻的"命运"。当今社会，在信息海量化的社会背景下，"读题时代"已成为不可逆转的现实，赢得读者的眼球，激发读者的阅读兴趣便成为标题的主要功能。因此，如何使新闻标题具有足够的吸引力，使读者产生阅读正文的兴趣，激发他们的好奇心去进一步接受新闻信息，就成为了新闻写作的重点。

吸引受众注意力的因素是多种多样的，在制作标题时新闻编辑者一般会将有价值的、新鲜的、有趣的事实标注出来，编辑成新闻标题，尽可能让标题成为读者的导向。在阅读报纸或浏览网页时，表现同样的信息内容，文字简洁、通俗易懂的标题无疑比语言复杂、晦涩难懂的标题更具吸引力；有广泛趣味的要比乏味枯燥的更能激发阅读兴趣。在新闻标题的编辑制作时，可以参考以下几种情形来获取读者的注意力。

1. 标题点出新奇事

例如，标题"对孔子要一分为三"是相当有吸引力的，因为此事十分新奇，且有许多悬念：什么是一分为三？如何一分为三？为何要一分为三？简单明了的标题里，透露出信息本身无穷的新奇性。

2. 标题披露熟悉而陌生的事件细节和内幕

比如，"虎妞当'虞姬'，祥子称'霸王'"这一标题引用两个家喻户晓的文学作品"霸王别姬"与"骆驼祥子"，将作品中的人物穿插，使读者产生无限的好奇与联想。

3. 标题紧扣重大事件的最近动态

随着政府加大对收入不均、贫富差距扩大的监管与治理，人们越来越关注收入分配问题。标题"央企高管月收入降至 8000 元"紧随实时动态，及时发布人们所关注的事实，吸引了广大读者的注意力。

4. 标题语言富有个性特色

标题内容上的新颖性无疑会激发读者的阅读兴趣，不过，在语言形式上富有个性特色的标题也同样可以打动许多读者的心扉，促使他们产生阅读正文的欲望。

然而，现今媒介尤其是网络媒体上出现了一些"标题党"，即网络新闻编辑为了吸引网民阅读本网站的文章，以增加网络点击率，在标题制作中故弄玄虚地煽情，弄一些假大空，甚至情色暴力的标题信息来吸引受众的眼球。这些题文不符，甚至虚假造谣的标题严重违背了新闻编辑的职业道德，给社会造成不良的影响与后果，因此应该绝对摒弃。

（四）美化新闻版面，体现整体风格

新闻版面是指新闻编排的方式或样式，是整体新闻给读者的总体印象。一般不同的媒体都会有各自比较固定的排版风格，而在独特风格形成的过程中，新闻标题起着至关重要的作用。标题的字体、大小、格式，以及图文的配合等都体现着新闻的排版风格，因此成为版面不可或缺的点缀。合理、美观的排版可以给读者赏心悦目的观感；而散乱、复杂的排版则会使读者望而却步，看一眼就失去了阅读的兴趣，即便新闻内容再好，没有读者愿意花费时间来阅读，就会成为失败的新闻。

在实际编辑中，如何做到美化版面、体现风格呢？

1. 标题使版面富有层次感，条理清晰

每篇新闻都有标题，等于说每篇新闻在排版时都有一个明显的标志，报纸版面按照新闻标题人为地把各个新闻分为若干板块，从而使整体版面显得有层次感、条理感。如果这些标题能够做到排列有序、错落有致、大小得当、分布合理，就会给人以赏心悦目的视觉效果，读者会更加愿意花时间去阅读新闻作品。如果运用适当的编排方式进一步对标题加以美化修饰，就能够起到优化版面，并给受众留下深刻印象的传播效果。试想，若是没有标题，稿件与稿件排列紧凑、不易区分，不仅影响阅读，而且整张报纸形式单一乏味，毫无视觉效果可言。

2. 标题使版面富于变化，多彩多样

若是版面上所有标题的字体字号一样，编排格式相同、毫无区别的话，那该报纸给人的印象无疑是刻板的、乏味的。标题之于版面的变化主要体现在字体字号的搭配，以及长短、行数的不同组合而显现出的变化上。比如：新闻事实的重要性与标题字的大小成正比；标题字号大小与稿件长短保持相应的关联，即长稿用大字标题，短稿用小字标题，不过，一些报纸为了吸引读者注意力，实施“粗题短文”的编排方式；标题字体、色彩也与稿件内容性质保持相呼应的联系。

在版面中，除了标题的字号、字体、字数、行数、色彩可以不同外，其排列方式以及标题与新闻内容的位置搭配也是多种多样的，加上标题与标题之间在版面上的错落有致结构关系，共同构成了丰富多样的版面。正是有了标题的多样与变化，才有了版面的视觉感与设计感。

新闻标题不仅具有美化版面的功能，还是形成报纸或其他新闻媒介风格的重要手段。首先，从内容上看，某媒体如果在制作标题时始终保持某种基本格调和文风，或严谨、庄重，或轻松、诙谐，或突出新闻价值，或突出审美价值，久而久之将形成自己制作标题的独特风格，而成为与其他媒体相区别的媒介风格，通过产生差异性，来增加自身的忠实受众的数量。其次，从形式上看，某媒体如果运用多样的编排方式，对新闻标题进行某种特殊处理，或浓眉大眼，或细眉细眼，或以大幅图片衬底，或采用题花、题饰作点缀，或使用同一种字体，或常常变化某种字体，等等，以此形成独特风格，就会在读者脑海中留下深刻的视觉印象，从而成为读者熟知的报刊或媒体。

当然，随着新闻编辑方法的革新，随着受众审美偏好的变化，新闻标题的功能也会不断增加和更新。

第三节　新闻标题的结构和种类

一、新闻标题的结构

所谓新闻标题的结构，是指一条新闻标题的组成部分及其相互关联的方式。纵观当前媒体上出现的各类新闻标题，按结构可分为两种形式：单一式和复合式。单一式新闻标题一般情况下只有一行标题，即仅有主题而无辅题；复合式新闻标题既有主题又有辅题，其中辅题又包括引题和副题。复合式新闻标题的形式多样，即可以同时具有引题和副题，也可以只有其中的一种。

1. 单一式新闻标题

单一式新闻标题只有主题，一般为一行题。但在有些特殊情况下，可以是双行题。当新闻中有两个并列的事实或概念，或是新闻标题太长不好排列、不好看，需要排成两行时，则可以使用双行题。前者是根据新闻内容的双重性而分层，可叫做“双主题”；后者是根据新闻形式的美观性而分层，又叫做“双行主题”。在特殊情况下，为了准确而恰当表达新闻内容，“三主题”也是可行的。

单一式标题因只有主题，无引题和副题，所以正常情况下这种结构的新闻标题多为实题，即把最重要的新闻事实介绍给读者。同时，标题必须是一个完整的句子或偏正、动宾词组，能表达一个完整的概念和意义，包含最重要的新闻要素。

经典案例 6-4

A. 企业思想政治工作的新探索

B. 首例楹联著作权案纷争十载
　 七旬农妇状告大学教授有果

C. 男篮负辽宁
　 男排输浙江

D. 越泰召开联合内阁会议
　 加发现禽流感疑似患者
　 美第四个州有鸡群感染

思考与提示：

1. 上述新闻标题分别属于单一式标题中的哪一种？

2. 每则标题的不同结构形式在表达上有什么特点？

A 标题是简单的单一式，也是我们平时最常见、最普遍的新闻标题形式，简单明了；B 标题是双行题，由于标题太长，在一排会影响到排版的美观，因此分隔成上下两行，既美观又整洁;C标题也是双行题,它是由于具有两个事实,故分开概括,使概念清晰不致混淆;D标题属于特殊的三行题,这种标题比较少见,但偶尔也会出现在报纸中。

2. 复合式新闻标题

复合式新闻标题是指既有主题又有辅题,辅题包括引题和副题。它比单一式新闻标题结构更为复杂,其基本的结构形式有三,即"引题+主题"式,"主题+副题"式,"引题+主题+副题"式。

1) 主题

主题,又称主标,是新闻标题最重要的核心部分。从内容来说,它是标题中表达中心思想、概括新闻主旨并且最受人关注的事实,是标题中最主要的组成元素,是标题的主体和中心。从结构来说,主题是标题的中心枢纽,直接联系着引题和副题的内容。从字号来说,主题所用字号最大,位置最为显著,常加深加粗字体,使其醒目突出、引人注目。

在复合式标题中,主题多为单行,字数适中,不宜太长或太短。如果主题字数太多,单行排列影响到版面整体视觉效果时,可排两行,但字号、颜色必须一样。但是在一般情况下,主题不宜超过两行,行数太多既臃肿又烦琐,便失去了做主题的意义。

主题虚实兼可,既可以是叙事性的实题,也可以是议论性的虚题。单一式新闻标题的主题必须是实题,或虚实结合题。而在复合式标题中,主题如果是虚题,则会利用具有实题性质的辅题来将整个标题补充完整,否则不算新闻标题。

2) 引题

引题,又名肩题、眉题、上辅题,位于主题之前,常用来引出新闻的主题;横排标题中的引题叫做眉题,竖排标题中的引题叫做肩题。引题引出主题的方式多种多样,其中最常见的方式是通过交代和说明相关新闻的背景、意义、目的、原因、结果等引出主题,或是通过长句短化、烘托气氛和提出问题等方式引出主题。

随着新闻产业的发展以及读者对标题关注度的提升,引题有变长的趋势,表现形式更加丰富多样,不拘泥于过去单一的形式,其功能也在逐渐优化。

经典案例 6-5

A. 高学历高层次人群的自我保健成问题 (引题)
恶性肿瘤成为中关村居民死亡首因 (主题)

B. 欧盟向解除禁令迈出重要一步 (引题)
转基因产品可贴签上市 (主题)

C. 三年结果,一捏就碎 (引题)
京郊种出科技核桃 (主题)

D. 每天问候一声,每天探望一次,每月来趟助浴和理发服务 (引题)
空巢老人将获社会关爱 (主题)

E. 还满湖美景于市民 (引题)
无锡"私家湖岸"拆栏造景 (主题)

F. 自强诚可贵，真情价更高（引题）
下岗女工杨馥有帮下岗姐妹找回“饭碗”（主题）

G. 让见义勇为的英雄们流血不流泪，让甘愿奉献、默默无闻的志愿者得到优先录取、录用，让付出有了回报，德行善举就会成为越来越多人的自觉行动（引题）
摘下道德“不计报酬”的帽子（主题）

思考与提示：

1. 以上例题中，引题分别发挥了什么样的作用？

2. 除了例题中表现出来的作用之外，引题还具有哪些作用？

A标题中引题和主题是一个句子，引题长句短化，引出主题；B标题中引题交代点出新闻事实的意义；C标题的引题用以交代背景、引出主题；D标题中的引题是对主题性状的描述；E标题中的引题说明了新闻事件的目的；F标题中的引题是对新闻事件发表评论；G标题是近年来引题的发展趋势，与过去简短单行的引题不同，现今的引题可以为一段，并由编辑站出来直接对受众诉说主体新闻事实的由来，以加强该新闻的价值，引起受众的关注。

3）副题

副题，又叫子题、下辅题。副题位于主题之后，是主题的后续，常用来补充交代新闻的次要内容（较主题说明的主要事实而言），说明主题的根据、结果或其他比较重要的新闻要素，起解释、印证和补充主题的作用。

在复合式标题中，副题与引题的分工一般为：引题主虚，副题主实，且内容较多、较具体，文字也长于引题和主题，有时根据需要可做成多行副题。引题与副题的作用不能替代，副题的作用视主题而定。如果主题以新闻事实作题，那这类标题的副题比较灵活机动：既可对主题做全面概括，又可对主题做部分解释；既可对主题做不可缺少的新闻要素的补充，也可对主题之外的次要事实进行补充，还可对主题进行续报。副题的内容视具体情况而定，可大可小，可深可浅，除了内容须是叙事外，无太多限制。如果新闻标题的主题以评论、抒情或疑问作题，标题中所需提供的新闻事实全部由副题承担。

副题的涵盖面较宽，伸缩性较大，变化较多，视情况可随意长短，使用也相当广泛，消息、通讯、特写、评论、调查报告、读者来信等各类新闻文体都可使用副题，一般都用来注释主题，或交代必要的新闻要素。

经典案例 6-6

A. 中科院院士八成以上是“海归”（主题）
出国留学人员还占中国工程院院士的54%、教育部直属高校校长的77.61%、博士生导师的62.31%（副题）

B.认真做好一分钱的小生意（主题）
青铜峡百货一门市部承包以后不损害消费者利益（副题）

C. 绥芬河机务段端正党风“约法三章”（主题）
发出禁令先禁自己，出现问题先查自己，解决问题先抓自己（副题）

D. 阜新县召开赛兔大会 （主题）
"家养十只兔，不愁油盐醋；家有百只兔，由穷能变富" （副题）
E. 文山在增高，会海在涨潮 （主题）
这样下去怎么得了！ （副题）
F. 纽约世贸中心何以垂直倒塌 （主题）
设计者王昭藩释疑 （副题）
G. 贫困地区花2000万搞庆祝 （主题）
四川万源市年财政收入仅4000万，财政赤字达1.6亿
请某歌星唱了四首歌花42万元，是当地农民年收入的210倍 （副题）
H. 瞧这一家子，个个都是热心肠 （主题）
赵淑珍一家团结和睦，常年为邻居做好事 （副题）

思考与提示：

1. 以上标题中，副题分别起到了什么作用？
2. 以上标题中，副题采用了什么样的表现手法？

A标题的副题用表示数量的文字，反映事物发展变化，使标题真实、准确反映客观事物的变化状态；B生意小到"一分钱"也认真做好，是这条新闻最有新闻价值的事实，用副题反映事实；C副题的三个排比句，对于加强绥芬河机关段党委带头端正党风的决心，是有力的烘托，给人以强烈的感染；D副题生动优美，形象而深刻地讲明了养兔的好处，读起来娓娓动听，朗朗上口，打破了传统标题的公式化、概念化、呆板化，很有现实意义；E运用精练的口语描述事物，使标题富有生活气息，有再现生活的魅力；F主题中提出疑问，副题指出疑问回答者为何人；G标题中几组数字的对比，如同绘画中的素描，给人以直观形象的画面，这种横向对比，能够直观地表达出两者之间的关系或差距；H主题中借用电影之名吸引读者的注意力，却是虚题，因此需要通过副题来使标题虚实结合，构成真正的标题。

3. 复合式标题应注意的问题

是否需要采用复合题的方式，应该根据新闻内容本身的重要程度来决定。一些简短的新闻，用单一式标题足矣，否则叠床架屋，反而给人以累赘之感。使用复合式标题要注意如下几个方面的问题：

1）要注意标题各部分之间的内在逻辑关系

复合式都是多行题，要注意引题、主题与副题之间分工合理，逻辑关系正确、清楚。虽然语言表述上没有"因为……所以"、"为了……""虽然……但是……"等关联词，但各部分之间实际上存在着一定的因果关系、目的与手段的关系等，这种逻辑关系不能搞错。如《禁毒迫在眉睫（引题）我国禁毒工作成绩显著（主题）》，此标题引题中的观点与主题所揭示的事实互相矛盾，逻辑上出了问题。

2）要注意标题各部分的语意连贯

不可给人生拉硬扯、语义不通的感觉。如《全国政协、中共中央统战部举行八旬以上老同志春节团聚会（引题）多活几年 多做些事（主题）》，此标题的主题与引题间语义连接不顺，因主题的观点没有事实支撑，即没有说明这是谁的观点或要求。

3）要注意标题分行合理、自然，使主题的意义完整

不能给人以生硬、牵强之感，更不可因分行不当，造成歧义。如《台湾围棋界要求当局（引题）准许聂卫平赴台比赛（主题）》，因主题的字比引题大，易给受众第一印象，因此初视这条标题有可能让受众以为台湾当局已经准许聂卫平赴台比赛了，而事实恰恰相反。为避免歧义，该标题最好改为单一式：《台湾围棋界要求当局准许聂卫平赴台比赛》。

4）要注意虚题与实题的结合

复合式标题常由虚题和实题组成，要正确处理其虚实关系，使虚题依据实题而存在，实题依托虚题得到升华。一般情况下，引题和主题可实可虚，副题多为实题，一条新闻标题可全部由实题组成，但不能全部由虚题组成，复合式标题中必须有一行实题。

二、新闻标题的种类

（一）新闻标题种类的划分

新闻标题的种类按照不同的方式可以有不同类型的划分，形式丰富多样。

1. 按文体划分

按照新闻文体中的各种形式、各种题材稿件来划分，可将标题分为消息标题、通讯标题、新闻评论标题、图片新闻标题、特写专访标题等。

2. 按新闻标题的结构特点分

按照这一标准来划分，可将新闻标题划分为单一型标题和复合型标题。复合型标题又可进一步分为主题、引题、副题。这一知识点在前面已经有了详尽的阐述，因此不在这里多加说明。

3. 按新闻标题的表述内容分

按照表述内容，可将新闻标题分为实题和虚题。

所谓实题就是表意实在、具体的标题，其特点是以叙事为主，直接概括性地表明新闻的基本事实，着重表现具体的人物、动作和事件。所谓虚题，是与实题相对的，其特点是以说理、议论为主，它直接明确地标示新闻内容所包含的政策原则、理论观点、要求愿望，指出其具有普遍意义的原则、观点、方法、精神风尚，阐释新闻的意义，揭示新闻的本质。

在消息标题中，虚题对实题具有依赖性，它要依附于反映新闻事实的实题而存在。一条消息可以没有虚题，但一定要有实题，实题可以独立存在。如果消息只有一个标题，那一定是实题。在评论标题和通讯标题中，对实题的要求没有消息标题严格，它们可以有实题，也可以没有实题，虚题以议论、抒情为主。

4. 按新闻标题在版面上的布局与位置分

按照这一标准，可将新闻标题划分为提要题、插题、栏目题、通栏标题等。

5. 按新闻标题的排列形式来分

按照标题的排列，可分为单标题形式、双标题形式、三标题形式和多标题形式。单标题形式是指仅有主标题的一种标题形式，这种标题表现力相对较弱，显得单调乏味。

双标题形式是指既有主题，同时又具备引题或副题之中的一种，双标题可以相互补充，以次辅主，层次分明。三标题形式是指同时具备主题、引题、副题的标题样式，它能更完整地表现新闻内容，使读者获得更多信息。多标题形式是指除了主题、引题、副题之外，还存在提要题或是插题等，但由于多标题过于烦琐，不够精练，在一般情况下很少用到。

（二）各种新闻标题的特点

1. 消息标题

消息标题是新闻标题中最常见的一种文体。从内容上看，消息标题要求标出新闻事实，交代必要的新闻要素，使读者一看标题就能够对这一新闻事件有一个大致的了解。新闻标题要求读者在未读正文之前就能够对时间有所了解，从这个意义上讲，标题本身就是信息的载体，所以消息标题标出事实是必然要求。从结构上看，消息标题采用复合式结构，可以有主题、副题、引题等，形式丰富多样。从时态来看，消息标题具有明显的时效性，要将最近的变动呈现给读者，要能够体现事件发生、发展的动态。从语法上来看，消息标题必须是一个意思表达完整的句子，句子的主要成分都不可或缺。例如《意大利大选尘埃落定，贝氏再度入主总理府》。

2. 通讯标题

通讯比消息更为详细、生动地报道新闻事件的发生发展、人物的成长经过，篇幅比较长，表现手法更加多样。相对消息标题来说，通讯标题的特点主要有：

其一，通讯标题可以标出新闻事实，也可以不标出，多数情况下，通讯标题不标出新闻事实。因通讯常常在新闻之后，向受众提供更详细的事实和背景材料，以生动的形象、曲折的情节、细致的描写来感染受众，所以，它的标题不一定强调要有具体的新闻要素，而可以是抽象的概括，含蓄的提示。它不像消息标题那样重在叙事，而重在抒情或是议论。

其二，通讯标题对事实的表述多数呈现的是一种静态。从语句来看，标题中有“的”字结构，回答的是“是什么”的问题，呈现一种静态，此外，有“为了……”、“从……到……”、“……是……”等形式的语句，也都表示一种静态，这类标题多为通讯标题。

其三，通讯标题的结构不如消息标题的结构复杂，通常不采用引题，在副题的运用上，也与消息不一样。通讯标题的副题多用来说明作者写作本文的对象、意图以及采写的方式等，而不像消息标题那样需要补充报告新闻事实，因而通讯标题的副题前常常标有破折号“——”，消息标题是没有的。在语法关系的完整性上，与消息标题相比，要灵活自由得多。它可以是一个主谓宾完整的句子，也可以是一个短语。

3. 新闻评论标题

新闻评论是以新近发生或正在发生的新闻事实为评论对象的一种政论文体，是新闻性与政论性和谐统一的文体，它主要从政策上、思想上、理论上进行分析，探讨社会中迫切需要解决的问题，是媒体最直接最完善的发言手段，是体现传媒政策水平和政治素质的旗帜。新闻评论标题除了有与消息标题、通讯标题共同的特点外，评论标题也有其自身的特殊性。

（1）新闻评论标题重在说理，而不重报告事实，因而无需强调交代必要的新闻要素。

（2）新闻评论标题的结构也比较简单，除了主题外，副题可有可无，而一般没有引题。

（3）评论标题是对新闻主题的提炼和概括，强调“言简意赅”、“片言以居其要”，用最简洁的文字将作者的立场、观点旗帜鲜明、震人心魄地表达出来，以达到强烈的号召性和论战性效果。

4. 图片新闻标题

随着“读图时代”的到来，图片新闻日益为媒体所重视。图片新闻的标题是图片新闻的内容和主题的高度概括，它是引导、帮助和影响受众去欣赏新闻图片的简短文字说明。一幅或一组新闻图片，冠以精彩的标题便可以把图片要表达的思想内容完整地奉献给受众。其中标题起着画龙点睛的作用。图片新闻标题的制作应注意以下几点：

首先，题图相符。图片新闻的标题是对新闻图片基本事实的高度概括，标题须以新闻事实为根据，就事定题，题与图所反映的内容高度一致，做到图片是标题的形象展示，标题是图片内容的具体说明。

其次，文字简洁。图片新闻的作用之一就是减轻阅读疲劳，使受众一目了然。与之相配的图片标题也应言简意赅，用最少的文字标出新闻事实，帮助受众理解图片内容。如果文字繁复，有可能弄巧成拙。

再次，新颖别致。对于图片新闻，编辑不能仅仅满足于新闻的简单告知，还应在主题上深入挖掘，在司空见惯的形象中独具慧眼，显出与众不同的立意，使图片新闻的标题立意“源于图片，高于图片”，从而制作出新颖别致的标题来。

5. 提要题

提要题又称提示题或内容提要，是介于标题与新闻正文之间的、对新闻主要内容进行概括的一种简短文字，辅助和解说标题中传达的最重要内容。与标题相比，内容提要更详细，传达的要素更多，但与正文相比，它又要简短得多。内容提要通常用于比较重要、篇幅比较长的新闻，从形式上看，内容提要很接近新闻导语，但它比导语更加简练和浓缩。内容提要通常位于新闻标题之后、新闻内容之前，也可插入内容中间，加框或加线以示区别。内容提要的字较标题一般略小些，不过网页上的提要题也可与标题字一样大小。

近年来，提要题的用法大大突破了原来的范围，更加灵活多变，不拘一格：一是，写作手法比较感性，如今的提要题既可概括内容，也可渲染气氛，增强感染力。而传统的提要题，多为概括内容和观点，写法较平实。二是，注重对选择部分内容加以归纳，或只选择结论部分加以提示，或只提示某些现象以激起人们的兴趣，而不是一味地强调全面概括新闻事实和观点。三是，改变过去一味地从编者角度对正文进行提要的惯例，有时从作者的角度，以说明写作出发点等来对正文进行部分涉及和展开。此外，提要题与副题的界限难辨，改变提要题的位置相对固定，而依报纸版面或网站页面需要而确定等，也都是近年来提要题发展的新趋势。

6. 插题

插题，又称分题、小题，它是分别插在新闻内容中的小标题，是文中某一段落的概括，插题多适用于较长的报道、通讯或特写。插题可以是内容提要式的，总结或提示段落内容，也可以是画龙点睛式的，点出文中最精彩的一点；既可以是客观的表达，也可以是编辑者的主观评说。插题多为一行，较其他标题语言更简洁、凝练。插题是文章的脉络，也是概括文章的纲目。

一条新闻里，一般来说，并列的插题至少有两个，插题可采用统一的格式，即字数、句式相同或统一引用人物的话等，格式也可以稍有变化。插题好处在于可打破长文章带来的版面沉闷感，使编排更为醒目有条理，中心更为突出，帮助受众更好地理解新闻内容。

7. 栏目题与通栏标题

栏目题又称专栏题，是指把两篇以上内容相关而又各自独立的稿件集纳在一起，组成一个专栏，并冠以一个总题——栏目题。其作用是概括本组稿件的中心思想；提示本组稿件的中心内容；提要求、发号召，或提倡某种精神、做法等。

通栏标题是与版面或页面横度等长的特大标题，又称通栏题。通栏题居于一个版面或页面的显著位置，通常在版面或页面的顶端，用于特大的新闻，或强调某个时期的工作中心和指导思想，或对某个重大事件表明态度、强烈感情、愿望等。由于通栏题的指导性、鼓动性、显著性都很强，在使用时，要慎重为之。

经典案例 6-7

1. 消息标题

A. 酒后闹事打人，妻子起诉离婚（引题）

丈夫当庭跪求“和解”（主题）

B. 在歹徒用菜刀砍杀一个无辜儿童时，她奋不顾身冲上前去与之搏斗，身上留下三十处伤痕（引题）

女工程师白雪洁，谱写钢城正气歌（主题）

2. 通讯标题

A. 战士义勇非凡，人民恩重如山（主题）

某红军团班长徐洪刚勇斗歹徒负重伤之后（副题）

B. “放风筝”的艺术

C. 攀枝花，中国钢铁工业的骄傲

3. 新闻评论标题

A. 从严治党是场总体战

B. 让信仰的光芒力透时代

4.提要题

A. 坚持问题导向和科学思维（主题）

要努力在全面建成小康社会进程中走在前列，就必须紧紧围绕“四个全面”战略布局，坚持问题导向和科学思维，在解决薄弱环节和突出问题上狠下功夫

（提要题）

B.“依法治军”按下快进键 （主题）

军队越是现代化，越是信息化，越要法治化。深入推进依法治军、从严治军，是全面依法治国总体部署的重要组成部分 （提要题）

5. 插题

A.“官员朋友圈”也该管管 （主题）

日前，江苏省委出台从严管理干部20条具体措施，其中一些规定延伸到社交圈、生活圈，加强对干部八小时工作之外的监督。这一消息引发社会热议

（插题）

B.“一带一路”承载和平发展美好梦想 （主题）

曾经，世界这样追问：“‘一带一路’是什么”，“‘一带一路’将给世界带来什么”……

如今，世界这样回答：“伟大的国家应当参与伟大的事业，而‘一带一路’是真正伟大而具有历史意义的事业”，“‘一带一路’将帮助整个沿线地区以和平而繁荣的方式共享发展成果”…… （插题）

思考与提示：

1. 以上各类标题中，分别具有什么特点？
2. 体会不同类型标题的写作风格，并试着写出各类标题。

第四节 新闻标题的拟制与优化

新闻标题是新闻作品的窗口，是在阅读新闻时给读者留下的第一印象。标题的好坏直接影响着新闻作品的传播与认可，同时，也是最能体现新闻作者以及编辑写作水平的一个部分。新闻标题的拟制作为新闻写作的一个重要部分，有着自己独特的拟制步骤与拟制方法。

一、新闻标题拟制的基本步骤

新闻标题的种类多样、形式多变，因此在拟制不同类别的标题时，其步骤与方法也是有所区别的。但是，从整体上看，标题拟制的基本步骤大同小异，一般都要经过阅读全文、提炼主旨、文字表达、修饰优化几个基本步骤。

1. 阅读全文

在拟定标题之前，首先要仔细通读新闻稿件，了解新闻事件的主要内容。只有对新闻事件有所熟悉，才能做出符合标准的标题来，因为标题来自正文。在阅读稿件时，要对导语有特别关注，因为最重要、最新鲜、最精彩的新闻内容往往凝练在导语里，导语便

成为了标题拟制的重要依据。

在阅读稿件时，编辑应着重思考两个问题：一是抓住新闻的中心思想。因为一篇新闻题材所体现的中心思想或基本倾向往往是标题编制的关键要素，主题源于题材，是对题材所蕴含的价值和意义的发掘、提炼和概括。编辑在阅读全文的基础上提炼出好的主题来，然后用简洁的语言将之呈现出来。二是注意发现新闻中题材的新异性。新异就是特色和个性，有特色的标题，于平淡中见神奇的标题，定能吸引受众，反之，平淡无奇，很难引起人们的兴致。

2. 提炼主旨

提炼主旨即对标题内容的酝酿与构思的过程，旨在通读原稿的基础上，把新闻中最具有传播价值和意义的内容提炼出来。首先，编辑需要对新闻内容进行分析和比较，将新闻所包含的内容进行分解，弄清楚新闻一共记述了哪些内容以及这些内容的性质、意义是什么，比较这些内容中哪一个最具有传播价值和意义，权衡轻重、利害等。其次，确定标题所要表现的内容。在提炼主旨阶段除了确定标题内容外，还要对标题的表现方式进行构思，即标题以务实为主还是以务虚为主，是概括表现内容还是重点突出方式来表现等。

3. 文字表达

文字表达即把提炼主旨阶段已经确定的标题内容和表现形式用适当的文字把它表现出来。这里需要考虑两个方面的问题，一是考虑标题的结构，即采用单一式还是复合式标题。二是考虑标题文词的选用、斟酌和推敲，力求做到言简意赅、深入浅出、通俗易懂、生动吸引人。

4. 修饰优化

这是标题制作的最后程序，也是必不可少的一个程序。好文章不是一次性写出来的，而是反复推敲出来的。“文字频改，功夫自出”。标题制作也是这样。不过，由于新闻的时效性，可能允许编辑思考琢磨的时间不会太长，但是，只要时间允许，就必须好好琢磨推敲。

经典案例 6-8

在东山当一把手，从不让家里人、身边人搞一点特殊；大半辈子与林业管理打交道，从不沾公家一寸木材……这就是谷文昌，一个无论走到哪里都廉洁为政、清白为人的干部，一个没留下多少清晰影像却清晰留存在群众记忆里的干部。

100 个好干部，有 100 种画像。但清廉，始终是雷打不动的一条“标配”。清廉不是“胎里带”，它源自于对党纪国法的敬畏遵从，积淀于一点一滴的风纪考验，升腾于炉火纯青的党性修养。谷文昌的可贵之处就在于，他自觉把党纪国法、公义廉耻作为心间戒尺，将干事创业、为人处世的根基立稳在了从严自律上。“当领导的要先把自己的手洗净，把自己的腰杆挺直！”他是这样说的，更是这样做的。他用权以廉、持身以正的宝贵品质，正是今天各级干部尤需补充的精神钙质。

有人悲观：物质条件改善了，谷文昌对待家人的苛刻态度，今天很难效仿。有人质疑：现在"糖弹"那么多，"围猎"那么猛，谷文昌也不是"万灵药"。情况真的是这样吗？在物质极其匮乏的时候，谷文昌尚能做到一袋饼干、一顿饭都公私严明，如今，公职人员待遇福利改善了，不拿公家一丝一毫、不沾民利一分一文反而更难做到，哪有这种道理？严以用权、严于律己，不是做不到，关键是在公与私、情与法、利与义的较量上，敢不敢摆正自己的位置，割舍下一己私利。

认为"时代变了，清廉也要跟着折腰"的观点，错就错在没认清腐的病根、廉的本源。一犯事就责怪"权力让人犯晕"，喟叹诱惑容易让人迷路，埋怨组织没有及时敲打，却都忽视了主观责任。清廉与否，既靠他律，也靠自律。自律不是信誓旦旦的承诺表态，而是要念好自律自省的紧箍咒，从严从实守住每一个廉洁风险点。所谓"寸心不昧，万法皆明"，思想上不染一尘，为人处世才有一身正气；思想上一旦变质，便失去了最好的"廉政保险"，出问题是早晚的事。

"廉洁自律是共产党人为官从政的底线。"不管时代怎么变，自律的要求不能松。越是诱惑陷阱来势汹汹、讨好逢迎此起彼伏，就越应当系紧思想的安全带，及时扫除"升不上去弄点钱来弥补"的失衡心态，坚决摒弃"被抓的总是少数"的侥幸心理，果断放弃"别人贪我岂能旁观"的攀比思想。为官者心中有"畏"，才会换来百姓心头的"敬"。如此，法治信仰才立得起来，清风正气才树得起来。

当年，省委书记来东山视察基层，谷文昌提议用水煮番薯、清炒青菜来招待，周围人嘀咕："会不会怠慢上级？"但守得住权力底线的人，才会真正收获组织和群众的信任，抵达人生的高地。心中有戒，既是对党性的清醒把握、对法纪的成熟认知，也是对优秀传统的继承、对党内规矩的坚持。把党性铭刻在心中，人格力量才能永不失色。

每个人都是政治生态的一个"因子"。像谷文昌那样，在心底种下抗御风沙侵袭的木麻黄，助它清秀繁茂，护它磊落参天，茁壮的木麻黄，一定可以挺立成长为护佑良好政治生态的"顶天梁"。

——引自《人民日报》(2015 年 04 月 13 日 04 版)

思考与提示：

阅读上面一则新闻，根据标题拟制的基本步骤，试着为新闻拟定标题。

此则新闻原标题为"心中有戒，用权才有底线"。

二、新闻标题拟制的基本原则

1. 词句精练，用词准确

标题的拟制，就是以语言文字为制作工具来传递信息。相比正文的以句子为单位，标题因字数的限制，必须以词汇为单位，来阐明整篇新闻所要表达的中心思想与重点内容，概事达意，传递信息。因此，标题对词句的要求更加精准、简练，应选用最恰当的词语来提高表达效果。在新闻标题制作的过程中，对词语的推敲需要坚持如下几个原则：

1）用词规范，准确精当

标题的词语必须依托新闻，能够直接或间接地对新闻内容进行概括，不可编制虚假标题。同时，标题的语言应言简意明、含义明确。

2）含义丰富，明白如话

汉语词语丰富，在表达同一概念时也会存在多种多样的词语可供选择，因此在推敲词语时，尽量选择既有高度概括力又有丰富含义的词汇，使之成为能启发和引导读者进行联想的契机。

3）具体形象，化静为动

标题同正文一样，要用形象、生动的事实去感染读者。词语本身没有形象性，但不同的词却能不同程度地唤起读者的形象感。所表达内容越具体的词，就与表象联系得越紧密，越能唤起读者的联想。

4）句式简洁，语气恰当

在句型的选用上常用肯定句、主动句，因其结构简单、句型完整、言简意赅、直截了当。恰当的语气也可以细微地表达笔者的感情与态度。

2. 题文一致，真实无误

标题作为新闻的窗口，是新闻内容的浓缩、提炼和概括。做到题文一致、真实无误是标题编辑的一项重要原则。因此，在标题拟制的过程中，要避免片面追求生动而对事实进行“扭曲”；避免因词语搭配不当而产生的歧义；避免因省略、引文和成语的使用不当而产生的差错。

3. 要素齐备，语义完整

任何事件都有导致其发生、发展的原因、现状和结果。这是构成事件的基本条件，是事件的普遍属性。这种普遍属性，用新闻术语标识出来，就是新闻的六要素，即时间、人物、地点、原因、经过和结果。它是新闻所传播的事实最起码的存在形式，是新闻事实让读者可读、可信的基本条件。标题的制作艺术关键就在于对六要素的准确把握以及精确表达。

4. 评论适度，表达得当

标题具有传播事实和评价事实的双重功能，在编辑标题时既要做到态度鲜明，又要做到持之有度。“度”就是尺度、准绳，就是要符合实际，符合法律法规，符合社会道德和行为规范。

5. 突出重点，体现价值

新闻价值，就是新闻事件所包含的能够吸引读者注意力的因素。新闻价值观念和一切观念形态一样，是社会存在和生活实践的反映，起着调节人们情绪、兴趣、意志和态度的作用。构成新闻价值的要素是丰富多样的，大致有新鲜性、重要性、接近性、显著性、冲突性和趣味性。如果把新闻价值的要素凝聚在标题上，则能够诱发读者的阅读兴趣。

6. 生动活泼，亲切贴近

新闻标题不仅要准确地传达新闻内容，还要讲究生动活泼、亲切贴近。所谓生动活泼，就是要把新闻中的精华告诉受众时，要讲究生动性，以优美的形式吸引受众，给受众一个良好的“第一印象”，以激发受众感知新闻的兴趣。如果第一印象不好，势必会影响受众对这条新闻乃至这个媒体的态度。要使标题做到生动活泼，不妨从两方面着手：

一是标题状物言情力求形象化。所谓形象化，就是化静为动，化虚为实，引人入胜，让受众可以感觉和触摸。

二是运用好修辞，通常运用比喻、对偶、对比、排比、拟人、双关等修辞手法，把标题制作得活灵活现。

所谓亲切贴近，主要是指新闻内容与受众在地理和心理的距离越接近越容易受到人们的关注。正因如此，新闻标题的制作就应以此为原则。造成接近的因素很多，诸如地理、年龄、性别、人生经历、思想意识、文化修养等等，有些因素可引起受众普遍的心理共鸣，如亲情、友情、爱情、同情、仁爱、忠孝等，这些因素常常能够突破时空的限制，使广大受众都对同一事件产生兴趣。因此，编辑应有意识地选择一些与受众生活、情感、思想有一定联系的内容要素，在新闻标题中标示出来，使之成为沟通受众与新闻信息的桥梁，使之能够在受众心理上产生亲切贴近感，产生共鸣。

经典案例 6-9

A.“夏斐事件”再次重演，“望子成龙”又酿悲剧　　（主题）

杭州一母亲恨子不成器竟与儿子一同自尽，母身亡儿幸免　　（副题）

此则新闻标题表面来看符合标题编制的基本要求，但“望子成龙又酿悲剧”意思就欠准确，不恰当。因为“望子成龙”本是天下父母的共同心愿，何罪之有？现在关键的问题是要正确引导，要让每个家长都懂得教育子女成才应从个人实际出发。因此不能说“望子成龙”是悲剧之源。

B. 申花外援“二桃杀三士”　　（引题）

佩特科维奇可能最终出局　　（主题）

“二桃杀三士”这个成语出自《晏子春秋·谏下二十四》，意为使用阴谋手段借刀杀人，将两个桃子赐给三个壮士，三个壮士因相争而死。这显然与事实极为不符。

C. 美国《观察家报》披露，为推动联合国通过授权对伊动武新决议　　（引题）

美英窃听联合国　　（主题）

主要针对立场不定的国家，部分常任理事国也似成了目标　　（副题）

主题以 7 字构成主谓宾结构句，简洁、具体地向读者披露了一个让世人震惊的新闻。引题与副题着重表达了“为何”与“如何”这两个要素。整个标题简练具体、重点突出、要素齐全、新闻性强。

D. 一副眼镜 18 万，一个手机 24 万……世界奢侈品牌纷纷跃进国内　　（引题）

消费升级：奢侈品时代来临　　（主题）

这则标题不禁让人沉思：时代是大众的，如今我国广大人民群众是否普遍具备消费如此昂贵的奢侈品的实力和心态？随着生活水平的提高，人们的消费能力确实有了较大的提升，但对于奢侈品，依然是少数人能够负担得起的，因此把这样少部分人的行为就说成是一个时代的来临有点言过其实。

E. 甲子昨宵尽，"牛娃"伴春来

这则通讯标题，前五个字点出了新闻发生的时间，后五个字点明新闻所言何事以及隐藏在字中的主题思想，让人读起来生动有趣，突出了标题的趣味性。

F. 多地驾校学费猛涨，上海破万元

驾校学费问题是人们关注的、与日常生活息息相关的问题，此则标题贴近生活，能够使读者产生共鸣。

思考与提示：

(1) 以上标题中分别体现了标题制作的哪些基本原则？

(2) 对于不恰当的新闻标题，请根据所学予以修改。

三、新闻标题拟制的技巧

（一）好标题的标准

新闻标题是业务，也是艺术。说它是业务是就一般意义而言的，是指新闻要有标题，新闻编辑制作出来的标题，要合乎规范、规格等等。说它是艺术是就特殊意义而言的，是指制作出好标题来，需要花大力气，还需要高水平。要制作好标题来，首先要有好的新闻稿件，但是有了好新闻稿件，未必人人都能制作出好标题来，这其中大有学问。

好标题固然是有标准的。这个标准既包括一般的基本要求，比如要求标题具体、准确、鲜明、生动、简练等，要求符合标题制作的基本原则；也包括高水平标准要求，关于这一"高水平标准"，复旦大学新闻学院的叶春华教授把它归纳为九个"一"，那就是：

第一，就它的生动吸引人讲，它应该使读者"一见倾心"；

第二，就它的简洁明快讲，它应该让读者"一目了然"；

第三，就它忠于新闻事实讲，它应该是"一片丹心"；

第四，就它对新闻内容高度概括讲，它应该是"一语破的"；

第五，就它提供的信息的价值讲，它应该是"以一当十"；

第六，就它的笔触犀利讲，它应该是"一针见血"；

第七，就它的逻辑说服力讲，它应该是"一言九鼎"；

第八，就它的含义深刻讲，它应该使读者"一唱三叹"；

第九，就它给读者的印象讲，它应该是"一曲难忘"。

上面的九个"一"标准，当然是理想化的"目标"，每个好标题不可能要求这九个"一"都集中于它一身。但每个好标题在具体、准确的前提下，都应该具备这其中的几条，至少要有其中的一技之长。

（二）标题拟制的技巧

如今新闻竞争激烈，新闻竞争很大程度上始于标题的竞争。俗话说"题好一半文"，这是其一。其二，根据人的视觉线位移规律，标题通常是诉诸受众的第一感觉。美国学者威廉·梅茨认为,"抓住读者或失去读者,取决于新闻稿的第一段、第一句,甚至第一行"。标题位于正文之前,且字比新闻正文大,无疑是抓住受众最重要的因素。再说,从接受心理活动规律来看,人们总是通过最醒目的部分来衡量某个事物是否具有审美价值,而标题的"眼睛"和"门面"的特性,很自然会成为人们判断新闻稿件是否具有接受价值的一个重要而直接的依据。所以,制作好标题是增强新闻竞争力的一个关键因素之一。

不过,不是所有的新闻稿件都能制作出好标题来的,如新闻稿件内容不太好、质量不高的。或内容和质量均不错,但涉及的问题和政策难度均极高,如会议新闻、类会议新闻、季节性新闻和类季节性新闻等,这样即使是有水平和经验,并很努力和认真地编辑,也无法或很难制作出好标题来。当然,对于难以制作出好标题的新闻稿件来说,编辑也需努力为之,尽可能把标题制作得好一些,这既是责任所在,又是一种锻炼。

那么,如何制作出好标题呢?掌握技巧是必须的。下文将介绍一些基本的制作技巧。

1. 注重整体结构,突出"第一印象"

所谓重视标题的"第一印象",是指要求编辑在制作标题时,从内容到形式,要千方百计地让受众先了解他们最需要的事,或者是编辑最需要让受众最先了解的事,以便争取最强的时效性和最好的传播效果。在单一式标题中,这个问题比较简单,因为它只有一行题(主题),无所谓"先"或"后"、"主"或"次"的区别,因此只要标题准确地概括了新闻的主要内容,都可以认为它是符合要求的。在复合式标题中,这个问题就比较复杂了:在题式上,它有引题、主题和副题的差别;在内容上,它有"首要"、"次要"、"再次要"的差别。所以编辑在制作标题时就要做些推敲。

两行题通常有两种题式:"引题+主题"、"主题+副题"。三行题通常只有一种题式:"引题+主题+副题"。这些题式各有其特点和功能,但彼此内容的安排,是十分讲究的,需要认真推敲才是,只有这样才能凸显标题的"第一印象"。

2. 巧用动词,增添活力

好标题多表现出了新闻本身的动态,因为客观事物本身都具有运动的属性。标题由文字构成,文字本身是凝固的,要使标题表现动感,需要巧妙地选择那些能够唤起形象、表现动作的文字来组成标题,使受众凭着对这些文字的理解,而产生想象和联想,在头脑中浮现具体的形体与活动的画面,从而生出见题如见物、思物忆事的动感。富有动感的标题,一般要具备如下几个要素:一是要通过拟人、拟物来唤起形象、实体和动作的联想;二是用绘声绘色的细节描述来展现画面和现场;三是巧用动词来唤起动作的联想。

值得注意的是,动词是汉语词汇中最活泼、最富于表现力的因素,它善于描摹事件的发展、变化,善于表情达意。巧用、活用一个生动、富有个性的动词,常常会引起受众无穷的联想。如《体彩摇出三个"没想到"》,标题用的动词是"摇",与体育彩票的特点非常吻合,而宾语是"三个'没想到'",在搭配上又给人以耳目一新之感。这种使用动词的手法在修辞方式中称为"拈连",即根据主语或宾语的特点来选用富有表现力的动词。

3. 渲染意境,传神生辉

"意境"原本是中国艺术美学中最本质的特征,中国艺术美学着意追求的是超越客观物象的神韵意境，是所谓“象外之象”、“韵外之致”、“弦外之音”。这种见于言外的无穷无尽之意是中国美学推崇的极致。

新闻标题无论是印在报纸上，还是再现在荧屏上，都是平面的，但好的新闻标题应该是“立体”的。就是说，标题不应字完意完，而是应留有余地，让受众去领略、回味、想象和思索比标题字面表达的更多的东西，亦即好的新闻标题应有话外音、言外意，余音绕梁，余意不尽，要留有“艺术的空白”。一句话，好标题要富有“意境”。

那么，怎样才能使制作的新闻标题富有“意境”呢？首先，须在标题的高度凝练、概括上下功夫，使标题所用语言能以少胜多、万取一收。其次，须做到情景交融、以景寓情。以物以景为依托，寓情于其中，即把具体的事实物象作为传情、表意的载体。再次，力求虚实相生、神形兼备。所谓虚实相生，即只把一些寓于暗示性、诱导性的言与象呈现出来，而有意留下许多空白与余地，让受众自己去体会、去品味、去参与创作，去填满这些空白与余地，从而激起受众无穷的思绪、无尽的联想。虚实相生的手法运用得好，不仅能达到言有尽而意无穷的耐人寻味的艺术境界，甚至能收到“不着一字，尽得风流”的审美效果。所谓神形兼备与虚实相生一样，也是通过具体、鲜明、生动而富于启发的物象，来唤起受众的无限思绪，去发现、发掘它们的内蕴，去补充、丰富它们的意义。虚实相生、神形兼备的手法，还可充分利用新闻标题的引题、主题、副题的分工，给予灵活运用，做到虚实结合。此外，巧用古典诗词也能使标题富有意境。

4. 突显戏剧效果，吸引读者注意

人们评价戏剧艺术的优劣常常以“有戏”、“无戏”来论。这里的“戏”简言之就是“戏剧冲突”，“有戏”自然能吸引观众。标题制作也是如此，“有戏”的标题就是好标题，“有戏”的标题自然能抓住受众的注意力。如何才能使标题“有戏”呢？关键在于编辑要善于找到新闻的“戏眼”，利用戏剧的基本表现特征，把精彩的片断和情节标出来。具体方法有：一是运用巧合、误会、冲突、夸张等戏剧表现手法；二是设置悬念；三是采用悲喜剧的形式。

5. 饱含激情，声色俱全

一个好标题，除了具体准确之外，还得讲究“色、香、声、味”。因为诉诸如视觉和听觉，它们常常能最先敲开受众的“心扉”，引起他们接受新闻的强烈欲望，提高接受效果。特别是鲜明的色彩能够强烈地刺激人们的视觉感观。新闻标题中运用色彩词产生的效应主要表现在三个方面：一是通过色彩词的比照衬托，给人形象的美感；二是通过色彩词语描绘事物，使人印象深刻；三是通过色彩词深入浅出地张扬主题，给读者以启迪。

6. 活用古词，巧取珠玉

中国是诗歌的国度，古典诗词凝练精粹，富有诗情画意和哲理，在标题制作中，到古典诗词中巧取珠玉，贴切地引诗词入题，常能使其增加色彩和情致。引诗词入题的常见方法有直接引用、截取引用、变换运用、临摹引申、搭配对用、留形换意。截取引用，即截取原诗词一个独立的意思为题，或与其他语汇组成新的句形；变换运用，即将诗词中某个字(词)加以更换，或使之更为切合文义，或使其赋予新的含义；临摹引申，即仿原句以引申其意，或赋予新意；搭配对用，即根据实际的需要取依据古诗词配成新的联句；留形换意，即保留原有的音韵和句式，内容却以问题概事达意地需要灵活运用等。

7. 巧用修辞，文题增辉

修辞是指对文章的用词、造句以及谋篇布局的斟酌和推敲，是用语言文字表达思想感情、修饰词语从而把话讲得更准确、鲜明、生动的一种技巧。在制作标题时，通常可以运用比喻、对偶、对比、借代、排比、拟人、双关等修辞手法，把标题制作得形象生动。

8. 落笔在实，巧用数字

在标题的制作上，一提起数字，也许有人会摇头感叹：抽象枯燥的数字使人累赘、乏味。其实数字很是神奇，巧用得好可以使稿件中抽象的叙述变得形象生动，可以突出重要的信息内容。如《"大学生就业招聘会"两万余人挤抢 1.5 万岗位》、《沪深股市 1000 多只股票下跌 上证综指跌破 2700 点》。这两个标题中分别用数字很好地表达了大学生就业招聘会的盛况和股市下跌之势，实在、直接、醒目，比抽象的概括显得具体可感。可见，巧用数字，既是制作标题表情达意的重要手段，又是治"空洞"的好办法。那么，怎样的数字必须写进标题呢？一般来说，一是用以反映客观事物的变化状态；二是数字成为新闻价值的主要体现者；三是用以说明最主要的新闻事实的重要组成部分；四是设置悬念的特殊需要。巧用数字，首要的就是要"精"，即所用数字必须要具有新闻性；其次要用得活、用得好，要有艺术性。

经典案例 6-10

1. 注重整体结构，突出"第一印象"

A. 我国航天发动机技术多变量控制获重大突破

B. 速度合理，保持发展定力（主题）

二论如何看待新常态下新变化（副题）

C. 为世界联通筑路，做相知相善使者（引题）

西安，时机好天地宽（主题）

A 单一式标题简单清晰，将重点内容集中概括出来，以最简洁的语言传播新闻信息。B 引用复合式标题中"主题＋副题"的形式，在主题中对中国经济新常态给予概括性评价，而在副题中补充新闻内容，使读者了解新闻正文的写作目的。C 使用复合式标题中"引题＋主题"的形式，在引题中引出西安在"一带一路"中的作用，在主题里表达这一政策对西安发展的加速作用。

2. 巧用动词，增添活力

A. 90 后，来了

B. 公斤终于打败了磅（主题）

英国度量衡的一次"革命"（副题）

A 青年是标志时代的最灵敏的晴雨表，伴随互联网长大的 90 后究竟是怎样的一代人？他们的青春之歌是怎样的旋律？一个"来了"使读者走近 90 后，倾听这群"新新人类”的心声。B标题好在“打败”一词用得精准、富有动感,“终于”一词说明“公斤”在度量衡中获得法定主人地位的不易,此标题抓住要旨,传递的信息量较大。

3. 渲染意境,传神生辉

A. 隔墙有“尔”

B. 拉鲁湿地,让拉萨深呼吸

A标题巧妙地运用了“隔墙有耳”这个耳熟能详的成语,将“耳”换成“尔”,在现代科技进步的今天,窃听已经成为各国防范的重要内容,而“尔”在汉语中有“你”的意思,好似在问:你有没有窃听呢?这使标题生动传神,富有感染力。B标题则揭露了地处市内的拉鲁湿地对改善拉萨市的生态环境有着极为重要的作用,“让拉萨深呼吸”生动地体现了保护拉鲁湿地对于拉萨的重要性,就像空气对于人的重要性一样,只有科学规划和管理好高寒湿地生态系统和生物多样性,拉萨的生态环境才能富有生机。

4. 突显戏剧效果,吸引读者注意

A. 绍兴市中医院门前一幕（引题）

无私农民救少年,渎职医生壁上观（主题）

得知少年医生子,再行抢救为时晚

B. 全国游泳冠军赛收获4枚金牌,两次游出今年世界第二好成绩（引题）

孙杨,世锦赛上见!（主题）

A标题既凸现出了医生渎职与抢救病人的矛盾冲突,又突出了无私农民与渎职医生的两种截然不同的对立态度,还抓住了病人为医生的儿子,而医生不知道这个巧合、误会,使渎职的必然恶果通过贻害自己儿子的偶然结果表现出来,这样一波三折,触目惊心,标题很有“戏”,属悲剧,不仅渲染和增加了标题的吸引力,而且产生出了强烈的警戒教育作用。B标题既表达了对孙杨在之前比赛中优异表现的赞扬,又体现了对世锦赛上孙杨表现的期待,使读者产生共鸣,共同关注孙杨接下来的成绩。

5. 饱含激情,声色俱全

A. 春风不让一木朽,十万浪子终回头（主题）

一大批内地囚犯在新疆兵团改造成新人（副题）

B. 上海有一个怪病人（引题）

酒后昏睡三年未醒（主题）

血压、心跳、呼吸正常,每天吃六顿（副题）

A标题最动人的莫过于那喜怒哀乐、文情并茂的激情,它富有强烈的感情色彩,能给读者以感染力量,体现了对“浪子回头”的欣喜与鼓舞。B标题中“每天吃六顿”一句将此怪人的日常生活比做正常人,体现了一个昏睡的人的能动性。

6. 活用古词,巧取珠玉

A. 江山代有人才出

B. 助人何必曾相识,精神文明谱新歌

A标题直接引用了清代诗人赵翼所作的《论诗》中的一句,用来说明各个时代都会涌现、造就出大批的人才来。B标题前一句是从唐代诗人白居易的《琵琶行》中置换而来,多来比喻有相同遭遇,在这则新闻中,标题主要呼吁了即使素不相识,也可以互相帮助的良好的社会风气。

7. 巧用修辞,文题增辉

A.“机器换人”得等苹果成熟了

B. 请“南郭先生”让位（主题）

大定堡乡辞退13名不合格教师（副题）

A“机器换人”是指用机器代替工人的手动劳作,“等苹果成熟了”一句用比喻的修辞手法将时机比喻成苹果,实际上是指“机器化劳作”要等到科技与人们的生活水平达到一定水平后才可以实施。B标题中用比喻的修辞手法,将不合格教师喻为“南郭先生”,生动形象,富有趣味性。

8. 落笔在实,巧用数字

A. 环保部数据:“水十条”可拉动GDP增长5.7万亿元

B. 3月份全社会用电量下降2.2% 创70个月新低

两则标题都以实际数据作为标题,真实可靠,更具有说服力。A标题的“5.7万亿元”体现出了“水十条”对经济的巨大贡献,表达了对今后“水十条”作用的展望;B标题中“下降2.2%”和“70个月”都以确切的数据表现用电量的下降,同时体现了我国节能减排政策实施的良好功效。

思考与提示:

(1) 以上新闻标题在表现手法上具有什么样的特点?

(2) 除了以上叙述的标题制作技巧,还可以运用何种技巧?

四、新闻标题的优化

新闻标题的优化是制作者的自发需求,是读者的迫切需求,是标题自身完善与改进的需求。所谓“磨刀不费砍柴工”,在新闻标题上花费的心思与得到的效果可以说是成正比关系,即越是细心钻研构思标题,越能够编制出吸引读者注意力的标题。

标题是新闻的“眼睛”,一个好的标题会使整个新闻作品具有吸引力。新闻标题的拟制过程需要经过千锤百炼,以此达到理想的效果,因此,记者和编辑们都会想尽一切办法使新闻标题语言凝练,使其富有吸引力与感染力。然而,许多初学新闻或在制题上难以找到突破口的新闻工作者提出了这样一个困惑:如何才能又快又好地理清思路,制作出一条相对优化的新闻标题?这就需要优化新闻标题的研究来指导标题制作的实践过程。

(一) 标题拟制中信息采集的优化

信息,是物质存在和运动状态的陈述与反映,就新闻来说,它所传播的是大千世界众多信息中的一部分信息,我们称之为新闻信息。所谓新闻信息,指新近发生的为公众所关注的、具有新闻价值的社会信息。

新闻标题必须适应新闻事件达到优化,因此,在制作标题时,首先要仔细阅读新闻事件的内容,找出其中蕴含的最有报导价值的新闻要素。其次,标题还可对新闻内容进行简要适度评价,以表明作者、编者的态度倾向。最后,就是对新闻中的各种信息有重点、有层次地进行总结，以便表达成文。我们可以将总结的过程分为两个步骤：一是根据新闻事实凝练新闻中心主题；二是围绕中心主题突出新闻价值。

1. 凝练新闻主题

标题是否准确表达新闻中心主题，是评判标题好坏的基本原则。一则标题用词再华丽、手法再新颖，没有体现新闻内容的主题，就是个失败的标题。如果一则标题突出新闻中心，并且具有很强的冲击力，那么它已经具备了好标题的基本要素。

因此，在新闻稿件完成后，新闻编辑者总会重新审视，或通过纵向比较，分析、发掘新闻内容体现的中心思想；或通过横向比较，把握信息的历史定位和个性特征，体会其中蕴含的最新鲜、最深刻、最有针对性和现实意义的思想或倾向。制作标题时，凝练主题的过程，就是制作者把握新闻内涵的过程。

2. 发掘新闻价值

新闻价值，就是新闻信息能够吸引读者的、与众不同的特点，只有把握了新闻信息的独特价值，才能全面地认识这一信息。在新闻标题的制作中，如果一篇有新意、表达完美的新闻报道在新闻标题中只反映新闻的共性，做一般化的概括与总结，那么读者在看到新闻标题之后，提不起阅读全文的兴趣，新闻标题就失去了意义。发掘新闻价值，除了发现信息的外部表象特征之外，更重要的是发掘信息的独特之处、新颖之处，即其他信息所没有的特殊点。挖掘信息的特殊点，需要编辑者在生活阅历以及写作经验上的积累，更要深入了解新闻事件，花费精力认真去探索。首先，要全面通读新闻稿件，发掘出新闻事实的时代特征，正确认识新闻信息的性质，在新闻标题中加以表述。其次，新闻标题制作中的信息采集要从归纳、分类新闻稿件中的信息因素入手，对新闻内容在必要的时候进行适度信息筛汰，使其特异之处"一花独放"。最后，要在新闻标题这一有限的表达范围之中有层次、有技巧地表达新闻信息。

（二）标题拟制中思维的优化

思维是人脑对客观事物的间接的、概括的反映。通过人脑中的分析，可以认识事物各部分的特征；通过人脑中的综合，可以认识事物的整体特征；通过人脑中的比较，可以认识事物的独特之处；通过人脑中的抽象，可以认识事物的本质；通过人脑中的推理，可以从特殊到一般，找到事物发展的一般规律，进而从感性认识上升到理性认识。

新闻标题拟制离不开思维过程，新闻报道思维相较于其他具体的思维，具有其自身的特性。在新闻报道中，编辑者的构思思维是一种独特的集成性思维。这是由新闻报道内容的多样性、新闻报道媒体的多样性、新闻报道手法的多样性、受众偏好的多样性等决定的。因此，新闻报道不像科学研究，主要采用逻辑思维方式，也不像文学创作，主要使用形象思维方式，而是采用逻辑思维和形象思维相结合的集成性思维方式。

1. 新闻标题拟制过程中的逻辑思维

逻辑思维又叫抽象思维，是运用判断、推理等方法来概括事物本质的认识过程。新闻标题编辑过程中，有不少环节是以逻辑思维为主。为了拟制一个具有提纲挈领作用的新闻标题，逻辑思维必不可少。运用逻辑思维可从以下几方面入手：

1）事与理的结合

在新闻标题拟制过程中，要想做到事与理的结合，就要求制作者在通读全文的基础上对新闻事件有个全局的、客观的把握，挖掘蕴藏在新闻事实之中的思想内涵。在了解事件后，要注意发掘其中蕴含的深刻道理，或是深刻的人生哲理；或是被人们所忽视的生活小道理。总而言之，在编辑新闻标题时，一定要注意做到"事"与"理"的结合，使标题不仅传达大致的新闻内容，而且体现编辑记者的价值取向，形成社会舆论导向。

2）点与面的安排

点与面的关系就是要正确处理细节与整体的关系，通过细节总结和归纳整体的一般特点，在新闻报道中达到共性和个性的对立统一。新闻标题应以小见大，从简单易懂的词句中体现大的道理，由浅入深、由表及里。一件小事的报道往往可以让读者备受震动，体会到人生中的大道理。

3）正与负的处理

新闻报道通常以宣传社会中的新风尚、新面貌为主，但坚持正面宣传、弘扬主旋律，并不意味着要忽略揭露不文明现象，忽视鞭挞不道德作风。在正面报道的同时，我们要让人民群众的意见、真实情况和想法有一个正当的途径可以得到疏解。而且正面报道和负面报道不一定有固定的表述区分，这就是逻辑思维中要注意处理好的正与负的关系。

2. 新闻标题拟制过程中的形象思维

形象思维方式也是人们认识客观事物的一种手段，它是用感性材料集中综合成形象，以体现事物本质的一种思维方式。形象思维遵循认识的一般规律，通过主体对客体的观察体验，产生大致的感受与认识之后，借助于感觉、知觉、表象材料等，进行分析、综合，最后组成有血有肉、活生生的形象，以形象体现各事物的本质。形象思维受编辑者价值观、世界观的支配，同时也受其对社会生活理解程度的制约，丰富的艺术修养与创作经验对正确运用形象思维具有积极作用。

形象思维并不是文学艺术作品的专利，在新闻标题拟制过程中形象思维的运用也十分广泛。新闻标题在要求精练、简洁的同时，往往要求其能够真切形象地传播新闻信息。不仅在报道人物、事件等有形信息时，会用到形象思维，而且在描述无形、抽象、不易理解的信息时，也会运用形象思维，化抽象为具体，化无形为有形，增强标题的感染性。

（三）新闻标题拟制中文字表达的优化

新闻编辑在充分采集信息，应用科学思维方法进行总结、构思后就该进入最后文字表达阶段。在此阶段，制作者不仅要重视构成标题的基本要素，还要加强文字的锤炼与推敲，以达到优化新闻标题的理想效果。在选择恰当的词句过程中，应注意以下几个方面：

1. 采其精粹，摘其要旨

标题要做得生动形象，就要选择富有表现力的词语和运用恰当的修辞手法，把最重要的新闻事实准确地表现出来，让读者产生如临其境、如触其物的感觉。一条好的标题,既要有强烈的新闻性,又要有深刻的思想性和较高的艺术性。现代人在忙碌的学习、工作之余,有时难免感到过长的文章或标题面目可憎,在这种情况下,求浅、求短、求表现形式的新颖有力就成为人们对新闻标题的必然要求。标题要作短作精,就要善于概括提炼、取其精粹,尽量省掉可有可无的内容,只保留事实的主要部分,有的可只标出事情发展的结果,省略不必要过程,有的可少交代一些新闻要素。

2. 借鉴艺术手法,渲染标题意境

艺术手法,本来是文学用语,指文学艺术创造中塑造形象、反映生活所用的各种具体的表现方法,又称表现手法。文学和新闻传播的关系密不可分,在新闻标题编制过程中,增添艺术效果,可以使得新闻传播更具文学性和吸引力,产生更好的传播效果。新闻标题追求意境,可以使读者通过想象和联想,身入其境,在思想感情和内心深处得到感染。在渲染意境时,可以注重以下几点。

首先,在组织文字表达意图时注重表达内容的内涵丰富,可在精练的标题语言中努力营造意境,给人一种“言有尽而意无穷”的感觉。

其次,新闻标题在表达内容时要注意寓感情、哲理和一些与此有关的景物于其中,做到事、情、景、理的交融。

第三,制题时巧妙地运用、仿写古诗文,拿流行歌曲、影视片名等入题,自然而然地使受众联想到新闻事件及其意义所在。这样的新闻标题,不但言简意赅,而且容易富有意境。这是因为古典诗词、流行歌曲、影视片名等一般都是受众熟悉的,援引这些语句入题,能在受众与新闻事实之间找到一个契合点,从而缩短受众与新闻事实间的距离。

3. 巧妙运用标点,增加感情色彩

标点符号是现代书面语言体系中不可或缺的一个部分。如果一个制作者不会合理、恰当地使用标点符号,则说明他的语言功底还有缺陷。在日常生活中,标点经常被人们所忽视,但实际上,看似无足轻重却有着十分重要的作用,其用法也大有讲究。

郭沫若曾说过:“标点之于言文有同等的重要,甚至有时还在其上。”对于富于概括力和感染力的新闻标题来说,花费心思锤炼标点符号,让其发挥独特的表达效果,是极为重要的事情。一个好的标题,总是以炽热的情感来拨动读者心弦,这种强烈的感情色彩,是单凭文字表现不出来的,恰当而巧妙地运用标点符号,往往能收到言虽尽、意犹存的效果。在标点的锤炼上,一般要做到用得省、用得巧。

1)用得“省”

就是在无助于情感表达的情况下,只要不会引起歧义或让人无法断句,就不用标点,使标题版面干净、简洁。

2)用得“巧”

就是要因文巧布局,根据特殊语言环境的要求,通过选用最恰当的或是具有特殊表达效果的标点,使文意表达更加精准、情感更加逼真、标题更加醒目。

本章相关概念

注意力经济　attention economy
新闻标题　news headlines
分类标题　classification of title
复合式新闻标题　composite headlines
消息标题　news title
通讯标题　communication title
新闻评论标题　news commentary title
提要题　feed title
插题　insert title

思考题

一、简答题

1. 新闻标题经过了哪几个发展阶段?
2. 新闻标题的功能有哪些?
3. 简述新闻标题的基本结构和种类特点。
4. 新闻标题拟制的基本步骤和原则有哪些?
5. 结合实际说明怎样才能拟制出好标题来。
6. 论述新闻标题与注意力经济的关系。
7. 结合实际说明如何对新闻标题进行优化?

二、综合案例分析题

结合本章所学知识,为下列新闻拟制一条标题。

4月15日,世界历史的里程碑上刻下一个沉甸甸的数字:57。亚洲基础设施投资银行(亚投行)57个意向创始成员国,来自五大洲,其中域内国家37个、域外国家20个——这是一个创意的结果、一个进程的开端。来自国际社会的品读评说云奔潮涌一般随之而来。读尽那些文字,可以读出一句话:世界睁开眼睛看中国。

浏览近期来自世界的报道,关于中国,总能看到源源不断的惊叹。不久前英国《每日电讯报》网站的一篇文章盯住了中国的桥:全世界最长的桥梁不是旧金山的金门大桥,不是沙特的法赫德国王跨海大桥,也不是斯堪的纳维亚半岛某座横亘天边的大桥,而是中国京沪高铁丹阳至昆山特大桥,其长度竟是英国最长大桥布罗姆福德高架桥的29倍。不仅如此,世界第二、第三长的大桥,都在中国!不仅如此,全世界最长的12座桥中,有9座都在中国,而且都是在过去10余年里建成的!文章的字里行间,仿佛映现出文章作者、繁荣资本管理公司首席经济学家利亚姆·哈利根那双睁大的眼睛。

是的，世界走进了一个需要睁开眼睛看中国的时代，其中的道理亦如 100 多年前，严复、林则徐等人疾呼睁开眼睛看世界。

在世界眼中，几十年来迅猛发展壮大的中国总像是新鲜事物，扑面而来，目不暇接。无论读懂读不懂，都不可能视而不见。同时，疾呼读懂中国的声音，在世界上此起彼伏，日渐响亮。

“对于中国，要想理解，就要脱离西方的概念、认知、思维，进入到对方的思维空间；要想靠近，就应摆脱先入为主的观念、思想上的僵化和异国调调。”一位希腊学者的观点，说到了感触中国之脉的关键。

“所有人都需要接受中国在全球地位增强，通过与中国合作来推进自身的利益，这是非常高明的做法。”金砖国家概念提出者奥尼尔的论点呼应了那些无争的事实。需要并渴望同中国合作，发展中国家如此，发达国家也如此——英国最近公布的一份专业研究报告预期(抑或说渴望)，中国将在 2025 年前向英国基础设施领域投资 1050 亿英镑，“预计这是一个重大趋势的开端，中国投资的涓涓细流将在未来 10 年变成一股洪流”。

世界读懂中国，需要真正的智慧。不久前，中国向世界展开“一带一路”愿景与行动的蓝图，以其洋洋八千言的宏大叙述考验着人们的智慧。对于思想落伍者而言，恐是绝难观其全貌、领其要义的。对于固执偏见者而言，只能落得搭不上快车、赶不上潮流的懊恼。而对于高瞻远瞩者而言，则能拥享共同发展的良机，欣闻互利共赢的合唱。

问势、观潮、悟理，都需要睁开眼睛，开放心怀——尤其在当下，新潮群涌、万象更新的时代，以和平、发展、合作、共赢为主题的新时代。

——引自《人民日报》(2015 年 4 月 15 日 03 版)

CHAPTER 7

第七章 新闻信息的组合配置

本章导言

(1) 新闻信息组配，指的是编辑按照一定的报道意图或报道目的对稿件进行组织、编排，将多篇已经修改好的单稿组合配置成不同形式的稿群。稿件的组配，是继组稿、选稿、改稿以后对稿件进行的最后一道编辑工序。

(2) 新闻新闻信息组配的价值主要体现在凸显编辑意图与报刊风格、方便读者阅读、增强稿件的可读性、增强传播效果、给读者更大的冲击力、提高媒体的综合竞争力等方面。

(3) 新闻信息组配的方式，就是编辑依照自己的编辑方针和报道意图，按稿件之间的内在联系，将两篇以上的稿件组织、配合成有机的、综合的、整体的操作方法。新闻信息组配不仅指文字稿件的组配，也包括文字稿件与图片之间，图片与图片之间的组配。

(4) 新闻信息组配并不是随意的，必须遵循媒体的地位、编辑部门的编辑方针、本次报道的报道意图，新闻信息组配将独立的一系列单篇稿件或报道进行优化组合，最终要实现新闻信息资源的合理配置，充分发掘新闻内容，全面客观反映报道对象，深化报道主题，加强传播效果。

本章引例

图 7-1 为《吕梁日报》2015 年 4 月 2 日 B1 版的一个专题报道，该版由六位记者围绕学生校服存在的问题进行社会调查，分别从不同角度对校服所存在的问题进行报道。

(1) 掌握新闻新闻信息组配的价值。

(2) 了解不同形式的新闻信息组配的方式，并且学会在实际新闻编辑中熟练运用各种新闻信息组配的方式。

(3) 掌握新闻信息组配的原则，并且在实际操作过程中按照原则对新闻信息进行组配。

(4) 掌握不同媒体稿件的组配方法，例如广播新闻、电视新闻、网络新闻等。

新闻信息组配，指的是编辑按照一定的报道意图或报道目的对稿件进行组织、编排，将多篇已经修改好的单稿组合配置成不同形式的稿群。稿件的组配，是继组稿、选稿、改稿以后对稿件进行的最后一道编辑工序。

新闻信息组配，又称新闻信息配置，即编辑按照一定的报道意图或报道宗旨将已经修改好的新闻稿件根据稿件的内在关系进行组合，使组合后形成的稿群更加具有冲击力和影响性。

吕梁日报 新闻360 News 360 B1
价高质难保，担忧！
避免相互攀比，赶行！
校服统一要“瞻前”更要“顾后”
热点关注 校服 想说爱你不容易
款式老，颜色少，不美！
多听听学生意见，好吗？
冬天不保暖，夏天不吸汗，咋穿！

图 7-1 《吕梁日报》关于校服专版

新闻信息配置有广义和狭义之分。广义的稿件配置，即对整个新闻媒体来讲，在不同的版面、时段或网页中安排不同的单篇稿件或者稿群。狭义的稿件配置，即针对某一个特定的版面、时段或网页中的某些单篇稿件，根据其关联性进行组合，以扩大单篇稿件的影响，达到编辑目的。本章前三节主要围绕纸质媒体探讨其新闻信息组配的相关问题，第四节将阐述新闻信息组配在不同媒体中的呈现特点。

第一节 新闻信息组配的价值

报纸的一个版、广播电视的一档节目，通常要刊播多篇稿件，每篇报道自身都具有不同于其他篇目的特点。但由于受到体裁、内容、篇幅等诸多因素的束缚，一篇稿件对于新闻事件或话题的播报和阐释论述往往存在这样或那样的局限性。这种局限一般表现在以下方面。

单稿是不充分的。虽说一篇稿件经过编辑的选择和修改之后，它原来所存在的绝大部分缺陷和错误都已经被消除了，应该能比较充分地反映新闻内容。但从另一方面看，任何稿件都受到一定的体裁和篇幅的限制。因此，要求一篇新闻稿件既充分叙述事实，同时深层评论剖析；既谈现状，同时追忆历史、展望未来；既运用大量生僻的专业词汇，同时可以让广大百姓快速清楚地了解新闻内容——这几乎是不可能的。加之受到作者自身的认识水平和驾驭文字的能力等因素限制，仅一篇稿件是不可能面面俱到地反映对象。

单稿是孤立的。稿件出自不同作者之手，这些作者来自四面八方。这些稿件都是作者在一个特定的时间内,采取特定的角度对特定的事物所做出的反映,由此看来各篇来稿都是孤立的、分散的。但在客观世界中,不同事物之间往往会存在着一定的联系。很多时候,若编辑能将一些联系紧密的新闻信息组配后一起刊播发表,会令这些孤立的单稿更具说服力和代表性。即使是报道同一新闻事件,每位作者的意见和观点,以及论述角度依然会有各自的独到之处。

"(新闻)稿件配置的目的在于丰富报道内容,扩展和深化报道思想,满足受众的需求,从整体上增强传播效果。"[①]好的新闻信息组配,可以增强新闻单元的逻辑性和条理性,还往往能够形成强势,获得规模效益和比较优势。可以使报道有序易读(视听),可以使报道得到强化和深化,可以使报道获得"整体优于部分之和"的积极效应。相反,新闻信息组配得不好,则会削弱以至损害报道的整体效果。

具体而言,新闻信息组配的价值主要体现在如下几个方面。

1. 凸显编辑意图与报刊风格

不同的报刊具有不同的风格,而不同的报刊风格又受编辑风格以及报刊宗旨的影响,稿件配置,可以让编辑发挥主观能动性,将编辑意图较为充分地展现,同时影响着报刊风格的塑造。比如《人民日报》等党报一贯给人以庄重、大方的感觉,而这种风格的塑造是与其组稿方式与原则有着密切的关联的,《人民日报》通常用比较固定、传统的组稿方式,配图也讲究端庄、肃严。不仅报刊整体风格如此,具体到某一个版,通过稿件配置,也能凸显版面的风格,比如,要闻版通常就是消息篇幅比较大,而经济版、娱乐版等版面稿件配置就相对灵活很多。

2. 方便读者阅读,增强稿件的可读性

将有关联的内容放置在同一区域,避免了版面的杂乱无序,可以让读者毫不费力地将某一类稿件阅读完毕,从而提高了阅读速度,同时不同稿件对某一主题不同的解读,或者辅助以新闻图片或者背景资料的搭配,让读者能够体会到"荤素搭配"的妙处,增强了稿件的可读性。新闻报道内容就像一桌菜,有的属于"大鱼大肉",需要一定的时间去消化,比如政治性很强的报道(政府工作报告节选、领导人的发言、经济学家的发言等),不仅需要读者花费一定的时间,而且需要读者有一定的理论素养和知识储备。而对于这些报道,在组合报道的时候,需要配以一些"果蔬",如一些解读的图片"一张图看懂某某"、"某某系列图解",如此安排,读者阅读起来不仅赏心悦目,而且能够较快地接收新闻内容所传达的主旨。

3. 深化主题,使主题更翔实、更具体

单篇稿件通常具有思维单向性、资料欠丰富、角度单一等特点,比如,单篇新闻报道,只能对单件新闻事件进行报道,但是对于新闻报道之外的其他有关联或者类似的新闻事件却难以涉及;单篇的文字稿件,即使报道层次非常丰富,角度非常独特,主题揭示也很深刻,但是如果配合一些相关的评论或者图片,无疑会大大增强稿件的传播力和影响力。所以将有关联性的稿件配置成稿群,将会弥补单篇稿件的不足。起到突出主题、深化层次、提升高度、扩大传播效果的作用。

---

① 甘惜分:《新闻学大辞典》,河南人民出版社,1993年版。

4. 增强传播效果，给读者更大的冲击力

经过编辑的精心设计，经过配置的稿件，成为一组有序的稿群，在版面中占据很明显的位置，位置的显著性和突出性给了读者更大的视觉冲击，进而能够起到引起受众关注的效果。同时，多篇稿件的配合，对一个主题进行层层深入的剖析，多维度、多侧面地刻画主题，让读者对某个主题的理解更加深入，从而增强了内容的传播效果。在版面的编辑过程中，稿件的位置和所占据版面的大小对于读者的影响也是不同的，读者最先关注到、印象深刻的是那些经过精心安排的、分析层层深入的稿群，这对于某一个新闻选题的传播力和影响力无疑是非常重要的。积极成功的新闻信息组配方案，可以使整个版面（页面、节目）的新闻报道协调、错落有致、重点突出、各有特色，有助于人们对陌生信息的理解，加深印象，继而提高媒体的传播效果。

5. 提高媒体的综合竞争力

在媒体竞争异常激烈的当下，稿件配置已经成为进行深化主题报道的一种方式，而深度报道方式已经成为很多报刊竞争的一个重要手段，编辑经过精心的布置，将一个更利于读者阅读、深化主题的稿群有序地呈现给读者，无疑会大大提升读者的兴趣，在众多的报刊中，选择哪一家媒体，报刊的"颜值"很重要。这无疑会提高报刊的竞争力与影响力。现今通过有效的新闻信息组配，能更好地张扬不同媒体的个性、突出各个版块的特点，树立媒体的独特风格。

第二节　新闻信息组配的方式

新闻信息组配的方式，就是编辑依照自己的编辑方针和报道意图，按稿件之间的内在联系，将两篇以上的稿件组织、配合成有机的、综合的、整体的操作方法。新闻信息组配不仅指文字稿件的组配，也包括文字稿件与图片之间，图片与图片之间的组配。

根据组配稿件的内在联系的紧密程度的递减，可以将新闻信息组配的方式分为同题集中式、集纳式、专栏式和配套式。

一、同题集中式

（一）同题集中的定义

同题集中，即在同一条新闻标题之下，将几篇稿件或报道组织在一起刊发、播出。采用这种方式可以将几篇稿件原有的标题删去，采用统一的大标题。这种方式大大加强了稿件或报道之间的黏合度，统一的标题清楚地揭示了稿件之间的联系，受众看上去一目了然。这种稿件的组配并非简单地实现了"1＋1＞2"的效果，稿件或报道的巧妙组合、画龙点睛的标题、集中的版式，往往使稿件和报道得到升华，并在视觉上对受众形成一定强势的冲击，具有整体优势。同题集中即相同主题的稿件集中在一个题目之下，其他稿件的题目除去，但又各自成一体。

（二）同题集中的类型

根据稿件之间的联系不同，可以将同题集中分为以下几种类型：

1. 联合

即抓住稿件或报道中相同的部分，在同一个标题下发表，突出同一的方面。可以是相同的主题、相同的内容、相同的报道对象、相同的报道特点。

2. 连续

即将报道同一事件的连续发展过程的几篇稿件或报道集中起来，采用连续在统一的版面或时间或网络频道集中发表，可鲜明地揭示整个事件的来龙去脉，使受众可以集中在一个时间段了解整件事的发展过程。一些突发事件或重大事件发生时，为了抢得新闻的时效性，媒体往往先尽快发出短消息，受众在第一时间了解到“有什么”，但“为什么”和“怎么样”、事件的前因后果对于受众而言则是未知而欲知的事实，因此，需要把反映事件发生的背景、起源、发展、结果的稿件或报道集中起来向受众介绍清楚。突发事件中，广播电视和网站往往会中断原计划中的节目进行现场直播报道，关注事件的动态连续过程，注重“现在怎么样?”，报刊则更注重于更深层次的挖掘，关注“为什么”、“说明什么”、“将来会如何发展”。

3. 对比

即将内容形成鲜明对比有明显矛盾的稿件或报道进行同题集中，集中发表，引起受众的注意，深化报道的意图。选取的稿件或报道反差一般比较明显，如同“朱门酒肉臭，路有冻死骨”一样，情感色彩鲜明，评论的意味蕴含其中。受众可以很容易从中看出美丑、正反、褒贬，体会未明说但蕴含其中的意义，很容易判断理解编辑的编辑方针和报道意图，取得良好的传播效果。亦可以在标题中就提出鲜明的对比，揭示事物的矛盾性质。鲜明的对比使稿件更有说服力、感染力，也大大增强了新闻的可读性。

但要注意，这种对比实际上是需要一定的共同点作为前提的。否则，就失去对比的价值。

4. 参照

即把几篇内容大致相同但消息来源不同的新闻稿件或报道，用一个标题来统领，稿件或报道间相互参照、相互映衬，使受众可以了解到在不同的新闻发生地，持不同的新闻立场的社会人或社会组织对于同一新闻事件的不同看法，从而使受众可以全面地了解整个新闻事件，并做出自己的判断。特别是对于一些有争议的事件，即在舆论上还未形成统一的新闻事件，编辑不宜过多“干扰”受众，而应把所有的事实呈现出来，把评判的权利留给受众。

5. 述评

将分别报道事实以及相关的评论文章进行同题集中发表，两相对照、相得益彰。使得受众在通过新闻报道了解新闻事实的经过的同时，又可以通过评论文章，认识到新闻事件背后的内涵，发挥新闻的舆论导向作用。特别是那些难以被受众理解的新闻事件，例如一些政策法规的出台往往会产生一定的社会影响，或者引起一些社会问题的披露，这需要编辑通过评论影响受众。

此外，稿件或报道之间可能还存在因果关系、呼应关系等等。总之，只要稿件或报道之间存在共性，就可以用同题集中的方式有机组配起来。一般来说，同题集中的稿件或报道一般按照重要性先主后次、新闻发生时间上新发生的在前早些发生的在后、褒在前贬在后的顺序来安排稿件或报道的编排次序。

二、集纳式

（一）集纳的定义

集纳在广义上就是指集合、组合，利用稿件或报道之间某种共同的特征，做集中处理，形成稿群。狭义上的集纳，又叫集中式编排。将几篇内容关联的稿件或报道集纳在一起，使其之间相互映衬、相互对比或相互补充，从而在传播上更有效。这里主要是指狭义上的集纳。

集纳与同题集中不同，各单稿都要保留原有的标题，独立性较强，而不需要用一个总的标题来统领；集纳也不同于专栏，集纳是非连续性的，没有栏题、大标题，也不需要用框线来强调其独立性，比较自由。

集纳占据的版面可大可小，小的占据部分版面，大的也会占据整个版面，包括综合版和专版两种。

（二）集纳的类型

（1）稿件群中的稿件是对同一新闻事件或对同一性质的新闻事件从不同角度进行的报道。

这样的组配方式和同题集中以及专栏往往具有相似的效果，即报道有分量，形成版面强势，使受众全面了解新闻事件，突出主题。这种组配方式又可以根据形式的不同分为两类：一是各篇稿件或报道各自为政、地位平等，之间没有明显的主次关系。二是将稿件中最重要的稿件的标题放大，突出编辑认为最重要的新闻点，从形式上起到统领作用。

（2）稿件群中的稿件或报道是形式相近的短消息。

短消息如果在版面的不同位置或节目的不同时段发表，则显得混乱、零碎，没有条理。这种组配必须以形式上的相同或相近为条件，在报纸上包括篇幅、标题长度、字体、字号的相同等。任何一个条件的不符合都会导致不和谐。但是集纳对内容没有太多的要求，在编排上也不需要自成格局，只是空间位置或时间段上靠近罢了。受众就可以集中接受这些信息，单位时间内接受的信息量大大增加了。

三、专栏式

（一）专栏的定义

所谓专栏，指一组具有共同性的稿件或报道，在报纸版面、网络页面或广电时段上形成一定的独立区域和独立空间。专栏有定期和不定期之分。

定期的专栏，一般有专属的栏名及标志。有时也会用线条或颜色等编排手段在版面中独立凸显出来。比如《人民日报》的《人民论坛》，一直刊登小言论，以相同的体裁为特征，是《人民日报》的一个重要专栏。在广电节目中则形成不同的版块，例如中央电视台的《东方时空》节目，含纳了《东方之子》、《百姓故事》、《时空调查》和《时空连线》等几个板块。

不定期的专栏，有时是编辑为了整合一些关联性很高的稿件，而做出的一种编辑安排，不定期的专栏则不讲究有特有的标志和栏名，而且组稿的形式也比较灵活。

（二）专栏的类型

根据不同的角度和分类方法，专栏可以分为好多种类型。一般从内容上来分，可以分为三大类。

1. 新闻性专栏

如《短讯荟萃》、《一周新闻回顾》等。

2. 知识性专栏

如《知识角》、《科普苑》、《文史哲》、《名人趣事》等。

3. 言论性专栏

如《读者观点》、《人民观点》、《建言献策》、《大家谈》等。

专栏也可以塑造品牌效应，可以引发读者的长期关注和阅读，在对专栏稿件进行组合时，要注意专栏的作用，专栏因为有自己显著的位置，所以会引起读者的极大关注，但是一份报纸，专栏太多，反而会削弱传播力度，在一个版面中，专栏太多，显得版面太分散，也不容易突出重点，所以一个版面不宜有超过一个的专栏。在组合稿件时，也需要注意稿件的长度和质量，稿件不宜太多，也不宜太长。精悍短小的几篇文章组合成专栏，才显得专栏更加有分量。

四、配套式

（一）配套的定义

配套，即根据稿件或报道的内容或实际传播的需要，围绕一两篇稿件或报道，配发相关的评论、图片、资料，以阐释、说明或论证，使原有稿件更充实、更丰富、更通俗易懂。这些补发的稿件或报道都是独立成篇的，具有一定的独立性。

编辑给稿件或报道配发相关的评论、图片、资料，可以解释、补充新闻报道，揭示新闻事件的内涵、主题和意义，表明媒体的编辑方针和报道意图，使受众全面、直观地了解新闻事件。一方面可以增强感染力和说服力；另一方面，可以增加可读性和易读性。

（二）配套的类型

1. 配图片

配图片是指编辑为配合新闻报道，给稿件或报道配上各种图片，使读者对报道对象获得更真实、更具体、更直观的认识。与文字稿相比，图片具有文字稿无法比拟的优势：图片可以烘托气氛，抒发感情，增强新闻的感染力；图片可以美化版面，其在视觉上的冲击力更能吸引受众；图片所包含的信息要比文字稿更为丰富、更为形象，并且受众文化水平的高低不会影响受众理解图片中包含的新闻信息，做到雅俗共赏。比如某些媒体推出的图说新闻。腾讯网的《中国人的一天》即是用图片去记录普通人物的故事。新闻图片大致可以分为以下两种。

1）新闻照片

新闻照片是在配图过程中使用最多的图片种类，新闻照片可以作为新闻报道的补充，也可以作为独立的新闻报道方式，新闻照片可以让读者更加直观地感受所发生的新闻事件，增强新闻报道的可读性和视觉冲击力。在新闻配图中可以根据新闻稿件篇幅的大小以及稿件需要配单幅照片、组合照片、间接装饰照片。

2）新闻图表

新闻图表包括新闻漫画、示意图、新闻地图、信息图表以及图片化的文字新闻。为的是让新闻报道更加具体，比如新闻地图，可以配合新闻稿件将事件发生的空间顺序排列得更加明晰。

图表往往起到解释说明的作用。当事物之间的关系错综复杂时，用示意图可以直观简洁地表现出来。统计图表是呈现数据统计结果的图表，直观明了。新闻地图既可以是标准地图，也可以是根据标准地图绘制的更间接明确的地图，常用于展示新闻事件发生的地点、周围的环境和状况，以及动态事件在地理区位上的发展进程。

配图片的方式主要有两种：一是直接配合，即文字和图片表现的是同一个对象，图片的内容是文字稿某一内容的直观再现，直接为新闻中所报道的事实提供图像。二是间接配合，即文字和图片两者反映的具体对象不同，图片不再是文字的再现，但表现的对象相似或相近，都是为同一个主题服务。

如2015年4月10日《人民日报》民生周刊《天天几个包，没包就烦恼——你是网络“购物狂”吗？》中配了一幅关于双十一网购的漫画，图中突出了网络、包裹、天猫等要素，非常传神地表达了“购物狂”的购物状态与特征。（见图7-2）

你是网络“购物狂”吗？

民生视线

图7-2　《天天几个包，没包就烦恼——你是网络“购物狂”吗？》版面

2. 配评论

新闻具有社会导向的功能，新闻报道的意义之一也在于用正确的舆论引导人，所以用评论直接点出新闻事件的意义和价值，不仅可以深化新闻事件的报道主题，更有利于读者理解、接受新闻事件的新闻价值。

评论往往被认为是一个媒体最精华最核心的部分，直接代表媒体发言，代表着媒体的定位和编辑方针。新闻评论是对当前重大新闻事件或重大问题提出疑问、做出解释、发表观点、提出意见的一种论说文体，可以对新闻事实给予理论上的说明和阐发，通过对新闻事实的评价，揭示它所包含的思想政治意义，起到深化报道的作用。配评论常常出现在对时政或重大社会问题的报道中，从而可以从更广阔的领域和全局的高度阐明新闻事实的现实意义。

配套的评论与新闻是相辅相成的关系，评论对于新闻事件而言，是“借题发挥”，它必须依托新闻事实为背景，不可能空穴来风，评论的对象是新闻中最重要、最有意义、最值得评论的一点。但评论也不是“就事论事”，切忌“述而不作”，必须从更广阔的领域和全局性的高度挖掘新闻，在内容上是新闻稿的延续，是新闻主题的深化，是理论上的阐发和说明。评论实际上是“就实论虚”，可以评论和新闻相互配合，可以把客观报道的新闻事实和鲜明的媒体立场结合起来，使之虚实相应、相得益彰。

新闻报道要不要配评论，关键看新闻题材有没有普遍的指导意义。若配评论，配什么样的评论，要看新闻题材的指导性和启示性的强度。不同的选题要用不同类型的评论与其相配。评论的类型主要有下六种类型：

1）社论

社论是最重要的评论，是报纸用来旗帜鲜明地表达立场和观点的评论形式，一般配合具有重大意义的新闻报道。

2）本报评论员文章

本报评论员文章的重要性仅次于社论，标志为署名为本报评论员的评论，这一类型的评论虽然署有个人名字，但是代表的却是报纸的观点和声音。相比于社论，议题更加丰富，形式更加灵活。

谁在种粮，怎么种粮
——来自河北邯郸小麦产区的调查
永年县规模种植与普通农户收益对比
大田里的“新武器”：
早稻集中育秧同比扩大400多万亩
广西农行690亿元贷款助春耕

图 7-3 《谁在种粮，怎么种粮——来自河北邯郸小麦产区的调查》版面

3）编者按

编者按代表编辑部所做出的一种最简短的评论形式，它用简短的语言对新闻事件或者新闻人物中的一个点、一个片段、一段话进行概括，以起到点明新闻的意义、价值，或者强调某些片段的作用。编者按也叫开篇的话、开栏的话。按照其性质可以分为说明性按语、评论性按语、解释性按语。可放置在新闻报道前、中、后。

如《人民日报》2015 年 4 月 12 日 新农村周刊中头版头条《谁在种粮，怎么种粮——来自河北邯郸小麦产区的调查》的编者按，点出了新闻报道的主旨以及主要报道的方面，属于说明性按语。（见图 7-3）

编者按：一年之计在于春。然而，有多少人了解春耕大忙、粮食生产背后的故事？

这是一个不容忽视的现实：农业生产成本上升，主要农产品价格顶到“天花板”，在“双重挤压”下“谁来种地”问题日益凸显。靠留守老人，一家三五亩地，怎么端起13亿人的饭碗？

这是一个无法回避的挑战：在“十一连丰”背后，粮食增长速度赶不上需求增速，粮食安全远不能轻言过关。一项研究显示，城镇化进程每年带来的粮食需求增长约10亿公斤。今后粮食安全怎么保？

春耕时节，我们走进希望的田野，透过农业的新变化新挑战，探寻新时期农业出路。

4）编后语

编后语是放置在新闻报道后面，用以说明新闻报道带给编辑的启示、强调报道价值等。

5）短评

短评篇幅短小，形式比较灵活，一般抓住某个新闻点或者侧面去评价。

6）个人署名评论

这种评论主要视新闻报道的需要进行配置。个人署名的评论，具有形式多样、观点多样、角度多样等特点。

3. 配资料

新闻报道中经常涉及的要素有很多，而读者对这些要素并不一定全部都知晓，所以有必要对读者比较生僻的要素做出解释。而这些解释经常以新闻链接、相关资料等形式出现。从内容上来分，可以将所配的资料分为新闻背景、新闻人物、新闻地理、科学知识、统计数据等。

1）新闻背景

新闻背景往往指新闻的历史渊源和发展历程，使受众了解新闻事件的前因后果。报道新闻事件时，遵从简洁、集中的原则，需要对新闻事件本身进行详细的描写，但如果遇到大的新闻事件，需要解释很多不能写进新闻报道的背景材料，如针对某些问题的政策方针、法律法规的变化；在报道连续报道或者系列报道时，也不要对相关的事件进行一些介绍，比如背景回顾；在对某个新闻人物进行报道时，需要对所报道的新闻人物进行简要介绍，比如介绍某些新上任的官员的履历；在介绍一些民众不熟悉的专业问题时，需要对专业术语、人名、地名做出介绍。所有新闻背景材料的补充都是为了让新闻事件介绍更加详细、报道更加具体。

2）新闻人物

新闻人物是对新闻中重要的新闻人物生平的简介，例如领导班子换届选举是重大新闻，但新闻中不可能完整介绍每个领导人的生平，因此编辑通常都会在新闻以外配上新闻人物的生平经历。

3）新闻地理

新闻地理是对与新闻有关的自然地理、经济地理、政治状况、文化习俗等等的简要介绍。首先“Where”是新闻构成的重要因素之一，是一个重要的新闻点，不同的新闻地理情况，造成新闻的意义和价值也不同。其次，新闻发生的地点不一定为受众所熟知，而地理区域在空间和情感上的接近性是受众选择新闻的重要标准之一。空间距离是无法改变的，但是情感距离却可以通过编辑提供的新闻地理资料而大大缩短，提高受众对新闻报道的兴趣。

4）科学知识

科学知识通常作为专业性较强的科学领域的新闻报道的配套资料。新闻稿件或报道中如果涉及普通受众比较陌生的或者是新近出现的科技成果、专业领域，就需要编辑配套给出相应的自然科学和社会科学知识，做出通俗的解释和说明，方便受众。

5）统计数据

统计数据是列举出与新闻稿件或报道内容相关的数据资料，以证明新闻中所述事实或观点，增强新闻稿件或报道的说服力和感染力。

《山西日报》2015 年 3 月 26 日 B3 版中的《国企领导缘何变“蛀虫”——潞安矿业集团原副总理刘仁生严重违纪违法案件剖析》一文中，从私欲取代信仰、权力诱惑、缺少内部监督来解释刘仁生一步步走向犯罪深渊。（见图 7-4）同时，在资料链接中链接了“刘仁生忏悔书摘录”（见图 7-5），对腐败分子起到了警示作用。

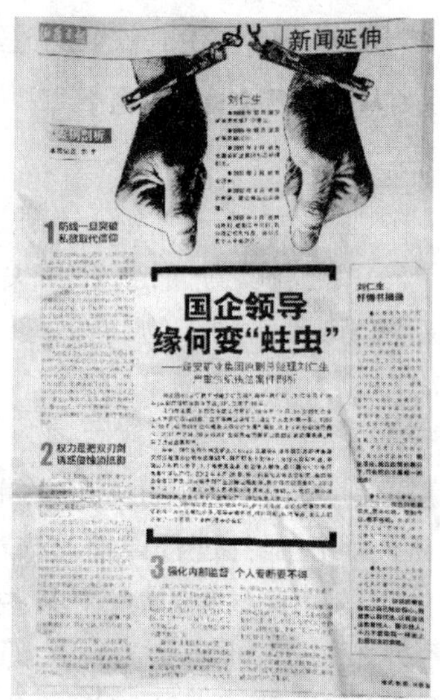

新闻延伸

国企领导
缘何变“蛀虫”

图 7-4 《国企领导缘何变“蛀虫”——潞安矿业集团原副总理刘仁生严重违纪违法案件剖析》版面

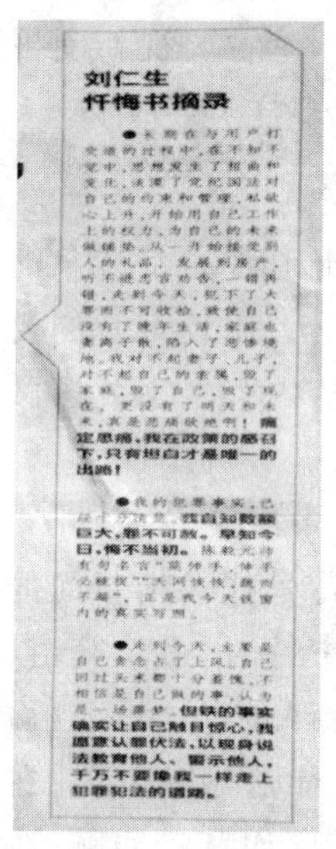

刘仁生
忏悔书摘录

图 7-5 《刘仁生忏悔书摘录》

第三节 新闻信息组配的原则

新闻信息组配并不是随意的，必须遵循媒体的地位、编辑部门的编辑方针、本次报道的报道意图，新闻信息组配将独立的一系列单篇稿件或报道进行优化组合，最终要实现新闻信息资源的合理配置，充分发掘新闻内容，全面客观反映报道对象，深化报道主题，加强传播效果。新闻信息组配需要遵循许多原则，根据理念指导与操作性强弱，可将这些原则分为宏观原则和微观原则两个方面。

一、宏观原则

所谓宏观原则，即编辑在新闻信息组配的时候需要具备的基本理念，这些理念决定着新闻信息组配的高度和方向，进而决定着新闻的传播效果和舆论导向。

1. 高度的政治敏感性

要遵从党的基本的宣传方针、政策、相关的法律法规、条例。同时，新闻工作者应该遵循相应的工作准则以及道德规范。比如联合国制定的《国际报业道德规范》、我国在1991年1月通过的《中国新闻工作者职业道德准则》等。在稿件配置的过程中一定要注意不得将有歧义或者违反相关规定的稿件进行组合。

2. 遵循报刊的基本宗旨

报刊宗旨决定着版面风格，更决定着具体稿件的风格以及理念。比如党报在配置稿件过程中，应该注意组合后稿群的严肃性和指引性。

3. 把握正确性的舆论导向

媒体具有议程设置以及舆论导向的功能，舆论引导也是新闻媒体的一大功能，鉴于新闻媒体的强大影响力，稿件配置一定要注意用正确的舆论引导受众，同时要注意不要过度干预一些机构的程序正当性，比如媒体审判。

4. 尊重隐性的情理规则

法律是最低的道德底线，人们在日常生活中，除了刚性的法律要求，伦理道德等情理性的隐形法则也是人们处世的重要依据，所以在稿件配置的过程中，一定要注意这些隐形法则，否则会出现只讲法律不讲人情的局面，甚至会造成人们忽视道德作用的倾向。

二、微观原则

所谓微观原则，即操作性很强的原则，在稿件配置的过程中，具体体现在如下几个方面：

1. 同一性原则

同一性原则即对稿件与稿件之间、稿件与配图之间有着主题、观点等一致性的要求。图7-6为《吕梁日报》春节特刊关于“春节返乡”情况的报道。版面对文字和统计图表的合理搭配，使得读者可以一目了然地掌握春节返乡过程中，大家对不同交通工具乘坐的选择，并由此间接反映出人民生活水平的整体提高。

2. 关联性原则

关联性即稿件与稿件、稿件与配图之间存在着一定的关联。

关联又可以分为相关以及相对。相关即与某一主题相关性比较紧密的稿件。相对即两篇或者多篇立意完全相对的稿件，但是它们论述的主题具有一致性。

如《人民日报》2015 年 4 月 11 日头版头条由两篇文章组成，介绍贵州和天津的政府政策变动和特色。（见图 7-7）

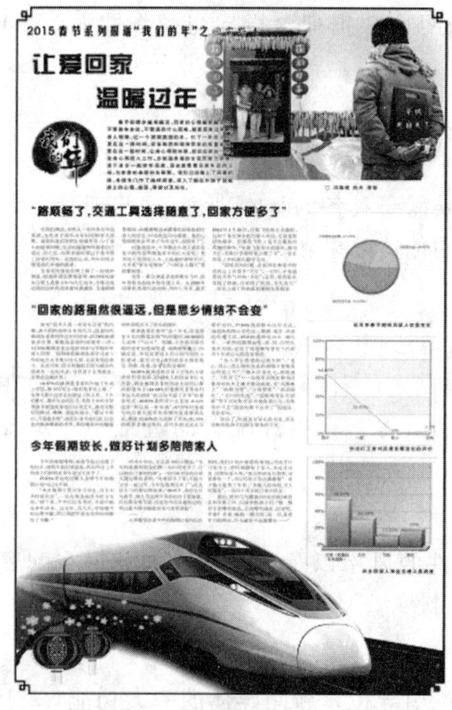

2015春节系列报道"我们的年"之

让爱回家 温暖过年

"路顺畅了，交通工具选择随意了，回家方便多了"

"回家的路虽然很遥远，但是思乡情结不会变"

今年假期较长，做好计划多陪陪家人

图 7-6 《吕梁日报》关于"春节返乡"报道

人民日报

RENMIN RIBAO

2015年4月

11

人民网网址：http://www.people.com.cn

贵州 铺宽靠山吃山致富路

差异出高效 特色立品牌

天津 下好简政放权先手棋

放活不放任 管好不管死

图 7-7 《人民日报》2015 年 4 月 11 日头版

天津市与贵州省分别推出关于促进经济发展、提高政府工作效率的措施，贵州省与天津市在行政级别上属于同级，都提出关于国计民生的大举动，无疑具有很大的关联性。

3. 配套性原则

配套性原则主要是指为新闻稿件"添枝加叶"，以突显新闻稿件的价值。比如配图片、配评论、配链接资料等。新闻信息组配是为了更好地服务受众。而服务受众又具体体现在稿件的配套上。由于受众的文化水平存在一定的差异，对新闻的接受也存在着一定的差异，因此编辑在组配稿件或报道时应当兼顾大多数受众的接受心理和接受能力，稿件或报道内容的深浅、篇幅的长短都应当搭配力求符合受众的接受心理和接受习惯。

配评论和按语，可以简洁明了地指明报道的思想意义，摆明编辑意图和报道意图，引导舆论走向；配图片是为了直观、形象、具体地将新闻事实展现给受众，即使文化水平低的受众也能从图片中获取新闻信息；配资料是为了使新闻传播扩大影响范围，帮助受众理解难以理解或陌生的针对专业领域的新闻报道，了解新闻事件的来龙去脉，掌握相关的文化知识。

第四节 不同媒体稿件的组配

我们在谈到新闻信息组配的方式时主要是以报纸这种纸质媒体而言的，但现在电子媒介发展迅速,新兴媒体占领了现代传媒的很大一部分市场,因此,我们在这里介绍一下报纸以外的其他媒体稿件的组配方法。

一、广播稿件的组配

编辑根据新闻传播的需求,考虑到受众的听觉规律,把文字稿件和声音素材加工组配成广播节目,使之符合广播传播新闻的特点,便于听众接受新闻。

广播节目按照内容的不同,可以分成新闻类节目、教育类节目、文艺类节目以及服务性节目,其中新闻类节目是广播节目中最重要的节目,是整个广播的支柱。新闻节目的好与坏直接关系到广播的影响力和传播效果。因此,新闻播音稿的组配尤为重要,主要包括新闻稿件的选择,确定稿件顺序的安排、时间的分配,音响效果的搭配等等工作。广播稿件的组配主要有以下几种方法。

1. 集中编排

集中编排就是把具有同一性的稿件在时间上接近编排,组成一个节目组合。其中,重要的新闻稿件一般置前,次要的置后。在一些时间段较长的新闻节目中,还设有固定的新闻节目专栏,每次播音都会作为固定版块出现。如中国之声的《新闻和报纸摘要》节目分"国内要闻"、"今日天气"、"简讯"、"媒体介绍"、"国际新闻"五大部分。其中,"国内要闻"及时、充分,常常是独家报道党和国家领导人的重大活动,宣传中央的大政方针、中央各部委的工作思路、部署,完成中宣部下达的重大典型宣传任务以及重大新闻事件。"今日天气"属全国独创,以清新的语言勾勒当天全国天气情况,极具服务性。"简讯"言简意赅,信息量大。"媒体介绍"汇天下精华,备受同行瞩目。"国际新闻"常利用时差优势,率先报道北京时间当天早晨发生的国际重大新闻。这些新闻版块每天清晨都会准时传送给广大听众。

集中编排把同类信息组合起来,同类新闻内容集中、时间集中,形成群体优势,便于受众在短时间内高效全面地了解新闻事实,并能加深受众对新闻的印象,相对克服广播传播信息持久性差、信息在受众的记忆中一闪即逝的缺点。

2. 对比编排

对比编排就是把具有矛盾对立性的稿件在时间上接近编排,组成一个节目组合。这种矛盾对立可以是多方面的,内容上正反两面、性质上褒贬各异、时间上今昔对比,彼此间反差越大往往传播效果越佳。因为对比编排就是通过使对立双方的矛盾激化,受众在尖锐的对比之下能清楚明白地判断事物的真伪、好坏、善恶、美丑,深化报道的主题,表达编辑的观点和态度。

一般在对比编排中,根据人们的听觉习惯,往往会先入为主,因此组配稿件时,编辑通常把正面的、表扬的、提倡的稿件放在前一时间段,把相反的放在后一时间段。或者把矛盾的主要方面置前,次要方面置后。

3. 连续编排

广播兴起之初曾挤占了报纸的大片市场,其明显的优势在于它基本可以实现同步传播,时效性很强,能够借助声音信号迅速、及时、简明、扼要地传递新闻事件给受众。这就为报道动态新闻提供了可能，这样就促使了连续编排的使用，即用短稿件连续报道。

如上海东方广播电台在2002年9月12日对“9·11事件”的连续报道就是以连续的形式报道的。连续播出《纽约世界贸易中心附近一座47层高楼遭倒塌》、《安南强烈谴责针对美国的袭击事件》、《联邦调查局证实4架客机遭到劫持并用来撞击美国目标》、《五角大楼一角被炸毁》、《世贸中心被炸》、《恐怖袭击美国，白宫成为空城》追踪报道了事件的全过程。

广播稿件的组配还涉及一个音响效果的组配问题，组配在一起的稿件之间如何衔接、不同内容不同意义的稿件如何配音响效果，这些对新闻传播效果的影响也是十分明显的。广播节目中的音响效果有多种，人物语言、自然声音、动物叫声、工具的响声、音乐声等。新闻节目由于其对真实性的要求，其音响效果必须是新闻事件的真实音响。特别是在现场报道中，真实的现场音再现能大大增强新闻的现场感、真实感，吸引受众的耳朵。第一届全国广播电视优秀节目评选中获奖广播新闻《喜看我国运载火箭水下发射成功的壮观景象》，在配合新闻解说词的同时，指挥所的口令、火箭升空的呼啸声、直升机的轰鸣声、测试船上长鸣汽笛声、高奏的国歌、人们的欢呼声夹杂在记者的话语中，让听众通过声音充分发挥想象，有身临其境的感受。

二、电视节目组配

电视媒体是依赖于先进的现代化科学技术和设备，运用电子技术传送声音、图像画面的一种传播媒介。电视将图像、声音、文字等形式齐集荧屏，以全能语言的方式让人们同时可以接受声、像和文字传播[①]。它对受众的文化水平要求较低，使得新闻传播受众面进一步扩大。

陆定一将“新闻”定义为“新闻，就是对新近发生的事实的报道”。电视的出现将这种“新近”进一步推动到“正在”，现场直播的广泛应用充分实现了“现在进行时”。

电视新闻稿件的编辑不仅可以实现时间上的组配，电视特技的发展，使得先进的编辑手段得以实现，例如对电视画面进行分割，实现异地连线，电视画面同时呈现播音室和新闻现场，实现传递两路以上的信息；滚动字幕的出现使得来不及编排的节目可以在节目中插播，通过随时插播微波传回的消息巧妙安排受众介入新闻事件，并且即使不是新闻节目的播出时段，仍旧可以在屏幕下方进行实时的新闻信息传递活动。

新闻稿件的组配表现在单一电视节目内部，也表现在各条新闻之间。单一电视节目内部的组配主要包括两个方面。一是对文字稿件的组配，是指根据舆论导向和报道思想，为相关新闻配好电视解说词和节目的内容提示、必需的编者按、编后以及相关的评论，表明编辑对新闻事件的态度，从而引导舆论。另一方面，是将记者拍摄的画面、照片与文字稿件编排组合起来，将解说与同期声合成。

后者的组配主要体现在新闻播出大纲和节目单上，即该档新闻节目的播出计划和详细的时间安排，在时间上将稿件组成成套新闻连续播出，在有限的时间内实现空间的丰富与活跃，组配方法与报纸、广播类似，其中最突出的特点就是电视新闻的连续性。例如中

---

① 杨保军：《新闻理论教程》，中国人民大学出版社，2005年版。

央电视台新闻频道每个整点都有或长或短的新闻节目播出，可以对正在发生的新闻事件进行连续性的追踪报道，将在这一时段没有完全弄清楚没能详细介绍的事实在下一时段进行补充说明和介绍。同时，在一天的新闻节目中，不仅有新闻联播这样概述新闻事件的新闻节目，还有《焦点访谈》、《新闻 1+1》、《新闻调查》、《今日关注》等具有深度的新闻专题节目，可以将整点新闻没有深度挖掘的新闻事件延伸展开。因此重大新闻事件发生时，为了抢发新闻，可以在整点新闻节目中简介新闻内容，并做出预告，告知受众会在什么时段什么节目中播送相关新闻专题、跟踪报道或现场直播等，形成立体式的报道。这种连续性的特点造就了电视新闻节目呈现多样性、灵活性、连贯性的特点。

随着技术的发展，在新闻节目播出的过程中，随时都可能有记者从现场发回报道需要插播到节目中间，这就需要编辑在短时间内迅速做出判断，选择在什么时段、哪条新闻之后切入，使得稿件的组配仍旧是一个整体，不会让受众产生断裂感。

三、网络新闻组配

网络传播是传播领域的一次重大革命，其在传播方式上第一次突破了以前从点到面的线性传播，发展到了从点到点的双向传播。传者和受者不再是固定的了，二者的位置可以相互转化，这就对编辑的新闻信息组配提出了更高的要求。

互联网是一个相对开放的新闻传播渠道，网络媒体在传播新闻时，要做好自身定位，严格把关，严防假新闻，保证新闻的真实性，扮演好引导社会舆论的角色。

（一）稿件的选择

网络新闻主要有两个来源，一是网站记者的原创稿件，另一是传统媒体的记者采写的稿件。在这之外，还有一个来源是网络上的各种渠道。网络上的讯息具有海量的特点，并且在质上是难以控制的，可谓是鱼龙混杂，但这也是网络新闻的重要来源。因此，编辑在组稿时要具有"火眼金睛"，去伪存真、去粗取精，把好关，根据受众的需要，按照一定的价值标准对来稿进行鉴别和选择。用什么不用什么稿件，不仅能够衡量编辑个人水平的高低，而且体现了一个网络媒体的编辑思想和方针。

上海东方网对新闻稿件的选择就做了十分严格的规定，并提出了十个"不可用原则"，即假不可用、险不可用、长不可用、虚不可用、劣不可用、乱不可用、浅不可用、涩不可用、套不可用、恶不可用。[①] 编辑作为把关人，要严把新闻筛选关，除了网络媒体自身的定位和本媒体的编辑方针外，还要对新闻价值有严格的筛选标准，对大的舆论方向能准确地把握。

（二）稿件的集合

网络新闻不同于传统媒体的最大特点就是其提供的信息具有海量的特点，也就是我们常说的"爆炸式新闻时代"。如何把大量的并且在时时更新的单篇稿件集合起来，以做到有序、有效、强势地传播呢？

---

① 赵志立:《网络新闻的编辑》，传播学论坛。

稿件集合的方法主要有两种。

一种表现在空间上。这又可以分成两类:一是专栏,与报纸上的专栏类似,就是把与内容有关联的稿件放在网页上的同一区域。二是某一篇单独的稿件配上的相关的新闻或者背景资料,通过在新闻稿件上建立"超链接",将新闻稿件与相关资料链接起来。

另一种表现在时间上,就是对动态事件进行报道时,采用连续报道或系列报道的方式,随着时间的延续对不断更新的信息加以存储累计,形成一组报道。受众可以完整了解新闻事件的来龙去脉。例如,2003 年 2 月 1 日哥伦比亚号航天飞机失事,人民网推出《美国哥伦比亚号航天飞机降落时爆炸解体》特别报道,分成最新消息、失事原因、相关新闻、各方反应、背景资料五个新闻区,用最新消息追踪当前事态,其他的新闻区则介绍相关内容和资料。既有滚动播出的动态新闻,又有相关历史回顾、科学知识介绍,实现了稿件多层次、多角度、全方位、立体化的全面报道。

由于网络传播技术的发达,网络新闻稿件的集合不仅表现在文字稿件上,还可以将各种音频、视频稿件与文字稿件结合起来,这与传统纸媒给文字稿配图片的意图是一致的,做到新闻报道直观、生动、形象,吸引受众的眼球。

本章相关概念

编辑　editor
新闻编辑　news editor
集纳　assemble
专栏　column
配套　complement
新闻信息的组合配置　combination of news and information

思考题

简答题

1. 新闻信息组配有什么价值?
2. 请结合实例说明新闻信息组配的基本方式。
3. 新闻信息组配应遵循哪些基本原则?
4. 试比较报纸、广播电视、网络媒体在新闻信息组配方面有何异同。

CHAPTER 8

第八章 报纸版面设计与编辑

(1) 版面是报纸各种内容编排布局的整体表现形式，报纸是否可读、能否在报摊上吸引视线，很大程度上取定于版面。透过版面，读者可以感受到报纸对新闻事件的态度和感情，更能感受到报纸的特色和个性。

(2) 报纸的版面编排是借一定大小的纸张幅面所提供的空间来进行的，这个空间可以表现一定的编排思想，我们把这种表现报纸编排思想的一定大小的纸张所提供的空间，叫做版面空间。

(3) 版面的布局结构是版面的全局与局部、局部与局部之间的联系的表现方式。版面的布局结构的任务就是安排好版面的整体与局部、局部与局部之间的关系。

(4) 报纸是许多新闻、文章、照片及图画的集合体，合理地安排这些元素，使每一个版面都易于阅读并且能吸引读者。

(5) 电子排版极大地提高了出版的效率，也极大提高了报纸编排的质量。版面的语言表达在电子排版技术应用后更加丰富：字体的种类更多更富表现力；版面的色彩多样；图片的加工制作技术更加灵活和自由，同时组版的环节大大简化。

本章引例

2013 年 4 月 20 日四川省雅安芦山县 7.0 级地震发生的第二天，《人民日报》、香港《文汇报》、《东方早报》、《南方日报》、《解放军报》、《新京报》等报纸都对地震报道进行了版面处理。(见图 8-1、图 8-2、图 8-3、图 8-4)其中图 8-2 是香港《文汇报》，地震消息并没有放在头版，而是放在了 2 版。

和对汶川地震的报道一样，《人民日报》依然把地震消息放在了报眼，习近平的重要指示的消息放在头条位置，李克强抵达四川指挥抗震救灾和主持召开抗震救灾会议的消息放在中部，而与地震无关的习近平主持中共中央政治局第五次集体学习的消息放在头条的下方。这说明，即使发生重大事件，中央党报也不会整版刊登这个消息，而且事实本身的内容(比如死亡人数这一重要信息)在标题上没有呈现。几则新闻的标题都是表现党和国家领导人怎样对待灾情和如何抗震救灾，标题、字号、色彩等都没有变化，图片采用的是李克强在灾区察看灾情的照片，从整个版面上看，缺乏灾难报道的冲击力。

人民日报

RENMIN RIBAO

习近平对军队和武警部队做好四川芦山地震救灾工作作出重要指示

迅速投入抗震救灾第一线

全力抢救受困群众，全力救治伤员

四川省雅安市芦山县发生7.0级地震

习近平作出重要指示要求把抢救生命作为首要任务

千方百计救援受灾群众最大限度减少伤亡

要加强地震监测，切实防范次生灾害，妥善做好受灾群众安置工作，维护灾区社会稳定

受党中央和习近平委托，李克强抵达灾区

四川省雅安市芦山县发生7.0级地震

习近平在中共中央政治局第五次集体学习时强调

积极借鉴我国历史上优秀廉政文化

不断提高拒腐防变和抵御风险能力

在飞机上召开会议部署抗震救灾工作

李克强在震中灾区察看灾情指导救灾

李克强主持召开会议部署抗震救灾工作

俞正声会见台湾星云法师

雅安平安 中国加油

八方驰援 众志成城

图 8-1 《人民日报》地震报道版面

汶川地震5周年前夕 強度7級 震央雅安

川震7000死傷

图 8-2 《文汇报》地震报道版面

南方日報

四川雅安芦山县发生7.0级地震

部署部队迅速投入抗震救灾

积极借鉴我国历史上优秀廉政文化

不断提高拒腐防变和抵御风险能力

广东捐赠救灾资金1000万元

图 8-3 《南方日报》地震报道版面

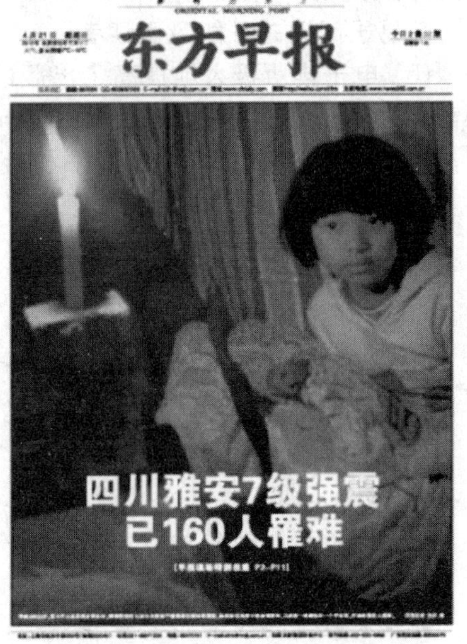

ORIENTAL MORNING POST

东方早报

四川雅安7级强震

已160人罹难

图 8-4 《东方日报》地震报道版面

香港《文汇报》并没有将地震消息放在头版，而是放在了2版，主标题用大号黑字说明地震造成的严重后果——7000死伤，引标以“汶川地震5周年前夕”将此次地震与汶川地震联系起来，重在强调此次地震还是发生在四川，且用整版篇幅报道此次地震，版面配以5幅灾区图片，在稿件布局、版面形式、标题制作、字号处理以及运用图片等方面都和《人民日报》的报道不同，具有很强的冲击力。

《东方早报》在地震报道中具有自己的独特方式，2008年的汶川地震的版面就像一张讣告，没有消息、没有图片，只有超大号字体的标题，用整版黑色反白的色彩，强调死亡人数，给人强烈的视觉冲击。（见图8-5）

东方早报

四川汶川7.8级地震

8533人死亡

图8-5　《东方早报》关于汶川地震版面

而在雅安卢山地震的报道中，延续了整版报道、没有消息、超大号字体标题的排版方式，但是色彩有很大变化，以烛光的色彩、燃烧的蜡烛和小女孩安详的面容表达悼念，但更表达一种希望和光明。

通过对内容、图片、字体字号、颜色等素材的不同运用，带来不同的表达效果，这就是版面设计表达报纸内容的一种语言方式，是吸引读者阅读的一种手段。所以，要掌握以下内容。

（1）了解版面语言的特点和功能。

（2）理解版面语言是版面表意、传情、叙事的符号，其形式包括编排手段、版面空间和布局结构等几个方面。

（3）掌握版面设计的几个要求：编排手段中对字符、图像、线条、色彩等的运用，版面空间中对版面规格、栏、版序、区序等内容的综合编排，版面布局结构中对版面内部的稿件排布结构的掌握。

第一节　版面语言和版面功能

版面是报纸各种内容编排布局的整体表现形式，报纸是否可读、能否在报摊上吸引人的视线，很大程度上取决于版面。透过版面，读者可以感受到报纸对新闻事件的态度和感情，更能感受到报纸的特色和个性。喻国明教授曾把读者买报的过程描述为“五步三秒”，版面如果能突出最重要、最精彩的报道，表现新颖夺人，主次分明，条理清晰，就可以吸引读者，促使读者在五步三秒内买下这份报纸。如果版面设计凌乱和平庸，读者在第一眼找不到认为重要精彩的报道，就会缺乏持续阅读的兴趣，放弃买这份报纸。

把一堆新闻随意地放在一起，让人们去慢慢遴选自己需要的信息，在今天这样一个信息爆炸、注意力奇缺的时代，是不可能存在的。编辑通过一定的编排方式，根据读者的阅读心理，通过研究版面不同空间的新闻对人的不同影响，版面的布局结构对人们的吸引力的大小等内容，使版面更好地为新闻服务，使读者更方便阅读。我们把版面的这种特有手段称为版面语言。

一、版面语言

什么是报纸的版面语言？《报纸编辑学教程》这样解释："版面所运用的材料和结构规则构成版面表现内容的特殊语言——版面语言。"[①]《报纸编辑十二题》的解释为："报纸支持什么，赞成什么，反对什么，抵制什么，除发表言论直接表示意见外，还常常动用版面的编排手段表达出来。比如：突出处理哪一类稿件，淡化处理哪一类稿件；哪一类稿件多用，哪一类稿件少登；这一篇稿件在版面上处在显著位置，篇幅较长，用大字号标题，加花边线框，那一篇稿件在版面上位置较低，篇幅较短，用小字号标题，不加任何装饰，等等，都可以使读者通过这类编排，领会到编者的立场、态度、倾向，这就是版面语言。"原光明日报总编辑徐光春认为："所谓的版面语言，就是编辑对稿件内容作出正确的价值判断后，以恰当的稿件布局、版面形式、标题制作、字号处理，以及运用装饰和图片等综合性的表现方式，表达新闻的价值。"

综上所述，版面语言就是指报纸版面特有的表现手段，基本形式包括版面空间、编排手段和版面的布局结构等内容。版面就是通过这三种基本形式交叉配合、巧妙运用、传递各种信息。报纸的构成要素主要是形状、区域、分栏、字符、图像、线条、色彩等，这是构成报纸版面语言的物质要素。

二、版面语言的功能

（一）体现新闻不同的价值度

版面空间由于人们注意的先后和注意力的强弱不同，会形成重要与次要的区别。位置居前或刺激力度强的，容易引起读者的注意，比如头版头条；位置居后或刺激力度弱的，就不易引起读者的注意。

新闻各不相同的价值度，决定了它们在版面上的版位。重要的稿件会放在头版头条。这样，稿件的新闻价值就可以通过版面中的不同地位来表达。标题的大小、字体的差别、位置的主次等排列稿件的方式，就表达了稿件的不同意义。

此外，文字、线条、色彩、图像等等，都或多或少地被赋予一定的感情色彩。如黑色表示沉重、肃穆，红色表示热烈、欢快。因此读者从版面的编排设计中，可以了解新闻媒体对新闻报道的立场和态度，了解这些媒体的倾向性。媒体通过对新闻的编排，可以引导舆论，告诉读者哪些是重要的新闻，哪些是应当赞成和提倡的，哪些是应当反对、抵制的。

---

① 郑兴东、陈仁风、蔡雯：《报纸编辑学教程》，中国人民大学出版社，2001 年版。

（二）引导读者获得自己需要的信息

每个人对信息的需求是不相同的。有的读者关心国家大事，有的读者喜欢娱乐版，有的读者热衷于炒股，报纸通过不同版面的安排，使读者能最快找到自己需要的信息。同时，通过标题、照片、加框、配图等手段，引导读者对版面上某一特定内容发生兴趣。

对办报人来说，提高报纸的有效信息量，同时降低读者获得这些信息所付出的成本，是吸引读者的关键。而读者读报的成本，既包括购买报纸的经济支出和购买的方便性，也包括读者阅读报纸的时间支出和阅读的轻松愉悦性。因此，从版面编排着手，尽量帮助读者减少读报时间而得到信息与精神的满足，是非常重要的。

（三）使新闻更易阅读

版面的功能之一是把新闻安排得井然有序，方便阅读。版面的原则，是给读者带来的阅读障碍越少越好。文章最好不要转版，在一版之内的转栏，应顺乎读者目光的自然走向。这样可以使人更易于发现新闻，使新闻更易阅读。

版面按内容分为不同的专版，比如要闻版、经济版、娱乐版等，正如在超市购物。超市里的货物都是分门别类地陈列，而且很少变动，这样，顾客想买什么，就能直奔那个货架，减少寻找的时间。同样，采用固定的编排形式，分门别类地"陈列"新闻，也会减少读者浏览的时间，尽可能快地从版面上得到自己所需要的信息。固定各栏目在版面上的位置，读者的阅读就会极为方便。

（四）体现报纸的个性风格

每张报纸因其编辑方针、读者对象、发行范围等的不同，而在内容和形式上体现出不同的风格，有着各自独到的特点和魅力。在媒介经济高度发展的今天，只有有特点的报纸才可能在激烈的报纸竞争中拥有优势，占有位置，否则就会被淘汰。

报纸的个性是由诸多因素构成的，它是编辑思想、内容、标题、文风乃至照片、图画等的有机统一。报纸在版面编排的过程中，就形成了自己特有的版面风格，如浓眉大眼的《北京青年报》，清雅挺拔的《南方周末》，简洁明快的《都市快报》，整洁、疏朗的《成都商报》、《华西都市报》等。

江浙地域的报纸雅致清新，以《新民晚报》为突出代表。《新民晚报》的版面，是"曲径通幽"的"园林型"，是江南园林文化熏陶下的结晶。其版面，好似苏州园林，在狭小的天地里，建造亭台楼阁、水榭山石，小巧玲珑又繁花似锦。这种编排风格，是内容与形式的完美结合。由于《新民晚报》是小型报，如果它的布局是"人民广场"式的，几篇文章，大块结构，就会显得单调、平面，缺乏魅力或吸引力。而采用小型园林式的布局，即使方寸小，但花样繁多，让人置身其中，获得美的享受。

又比如《参考消息》、《文摘周报》，根据自身特点，坚持黑白印刷，镶嵌式版面。版面结构简单，文字分栏稳定，色彩图片简约，版面整齐、统一，比较含蓄和内敛。

第二节　版面空间和编排手段

一、版面空间的概念

报纸的版面编排是借一定大小的纸张幅面所提供的空间来进行的，这个空间可以表现一定的编排思想，我们把这种表现报纸编排思想的一定大小的纸张所提供的空间，叫做版面空间。

版面空间的不同位置对读者吸引力的程度有差异，我们称之为强势不同，强势即指版面所具有的吸引读者注意的特性。通过强势不同的区域位置来表现稿件的意义差别，正是在版面设计中要运用的手段之一，包括版序、区序、栏序以及面积、形状等。

二、版面空间的编排

（一）版序

表示版面重要次序的为版序。读者看报，首先接触的都是首页即第一版，也称为头版。头版往往是报纸给读者的“第一印象”，集报纸的窗口、形象和标志于一身，主要用来刊登最重要的新闻、评论和内页提要。因而头版是最重要的版面，应该在头版地编排设计上多下工夫，好的头版会吸引人的视线，让人不由自主地买下报纸。

头版主要由报头、报眉、报眼、头条、导读等组成。

1. 报头

报纸一般把报头置于头版上端偏左、偏右或居中的位置。通过报名字体，颜色、大小和底纹的变化来突出各家报纸的不同风格。如《广州日报》的报头把其报名的四个字都设计成红色字体，置于版面上端的左侧位置，鲜红的颜色更加突出了其报名。《温州商报》报名则被设计成了黄色字体红色底纹。报头被各家报纸设计成富有本报特色的一种形式。

2. 报眉

报眉一般被置于报头的下面、头条的上方，用来刊登报纸创刊日期、总的印行期数、当日报纸的版面数、出版日期、登记号码（代号），有的还注明主办者的名称。如《北京青年报》报眉刊登的就是本期版数、日期、统一刊号、发行代号等；《北京晚报》报眉则侧重刊登发行日期和报业集团的名称。

图 8-6 是《新民晚报》的报眉和报眼。左半边报头下面就是报眉，除刊登日期、统一刊号、发行代号和报业集团的名称外，还刊有天气预报。右半边是报眼，刊登的是广告。

3. 报眼

报眼一般被安排在报头的两侧或右侧，通常被用来刊登比较重要的文字、图片或简短而又相对独立的稿件；也有的刊登当日的内容提要、天气预报、日历与广告等等。《北

新民晚報

创刊于1929年／飞入寻常百姓家

天气：多云转阴天，最低5℃(昨天最高8.6℃)　明天：多云转阴天，最高11℃，最低6℃

2014年12月26日 星期五 农历甲午年十一月初五 今日56版 A叠32版／B叠16版／C叠8版

国内统一连续出版物号 CN31-0003 第19304期 上海报业集团·新民晚报社出版

图 8-6 《新民晚报》的报眉和报眼

京晚报》有时就在报眼刊登一些广告。

4. 头条

头条是报纸各版的头条消息，通常刊登在报纸的左上角或上半版。头版头条是每期报纸最重要的内容，有时为了显示新闻的重要程度，还采用标题字体加大或加底纹颜色等方式进行处理。头版一般都以大标题、大图片、粗线条等来形成视觉冲击，吸引读者。

5. 导读

导读是头版设计的重要组成部分，它几乎成为每张报纸的必备栏目。导读有的被安排在头版的右侧或左侧一栏到底；有的在报眼刊登一两则导读；有的在头版中间安排导读；有的甚至除头条外，都安排导读。

图 8-7 为《广州日报》，除了广告以外，其余的均为导读。又如《北京青年报》有时除了报头附近的导读栏以外，头版上的文章并不是采取全文刊登的方法，而是采用大标题＋导语与图片的形式，并且注明详见哪一版的编排形式，使内页有更多具有可读性和必读性的报道在头版上"崭露头角"。所以，导读在头版上的作用除了索引的功能外，还增加了头版有限版面空间的信息含量。

除第一版以外，其他版的强势程度规律大致如下：第三版强于第二版、第五版强于第四版，总之，单数版强于双数版。原因在于双数版一般在单数版的背面，双数版总是被翻动的，单数版总是静止的，人们的眼睛自然而然地落在静止的版上，看完单数版后再转向双数版，报纸其他各版的版序，可照此类推。

图 8-7 《广州日报》的导读

（二）区序

每个版面分为若干区域，这种区域称为版位。各区域的重要程度并不相同，以区序相称。在同一个版面空间里，不同的局部版面空间也表现出不同的强势效果。

在一个版内，版面空间可分为许多区，各个区有着不同的强势程度。把一个版横截分为两半，就可以分为上下两个区。一般说，上区的强势大于下区，因为人们的视觉位移规律都是从上至下的。把一个版垂直分为两半，就可以分成左、右两区，横排报的左区比右区的强势大，因为文字是从左到右排的，人们的眼睛也顺着文字先左后右。

综合上述两个方面，一个版被横直线和竖直线相互垂直平分，则可以分为上左、上右、下左、下右四个区。横排报纸的上左最具有强势，因为人们的阅读是从左上角开始的。然后平行移到上右，在读完上右的文字后，自然下移到下右，通常这样做比移动到下左要省力一些。因此，四个区的顺序依次是：上左强于上右，上右强于下右，下右强于下左。

版面空间的区序完全是一种编排理念和阅读心理上的划分，目的是给读者以暗示和导引。把最重要的稿子放在强势最优的位置，并依次安排其他稿件，才能很好地体现版面的功能。

（三）栏序

报纸的每个版面还可以划分为许多栏，横排报纸的栏是从上而下垂直均等划分的，因此每一栏的宽度、长度相等。每张报纸一版划分为几栏都是约定俗成的。我国的对开横排报纸每版一般划分为 8 个左右的基本栏、四开横排报纸一般采用 6 个左右的基本栏。很多报纸现在的基本栏都为 6 栏，但也有例外。比如《环球时报》就是 4 栏，因为它的优势在于知识思想的含量高，因而刊登的文章都较长，采用 4 栏版面显得庄重大气，运用 6 栏则会显得琐碎小气。

栏的编名顺序从左到右，最左边的为第一栏，依次为第二栏、第三栏……最右边的一栏为第八栏，这是一种自然排序。我国的报纸一般不太注意栏的强势差别，因为很少有标题和稿件只排在一栏里，大都是跨栏、破栏编排的。

分栏是为了尽量减少由于文字过长而造成读者阅读时的不便，同时也是为了增加版面变化，使版面活泼生动。另外，栏与栏之间形成的空白，打破了版面的单调，使版面清爽明朗。在版面文字排列上，多以基本栏为单位，有时大量地运用变栏，如将基本栏成倍合并后的长栏和将基本栏非成倍合并成的破栏。变栏不但可以起到强化版面、吸引读者注意的作用，而且还可以增加版面编排布局上的生动性，美化版面。

（四）面积

面积表示以字为主的报纸在版面中由印刷字阵所构成的面的大小。面积越大，给读者的视觉冲击力就越大，自然强势效果也越大；面积越小，给读者的视觉冲击力就小，自然强势也小。所以重要的稿件所占面积亦大；反之，所占面积则小，这是评价稿件重要与否的一种特殊的版面语言。一般来说，重要的稿件给予的面积要大，一般的稿件给予的面积相对较小。

标题所占面积的大小也能表明编者对稿件重要程度的评价。我国的报纸一般喜欢把重要稿件的标题排得很长，也就是跨栏很多，如果是通栏标题，那一定是非常重要的稿件，

广州日报

赴美商务和旅游签证延长至10年

使太平洋成太平友谊合作之洋

第十届中国航展今日开幕

广东省工会第十三次代表大会开幕

金伯利进程会议在穗举行

"中等收入陷阱"中国肯定要过去

希望日本采取审慎军事安全政策

中韩自贸区结束实质性谈判

图 8-8 《广州日报》刊登的《使太平洋成太平友谊合作之洋》

理由是占栏越多,越具有气势,越具有强势效果。如图 8-8,左上的文章《使太平洋成太平友谊合作之洋》标题占了四栏,加粗黑体,并配以两栏图片,几项因素说明这条新闻为重中之重。

同时为习近平与安倍晋三和朴槿惠的会晤稿件配了两张图片,说明这两部分文字成为编辑突出表现的第二重点。

图片有其自身的特殊性。图片不能随意改变形态(纵横的缩短或伸长),只能按比例放大或缩小,因此图片的面积大,其强势就大,说明该图片的重要性,相反则小。如果为一篇新闻配发两幅图片,也可见此新闻的重要性。如上图就为亚太经合组织领导人非正式会议配了三张图片,说明这次会议的重要。

(五) 形状

在版面上,稿件形成不同的形状,形状不同,产生的强势效果也不同。一般而言,这些主要由文字形成的形状大致有两大类:一类是每个角为 90°的四边形,一类是每个角为 90°的多边形。由于四边形整齐简单,边缘界限清楚,容易区别,因此较为抢眼,具有突出的强势。多边形的结构较为复杂,线条也比较多,显得比较紊乱,不容易一眼分辨出与其他稿件的界线,较之于四边形强势也相对弱些。现在人们越来越倾向于简约明快,所以使用四边形的结构比较多,也就是采用模块式编排。模块式编排,美国密苏里新闻学院莫恩教授做了这样的解释:"模块就是一个方块,最好是一个长方块,它既可以是一篇文章,也可以是包括正文、附件和图片在内的一组辟栏,版面都由一个个模块组成。"这种设计最大的好处是方便读者阅读。

现代读者读报时,视线在版面上停留往往只是瞬间。因此,把每篇稿件或者把意义相近或相反的稿件都框起来,独立成块,不与其他稿件交叉,就能将读者的视线锁定,产生简单而规整的美感。读者读完一栏自然转到下一栏,无需像不规则的穿插式那样,在读完一栏文字后往往要搜寻下一栏。这种版面结构已成为现代报纸版面的主流。

三、版面的编排手段

版面的编排手段,就是对字符、图片、线条和色彩等的编排。这些印刷符号是构成现代报纸版面的基本成分,它们自身也可以显示某种意义和情感色彩,因而不能不了解它们各自的特点与性能。

(一) 字符

字符即用来显示报道和文章的文字。正文涉及字的大小和形体。我国报纸目前常用的是号数制,对开报纸的正文一般用小五号字,四开报纸的正文用小五号或六号字。这是比较适中的字号,过大会减少容量,降低版面的利用率;过小则不便阅读,降低版面的被读率。

字的大小具有评价的功能，字大说明内容重要，字小说明内容次要。因此，对于重要的稿件，正文可选用稍大一些的字。

由于每一个汉字都具有不同的外形特征，每一种汉字字体又表现出不同的形态风格，因此千差万别、千姿百态的字符，可以体现出不同的强势效果和审美效应。目前，我国报纸最常用的字体有四种：一是宋体，字形横平竖直，笔画直粗横细。取法于宋刻，定型于明朝，所以有的地方又称之为“明体”；二是黑体，笔画粗重，横竖一致，字形方整，又被称为“方体”；三是楷体，又称活体、正体，笔锋洒脱，近似手写体，是清朝普遍采用的字体；四是仿宋体，横竖笔画都较清瘦，成形于 20 世纪初。

我国报纸的正文以宋体为主，除了历史的原因，还由于这种字体端庄、方正，粗细适度，宜于阅读。为示区别，评论文章的正文一般用楷体字。正文字体宜少不宜多，多则会降低易读性。

在报纸版面上，大小不同，形体不同的字符具有不同的强势，字号大的强势也较大。不同的强势效果往往通过标题所用的字号、字体来加以体现。另外，不同的字体可以表现不同的风格：黑体粗壮方正，表现出实在、厚重、粗犷、雄浑的气魄；仿宋体纤细轻盈，表现出一种潇洒、俊逸的气质；宋体字平实大方，表现出一种端庄稳重的风度；隶书古拙凝重，表现出一种遒劲古雅的风格。在表现不同的格调时，可以选择相应的字体加以强调和突出。

（二）标题

标题是很有寓意功能的编排元素。标题选用字号应当根据稿件的价值而定。稿件价值大的，选用大一些的字作为标题；稿件价值小的，选用小一些的字作为标题；稿件价值相同的，选用差不多大的字作标题。

标题选用字体也不能随心所欲，字体具有感情色彩：宋体庄重大方，黑体严肃沉重，楷体生动活泼，仿宋体清丽细巧，隶书体雅观醇厚，魏碑体刚毅遒劲。这就要求根据稿件内容的特点选择相应的字体。内容严肃、重要的，选用黑体；内容轻松、有趣的，选用楷体、仿宋体；内容欢快热烈或富有情感的，选用隶书体；内容战斗性强或有气势的，选用魏碑体。宋体因适应性广泛，选用时可不拘内容。

新闻报道重在传递信息，标题字体以少为宜。一般不要超过四种，字体多了，看上去眼花缭乱，不利于快捷、顺畅地获取信息，而且可能会降低信息的可信度。当然，用清一色的字体也不太妥当，这样容易造成视觉疲劳，也不利于很好地显示稿件之间的区别。此外，从视觉效果看，正方体最易阅读，长体和扁体效果次之，因而后者应少用。

标题应多用横题，少用竖题。相关心理学研究表明，横排标题的阅读速度要快于竖排标题。从生理学上分析，当眼球上下转动时，不像左右转动那样只是眼球自身转动，它还要连上下眼盖一起转动，较费力，容易疲倦，因而横向阅读比竖向阅读省力。横题编排，简洁明快，干净利落，读者在这种版式上阅读稿件，视线以横向阅读为主，移动基本顺畅，用不着因为稿件的藏头露尾而东寻西找，阅读很省力。如南京的《扬子晚报》，横排，全用黑体字，十分简洁明白。

（三）图像

图像是指报纸上通过摄影和绘画、制图等方式所显示出的形象，具体有照片、图画、图表、题饰、栏头、版花等形式。这些均是报纸用以传递信息的，是版面所不能缺少的重要材料。

现代社会是图像爆炸的时代。在铺天盖地的图像轰击下，人们被惯坏了，变得懒惰了，当需要信息时，他们不再说“告诉我”，而是说“给我看”。报纸进入了“读图”时代。图片的作用和地位越来越突出，所占据的版面位置也越来越大。图片为一天的新闻制造气氛，它诱使我们去读一条本来可能会被忽视的报道，或者刺激我们的视觉吸引我们去买一张报纸。

图像呈现给读者的信息是形象的、直观的，能使读者快捷而直接地理解内容，在最短的时间里以最少的笔墨和最小的篇幅给读者最多的信息。图像提供给读者的信息又是运动的、立体的，具有较强的感染力。在一片文字之中，图像作为点缀的审美效果更加突出。

在现在的报纸中，没有图片是不能想象的，但需要注意的是，在选用图片时，要注意图片与内容的协调统一，否则就不是锦上添花，而是弄巧成拙。比如某个版面，设计的是关注身体健康的话题，结果用了一张比较鬼魅灰暗的女人的图片，而且是动漫式的，不太健康明朗，这就与策划主题不吻合，使图片的效果大打折扣。

（四）线条

线条是版面上用得较多的一种编排手段，在版面中，常采用花线、直线、线形图案等来分割或装饰版面。曲线清秀柔和，文武线古朴醒目，花线隽逸活泼，黑线庄重深沉。

线条的功能有如下两点：

1. 表现强弱和区分的功能

线条可以表现内容的强弱。线条的形态不同，强势的程度也就不同。细线条、单线条不如粗线条、双线条强势，线条又不及线型图案强势。用线条围框的内容要比用线条勾线的内容更能吸引人。而平行直线可使相邻的稿件清楚地区分开来。在报纸上不至于混淆不清，同时为了使几篇稿件的相互关系一目了然，也采用线条加以提示和强调。

2. 表情和美化的功能

线条的形状不同，给读者的感觉也不同。根据不同的报纸内容及传播氛围的需要来选择使用花边线条，并善于通过不同的表现形式来表达不同的感情色彩，实现文与线相结合的内在一致。如图 8-9，整个版面用了 5 个线条围框，而且是 5 种不同颜色的线条，形成几个不同的区域，既有利于阅读，也使整个版面显得喜气洋洋，充满了过年的气氛。

珠三角
PEARL RIVER DELTA NEWS
“河源猪王”昨 11 岁
祝广东乡亲新年如意
为逃债报假案　除夕被拘留
三水千名外来工除夕共享团圆宴
新春佳节，给您一个惊喜！
老人报月末版推出靓汤靓粥专辑

图 8-9　线条美化的报纸版面

线条是装饰版面的重要手段。花线以

及花边(线型图案)等本身便是一种艺术形式,给人以美感。同时,各种不同的线条及线型图案恰到好处地穿插在版面的各个部分,与版面的面、块、点等相得益彰、相映成趣,自然给版面带来一种流动、变化的审美感。

(五) 色彩

现代报纸一般都是素色报纸,即空白为白,文字、图案等为墨色,但彩色报纸正在逐渐增多。

色彩的强势作用和表情作用都很明显,一个五彩缤纷的版面,必然能够给读者带来视觉上的强烈冲击力,也把某种气氛衬托得更加隆重和热烈。

第三节 版面结构和布局原则

一、版面结构

版面的布局结构是版面的全局与局部、局部与局部之间联系的表现方式。版面的布局结构的任务就是安排好版面的整体与局部、局部与局部之间的关系。我们把版面上稿件的布局方式分为以下几种。

(一) 排列式布局结构

排列,即把一篇篇稿件整整齐齐地排列在版面上,可以是正方形、长方形、扁方形,或者是分解了的正方形和长方形、扁方形,显得井然有序、端庄大方,而且非常便于排版。

排列的基本原理是根据人们的视觉位移线规律,把内容从左到右,从上到下一样一样地排列在版面上。由于各篇稿件所使用的编排手段都相同或相似,轮廓清晰、界限分明、中心突出,给人一种整齐、规则、统一的印象,人们现在也把这种排版方式称作模块式编排。

这种布局结构的优点是:读者阅读方便。因为这种结构中每条稿件自成单元,每则稿件均很容易找到,读者不必花什么时间和精力就能找到自己想看的内容;排版方便,换稿容易。编辑如果需要换稿的话,不需要重新设计版面,直接替换即可。现在报纸采用这种布局结构的最多。

这种布局结构的缺点是:不适宜于组构篇幅较长的稿件,甚至也不适宜于组构稿件较短小、篇数多的版面。前者会导致版面单调乏味、缺少生气,后者则可能使版面太过于繁杂,太多的围框会令读者有应接不暇之感。

(二) 穿插式布局结构

穿插是指把一篇篇稿件凸凹交错地排列在版面上,有时是一被一所穿插,有时是一被 X(两篇以上)所穿插,有时是 X 被 X 所穿插,还有时是相互穿插。这种布局方式相对自由、灵活,每篇稿件均可根据内容的需要或者版面形式的需要而以各种不同的编排手段放在版面的任何一个位置,稿件与稿件之间错落有致、富于变化、富于生气。这种版面结构的优点是匀称、大方、庄严，构图形状灵活多变，整体结构紧凑。好的穿插式版面结构，就像高级工匠精心建造的大厦，一砖一瓦紧密嵌合在一起。

图 8-10 的《新民晚报》就是采用复杂的穿插式版面结构。版面上，文与图编排成大小不一的方块，方块与方块之间错落有致地镶嵌、咬合，民味十足，版面风格繁复而传统。七篇文章和一幅图片交互穿插镶嵌，版面错落有致，好似苏州园林，雅致清新。

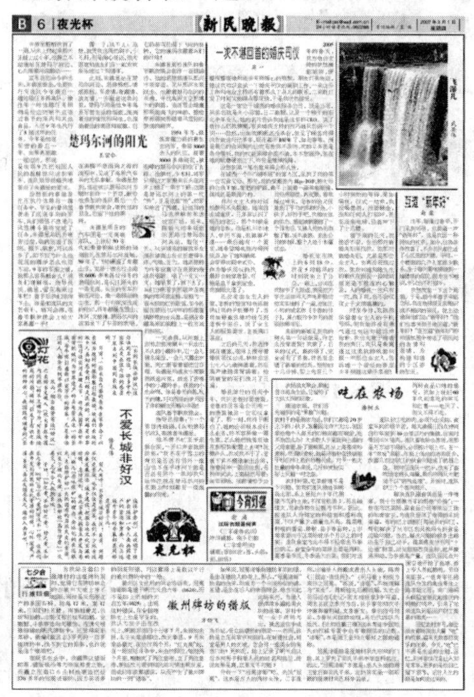
B 6 夜光杯
新民晚报
楚玛尔河的阳光
不爱长城非好汉
吃在农场
夜光杯

图 8-10　穿插式布局结构

组构这种版面结构时应注意：题文的搭配要多姿多彩，或横题横文、横题竖文；或竖题横文、竖题竖文。而标题的位置亦应尽量不重复，或串文题，或夹文题，或文包题，忌单调；避免题文过于拥挤，切忌在版面上出现大片的“无题区”或整版无图片等。

这种编排方式的设计和排版都较花时间，对设计技巧要求较高。版面上的文稿构图讲究穿插咬合，设计难度大。如果设计失当，长稿过度穿插，读者需花一定的时间在找文上，视线也不太顺畅，不便于快速阅读，甚至会给人一种散沙一盘、随意堆砌之感。

（三）对称式布局结构

对称式布局结构分规则对称式和非规则对称式。

规则对称式版面追求的就是工整的、同形等量的对称，整体感和稳定感较强，具有一定的审美价值。通常用来表现内容互有联系且篇幅都不太长的报道。有时也用来表现内容具有对等性质的稿件，以示客观、公正，一视同仁。

其优点是：版面比较匀称整齐，端庄大方，对比性强，整体感较强，美感突出，有均衡稳定的效果。比较适宜表现一组内容上相关联篇幅又不很长的稿件。如图 8-11 的《外教的中国年》，以中间的爆竹为对称轴，左右的文字、图片，包括色彩都是对称的，是标准的左右对称，但因为中间留白较多，版面并不觉得呆板，反而富有动感。图 8-12 的《七成市民在家吖年夜饭》，运用的也是左右对称，因为中间有一个倒着的“福”字，所以两旁的照片是倒着的对称，这样在对称中略有变化，版面也是既统一均衡又富有动感，这两个版面可以说是达到了异曲同工的效果。可以说，现在的对称式结构都不会完全的对等，会在小的细节上略有变化，使版面更加美观。

规则对称式的版面非常工整，左右完全对称，无论是标题、字号、字体、占栏宽、占栏高及文章的形状、大小、位置、装饰等都是相同的，这种“苛刻”的要求，一般难以做到。因此，规则对称式用得很少，在运用时，不免要削足适履，对稿件的内容造成一些负面影响，故最好不用于头版。设计一个规则对称式版面需要花费较长的时间和较多的精力，而且还很难做到使稿件的价值与位置十分相符。

外教的中国年

图 8-11　对称式结构(一)

七成市民在家叹年夜饭

图 8-12　对称式结构(二)

非规则对称式版面结构的主要特点是整个版面讲求整体对称,它不拘泥于左右对称,而讲求版面的四周或上下对称;其对称形式亦非同形、等量、工整的,而常常是不工整、不完全、异形的。

这种版面结构是我国报纸目前采用的一种主要的结构样式。其主要优点是:其一,版面上对比与对称相结合,使版面容易做到匀称而生动;其二,它能使不同的稿件在版面上表现出不同的强势,又能使整个版面取得均衡。

非规则对称式主要有上下对称和对角对称。上下对称指的是上下两个半版大致对称,特别强调上下两个版各自应有一篇通栏或近似通栏的稿件或图片。对角对称主要是利用版面的四个角的相互对应来形成对称关系,这种对称,轻重均衡,重心稳定,在活泼中又不失稳重,在跳跃中又能保持平衡,而且对稿件的同形等量的要求不高,因此是现代报纸采用最多的一种基本版式。

山东商报 人文壹周 视点 13版

RENWENYIZHOU

《新闻联播》改革之路

图 8-13　集中式布局结构

(四) 集中式布局结构

集中式布局结构即用比较多的篇幅报道同一类内容或反映同一个主题。它可以突出主题,烘托气氛,营造声势,引起读者注意,加深读者印象。用其来表现重大事件、重大活动、重大典型或重大主题,往往可以获得很好的效果。这个版式是版面上端或下端要有一个通栏题,并且调动编排手段,对这个通栏题做强化处理,同时在版面空间以各种形式来与之相呼应,相衬托,使整个版面的主题清楚而醒目,给读者造成强烈的视觉冲击,调动和影响读者阅读的冲动。

如图 8-13,在通栏标题《〈新闻联播〉改革之路》下面正中的位置,是所有《新闻联播》的节目主持人的头像,两边配有文章,整个版面主题清楚而醒目,给读者造成强烈的视觉冲击。看着这些熟悉的微笑的面孔,读者会不由自主地去关注这些主持人,效果很好。

运用这种编排方式,要注意内容和形式的多样性与互补性,避免单调和重复。

（五）重点式布局结构

重点的布局方式是运用强化手段突出重点稿件。版面编排要求突出重点,分清主次。

运用的强化手段主要有:标题字和面积加大,标题字黑底反白,正文字放大或用异体字,正文排长栏,题文围框,粗线勾勒,照片压题,图文组合,等等。

这种布局结构一般针对重点处理的稿件,所花版面不太多,但给人印象强烈,因此重点一定要选准选好,防止把握失当,误导读者。

二、版面布局的原则

版面的编排设计要实现自身的价值,必须遵循一些基本的原则。

1. 相符原则

相符原则,即编排设计要与服务对象相一致。

版面要与媒体的性质和特点相一致。比如一些机关报,应强调政治意识、大局意识,编排设计应注意突出政治性、宏观性和权威性新闻,风格基调以庄重大方为宜。如果脱离自己的性质和功能,盲目仿效一些在市场上比较走红的都市报的版面,就会导致内容与形式的不吻合,有损严肃类型报纸的权威性和可信性。相反,大众化媒体应看重社会性、服务性,编排设计应适当突出反映社会风尚、民情习俗类新闻,风格基调以轻松、活泼为宜。

版面要与稿件的价值和特点相一致。稿件价值大的,应强化处理,有重大事件时,新闻激动人心,编排设计应特别显著,比如“神六升天”的报道,很多运用了一个整版来报道。稿件价值小的,应淡化处理,否则,会对受众产生误导作用。同样,反映喜庆内容的稿件,应用热烈奔放的处理方式;反映悲伤内容的稿件,应用素朴沉重的处理方式,这样才容易产生感染力。

2. 重点原则

重点原则即编排设计要突出重点,分清主次。前面提到,报道的组合要点面结合,编排设计要把这个“点”体现出来、突出出来。突出重点,不仅有利于体现报道思想、强化指导性,也有利于加大新闻单元内部的反差,更好地吸引受众的注意,加深受众的印象。

突出重点,就是把重点稿件安排在版面的重要区间。

重点与一般、强与弱都是相比较而存在的。重点有赖于对一般的淡化处理。因此,在一个新闻单元内部,重点宜少不宜多,强化手段也应慎用,否则反而显不出重点,且都不能突出。对于一般稿件的处理,应尽可能避免使用与重点稿件相同的编排手段,以示区别。

3. 有序原则

有序原则即编排设计要分清条理和层次。当今新闻媒体信息剧增，编排更要讲求有序化。有序就是要做到同类相聚，异类相分。具体地说，内容的类别和感情色彩相同的要靠在一起，反之则适当错开。如果不加区别，互相混淆，既不利于增强新闻单元的逻辑性和表现力，也可能造成误解或感情上的冲突甚至政治上的差错。

第四节　版面设计和创新

一、版面设计

（一）版面设计的作用

报纸是许多新闻、文章、照片及图画的集合体，合理地安排这些元素，能使每一个版面都易于阅读并且能吸引读者。

版面设计有以下几种作用：

1. 帮助读者选择阅读内容

读者看报，一般都要有所取舍，尤其是在厚报时代，都希望在有限的时间里选择对自己有用的信息。那么，靠什么来帮助读者进行阅读的选择呢？除了标题外，更重要的就是版面了。因为版面是全视角的，读者可以通过版面的特殊语言，去选择信息。一条在版面上很醒目的新闻往往最先跃入读者的眼帘。如果一条内容很重要的新闻被放在一个不显眼的位置，就可能被读者所忽视。因此，版面设计的一个重要的功能就是通过版面语言提示读者哪些新闻是意义重大的，哪些是应该优先阅读的，帮助读者迅速选择阅读内容。

2. 吸引读者阅读报纸

当一份报纸送到读者的手中，首先映入眼帘的就是报纸的版面。报纸是视觉艺术媒体的一种，一份报纸首先应该在视觉上给人以美感，以美来吸引人。要使一张报纸在整体视觉上有美感，必须对版面进行精心设计。版面设计得当，整个版面就显得眉目清晰，主次分明，对这样的报纸，读者自然产生出一种阅读欣赏的欲求；版面设计失当，整个版面就显得杂乱无章、轻重不分，就不能吸引读者。可见，版面设计在于美化版面，以吸引读者。

3. 帮助读者顺利阅读新闻

报纸上稿件的内容五花八门，体裁和形式也千姿百态，读者能不能顺利阅读，与版面有很大关系。如果不分内容、形式，不管轻重、主次地在版面上随意排列，稿件的不同特点就可能被淹没，稿件间的联系也可能被割断，版面也会显得乱七八糟，会给阅读带来极大的困难。通过版面设计，可把各种新闻内容和形式有条不紊地排列起来，既能恰当地体现它们的主次，又能清楚地揭示它们的联系，非常易于选择和阅读。

（二）版面设计的原则

1. 主题的鲜明与版面简洁的统一

版面设计本身并不是目的，设计是为了更好地传播信息。版面离不开内容，更要体现内容的主题思想，用以增强读者的注目力与理解力。只有做到主题鲜明突出，一目了然，才能达到版面构成的最终目标。主题鲜明突出，是设计思想的最佳体现。版面表现必须单纯、简洁。版面的单纯化，既包括诉求内容的规划与提炼，又涉及版面形式的构成技巧。

如图 8-14，全版只设计了一个主题——长征，这样一个庞大的主题只用了一幅地图来展示其中蕴含的奇迹与艰辛，大红的底色表明了长征的性质。这是对内容的高度精练后形成的，主题鲜明突出，版面简洁清晰，是二者完美的统一。

青未了
话长征
纪念红军长征胜利70周年特刊
"长征"二字起源考
先后出发长征的四支红军队伍

图 8-14　全版只有一个主题的版面

2. 版面具有艺术性与装饰性

主题明确后，版面色图布局和表现形式等则成为版面设计艺术的核心，也是一个艰辛的创作过程。怎样才能达到意新、形美、变化而又统一，并具有审美情趣，这是对设计者的思想境界、艺术修养、技术知识的全面检验。

版面的装饰因素是文字、图形、色彩等通过点、线、面的组合与排列构成的，并采用夸张、比喻、象征的手法来体现视觉效果，既美化了版面，又提高了传达信息的功能。装饰是运用审美特征构造出来的，不同类型的版面信息，具有不同方式的装饰形式，它不仅起着排除其他、突出版面信息的作用，而且又能使读者从中获得美的享受。

3. 版面应具有趣味性与独创性

版面构成中的趣味性，主要是指形式美的情境。这是一种活泼性的版面视觉语言。如果版面本无多少精彩的内容，就要靠制造趣味取胜，这也是在构思中调动了艺术手段所起的作用。版面充满趣味性，使传媒信息如虎添翼，起到了画龙点睛的传神功力，从而更吸引人、打动人。趣味性可采用寓言、幽默和抒情等表现手法来获得。

独创性原则实质上是突出个性化特征的原则。鲜明的个性，是版面构成的创意灵魂。要敢于思考，敢于别出心裁，敢于独树一帜，在版面构成中多一点个性而少一些共性，多一点独创性而少一点一般性，才能赢得消费者的青睐。

二、版面创新

（一）现阶段报纸版式的主要类型

1.“模块式”版面

所谓模块，就是将一则新闻以及相关元素（如图片等）或一组稿件集中起来编排成的规则矩形。“模块式”版面突出了重点，更好地显示了文章之间的主次关系，帮助读者更加轻松快速地挑选出他们想要获取的信息和稿件。

2.“瘦报”版型

“瘦报”版型指在长宽比例上更接近“黄金分割率”，也称为“黄金报型”。“瘦报”取消了中缝，基本栏由八栏改为六栏，一律横题，头条的大字标题与大面积的新闻图片成为明显突出的视觉中心，使版面语言更加简洁、流畅，符合现代人的阅读习惯。

3.“浓眉大眼”版式

借鉴了港台的报纸风格，头版以巨幅照片铺底，头条标题采用超粗字号并填充颜色，标题和新闻照片的颜色鲜艳富有冲击力，版面的视觉功能和表现力得到空前释放。如《北京青年报》、《南方都市报》和《新快报》等均为此类版式。

4.“提要式”版面

“提要式”版面是指头版的报头简约大气，以上下通透的分栏辅以创造性的留白，全版没有新闻，只有导读式设计，版面简洁清新，大幅新闻照片成为版面的中心，能第一时间吸引读者眼球。如《新快报》。

“提要式”版面在对图片的处理上与“封面式”不同，虽图片面积大，但不抠图、不压字，主次分明，在设置上靠近版面黄金分割线，严格遵循视觉中心法则。

（二）版面的变化与创新

我国现阶段的报纸版面有以下变化与创新：

1. 版面设计醒目

标题醒目：重要稿件通常是标题字号增大，改变标题字体颜色；采用引题＋主题和主题＋辅题的形式或放通栏标题。

照片醒目：照片的选用不仅可以有效地表达新闻信息，而且可以增强头版亮点的功能。

框线醒目：主要是为了突出某一稿件的重要性，有时还会给框线上色，它既可以与周围其他稿件阻隔，又可以在版面结构中起支撑、串联和定势的作用。

2. 版面设计单纯

主要是通过单纯的版面形式来表现丰富的内容。

用色单纯：一般都采用粗细不同的两种直线形式；一般只采用一两种字体，避免过多的字体造成版面平衡的破坏。

3. 头版厚题薄文

报纸头版为了在有限的空间内集纳更多有价值的新闻信息，大都以厚题薄文的形式来设计，标题样式通常采用标题完全盖住正文的形式，使读者一接触标题便得知本期报纸的主要新闻信息，节约了阅报的时间和精力。

4. 图文并茂

现在几乎每份报纸的头版都有图片安排，图片的功能也从过去简单的一种新闻形式、一种版面美化手段，上升为争取读者注意力、提高报道现场感和贴近性的一个亮点，成为增强报纸竞争力的一大要素。图片的位置大都在头版的中心或偏于中心的位置，都配彩照增加版面亮色，在图片和标题的四周留有适当的空白，给人以最强烈的视觉冲击力。

5. 头版注重信息导航

设计一条好的导读可以大大提升新闻信息的价值性，可以节省头版新闻信息的空间占有量，还可以帮助读者加快了解新闻信息。

6. 设计清爽悦目

大量运用横文横题，标题走文左齐或右齐，基本上不像以前那样串来串去地走文，以明快简洁的版面示人，结构趋于简单，设计清爽悦目。

7. 版面的栏数减少

版面的栏数减少，用大块的、更为醒目的加框，用更多的图表。

8. 标题字号普遍加大

标题字号在版面上更加突出、醒目。稿件的排列越来越多地采用模块结构，以方便读者阅读和剪辑。

9. 线条、色块、色彩的运用

线条、色块、色彩的运用更加频繁，稿件加线围框比较普遍，色彩成为报纸上常见的并最具有变动性的因素。

10. 广告在报纸版面上的位置更灵活

广告在报纸版面上的位置更灵活，篇幅大规模递增，成为版面形象的一个重要组成部分。

第五节　电子排版和应用

现在，国内报纸普遍使用的是方正飞腾激光照排出版系统，无论是技术性能，还是便捷性，方正飞腾激光照排系统都可堪与国外的很多的激光照排软件相媲美。

电子排版极大地提高了出版的效率，也极大提高了报纸编排的质量。版面的语言表达在电子排版技术应用后更加丰富：字体的种类更多，更富表现力；版面的色彩更加多样；图片的加工制作技术更加灵活和自由，同时组版的环节大大简化。

一、电子排版的流程

电子排版的流程有稿件的录入—组版—发排—制版—印刷。

1. 稿件的录入

排版的第一步就是把记者采写的稿件上传到采编一体化的稿件库中，编辑对稿件进行校改，确保稿件无误后以一定的标题放入稿件库中。

2. 图像的输入

将排版拟用的图片稿件输入到稿件库中的图片库中，对图像命名保存，以便组版人员调用。为了提高图片稿件的表现力和编排思想，要运用相关的图片处理软件对其进行加工后再保存。

3. 组版

组版环节是电子排版的核心环节，是组版人员按照编辑设计的版样排入组合版面信息的过程。在完成组版工作之后，组版人员要打出大样，由编辑审定修改，然后方能打出清样。现在国内比较常用的组版软件就是方正飞腾排版软件。电脑组版人员在进行组版时，基本是按照编辑的版面设计进行操作的。

4. 发排

发排就是将组版后的版面信息用激光照排机印出胶片。这里的胶片实际上是由激光照排机扫描、拍摄而成的版面底片。如果是彩色版面，那么就需要进行分色处理，生成多张分色胶片。

制版就是利用胶片制作出印刷用的版样，供印刷厂印刷成品。

5. 印刷

印刷是电子排版的最后一个环节，是由印刷厂利用版样印刷报纸成品的过程。

二、方正飞腾电子排版软件

组版环节是电子排版的中心环节，要组织出精美的版面，需要对电子排版技术的熟练掌握，更需要富有创新的版面设计。

现阶段报纸用于组版的电子排版软件主要是方正飞腾排版软件，飞腾排版(FIT，即 Fucus of Integrated Typesetting)是基于 windows 交互式集成排版系统。它具有强大的排版功能。

飞腾不仅吸取了以前排版软件的精华，而且集成了最先进的排版技术。它适合各个层次用户的需求，应用范围既包括专业出版领域，又包括轻印刷及办公室自动领域；它既可以排报纸，又可以排书、杂志和广告等。其主要特点如下：

1. 具有强大的排版功能

FIT 排版软件继承了方正排版软件二十多年的经验，对海内外中文排版的各种要求均适用。例如，文字的排式、行距、字距、标点类型、分栏等功能，文字可在任意区域内排版，具有强大的沿线排版功能。

FIT 提供了多种线型和 270 多种底纹。线和底纹的颜色可以进行十几种渐变。

FIT 可以接受 TIF、TGA、EPS、GRH、PIC、MSP、BMP、GIF、PXC 和 JPG 等多种图像格式，还可以对图像进行自动勾边、旋转、倾斜和镜像等操作。

2. 丰富的对象编辑功能

用户可以精定位和控制对象的大小，可对文字块、图像块和图像进行旋转、缩放、倾斜和镜像；封闭的图元和文字轮廓可作为裁剪路径，可裁剪任何对象。

三、方正飞腾排版软件的基本操作

（一）基本设置

1. 飞腾字体的设置

在打开文件之前，单击“文件”→“设置选项”→“字体设置”命令，即可弹出 “字体设置”对话框。从该对话框的“字体”选项卡中进行字体的设置。

2. 设置版面基本参数

新建文件时，首先要根据排版需要，设置相应的版面参数，如页面大小，横排还是竖排，页码的类项，版面默认字体和字号，文字页边距的距离等。

选择“文件”→“菜单”→“新建”命令，弹出 “版面设置”对话框。

选择“版面设置”→“页面大小”命令，在“页面大小”下拉列表框中有多种页面大小可供选择。

选择“版面设置”→“页面排版”命令，飞腾提供了 5 种排版方式。可以根据需要选择一种。

选择“版面设置”→“纸张方向”命令，可选择页面的方向为“垂直”或“水平”，默认设置为“垂直”。

选择“版面设置”→“设置文字排版方向”命令，文字排版方向默认设置为“横排”。

版面设置完成，选择“确定”。

3. 设置字体字号

设置字体号的方法：单击“版面设置”对话框的“版心及背景格字号”按钮，弹出“改变字体”对话框。在此可设置版心文字的字体、字号和以字为度量单位时的字号大小。版心的字体、字号将作为文件全局量，影响整个文件。只要用到以字为单位的地方，就会按这个字号大小作为度量单位，其中背景格字号的大小，也是由这个字号决定的。

如果要设置的字号宽、高相同，则选中“XY 字号”单选按钮；如果要设置的字号宽、高不同，可分别设置“X 字号”和“Y 字号”。

4. 设置边空版心

单击“版面设置”对话框的“设置边空版心”按钮，弹出“设置边空版心”对话框。这个对话框可以用于设置版心、边空的大小以及版心行距、版心分栏数等，甚至还可以改变页面的大小。其中"调整页面大小"有三种方式:自动调整版心、自动调整页面大小和自动调整边空。自动调整版心——在页面大小不变的情况下,调整版心的值。自动调整页面大小——根据版心栏数等值,来调整页面大小。自动调整边空——在页面大小不变的基础上通过调整版心的栏数和行致以及页边方式来调整页边空。一般采用自动调整版心。

设置页边空。页边空包括上空、下空、左空和右空。

设置版心。在"自动调整页面大小"或"自动调整"单选按钮被选中时,"版心大小"和"版心"两个区域就会被激活,再次可改变版心的大小。其中,"栏数"和"行数"决定版心的大小。栏的宽度取决于"背景格栏"中的设定,行数的值与行距及版心字号有关。因此,在设置"栏数"和"行数"之前,要先设置背景格栏和行距。

选中"自动设置分栏数"复选框,排入版面的文字自动按背景格分栏。

设置栏数。设置栏间距。设置栏宽。一般选中"栏宽相等"。设置背景格的类型。这里选择"报版"。设置行数与行距。如设置行数为 102 行,行距 0.5 字。

5. 长度单位设置

在第一次启动飞腾后,最好选择"文件"→"设置选项"→"长度单位"命令,在弹出的"长度单位"对话框中进行设置。

飞腾中各单位的意义及其换算如下:

字:与一个字等长的距离为 1 字。

磅:1 磅约等于 0.35 毫米,1/72 英寸。

英寸:1 英寸等于 2.54 厘米,相当于 72 磅。另外,1 英寸约等于 6PICA。

级:1 级等于 1/4 毫米,即 0.25 毫米。

PICA:1 PICA 为 12 磅,0.166 英寸。6 PICA 等于 72 磅,1 英寸。

(二) 稿件的排入

打开"文件"/"排入文字"选项,弹出"排入文字"对话框。

在稿件库中选择要排入的稿件名称,单击"排版"命令,稿件就排入版面中。

用选取工具选中该稿件,单击"版面"→"分栏"→"自定义分栏",弹出"自定义分栏"对话框。

假如将分栏数确定为 3 栏,栏间距确定为 1 个字,分栏方式为自由,单击"确定"选项,稿件则呈现出分栏状态。

(三) 文字的编辑

1. 文字的基本操作

1) 输入文字

第一种方式:常用工具箱中的"文字工具"。

单击"文字工具",选择合适的输入法在工作区直接输入文字即可。

注意:方正飞腾是专业的排版软件,而不是文字录入软件,所以不建议在飞腾中录入大量文字。可在外部录入好文字再导入飞腾进行排版。

第二种方式：选择“文件”→“排入文字”命令，或点击工具条中的“排入文字”按钮区。

2）选择文字

在文字排入后，编辑文字前必须对文字选中才能操作。

设置字体或字号。选择“文字”→“字体号”、“字体”或“字号”。

3）文字的装饰

变体字是针对文字本身的变化，文字经过设置勾边、空心、倾斜、旋转等属性生成有创意的文字。变体字中有七种操作类型：立体、倾斜、勾边、空心、旋转、粗细、阴字。选择“文字”菜单的“变体字”，弹出“变体字”对话框。

装饰字功能是针对文字的外部装饰，主要是给文字加上各种不同几何形状的外装饰。选中要设置的文字，单击“文字”菜单中的“装饰字”选项，弹出“装饰字”对话框。

4）底纹与划线

选择“文字”菜单的“底纹与划线”，弹出“底纹与划线”对话框，单击“划线”按钮，弹出“附加线”对话框。设置完各项目，单击“确定”按钮。

（四）标题的编辑

1. 标题

选取工具箱中的文字工具，选择要设置为标题的文字。单击“格式”菜单的“设置标题”选项（或使用快捷键 F9），弹出“形成标题”对话框。

下面是对“标题设置”对话框中的各个选项的具体介绍：

“标题位置”：设置标题在文字块中所处的位置。

“排版方式”：标题的排版方式有正向横排、正向竖排、反向横排、反向竖排四种。

“自动调整字号”：选中此复选框，系统将会自动定义标题文字的字号。如果不选中，则标题的字号仍为设置标题前的字号，而不按标题区的大小改变。

“标题高度”：标题所占的高度，在编辑框中键入标题区所占行数。

“标题宽度”：标题所占的宽度。设置标题区所占的字数。

在文字块内新建并修改标题。排版中，标题的文字并不是总存在于文字块中。所以，通常要新建一个标题区来新建标题文字。可以在飞腾中选中文字块然后执行“设置标题”命令，这样，既可以新建、删除标题，也可以修改标题，并添加各种装饰属性。

选取工具，选择欲设置标题的文字块。

选择“格式”菜单的“设置标题”命令（或使用快捷链 F9）。弹出“标题属性设置”对话框，进行标题的设置。

对主题、引题和副题的位置及相互距离的设置如下。

“引题顶空”：设置引题距标题区上边的距离。

“副题底空”：设置副题距标题区下边的距离。

“题间空 1”：设置引题距主题的距离。

“题间空 2”：设置副题距主题的距离。

“主题右空”：设置主题距标题区左边的距离。

“引题右空”:设置引题距标题区左边的距离。

“副题左空”:设置副题距标题区右边的距离。

“主题居中”:设置主题位于标题区的中央(X 方向)。“主题居中”与“主题左空”互斥。

“引题居小”:设置引题位于标题区的中央(X 方向)。“引题居中”与“引题左空”互斥。

“副题居中”:设置剧题位于标题区的中央(X 方向)。“副题居中”与“副题右空”互斥。

“自动调整题间空 1”:自动调整“题间空 1”的距离;不选时,自动调整“题间空 2”的距离。

“上下居中”:当不选引题或副题时该项有效,设置主题位于标题区的中央(Y 方向)。

“标题的排版方式”:默认时为正向横排。

2. 叠题

叠题,就是在一行中排列多行文字。在文字状态下,选中要排成叠题的文字。执行“格式”菜单中的“形成叠题”命令,这段文字即具有叠题属性。将鼠标指针移到要分行的位置。按 Enter 键,具有叠题属性的文字就分为两行。

3. 标题的排版与修饰

段落文字有排版方式,标题也有。横竖排对文字方向以及引题、标题和副题的位置都有影响。正反排除了对文字方向起作用外,也对引题、标题和副题的位置有影响。

本章相关概念

版面语言 layout of the language
版面功能 layout of function
版面空间 layout of the space
版面结构 the layout structure
版面设计 layout

思考题

实践题

1. 请根据某一报纸说明版面的编排手段和版式。

2. 选择一份你熟悉的报纸,以其为范本,根据某一网站的新闻,运用所学的知识在实验室制作一份报纸的大样。

CHAPTER 9

第九章 图片编辑与设计

本章导言

"读图时代",即报纸为适应社会的变化,改变以文为主、图片为辅的模式,图片(主要是新闻摄影照片)将在当今的报纸版面中占主导地位,读者的读报习惯也将由以前的读文字为主改变为读图为主。

在电子技术与资本经济的推动下,"读图"已成为我们时代的一种文化表征。视觉文化因读图时代的到来渐成趋势,而视觉文化的呈现是以视觉设计作为其技术支撑的。视觉设计是针对眼睛官能的主观形式的表现手段和结果。

新闻照片选择标准和编辑手段。新闻照片的稿件来源主要是本社摄影记者的照片、通讯社提供的照片和社外通讯员或读者投递的照片。编辑选择新闻照片时一方面考虑其新闻价值、典型性、代表性及合乎报社要求,另一方面要求照片在技术上达到报纸制版、印刷的要求。这要求图片编辑懂得摄影技术,能够理解摄影技巧,善于发现能够代表新闻事件的新闻照片。

新闻图表包括新闻漫画、示意图、新闻地图、信息图表以及图片化的文字新闻等。新闻图表的设计与制作需要进行大量的前期准备。

本章引例

2015 年 4 月 25 日 14 时 11 分,尼泊尔境内发生里氏 8.1 级地震,除人员伤亡外,本次地震对尼泊尔的古迹也造成巨大的破坏(见图 9-1)。被评为世界文化遗产的三个杜巴广场严重受损,地标建筑达拉哈拉塔轰然倒塌,并且已从废墟中找到了 180 具遗体。

尼泊尔国土面积不大,但拥有 7 处世界文化遗产和 3 处自然遗产。7 处世界文化遗产都集中在约 570 平方公里(接近两个杭州西湖区的大小)的加德满都谷地。这里是尼泊尔的心脏,也是这次地震的重灾区之一。

尼泊尔有三个杜巴(注:杜巴是皇宫的意思)广场,三个都是世界文化遗

图 9-1　尼泊尔地震对尼泊尔的古迹造成破坏

产，分别位于加德满都谷地里的加德满都、巴德岗和帕坦。有报道说，加德满都杜巴广场在地震中几乎已完全损毁，三分之二的建筑物倒塌，整个广场看上去已成一片废墟。巴德岗杜巴广场受损程度是85%，帕坦杜巴广场的受损程度是50%。这三个杜巴广场是当年三个王国的皇宫广场。尼泊尔王国的马拉王朝鼎盛时期，在文化、建筑、艺术上曾一度达到巅峰。马拉王朝第六代国王死后，三个儿子各据一方，自立为王，建成现在的三个杜巴广场。这些杜巴广场上拥有十六世纪至十九世纪间的纽瓦丽风格的建筑群，包括宫殿、寺庙、神像、法庭和喷泉等，是尼泊尔的象征之一，极具历史、文化和艺术价值，是去尼泊尔旅游必到的地方。

(1) 了解"读图时代"的内涵与意义。

(2) 掌握新闻图片的类型与功能，并且学会熟练运用各种类型的新闻图片。

(3) 掌握新闻图表的类型与设计方法。

(4) 掌握新闻照片选择的标准，并且学会新闻图片的编辑。

图片是各种媒体中不可或缺的组成部分，随着媒介融合时代的到来，报纸以文字为主的传播形态受到了巨大的挑战，随着科学技术的飞速发展和人们生活节奏的不断加快，现代人进入了一个全新的时代：不再耐心地阅读文字，而是热衷于通过图片快速获取信息。读图时代的来临，影像文化的泛滥倒逼着媒体的版面设计和编排理念的革新。

第一节 读图时代与视觉设计

一、读图时代与视觉文化

可以说,1981年《今日美国》的创办,正式宣告了"读图时代"的到来。该报以图片为基础,文字极为简洁,只提供最重要的细节,同时以大量富含信息的照片和图表来解释新闻。有人评价它是"文字+照片+示意图",就是《今日美国》的报道模式。1990年,中国社会科学院吴昌华,在其题为"新闻图片编辑研究"的论文中,最早提出了"读图时代"的概念。1998年,杨小彦、钟健夫在为"红风车经典漫画丛书"作序时将题目定为"读图时代",专指出版物的某一品类、一种阅读时尚,或者某种文本编辑方式。2003年,张玉川定义"读图时代"的概念为:"读图时代",即报纸为适应社会的变化,改变以文为主、图片为辅的模式,图片(主要是新闻摄影照片)将在当今的报纸版面中占主导地位,读者的读报习惯也将由以前的读文字为主改变为读图为主。

视觉符号本身作为一种信息或对文字信息的诠释,因其直观、鲜明、生动,更能为受众所接受,特别是在新闻报道中,新闻摄影以其独特的报道方式与强烈的视觉效果,以其真实感人的形象,让读者直接感受到新闻的意义,加深了受众对新闻事实的认识,起"一图胜千言"的效果。并且,它不受国籍、地域、民族、语言、习俗和文化差异的影响,这无疑使这种视觉信息的传播范围比文字更加通俗广泛。我们都知道受众对于信息的接收是有选择的。在这个信息爆炸、信息过剩的社会,面对纷杂的信息,我们眼睛停留的时间越来越短,人们的时间变得越来越金贵。有丰富文化内涵,需要时间与耐心阅读的文字已很难快速吸引人们的眼球,而在当今"眼球经济"为指挥棒的商品经济时代,谁抓住了眼睛谁就赢得了商机。因此抓住大众的视线成为各信息发布者的首要任务。视觉符号生动形象、浅显易懂要比文字和声音更能在短时间内吸引受众,因而为媒体所看中,成为他们传情达意的重要手段。此外,在信息社会,人们对现场感更强的信息的需要使得报纸中大量的新闻照片和电视的现场直播,以及网络与新媒体终端设备上的新闻影像所给予人们的逼真、快捷的信息是任何文字文本所难以替代的。

视觉符号传播的载体,经历着由印刷媒体向电子媒体转变的过程,新媒体的出现也丰富了视觉符号的记录方式。纸张、照相机、摄影机、电脑的接踵而至令种种视觉符号的展现丰富多彩、风格迥异。一系列电子传输媒体的出现使得视觉符号的传递更加快捷,范围更加广泛,对于新闻报道来说视觉化的信息呈现方式能够增强现场感和生动性。此外,科技的迅猛发展不仅带来了记录方式和传播方式的变迁也改变着人们对视觉符号的创作手法。如果说电脑的出现和普及为视觉符号的创作提供了硬件平台的话,那么Photoshop、Flash、3DMax、Animator等制作软件则打开了人们的眼界,使得现代人不再满足于单纯的平面绘画而开始追求个性化的创作。阿尔文·托夫勒在他早期的未来学著作《第三次浪潮》中就曾指出:人类社会正在孕育三种文盲:文字文化文盲、计算机文化文盲和视觉文化文盲。而后两种文盲是工业化社会，尤其是后工业化社会所带来的。科学技术的发展孕育了视觉文化这种新的文化传播形式。新媒体时代，视觉文化的传播展现出攻城拔寨、所向披靡的态势。

较之需要深厚的文化积淀，丰富的联想思维的文字，图像为人的欲望的绽放提供了更多方便。视觉文化俨然已经成为我们的生活方式。“消费社会”的一个重要特征就是信息成为了一种消费品，精英文化和严肃文化转变为大众文化。大众文化是大众消费社会中通过大众传媒所承载和传递的文化产品，这是一种加工合成的文化产品，大众文化明显的类像化特征，一方面有利于大众文化产品的接受与理解，另一方面也造就了大众审美趣味的感性化。这种感性化表现为人们更倾向于对直观形象的接受，因此读图成为当代青少年最主要的阅读方式，图形、图像成为当代青少年阅读的主体内容。“大众文化对形象化的追求使人们更注重对文化的直观性体验而将‘思’的意义放逐，使人们的审美情趣呈现感性化特征。”作为大众文化直观表现形态的视觉文化不是依赖图像，而是依赖对存在的图像化或视觉化这一现代趋势。视觉文化把我们的注意力引离结构完善的、正式的观看场所，如影院和艺术画廊，而引向日常生活中视觉经验的中心。同时它正以图解一切的方式冲击着文字这种媒介，处于这样的消费社会中的视觉文化以浅显与通俗迎合大众的口味。图片开始成为报刊的主角，文字却越来越处于辅助地位。

“读图时代”打破了文字的绝对垄断地位，将图片由配角地位提升到了主角地位，尤其是新奇、富有视觉冲击力的图片。图片逐渐占据主导地位，文字慢慢沦为辅助性的说明。这种情况不仅表现在图书中，而且在报纸、杂志、手册、教学资料等中。图片数量的增加标示着传统的文字占据主导地位的“读字时代”，正在转向图像占据主导的“读图时代”。

“读图时代”的到来促成了视觉文化的产生。视觉文化作为一种影像与形象占据主导地位的文化形态，不仅改变着人们接受信息的方式，还潜移默化地影响着人们的思维方式。[①] 著名学者丹尼尔·贝尔曾说“当代文化正在变成一种视觉文化”。广义的视觉文化是指经由视听媒介传播而形成的一种新型文化形态，它与单纯由文字媒介传播形成的以语言为中心的文化相区别。狭义的视觉文化是指由纯视觉媒介传播而形成的文化形态。一般来讲，我们谈到视觉文化的时候，大都采用广义的视觉文化概论。[②]

西方学者巴拉杰在《视觉与人类》中认为，人类文化经历了视觉文化、读写文化，再到视觉文化这样一个否定之否定的过程。“读图时代”不仅促进了视觉文化的形成，也带来一定的负面影响。它使得人们在阅读过程中，只简单关注图片，更多地局限在当时的情景和自身的经验上，越来越趋向感性化。同时也使人类越来越远离真实的社会，失去审美的判断能力，并将我们的视觉引向了虚幻化。

二、“读图时代”的视觉设计——技术与伦理

在电子技术与资本经济的推动下，“读图”已成为我们时代的一种文化表征。视觉文化因读图时代的到来渐成趋势，而视觉文化的呈现是以视觉设计作为其技术支撑的。视觉设计是针对眼睛官能的主观形式的表现手段和结果。一般意义上认为，视觉设计的概

---

① 黄建军:《读图时代的视觉文化及其社会影响》,《丝绸之路》,2009 年第 2 期。

② 常凌翀:《视觉文化时代的视觉化生存研究》,陕西师范大学学位论文,2007 年。

念是由“视觉传达设计”演变而来的。随着视觉文化时代的到来，人所获得的信息越来越多地来自视觉符号，现代文明见证了从知识爆炸到信息的爆炸，当前优秀的新媒体机构无一不是对视听渠道整合的结果。视觉传达设计的主要内容是平面设计，但随着新的媒介技术的出现，视觉设计的概念在不断扩展，尤其是新媒体网络和手持信息终端的开发和利用，不断地拓展着视觉设计概念的疆域。一般认为，视觉设计可分为标志设计、包装设计、字体设计、图像设计、书籍设计、广告设计、装潢设计、新媒体界面设计等。

广义的视觉设计是以视觉生理和心理为机能，以图形符号和色彩为主要视觉元素，以二维、三维和多维等形态为载体并基于不同目的的视觉化设计。① 视觉设计的基本要素包括：图形、文字、材料、色彩、结构等。图形是视觉设计的重要元素，具有强大的形象传达功能，对图形符号的挖掘和创造有助于实现视觉设计功能的最大化和多样化。就本书尤其是本章的内容结构而言，我们主要强调对传统纸质媒体的平面设计，以及对新兴电子媒体的动态影像和网络界面的设计。

“读图时代”的到来使得精英文化与大众文化的界限日益模糊，传统与现代的距离渐趋消逝。艺术的内涵也开始发生变化。就新闻报道的编辑出版而言，艺术设计对于视觉设计的仰赖日益加剧。运用艺术的理念和手法将传统绘画工艺与电脑制图技术的巧妙结合，构成了当下新闻报道视觉设计的主体形态。进入“读图时代”后，图片的概念得到极大扩展，摄影图片的运用发挥到了一个新的高度，新的图片报道方式不断出现，新闻漫画、新闻图表大量见诸报端，封面版图片成为一种新的图片报道形式。各通讯社在传统的摄影部门之外，新设专门的电子制图部门，将新闻摄影所提供的单一的照片形态扩展为图片形态，即图表与照片的结合。而图表的视觉化呈现则更加彰显了视觉设计的重要性。在“读字时代”图片主要是解释文字，作为文字的支撑和补充。而在“读图时代”，文字则是对图片进行补充说明。但片面地把多用图、用大图作为根本，认为读图时代就是重图轻文、厚图薄文，无疑是犯了形式主义错误。形式终究是为内容服务的，一味地追求视觉冲击力，只单纯重视图片规模和数量的扩张，往往忽视了本质的内容。

工业化社会和大众化社会的到来使得传统审美活动从精致高雅的贵族式向平易通俗的大众式迁移，这使得只要稍具视觉感知能力的受众便能参与到审美活动中来，现代传媒的激烈竞争使得所有从业人员都将内容的视觉化呈现作为克敌制胜的法宝。读图在增添媒介内容可读性的同时，也回应了快节奏的现代社会受众的消费习惯和阅读习惯。大众审美是从“凝神专注”向“率性消遣”转化的过程。人们对图像的阅读过程，是注意力被引向直接可感的图像细节的过程。图像占中心的视觉文化使主体趋向对感性经验的接受。然而，读图不应是对图像的简单识别，图像应着力表现文字所不能或难以充分表达的内容。如何做到图文并茂、相得益彰，这是现代传媒人应当着力追求的目标。

图片是纯视觉传播符号，具有直观、真实、形象等优势，但也有其缺点，必须与其他传播元素相配合才能更好地发挥传播功能。许多信息并不能单独依靠图片展示出来，还需要文字来解读。读图时代的核心是“读”，并不是“图”，即要求图片必须具有信息含量。读图时代的到来，并不意味着图片可以夺取长期以来由文字占据的统治地位，而是要实现图文并轨，

① 叶苹主：《视觉设计创意与方法》，辽宁美术出版社，2011 年版。

共同促进新闻传播的优化。“宜文则文、宜图则图”是读图时代图文运用的最佳方式。

此外，设计合适的图片是信息有效传播的关键。首先就要树立正确的图片设计观念，将图片放在多维空间里进行想象；或通过广泛涉猎，将各学科的相关知识融入图片设计中，提炼出新的构图思路；或利用计算机现代化设计手段，对现有的图片进行处理和剪接得出新的图片。同时，视觉设计还必须跟随时代前进的步伐，及时地在新领域里吸收新的事物，并作用于图片，使视觉语言与新技术完美结合。①

在海量的图像信息面前，对受众的图像消费的迎合，使得视觉设计不得不推陈出新，这也使得许多视觉设计者误入歧途。于是，照片的拼接粘贴、移花接木，图表的求新求异、吸引眼球便成为新闻媒体在媒介技术高度发达的现代社会面临的新的职业伦理难题。读图时代的来临使得视觉素养已经成为当代国民素质的重要部分，视觉设计是一个由多元素构成的复合体，审美、文化、道德、科学、环境形塑着视觉设计所应承载的社会责任。

第二节　新闻图片的类型与功能

一、新闻图片的类型

新闻媒体上最常用的图片有两类：

1. 新闻照片

新闻照片是以新闻人物和新闻事件为拍摄对象再现新闻场景的照片。它可以配以一定的文字说明，进行独立的新闻报道，也可以配合文字稿对新闻现场加以说明。现场拍摄的新闻照片在报纸版面中所占比例最大。

2. 新闻图表

新闻图表主要包括漫画、统计图表、示意图、新闻地图以及信息图表等。本章第四节将有详述。

二、新闻图片的功能

（一）新闻照片功能的主要体现

1. 用直观的形象吸引读者

生动的新闻摄影作品，能够引起读者丰富想象。有学者指出，报纸头版的报道如果没有配照片，读者阅读的可能性会下降12%；如果配上一张或一栏宽的新闻人物的照片，读者的阅读量会增加到42%；如果将图片尺寸放大，阅读率还会增加。新闻照片凝结着新闻事实典型的时空架构，读者可以通过照片想象新闻事实的缘起和发展过程。今天的新闻照片，将会成为明天鲜活的历史。

---

① 张琪：《图像在视觉设计中的信息传播》，《群文天地》，2013年第2期。

2. 为文字新闻提供证据

新闻照片具有给文字新闻提供佐证的作用。新闻照片的使用对提高新闻报道的可信度有很重要的意义。"耳听为虚眼见为实"的阅读视听习惯,使得受众更加注重对现象的直观性把握。中国传统文化中"百闻不如一见"的观念,使得照片成为一种证据。萨达姆被击毙的画面在被媒体公之于众的时候,很少有人怀疑事件的真实性。南京青奥会开幕式的盛大场面,用一张现场的照片胜过大段的文字描述。

3. 再现新闻场景,记录实时动态

报纸最常用的两种符号是文字符号和非语言符号,而作为非语言符号主体的视觉符号中最具再现功能的是新闻照片。俗语云:"一图胜千言",形象地再现新闻发生场景的细节,新闻照片无疑是一种最有效的记录实施动态,呈现历史原貌的技术方式。如图 9-2,为汶川大地震时被压在废墟之下生死未卜的小孩的绣花鞋,让读者的心灵产生深深的震撼。

4. 增强易读性,提高版面的视觉效果

新闻照片的形象与直观可以产生巨大的视觉冲击力。照片的美,主要不在于构图是否完美,而在于对人或事物的真实生动的反映,而这恰恰是文字报道难以企及的。一张优秀的新闻照片可以让版面顿时变得活泼起来,从而使受众易于理解新闻事实。

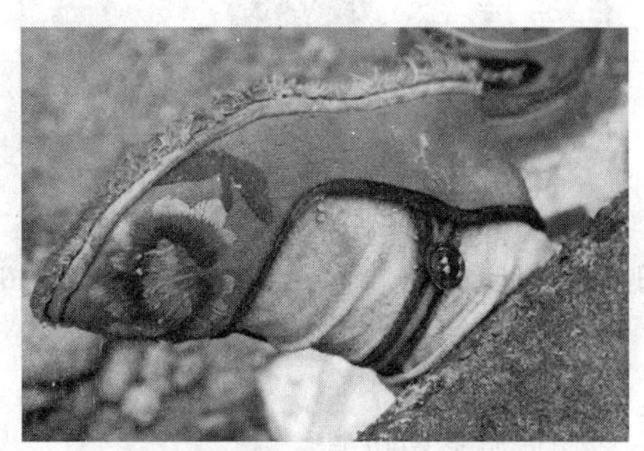

图 9-2　汶川大地震中废墟之下的小孩绣花鞋

(图片来源:新华社 2008 年 5 月 13 日)

有论者指出,"随着读图时代的到来,图片编辑成为联系摄影记者、版面编辑的桥梁,版面设计,很多情况下都是先考虑照片,再考虑文字,那些缺失优秀图片编辑的报纸,实际上等于塌了半边天"①。

(二) 新闻图表功能的主要表现

1. 信息整合功能

生活节奏的加快使得读者希望在短时间内快速获得有效信息,与文字的大段描述和分析相比,新闻图表能简洁直观地将事件的来龙去脉展现出来,能高效地传播核心信息,满足受众"快读"的要求。社会上存在大量的信息,媒体工作者不是也不可能全面展现,利用新闻图表能够将冗余信息过滤掉,对信息进行整合,借助图表、数字、文字、色彩等象征符号,以直观的形式展现给读者。原本零散的数字、图片、文字等元素得到了有效统一,共同为新闻主题服务。

《厦门日报》刊登的这篇《10086 积分诈骗短信 半个月 16 人中招》将骗子的三步行骗手法以图表的形式罗列出来,并对每一步骤进行详细解析。(见图 9-3)

同时,优质的新闻图表能够拓展新闻传播的信息量,文、表、图的有机结合能拓展新闻内

① 赵鼎生:《比较报纸编辑学》,人民日报出版社,2006 年版。

容的时空维度,读者不仅阅读到文本新闻的内容,还可以通过视觉感受到文本难以传达的形象信息。而有新意的图表本身就是将抽象的数字加以排列组合构成的一种形象的新闻解读方式。恰当配以图表的文字新闻,字数减少了,但新闻事实的信息量并没有减少,通过形象的表达,反而增加了若干情感信息含量。图 9-4 为央视与百度地图合作进行春运人口迁徙的大数据呈现。制图编辑将信息进行有效的整合,使得受众可以迅速有效地掌握相关信息。

10086积分诈骗短信

半个月16人中招

他们卡没被偷,密码没外泄,最高被盗刷6万元

图 9-3 《10086 积分诈骗短信　半个月 16 人中招》

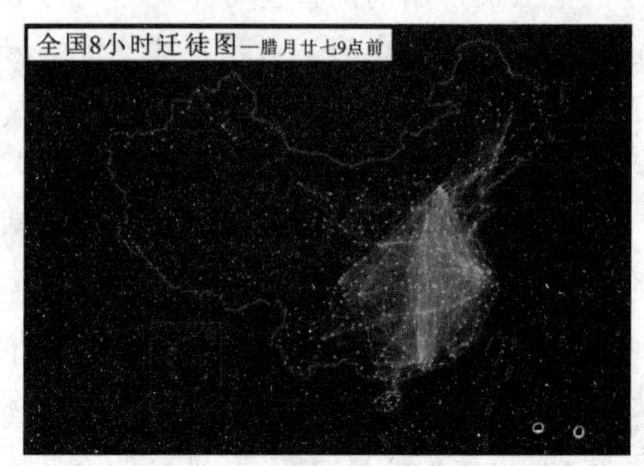

图 9-4　春运人口迁徙数据呈现

(资料来源:百度地图 2015 年 1 月 25 日)

2. 信息解读功能

时政类、财经类新闻往往比较枯燥难懂。利用新闻图表的解读功能,记者编辑可以把一些严肃的新闻信息简单化、形象化,使读者愿意去看去读,易于理解特定的新闻信息,从而达到良好的传播效果。同时,也能表现新闻事件的整个动态过程,并从多种角度和不同层面对新闻事件进行解析。

图 9-5 为《厦门日报》刊登的《中纪委:部级官员可坐头等舱》,整篇报道由几个表格组成,详细说明了中央和国家机关各级别工作人员出公差所用的城市间交通费、城市内交通费、伙食补助费、住宿费。该图虽然转自中纪委网站,但在整体视觉表现上清晰明白,表格以粉色为底纹,标题为黄底黑色字体放大,并在标题前配以卡通漫画形象,形象地展示了新闻表格所涉及的内容。表格、文字、色彩、图像的有机结合,将一篇政务类新闻通俗化。对于部级官员的因公出差花费,图 9-6,《海峡导报》刊载的《部级官员可坐头等舱》则只列出一种新闻图表,仅展示不同级别官员出差乘坐交通工具的等级。

3. 全景式展现功能

科学技术的飞速发展,使得新闻图表的形式多种多样。《南方周末》的创始人之一张向春对新闻仿真图是这样定义的:"新闻仿真图是为了配合新闻报道,采用三维软件的仿真性而制作出来的模仿、模拟真实实物或场景的新闻视图。"[①]新闻图表能将已发

① 张向春:《新闻仿真制图》,清华大学出版社,2008 年版。

生的、抽象的新闻事件，通过模拟的方式形象化地展示出来。如在报纸上常见的新闻地图等图表形式，表现新闻事件发生的地理方位、环境和建筑规划等。在灾难报道中，多用于展示灾难发生原由；在交通类新闻事件报道中，用于展现路线概况。图 9-7 为全景式地展现出厦门市公共自行车一期规划线路。

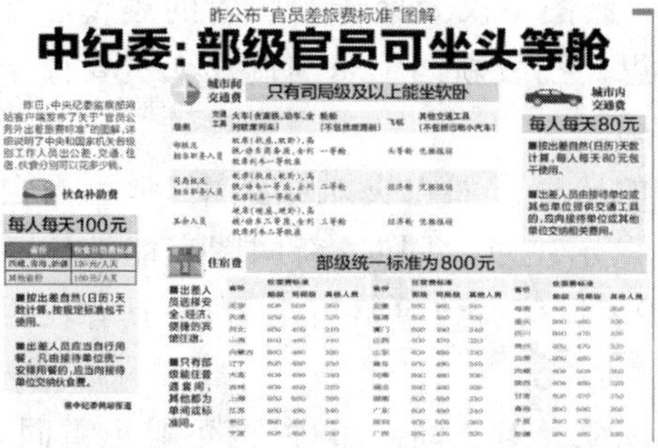

昨公布"官员差旅费标准"图解

中纪委：部级官员可坐头等舱

只有司局级及以上能坐软卧

每人每天80元

每人每天100元

部级统一标准为800元

图 9-5　《厦门日报》头条《中纪委：部级官员可坐头等舱》

出差人员乘坐交通工具等级表

交通工具 / 级别	火车（含高铁、动车、全列软席列车）	轮船（不包括旅游船）	飞机	其他交通工具（不包括出租小汽车）
部级及相当职务人员	软席（软座、软卧），高铁/动车商务座，全列软席列车一等软座	一等舱	头等舱	凭据报销
司局级及相当职务人员	软席（软座、软卧），高铁/动车一等座，全列软席列车一等软座	二等舱	经济舱	凭据报销
其余人员	硬席（硬座、硬卧），高铁/动车二等座，全列软席列车二等软座	三等舱	经济舱	凭据报销

图 9-6　《海峡导报》刊载的《部级官员可坐头等舱》

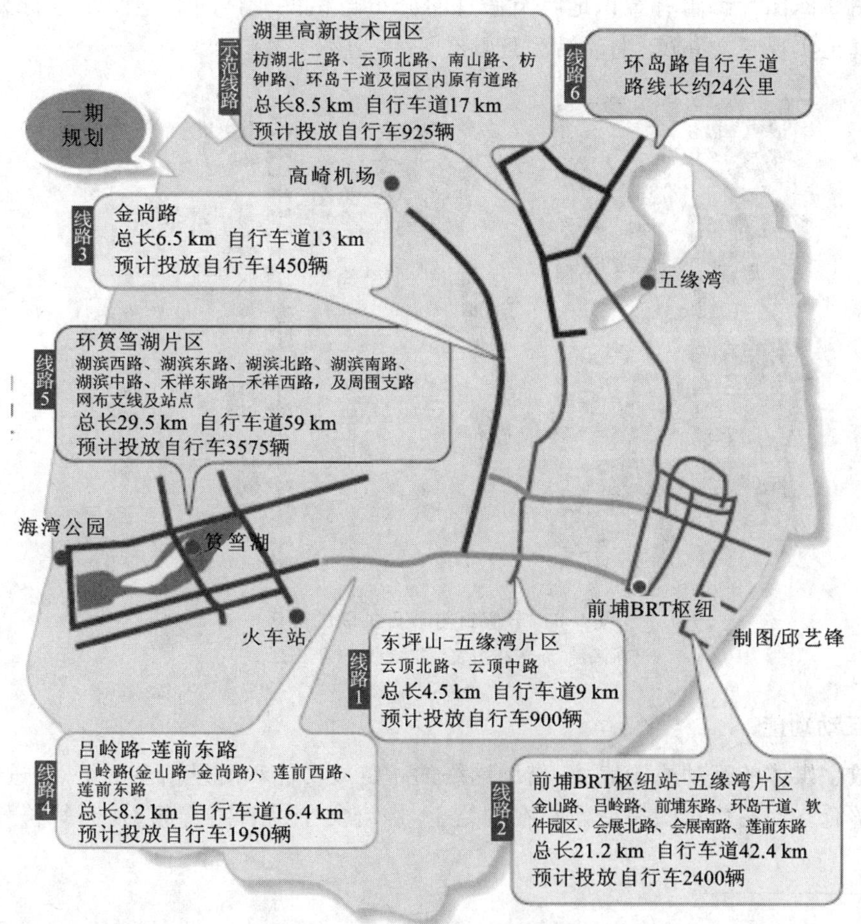

图 9-7　全景式地展现出厦门市公共自行车一期规划线路

4. 审美功能

新闻图表不仅是平面信息视觉化的一种报道形式，而且在色彩运用、图形构成、版式设计等方面都体现着设计者的艺术表现能力。因此，新闻图表在有效传播信息的同时还具备着独特的审美价值。①

（1）信息图表是视觉传达的一种呈现形态。制图不仅凝聚着制图者的逻辑思维而且要在色彩和构图等方面融入设计者的艺术构思。图表新闻编辑与制作人员要像记者那样去思考、探究和调查，像艺术大师一样去绘画。②

（2）新闻图表不同色彩的运用表达着不同的感情。如在灾难报道中，常用黑白色来表达沉痛和哀悼，会议性报道中，常选用红色以示庄重。同时，新闻图表能够使整张版面活跃起来。与大篇幅排列文字相比，新闻图表错落有致更富有活力，更具有较强视觉冲击力，使得整个版面主次分明、详略得当。

新闻图表的有效运用也能避开新闻同质化现象。对于同一事件，为了避免雷同，除了选择独家视角外，还可借助图表表现差异性。利用新闻图表对工程类等专业性新闻加以形象解读，可以使数字生动起来。

如图 9-8，图片编辑有意识地将节假日的分布与相关节日的典型图示进行关联，使得图片真正实现图文并茂、生动活泼且具有艺术美感。

图 9-8　节假日与节日关联的展示

（资料来源：新华社图表编辑室 2015 年 1 月 1 日）

5. 互动功能

在数字媒体的互动式图表中，借助网络的超链接功能和海量信息的特点，进行信息的高效整合。动态信息图表是发布在网络上，综合文字、图像、音频、视频等符号，具备

① 陈怡：《读图时代下报纸新闻图表功能分析》，《今传媒（学术版）》2011 年第 3 期。

② 曹文忠：《让新闻一目了然——新华社的图表新闻及其制作》，《中国记者》，2001 年第 4 期。

了和受众进行即时互动、双向交流功能的信息图表。在媒介融合时代，动态影像对受众的吸引力大大超过静态影像的吸引力。互联网技术的电子制图工艺进一步呈现多元化、综合化、集纳化的特征。互动性信息图表在时间线索提示、地理位置标示、逻辑关系展示等方面，都具有显著的优势。

第三节 新闻照片的选择和编辑

一、新闻照片选择的标准

新闻照片的稿件来源主要是本社摄影记者的照片、通讯社提供的照片和社外通讯员或读者投递的照片。编辑选择新闻照片时，一方面考虑其新闻价值、典型性、代表性及合乎报社要求，另一方面要求照片在技术上达到报纸制版、印刷的要求。这要求图片编辑懂得摄影技术，能够理解摄影技巧，善于发现能够代表新闻事件的新闻照片。有学者通过对中外新闻编辑的对比研究发现，中国新闻工作者选择新闻照片的五字标准为新、真、活、情、意。好的新闻照片要有纪实性、证实性和实感性。具体而言，新闻照片的选择有如下几点要求。

（一）有效呈现新闻事实

真实是新闻的生命，新闻照片也不例外。新闻摄影区别于普通的摄影作品最大的特征就在于，新闻摄影是对新闻事件发生的现场就行记录，这要求照片反映的人物形象、人物表情、现场气氛都是真实的。另外，编辑还需要注意文字与图片的和谐互补、相得益彰。避免出现有意无意地张冠李戴、移花接木。

有些照片不具有代表性，无法通过文章的配图反映新闻事实。如图 9-9，照片对应的新闻事件是云南公安边防总队水上支队成员参加中老缅泰湄公河联合巡逻执法首航仪式，但照片未能有效地展现四国联合执法的情景，而只是提供了中方警察的图像，不具有代表性，难以有效呈现事实。

图 9-9 云南公安边防总队水上支队成员参加中老缅泰湄公河联合巡逻执法首航仪式

（资料来源：新华社记者 蔺以光）

当然，随着摄影技术的不断提高和器械的不断更新，尤其是数码相机和图片处理工具的升级换代，通过对照片的裁切、拼接等手段编造的假新闻事件层出不穷。图片编辑在选择新闻照片时一定要留意这类问题，一旦发现可疑迹象，需要和当事人进行核实。

（二）事件、人物具有典型性和概括力

图片编辑要依据新闻的判断标准，即是否具有新鲜性、接近性、重要性、显著性、趣味性等新闻价值要素，去衡量照片刊登的意义。同时要注意新闻摄影虽然是如实客观地记录真实的报道，但也要选择记录重要的具有典型代表性的人或事物的瞬间。

如图 9-10 是 2014 年 9 月 17 日，在"九·一八"事变 83 周年之际，江苏省连云港市赣榆区黄海路小学学生展示签名横幅。

（三）要有视觉冲击力和情绪感染力

新闻照片最大的特点在于用形象直观的符号语言再现新闻场景。因此编辑在选择新闻照片时，要看他是否能够展示新闻人物和新闻现场的气氛。

成功的新闻摄影作品要抓住报道内容的本质，在个性中体现共性，借特殊呈现一般，用可视的手段呈现不可视的意蕴。感人心者，莫先乎情。新闻照片要抓拍人物的真实情感流露的场景。突出最关键的一点，定格最重要的瞬间。如图 9-11 展现的是台北体育代表团在成功申办 2017 年大学生运动会后的场景。

图 9-10　2014 年 9 月 17 日江苏省连云港市赣榆区黄海路小学学生展示签名横幅

（资料来源：新华社 司伟摄）

图 9-11　台北体育代表团在成功申办 2017 年大学生运动会后的场景

（资料来源：新华社记者 周磊）

当然，有些照片视觉冲击力和感染力丰富，但是在一定程度上渲染了暴力、色情、淫秽、犯罪等场面。以追求视觉刺激为终极追求，这样的照片是不能采用的。编辑要根据报纸的性质、立场、风格特色以及读者群来分析照片是否适合。

（四）主题健康格调高雅，画面自然，角度新颖

主题健康、格调高雅的新闻照片能够引领正能量的风潮，相反，色、腥、膻的新闻照片会给社会带来负面影响。照片内容力求内容新鲜、角度新颖，构图方式不落窠臼。

（五）综合考虑照片间的相互配合

如果选择一组照片做新闻专题报道，要注意全景、中景、近景、特写镜头画面的相互

配合，使其能发挥整体大于部分之和的效果，如图 9-12 所示。

（六）画质精良、对比鲜明，有利于制版印刷

新闻照片最终要呈现在纸媒或电子媒体中，所以照片本身的质量至关重要。照片在拍摄的时候便需要考虑版面编排和页面布局的整体效果。

编辑对照片的选择是否恰当，直接决定了报纸新闻的品位和传播效果，同时也会对摄影记者的拍摄选择产生影响。所以，编辑在对新闻照片的内容进行把关的同时也应该注意引导记者从更加独特的角度去拍摄新闻镜头，记录精彩瞬间，定格更多具有历史存在感的画面。

A1 中國外交2014年「大手筆」 A5

外灘慘劇重傷 民眾深情祈福

危殆女生戰死神

大公報

Ta Kung Pao

3

外灘慘劇時間軸

23:30

23:35

23:40

23:50

23:55

24:00

淚眼信影淚惜別

新年微信成遺言

姐妹一死一失聯

裝扮遺容再返台

外灘滅燈 悼亡靈

图 9-12 照片间相互配合的版面展示

（图片来源：香港《大公报》2015 年 1 月 3 日）

二、新闻照片的使用与编辑

（一）新闻照片的使用方式

一般对新闻照片的使用主要有以下几种使用方式。

1. 独立编发

一类是“图片新闻”，另一类是新闻特写照片。一般为一幅有时是几幅一起，配以标题和简短的文字说明。

2. 配合文字稿件的照片

以一幅或多幅照片配合文字报道。具有证实和解释的作用。如图 9-13 所示一位白菜菜农的经济账。

3. 专题新闻摄影的系列照片

围绕一个特定的新闻主题，选择多时空状态下的多个瞬间形象的一组照片进行有机组合，从而表现事物发展变化过程及其细节，以达到报道的深度和广度的结合。如图 9-14所示山西下放采煤沉陷区治理项目审批权限。

4. 照片专栏

如《人民日报》的“立此存照”。一般为有固定的版面空间和位置，专门的栏目名称的一组照片为主、文字为辅的专栏。也有为临时报道组织的专栏。

5. 照片专版

定期或不定期的，以统一主题或不同主题汇集的，以整个版面刊登的照片。随着新

媒体时代的到来，媒介融合使得越来越多的传统媒体开始重视新闻图片的使用，于是便有整版的“图片报道”或“视觉新闻”，也有少数带有副刊、专刊性质的照片专版，一般为时效性不强的照片，更强调艺术性和观赏性。

图 9-13　白菜菜农的经济账相关图片

（资料来源：新华社记者 刘军喜）

图 9-14　山西下放采煤沉陷区治理项目审批权限相关图片

（资料来源：太原，2014 年 10 月 8 日　新华社记者 詹彦摄）

（二）新闻照片的编辑方法

报纸编辑在编辑各类照片时，都要注意对照片的二次加工，正是记者、通讯员和编辑的共同创造才使得新闻摄影作品具有了更大的价值。一般对照片的编辑主要体现在如下几个方面。

1. 照片剪裁加工

编辑对照片进行剪裁的主要目的是使照片能够更好地体现编辑思想，突出报道主题，同时也使得照片更富有视觉冲击力，但这一切都要在不改变照片原初结构的前提下进行，否则这种加工会造成对报道事实的误读，误导受众对新闻现场的判断。所以，在对照片进行剪裁加工时要注意以下几点。

第一，修正照片构图。新闻照片由于抢时间、抓瞬间、挤空间等因素的影响，记者所拍摄的照片往往会受到客观条件的限制，难免会有不该摄入的场景和人物出现，这样编辑就需要根据配合文章的内容的需要对照片进行裁切。

第二，调整长宽比例。编辑一方面要考虑到照片的长宽比例要符合审美要求，通常选择“黄金分割”比例最好。但是更多情况下需要考虑版面的整体效果和稿件的特殊位置。

第三，确定篇幅外形。照片大小和外形取决于编辑对照片新闻价值和视觉效果的综合判断。一般情况下重大事件、重要人物，尤其是画面中人物较多时就需要较大的篇幅放置照片。一般新闻照片为了方面配合稿件的编排，形状以矩形居多，但是为了使得版面更加活泼也有一些报纸尝试使用异型剪裁的手法。不过这种剪裁手法一定要在不违背新闻真实性的前提下进行，不能给读者的理解带来困扰。

在电子媒体时代，网络及手持终端媒体对新闻照片的加工提出了更高的要求，其中对照片色彩的改变常常是编辑着力利用的新媒体编辑手段。

2. 编配文字说明

照片往往需要配写文字说明，大多数新闻记者会在稿件提交给编辑部时已经考虑好照片的文字说明。但编辑要按实际情况对此进行斟酌。单独发的照片有时还需要加上标题使得照片主题更加鲜明。

照片的文字说明应该包括如下几个方面内容。

第一，提供读者无法获知的细节。这里包括两种情况：其一，单独发表的照片中，图片所表征的信息不足，需要文字辅助加以说明；其二，配合文字进行编发的照片，如果不是近期拍摄，且文字部分不能准确定位到照片所表达的信息时，需要加简短的文字以说明。

第二，说明信息来源及其作者等信息。有些使用的是通讯社的照片，需要注明拍摄者姓名、转载出处。在尊重知识版权的同时也是对作者和读者的负责。对于专题报道的系列图片，除了为每幅图片配写说明外，还要编写总说明。在编写总说明时要统筹安排，提炼主题，升华主旨，揭示背景。

3. 制作照片标题

新闻照片单独编发时，为了使报道思想得到更为鲜明的体现，有时还需要配上标题。一般新闻照片的标题需要简明扼要、生动凝练。

一类为写实性标题，也称作实题。以简洁的语言概括新闻图片所反映的事实。标题向读者交代最重要的新闻要素，以期帮助读者准确地把握主题。（见图 9-15）

一类为写意性标题，也称作虚题。这类标题用充满感情色彩的语言，抒发感情、阐释观点，表达新闻照片的内在含义。使得报道主题得到升华。

图 9-15　德国议会纪念二战爆发 75 周年

（图片来源：新华社 张帆，柏林，2014 年 9 月 10 日）

第四节　图表编辑

新闻图表包括新闻漫画、示意图、新闻地图、信息图表以及图片化的文字新闻等。

新闻图表的设计与制作需要进行大量的前期准备。就新闻漫画而言,制作者需要对新闻事实有透彻的了解,同时要有高超的艺术表达能力。示意图的制作要力求准确清晰地反映新闻事件,不能随意渲染。新闻地图的制作要求制图师或美编有丰富的地理信息知识,同时熟练地掌握绘图技术。信息图表的制作则更强调编辑对数据的分析能力和提取数据信息并将其可视化呈现的技艺。

随着新闻媒体的蓬勃发展,媒体传达的信息爆炸性增长,这使得阅听人的时间压力与日俱增,新闻图表逐渐脱离原来对文字稿件的附属地位,成为一种独立的报道体裁。新华社专门设立了图表新闻编辑室,为全国各大媒体提供图表新闻。图表的大量使用在降低阅听人接受难度方面成效卓著。随着媒介重组和媒介技术融合的实现,新型电子媒体多占市场份额越来越大,传统纸媒为应对挑战纷纷普及彩色印刷,这都使得新闻媒体对图表的需求越来越大。读图时代的视觉文化冲击不可逆转地裹胁着业界编辑人员向前推进。

一、新闻图表的类型

1. 新闻漫画

漫画是美术作品的一种,其特点是以高度夸张、风趣幽默的表现手法揭示社会生活中的问题和现象,引发读者的兴趣,激发读者的思考。新闻漫画是对新闻信息进行艺术加工的图片形态。早在清朝末年,我国报纸上就开始刊登漫画,时至今日,漫画成为新闻图表的一种重要类型,继续扮演着重要的角色。本书特指通常刊登在新闻版,对新闻信息进行艺术加工的新闻漫画。

新闻漫画运用艺术的再现形式将新近发生的事实,用形象、活泼、幽默、风趣的笔调呈现出来,达到图文互动、风趣幽默、讽刺戏说、针砭时弊的功效。这是一种新的"图说新闻"的方式,漫画对社会现实的呈现一定程度上与文字评论有异曲同工之妙。与文字新闻和文字评论相比,漫画更多注重以图说事、以图明理,当然,由于画面形象的限制,漫画难以达到文字评论那样深刻全面,但漫画给予读者更多的想象空间,能够激发读者的参与意识。编辑在考虑是否采用漫画时,要根据读者的知识水平和理解能力来决定,且并不是所有题材都适合用漫画来表达。图 9-16 是为配合重庆市公务员考试报名人数明显下降的新闻信息配发的时政漫画。

图 9-16 与新闻配发的时政漫画

2. 示意图

示意图一般是配合文字稿件来使用的,一般用于无法拍摄到的场景,以及用文字难以表述的新闻现场,它是一种形象地展示新闻内容的制作手段。示意类新闻图表的主要职责是将抽象的概念形象化、可视化,以解读新闻为主要功能。

示意图主要包括两种:一种是统计图表的变形和发展,将统计的数字集中绘制成图，并以形象化的手法展示。常见的有曲线图、柱状图、饼状图。另一种示意图是对专业性较强或比较抽象、复杂的内容形象化。（见图 9-17、图 9-18）

图 9-17　新华社关于居住证管理办法的新闻示意图解读

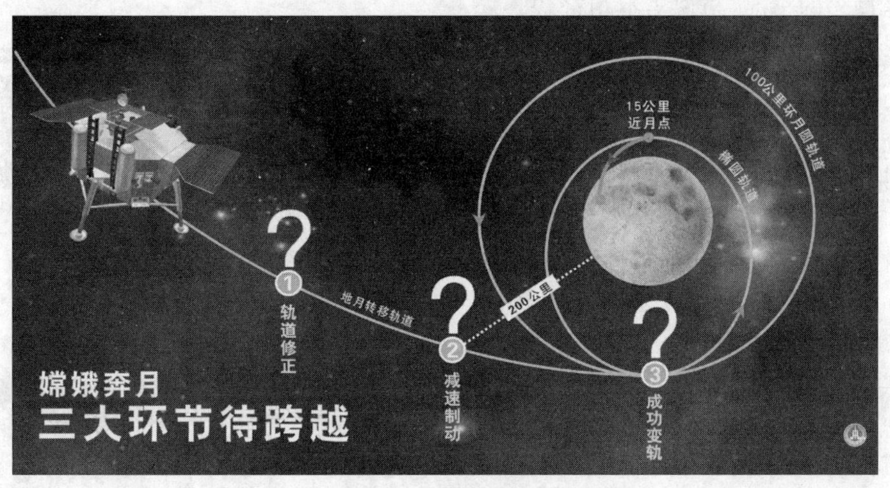

图 9-18　嫦娥奔月解读

（图表来源：新华社图表编辑室 2014 年 9 月 1 日）

3. 新闻地图

新闻地图分为印刷媒体新闻地图和电子媒体新闻地图，或称静态新闻地图和动态新闻地图。静态地图一般是指在静态的平面地图上标示新闻事件发生的时间、地点以及基本情况，主要辅助于受众直观地把握新闻事件发生的方位和基本背景信息。动态地图主要指以视频的形式呈现在新闻报道中，将印刷地图、电子地图、卫星地图通过技术手段实施超链接的方式对新闻进行全方位的整合报道。此时新闻地图便扮演着串联某一时段新闻事件的时空网络的角色。如中央电视台《新闻直播间》栏目中的新闻地图板块和《华盛顿邮报》网站的交互式新闻地图 Time Space 板块。新闻地图可以用来交代新闻事件发生的地理位置，也可以介绍社会人文现象地域结构。它虽然不像标准地图那样准确无误，但可以对新闻中的重要地点加以突出。而且在表现方式上也比较灵活。

图 9-19　相关新闻地图

新闻地图主要用来表现新闻事件发生的地理方位、区域大小、影响范围，也可用于表示建设布局、整体规划等。如图 9-19 为央视 2014 年 12 月 19 日《共同关注》节目播出的《揭露"全能神"邪教地图发展趋向》的新闻地图。

报纸上采用的新闻地图并不像一般的地图那么精确，更多的是平面示意图，它是根据新闻报道的需要，选择标准地图的某一局部加以放大或简单线条化、符号化。编辑新闻地图的目的是帮助读者更清楚更准确地了解报道内容，因此，如果选择标准地图作为样本制图，要注意它的绘制日期，不能选用已经过时的版本。因为行政区域、边界划分都经常会有变化，旧版本的地图上可能反映的是过去的情况，与现实不相符。①

4. 信息图表

1）静态统计图表

统计图表是将统计数据用形象化的曲线图、柱状图、饼状图等方式进行条理化的呈现。如果新闻报道包含较多的数据，且数据具有可比性，则考虑使用信息统计图表。如图 9-20 为新华社对 2014 年 8 月和 11 月 CPI 指数的数据统计。

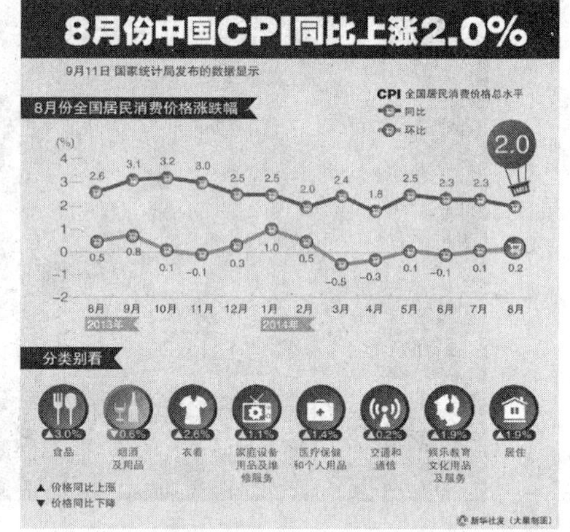

图 9-20　新华社对 2014 年 8 月和 11 月 CPI 指数的数据统计

媒体中的统计图表不同于科研或经济分析中使用的专业图表，报纸要考虑普通受众的接受水平，同时要考虑提高阅听人的兴趣，制作图表要力求简洁明了。

2）互动信息图表

有学者根据受众的参与情况和图表设计制作的复杂程度，将互动式信息图表归纳为四种类型。②

第一类，Flash 动画型。指的是借助于 Flash 动画的信息图表，在图表的展示过程中受众仅需用鼠标点击某个图标，不同图片或图表将接二连三地展示相关信息。

第二类，信息查询型。该类型图表主要是通过受众的点击、移动等操作来获取信

① 蔡雯：《新闻编辑学》，中国人民大学出版社，2008 年版。

② 许向东：《互动式信息图表的应用及设计研究》，《国际新闻界》，2013 年第 1 期。

息，更多地体现出接受者主动搜寻信息的意识和行为。为此，尽量降低受众在查找时的心智成本，在制图中融入人性化设计成为关键环节。

第三类，问卷调查型。该类型图表是以调查问卷的样式表现出来。即时反馈信息是网络传播的突出优势之一，借鉴互联网的信息反馈功能，把调查结果即时反馈给受众，有助于增加受众的参与兴趣和动力。

第四类，综合集纳型。简单说，该类图表是对信息的集纳与汇编，是网络媒体超链接技术和网状信息结构的应用，它主要是对近期重大事件或者热点新闻的归纳总结，是一种较完整的信息解读。

5. 图片化的文字新闻

随着读图时代的到来，对文字的图片化处理在争议声中愈演愈烈，业界编辑人员对信息可视化的青睐与日俱增，近年来媒体尝试将文字新闻稿用图片的形式进行呈现，这种直观的信息呈现方式有效地提升了阅读效率，且使得阅读过程变得轻松愉悦。不同图案、色彩、线条以及照片的综合式集纳式的整合，使得文字逐渐退居辅助地位。由原来的“图配文”变为“文配图”。这种趋势将受众引向何方不得而知。（见图 9-21）

图 9-21　天文专家：未来 4 年我国公众还可欣赏 3 次“红月亮”相关

（新华社图表，北京，2014 年 10 月 8 日）

二、新闻图表的设计与制作

（一）新闻图表的构成要素与设计要求

新闻图表是由反映思想的内容和呈现信息的形式两部分构成。其中主要形式构成要素包括文字、图形和色彩等；主要内容构成要素包括标题、信息来源、新闻事件、文字注释、绘制者。

对新闻的图形化处理和可视化设计使得新闻不仅仅用共时态的照片去呈现，也采用历时态的图表来呈现。如前所述新闻图表主要依托于艺术设计中的视觉传达设计来完成。图形信息传播与文字语言传播有很多差异，所以在设计过程中也有诸多特殊的要求。

1. 翔实准确

无论是新闻漫画和示意图这样的反映意象形态真实的手段，还是新闻地图和信息图表这样再现现实信息的真实，新闻图表的制作都需要力求准确翔实。准确意味着在图表制作前要做大量的资料搜集和整理工作，要有相应的文字资源库和图形素材库。要确保完成后的信息图表可以详尽地反映新闻事实，准确地呈现新闻所提供的信息。

2. 通俗易读

新闻图表的制作其核心目的和主要任务就是降低受众解读信息的难度。将枯燥无味的数据进行人性化的图形处理。所以新闻图表要力求简洁、形象、生动地呈现信息。

3. 审美创意

新闻图表的设计与编制需要有艺术创意作为灵魂。图表要在尽可能保持信息真实迅速地传达的前提下，进行适当的色彩搭配、图形呈现、数据挖掘、艺术构图。

（二）新闻图表的设计准备与制作流程

在设计需要充分的前提条件，不可将新闻图表的设计当做新闻影像的替代品。一般情况下，只有媒体在必须使用图像传播信息而没有现成可用的影像素材时，才考虑用新闻图表替代新闻照片。

在新闻图表制作之前需要准备文字、数据、图像在内的各种各样的图形元素。建立视觉传达设计的完整的素材体系，经常浏览相关的网站，下载最新的制图工具和图形素材。

由于信息图表的制作需要相当的知识积累和技术训练，所以，在平时就需要注意以下方面的内容：首先要培养编辑人员的制图意识和训练设计人员的制图技艺；其次要建立资料齐全的数据库和图形库，做到未雨绸缪、有备无患，以节省临场的查找标识、绘制地图、制作图形的时间；最后，要建立完善的通联和合作机制。记者和编辑要密切配合，多部门协同作战。

传统（静态、平面化）新闻图表的制作主要有如下几个流程：

1. 选择适当的类别

在进行图表设计之前，应先考虑使用哪种形式去呈现新闻信息。是用图表辅助文字信息，还是单独编发？是否需要对文字稿件中的数据进行统计？是否需要制作直观的示意图或新闻地图？图表是静态呈现还是动态呈现？是否将文字稿进行简单的图形化处理即可？解决了这些问题，编辑就可以迅速确定采用哪种形式的新闻图表。

2. 提炼必要的信息

将可以用于图表制作的信息进行分类整理和加工。对数据和文字进行不同的前期处理。编辑应在确定所使用的图表类别之后，整理现有的信息素材和制图素材。力求用最佳的呈现方式对信息进行可视化处理。

3. 凝练恰切的创意

在报纸上，常见的新闻图表的主要表现形式是信息的叠加，即曲线、折线、柱状图、扇形图等的叠加，具体的表现为图片＋表格、图片＋折线图、图片＋地图等不同的富有创意的组合形式。这样既体现了新闻图片的生动丰富，又反映了新闻图表的详细精确，产生了一加一大于二的效果。

随着新媒介技术的不断发展，新闻图表的制作已从相对简单的饼状图、柱状图、折线图等发展到新闻仿真图、现场模拟图。如在突发性事件的报道中，由于时间、地域的局限，记者无法第一时间赶到现场，这就需要用新闻图表去配合文字完成整体报道，使读者在阅读的同时，更为直观地了解事件发生的经过，让读者在满足视觉观感的同时更为有效地接收新闻信息。

4. 选择恰当的色彩

与新闻图表中的文字、数据、图形相比，色彩传达更强烈、更直接。色彩的审美功能日渐明显，几乎所有的新闻图表传播都注重了色彩的运用，既满足了新闻信息的快速传播，同时也丰富了版面的视觉效果。[①] 在报纸版面上，不同色彩的新闻图表带给读者不同的心理感受，不同的颜色反映不同的情绪，喜庆报道的新闻图表多运用红色等暖色表达感情；灾难性报道中常选用黑白色来表达悲伤的情绪。基本上每篇新闻图表都有自己的主色调，让读者按照色彩主线来阅读新闻事件，在主色调基础上，次要的信息配上相邻色系的颜色，给人和谐统一的感觉。在色彩选用时，要注意色彩冷暖对比、补色、纯度对比，整体布局处理得当，及时掌握色彩潮流，形成自身的独特风格。色彩在新闻图表中不仅仅是装饰，也可以传递信息，对比强烈的色彩更具有视觉冲击力。新闻图表的设计者应认真分析各种色彩要素，采用符合主题和受众心理的色彩，注重通过色彩强化传播信息，加深公众对色彩的情感认知，从创新设计的理念出发，使色彩发挥出内在力量和重要性。

5. 安排巧妙的构图

新闻图表在版面或页面上的排列影响整体的阅读效果，密密麻麻的排列会降低读者的阅读兴趣。版面组合分为上下左右和前后。上下左右拓展是以图片为中心向四边延伸，或以关键词为中心，在周边辅以详细报道。前后拉开图片与读者之间的视觉空间，让新闻图表和新闻图片分出前后。作为版式设计中的重要元素，新闻图表可以在平衡整体视觉的同时活跃版面形态。同整版文字排列出来的版面相比较，新闻图表的介入不仅可以提升稿件的阅读质量、强化视觉中心、分清整体版面的主次关系，更可以美化整体版面，从而使读者达到“悦读”的要求。

动态、互动式信息图表的设计主要包括两个部分[②]：

1）信息可视化设计

信息可视化是对某事物建立心理模型或心理图像。它是人类的认知活动。不仅涉及视觉经验，除了图形外，声音和其他感知形式都可以用作数据描述。可视化设计就是设计者在一定的图形空间里，用标记及其图形属性对数据或信息进行编码。标记就是图形空间中的图形元素，包括点、线、面、箭头、标志、色彩等。从属性上分析，“点”可以指代事物，并标明所在位置。“线”可以起到分隔、比照作用，表示变量和趋势。“面”主要表示事物或事物之间的量值、范畴、距离、属性等关系。“箭头”则接近线的属性，即流动与方向性，同时更具流程感，指向感。“标志”是约定形成的视觉语言符号，多为公共标识或商业标志，具有普遍认知的特点。“色彩”具有信息分类与强化的作用，并衍生出视觉心理。设计者通过形状、大小、位置、排列、各元素之间的关系，以及对视频、音频和 Flash 动画的综合运用，把抽象的数据或信息进行可视化组构。

2）传受交互操作设计

互动式信息图表的设计目的就是帮助受众通过交互方式快速、有效地发现所需要的信息，或者探寻到隐藏在抽象信息中的特征、规律或趋势。通常情况下，受众在互动之前有着明确的目标，设计者需要考虑受众的行为和心理特征，依据所传播信息的内容、属性，以及任务流程来进行设计。第一步是将传播内容进行层次化的分解，确定各

① 汤姜辉：《论新闻图表设计中的色彩应用》，《艺术科技》，2014 年第 4 期。

② 许向东：《互动式信息图表的应用及设计研究》，《国际新闻界》，2013 年第 1 期。

层次展示的先后顺序和位置(串行或并行)。第二步是在此基础上进一步明确不同层级的内容与网页之间的跳转关系。第三步是把操作步骤具体化和人性化。设计者考虑采用移动、点击、拖拽、缩放、输入、滚动等方式来帮助受众进入交互流程,并获取信息。

在"读图时代"的大环境下,新闻图片的作用越来越大,成为传播新闻信息不可或缺的重要形式。新闻图片是媒体视觉文化传播的重要组成部分,在"读图时代",媒体应充分重视读者对视觉化信息的需求,以视觉化的方式传达信息。当然,合理使用新闻图片是媒体视觉设计的关键,但在新闻报道中也不应过度使用新闻图表而忽略文字。如何真正发挥出新闻图片的作用,提高报纸版面的整体质量,是新闻图片编辑和设计的关键所在。

本章相关概念

照片　photo
视觉设计　visual design
平面设计　graphic design
互动性　interactive
信息图表　information graphics
新闻图表　news graphics

思考题

一、简答题

1. 何为读图时代?何为视觉设计?
2. 新闻图片的类型有哪些?其功能都有哪些?
3. 选择新闻照片的标准是什么?
4. 请简要叙述新闻图表的制作流程。
5. 如何才能有效避免新闻图片造假的问题?

二、实践题

请制作一张新闻图表。

CHAPTER 10

第十章 新闻专刊与副刊编辑

本章导言

1. 本章主要讲述新闻专刊的策划和设计、新闻专刊的类型和特点以及新闻副刊的编辑与设计。

2. 新闻专刊是对某一领域的重要新闻事件或热点问题提供背景解释、深入剖析的栏目或版面。其策划主要是对专刊向受众传递新闻资讯的运作过程的统筹与规划，并通过策划结果对新闻媒体的运作活动起到指导的作用，以实现最佳传播效果。其内容包括新闻的选题、报道方案的设计，以及在报道过程中接受的反馈及设计方案的修改。

3. 新闻专刊主要分为法制新闻专刊、经济新闻专刊、社会新闻专刊和体育新闻专刊等，具有新闻性、专业性、深刻性和服务性等特点。

4. 副刊是报纸的一个重要的信息传播和宣传阵地，在报纸上占据重要地位，它是刊登除新闻、评论、读者来信以外的固定专版。创新副刊内容和形式的设计将成为现代副刊编辑者的重要课题。

新闻专刊是对某一领域的重要新闻事件或热点问题提供背景解释、深入剖析的专刊。它侧重从事实方面对现实生活所发生的变动提供解释和分析，不同于新闻版简洁、迅速的报道，只要是出于阐释、剖析的需要，古今中外所发生的事实均可在选用之列。现在一些报纸，在经济、科教、政法、军事、文化等各个领域中往往辟有这类专刊，其文字平实，新闻性、阐释性比较强。新闻专刊的出现对报业的生存和发展起到了重要作用。

第一节 新闻专刊策划和设计

中国报业在 1978 年以后，开始实行“事业单位企业化管理”，各家报纸都要靠自身经营来维持生计。随着 20 世纪 90 年代新闻改革的不断深入，报业的竞争日益激烈，从晚报的兴起到都市类报纸的火热，我国各大报业各出奇招。同时社会经济的不断发展，使人们生活水平不断提高，更多的人开始追求时尚，注重精神消费。新闻专刊正是抓住公众的这一需求，在维护传统新闻内容和版面的同时，开辟专栏、策划专题，满足人们日益增长的精神生活需求，既丰富了新闻传播的内容，又提高了新闻传播的效率，同时也更好地促进了我国新闻传播事业的发展。

专刊的内容广泛，涉及家庭、医疗、教育、娱乐、科技、金融、旅游、电脑、家电、艺术、体育、收藏等各方面。新闻专刊要想从名目繁多的专刊中脱颖而出，必须使出浑身解数，精心策划，增加可读性、服务性，以争取读者的关注。

一、新闻专刊策划

新闻专刊的特长在于它可以通过深度特写、扫描、透视、评论等形式，延续新闻内涵，解析新闻背景。而与其他新闻媒介相同，新闻专刊以传播新闻为主，同样注重新闻策划。新闻策划于 20 世纪 90 年代出现，过去一般称为报道计划、报道提纲等。新闻业内普遍认为，创意优质的策划是不可复制的核心竞争力，其“独创性”极富吸引力。讲策划，就是要以编辑为轴心，出思想、出点子、出题目。策划对于办好新闻专刊而言，意义十分重大。它包括新闻专刊的办刊宗旨、编辑思想、策划思路、内容取舍、版面风格以及运作模式，同时新闻专刊的采编人员的专业素养、采编手段等对新闻专刊的兴办起到了至关重要的作用。新闻专刊作为发展中的新品种，办刊的难度更大，要求也更高。对于一家报社来说，专刊策划水平是办专刊取得成功的决定因素。

（一）新闻专刊策划的内容

新闻专刊的精心策划能引导读者一点点深入事件本质，满足观众好奇心和求知欲。值得注意的是，新闻专刊的稿件重点不在于新闻的时效性，而在于它的纵深感，带给观众不一样的阅读体会。正如天津日报集团总编辑张建星所说：新闻已经进入了完全的策划时代，在策划当中已经完成了重新的原创和包装。第一时间的新闻固然重要，但是背景、细节和全过程的策划已经成为现在新闻的特点。

新闻策划活动由新闻采编人员通过对新闻资源进行开发挖掘，以实现最佳的传播效果。策划的主要内容包括新闻的选题、报道方案的设计、在报道过程中接受的反馈及修改设计方案。新闻报道策划先于新闻报道活动，却又受新闻报道活动所影响。新闻报道策划运行活动如图 10-1 所示。

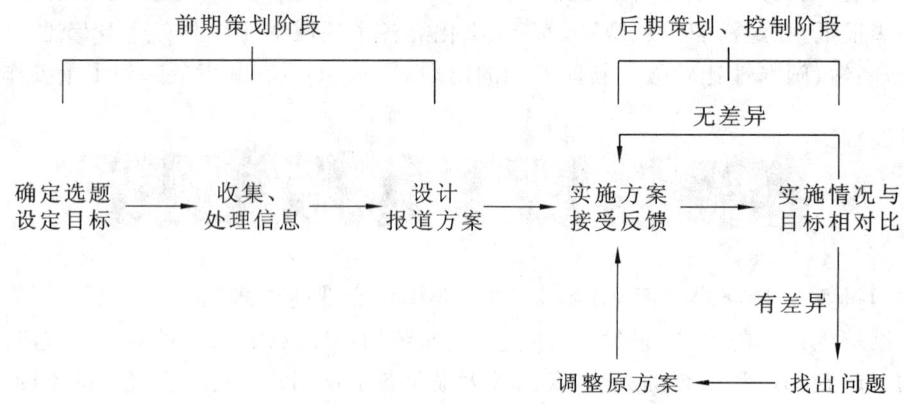

图 10-1　新闻报道策划运行图

新闻专刊主要通过深度挖掘新闻资源以传递新闻资讯，同一般新闻报道策划一样，新闻专刊报道策划根据不同的划分标准，可以分为不同的类型。

（1）以报道客体发生状态为分类标准，新闻报道策划可分为可预见性报道策划和非可预见性报道策划。

可预见性新闻报道策划是指对可以提前得知的事件或非事件性新闻的报道策划。香港澳门回归、奥运会等非事件性新闻，都属于可预见性新闻报道内容，对这类新闻的报道策划可以提前进行。如《人民日报》于2012年8月开始为迎接11月到来的中国共产党第十八次全国代表大会先后推出江苏专刊、贵州专刊、新疆专刊等；《深圳商报》推出的香港回归十周年特刊等。

非可预见性新闻报道策划多指无法预见的，突发性事件的新闻报道策划。这一类新闻报道策划无法在事件发生前进行策划，因此策划活动通常在事件发生之后。如2008年《南方周末》在汶川地震后推出的地震专刊。

（2）以报道的运行时间为分类标准，新闻报道策划可分为周期性报道策划和非周期性报道策划。

周期性报道策划是指对新闻报道的策划有一定的时间安排，且具有周期性的特点，可按季度、月份等进行报道策划。如2010年3月，《文汇报》正式推出的《文汇教育》周刊，所谓周刊即每周一期。

非周期性报道策划是针对临时进行的新闻报道策划，侧重于突发性事件的报道，一般只有在事件发生后才会进行策划活动，属于应变型策划。

（3）以报道策划的运行方式为分类标准，新闻报道策划可分为独立型报道策划和非独立型报道策划。

独立型报道策划，是指报道策划独立于其他策划活动，仅策划对新闻事件的报道活动，报道者并不介入报道客体中，如报道国务院机构改革、人大政协会议召开等。新闻媒体通常是站在旁观者的角度上对新闻事件进行报道。

非独立型新闻报道策划是指报道策划与其他策划有关联，并相互之间发生作用。如策划宣传媒介的公关活动等，活动成为报道客体，报道者身兼"报道者"与"当事人"的双重角色，新闻报道策划与活动的策划、组织相互配合进行。

（二）新闻专刊策划种类

1. 追踪新闻策划

在面对突发事件时，新闻专刊可以对此类突发性、即时性的自然事件或社会事件进行追踪报道，或者深度挖掘、揭示新闻背后的故事并将其报道出来。此类新闻策划应充分利用受众对突发事件的关注度，对突发新闻进行深度挖掘，只有这样才能受到受众的关注。如2001年美国"9·11"事件爆发后的第二个月，《美国新闻周刊》策划出了"9·11"事件专刊。对"9·11"事件中的幸存者、目击者等进行了全方位的采访报道，对事件背后的故事进行了深度的挖掘。《美国新闻周刊》正是利用了人们对"9·11"事件的好奇心，满足了受众的心理需求。

2. 专题报道策划

新闻专刊的选题主要以新闻的竞争力为标准，在确定选题的基础上，以新闻事实为依据，充分挖掘新闻报道，强调发挥报道主体的主观能动性，对具体报道进行系统的策划，让读者在获得信息的同时，感受到策划者的良苦用心。这类策划的对象通常是指社会生活中的重大事件、具有强烈时代精神的典型人物及上下普遍关心的热点、难点问题。如北京为迎接2008年奥运会而创办的新型日报《竞报》在2005年3月开办以"新北京、新奥运、新文明"为主题的"视觉24小时"专刊，从日常生活中的视觉新闻着手，让读者在阅读的过程中了解奥运信息，调动市民参与北京奥运积极性。

3. 节假纪念日策划

按照特殊日子进行报道范围较广，它包括各种纪念日报道、节假日的报道和其他一些特殊日期的报道。如春节、国庆、奥运会周年等。此类策划可以从三个角度进行：历史的角度、地域的角度、时空交错的角度。采编者根据这些有一定意义的日子来策划版面，往往能取得事半功倍的效果。

新闻专刊一般具有一定的周期性，所以新闻专刊不宜多用硬新闻，应多进行信息资源整合。如在建党80周年之际，各大媒体争做党建历史的文章，《贵州都市报》把贵州本地近80年的党建历史与现实发展相结合，从文史资料到个人回忆，从旧地重访到党建新貌，将这组信息进行整合的报道起到了良好的宣传效果。

4. 社会热点问题策划

热点话题众多媒体争相报道，新闻专刊不同于其他新闻报道，在时间上不占优势，因此只能依靠版面特性进行策划。2010年在地沟油事件曝出后，食品安全问题引起了人们的关注，《当代商报》针对我国食品安全问题频出而开办了专刊《食品安全》，专刊及时发布政府在食品安全监管方面的方针政策和权威信息，并全面配合政府和有关部门打击假冒伪劣食品，对食品制假售假者的丑恶行径进行曝光，从而获得广大受众的喜爱。

（三）新闻专刊策划的意义

新闻专刊的策划主要是对专刊向受众传递新闻资讯的运作过程的统筹与规划，并通过策划结果对新闻媒体的运作活动起到指导作用，同时也使新闻专刊在激烈的新闻竞争中赢得优势。为了更好地满足受众的新闻需求和适应激烈的市场竞争，进行新闻策划已是形式所迫、大势所趋。具体来说，新闻专刊进行新闻策划的意义主要有以下几个方面：

1. 充分发挥采编者的主观能动性，推动记者深入调查

策划需要策划者渊博的知识和丰富的阅历，依据报道者对新闻事件和活动的理解与参与，形成一定的报道思路，是人的主观能动性作用于客观事实的一种社会实践。策划者不但要有丰富的理论知识，同时还要有极强的实践能力。这就要求记者深入实际、深入生活进行现场采访，只有来自一线的第一手材料才能用于报道中。同时新闻专刊以深度报道新闻事件为主，更加要求记者在对新闻事件进行了解时，充分发挥其主观能动性。

2. 充分挖掘新闻价值，满足受众需求

新闻报道越能把握住新闻的价值，就越能满足受众的新闻需求。新闻媒体所报道的是在人们生活中千变万化、稍纵即逝的客观事实，要求是新鲜事物，不能重复报道。新闻策划可以敏锐地感受到已经过去的历史、眼前所发生的事实，科学地预测未来，并可以从中找到三者之间的关系，通过开发新闻潜在价值，将“潜新闻”变为“显新闻”，最大限度地开发和利用新闻资源。例如《南方周末》曾在创刊1000期的时候，以“春天，十九个瞬间”为题，通过引用1984年到2003年的《南方周末》上的文章的具体实例描述中国改革开放到现在的发展之路，让受众在阅读的过程中清楚地认识到改革开放对人们生活的变化，可以说是一个广泛而独特的新闻策划。

3. 强化报道主题，正确引领舆论导向

在我国，新闻类媒体在传递信息的同时也担起了引导社会正确舆论导向的重任。新闻策划通过对新闻媒介报道的内容与方式进行策划，同样也必须遵循正确引导舆论导向的原则。新闻专刊通常以具有重大社会意义的事件、现象、问题作为题材的选择，一般来讲，这些事件、现象、问题涉及范围广，在报道的过程中不易把握，通过策划以及深度的报道，更能将社会舆论的注意力集中，从而起到宣传、引导、监督的作用。正如2012年《人民日报》为迎接“两会”所推出的一系列专刊，通过对我国多个省市发展变化的报道，向读者证明我国经济社会发展正步入科学发展的轨道。报道既有思想深度，又有可读性，为当前全国上下一心全面建设小康社会，构建社会主义和谐社会起到了良好的舆论影响。

4. 增强了报业集团的社会效益与经济收益，推进自身发展

对于意义重大、影响深远、新闻价值含量高的题材以及党政工作中的重点、难点、热点等问题，通过策划使新闻报道聚集到主题上，在思想上取得共识后，再提出具体的报道方式、方法，对增强新闻的价值有着重要的促进作用，同时也能够极大限度地扩大专刊在受众中的影响，提高报业集团的社会效益与经济收益。

新闻专刊对社会生活的广泛渗透，对社会热点焦点难点的及时参与、评析与指导，对广大百姓的衣食住行等生存、发展状况的人文关怀造就了它的能读、可读、耐读、必读的优势。而策划对于办好报纸专刊而言意义重大，专刊策划水平是专刊取得成功的决定性因素。

二、新闻专刊设计

新闻专刊的设计是一项难度极大的系统工程，这项工作事关新闻媒介产品的质量与形象，其整体操作过程大致分为三个阶段：

预备阶段，主要是信息收集工作，为下一部的方案设计提供科学依据。

设计阶段，主要是处理信息，提出创意，形成方案并优选方案的工作。

方案试行阶段，主要是通过实际运行发现方案中存在的不足，并进行修正和调整。

这三个阶段相互联系、相互依存，前一阶段的成果是后一阶段的基础，后一阶段的成果则实现了前一阶段劳动的价值。

（一）新闻专刊设计原则

新闻专刊与一般新闻产品一样，在进行产品结构设计时，要设计出多个方案。充分利用各类信息资源，照顾各方面的因素，以权衡各种方案的利弊，选择最佳方案，新闻专刊在进行设计和优选时一般应遵循以下几个原则：

1. 局部服从整体

根据新闻专刊策划的目标，正确处理专刊各个细节之间的关系，以取得整体的效应大于局部效应之和的效果。而在评价设计方案时，也要以整体的效果为准，不能只看某一局部的效果。如新闻专刊中可以将内容细分为几个有主题性的专栏，在对专栏进行设计时要注意各个专栏的内容的相互协调，与专刊主题保持一致性。因为受众心理具有一定的惯性和相对稳定性，每个单元如果能使读者一开始便予以关注，就能取得先声夺人的心理效应，从而使整个新闻专刊获得更好的传播效果。

2. 局部改进以扩大整体优势

新闻专刊的整体设计涉及范围较广，是多方因素有机整合在一起的产物，整体制约局部，局部也能影响整体。因此，要想求得整体效应，还可以根据整体目标的指向，从局部的改善做起。比如在新闻专刊中，新闻稿以及新闻图片等都可以根据读者的视觉兴趣点进行安排放置，通过某一个兴趣点，使受众产生对新闻专刊整体的兴趣，有利于提高新闻专刊的收益，具有不可低估的作用。新闻专刊中的每一个专栏、每一篇新闻稿、每一幅图片的潜力的发掘，都对专刊的整体改进具有重大的意义。

3. 发掘媒体自身潜力，实现资源优化配置

新闻专刊的设计要依靠一定的人才、物质、技术和组织管理手段来实践，因此，在设计中，系统的最优化也包括媒介自身所拥有的这些新闻传播资源的优化组合。如何能够使新闻专刊的设计方案最大限度地发挥出潜力，使设计方案扬长避短，获得实效，是必须考虑的一个方面。

改革开放前，报社的设备较陈旧落后，工作人员文化素质和技术专业素质普遍较低。从 20 世纪 90 年代开始，激光排版在我国新闻界兴起，彩印、大幅图片、美工、版式等现代制作的新技术开始被广泛应用，掀起了中国新闻界从采访、编辑，到排版、印刷、发行的一整套技术革命。随着科技的进步，经济的发展，越来越高效便捷的工具出现，在进行新闻专刊设计时，充分利用先进的科技，能使新闻专刊更加专业化、知识化甚至艺术化。

众所周知，新闻专刊从诞生起就是依附于报纸而存在。只为拓展报纸业务，增加报纸发行量，提高报纸的知名度和美誉度。报纸是面向公众的，理所应当，新闻专刊也要面向公众，新闻采编者对新闻专刊进行策划的目的在于提高专刊的销售量与知名度，但仅仅对其进行策划是不够的。新闻专刊呈现在受众面前，如何能够以最快的速度吸引受众，从激烈的竞争中脱颖而出，则需要新闻采编者对新闻专刊进行一定的设计，其中包括内容设计与表现形式两个方面。

（二）新闻专刊的内容设计

1. 注重新闻性

在我国，新闻一直是由报纸来负责，非新闻性内容一开始就只被规定在"副刊"范围内。到20世纪初期以后，才开始出现专题性或专业性副刊，且不注重新闻性。改革开放后，报纸副刊版面开始增多，才出现新闻性较强的各类专题性或专业性副刊，80年代至90年代，中国报纸扩版热潮中开始出现"专刊专版"。因此，从某种意义上来说，专刊是由传统的副刊发展而来的，它的内容形式介于新闻版与传统副刊之间，保留着传统副刊"自成一体"的版面特点，但同时也兼顾了新闻版的新闻性。专刊专版的内容更加注重对社会现实生活的贴近与介入，选题上开始讲究新闻价值和时效性，内容更有针对性，强调为读者服务。

而新闻专刊主要以新闻为主，因此，从新闻专刊的选题到策划，再到版面的设计都应注意其新闻性，通过追求版面内容的时效性和深广性，增加专刊的权威性。同新闻版竞争新闻的时效性，新闻专刊明显处于劣势，但是新闻专刊比新闻版的新闻更注重质量与深度，更能体现新闻专刊的独特性。当然，这种新闻性不能简单地理解为专刊增加新闻报道，更不能与消息报道等量齐观，而应如新闻报道一样关注公众需要，紧密贴近时代、贴近百姓、贴近生活，将新闻性、服务性、实用性相结合。

2. 体现时代感

在不同的时代，因为政治、经济等各方面的发展，社会价值观的变化，读者的需求也不断在变化，新闻专刊所传播的新闻信息也就不同，新闻专刊只有反映时代的呼声，把握时代的脉搏和潮流，引导时代，才有它存在的价值。正如《湄洲日报》主任编辑林仙久所说："我们的报纸副刊（专刊）更应该责无旁贷地去表现时代精神。这是新世纪赋予报纸副刊（包括专刊）的使命，也是新世纪报纸副刊（包括专刊）生存和发展的需要。"新闻专刊作为新闻信息传播的一种手段，在一定程度上也引导着社会舆论，其时代感就更为重要了。

所谓时代感，就是要反映社会发展现阶段所提出的根本任务和完成这一任务所应倡导的精神，即反映时代的主旋律。各个时期的报纸专刊由于所面临的社会发展阶段不同，其所反映的时代精神的内容也有所不同。例如，在中共第十八次全国代表大会上提出弘扬社会主义核心价值观后，新闻专刊应紧跟党的步伐，积极倡导弘扬社会主义核心价值观。

3. 展现地域性

由于中国幅员辽阔、地大物博，报纸一般以区域性报纸为主，这要求专刊要有地域性，要在内容上多选用具有贴近性的地方题材，并用当地读者所喜闻乐见的形式去表现。新闻专刊也同样如此，如果新闻专刊没有地方特色，那么必然会导致各种新闻专刊风格一致，没有特点。试想如果《新民晚报》专刊没有"沪"味，《北京晚报》专刊没有"京"味，《羊城晚报》专刊没有"粤"味，当地读者谁会买账？广西《柳州晚报》从创刊以来结合本地实际开设的《龙城旧事》、《壶城风物》、《柳州方言赏析》、《漫画龙城掌故》等专版（专刊）专栏，以浓郁的柳州地方特色，赢得了一大批本地读者。

一般来说，一个地方具有历史意义的街巷和古建筑，一向为人们所瞩目，报纸专刊过去都或多或少做过介绍。似乎再没有什么可做了。但一旦遇到改建等事件的发生，仍可以将其作为新闻信息的来源，新闻专刊可以利用这种机会，将历史与现在结合，进行新闻报道。比如，广州火车站于2013年计划进行改造，计划改造的原因是广州火车站的设计标准已经远远不能满足当下的实际客流量。新闻专刊可就此介绍广州火车站从过去到现在的发展变化，进而以广州城市的发展为新闻题材，进行报道。

当然，强调地域性，并不是要把读者的目光局限于狭窄的一面。我们正处在改革开放的年代，一个地区、一个国家同外界的联系日益频繁，随着全球经济一体化和现代通信技术的发展，本地读者需要更多地了解外地、外国的情况。因此，专刊的地域性与开放性应相互结合而不应相互排斥。

4. 呈现多样性

新闻专刊是依附报纸而存在的非主流的版面，主要以其多样性去取得读者关注。虽然新闻专刊具有相对固定的读者群，但其中的新闻来源于复杂的社会生活，且读者的需求范围也是较为广泛的，因此，新闻专刊的内容不能单一、贫乏。报纸中所反映的现实生活领域是十分宽阔的，而新闻专刊所反映的却是整个社会生活中的一个领域，但在这一领域中又可分为若干更小的领域，兼顾这些领域，就可使专刊的内容更加丰富。同时也可以开辟一些较好的专栏作为专刊的品牌专栏，增强专刊的专业性。

如《北京科技报》的《精神》专刊，将内容细分为《心理》、《行为》、《两性》、《职场》、《人物》等众多栏目，囊括人的精神生活的方方面面。也许所有栏目都不会对你的胃口，但是总会有一段文字能击中你的内心，激起你的阅读欲望。

（三）新闻专刊表现形式设计

新闻专刊所刊载的作品主要分为图、文两大类。图主要有照片、绘画、图表，而文主要是新闻稿、理论文章、调查报告等。

新闻专刊是新闻版的补充和延伸。专刊上的稿件同样被称作新闻，但是，其吸引力与新闻版相比却要等而下之了，这是不言而喻的。如何让新闻专刊迅速吸引读者的眼球，需要编者在新闻专刊上制造出一定的亮点。所谓亮点，就是能触及读者神经一下子抓住读者的闪光点。新闻专刊的闪光点可以是一个标题，一篇事实鲜明、文笔犀利的深度报道，也可以是言简意赅、题旨鲜明的小言论。编者可以通过各种编辑技巧和版面手段，去营造这些闪光点，新闻专刊上的闪光点越多，吸引力就越大，留住读者目光的时间就会延长。

1. 文字编排

新闻专刊主要以文字为主，在进行版面编排设计的时候，正文文字设计和标题文字设计是重要的组成部分，具有不同方式的装饰形式。它能起到排除其他、突出版面信息的作用，同时能使读者从中获取美的享受。

在文字的处理中，字体的选择、设计和字号的运用是文字编排的基础，不同字体的视觉效果各不相同。标题文字是使接下来的文章内容一目了然的启示性的文字，是全书内容的集中体现。通过对标题的设计，能充分体现版面内容的个性特征，吸引读者的视线，在现代版面的设计中，标题的个性化设计越来越得到设计师们的重视。例如标题位置的反常规放置，能带给读者新鲜、别致的感觉。但是需要注意的一点是新闻专刊中的内容以新闻为主，大多严肃、中规中矩，对标题的设计不能过于艺术化，否则，会引起人们对新闻真实性的怀疑。

在正文的编排上可以选择横排与竖排两种方式，横排的版面由于符合眼睛的运动方向，有利于读者的阅读，因此也是使用最多的文字编排方式。横排的版面可以分为通栏、双栏或多栏等形式。通栏适用于开本较小或版心较小的版面。在版面较大的时候，如果仍然采用通栏，阅读起来就比较费力，且容易造成视觉上的混行，版面也会稍显单调，此时，将版面分为双栏，甚至多栏的时候，版面会变得更加丰富、稳定而不失活泼。

正文字体通常采用 9～11 磅的大小，字距、行距的设置也应根据字数进行适当的调整。字距小的正文，行的感觉相对强烈，易形成文字块；但是过紧的字距会影响正文的易读性。字距、行距大，易产生精致、舒展的感觉，但过大，会影响阅读的速度；行宽大，每行的字数多，则具有舒畅文静的感觉。

2. 图片编排

图片在报纸的版式编排中的运用也很重要，图片让报纸更富有人情味和趣味性，还能解释文字，让文字的表达有具体的形象可鉴，喜闻乐见的新闻报道被精美的图片装点、强化，新闻信息会更容易被传达和记忆。

版面是专刊的脸面，漂亮的脸面总是吸引人和令人愉悦的。那些不修边幅的版面，即使内容丰富，也不会引起读者关注的。图片对版面的设计起到了重要的作用，因此，新闻专刊要善于用图片说话。善用图片、活用图片、用足图片是一个优秀专刊重要的表现形式。一幅好的照片在内容上往往比文字更能表现其主题，在形式上更直接，且更具视觉效果，并能起到报纸杂志化的功能。图片的位置要和版面内容及广告图片协调起来。一个或几个主题突出、色彩艳丽、情趣盎然的图片，能使人对版面内容一目了然，这是塑造专刊独特魅力的重要一环。另外，有的专刊不管版面的内容是什么，所有版面保持同一种风格。这种十几甚至几十个版单调统一的式样，会让读者觉得枯燥乏味，极易产生视觉疲劳。一旦有了这种疲劳，纵然内容再精彩，读者也会觉得索然寡味。

第二节 新闻专刊的类型和特点

一、新闻专刊的类型

（一）法制新闻专刊

法制新闻是与社会的法制实践相伴而生，法制新闻的专业传媒创办于 20 世纪 80 年代。1980 年，我国第一张全国性法制报《中国法制报》(《法制日报》前身)创刊，随后，其他法制类专业报刊纷纷面世。这些法制类报纸大都以刊登离奇曲折的新闻事件为主，读者对此感觉无比新鲜，法制类报纸也因此辉煌一时。虽然在随后的几十年里，法制新闻专业报纸日渐缺乏创新，但仍有一些综合性报刊以法制实践为题材，开拓法制新闻报道的覆盖面和传播空间。随着社会的发展，法制已经越来越呈现多样化、复杂化、时代化的特点，社会上诸多关系都需要靠法律来解决，法制已经深入到人们生活中的各个领域。因此，法制新闻具有极强的趣味性、可读性和接近性，没有哪种新闻像法制新闻那样渗透广泛、深入和持久。所以法制类新闻自然而然成为了专刊的题材。

法制新闻报道的目的：一是向读者提供法律的基本知识和树立尊重司法权威的教育；二是向读者提供执法部门运作体系方面的教育，以及其他法律职业在法律体系中所起作用的教育。法制新闻专刊以全新角度剖析法制新闻所蕴含的内幕、观点、理念，映照历史的发展轨迹，揭示社会的前进方向，不断增强着法制新闻报道的魅力。任何报纸都离不开法制新闻，都市类报纸也不例外。法制新闻专刊不以简单、离奇的案例取悦读者，而注重对具体法制新闻事件的更具社会贴近性和普遍价值的挖掘，以其释疑解惑、明辨法理的深度关注给读者以精神的感动和心灵的震撼，以法制观察的视角、深度报道的方式，见证法治进程，推动法制完善。

法制新闻专刊一般关注于报道新闻事件的深度事实，给读者以内心的思考和启迪。但需注意的是，法制新闻专刊应尽量避免说教和过度渲染案情，应从能够吸引读者的角度选择表达方式，在讲述故事的同时传递法的精神，让读者在潜移默化中得到启迪。

（二）经济新闻专刊

经济新闻专刊是指报纸集团以专业的采编团队对一些经济关系、经济活动或者经济现象进行策划报道，在传统的新闻版面的基础上以专刊的形式进行深入阐释，发表理论见解，或者介绍各种知识和实用信息，力求让读者得到更为丰富、更为精彩的资讯。经济新闻专刊是对传统经济新闻版的补充与延伸。传统的经济新闻非常强调时效性，常以单篇的形式报道经济事件或者某种经济现象的来龙去脉、前因后果。而经济新闻专刊更重视的是本阶段与经济方面相关的资讯，对时效性并没有过多的强调。

对经济新闻来说，人们最先要求的还是它的真实、快速的传播功能。经济新闻仍是以报道为主要的形式，经济新闻专刊是在传统的经济新闻的基础上，扩大了对常规的经济新闻的报道领域，丰富了它的报道形式，增加了它的报道篇幅。随着报业企业经营化管理，报业集团之间竞争激烈，各个报业逐渐开始了以“读者为王”的理念进行经营，经济新闻专刊也同样如此，需要提供最适合市民百姓使用的服务，而经济新闻专刊往往更能够吸引普通大众对经济新闻的兴趣与共鸣。

经济新闻专刊，新闻版面开始增多，形式也开始多样化，越来越多的广告商开始借助经济新闻专刊进行广告宣传，虽然在一定程度上广告商在报纸上刊登广告能给报纸带来一定的利润，但是广告利润也势必会影响经济新闻的策划过程，影响报纸的立场，对报纸的权威性产生负面影响。同时新闻从业者为了吸引读者，基于经济和政治等方面因素，人为的将新闻价值夸大，用不切实际的报道方式进行报道的事也时有发生。这就要求经济新闻专刊需以人们生活为主，贴近百姓，结合国家政策，报道与受众切身利益相关的经济新闻，如各地农产品的信息等，坚持以经济新闻为向导，提高报纸的公信力。

（三）社会新闻专刊

社会新闻主要以社会伦理道德事件为内容，涉及面十分广泛，主要有赞扬社会生活中的好人好事、新道德、新风尚；批评坏人坏事、恶风陋习；社会知名人士的活动；恋爱、婚姻、家庭问题；妇女、老人、儿童问题；民事、刑事案件；天灾人祸；社会秩序、交通安全、环境保护；人口、就业、市政等问题；风土民情，社会习俗，奇闻逸事，等等。社会新闻的内容随着社会的发展而发展。社会新闻专刊紧紧围绕社会新闻所涉及的范围进行新闻策划报道。

社会新闻具有广泛的社会性，因此社会新闻专刊的内容不局限于政治、经济、军事、科学技术等某一特定的行业，而是涉及广泛的社会生活、社会问题。从人民群众的日常生活中选择题材，多角度、多侧面地反映人际关系，容易引起广泛的关注。社会新闻专刊也具有较强的趣味性，能反映生老病死、婚丧嫁娶、悲欢离合等人生遭遇，带有浓郁的人情味；反映异域风情、奇闻轶事，能满足人们的求知欲望；在写作上往往运用悬念，展示矛盾冲突，增加了社会新闻的趣味性。社会新闻的思想性表现在它宣扬某种社会伦理道德观念。关注百姓生活，内容贴近群众，以促进社会和谐为目标，针砭社会流弊，对影响社会和谐的因素进行曝光，是办好社会新闻专刊的几个重要方面。社会新闻专刊十分注重新闻的知识性、趣味性，更重视社会效果，通过有趣的事实和巧妙的笔法，给人以积极的影响。

（四）体育新闻专刊

我国现代的体育报道，开始于五四运动前后。据说最早的体育刊物是留日学生徐一冰主办的《体育杂志》。1918 年长沙楚怡小学体操教员黄醒创办《体育周报》，设有各种栏目，反映体育的论著和新闻，如与运动生理学有关的文章；反映体育活动动态的新闻报道。

体育宣传的强度与国家的兴旺发达紧密相关。在我国八年抗日战争期间，在国民党统治区与解放区出现了两极分化现象，在国民党统治区体育新闻趋于衰落，体育刊物停办；而在解放区，在抗战取得节节胜利的形势下，1942 年 9 月，延安召开九一运动会，《解放日报》出版两期"体育特刊"，朱德同志做了"运动要经常"的题词，在解放区的运动会期间，体育新闻大量涌现，为体育新闻事业开创了新的局面。新中国成立后，我国的体育事业与体育新闻也走进了一个新的时代。1958 年，第一份全国性的体育报纸《体育报》诞生了，十一届三中全会以后也出现了《足球》、《球迷》、《体育博览》、《当代体育》等一大批体育报刊。每逢国内外重大赛事，各大报刊媒体争相进行体育赛事报道。奥运会时期，新华社就会发行《奥运快报》，对奥运赛事进行报道。近年来，体育新闻的广受欢迎和巨大的市场效益刺激了体育报纸家族的扩容，一些综合性大报纷纷办起了体育专刊，像《羊城晚报》的《羊城体育》、《新民晚报》的《新民体育报》、新华社体育部的《体育快报》等。

体育新闻专刊与一般的体育新闻版相比更有深度、更有内容，这与人类的文化水平与智力水准提高的要求相一致。随着人类的进步，人们对于信息的需求从形象化的、浅层的传播转向了深度的、全方位的追求。因此，体育新闻专刊受到了一大批体育迷的喜爱。

二、新闻专刊的特点

新闻专刊丰富了报纸内容，拉动了广告的增长，报企和读者可谓“双赢”。它关注社会热点、服务百姓生活，形成了自己的一些特点。

（一）新闻性

新闻性是报纸的根本属性，毋庸置疑，新闻性也是新闻专刊的一大特点。新闻专刊中的新闻性表现在新闻采编者在众多的新闻资讯中，找出读者最关心的内容，围绕它做出具有实际意义的文章。新闻专刊主要是为读者报道新闻背后的新闻，更强调对信息的答疑解惑。由于专刊有版面优势，有大量的空间可以做深度新闻，因而更注重内容的纵深拓展，使新闻更加深入、专业，具有权威。

同时通过将新鲜的、生动的、真实的社会热点做大，也能赢得读者的青睐，使新闻专刊具有一定的社会影响力。所以，新闻专刊在组织文章和版面时，要善于抓住社会热点、难点或者焦点问题，拓展新闻专刊的深度和广度，增强其新闻性。而新闻专刊也可以利用其新闻性凸显出专刊的厚重感。

（二）专业性

新闻专刊的“专”字就要求专刊必须定位清晰，为受众提供专业化的信息服务和专家型、引领型的指导。这也是专刊区别于副刊和新闻版面的重要特征。

新闻专刊所谓的“专”主要表现在三个方面：行业、专题与地域。首先，新闻专刊具有不同的类型，对不同新闻内容进行报道时，应对该行业的信息进行全方面的了解，及时收集信息。其次，通过一系列的报道，准确为读者解读，提出指导意见；新闻专刊在对不同专题进行策划时，要根据不同的内容制定不同的报道方式，通过专题性的解读，使读者对该专题有足够的认识和了解；最后，新闻专刊的专业性还体现在地域上，新闻专刊在报道时多选用本地题材，以大众熟悉的形式展现出来，更能体现专刊的地域性和专业性。

因此新闻专刊的采编人员要有新闻人的专业素质，要具备正确的市场观念，丰富的行业知识与市场分析能力等特质，只有这样才能确保新闻专刊的专业性，才能使专刊的内容更加专业与全面。

（三）深刻性

深刻性大多通过新闻性表现出来，利用深度的新闻报道，对新闻事件进行深刻的剖析。新闻专刊利用版面引导新闻的“热点”，分析新闻的“盲点”，阐释新闻中的“疑点”，给受众以深刻的心理感受。深刻性不仅通过新闻事件来表现，某一专题的策划报道更是深刻性的优良展现，内容的详细、角度的新颖、评论的力度都能带给读者深刻的心理感受。在同一地域下，多家媒体面对稀有的新闻资源，版面及内容极其容易雷同，在这样的情况下，面对相同内容进行深刻性的剖析绝对可以为该家媒体增光添彩、夺取受众目光。

（四）服务性

服务性是新闻专刊最显著的特点之一，新闻专刊所刊载的内容具有一定的指向性，因此，其服务对象对专刊的选择取决于新闻专刊中的内容对自己是否有用。

新闻专刊所服务的是社会大众，受众的特点决定了专刊内容对相关行业重大问题深入浅出的报道，因此在进行新闻专刊策划时要着重分析新闻专刊内容对市场、对百姓生活可能产生的影响。相对于报纸新闻版来说，新闻专刊的报道更注重以深度解读新闻事件，解析其对于普通读者具体的、微观的影响，力求贴近百姓生活，这就要求它在语言上必须准确生动、贴近生活、实用有效，在版面上必须新颖、突出。它刊登的文章应当更软、更活、更生活化、更亲切，以此来吸引读者。

第三节 副刊的编辑与设计

副刊是报纸的一个重要的信息传播和宣传阵地，在报纸上占据重要的地位，它是刊登除新闻、评论、读者来信以外的固定专版。关于副刊，《辞海》的解释是："一般指报纸上刊登文艺作品或文章的固定版面。每天或定期出版多数有专名，分综合性和专门性两种。"正如著名副刊作家、人民日报社副总编辑梁衡所说，"新闻是报纸的红花，而副刊就是绿叶，新闻是主体建筑，副刊就是亭榭回廊，两者相得益彰"。时至今日，副刊仍在报纸上占据着重要的位置。如《人民日报》的《大地》、《解放日报》的《朝花》、《文汇报》的《笔会》等等。

报纸在我国有悠久的历史，而副刊的年代却并不长。从目前掌握的资料来看，1815年8月5日创刊的第一张近代中文报纸《察世俗每月统记传》就刊登了非新闻类作品。1897年11月24日《字林西报》创办的副刊《消闲报》，是最早的副刊。1921年《晨报》将刊登文艺作品的第七版定名为《晨报副镌》，1925年改为《晨报副刊》，从此"副刊"一词正式出现。

我国早期的副刊文字主要是消遣娱乐性的，与正刊的内容并无关联。到了辛亥革命前后，资产阶级革命派的副刊为了进行革命宣传，便开始和新闻版的宣传报道相配合。我国现时期的报纸的副刊，是报纸整体不可分割的一部分，在办报方针的指导下，副刊发挥自己特定的、不可或缺的作用。

一、副刊的分类

一般说来，副刊可分为综合性副刊、文艺性副刊与社会服务性副刊。

（一）综合性副刊

综合性副刊全面反映社会生活的各个领域，具有很强的包容性和开放性，不仅内容是综合性的，刊载各种知识性、趣味性的文章，而且其形式也是综合性的，各类文体兼容并蓄。

它既刊登文艺作品，也发表生活常识、幽默小品、报告文学、科学小品、知识性文章等；兼具知识性、趣味性、艺术性、生活性。如《羊城晚报》的综合性副刊《晚会》，分设《展览与讲座》、《心灵驿站》、《潮人新知》、《文史小语》、《读图时代》、《民间语文》等，包罗万象、丰富多彩。

（二）文艺性副刊

文艺性副刊是最基本的一种副刊，也是最早的副刊类型，这类副刊具有很强的知识性和趣味性，主要对象是对文艺感兴趣的人群。它主要登载随笔、诗歌、散文、小说等文学作品和文艺评论。如《文汇报》的《笔会》、《羊城晚报》的《花地》等。

随着副刊越来越贴近生活，作者队伍已从文人墨客的小圈子发展成拥有广大专业作者、业余写作积极分子的庞大群体，纯文艺型、杂志化的副刊已慢慢改变为侧重于文艺型的副刊了，如《花地》除了发表文学作品外，还有不少文艺评论、文化思想评论等。

（三）社会服务性副刊

社会服务性副刊，据现在了解到的资料，最早出现于天津的《益世报》。1933 年 11 月 15 日《益世报》创办了《社会服务版》的副刊。之后全国很多报纸都开辟了相同类型的副刊，至今仍然是副刊中较受欢迎的一种类型。

这类副刊的宗旨是服务，提供给读者关于医疗卫生、法律、经济、科学艺术等多方面的知识，解答读者多方面的问题。有的还提供购物指南、影视简评、职业介绍之类的内容，深受读者欢迎。

二、副刊的特点

副刊是报纸的一个重要组成部分，与正刊有着一致性，但也有着自己独特的个性。

其一，在功能上，侧重于从文化、思想、娱乐等方面为读者提供服务，丰富读者的精神文化生活；

其二，在内容上，具有综合性、思想性、知识性、理论性、实用性、娱乐性、消闲性等属性；

其三，在体裁上，主要采用非新闻类的杂文、散文、诗歌、小说、戏剧、报告文学等体裁；

其四，在版面上，副刊讲究“留白”、“透气”、有品位、活泼，讲究图文并茂；

其五，在风格上，副刊讲究色彩、装饰甚至花哨，真正成为报纸的后花园、休闲地。

三、副刊的功能

副刊的功能就副刊诞生的初衷而论，副刊重在延伸报纸的知识性功能和娱乐性功能。概括起来说，有以下几个方面的功能。

1. 传播知识文化，丰富读者的精神文化生活

副刊的初衷是文艺的。综观副刊的发展史，文艺性、文化性始终是主体性方向，随笔、小品、杂文、小说、诗歌等是副刊的主角。进入新时期，随着社会生活的日益丰富，人们的精神生活追求也日益呈现出多样性。副刊由重文艺性向重文化性转移，出现了“健康”、“消闲”、“时装”、“汽车”、“旅游”、“家居”、“影视”、“娱乐”等多种类型的专门性副刊，娱乐性、知识性得到了进一步的强化，大众文化开始占据副刊的主流地位。

2. 联系群众，开发潜在受众

英国报界有句名言：“新闻招客，副刊留客。”意思是说，在街头零售的报纸只要有好新闻，读者就会购买这张报纸，但要使读者长久保留兴趣，则要靠副刊。此话虽非绝对，但副刊由于它的文艺性和娱乐性的优势，深受群众欢迎，的确有更佳的“留客”效果。副刊的文化品位的高低决定了这张报纸的品位，也在某种意义上决定了读者的品位。因而，一个好的副刊是团结一大批有着相同文化品位的读者的一个纽带。

同时，相比较而言，副刊接受读者投稿的比例要高得多。新闻稿件相对于普通读者写起来较困难，但副刊稿件却有较大的自由度，只要是自己的所思所得，均可以向其喜欢的副刊投稿。这就建起了报纸与读者(起码是投稿者)的联系。副刊接受投稿者的稿件并发表，这一个庞大的作者群也就是一个庞大的稳定读者群。同时，副刊题材广泛、内容丰富、形式多样，可以不断吸引潜在受众。

3. 休闲功能

中国的新闻一向以教育大众为主要目的之一。这是跟中国传统的“文以载道”有关。“文以载道”是中国一个悠久的文化传统，是一个正直的、有正义感的文化人报效祖国和人民的一个重要的途径和手段，这些人关心祖国的命运，关心人民的疾苦，因而，他们的作品成为人们喜怒哀乐的传递者，成为社会进步的呼声。所以说，载道的传统对于中国人而言是根深蒂固的。然而，太多的教化会引起人们的反感。另外在现代社会，人民的生活节奏逐渐加快，大家在紧张的工作之余追求一些休闲和娱乐，这是非常正常的，在某种意义上也是社会的进步。休闲和娱乐与“文以载道”应该是统一的，虽然休闲和娱乐的东西可能没有太多的历史感，没有太多的社会性的内容，但是健康的休闲和娱乐对于陶冶人的心灵、修养人的身心、培育人的美感是有着潜移默化的积极作用的。

副刊作为一种以形象的描述为主的文体，它比新闻有着更少的说教意味。副刊用自己的思想的蕴藏和文化的品位与读者交流，不是以一种高高在上的姿态来俯视大众，而是以一种平等的关系来对待读者，是一种心灵的沟通。副刊不祈求去改变什么，但副刊作品总是希望把人类最喜好的东西告诉读者，总是希望把最美好的审美情趣传递给读者。因此，在这个意义上，副刊确实起到了一种潜移默化的作用。总之，副刊的休闲功能越来越明显了。

4. 互动功能

所谓“互动”就是现在的副刊要求编辑要和读者做好交流和合作。一方面，编辑要始终以读者所需为所需，充分满足读者的要求。另一方面，读者也要积极反馈自己的建议和意见并参与到副刊的编辑工作中去，使副刊真正成为读者自己的乐园和天地。副刊不仅要有大家的作品，更要大力刊登普通群众的作品，这样才能调动读者参与的热情，并得到他们的关注和支持。例如《齐鲁晚报》的《青未了》副刊中的“济南市井”栏目就体现了互动化的特色。“济南市井”中的作品大都是由济南市民所写，内容大多是泉城百姓的市民生活和风土人情，语言朴实无华、文章精短干练，很受城市市民的喜欢，也调动了他们参与副刊创作的热情。

副刊的互动功能还表现在副刊的网络化上。网络化体现为以下两点：一是编辑组稿普遍使用电子邮箱，使编辑和作者可以在短时间内就稿件修改问题进行充分有效的交流，方便快捷，使稿件更具有时效性，更能吸引读者的注意力。二是利用网络资源，开设新栏目。《三江晚报》副刊开办《聊吧》栏目，“讲出你的故事，解开千千心结，让你的心情也晒晒太阳”。通过 QQ 和邮箱与读者实时交流，倾听读者讲述自己的故事。这个版面受到了读者的极大欢迎。纷纷反映这样的版面是他们所想看到的，因为真实，在这些故事中都能找到自己的影子，也能受到启发。《三江晚报》副刊还利用网络资源开设了以网络为大本营的《幽默》板块，每周一期，以轻松的网络文学、精彩的爆笑段子为主要内容。趣味、愉悦、能轻松阅读就是这个板块的办版宗旨。这个版出人意料地深受读者喜爱。

有的晚报副刊还专门开设了《博客》版，与本地作者博客互动，把精彩的博客作品变成副刊版面的作品，使这些博客作者成为晚报的副刊作者，形成良好的循环，既扩大了作者群，也扩大了读者面。

5. 开拓空间，满足读者多样化的需求

报纸作为大众传媒，适应于人们需求的多样化，适应于不同年龄、职业和读者的小众化，分门别类地去创办多种多样的专刊，充分发挥副刊功能，成为副刊的发展方向。

四、副刊内容和形式的设计

（一）副刊内容应具有时代感，要加强策划，捕捉热点

不同的时代，读者的需求不同，副刊的内容也就不同。副刊作为一种文化产品，只有融合于时代，反映时代的主旋律，才有存在的价值。

副刊在很长一段时间都是以纯文学为主。在 1990 年以后，特别是邓小平南方谈话之后，中国报业逐渐被推向市场，报纸副刊也发生了翻天覆地的变化。传统意义上单一的文艺副刊发展为综合性副刊、各类专刊并存的新副刊格局，副刊刊载内容突破了传统纯文学的框架，延伸到文化、生活、休闲娱乐、汽车、房产等领域；副刊的大众化倾向日甚，尤其是其中的周末版、星期刊、特刊突出了社会性，强调了可读性和娱乐性。副刊多元化的格局，彻底打破了过去报纸副刊的单一格局，成为一种富有生命力的新门类。

现代副刊的一个普遍特点是加强策划、捕捉热点，把重大的热点问题和群众关心的

热点问题作为副刊探讨问题的一个基本点，给读者以思想的启迪。比如时评和杂谈是一种快捷的对现实社会现象发表自己见解的文体，它反应灵敏、传递迅速、观点明确，会对现实有着振聋发聩的作用，尤其是批评类的时评和杂谈，对社会的某些丑恶的现象、某些不良的作风、某些不符合社会规范的行为给予一针见血的批评。《人民日报》副刊有《金台随感》和《文艺点评》栏目，主要是针对社会上的不良现象和文艺界的一些不良作风，给予直截了当的批评，都在社会上引起了比较好的反响，得到读者较为普遍的认同。

（二）分工细化，扩充版面，文章形式多样化

报纸副刊按读者层次、文章内容的不同分别设版，像《长沙晚报》的《橘洲》，分为《综合文艺》、《湖湘文苑》、《儿童天地》、《菁菁校园》四版。《南方周末》则分《文化》、《电影》、《文学》和《艺术》四版，等于是在原来的文学副刊上另增加了三版，既保证了纯文学的存在，又扩大了副刊的视野和容量。

文章形式多样化主要表现在：

其一，围绕一个主题，邀请多位作家撰文或以对话形式进行讨论。

其二，围绕一桩文化事件，连续撰文进行追踪。

其三，为一些作家开设置专栏，这种做法能保证稿件的连续性和比较稳定的质量，但签约时间宜短不宜长，因为任何作家都有写疲写空的时候。一旦稿件质量下滑，就要敢于换人。

其四，选定受人关注的文学和文化明星，围绕其生平、爱好、创作经历、生活状况、对事物的看法等做全方位的采访，以对话的形式刊出，再配以照片和简介。

（三）要立足本土，弘扬地域文化

在文化界有句很著名的话：越是民族的就越是世界的。对于副刊而言，越是地域的就越是全国的。因为对本土读者而言，如果副刊关注的是家乡的风土人情，自然会让他们有种在阅读自己的副刊的感觉。本地区的文化风貌、风土人情、历史渊源、旅游名胜、地方名人逸事及人物掌故等都是本地区读者所喜闻乐道的，岭南文化、荆楚文化、吴越文化、巴蜀文化以及齐鲁文化等各有特色，本土副刊的责任就是要帮助读者发现自己家乡风物之美和人情之美，了解自己家乡的文化人物和人文底蕴，从而培养文化自豪感。

在纪念孔子诞辰 2556 周年之际，全国都掀起了祭孔的高潮，各大媒体也都争相报道，《齐鲁晚报》在报道中更有地利之优势。齐鲁文化主要以孔孟文化为渊源，曲阜是孔子的故乡，祭孔活动的主要地点也在曲阜，因此《齐鲁晚报》不仅在新闻版面要多加报道，而且也要在副刊中加大对孔子文化的宣扬和解读，这样的文章受本地读者喜欢，也受外地读者喜爱。

其次，要彰显地方特色就要深挖本地旅游资源和名胜古迹。尤其是在节假日期间推出相关旅游文化的专题，更容易吸引读者的关注。

再次，语言也要突出地方特色，适合本地读者的阅读习惯，做到通俗易懂、生动活泼，可以适当穿插乡音、俚语和谚语，这样更能增加读者的亲切感。其具体做法有：

1. 对地域历史文化的生动表述

包括对历史人物、历史沿革、名胜古迹，乃至老城老街老巷的描写。此类文章不能停留在一般的介绍上，而是要呈现一般读者所不了解的细节，使他们读了文章后陡然生出“身在此山已多年，如今方晓此山好”的感觉。

2. 对当代地域文化人物的深度追踪

每个地域都有每个地域的文化名人。这些人或许居住在本地，或许在外地，但他们都有一个特点，那就是他们的作品承载着该地域文化的某一部分，他们的身上都有地域文化的深深烙印。对这些人物进行专访，对他们的生平、创作、喜好、见解做全面生动的描述，比追捧外地的文化明人，更能引起本地读者的兴趣。

3. 对本地自然景物、风俗习惯的细腻描写

此类文章一是不能停留在一般的写景状物上，而是要发挥本地作者熟悉描写对象的优势，写人所不能写，道人所未曾道；二是要侧重于描绘不为人所知的美景和风俗，让读者对自己所居住的地方产生新奇的感觉。

（四）大众化策略

所谓大众化策略指的是副刊要办成老少皆宜的盛宴，既要有“阳春白雪”的高雅作品，又要有“下里巴人”的通俗作品，做到雅俗共赏、老少咸宜。《新民晚报》的已故社长赵超构先生曾经说过：“从 8 岁到 80 岁的人都是我们的读者。”他还说：“我们作为地方报、晚报，应该接近群众，要像白居易的诗一样，让老太婆也听得懂，感到亲切通俗，我们的报纸应该使老百姓各有所得。”不论怎样的阅读层次、何种年龄段，他们都可以从副刊上找到可以阅读的内容，包括共同要求的内容和特别要求的内容。

因此，副刊在策划中就要顾全大局，不能偏颇，既要有高雅的文艺副刊，适合高品位的读者，更要有那些适合大众的通俗文章，散文、小品文、记事文、小随笔、小说等都要有所体现。当然副刊也不能一味迎合读者的趣味而降低自己的水准，要在多姿多彩的副刊文化中体现出自己的风格和特色，这才是副刊生存的终极之道。《新民晚报》的《夜光杯》副刊在这方面做得就比较好，它的副刊中既有少儿乐园又有老人天地，既有涵盖自然、科技、人文、地理的知识性阅读栏目，又有包含情爱、家庭、白领等的都市生活栏目。并且作品体裁多样，百姓故事、小小说、散文、随笔、诗歌、书画、音乐、影视等一应尽有，而且贴近百姓生活，洋洋洒洒，纵横捭阖，趣味丛生，深受读者喜爱。

副刊是办给老百姓看的。副刊编辑要深怀爱民之心，恪守为民之责。对人民大众有了深厚感情，才能自觉地关心关注身边的人和事、深刻地体会体味生活，也才能“以百姓之心为心”，以读者之爱为文，从而让老百姓亲近副刊、喜欢副刊。

大众化策略还指要深入群众。积极主动地走到群众生活中去，看看现实生活中究竟有哪些新情况、新变化、新时尚，听听老百姓到底有些什么苦与乐、冷与暖、愿望与呼声，这是至关重要的，是要为民作文。副刊编辑按照人民群众满意、喜欢作为标准来组织、选取、修改稿件，刊出的文章才能得到广大读者的认可与共鸣。所以，在稿件选用上要注意贴近生活、贴近读者。读者喜欢讲实话、道实情、语言美、感情真的作品。

本章相关概念

新闻专刊 news special issue
副刊 supplement
新闻策划 news planning

思考题

简答题

1. 简述新闻专刊策划概念及策划的内容。
2. 设计新闻专刊应该遵循什么原则?
3. 新闻专刊有几种类型? 请举例说明。
4. 简述新闻专刊的特点。
5. 简述副刊的功能。
6. 如何创新副刊内容和形式的设计?

CHAPTER 11

第十一章 广播电视新闻编辑

本章导言

(1) 与纸媒和新媒体相比,广播电视新闻有着自己的独特优势。首先,其接受门槛非常低,几乎每一个健康自然人,无论受过教育与否,都能使用和收听收看。其次,其画面具有具体形象,能完全再现现场情景。再次,能亲耳聆听当事人的看法,真实性和可信度大大增加。正是这些独特的优势,使得广播电视新闻拥有了最广泛的受众基础。

(2) 语言符号是人类进行信息传播与感情交流的主要工具,包括人声语言和文字语言两大部分。就广播电视新闻而言,其语言主要是指人声语言。

(3) 受众是新闻传播的最终"目的地"。广播电视新闻编辑所做的一切努力均是为了能让新闻顺利顺畅地为受众所接受,因此,对受众的相关研究与分析就显得尤为重要。

(4) 广播新闻编辑是广播新闻节目的整个流程的总称,包括构思、组织、加工、制作和反馈等一系列环节。它按照新闻编辑的基本原理,以广播独有的传播方式,服务于广播新闻专属的对象和目标。

(5) 电视新闻编辑具有双重意义,通常来说,它既是对特定人群的称呼,指从事电视新闻的修改、加工和润色等工作的专业人员;同时它也指具体的工作职能,包括画面剪切与组合、同期声的取舍等。

本章引例

《新闻联播》是中国中央电视台每日晚间播出的一档新闻节目,被称为"中国政坛的风向标",节目宗旨为"宣传党和政府的声音,传播天下大事"。《新闻联播》是中国收视率最高、影响力最大的电视新闻栏目,内容涵盖政治、经济、科技、社会、军事、外交、文化、体育等所有方面。

该节目于 1978 年 1 月 1 日启播,现于中央电视台综合频道(1 套)、中央电视台新闻频道(13 套)19:00 并机直播,同时中国各大卫视和绝大多数地方电视台进行转播,节目时长通常是 30 分钟。新闻联播作为官方新闻资讯类节

图 11-1 《新闻联播》

目，风格沉稳庄重，但也一度被批套话现象严重。从 2013 年起，其内容越来越贴近民生，甚至在节目中预告电视剧、播报普通人的寻人启事，以及在重播时段现场转播恒大夺冠比赛片段。（见图 11-1）

1. 了解广播电视新闻传播的特点。

2. 理解什么是广播电视新闻语言以及它的分类。

3. 了解广播电视新闻受众的特点。

4. 掌握广播新闻编辑和电视编辑应该了解的编辑原则，熟知广播编辑和电视编辑的常用手段。

5. 掌握广播电视的编辑方法与技巧，正确和恰当地运用广播电视的编辑技巧。

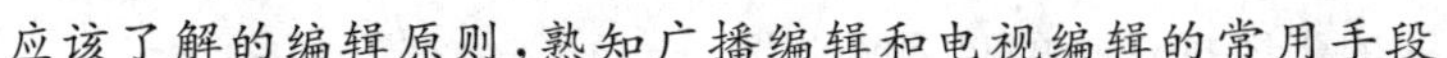

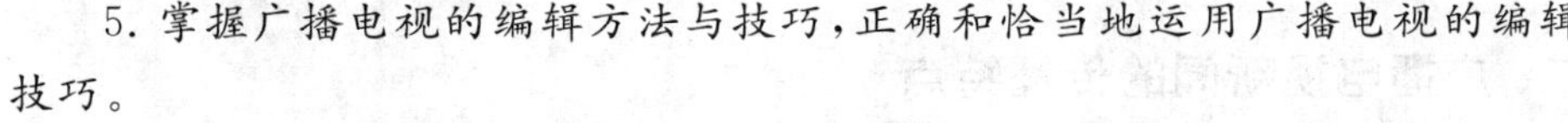

第一节 广播电视新闻传播的特点

迄今为止，虽然新媒体的影响力日益强大，但人们仍然并且还在未来很长一段时间内受到广播电视新闻的强大影响。与纸媒和新媒体相比，广播电视新闻有着自己的独特优势。首先，其接受门槛非常低，几乎每一个健康自然人，无论受过教育与否，都能使用和收听收看。其次，其画面具体形象，能完全再现现场情景。再次，能亲耳聆听当事人的看法，真实性和可信度大大增加。正是这些独特的优势，使得广播电视新闻拥有了最广泛的受众基础。而相应地，正是由于其受众的广泛性，党和国家对其监管更为严格，这也使得广播电视新闻的严肃性、公信力等得到公认，新闻节目的质量与可信度在整体上超过其他媒体。

一、广播电视新闻的重要性

广播电视媒体从诞生之日开始，新闻节目便如影随形。世界上有记录的第一家电台——KDKA 电台便是为了报道当时 1920 年的总统选举而选在 11 月 2 日开播；1936 年 BBC 电视台的发展同样也伴随着大量的新闻报道。在广播电视发展的初期，广播电视新闻主要是时事新闻和政治新闻，但随着社会的发展，娱乐新闻、社教新闻、服务信息等均开始活跃于电波之上，人们通过广播电视媒介来了解世界，来获得对自己有用和自己感兴趣的信息。除了最基本的信息提供，广播电视媒介还有一个主要功能，即议程设置。

“电视新闻是能够决定在大众脑海中闪现什么的最重要的力量。通过事先强调国家生活中的某些方面而忽略另外一些方面，电视新闻把人们的政治判断和政治选择限定在一定范围之内。”[①]议程设置一开始并非属于一个大众传播的话题，它起源于政治传播，但由于广播和电视的巨大影响力，它很快就成为普遍的共识。时至今日，议程设置仍然是媒介引导舆论时的强有力的工具。利用广播电视媒介的广泛影响与覆盖范围，依赖广播电视新闻的高品质，媒介引导公众去注意一些事而忽略一些事。

2014 年 3 月 8 日，马来西亚航空公司一架载有 239 人的波音 777-200 飞机与管制中心失去联系，该飞机航班号为 MH370，原定由吉隆坡飞往北京。2014 年 3 月 24 日晚 10 点，马来西亚总理纳吉布在吉隆坡宣布，马航失联航班 MH370 在南印度洋坠毁，机上无一人生还。面对这一民航史上的重大空难事件，全世界的媒体都迅速做出了反应。在长达一个月的时间里，几乎全世界的媒体都在从不同角度和侧面对此事进行解读，这也意味着在近一个月的时间，各国广播电视媒介通过议程设置让全世界人们都认为该事件是那段时间最值得关注的事情。这就是广播电视新闻的神奇力量，它能带领我们领略这个世界，却只是个经过选择的世界。

二、广播电视新闻的传播特点

广播电视新闻的传播特点，主要建立在各自媒介的特点之上。根据广播电视媒介特点的不同，广播电视新闻的传播具备以下优势和劣势。

（一）传播优势

与纸媒新闻相比，广播电视新闻的传播优势主要体现在以下几个方面：

1. 时效显著

在时效性上，广播电视媒介具有纸媒不可比拟的优势。当新闻事件发生时，广播电视媒介可以通过多种方式将新闻第一时间发出。重要性一般的新闻，可以通过在屏幕下方滚字幕的方式进行播报；非常重大的新闻，甚至可以中断节目正常播出，优先插播该条新闻，甚至马上开始现场直播。而且现在随着新闻意识的觉醒，新闻节目形式更多，播出时段更丰富，新闻可以随时在整点新闻中播报，即使是一般性新闻的时效性都大大增强。报纸等纸媒，因为出版和印刷时间的固定以及相关流程的烦琐，导致新闻时效性难以同步。即使在一些重大新闻发生时，一些纸媒加印号外，但因为一份报纸需要经过写稿、审核、排版、印刷、分运和售卖等多个环节才能最终与受众见面，时效性必将大打折扣。除了以上说到的，广播电视新闻还可以依靠现场直播实现时间的发生与播出同步，这种 now to now 的时效性是最多可以实现 day to day 的纸媒绝对望尘莫及的。

2. 覆盖广泛、对象多元

无论是在过去的无线电波时代，还是现在的卫星电视广播时代，广播电视媒介的信号都超越了国界，覆盖非常广泛。随着发射和接收设备的不断更新换代，尤其是通信卫星、数字技术的发展，这种覆盖“地球村”的优势得到进一步彰显。广播电视新闻的传播

---

① 仙托・艾英戈、唐纳德・R.金德：《至关重要的新闻——电视与美国民意》，新华出版社，2004 年版。

距离和范围越来越不受空间的限制，只要条件具备，信息可以在瞬间达到全世界。相比较而言，纸质媒体想越过国界，成为全球通用的报纸，其难度则非常巨大。

在国际新闻传播中，广播电视则更加具有优势。虽然因为各种原因，相关信号可能会受到人为干扰，却基本可以突破障碍与边界，做超越国界的传播。现在各种针对国际电台和卫星电视的接收设备越来越多，功能也越来越强，收听收看节目变得并不困难，政府监管反而变得困难，这也是目前各个国家竞争激烈旷日持久的"新闻争夺战"。

3. 门槛低，受众庞大

电视与广播运用声音和图像进行信息的传播，直接诉诸受众的听觉和视觉，这使得只要具备相应的听力、视力和理解能力，就可以基本没有障碍地收听收看节目，这种极低的门槛使得广播电视媒介的受众分布非常普遍，无论是老人还是小孩，无论是否接受过教育。相比较而言，报纸和新媒体都有较高的使用门槛。纸媒的使用者，至少需要具有一定的文化程度，能识字，并对文字具有一定的理解和欣赏水平。新媒体的使用者则门槛要求更高，除了识字之外，还需要会打字，会使用电脑，了解初步的互联网知识和技巧。因此在这个方面，广播电视新闻的接收群体要远超其他媒体。

4. 具备声画特征，更加让人喜闻乐见

广播和电视运用声音和画面多种元素传播新闻，对新闻现场可以进行真实呈现，对当事人的采访可以同期声播放，这些都增强了广播电视新闻的魅力，使得受众能"身临其境"地感受现场。声音和画面的独特感染力能提供给受众更直观的感受和冲击，而这些是单凭文字很难做到的。

（二）传播劣势

正如一个硬币有正反两面一样，除了传播优势，广播电视新闻也有它的传播劣势。

1. 转瞬即逝

作为优势存在的广播电视新闻的传播要素——声音和画面同时也具有转瞬即逝难以重复的特性，这对于特定内容和特定群体容易造成理解困难。比如一些相对抽象的内容、一些相对生僻的词汇或成语、一些需要揣摩才能完全理解的内容，在转瞬即逝的情况下就较难获得较好的传播效果。与此相反，纸质媒体的受众当遇到类似情况的时候，却可以根据自己的需要通过请教他人、翻阅字典和反复阅读等多种方式来理解信息，达到良好的沟通效果。

2. 线性传播，受众主动性弱

作为可供保存的纸质媒体，受众完全可以根据自己的需要选择信息，具有较强的主动性。广播电视媒体作为一种程序性很强的媒介，除非发生重大事件，否则一切都是按节目表进行，分毫不能有差池。受众只能依照广播电视媒体已经安排好了的顺序，依次进行收听收看，既不能快进快退，也不能删减跳过，受众的个人愿望处于次要地位。当然，受众也可以通过遥控器进行选择，但无论他们选择哪一家电台或电视台，都只能接受和依从线性播放的原则。

现在随着社会和技术的发展，一些广播电视媒体为了克服其与生俱来的这种制约性，均选择开办了网络电台或网络电视台，原来依靠收音机或电视机才能收看收听的节目现在可以在网络上进行重新收听收看，当然也可以多次重复播放，这在一定程度上弥补了这种局限性。

3. 反馈周期较长

在新媒体时代，一个很大的传播特点就是传播与反馈几乎同步。无论是使用电脑等媒介浏览因特网，还是使用手机或平板等下载 APP 看新闻，实时评论是所有新媒体新闻传播的一个重要功能。看完记者或编辑提供的新闻，受众能马上在新闻下发表自己的看法和观点，而无论观点成熟与否。而相应的，媒体创作人员和其他受众均可以对别人的评论进行回复和互动。相比较而言，广播电视媒介等传统媒介在这一点上呈弱势。一则新闻播出以后，广播电视媒介缺乏一个良好的能迅速收回反馈的渠道，而且其反馈通常以收视率收听率等较为抽象的指标来衡量，缺乏具体性和针对性。

第二节 广播电视新闻语言和受众

传播学认为，人类使用的信息传播符号分为两大类：一类是语言符号，一类是非语言符号。语言符号是人类进行信息传播与感情交流的主要工具，包括人声语言和文字语言两大部分。就广播电视新闻而言，其语言主要是指人声语言。任何一种传播媒介，其语言传播特点必然都与其受众的特点密切相关，广播电视新闻语言也与其受众特点呈现出强相关性。

一、广播电视新闻语言的分类

广播电视新闻节目中的人声语言可以分为解说、同期声、现场报道、导语和串联词等。

（一）解说

解说是指播音员或主持人播讲节目内容的有声语言符号。解说声音是在节目后期制作加工配制的，一般是采编人员写出文字稿，由播音员或记者播讲。在电视新闻节目中，解说词一般用来传递画面没有或不能包含的信息，如交代新闻的五要素、进行转场过渡等。解说词要尽量避免对画面进行重复描述或重复同期声的内容，它应该是画面和同期声补充，应该与这二者相互配合、彼此弥补。在广播新闻中，解说词则要尽可能详细生动，尽可能呈现画面感地向听众讲述清楚新闻事件，因为广播节目只有声音一种元素，受众只能通过听到的内容去想象现场的情况，要尽可能地给听众一种身在其中的感觉。

（二）同期声

同期声是指在记录图像信号的同时记录下的声音信号。同期声在重放时与图像保持一致,经常用来表现人物的采访和人物的语言交流。[①] 人物同期声是当事人在接受采访的时候录下的声音,其语言不但带有当时现场的气氛和情绪,而且其语音语调等都带有明显的个人风格和性格特点,显得尤为真实。在广播电视新闻里,同期声的运用非常广泛,一方面保留了事件当事人语言的原汁原味,另一方面也使得新闻更加具有可信度,让受众亲耳听到了当事人的倾诉。

(三) 现场报道

现场报道是广播电视记者在新闻事件发生的现场,以目击者或参与者的身份面向受众所做的报道。[②] 在现场报道中,强调的是将现场的信息及时准确地传递给受众,因此记者出镜地点的选择、出镜语言的使用通常都非常具有感染力,力图将更真实的现场带给不能亲赴现场的受众。现场报道的记者所使用的语言通常会要求简洁明了、针对性强、信息量大,反而对语音等方面要求比解说词略低一些。特别是广播新闻的现场报道,为了弥补受众看不到画面的遗憾,记者通常需要快速而恰当地详细介绍现场的情况,努力让听众觉得如同身临其境。

(四) 导语和串联词

导语是在新闻播报之前由播音员或主持人说的一段话,希望能吸引观众对接下来新闻的注意力。串联词是指两条新闻之间承上启下的过渡句子,既要使新闻过渡不能突兀,又要能点出新闻要点。这二者都是由播音员或主持人播送,起到提示新闻重点或新闻之间转场过渡的作用,要求言简意赅、言之有物。

二、广播电视新闻语言的特点

作为线性传播的媒体,受众没有自主选择节目播出顺序的权利,因此,广播电视媒介的语言有着明显的特点和要求,以保证受众在线性传播的条件下能获得最佳的传播效果。

(一) 口语化

广播电视新闻语言主要诉诸听觉,因此简单明了易听易懂是其基本要求。广播电视新闻在人声语言的选择上,通常多使用口头词语而少使用书面用语,多使用大家耳熟能详的词汇而少使用生僻词语,多使用短句而少使用长句和倒装句,要使听者觉得浅显易懂顺耳流畅。

广播电视媒介作为一种陪伴性媒介,现在一心一意看电视和听节目的人并不多,大部分的人是处于"一心二用"的状态,比如边玩手机边看电视、边开车边听广播等,而广播电视媒介的声音元素本身具有"一闪而过"的特点,如果在播报新闻时不使用日常交流频繁的词句,而使用一些书面语和生僻词,那传播效果可想而知了。

---

① 赵玉明:《广播电视词典》,北京广播学院出版社,1999 年版。

② 赵玉明:《广播电视词典》,北京广播学院出版社,1999 年版。

（二）符合规范

广播电视媒介作为受众群体最广泛的媒介，其新闻节目也被认为是稳重的、具有公信力的。人们在收听收看新闻节目的时候，会理所当然地认为其使用语言是范本，会无意识或有意识地进行模仿和学习，因此广播电视新闻节目的语言在全社会都具有示范性和引导性，尤其要符合规范，以免对人们形成误导。首先发音要准确。广播电视新闻的人声语言必须采用规范的普通话发音，不但要避免方言痕迹，也要避免语音的误读和错读。其次，词汇要规范，对还没有形成共识的新词汇尽量不采用。随着新媒体热潮，许多网络语言也随之而起，有一些已经得到全社会的共识甚至纳入词典，但更多的是还处于不稳定的流变当中，不适合在广播电视新闻中播出，新闻节目主持人要避免为了迎合年轻受众而使用不规范词语的现象。

三、广播电视新闻的受众

受众是新闻传播的最终“目的地”。广播电视新闻编辑所做的一切努力均是为了能让新闻顺利顺畅地为受众所接受，因此，对受众的相关研究与分析就显得尤为重要。

（一）广播电视新闻受众的特点

1. 规模的巨大性

广播电视因为门槛低和声画结合等特点，其受众基础相当广泛，几乎各个年龄层次各种职业的人都成为广播电视的受众，这也使得广播电视新闻具有规模极其巨大的受众群。

根据2013年国家新闻出版广电总局发展研究中心发布的《中国广播电影电视发展报告(2013)》(广电蓝皮书)，2012年全国广播电视综合人口覆盖率分别为97.51％和98.20％，同比分别增加0.45和0.38个百分点。全国共设立广播电视播出机构2579个，其中广播电台169个、电视台183个、教育电视台42个、广播电视台2185个(含县级广播电视台1992座)。截至2013年5月23日，全国直播卫星户户通用户突破900万户，宁夏、甘肃、青海等省区基本实现户户通全覆盖。2012年9月底，全国各省(区、市)基本完成有线电视网络整合，“一省一网”基本实现，有线网络数字化、双向化改造步伐进一步加快。到2012年年底，全国有线电视用户2.15亿户，数字电视用户1.43亿户，数字电视渗透率达到66.50％；双向网络覆盖用户超过7000万户，开通双向业务用户超过2000万户。三网融合两批共54个试点城市基本遍布全国，覆盖人口超过3亿。截至2012年年底，NGB示范网络覆盖用户超过5000万，双向业务用户超过1000万，在示范区全网内基本实现点播、宽带和IP电话等三种交互业务的互联互通。

2. 身份的模糊性

广播电视新闻的受众虽然规模巨大，但其作为个体却是处于一种隐匿状态之下。他们的行为状态、他们的收听收看动机和他们的兴趣爱好等都处于分散状态，新闻节目很难对其有明确的指向性，这也给节目的反馈和受众的研究带来了一定的困难。由于人数太过庞大，即使抽样分析也较难做到精准，这使得受众分析总是作为一个整体存在，很难有具体形象的数据。

3. 随意性大

随着广播电视的不断发展，人们的媒介意识不断提高，受众在新闻传播当中的主体地位也不断显现。过去频道和节目单一化，受众没有选择权，但现在受众可以选择的空间变得巨大，这也使得受众的耐性越来越差，调换节目的频率越来越高。一个新闻节目，当受众遇到他（她）喜欢的报道可能会停下遥控器，但如果第二条新闻他（她）没有兴趣，他（她）很可能马上切走。这种随意性使得新闻编辑在把握受众心态和兴趣方面难度不断加大，所谓的“忠诚受众”越来越少。

（二）受众调查：收视率与满意度

关于受众调查的指标有很多，如受众媒介接触情况、受众美誉度、受众忠诚度等，根据实际情况，运用得最多的是收视率和满意度的调查，我们这里主要介绍这两种。

1. 收视率调查

收视率是指在一定时间内某个区域收看某一节目的人数（或户数）占观众总人数（或总户数）的百分比，即收视率＝收看某一节目的人数（或户数）/观众总人数（或总户数），也称绝对收视率。相对收视率，也称为收视份额，是指在一定时间内某个区域收看某一节目的人数（或户数）占此区域开机观众总人数（或总户数）的百分比，即收视率＝收看某一节目的人数（或户数）/开机观众总人数（或总户数）。通常认为后者能更准确地反映收视情况。

收视率调查是一项用来统计广播电视新闻节目拥有多少受众的指标，是建立在对收视人数抽样基础上的统计调查。收视率一方面是节目组权衡节目质量、判断节目传播效果并进行节目改进的一个重要依据；另一方面更是广告商投放广告的主要根据，通常高收视率意味着高广告投放率，也意味着丰厚的经济回报。因此，收视率调查对于广播电视媒体是非常重要的一项指标体系。

2. 满意度调查

满意度调查是测量广播电视受众对节目质量的满意程度，主要侧重于对节目品质的考量。满意度与收视率并非始终呈现正相关性，“叫好不叫座”与“叫座不叫好”的现象时有发生。比如湖南卫视曾经有过一档节目《象形城市》，主要从文化的角度来解读中国的一些著名城市，节目质量非常高，但因为文化书卷气较重，曲高和寡，尽管满意度非常高，但收视率却一直低迷，最终只能取消。再比如一些比较粗俗惯于打“擦边球”的节目，尽管大部分人对满意度甚低，但却有可能因为节目迎合满足了某些受众的特殊心理而导致收视率高涨。

满意度调查虽然目前并没有成为新闻节目的首要衡量指标，但它却是一个节目品质和质量的代言。现在各个节目之间激烈的竞争看似是收视率的竞争，但实际上走得远的绝不会是那些低品质节目。在树立节目品牌和频道品牌的过程中，满意度调查必然起到极大作用，新闻节目或新闻频道尤其如此。新闻节目因为其本身必须具有严肃性和公信力等原因，受众满意度是受众对其节目品质的正面肯定。新闻编辑务必不能以收视率代替满意度，这二者应该综合考虑，不能过于偏颇。

第三节 广播新闻编辑

一、广播新闻编辑概述

广播新闻编辑是指广播新闻节目的整个流程的总称，包括构思、组织、加工、制作和反馈等一系列环节。它按照新闻编辑的基本原理，以广播独有的传播方式，服务于广播新闻专属的对象和目标。其基本特征在于适应声音的传播规律，适应听众的接收状态。广播新闻编辑在适应广播的独有特性的过程中，逐渐形成了不同于其他媒介新闻编辑的工作特点，主要有以下三点：

（一）适应声音传播规律

声音是广播唯一的传播符号，这一方面带来了编辑的便捷之处，但另一方面，单一符号也使得受众在理解时容易出现偏差。同样一句话，电视新闻配有画面，声音联系画面便可以准确理解解说词的意思；但广播的声音通常脱离了语境，使得受众的理解常常受到局限。广播电视新闻编辑要使得新闻信息能准确进行传播，就要创造性地运用声音符号传播信息，不但要尽量发挥声音传播的优势，也要努力克服它的劣势。

通常来说，广播电视新闻编辑可以从以下几点出发。首先，语言的选择和使用要符合广播的传播特性，尽量使用通俗易懂朗朗上口的语言，而且要简单明了、没有歧义，也没有多重含义需要思考和辨别。因为声音转瞬即逝，受众刚刚觉得似乎没太明白的时候，这句话已经过去了，新的内容在不断向前推，容易造成沟通不畅。其次，注重音响的运用，善于用音响交代新闻背景，帮助受众更好地理解新闻信息。音响的发生，通常能给受众更直观的感受，让受众直接听到来自现场的各种声音，比如演唱会的呐喊声、球场上的喧嚣声等，能丰富节目的内容和层次。但在处理时要注意，音响要运用恰当，不可喧宾夺主，要处理好它与叙述语言的关系。最后，要用适合听觉习惯的方式来处理稿件。人们习惯顺序听力，而且单凭一种声音元素很难产生深刻或者持久的记忆，所以广播新闻编辑在处理稿件的时候应该多用顺叙，而少用或不用倒叙插叙等可能让人产生混乱的叙事方式；稿件结构也应采用简单的单一结构，而不宜采用复杂的多线条或交叉结构。

（二）适应受众的接收状态

与其他媒介相比，广播媒介的陪伴性属性最为强烈。听众通常都在做其他事情同时收听广播，比如一边学习一边听广播、一边开车一边听广播等，其专注度、注意力都处于分散的状态。因此，适应受众的收听状态，通过稿件的编排与修改，使节目的播出更适应听众需要成为广播新闻编辑的重要特征。

要使受众喜欢并接受自己的新闻节目，最简便的方法当然是站在受众的角度去想问题，牢固树立以受众为中心的思想。一方面，可以假设自己是受众，自己会喜欢听什么样的节目，喜欢什么样的编排方式和什么样的语言风格；另一方面，可以多次组织听众座谈会，多多听取听众的反馈，从反馈中获取经验教训，为自己的工作提供借鉴。为此，广播新闻编辑可以从以下三点来努力。

第一，重视新闻提要和串联词的撰写。新闻提要和串联词都是对新闻的重要提示，是提前吸引受众和稳固受众最直接有效的途径。新闻提要和串联词一方面要突出重点；另一方面也要突出趣味性和悬念性，引发听众的兴趣，让他们觉得有意思或者好奇。第二，单条新闻报道不宜太复杂，背景等相关信息尽量简明扼要。广播新闻受众的接收状态并非高专注度，新闻发展线索太多或情节较复杂，听众很容易丢失重要信息，从而造成沟通的不畅；而今天的受众面临太多选择，一旦他觉得不适，很有可能换到别的频道。因此，如果遇到此类情况，可以分解成多条新闻进行解说，方便听众理解接收。对于一些连续性报道的前情回顾或新闻背景资料，一方面要考虑到有些受众不了解情况，需要做相关说明，但同时也要考虑到有些受众已经收听过之前的节目，因此相关说明应该简明扼要，交代清楚就行。

二、广播新闻编辑的职责

（一）制定报道方针和报道计划

制定报道方针和报道计划其实是所有媒体新闻编辑的共同职责，但具体到不同媒介，每个媒介都有各自的特点，因此新闻编辑需要根据自身的媒体特点和受众特点，制定恰当的报道方针和报道计划。广播新闻编辑要时刻谨记广播传播的特点，提出或确定适合广播新闻的选题，其报道方针和计划均要从引起受众兴趣、适合声音元素表达这些出发点考虑。例如，在突发事件中，广播的便捷性与快速性会大大显示出来。再比如一些主题性讨论中，通过电话连线，全国各地的专家学者都可以参与其中畅所欲言。广播新闻编辑在进行报道策划时，一定要多考虑广播传播的巨大优势，在源头上就开始善于扬长避短。

（二）组织报道

有了正确的方针和计划，报道并不会自动生成，广播新闻编辑还需要对其进行具体的组织，特别是一些复杂的或重大的新闻报道，必须要有一个强有力的组织者来穿针引线。记者负责具体的报道，而新闻编辑则需要从全局考虑，对记者们的采写活动进行协调，使得报道呈现出较好的整体性，这也是对新闻编辑个人能力的考量，是新闻编辑发挥主动性和创造性的过程。

（三）选择和加工稿件

对于广播新闻编辑来说，选择和加工稿件是最基本的工作职责，也是对业务能力要求较高、难度较大的一环。它包括两个方面：一是根据新闻价值、宣传重点和广播传播特点来选择稿件；二是根据实际情况对稿件进行修改和加工。对一则稿件，广播新闻编辑不但要考虑到是否具有新闻价值、是否与当前的相关政策相抵触、是否内容简洁层次分明和是否含有必要的音响等，还要考虑到是否与当天的其他新闻节目相冲突或不协调。一些年轻记者虽然采写有干劲有创意，但可能政治上不太成熟或者只能观一叶而不能窥全局，这些都需要广播新闻编辑人员后续的把关和审核。对于需要修改的，新闻编辑必须采用一些必要的编辑手段，比如改编、加入音响或修改文稿等，使稿件达到播出要求。

（四）构思和编排节目

构思和编排节目是广播新闻编辑的一项重要职责，也是一项综合的系统工程。广播新闻节目的构思主要包括聚集材料、提炼思想和结构布局三个环节，三者相辅相成不可或缺。前两个环节主要是解决节目内容由什么构成和如何构成的问题，一般在熟悉稿件和其他素材的基础上，经过筛选、提炼，形成本次节目的意图和主题，然后按照意图和主题的需要确定和加工修改相关稿件；而后一个环节则侧重于外在的方式，主要是指节目如何播的问题，即节目采用什么样的结构形式和播出方式以及赋予什么样的表现风格。节目编排，包括单稿节目的编排和多稿节目的编排。单稿节目的编排，主要是按照节目的定位来加工和润色稿件，并进行适当的外包装，比如加入开场乐、间奏乐、结束语等。多稿节目的编排则指从节目定位出发，依照一定的意图，将当天的单个报道组合成一个详略得当、脉络清晰的有机整体，并且使得这个整体的效果大于部分之和。

节目构思和节目编排是两个联系非常紧密的工作阶段。节目构思属于节目的孕育阶段，从构思到制作到播出，还需要经过编排组合这个环节。节目编排是节目构思的继续，也是构思方案的实现。节目构思关系到节目的播出质量和效果，巧妙的构思可以给人振聋发聩或者耳目一新的感觉，给人留下深刻的印象。节目编排则要从较宏观的角度进行思考，不仅要考虑到新闻节目的内容和相互关系，还要考虑到竞争对手的节目编排，有针对性地采取合适的编排策略。节目的好构思虽然是保证节目优良的基础，但倘若编排的时候不够谨慎，将自己较强的节目与竞争对手最强的节目“硬碰硬”，反而得不偿失。

（五）撰写节目配套稿件

广播新闻的节目配套稿件是指根据节目实际需求，配合主要稿件而撰写的各类附属性稿件。配套稿件种类繁多，主要包括新闻提要、串联词、背景资料和评论等。配套稿件虽然是配合性，但对增强节目的整体气势、揭示报道的深层含义、完善报道的丰富层次具有重要意义。新闻提要能迅速切中要点，将最精华的部分提前展现给大家，或留置悬念，吸引大家往下听；串联词承上启下，将一个个零散的节目连接成一个有机的整体，使之不再孤军作战；背景资料是使新闻事实丰厚翔实的必备基础，为新闻事实提供准确的知识和广阔的空间；评论高屋建瓴，一针见血，鲜明地表明媒体的立场和观点，对社会舆论起到有力的引导作用。总之，配套稿件名曰配套，但因为其具有多方面重要的功能而变得不可或缺。

（六）参与并保证节目的安全录制和播出

广播新闻编辑作为广播新闻节目的把关人之一，还肩负着参与并保证节目安全播出的重要责任。广播新闻编辑需要根据录播或直播的不同方式，密切与播出人员如播音员、录音员等合作，做好录制或导播工作，并且要严格做好播出稿和播出带的播前检查，尤其防止政治差错和事实差错，保证节目的播出质量；对相关播出程序严肃对待，防止一些不应该发生的技术事故；在节目播出的过程中认真监听，不可侥幸，如果发现问题，应该尽力挽救或者消除不良影响，如果是直播，则可根据当时的情况利用直播延时等技术进行迅速处理。新闻编辑在保证节目“政治安全”方面负有极重大的责任，一定不可轻视。负责单条报道的记者通常较为年轻，业务能力比较强，但政治思想可能还不太成熟，许多方面都需要新闻编辑来把关。除了政治把关这一重大责任之外，有时候在节目播出时间可能会有重要新闻进来，即“本台刚刚收到的消息”，对此情况，广播新闻编辑要迅速审核，并以恰当方式处理。

（七）收集并分析受众反馈

一名优秀的广播新闻编辑不但要对节目质量负责，也要保持与节目受众的沟通顺畅，能经常及时地了解受众的想法和评价，再对这些反馈意见进行研究分析，找到稳定受众或者提升节目的有效对策。新闻的实践性非常强，新闻编辑绝不能孤芳自赏，再好的节目如果没人收听也会失去意义，所以不光是通联部门需要联系受众，作为直接对节目负责的广播新闻编辑更需要了解受众，了解市场需要的变化，并且在节目实战中根据实际情况进行调整。

三、广播新闻编辑的手段

广播编辑手段是在广播节目的编辑、制作、播出过程中，为了激发听众收听兴趣、增强收听印象、争取更好的传播效果而采取的各种编辑方法和技巧的总称。广播新闻的编辑手段可以分为稿件编辑手段和节目编辑手段两类。

（一）稿件编辑手段

广播新闻稿件的编辑，主要是对原稿进行必要的订正、增删、润饰。订正指核实、校对稿件内容，包括是否符合现行的法律和方针、政策，新闻事实是否确凿无误，与其他媒介的同类新闻编辑是否有区别。增删和润色是指对稿件内容进行增加和删减以及修饰。具体来说，稿件新闻编辑有三种编辑手段。

1. 压缩

顾名思义，压缩就是将较长的稿件删减为较短的稿件，压缩掉其中不必要的内容。广播新闻的时间非常有限，为了在有限的节目时间内容纳更多的节目信息，广播新闻稿件的内容需要短小精悍且通俗易懂，因此，压缩是使用较频繁的一种编辑手段。一般而言，有以下三种方法。第一，强调突出主题的主要新闻事实，而对于一些与主题无关的背景资料等可有可无的材料要勇于舍弃。第二，去粗取精，删掉枝蔓。对于新闻事实本身，主要是挑选典型事实，一些不太重要的细枝末节就无需纳入进来。第三，精选材料，切记重复。对于同类型材料或事实，要优中选优，挑选最具说服力的即可，其余重复的即使再好也必须丢掉。

2. 增补

增补即增加补充原稿中缺少的但又必须有的内容，比如相关人物和事实的背景资料、新闻的前情回顾等。增补的目的在于准确反映事物的原貌，帮助受众更深刻地了解事情，强化新闻的价值和意义。增补应遵循"非补不可"和简单明了，切记节外生枝或画蛇添足。

3. 改写

改写是指对稿件的修改，包括改变稿件的角度、体裁，改写稿件的导语，甚至改变稿件的结构。

广播新闻的稿件编辑主要通过以上手段对稿件进行适当的修改加工，使之更加准确、鲜明地反映客观实际，更加符合听知规律。

（二）节目编辑手段

广播电视新闻节目编辑的目的是增强节目传播效果、强化节目意图，它主要包括以下几种手段：根据各个稿件的新闻价值与内在联系，根据声音元素传播的特点，安排各个稿件的播出顺序；善于调用多种声音符号，对解说词、同期声、现场音响、历史音响等各种元素进行合理调配，尽量调动和激发受众的兴趣；掌握受众的特点，熟悉竞争对手的相关节目情况，运用"峰谷编排"等技巧避开强敌，彰显自己的优势。这几种手段不但涉及具体的业务能力，也涉及对受众市场的了解和对一定区域整个相关情况的掌握。总之，对于新闻编辑而言，一切能强化节目的整体性和播出效果的手段都可以调动起来，一个经验丰富的广播新闻编辑完全可以根据自己的经验和实际的情况做出妥当的选择。

第四节　电视新闻编辑

电视新闻编辑工作远比广播新闻编辑工作更为复杂，是一项牵涉环节更多、群体性更强的工作。电视新闻编辑具有双重意义，通常来说，它既是对特定人群的称呼，指从事电视新闻的修改、加工和润色等工作的专业人员；同时它也指具体的工作职能，包括画面剪切与组合、同期声的取舍等。"电视新闻编辑是以提高电视新闻稿件和节目质量为目标，以编辑专业人员为主体，按电视传播特点进行前期策划、组织和后期加工、制作、播出等一系列工作环节的总称。"

一、电视新闻编辑的职责

作为专业技术人员而言，电视新闻编辑的职能涵盖非常广阔，除了最基本的剪辑合成之外，应该说整条新闻生产的链条上，都有其需要涉及的部分。从报道策划之初，电视新闻编辑便要参与其中；在第一线采访时，编辑有时也是记者，需要冲锋陷阵；采写结束后，需要对新闻半成品的文稿修改和画面重新编辑，有时候还需要承担最后的审查工作。因此，电视新闻编辑的工作职责不但非常重要，而且贯穿新闻工作的始终。具体而言，有以下几点。

1. 参与乃至主导策划

在“新闻难独家”的今天，电视媒体想要在激烈的新闻竞争中获得一席之地，新闻策划必不可少，已经成为竞争的常规手段。策划之念必须长存心中，电视新闻编辑不一定直接亲涉采访，却必须给记者们提供相应的指导思想。从远的来说，电视新闻编辑需要对在较长一段时期内该栏目的报道走向做到心中有数；从中期来讲，电视新闻编辑需要明确某个阶段栏目的报道主题和报道思想；就眼前而言，电视编辑需要对某一次重要报道提供较为具体的策划方案。在2013年下半年播出并在全国持续引发热潮的湖南卫视《新闻联播》策划的《县委大院》和《绝对忠诚》系列报道就是在编辑的积极推动下出炉的，以下是湖南卫视《新闻联播》责任编辑李越胜的叙述。

> 10月中旬的一天，我在与新闻中心通联部副主任聂雄一起散步时，他说有个好题材，他在《新湘评论》上看到一篇千字短文《就在这栋老楼里办公》，是茶陵县委办副主任谭九敏写的。谭九敏原本是一个孤儿，1991年茶陵县委书记安排他当通讯员，一步步成长为县委办副主任，他对有60多年历史的茶陵县委大院很有感情。我们想，如果湖南还有一些类似茶陵这样的老县委大院，就可以做成一个很好的系列报道。第二天中午，在散步时我和聂雄一起把这个想法汇报给杨壮主任，杨主任非常高兴，说这个创意好，要赶紧落实，再跟龚政文副台长汇报，龚台也大力赞成。于是，我们在通联QQ群进行发动，这个QQ群有由各市州各县区记者组成的500人的通联队伍，很快各个县台的记者就把当地比较古朴的县委大院拍了照片，发给我们看，没想到，惊喜不断，这样的老式县委大院在湖南还有一二十个。

除了策划报道之外，在报道进入实施阶段，电视新闻编辑还需要对报道的顺利实施提供相应的指导和帮助，比如提供建议、指导采访和拍摄、帮助记者选取角度等，力求从后方提供尽可能地帮助给前方，保证报道的顺利完成。

2. 文本内容的编辑

电视因为其传播的线性播出、受众门槛低、不易保存等特殊性，电视新闻文稿也具有自己的特点。从形式上来说，电视新闻编辑需要对新闻提要、串联词、新闻标题等进行撰写工作，还需要对解说词等进行修改润色等工作。

1）新闻提要的撰写

作为一个新闻栏目的编辑，需要对整个栏目进行统筹报道，而新闻提要则是吸引受众的关键武器。新闻提要撰写得精彩，无疑能调起受众胃口，让受众期待并观看新闻具体内容；反之则可能让整期节目无人问津，可谓牵一发而动全身。电视新闻编辑需要熟悉该期所有节目内容，并洞悉其精华，且熟悉受众的心理与兴趣，挑选出最具吸引力的关键语句组成提要。

2）串联词的撰写

如果说单篇新闻报道犹如一颗颗珍珠的话，串联词就犹如穿珍珠的线，只有把一颗颗珍珠漂亮地穿起来，才能成为完美的珍珠项链，否则其效用就大打折扣。作为电视新闻编辑，如何能将珍珠穿得漂亮是其一项非常重要的工作。这项工作不但要求编辑深谙每篇报道的主题与精华，还要善于找出其相关点、触发点，使串联词写出来顺畅自然。

3）新闻标题

与纸媒的新闻标题篇幅较多不同的是，电视新闻标题字数有限，需要用尽量少的字数准确地表达出新闻报道的主题，这对撰写人要求较高。

3. 节目内部编排

作为电视新闻编辑，要对整个节目的各篇报道进行统筹规划，每篇报道放在什么位置，各占用多少时间；在整个节目组成中，不同内容如何分布，不同体裁如何组合都是编辑需要认真考虑的问题。同时要考虑到电视本身的特性和受众的心理，采用必要的编辑和编排技巧，使节目整体详略得当，主题突出。

4. 画面剪辑与合成

即根据相应的新闻主题，对已有素材画面和声音进行选择、剪裁与组接处理，使画面、声音和解说词能浑然一体，共同对新闻主体做出烘托。

5. 节目把关及通联

记者将相关新闻节目完成后，需交给新闻编辑进行审查，这也是新闻把关的第二道关口（第一道为记者自查）。电视新闻编辑通常需要具有较高的政治素质和较强的业务素质，审查把关也主要是从这两方面进行。

二、电视新闻编辑的常用手法

（一）蒙太奇

蒙太奇作为画面编辑的一种常规手法，最初用于建筑学，指组合装配的意思，后借鉴到影视艺术中来，赋予它更丰富的含义。一方面，蒙太奇是指一种画面与画面、声音与声音、画面与声音之间以及镜头、段落之间等各种复杂组合关系；另一方面，蒙太奇也是一种思维方式，指影视编导对整部片子的叙事表达、场景转换及布局把控等。

随着影视艺术的发展，蒙太奇的表现方式也出现多种方式。

1. 叙事蒙太奇

叙事蒙太奇是蒙太奇艺术中最简单直接的表现形式，主要以情节发展的时间轴以及因果关系为依据来进行画面等的组接。这种蒙太奇组接脉络清楚，逻辑连贯，明白易懂，主要包含下述几种具体技巧：

1）平行蒙太奇

这种蒙太奇常以不同时空（或同时异地）发生的两条或两条以上的情节线并列表现，分头叙述而统一在一个完整的结构之中，即我们经常说的“花开两朵，各表一枝”。当两件或者两件以上的事件，或事件的不同方面平行发展时，常常会用到平行蒙太奇，将线索分别展开叙事。平行蒙太奇在新闻节目中应用广泛，一则是因为用它处理新闻故事，可以删节过程以利于概括集中、节省篇幅，扩大节目的信息量，并加强节目的节奏；二则是由于这种手法是几条线索平列表现，相互烘托、形成对比，易于产生强烈的艺术感染效果。

2）交叉蒙太奇

又称交替蒙太奇，它将同一时间不同地域发生的两条或数条情节线迅速而频繁地交替剪接在一起，其中一条线索的发展往往影响另外线索，各条线索相互依存，最后汇合在一起。这种剪辑技巧极易引起悬念，造成紧张激烈的气氛，加强矛盾冲突的尖锐性，是掌握受众情绪的有力手法，一些情节紧张刺激的新闻故事常用此法来讲述。在新闻剪辑当中，一些有悬念的、紧张的情节要展开时，通常也习惯采用这种手法。央视的《走近科学》、《今日说法》等节目，因为主要是一些情节交错且跌宕起伏、悬念频生的题材，为了吸引观众、制造紧张的气氛，多会采用交叉蒙太奇来表达，即在一条线索即将出现转折或意外的时候切入另一条线索，使受众在紧张期待的心理中看完整个节目。

3）颠倒蒙太奇

这是一种打乱结构的蒙太奇方式，先展现故事的或事件的现在状态，然后再回去介绍故事的始末，表现为事件概念上过去与现在的重新组合。它常借助叠印、划变、画外音、旁白等转入倒叙。运用颠倒式蒙太奇，打乱的是事件顺序，但时空关系仍需交代清楚，叙事仍应符合逻辑关系，事件的回顾和推理都以这种方式结构。运用到电视新闻中，颠倒蒙太奇类似于倒叙和插叙的手法，许多深度报道会运用到，如 2012 年 7 月央视《面对面》播出的《大义灭亲的父亲》。首先是主持人出镜，“当一名父亲，他发现自己一向老实听话的女儿手里竟然有来路不明的毒品的时候，他到底应该怎么做？是选择在自己家庭内部悄无声息地解决掉，还是说把自己的女儿交出去，交给公安机关进行处理，等待法律的制裁。在四川阆中有这样一位年纪还不到 50 岁的父亲，当他面对这种选择的时候，他的做法是举报了自己的女儿，这个举报之后，他女儿的命运、他的命运、他自己家庭的命运全都改变了。”接着是对当事人现状的一个采访，几句同期声之后便将故事带回到了两年前事情刚刚发生的时候，直至故事结束。这种颠倒蒙太奇的运用，先将让人意外的结果呈现给受众，让受众迫切地想知道缘由，最大程度地调起观众的好奇心，吸引他们继续往下看。

4）连续蒙太奇

这种蒙太奇不像平行蒙太奇或交叉蒙太奇那样多线索地发展，而是沿着一条单一的情节线索，按照事件的逻辑顺序，有节奏地连续叙事。这种叙事自然流畅、朴实平顺，但由于缺乏时空与场面的变换，无法直接展示同时发生的情节，难于突出各条情节线之间的对列关系，不利于概括，易有拖沓冗长、平铺直叙之感。因此，在一部影片中绝少单独使用，多与平行、交叉蒙太奇手交混使用、相辅相成。

2. 表现蒙太奇

表现蒙太奇是以镜头对列为基础，通过相连镜头在形式或内容上相互对照、冲击，从而产生单个镜头本身所不具有的丰富含义，以表达某种情绪或思想。其目的在于激发现众的联想，启迪观众的思考。与叙事蒙太奇不同，表现蒙太奇不注重事件和时间的连贯，而注重画面的内在联系。表现蒙太奇主要有以下几种方式：

1）抒情蒙太奇

抒情蒙太奇也称累积蒙太奇，是一种在保证叙事和描写的连贯性的同时，表现超越剧情之上的思想和情感。它主要是依据逻辑上的联系，将一些主题形象或者内容较为接近的画面镜头组接在一起，以达到渲染气氛、强调情节、表达情感等意义。抒情蒙太奇的本意既是叙述故事，亦是绘声绘色的渲染，并且更偏重于后者。意义重大的事件被分解成一系列近景或特写，从不同的侧面和角度捕捉事物的本质含义，渲染事物的特征。

最常见、最易被观众感受到的抒情蒙太奇，往往在一段叙事场面之后，恰当地切入象征情绪情感的空镜头。如苏联影片《乡村女教师》中，瓦尔瓦拉和诺夫相爱了，马尔蒂诺夫试探地问她是否永远等待他。她一往情深地答道："永远！"紧接着画面中切入两个盛开的花枝的镜头。它本与剧情并无直接关系，却恰当地抒发了作者与人物的情感。

2）心理蒙太奇

心理蒙太奇是人物心理描写的重要手段，它通过画面镜头组接或声画有机结合，形象生动地展示出人物的内心世界，常用于表现人物的梦境、回忆、闪念、幻觉、遐想、思索等精神活动。这种蒙太奇在剪接技巧上多用交叉穿插等手法，其特点是画面和声音形象的片断性，叙述的不连贯性和节奏的跳跃性，声画形象带有剧中人强烈的主观性，这种手法在电视新闻中也频频被运用。

电视新闻讲究画面表达，但许多内容稍纵即逝或者难以捕捉画面，比如在叙述一些突发事件的现状或者新闻当事人的心理活动时，为了叙述得丰满，通常会采用心理蒙太奇手法，即用解说词说明阐述当时情况或心情，同时配以模拟或扮演的画面来辅助说明。2015 年 3 月播出的央视《面对面》之《卢小利：良心的拷问》便是一例。该期节目讲述了一位大学生勇救落水小孩不幸溺亡，而小孩母亲怕承担责任撒谎说这位大学生并不是救小孩而身亡，而是和小孩同时落水，后来几经周折，终于直面自己的良心说出真相的故事。在叙述小孩落水大人呼救大学生跳入水中施救的段落时，因为缺乏相关视频，便根据小孩母亲的叙述，模仿当时情景制作了画面，屏幕上注明"情景再现"等字样。再比如有时候新闻当事人描述自己紧张害怕的心情时，也会辅以一些昏暗且让人不安的画面来说明当事人当时的心情。应该说，心理蒙太奇已经成为一种很重要的新闻表现方法，尤其是在深度报道和一些专题报道中。

3）隐喻蒙太奇

通过镜头或场面的对列进行类比，含蓄而形象地表达创作者的某种寓意。这种手法往往将不同事物之间某种相似的特征突现出来，以引起观众的联想，领会故事的寓意和领略事件的情绪色彩。它类似于文学创作中的比喻、象征等手法，通过镜头的对列，用一个镜头的含义来比喻或象征另一个镜头的含义，电视新闻作品中常常运用，如央视

2012年《面对面》的《大义灭亲的父亲》那一期，因为是父亲举报女儿藏毒，因此父女关系成为片子表达的一个重点，在节目最后，记者用当事人的家门前的一个地势画面为这段父女关系做了注解。当事人的家刚好坐落在一个岔道口，家门口两条路，一条往下，一条往上，节目用这个画面来说明这段父女关系其实处于一个十字路口，好好经营则会日益和美，而一不小心则可能走下坡路。

隐喻蒙太奇将巨大的概括力和极度简洁的表现手法相结合，往往具有强烈的情绪感染力。不过，运用这种手法应当谨慎，在具体运用时应该注意贴切自然，把隐喻象征等手法与叙述有机结合，避免生硬牵强，千万不可脱离形象的具体性。

4）对比蒙太奇

对比蒙太奇是把两种性质、内容或形式上相反的镜头并列组接，以产生强烈的对比效果，表达节目的主旨。它类似文学中的对比描写，即通过镜头或场面之间的内容，如贫与富、苦与乐、生与死、高尚与卑下、胜利与失败等，或形式如景别大小、色彩冷暖、声音强弱、动静等的强烈对比，产生相互冲突的作用，以表达创作者的某种寓意或强化所表现的内容和思想。因为对比强烈反差巨大，通常是表达思想和主题的有力手法，能给受众造成较大冲击。

央视2012年推出了系列报道《喜迎十八大，走基层，行进中国》，通过对祖国大地不同基层的走访，来反映我国在环保、经济、民生等各个方面的巨大变化。节目组行走进了许多地方，每个地方都发生了翻天覆地的变化，为了表现这种现在与过去的对比、好与差的对比等，节目大量地采用了对比蒙太奇的表现手法。我们拿其中一期《黑河分水十年》来阐述说明。

这一期节目讲述了黑河沿线地带由于政府重视民生问题、环保问题，多年来致力于改善和解决这些问题，使已经几乎搬空甚至连鸟兽都难以生存的地区重新焕发出生机，做到了人与自然非常和谐的故事，里面有以下几组镜头。

镜头一：漂亮清澈的湖泊，芦苇环绕，小鸟飞翔。（现在）

镜头二：满眼的戈壁、荒漠、黄沙和龟裂的土地。（十多年前）

镜头三：漫天的黄沙，人们戴着口罩、捂着口鼻匆匆而行，当地居民搬迁，骆驼饿死。（十多年前）

镜头四：清水流动，芦苇摇曳，到处都是牛羊和骆驼。（现在）

……

这些不同的形象反复进行对比组接，给人以强烈印象，很好地表现了政府为民服务的主题。

（二）剪接点

剪接点是指两个镜头之间的转换连接点，一个好的剪接点应该能将不同内容的镜头画面非常流畅自然地衔接在一起，构成相对完整的意义。总体来说，依据电视新闻传播的两种要素，剪接点可以分为画面剪接点和声音剪接点。

1. 剪接点的确定

任何一次新闻报道都是由若干个镜头组成的，由于拍摄采访的限制性，镜头的组接很难呈现出原始状态下的流利顺畅，表达完整意义。因此，需要电视新闻编辑根据一定的逻辑顺序确定每个镜头的剪接点和剪接方法，将不同镜头组合起来讲述一个完整的故事。由此可见，剪接点的选择非常重要，选择正确了，可以使新闻作品情节自然、画面流畅、条理清晰；反之则可能逻辑混乱、难以理解。剪接点可以分为以下几种基本类型：

1）动作剪接点

动作剪接点是以画面的运动过程为依据，依据人们生活经验和实际生活规律对处于不同镜头中的动作进行连接，使得内容和主体动作的衔接转换自然流畅。在进行动作剪接时，可以动接动，也可以静接静，还可以动静衔接。我们以 2012 年刘翔伦敦奥运会 100 米跨栏新闻为例说明。

在对参加百米跨栏比赛的运动员进行分别介绍，每个运动员给了单独的镜头之后，接下来的第一个镜头是全景，运动员边活动身体边向起跑器走去；第二个镜头是给刘翔的竞争对手一个起跑器前的特写；第三个镜头则给了刘翔，从刘翔整个身躯直推至面部表情；第四个镜头回到全景，所有运动员预备、迅速起跑直至跑完全程；第五个镜头是给冠军达到终点之后的特写；第六个镜头切回在第一个栏摔倒在地的刘翔，镜头持续时间较长，从他捧脚查看到多次试图起来无果。在这六个镜头的剪辑中，每个镜头都保证了阶段动作的完整性，每个镜头之间的剪接也符合镜头外部的连贯性。第一个镜头和第二个镜头属于动动连接，第二个镜头和第三个镜头属于动静连接，第三个镜头和第四个镜头则是由静接动，后面几个镜头则都是动动连接。

2）情绪剪接点

情绪剪接点是以人物心理活动为依据，根据不同形式的表现因素进行剪接，造成一种情绪的感染。情绪剪接点的选择注重人物情绪的夸张和渲染，需要引起受众的心灵共鸣，所以镜头时长通常留有余地，等待观众情绪起来。比如 2008 年北京奥运会刘翔突然退出赛场的画面之后，接了现场观众站起来震惊而又完全不可置信的镜头，电视新闻编辑相信此时看台上观众的心理也是电视机前观众的心理，大家都不能接受这突如其来的打击。镜头持续了几秒，直到重新切回刘翔。这种情绪的剪接和展现，增强了整条新闻的感染力，使得这不再是一个普通的体育赛事突发事件，而渲染上了一种悲凉的气氛。情绪剪接点对电视新闻编辑要求较高，需要具备较为丰富的经验和较深厚的功底才能在适当的时候恰如其分地把握情绪剪接点。

3）节奏剪接点

节奏剪接点是以事件内容的性质和发展过程为基础，根据运动或情绪的节奏以及画面的造型特征用比较的方式来处理镜头的长度和衔接，主要是通过镜头快与慢、动与静的对比等来创造一种节奏。比如讲述贪官落马的故事，前面可以用多个短镜头快速展现其落马之前觥筹交错、意气风发的情景，紧接着则采用长镜头、慢节奏展现其在监狱里的生活。

4）声音剪接点

这种剪接方式以声音因素为基础，根据内容的要求和声画的有机联系来处理镜头的衔接。它要求声音保持一定的完整性和连贯性，并与画面形象相吻合。声音剪接点包括对话剪接点、音乐剪接点等。

对话剪接点是以新闻节目中人物对话的内容为依据，结合声音的起始、语速、语调等来确定剪接点。对话的剪接点大多在完全无声处，不允许在说话人说话途中强行剪断，那样必然带有尾音或让观众感觉声音戛然而止非常不自然。对话剪接点一定要注意声音的连贯性和完整性，这是对话剪接的基本要求。除了考虑声音的因素，说话人的情绪也是对话剪接时需要考虑的问题。如果人物是在陈述事实，剪接点应该更靠近声音的结束点；但人物如果是倾诉内心的感受和情绪，则剪接点应以情绪的起始为剪接点，尽量照顾情绪的表达。

音乐剪接点分为两种：一种是声源音乐剪接点，即电视新闻作品中本身有的音乐，比如拍摄交响会演奏时的音乐，以音乐本身的乐句乐段等为依据来选择；另一种是画外音剪接点，是为了烘托节目内容而配制的画外音乐的剪接，这种剪接点需要音乐和画面综合考虑来选择。

（三）声画合一与声画对位

声画结合是电视最重要的特征，声音和画面共同作为电视传播重要的传播符号，它们之间的关系也影响着传播效果。二者之间应该是相互补充、相辅相成的关系，而不要互相重复或者出现声画两张皮的现象。目前常见的电视声画关系主要有声画合一和声画对位两种形式。

1. 声画合一

声画合一是指电视画面和声音同时指向一个具体形象的结合形式，它的特点是声音和画面相互吻合、同步协调，视听高度统一，形成不可分割的有机整体。声画合一有两种形式：一种是画内音响空间和视觉空间的统一，如现场录制的同期声与现场拍摄的画面的统一，也称为画内声画合一；一种是画面空间和画外音响空间的统一，如解说词与画面的统一，也称为画外声画合一。

2. 声画对位

声画对位是指电视新闻里的声音和画面在各自表意的基础上结合起来形成声画对列效果的表现方法，在这种声画关系中，声音和画面按照各自不同的规律独自表现不同事物的信息，但又是为了共同烘托一个内容。这里的声音主要是指解说词，解说词虽然不是和画面同时录制的，却时时和画面紧密配合，发挥着揭示和深化画面意思的重要作用。在新闻节目中，声画对位的组合方式可用于以下三种情况：一是画面信息虽然非常具体、一目了然，但有一些更深层次的东西，画面难以展现，解说词需要就画面做一些解释、分析性工作；二是有一些需要报道的事情，记者无法拍到画面，比如说突发事件、历史事件等，则可用解说词阐述描绘新闻事实，而画面采用一些相关度较高的图片等；三是新闻评论当中，画面呈现新闻事件的场景，而记者或主持人在旁边发表评论。

声画合一与声画对位是处理电视新闻画面和声音关系的两种不同手法，具体使用要看情况而定，我们以 2015 年 4 月 23 日中央电视台《新闻联播》播出的《吕榕麟：让孩子都成为“成长之星”》为例来分析。

序号	画　面	同　期　声	解　说　词	说明
1	小学生们正在进行玩乒乓球的技能展示；玩魔方的展示；玩滑板的小学生		正在进行的是福州市群众路小学“乒乓球达人挑战赛”，像这样的活动，学校还有很多，比如魔方比赛、滑板比赛等	声画合一
2	吕榕麟拿着话筒讲话	通过我们的课堂，我们传递给孩子的是后续学习的能力		声画合一
3	吕榕麟给学生颁发奖状的几张照片		2000年，37岁的吕榕麟来到群众路小学做校长，一上任，不仅创办了各种兴趣比赛，还让学生根据自己的兴趣制定一个目标，学生只要做得比以前好，就可以被学生评选为“成长之星”	声画对位
4	老师接受采访	在期末的时候，百分之八九十的孩子都能够获得自己通过努力而得到的成功，这样也会增强他们的自信心		
5	吕榕麟的几组工作照片：指导老师工作；在校门口迎接孩子们；孩子们展开兴趣活动的画面		2012年，49岁的吕榕麟因患胆囊癌去世。在群众路小学工作的十三年间，他不仅让学生们能够快乐成长，也打造了一支过硬的教师队伍，让这座名不见经传的小学成为省市示范校	声画对位

无论是声画合一还是声画对位，都要求电视画面和声音有密切的关联，切不可声音和画面背道而驰，或者声音机械重复画面内容，这样也就失去了电视声画结合的意义。

（四）屏幕文字

在电视新闻画面上叠印出文字，借以说明、补充、扩展、强调画面内容，也是电视新闻编辑独特的表现手段。

在电视新闻中，字幕是传递信息的重要辅助手段，新闻标题、新闻提示、同期声人物的名字和身份说明、新闻时间地点说明、带有方言或外国友人的同期声、解说词等都需要用到字幕。电视新闻发展到今天，字幕绝不是可有可无的，而是与画面和声音一起成为电视新闻的重要元素。

字幕在电视新闻中不仅起到“达意”的作用，而且还起到美化屏幕、传达主题的作用。字体、字号、颜色、字幕与衬底的搭配、字幕的位置、是否使用特技等，都要细心琢磨，不可草率。字幕应该与声音和画面在各方面都呈现出和谐的统一，并且为画面增光添彩，使新闻节目整体更完整更恰当。

本章相关概念

解说　caption
同期声　actual sound recording
现场报道　live report
导语　introduction
串联词　host string
收视率　audience rating
满意度　degree of satisfaction
蒙太奇　montage
剪接点　splicing point
声画对位　counterpoint of sound and picture
声画合一　unity of sound and picture

思考题

实践题

1. 请根据某一广播新闻节目或电视新闻节目说明编辑的编排手段。
2. 在校园进行一次采访，将素材编辑成一个逻辑清楚、主题突出的新闻成品。

CHAPTER 12

第十二章 新闻期刊编辑

本章导言

(1) 本章主要介绍新闻期刊的传播特点、定位和编辑、策划和报道以及版式设计。

(2) 与报纸相比,新闻期刊的传播特点主要体现为:保存性强,时效性长;信息量大,内容专业化;受众清晰,针对性强;印刷精美,有思想源特征。

(3) 准确的期刊定位是新闻期刊得以经营成功的先决条件,要做好市场定位,需要从受众定位、内容定位、版式定位、广告市场定位、发行与投放方式定位等几个方面进行入手,同时还要针对竞争市场做出精确的可行性分析。

(4) 期刊经营理念的变化带来期刊编辑观念与编辑方式的改变。期刊编辑作为刊物内容的生产者,只有增强特色定位意识、读者感觉意识、策划意识与审美意识,才能更好地适应新的媒介竞争环境所提出的新要求。

(5) 期刊的版式是期刊内容编排布局的整体表现形式,是为体现编辑意图而在版式处理上采取的方法和手段,期刊的版式设计要服务于内容,同时要与期刊整体的风格、特色相统一。注重期刊版式设计不仅是实现期刊自身内容与形式完美统一的需要,也是信息流通领域市场经济取向的呼唤。

本章引例

凤凰周刊(PHOENIX WEEKLY)是由香港凤凰卫视控股有限公司主办,香港凤凰周刊有限公司编辑出版,获得中国国务院新闻办公室和中国国家新闻出版署特许在中国内地发行的,以报道时事、政治、文化为主的时政类杂志。每月发行 3 期,逢 5、15、25 日出版,全年共 36 期。

作为一本连接中国大陆与香港、澳门、台湾三地的刊物,凤凰周刊致力于为全球华人打造一种对时事文化报道的崭新立场与权威态度,揭示影响中国和世界的重大事件、非常人物,以及华人最关注的政经新闻。

《凤凰周刊》凭借正直媒体人的良知与敏感，忠实记录转型阶段中国社会经济、政治、民主和法制发展进程；以海外视角，详解大陆及港澳台地区重要事件，在全球华人圈内广受关注。2005 年美国前总统杰米·卡特曾特别为《凤凰周刊》题词。

（1）了解新闻期刊传播的特点。

（2）了解新闻期刊的定位，并且掌握新闻期刊编辑方法。

（3）掌握新闻期刊策划的方法，了解新闻期刊报道。

（4）掌握新闻期刊的版式设计。

第一节　新闻期刊的传播特点

一、中国期刊业现状

所谓期刊，《新闻学大辞典》的解释是："即杂志，以刊载文章和评论为主的定期或不定期成册连续印行的出版物。有固定名称（刊名），按卷、期或年、月顺序编号，每期的开本、版式基本相同。是记录社会生活，报道社会科学、自然科学活动的工具，是传播与交流科学文化成就，指导与活跃社会文化生活的手段之一。"

在全球传媒业格局中，期刊占据着特殊的地位。当下的绝大多数日报一般都仅覆盖某一国家的某一区域，比如美国最大的日报之一《纽约时报》的影响力基本局限于美国东部地区。相比于日报的地区化特征，杂志的影响范围却日趋扩大。美国《时代周刊》在全球发行 400 万份以上，对全球的英语读者都产生着广泛的影响。在我国，发行量较大的若干份期刊，同样具有全国影响力，影响的广度和深度大大超过区域性报纸。

总体来看，我国是一个期刊大国。改革开放以来，我国期刊业取得了长足发展，据统计，2013 年全国共出版期刊 9877 种，总印数 32.7 亿册，期刊出版实现总营收 222 亿。但丰富的期刊品种和巨大的产业规模还不足以说明我们已成为期刊强国；相反，我们的期刊业还面临着诸多挑战。这些挑战，突出地体现在以下几个方面。

首先，我国期刊出版总体实力偏弱。近年来，尽管我国期刊出版能力和经营实力不断提升，期刊种类和数量不断扩大，但我国期刊出版的总体实力仍然较弱。这主要是由于我国期刊经营的产业化规模较小，实现多元化经营模式的较少，与西方资本实力雄厚的期刊传媒集团相比，营利能力还较弱。以 2013 年为例，2013 年我国期刊营收总额 222 亿，实现利润总额只有 28.6 亿。相比电视与报业形成的经济规模，期刊的经济收入还难以望其项背。

其次，我国期刊舆论影响力不强。传媒经济是注意力经济，更是影响力经济。而在目前主导我国市场的期刊（如《读者》、《知音》、《家庭》等）中，多数以生活故事类的大众化期刊为主，这就造成在设置社会议题、引导社会舆论等方面，期刊的影响力还较小。生活故事、文摘类大众化刊物，虽然发行量大，受众面广，但由于其受众较为分散，其内容距离社会当下的热点问题和涉及国家社会重大利益的领域较远，因而往往处于主流舆论的边缘地带。而以吸聚和影响具有话语权的主流群体为旨归，以时政、社会、财经等领域为重点对象的新闻类期刊，具有绝对市场号召力和影响力的还很少。

再次，随着互联网技术的不断革新、发展，尤其是移动互联网用户的不断壮大，如何与新媒体融合成为关乎所有纸质媒体命运的重要考验。应该看到，与互联网更强的时效性带给报纸的冲击和挑战不同，新闻期刊凭借深度的内容和对用户分众化的精耕细作其得到的发展机遇远大于挑战。在微博、微信平台，新闻期刊开通官方账号，拥趸粉丝数远远超过区域性报纸、电视台。在新媒体平台，用户注意力弥足珍贵，能否在第一时间吸引受众眼球是传播效果能否达成的最重要环节。而期刊工作者能否尽快地解放思想，破除陈旧观念的束缚，实现从传统思维向互联网思维的转变，对于期刊存亡具有关键性作用。在未来，期刊只有积极发展全媒体，利用自身优良的品牌影响力和优质的独家内容，实现纸质、网站、微博、微信、APP 跨媒体，多形式的传播，才能始终不被受众边缘化，取得长足发展。

二、中国新闻期刊业发展概况

新闻期刊是期刊的一种，其在广义层面可以分为三大类型：一是综合类新闻期刊，这类期刊以时政新闻为主体，兼顾经济、文化、生活等方面的信息，在形式上一般有固定的栏目规定相应的内容，如《南风窗》、《中国新闻周刊》、《三联生活周刊》等；二是专业化的新闻期刊，以财经、文化、娱乐等某一方面新闻事件为主要内容，重点突出特定领域新闻事件的深度调查、解析与述评，如《财经》、《足球周刊》、《看电影》等；三是有关新闻学和传播学研究的学术期刊，这类期刊关注新闻学与传播学学术前沿理论，以学界、业界理论探讨为主，代表期刊如《新闻大学》、《现代传播》、《中国记者》等。本书所述新闻期刊以综合类新闻期刊为主要探讨对象，同时兼顾专业性新闻期刊。

1918 年，陈独秀在新文化运动的大旗下创办了盛极一时的《每周评论》，从此解开了我国新闻类期刊发展的序幕。面对北洋军阀派系争斗，文化界纷纷主办刊物呐喊抗争，新闻类期刊百家争鸣，无论从数量还是质量上都得到了一定程度的发展。1922 年蔡和森主编的《向导》周刊及 1925 年邹韬奋创办的《生活》周刊都是当时名噪一时的著名刊物，影响深广。同时，人们对战事的关注也客观上促进了对新闻期刊的需求，如《新闻战线》、《战地记者》、《新闻周刊》等都是当时富有战斗性的新闻周刊，及时传递了战事讯息，收到广泛关注。

新中国成立后，新闻类期刊在特殊历史条件下逐渐息声，直到改革开放新时期的 1980 年，由中宣部委托新华社主办，定位于“时事政策顾问，学习生活益友”的《半月谈》杂志出版。伴随着改革开放的不断深入以及中国经济的迅猛发展，新闻期刊开始重新回到舆论阵地。新华社的《瞭望》、北京的《三联生活周刊》、广州的《新周刊》、上海的《新民周刊》等一系列新闻期刊纷纷创办。尽管中国新闻期刊业在 80 年代开始了觉醒，但与报纸、广播、电视突飞猛进、迅速占领市场不同，其发展进程仍然较为缓慢，相对滞后。

在互联网出现并迅速冲击了传媒业格局的新世纪，新闻类期刊的影响力更受到了严峻挑战。

近几年，随着我国传媒变革的进一步深化以及移动互联网的迅速崛起，一些老牌期刊正在针对新的市场形势进行改革，另有一些全新的新闻期刊开始涌现。新闻期刊利用自身内容和品牌优势，在微博、微信平台的舆论影响力已经远远超过一些地域性纸媒。例如，截止到 2015 年 3 月底，《中国新闻周刊》官方微博粉丝数有 1500 万余，《新周刊》有 1100 万余，而地方都市类报刊如《京华时报》有粉丝数 400 万余，《东方早报》300 万余，《齐鲁晚报》200 万余。由此可见，中国新闻类期刊，在新媒体格局下已经越来越具有传播影响力。同时，在中国传媒业巨大的市场空间中，新闻期刊行业内的竞争也在不断加剧。在未来，如何更好地利用品牌影响力做好与媒体的融合，如何利用大数据针对特定读者群进行分众化内容订阅，将是对中国新闻期刊经营发展产生重要影响的两个方面。

总体来说，我国新闻期刊发展状况较好，办刊手段也已非常先进，但与中国巨大的阅读市场体量相比还有很大的发展、提升空间，与西方期刊强国相比还很年轻。要培养出像《时代》周刊这样具有全球影响力的新闻期刊，我们在办刊理念、经营模式、人才培养、品牌塑造等方面都还有很长的路需要走。

三、新闻期刊的传播特点

新闻期刊与报纸等其他媒介不同，其不以提供动态讯息为主，而是以对新闻事件的综合分析见长。正是由于新闻期刊着重对新闻事件背景、影响和发展趋势的深入挖掘和综合分析，因而新闻期刊具有“思想源”的特征。在传播过程中，其独特性主要体现在以下几点。

1. 保存性强，时效性长

期刊可以长时期保留，可以被重复阅读、广泛传阅，因而与报纸、广播、电视等其他大众媒介相比，保存性更强，信息更为持久，有收藏价值。一般来说，期刊的出版周期越长，期刊的保存时间也越长。与报纸短暂的时效性不同，期刊凭借其对新闻事件或社会关注焦点的综合分析，获得了较长的生命力。

2. 信息量大，内容专业化

与报纸每日出版不同，新闻期刊往往以周为出版周期，这就为其展开对新闻事件的深度报道提供了可能。而且，新闻事件的发生和发展往往是一个逐渐清晰的过程，报纸在一天内很难进行彻底、全面的报道，即便再进行后续报道，也往往限于版面、篇幅只是对事件进行概括性报道。而新闻期刊则可以在把握了新闻事件发展全程的同时，对各方面的新闻素材经过条分缕析，对事件当事人进行深入探访，最后加工整合，还原事件本质，形成一篇深度性报道。因此，新闻期刊的信息量较大，内容也更为专业化。正是由于新闻期刊的报道内容具有严密的逻辑性，可信度高，因而新闻期刊也被称为解释型媒介。

3. 受众清晰,针对性强

新闻期刊具有固定编辑方向,内容针对性强,且相当专业化,因而其读者界定清晰,针对性强。例如《中国新闻周刊》的受众人群主要以社会中"有影响力的人"为主,《三联生活周刊》以知识分子为主,《新周刊》则重点指向对思想文化和生活方式有新锐要求的读者群体。这种分众化的趋势不仅可以获得稳定的受众群体,同时也可以为广告主的广告投放、产品营销提供明确的选择方向。

4. 思想源特征

思想源特征是期刊所共有的特征。能够得到受众认可的期刊,一定是能够在其内容中内蕴其价值观的期刊。这样一种价值观的传递,就是其思想源特征的表现。以文摘类大众期刊《读者》为例,其通过提供故事性文章,最终所展示的实际是人类对真善美的追求和认可。人们通过对文章的阅读,获得见识的增长,获得对生活价值的判断方法和判断能力,不断强化认同感,《读者》也就成为受众的"思想源",不断获得知识和价值观的充实与认同感。思想源特征是期刊最重要的传播特性,也是最需要被重视的特性,是期刊区别于报纸、广播、电视等其他媒介的核心所在。

对于新闻期刊来说,思想源特征则体现得更为明显。这主要是由于其内容贴近社会当下热点,是对新近发生的重大事件的综合报道。新闻期刊深度的调查分析与趋势展望,都会对受众产生重要影响,受众也会主动在这里获得其所需要的专业知识或生活经验,以供在现实社会中参考。例如以"中国最新锐的时事生活周刊"为定位的《新周刊》,正是通过对社会生活热点进行独特的分析、解构,对社会潮流进行的敏锐观察、记录乃至引导而享有传媒界"话题发源地"美誉。话题的背后,正是刊物价值观的体现,也是对社会大众的思想贡献。

第二节　新闻期刊的定位和编辑

一、新闻期刊的定位

定位是期刊经营的基础,期刊定位的准确与否,直接关系到期刊的生死存亡。一家成功的新闻期刊无一不是通过准确的定位,发挥特色形成独特办刊风格,通过错位传播,从而获得市场发展的空间。新闻期刊要进行准确定位,需要从以下几个方面考虑。

(一) 受众定位

新闻期刊要推向市场,不能指望所有的、各个层面的读者都来阅读,也不能指望通过全面的内容,招揽各个层面的读者群。相反,由于大杂烩似的、不切实际的定位,往往会失去原本忠实的目标读者。现代消费类期刊已经进入目标读者群越来越细分的时代。

市场细分通过一定的前提条件,将拥有相似需求的顾客划分成不同的目标客户群,对于新闻期刊来说，确定自己的目标客户群也就是找准自己服务的对象。如德国著名的明镜集团的《Geo》杂志，就将一本杂志派生、细分为适合不同文化层次、不同年龄段阅读的七本期刊——Geo 特刊(新闻综合类)、Geo(财经类)、Geo(地理旅游类)、Geo(哈佛管理)、Geo(TV)、Geo(儿童类)和 Geo(园艺)等。而法国第二大杂志出版集团 Prisma Press，其经济管理类期刊品牌，也细分为 Executor、Capital 及 Manager 等，从而覆盖从财团巨头到初涉贸易的小老板；从资深教授到经济类学生等不同层面的受众。在中国，《中国新闻周刊》将目标读者群锁定为居于社会主流的“影响力阶层”，《三联生活周刊》将读者对象设定为受过高等教育、关心时代发展进程的知识分子群体。没有准确的期刊定位，也就不可能确认自己的目标读者群，期刊也就失去了自己的生存基础。

(二) 内容定位

无论是何种媒体，其核心价值最终都要通过其内容呈现出来。一家成功的期刊，内容定位不仅要准确，能够明确向读者传递的重点信息领域、价值取向，而且要细致，能够将期刊的整体定位、价值观念完美融入栏目设置、写作风格等各个方面。

期刊整体的内容定位，每个板块的领域划分，每个栏目的重点范畴，栏目中文章的写作风格乃至文章的标题、格式等等，统一体现和影响着期刊的风格。例如，《中国新闻周刊》内容侧重于专题策划，强调对新闻事件的深度挖掘，其对新闻热点事件的选择都清晰体现着杂志的价值观念和判断，整体体现出理性的杂志品格。而《三联生活周刊》则将新闻与文化和生活进行了融合，通过新闻调查与文化评析相结合的方式，着重体现鲜活的人物故事或事件细节，报道风格生动简洁而饶有兴趣，具有浓厚的文人气息和知识分子情调。

(三) 版式定位

期刊的版式定位主要体现在封面形式、Logo 设计、基本色、色系、版心、出血几率、线条使用习惯、分栏和整体排版风格等方面。版式设计体现着期刊独特的美学思想，设计的每一处细节都是期刊品味、风格的重要体现。通过对版式设计中视觉元素的准确把握，实现从内容到形式，从内在结构到外在表现的完美统一，形成迥异于其他期刊的鲜明个性和风格特色，已成为一家成熟期刊必须具备的基本功。例如《新周刊》就在封面设计上形成了自己的风格，其每一期刊物都选用某一种颜色作为底色，同时用大幅图片或夸张的漫画，一方面烘托该期的主题，另一方面突出了杂志的视觉冲击力，能够迅速吸引读者的注意力。

(四) 广告市场定位

对于我国大多数期刊来说，发行和广告收入是期刊得以生存的两大经济基础，而一些高档期刊，广告收入则早已远远超过了发行收入。诸如《时尚》、《瑞丽》、《ELLE 世界时装之苑》等时尚类高端杂志，其凭借准确的市场受众定位，吸引了大量国内外知名品牌的化妆品、饰品等女性高端消费品广告，从而实现不菲的广告收入。对于专业新闻期刊，在广告市场定位上也较为明确，如《财经》杂志，其针对的即是财经界高端人士，因而其广告市场也主要以高端商务人士消费品为主。

综合类新闻期刊的广告市场定位需要综合考虑受众、内容、品牌与广告等多种因素，划出相关领域范畴，列出潜在客户，运用大数据挖掘分析广告客户的目标群体、投放习惯、广告操作方式等。需要注意的是，在实际经营活动中，一些期刊经营者往往忽视广告选择与期刊定位的关系，为了广告收入，对广告不加选择。其结果必然是导致虚假广告或与期刊特色、风格严重冲突的广告损害期刊的品牌影响力。读者在衡量一本期刊的价值时，是把广告和期刊作为一个整体来认识的。广告内容本身也能够折射出期刊的层次，广告的呈现形式显示着一家期刊对视觉效果的要求与标准。读者通过广告也能够判断出期刊的档次、办刊思想、价值取向和市场价值等。广告的品位与期刊的品牌融为一体，就能够相得益彰实现双赢，而如果互不协调甚至相互矛盾，则对广告主、期刊和读者都是一种损害。因此期刊选择广告，实际上就是在选择期刊的内容、读者和品位，选择得适宜与否，将直接影响到期刊的品牌和长远利益。

（五）发行方式与投放定位

发行方式由诸多因素决定，但其最为重要的参考即读者的构成结构以及目标读者的媒介接触习惯。找到合适的发行方式，使发行投放准确到位，符合当代 4C (consumer、cost、convenience、communication)整合营销理念，不仅能够有效降低发行成本，而且能够使期刊内容最为有效地到达受众，实现消费，达到传播效果。以《中国新闻周刊》为例，其在通过传统报亭、邮寄等的发行方式外，还在中国国际航空公司、德国汉莎航空公司的飞机上提供免费刊物，锁定高端人群，提高刊物影响力。

发行、投放方式不仅与受众定位有关，同时与期刊广告主的目标用户息息相关。例如汽车、手表等高档消费品广告会很强调期刊在高档消费场所的投放率，奢侈品广告往往需要期刊能够在富人俱乐部有投放渠道等。期刊为实现广告收益，就必须在发行和投放上考虑广告主的目标消费群体。在当前市场细分程度越来越高的发展趋势下，一些机场杂志、高铁杂志的出现，正是由以广告主要求的目标消费群为主导的投放方式所催生的。

（六）竞争分析

期刊最终都要在市场中接受考验，因此在进行期刊的市场定位过程中，就需要进行充分的市场调研，做出深度的竞争力分析，找到自己与市场已有杂志的不同点，以能够进行差异化竞争。在进行市场的竞争分析中，还应该尤其重视对期刊广告市场的调研，一方面能够保证对广告市场定位的准确性，同时也挖掘出自己能够吸引广告客户的独特性。

期刊的定位，需要整个团队不断反复调研、讨论，需要期刊全体工作人员对定位有高度的认知和基本认同，只有这样才能够形成合力，精准定位。此外，需要补充说明的是，期刊的风格并非是一成不变的，其定位也是一个根据市场变化不断调整变化的过程。例如《三联生活周刊》在开始的定位中过分强调文化性，后来又追求硬新闻，强化新闻性，最后才在文化、生活和新闻之间找到了平衡，并逐渐形成了自己的特色。

二、新闻期刊的编辑

在期刊已经进入市场化运营的今天，期刊市场已到了比拼内力和核心竞争力的阶段，期刊的生存环境既充满机遇，又充满挑战。期刊编辑作为期刊内容的生产者，只有改变惯性思维，克服职业惰性，充分张扬编辑主体意识，才能适应办刊的现实要求。从目前期刊的编辑与出版现状来看，期刊编辑人员特别需要强化以下四种意识。

（一）特色定位意识

凸现、打造刊物在内容、个性、风格等方面不易为别人模仿、替代与超越的特色优势，是特色定位意识的核心。这要求编辑对刊物的目标读者，对刊物提供的独到服务以及刊物独特的叙述方式等，能够充分把握，做到了然于心，有的放矢地组织刊物内容生产。

时下期刊界盛行着一股模仿乃至“克隆”之风。一是追热跟风、一哄而上的现象突出。时尚、女性类的，学生、小女生类的，都市心情、情感类的，通俗故事类的等，哪类热门就朝哪儿挤。二是模仿名刊大刊，从栏目设置到封面版式设计，极力向名刊大刊靠拢，某些刊物甚至连“征稿启事”、“读者调查问卷”等细节也干脆采取“拿来主义”，极尽仿效之能事，故意造成某种“混淆”效果。这是一种无视刊物特色定位的做法。编辑做起来的确是省事省力了，却使许多刊物内容大同小异、似曾相识，更谈不上个性、风格了。对此，读者啧有烦言。上述现象有违期刊市场化运作的品牌经营之道，不利于期刊业健康发展。

强化特色定位意识是期刊个性化特性的内在要求。期刊在大众传播体系中有其特有的文化创造与信息传播功能，同广播、电视、报纸等相比，期刊是更需要具备个性的一种大众传媒。就期刊自身而言，它们之间的竞争主要表现为个性化的竞争。《南风窗》总编秦朔指出，期刊市场化运作要认清三个问题，即“谁要看，为什么要看，为什么必须看你这份刊物”。这的确是办刊人需要清楚地回答的问题。强化特色定位意识，也是期刊市场细分趋势和期刊品牌塑造的现实需要。满足每一类消费者的每一种需要和兴趣，正成为期刊发展的鲜明动向。而且，“品牌效应”已经开始凸显，名牌期刊更受读者欢迎。当下一些期刊，不仅将目标读者的年龄细化到了几岁，而且针对其某一方面的需求与兴趣来确立刊物定位，强调“贴身打造”。以往那种适应一般兴趣、大众化口味的期刊或许仍有市场，但无论从期刊的发展趋势，还是从期刊的成熟度来讲，定位细化，打造特色都是实现长远发展的现实选择。

（二）读者感觉意识

特色定位不止是一种设计、一种表述，还需要靠刊物实实在在的具体内容去体现。今天的期刊编辑如果还是抱着“我只管编”、“我编你看”的心理，有什么、编什么，编什么、发什么，这肯定是行不通的。只有把握目标读者的阅读诉求，根据目标读者需求和兴趣来组织刊物内容生产，才可能使刊物得到读者认可，获得理想的发行量。在办刊实践中，经常会出现这样两种看法：一种认为，作为一个期刊编辑，最忌从个人兴趣爱好和知识范围出发，凭自己的思维习惯甚至行文风格遴选、取舍文稿，应该从读者的视角予以判别；另一种观点认为，在判别一篇文稿的价值时，编辑同时也充当着读者的角色，如果编辑觉得文稿缺乏可读性和感染力，连自己都打动不了，怎么指望去打动读者、让读者喜爱呢？这两种观点其实都提出了同一个问题：如何找准对读者的感觉、对市场的感觉。这种感觉当然不是凭空产生的，需要从读者中去找，到市场中去找。

首先，编辑应适当地介入发行。现实的情况是，不少刊物编辑与发行环节相割裂的状况仍较严重。我编你发，你编我发，缺少必要的沟通。有的编辑甚至长时间根本不知道自己所编刊物的销售情况，更不用说掌握各方面的反馈信息。现在许多刊物在邮发的同时也在自办发行，编辑与发行两个环节的衔接与沟通更为便捷，编辑应深入到发行销售渠道里面去而不是象征性地跑跑市场，要能切实了解来自市场销售终端的信息，倾听来自市场的声音。

其次，编辑还应特别重视建立读者信息库，以随时了解读者群的阅读需求，认真分析其阅读倾向，并及时解答读者提出的相关问题。据有关文章介绍，在美国几乎所有消费类期刊，每一期都刊登读者调查问卷，期刊社经常举办读者参与的活动，所有期刊的网站也都有和读者互动的栏目。相比之下，我们不少刊物和编辑在这方面还做得很不到位，在观念上、意识上尚缺乏真正的读者意识，还处于某种自我封闭、半封闭的状况。

此外，要重视读者的来稿和建议。一般期刊稿件的来源有三种：一是记者采写；二是编辑组稿；三是自然来稿。如果一个栏目创办对路，参与的读者就多，自然来稿的量就会增大，读者希望在自己喜欢的栏目里看到自己的文章，他们不是专业作家，之所以能提笔行文，就是受到栏目其他文章的触动，基本上是有感而发。编辑们一定要重视他们的文章，有修改价值的要修改，有刊登价值的尽量刊登。尽管他们的文字水平有限，可能不够成熟，但是他们的感情是真挚的，内容大多是真实的，他们代表着读者的一个层面，他们的文章容易引起读者的共鸣。所以对读者的来稿，编辑们宁可多费点工夫修改，也比编发那些自由撰稿人编造的漏洞百出的虚假故事有价值，期刊在读者心目中也有了可信度和吸引力。另外对于读者的建议要认真对待，合理满足。不少期刊推出了读者评刊调查，这是一项很重要的内容，广泛收集读者反馈意见，及时改进修正，这样才能不断提高期刊质量，和读者保持密切联系。

（三）策划意识

要办好一本刊物离不开策划，离不开“点子”。期刊编辑如果按部就班、思维懒惰，或是仅停留在修修改改、伏案工作的层面上，是不适应办刊的现实要求的。新闻期刊工作者，必须具有强烈的策划意识。

首先，要做好选题内容的策划。要迅速触摸生活的律动，洞悉事态的底蕴，感知时尚的流变，通过一个个新颖的选题，主题鲜明、内容集中地将读者应知未知、想知难知的信息传递给读者，使刊物内容处于某种动态调整之中，既特色鲜明，风格完整，又常变常新，在适应目标读者常态需求的同时，又恰到好处地满足其增长需求，不断给读者以新感受。

其次，要重视宣传、推广策划。好的内容没有推广出去就没有任何意义。宣传推广不仅仅是做广告，还可以通过诸如举办论坛、评比、会议以及赠刊等相关活动来扩大刊物的知名度，提高刊物的影响力。

最后，要重视编读互动策划。编读互动的意义不止于增强刊物的亲和力，拉近刊物与读者的距离，同时还能够使期刊工作者洞悉刊物的问题，明确受众的需求。编读互动的途径也不止是刊发读者调查问卷和读者来信，还可以举办多种形式读者参与的活动。

增强策划意识，提高策划能力，就是要善于借势，造势，用势。所谓借势，就是要掌握好相关策划的时机，乘势而上；造势，当然不是虚张声势，不是对着虚无呐喊，而是要想方设法创造强势，变弱势为强势；用势，就是要借助刊物已有的某些优势让优势更优，强势更强。这些都需要有策划，有"点子"。

（四）审美意识

编辑要培养对读者的感觉，适应读者的需要，但这种适应并不是要编辑一味被动、消极地适应读者，更不是降格以求地迎合读者。期刊工作者要具备审美意识，也就是要能够通过主体审美，通过编辑工作对相关文化信息进行合理的选择、整合与加工，在更高层面、更高意义上引导读者的审美，满足读者的精神文化生活需要。从根本上讲，编辑工作就是以编辑主体审美为特征的一种创造性精神活动。所谓编辑主体审美，其实质即一种价值认识活动，是编辑主体在编辑实践中对作为认识客体的编辑对象在社会文化建构与信息传播中所具价值及内在质量的鉴别、评判，以及由此而做出的选择取舍，它体现了编辑工作的本质要求。

编辑主体审美在期刊编辑工作中具有两方面的功能：一方面是对文化信息的选择，另一方面是对文化信息的增值。编辑面对的是纷繁多样的信息，读者的需求更是千差万别，即使在具有相同或相似阅读倾向的读者群中，其个体差异性也很明显。编辑需要遵循审美优质的原则和要求，去粗取精，去伪存真，把握最大多数目标读者的需求。这种对文化信息的选择建立在编辑主体对客体信息或编辑对象客观价值的认识之上，而这种认识只有通过主体的审美实践才能获得。编辑主体对文化信息的增值作用，表现在审美实践活动中，不是被动地反映各种文化信息，而是按照一定的原则和创意对信息予以整合、加工，实现对原有文化信息的审美超越和创新，达到凸显和增益其价值的目的。

审美能力是一个编辑最基本的职业能力，对于提升一本刊物的内容品质具有关键性的意义。优质的内容无疑是刊物成功的基础，而办刊人员的科学文化素质和审美能力对于优质内容的提供至关紧要。美国《新闻周刊》在谈及其办刊"诀窍"时，强调的是他们的记者编辑"比报纸和电视工作者看得更多、读得更多、想得更多、问得更多，最后在写作时还要融入自己的个性、风格、独特角度等等"。这的确是很耐人寻味的。

编辑具备了上述四种意识之后，接下来就进入具体的组稿、选稿、改稿、配置阶段。组稿就是期刊专门约请特定作者撰写特定内容的稿件的工作。选稿是从大量稿件中选择适应刊物宗旨和品格，适合大众传播的稿件的过程。选稿是提高传播质量、满足受众需要、保持正确的舆论导向的重要环节，它需要新闻期刊工作者具备良好的甄别和把关能力。改稿是编辑对稿件的修饰加工工作，通过改稿可以进一步发挥原稿的潜能，提高其文字质量，修改稿件可以说是稿件选择的延伸。稿件配置就是对两篇或两篇以上的稿件进行局部组合的一种编辑方法，它是继选择、修改之后编辑对新闻稿件所作的进一步加工整理工作。

编辑只有在具体的编辑过程中具备以上四种意识，才能够充分保证期刊内容的质量，才能够使期刊得到读者的喜爱，赢得市场认可。

第三节　新闻期刊的策划和报道

一、新闻期刊的策划

在竞争日趋激烈的新闻期刊市场，要脱颖而出，实现生存和发展，扩大社会影响力，就必须增强期刊内容上的不可替代性和对品牌延伸利用的能力。这就要求新闻期刊必须提高编辑团队的主动性，增强从业人员的内容和活动策划能力。

这里要注意的是，内容策划并不是要记者、编辑去策划、制造新闻，而是指从业者对将要采访刊发的关于重大新闻事实或新闻事件当事人的报道所进行的事先筹划。它强调及时地捕捉新闻、发现新意，强调通过深度、新颖的报道使之成为舆论所关注的事件，强调传播效果的最大化。新闻期刊编辑要成功地策划，必须具备以下三点。

（一）新闻敏感

所谓新闻敏感，即是记者编辑发现和判断具有新闻价值的事实的能力，具体来说这种能力包括对社会现象的观察能力，对新闻事实发展变化的反应能力，对新闻线索的识别能力和对新闻事件的分析能力，它是记者编辑业务能力的综合体现。新闻期刊编辑要时刻锻炼、保持和不断提升自己的新闻敏感能力，只有这样才能够在司空见惯的事实中，迅速而准确地发现和判断出具有新闻价值的新闻事实。对于已经被报道的事实，具有强烈新闻敏感的编辑记者也往往能够找到更佳表现角度，找到其值得传播、能够引起受众注意力的侧面，从而使新闻价值最大化。

在新闻期刊的内容策划中，这样的新闻敏感极为重要。一方面，新闻事件具有时效性，不能在最短的时间内及时发现新闻，则很可能失去报道先机；另一方面，如果新闻敏感性不够，即便经过了艰辛的策划、报道，最终也可能会因为报道角度不佳，未能体现事件真正的新闻价值点等问题而表现平平，不能引起舆论的广泛关注。2014 年，庞麦郎的一首《我的滑板鞋》在年轻人群体中刮起一阵旋风，立即红遍大江南北，但媒体对于庞麦郎本人的报道却较少，公众对其了解度很低。2014 年 11 月，《人物》杂志策划、报道的《惊惶庞麦郎》一文发表，立即引起了舆论的广泛关注，无论传统媒体还是新媒体平台上，《人物》与庞麦郎都成为人们谈论的焦点。《人物》杂志的记者正是凭借着对庞麦郎本人所具有的新闻价值的敏锐发现，策划出了这样一篇具有广泛影响力（尽管也颇有争议）的报道。

（二）读者意识

读者意识是期刊编辑工作者的一种基本素养，它要求编辑在工作中要自觉地将读者需求、接受能力和审美情趣等纳入编辑活动。在具体的编辑实践中，读者意识既体现为对期刊内容的严格筛选，对版式、装帧的匠心独运，也包括对目标读者的恰当定位，对读者需求和信息反馈的重视。显然，要做好内容的选题、策划，不仅要有具有新闻价值的事件，也需要对本期刊读者的阅读偏好、阅读心理、关注焦点等了如指掌，只有这样才能够在内容的编辑和展现形式上适应读者需求，达到最好的传播效果。

期刊具有思想源的特征，其对读者具有巨大影响力。因此，期刊在进行内容策划时，要始终注意对读者价值观的影响，避免盲目猎奇、盲目追求时尚、盲目挖掘放大黑暗面。例如《三联生活周刊》的报道策划，都始终保持了思想文化性和生活新闻性的平衡，既体现了其“以敏锐姿态反馈新时代、新观念、新潮流，以鲜明个性评论新热点、新人类、新生活”的宗旨，同时也牢牢把握住了知识分子群体，培育出其独特的文化品格。此外，读者意识还体现在与读者的互动中。通过与读者的互动，一方面能够体现杂志的亲和力，另一方面也能够在读者的反馈中直接得到读者对于杂志内容、形式等各方面的建议，从而有助于期刊工作者的内容、活动策划更具针对性和可行性。

（三）活动策划推广能力

期刊工作者除了要具备以上两种基本素质外，还应该具有活动策划、市场推广能力。在未来，产业化已成为杂志发展壮大的必由之路。所谓产业化，即杂志以现代企业制度为产业运作模式，一业为主，多种经营，综合发展。一本杂志不仅要能够具有高质量的内容，精美的装帧设计，同时还应该积极推广线下活动，利用杂志所具有的品牌优势开展文化交流活动，提升品牌影响力，实施规模化投资、融资等。其中最为成功的例子如美国《时代》周刊利用其强势的品牌影响力进行全球关注的封面人物评选，实现对媒体的跨国并购等。

在我国，杂志的市场化虽然起步较晚，但是实现多元化经营，进行线下推广活动的成功案例也越来越多，其中如《时尚》杂志在为读者提供时尚资讯的同时还积极进行时尚盛典类活动，既引领潮流获得了社会关注度，同时也取得了高额经济回报。如今，《时尚》杂志已发展成为旗下拥有10多本刊物、涉足多个领域的时尚传媒集团。其他刊物如《南方人物周刊》也利用自己在“人物”报道方面的优势，举办“中国魅力榜”年度魅力人物评选活动等，成功的活动策划既是品牌影响力的延伸，同时也会反过来巩固和提升期刊形象。

二、新闻期刊的报道

毋庸讳言，新闻期刊必须重视对社会新闻事件的报道。在美国期刊业，占据主流地位的是三大新闻杂志——《时代》、《新闻周刊》、《美国新闻与世界报道》，同样在我国具有竞争力的新闻期刊也无不是凭借独特的新闻报道立足。由新闻期刊的媒介特征和传播特点所决定，新闻期刊的报道强调深度，强调信息的整合、详细。对于新闻期刊来说，多数以周为周期出版，因此在时效性上很难与报纸、广播、电视进行竞争，但在抢夺新闻的"第二落点"，进行多维度新闻背景解析和专业观点解读上却具有得天独厚的条件。这也是新闻期刊报道上的核心竞争力。

首先，新闻期刊的报道，要在把握"新闻"和"深度"这两个核心的基础上，根据刊物风格、定位以及目标受众的群体特点，做出适合刊物的新闻选题。同样一个新闻事件，《中国新闻周刊》会着重其主流价值的报道，挖掘事件对社会的产生的正面或警示意义，《三联生活周刊》会侧重其中内涵的文化意义，而《新周刊》则可能会从中凸显新锐的话题性。在选题和报道上的各有侧重，是期刊能够在差异化竞争中实现共同发展、繁荣的前提。

对新闻报道的强调并不是说新闻期刊的其他报道或文章不重要，实际上在当下的新闻期刊中，几乎都有软性的文化、生活、影评、随笔类的板块。这些软性的板块更像是一种调味剂，使读者在接受期刊的社会问题观察、新闻热点解读之后，得到一种精神上的安歇，获得放松和反思的空间。例如《中国新闻周刊》既有《世界观》、《时局》、《特别报道》等新闻性极强的栏目，同时也有《人物》、《逝者》、《生活》等与新闻性关系不强的栏目。而《三联生活周刊》则更强调文化、生活性，在近几年的发展中，其逐渐开始重视对新闻事件的报道力度，力求在热点中找到发人深省之处。由此可见，无论是哪种倾向的新闻期刊，其最终都需要各种板块之间的相互调和、相互平衡。这种调和与平衡同合适的新闻选题一样，最终都是服务于期刊的定位、风格和受众阅读特点的。

其次，新闻报道的写作风格要具有辨识度。与报纸强调时效性，篇幅较短的通讯、消息不同，新闻期刊的新闻报道需要展示更多的背景资料、需要有记者更为翔实的采访和细节描写。在这些采访细节、叙事手段中，往往体现出一本期刊的风格特色。成熟的新闻期刊需要具有辨识度的新闻叙事风格。以《中国新闻周刊》、《三联生活周刊》和《新周刊》为例，《中国新闻周刊》的新闻报道往往会有宏大叙事，将新闻事件置于整个国家、社会层面，高屋建瓴地为读者打开广阔视野，使读者在更高层次上了解新闻事件深层次的背景原因；《三联生活周刊》则更注重细节描写，文章有血有肉，既具有事件发生的过程，又有较强的可读性，通过以小见大的手法满足读者的阅读期待和细细"咀嚼"的阅读乐趣；《新周刊》的报道方式则与前两者有更大的不同，其叙事中往往具有一种调侃、不羁的风格和态度，使读者能够获得酣畅淋漓的阅读快感，契合其"新锐"的立刊宗旨。

最后，新闻期刊的新闻报道要有独家意识和跨媒体传播渠道。在竞争越来越激烈的期刊市场，要取得长久生存，就必须要有独家新闻。可以说，独家特稿是一家新闻期刊始终立于不败之地的不二法宝。香港《凤凰周刊》是凤凰卫视旗下的平面刊物，其进入内地后，利用遍布世界各地的记者资源和大胆的报道风格，主打独家稿件，迅速赢得了市场认可。对于内地期刊来说，往往自己为自己设限，面对社会阴暗面不敢报道从而错失了独家新闻。在"人人都是麦克风"的今天，社会的透明度空前加强，在遵守新闻职业道德，正确把握舆论导向的前提下，新闻期刊要敢于报道社会阴暗面，善于抓独家、报独家。高级财经类新闻期刊《财经》杂志，正是通过深度调查报道，以独家性、权威性见长而成为国内一流高端财经新闻期刊。从本质上讲，一家期刊的深度独家稿件，不仅是其竞争力的体现，同时也是其社会责任感的最好注脚。

在互联网技术日新月异，移动互联网迅速普及并逐渐成为人们获得信息的第一选择的今天，新闻期刊的传播手段也必须应时而变。与互联网更强的时效性带给报纸的冲击和挑战不同，新闻期刊凭借深度的内容和对用户分众化的精耕细作反而获得了发展机遇。在微博、微信平台，新闻期刊开通官方账号，拥趸粉丝数远远超过区域性报纸、电视台。但这并不代表期刊可以将在纸质版刊发的内容直接搬到移动媒体上传播就万事大吉。实践证明，要得到良好的传播效果，就必须要针对新媒体的传播规律对新闻报道进行简短化处理，要能够突出重点，突出新奇性，突出视觉化元素。在新媒体平台，用户注意力弥足珍贵，能否在第一时间吸引受众眼球成为传播效果能否达成的最重要环节。在未来，新闻期刊只有积极发展全媒体，利用自身优良的品牌影响力和优质的独家内容，实现纸质刊物、网站、微博、微信、APP 等多种媒体形式的跨媒体传播，才能不被受众边缘化，取得长足发展。

第四节 新闻期刊的版式设计

一、版式是期刊的外在表现形式

一本好的期刊，核心在于期刊内容，但其质量的优劣还取决于期刊的版式设计。期刊的版式是期刊内容编排布局的整体表现形式，是为体现编辑意图而在版式处理上采取的方法和手段。期刊的版式设计要追求格式与节奏变化的统一，在保证连贯性的基础上追求整体协调性。版式设计要遵循装帧设计的一般原理，合理安排配置结构要素，形成符合期刊特色的版式布局。同时，期刊的版式设计要保证易读性，体现为读者服务的思想。

从具体的操作层面来看，期刊的版式设计即期刊的排版式样，包括版面、版心、刊眉、页码、字体、行距、标题、插图等大小格式的具体安排方式。这些虽不属文章内容范畴，却是文章内容赖以存在的外在表现形式，从这个意义上讲，期刊版式和文章内容是相辅相成的。一份内容质量较高，但形式包装、版式设计较差的期刊很难吸引读者的注意力。在阅读过程中，读者也总是会在自觉不自觉中比较各种刊物的好坏，装帧设计较差的印刷品很难给读者留下好的印象。如果打开一本期刊，跃入眼帘的文章不分主题与正文，用字大小无别，字体相同，版心过大，行距过小，密密麻麻，排版格式毫无设计感，读者阅读恐怕很难产生阅读兴趣，更不必说阅读过程的愉悦感，期刊的吸引力也就很难产生。因此，高质量的内容还必须要有合适的、精致的形式予以呈现，只有这样，新闻期刊才能够在吸引和黏合读者的注意力上，达到最好的传播效果。

二、版式设计要服务于内容

不同类型的期刊在性质、内容和风格上各不相同，因此，版式设计必须针对期刊的特点来展开。专业性学术期刊，要体现出学术性、理论性、实践性和知识性的统一，风格严肃、庄重;文学艺术类期刊以呈现文化生活、知识趣味类文章为主,其风格偏向轻松、文艺,形式更为活泼多样。前者使用了后者的形式,会冲淡严肃的学术气氛,解构严谨的逻辑论证,使期刊失诸轻浮、花哨;后者使用了前者的形式,则会使期刊硬生生板着一副"老学究"面孔,给人一种沉闷压抑的感觉,失之单调乏味,难以激发读者的阅读兴趣。因此,版式形式要适合于内容、服务于内容,也只有这样,文章内容才能被准确、鲜明、生动地展示出来并和谐地统一于期刊的整体风格中。

图 12-1 《中纪委爱读书》报道

图 12-1 是 2015 年 3 月《Vista 看天下》的一篇《中纪委爱读书》的报道,这是本期杂志的封面特稿。在报道的标题处理中,编辑使其独占一页,通过放大的字体,配合红色鲜明的背景,凸显了文章的重要性。在这一版面设计中,红色、五角星的大量运用都映衬着"中纪委"这一特殊的报道对象,象征意义明显,而在正文中穿插的书本的设计,更突出了本文"读书"的主题。每一处精心的设计,每一个视觉元素的运用,最终都服务于文章所报道的主题和内容,同时就整期杂志看来,这样的设计也并不突兀,非常和谐地统一于期刊的整体风格中。显然,这就是成功的版式设计。

三、版式设计的基本原则

1. 规范有度,风格一致

版式设计应符合出版规范。全书的正文字号统一、行距统一,不可随意转页,更不可逆转。刊物所要求的各项元素要准确到位,不可有随意性和不稳定性,以体现编排规范的严谨与统一。同时,刊物的版式风格应与自身特色相对统一,与刊物的内容相互协调。

2. 彰显个性,特色鲜明

不同类型期刊有各自的风格特色,并凭借自身特色吸引特定的读者群。个性正是区分不同期刊的关键点,唯有找准自身的定位,在刊物的版式设计风格中展现出鲜明特色,才能给读者留下深刻印象,从诸多期刊中脱颖而出。

四、新闻期刊的版式设计

既然版式是期刊的外部表现形式,并且这种形式美对于期刊内容有着重要意义,那么,期刊版式设计就不仅仅是技术问题,而且具有了艺术性和思想性,要自觉地、有意识地体现编辑的意图和编辑思想。

各类期刊在长期实践中逐渐确立了与自己性质、内容和风格相适应的版式形式。在大的方面,即期刊的总体风格上,版式一般不会有太大的变化,而且这种整体风格的统一要从纵的方面将期刊的各期贯穿起来,传延下去。但这并不意味着每一期刊物的设计、排版都要千篇一律。尤其对于新闻期刊来说，往往会有一些突发的重大社会事件，只有适合全面、精细展现这一事件的形式才是最优选择，而不必固执于往期的设计形式上。只有针对具体的内容和受众进行积极的创造性的版式设计，才能使期刊在个性与共性的对立统一中取得和谐美感。

（一）技术手段和艺术手段的运用

版式设计要调动所有技术的和艺术的手段，包括色彩、衬底、图版、位置、分栏、字体、字号等，用对比、相似、衬托、转换、引喻、对称、均衡、动静、虚实等手段，进行点、线、面的科学组合与分割，造成多彩的版面造型，取得最佳的平面艺术效果。在艺术手法上，若表现新旧对比的文图内容，则既可以用白黑或红黑的色彩对比，也可以用灰调底色（或疏淡的黑色网纹）做衬底或圈框来表现旧的事物，从而与新事物形成鲜明的反差。在技术手法上，一本学术性期刊则可通过栏目划分的手法，将有代表性的文章以黑体为标题，来突出其重点（在目录页也可以采用同样办法），或在标题的位置上给予较大空间，以加重其分量。

在综合性新闻期刊中，由于牵涉到新闻报道，要使读者迅速得到最重要的信息，吸引黏合读者的注意力，技术手段和艺术手段的完美结合就更为重要。图12-2是《中国新闻周刊》的《法治反腐已成共识》一文的节选，找到其中能够刺激到读者眼球和关注神经的核心观点，将其置于正文中上位置，运用具有强烈区别特征的大号黑体，配合大量留白，全篇看起来既具有艺术美感，又透露着编辑对文章和设计的巧妙技术处理。这样的版式设计即是内容与形式的高度统一。

“权力本身是有强大的腐蚀力的，只有加强顶层设计才能管住权力，否则就会按下葫芦起来瓢”

呼吁反腐立法

图12-2 《法治反腐已成共识》一文

（二）文章标题设计

文章标题是能否吸引读者阅读文章的重要因素，因此在版式设计上不仅要给予较多的空间，而且要用较大字号，较明显的字体颜色。

标题用字多周正大方，除常见的宋体，也可用黑体、楷体、仿宋、隶书、魏碑或行书来增加其变化。重点文章的标题除黑体外还可选用庄重的综艺体、圆体等。对一般期刊而言，有时可用花边图案或衬底将题中的每个字或全题圈、隔或衬托起来。字多的长题可用长牟或长宋，尽量排成一行。字少的短题可以通过增大字距来拉开长度。标题可居中，也可偏向前方。标题可以用通栏（横通或竖通），也可以是半栏（多用在标题竖排上），有时还可以用镶嵌式，即半含在正文之上或全夹在正文之中（这种形式多用于双栏排法）。

文中如果有多级小标题，要注意低级标题比高级标题的字号小，同级标题字体、字号要统一。一般来说，文中的小标题与正文字体要有区别，有时也可以字体粗细来区别。为了特定效果，还可采用斜体或加阴影、立体，突出字体颜色等装饰手法。

（三）作者

作者栏位于标题之下，多居中，其前一般有加圆、加方等装饰。作者字体一般与标题、正文字体有所区别。单名作者姓名之间应加空。正文后的作者情况栏加括号另起行，有的则将其作为脚注置于文章首页，其内容一般为作者单位及职务职称、地址、邮编等。有的期刊将此项精简为作者单位并与作者栏合并，有的期刊则还会列出作者的自然简况。责任编辑栏一般位于作者情况栏后，括号另起行，靠后。一期刊物内，应注意排版格式的有机统一。

期刊版式并没有固定的形式和要求，但他却是期刊质量评价的重要因素。一个缺乏版式设计语言、毫无形式美感的期刊很难在当下激烈的期刊竞争中立足。好的版式设计不仅能够为期刊增光添彩，更为重要的是它能够发挥导读作用，有效吸引读者的注意力，扩大读者群，增强传播效果。因此，注重期刊版式设计不仅是实现期刊自身内容与形式完美统一的需要，也是信息流通领域市场经济取向的呼唤。

本章相关概念

期刊　periodical

读者意识　audience awareness

简答题

1. 期刊的传播特征是什么？
2. 如何做好新闻期刊的定位？
3. 怎样理解期刊编辑的四种意识？
4. 结合案例，谈谈如何进行新闻期刊的策划与报道。
5. 结合实际试述新闻期刊的版式设计。

CHAPTER 13

第十三章 网络媒体的新闻编辑

(1) 网络新闻编辑工作包含的内容非常繁杂。如新闻网站、频道、专题、栏目、新闻等每一层级的策划;对新闻网页的设计与编排;网络新闻标题的写作,新闻文稿的选择、写作与编辑,多媒体内容的编辑,等等。

(2) 网络编辑活动是随着互联网信息传播的发展而产生的,通过生产或整合各种信息为互联网用户提供内容服务的一项社会活动。随着互联网技术的应用和普及,传播领域正在发生着一场深刻的革命。

(3) 鉴于容量限制,本章重点讲述网络新闻编辑的实务技能和编辑理念,为从事网络编辑工作打下初步的基础。

本章引例

图 13-1 至 13-3 分别是门户网站首页、新闻频道首页以及某新闻专题页。

图 13-1 新浪网首页及频道名称设置

图 13-2 新浪网新闻频道

图 13-3 新浪网上海外滩踩踏事故专题首页

从网站首页到单条新闻网页逐层向下。这也是本章网络新闻编辑将逐一介绍的内容。

(1) 掌握网站、网站频道和网站栏目的概念,了解三者之间的关系。

(2) 理解网站栏目策划的影响因素,并且知道网站栏目的策划要点。

(3) 掌握频道和栏目策划的要点,并会运用频道策划要点。

(4) 理解网站新闻专题策划的概念,并掌握网站新闻专题的策划要点。

(5) 了解网站新闻专题的传播属性。

(6) 了解网页和网页策划的概念。理解网页策划要考虑的因素掌握首页和次级页策划要点。

(7) 了解新闻图片的种类,理解新闻图片在新闻编辑中的作用;理解音频新闻的种类和特点;理解视频新闻的种类和特点,并且掌握新闻图片、音频、视频的编辑要点。

(8) 理解网络传播互动的概念,理解网络传播互动的种类,掌握组织网络活动的基本原则。

网络编辑活动是随着互联网信息传播的发展而产生的,通过生产或整合各种信息为互联网用户提供内容服务的一项社会活动。2005 年发布的《中华人民共和国职业分类大典》中,网络编辑作为一种职业得到了官方确认,自此网络编辑行业迅速扩大与成熟。

随着宽带技术的应用和普及,传播领域正在发生着一场深刻的革命。受众更趋向于通过图像化、多媒体化、互动化的新闻传播形式,获得更便捷的信息服务。网络编辑必须适应这一形势,提升素质,更新观念,大胆创新,创造性地做好网络媒体的新闻编辑工作。

第一节 网站频道与栏目策划

一、网站频道与栏目的概念

(一) 网站频道

网络传播的特点就是海量传播。浩如烟海的网络信息通过一个个网站来传播,网络编辑,就是要为网站加工信息。网站,就是通过一定的规则,使用 HTML 等工具制作的,在因特网上传递信息的网页集合。而一个网站要传播的信息同样是十分巨大繁杂的,因此,在网站内部还要设置若干的网站频道,网站频道之下,还要设置一定的栏目。

所谓网站频道,就是以独立的二级域名创办的,用以传播网站中相同类别或相同题材的新闻信息的网络信息平台。通常频道都是按照内容主题的不同而划分的,在内容主题的基础上再加入受众关注较多的主题类型,如图 13-4 所示。

网易 NETEASE www.163.com　梦幻西游手游 App Store 3月26日首发

新闻 军事 评论 图片	财经 股票 基金 商业	科技 酒香 智能硬件	汽车 购车 选车	博客 海外 小说	教育 留学 君子
体育 购彩 NBA 英超	视频 资讯 综艺 纪实	手机 海淘 手机库	旅游 探索 健康	游戏 彩票 车险	亲子 服饰 艺术
娱乐 电影 电视 音乐	女人 时尚 美容 情感	数码 家电 电脑	房产 家居 买房	论坛 摄影 佛学	应用 公益 交友

图 13-4　网易频道设置

这是一种将主题与热门关键词混合编排的频道设置方式。此外,一些网站频道还会通过加底色或多层设置来增设更多的频道,为用户提供更为细致和便捷的链接入口(见图 13-5)。

图 13-5　搜狐首页频道设置

搜狐网首页的频道设置最上一行用加黄色底色的形式提供了不同维度的频道链接。凤凰网用加蓝灰底色的方式将主频道作以突出,在主频道下一行,用不加底色的方式增设了热门关键词频道链接(见图 13-6)。这样的处理在视觉上清晰有层次,且主次分明。

图 13-6　凤凰网频道设置

网站频道是网站的一部分,但同时,也具有一定的独立性。受众可以通过搜索引擎找到某一网站的频道,同时,也有不少网站主动向受众推送某一特色突出,或能够反映某一时期热点的网站频道。推送方式通常是在专业导航页面的相应板块设置频道链接,或者当用户鼠标放置在网站名称上时,出现主要频道的导航菜单(见图 13-7)。

新 浪	搜 狐	凤凰网	网 易	腾讯·QQ空间	百 度
微 博	搜狐新闻	今日特价	影视大全	人民网	优酷网
返利·团购	搜狐视频	淘宝网	天猫 抢优惠券	中国新闻网	汽车之家
爱卡汽车	搜狐体育	58同城	东方财富	12306·机票	艺龙订酒店
	搜狐汽车				
赶集网	搜狐娱乐	央视网	焦点房产	工商银行	珍爱婚恋网
安居客房产	携程旅行网	百姓网	蜜淘全球购	六间房秀场	当 当
世纪佳缘	同程旅游网	去哪儿网	易车网	国美在线	聚划算
途牛旅游网	壹药网	亚马逊	苏宁易购	聚美优品	唯品会

图 13-7　2345 导航网站中搜狐网主要频道的菜单推送

（二）网站栏目

网站频道的设立，保障了信息更加有序地传播，但它只是对网站传播信息板块式的细分，只是满足了某一大类的受众需求，其包含的信息仍然是庞大复杂的。因此，在网站频道之下，还要设置若干栏目。

栏目，是网络频道之下更细致的分类，是针对特定受众群体的特定需求建立起来的信息集合（见图 13-8）。

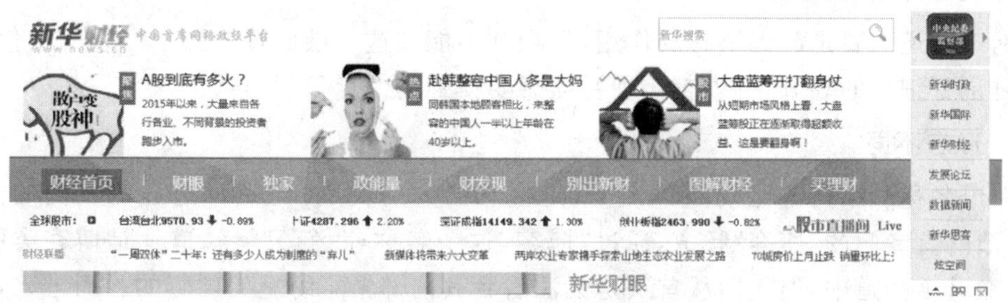

图 13-8　新华网财经频道栏目设置

网站栏目的设置与频道设置的方式相同。在此值得一提的是，网易新闻频道的栏目设置较其他网站有所创新（见图 13-9）。

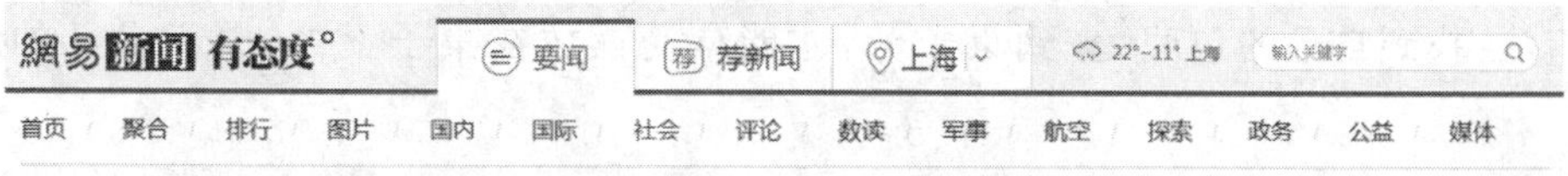

图 13-9　网易新闻频道栏目设置

网易新闻频道的栏目设置分为两层，第一层按照新闻价值、新闻推荐和用户所在地区来分类，而这三大类中每一类下面都对应着第二层栏目设置。这样的栏目设置编排更注重以用户为中心，更加方便用户快速选择新闻，体现了更为细致的服务理念。

二、网站、频道与栏目的关系

整个互联网是由网站构成的。网站是独立地在互联网上传播信息的基本单位，而在网站内部，信息是归到具体的频道和栏目来传播的。

网站是基于受众需求和信息传播的需求建立的。网站的策划、组建，是经营者根据市场环境和自身的资源状况，自主进行设置的。这些活动，并不属于网络编辑学研究范畴。但是网站的总体定位，对频道与栏目的策划，对日常的编辑活动，都是起着决定作用的。频道和栏目的设立，是以网站的总体定位为前提的。

网站频道与栏目，是网站建设的主要构件，对二者有清晰的认识，了解二者的相互关系，对于网络编辑工作是至关重要的。受众点击进入网站以后，首先看到的，就是一个个的频道和栏目。一个网站水平高低，是否适应市场环境，是通过频道和栏目体现出来的。应该说，网站频道与栏目，并没有本质的区别。从信息传播的角度来看，它们都是对网站传播信息的不同层级的分类。从这个角度来说，频道，其实也可以看做一个“大栏目”，栏目也可以看做“小频道”。

但二者所承担的任务，以及创立的标准还是有些不同的。具体来说有以下三点不同。

1. 独立程度不同

网站频道具有自己独立的二级域名，而栏目大多只是频道二级域名下的具体内容。

2. 传播中的作用不同

网站频道主要是起到招牌的作用，受众并不能在这一层面接收到自己想要的信息。而栏目是更细致的划分，可以直接把受众想要得到的信息呈现出来。

3. 形态不同

频道名称和结构都比较简单，它只是信息的大的类别；而栏目是五花八门的。比如，新浪网有专门的“博客”频道，通过“博客”这个名称，我们只能知道凡是博客类的内容，都在这个频道中，但我们从首页是无法看到其内部精彩纷呈的内容的。而进入这个频道，我们看到的栏目却是丰富直观的。

综上，我们可以知道，网站、频道和栏目，都是信息的集合，是为了受众接收信息的方便而设立的。就像一家饭店的布置，都是为了方便顾客用餐一样。网站，就像是互联网上的一家饭店，网站频道是这家饭店中的包间，而栏目则像是放饭菜的桌子。客人走进饭店，要找到自己的包间，坐到桌子旁，才能享受摆放在桌子上的，属于自己的那份美餐。

三、网站频道策划

（一）网站频道策划的影响因素

1. 受众需求

受众是媒体的上帝。受众需求，是影响网站频道策划的第一因素。网站策划一定要以受众为中心。

2. 网站的总体定位

网站是一个完整的系统，频道是这一系统的第一子系统。因此，频道的策划必须与网站的总体定位完全一致。

3. 综合化与专业化

网站的定位不同，发展模式也不同。有的网站追求综合化，比如新浪、搜狐等门户网站，其知名度和社会影响都很大，其涵盖的内容也是涉及方方面面的。而一些专业网站，追求的是专业化，重点传播某一类别或某几个类别的信息。

4. 竞争对手的情况

网站之间的竞争日益残酷，在进行频道策划时，必须掌握竞争对手的情况，做到知己知彼，根据竞争对手的情况安排自己的频道。

5. 时尚元素

当前热点和流行时尚，对频道策划也有重要影响。不及时汲取时尚元素的营养，就会使频道设置陈旧而无趣，从而失去受众的喜爱。

6. 技术元素

频道策划本身也是一个技术问题，要考虑技术方面的因素。另外，还要考虑到互联网搜索引擎的因素，频道设置要便于搜索。

（二）频道策划要点

1. 频道数量不宜过多

频道的数量，是由网站的总体定位和综合化程度决定的。一般来说，综合化程度高的网站，频道数量要多于专业化网站。但是，不论什么样的网站，频道数量都不宜过多、过细。因为频道是网站的一级子系统，在信息传播中，主要是起导航作用的，把不同的受众引领到自己需求的那个领域，频道数量过多，反而会使受众无所适从。

2. 频道页面要简洁

频道是受众查找信息的“导航仪”，必须简洁、醒目，要充分考虑到受众的需求。同时，兼顾网站的总体定位，确定字号、颜色等标识。

3. 频道间的界线要分明

频道之间的分工要明确，要给受众唯一的指向性，使受众按照频道的指引轻松地找到自己想要的内容。频道的分类方法有两种：一是按信息本身的性质来划分的，比如财经频道、教育频道等；也可以是按受众划分的，比如女性频道、博客频道等。不管是哪种分类方法，都必须使频道间的界线分明，严禁模棱两可。

4. 频道的名称要简单确切

频道是“导航仪”，其名称一定要简单确切，要直白地表述频道的含义，不能使用修辞方法来修饰，不能起隐含寓意的“虚名”。

四、网络栏目策划

（一）网站栏目策划的影响因素

栏目策划与频道策划有相似之处，所以影响因素也有重合，如在频道策划中提到的受众需求、竞争对手的情况、时尚元素和技术因素，在栏目策划中也同样是重要的影响因素，故在此不再赘述。但栏目策划也有其独特的影响因素，如选题状况。栏目的下一级系统，就是具体的选题。这些选题或者是文章或者是音频、视频文件，栏目是这些选题的集合。因此，在设计栏目时，要考虑供稿方面的情况，充分考虑选题的供应和需求情况。此外，栏目策划还要与频道定位统一协调。

（二）栏目策划要点

1. 特色鲜明

栏目策划，必须保证所设计的栏目定位准确、特色鲜明。与频道相比，栏目的数量可以多一些，这就要求栏目策划时，要更加注意区分信息的性质和受众需求，保证每一个栏目都有属于自己的空间，而且让受众一目了然。

2. 给栏目起个好名字

栏目的名称是栏目的商标与品牌，是一种知识产权。一个好名字，不仅可以体现栏目的内容和特点，凸显栏目的文化品位和格调，又能调动受众的情绪和想象力，强化栏目的名牌效应。一个好的栏目名称应该体现新颖、亲切、上口、好记的特点，让受众过目不忘。

3. 精心设计子栏目

子栏目是栏目的有机组成部分，它必须服从并服务于栏目的总体目标，同时，又要有一定的独立性。

4. 栏目层级不宜过多

页面层级过多，既不便于受众查找信息，又不便于搜索引擎搜索。因此，一般不应超过三层页面。这就意味着，栏目下面最好只设一级子栏目。

5. "以文代栏"

网络媒体更要强调吸引眼球。为了最大限度地吸引受众的眼球，可以大胆创新，打破传统栏目的思维定势，将一些为热点问题设置的栏目，以文章题目的形式展现出来。表面看，是一篇文章的提示，打开后，是为受众提供有关这个问题的一组文章。

以新浪财经的这一页面安排为例，图 13-10 中在新浪财经频道的首页上方，赫然显示的是文章的标题"证监会周末喊话：规范两融非打压股市"。从表面看，这只是一篇文章的标题，但点击该标题后，进入下一页面（见图 13-11）会发现，下一页面不只是这篇文章，而是有关一组文章的"信息集合"，亦即是一个专题栏目。

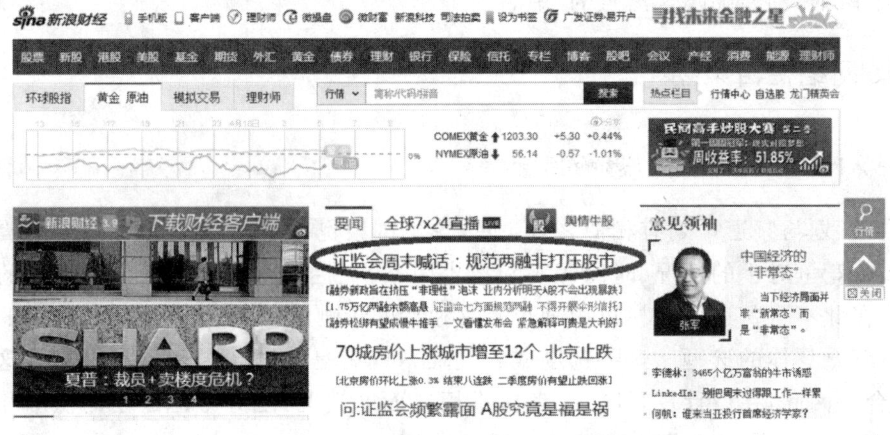

图 13-10　新浪财经频道首页要闻标题

图 13-11　《证监会周末喊话：规范两融非打压股市》标题的链接页面

这样的编排既体现了网络编辑的整合意识和以受众需求为中心的意识，同时，通过整合编排和右侧栏的其他内容推送，也体现了网编们尽可能将受众吸引在本网络中的意图。

第二节　网站新闻专题的策划

一、网站新闻专题的概念

在常设的频道和栏目之外，为了更为集中地传播某些重要的信息，还会特别开设新闻专题。四川大学蒋晓丽认为，网络新闻专题是指基于网络技术的支持，综合运用多种表现手段，展现某个特定主题或事件的一组相关新闻信息的总汇，它旨在通过对现有新闻资源进行深度开发，挖掘出事实背后的真相与联系。[①] 新浪前总编辑陈彤认为，网络新闻专题是指网络新闻媒体在特定的新闻或信息主题之下，建立综合性的相对独立的网络新闻报道形式，与日常程序化的一般性网络新闻报道相呼应，也是网络新闻表现形式中的一种主要形式。[②] 也就是说，新闻专题就是网站综合运用网络多媒体手段，对某一新闻事件、热点现象或重大政策话题进行报道、评论和解读的综合信息集合。

开设新闻专题的选材很多，重大突发事件、热门话题、与民生密切相关的新政策、重要体育赛事等都可以通过新闻专题的方式来报道。网络新闻专题追求的是一种立体式的报道方式，包含了多种报道体裁和媒介手段。一个网络新闻专题的构成要素主要有新闻报道、背景材料、新闻分析和综述、新闻评论、花絮、新闻图片、网上论坛等。此外，有些新闻专题网页还设置专题内搜索功能，并通过超链接的方式将相关主题的新闻一网打尽。而网络跨媒体的特点，又决定了对这些专题可以通过文字、图片、音频、视频等多媒体手段来传播。网络新闻专题在时间上将过去、现在以及未来可能发生的相关信息联成一体，在内容上将动态消息、深度报道、新闻评论、网友互动等分散而多样的内容有机整合在一起。它构成了一张全面、深入的信息网。所以它被公认为是最具网络媒体特色，最能发挥网络媒体新闻报道优势的一种报道样式。

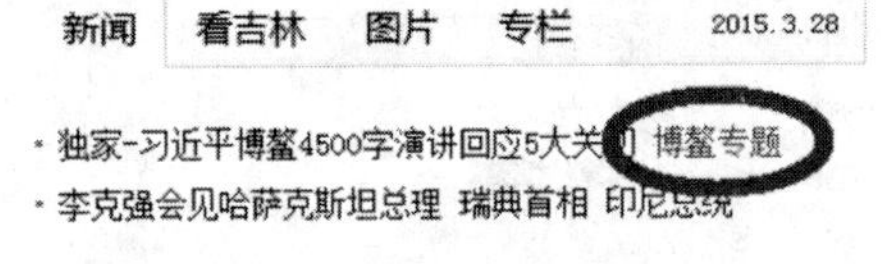

图 13-12　新浪网博鳌论坛专题

图 13-12 是新浪网对博鳌论坛所做的专题。在新浪的首页，在新闻头条《独家——习近平博鳌 4500 字演讲回应 5 大关切》的左边醒目位置，就是"博鳌专题"。打开网页，就可以看到有关博鳌论坛的全部内容了。

二、网站新闻专题的传播属性

网站新闻专题的传播内容，常常是网站要重点突出的，是新闻价值极高的信息。因此，必须进行科学严谨的策划。而要做好新闻专题的策划，必须对其特有的传播属性有深入了解。

1. 集合

网站新闻专题，是综合的信息集合。它可以将与选题相关的所有内容涵盖其中，同时，又可以多种媒体并用，为受众提供海量的、多渠道的信息。从这个意义上说，一个新闻专题，其实就相当于是一个栏目。只不过它的选题比较集中，是就某一话题引申而成的。

2. 系统性

新闻专题，突出一个"专"，网站新闻专题则是通过"全"字来突出这个"专"字的。就是说，新闻专题可以把选题做深做透。动态新闻、各方说法、背景资料等应有尽有，形成一个完整的系统，用全面的信息来诠释新闻主题。

3. 动态性

与传统媒体不同，网络媒体能够做到及时快速更新，时效性较强。所以网络新闻专

① 蒋晓丽：《网络新闻编辑学》，高等教育出版社，2012 年版。

② 陈彤、曾祥雪：《新浪之道—门户网站新闻频道的运营》，福建人民出版社，2005 年版。

题，可以对事件进行即时跟踪报道，具有较强的动态报道优势。受众不仅可以较全面地了解事件信息，还可以及时了解最新动态。

4. 强指向性

适合做专题的，都是受众比较关心的话题。网站新闻专题，可以将大家关心的所有内容集中起来，并通过在首页的醒目的标题加以引导，让受众能够很容易地找到自己所需要的内容。

三、网站新闻专题的策划要点

网站新闻专题，一般都是网站重点推出的、脱离于常规栏目的特别制作。每一个新闻专题，都是精心策划的结果。以凤凰网资讯频道策划的专题《中国反腐报告》为例。

凤凰网资讯频道策划的专题《中国反腐报告》

凤凰网资讯频道策划的专题《中国反腐报告》首页见图 13-13。

思考与提示：

这是凤凰网独家策划的综合性新闻专题。从总体形式上来看，该专题首页打破了以往网络新闻专题仿报纸版式的分栏式或板块式结构，而是以杂志式的形式呈现。主要包括了七部分的内容：①报告封面《反腐不能由反腐败机构垄断》；②政府反腐败的政策、行动及成绩；③数据新闻《62 个“大老虎”》；④视频新闻《反腐进行时》；⑤专家对反腐的评论；⑥典型的腐败官员及其案件报告；⑦腐败多发地区报告。这篇网络新闻专题的策划从报道体裁上包括了动态新闻、数据新闻、综合性新闻、深度报道、新闻评论等多种形式；从信息载体上运用了文字、图片、地图、图表、图示、音视频等多种媒介形式；每一篇报道页面的文后都设有网友评论板块。可以说这是一篇策划全面深入、制作精良的网络新闻专题。

从上述案例可见，要做好新闻专题的策划，应该把握以下几个要点。

1. 追求广度和深度

网站新闻专题，既要考虑集合性，又要考虑系统性。既要让传播的信息“全”，能够反映新闻选题的方方面面，同时，还要考虑深度，要有反映选题背后深层背景的重头稿件。

2. 内容安排上要有层次感

虽然网站新闻专题是围绕一个话题展开的，是很“专”的。但是，受众对这一话题的信息需求仍然是有差异化的，想要了解的侧重点各不相同。另一方面，反映这一话题的信息属性本身也是不一样的。因此，在网站新闻专题的安排上，要有层次感：页面内容的布局要有层次感，事件性新闻与非事件性新闻专题策划的布局有所不同。事件性新闻专题通常以时效性的新旧和新闻价值的大小来编排。最新动态放置在网页标题以下

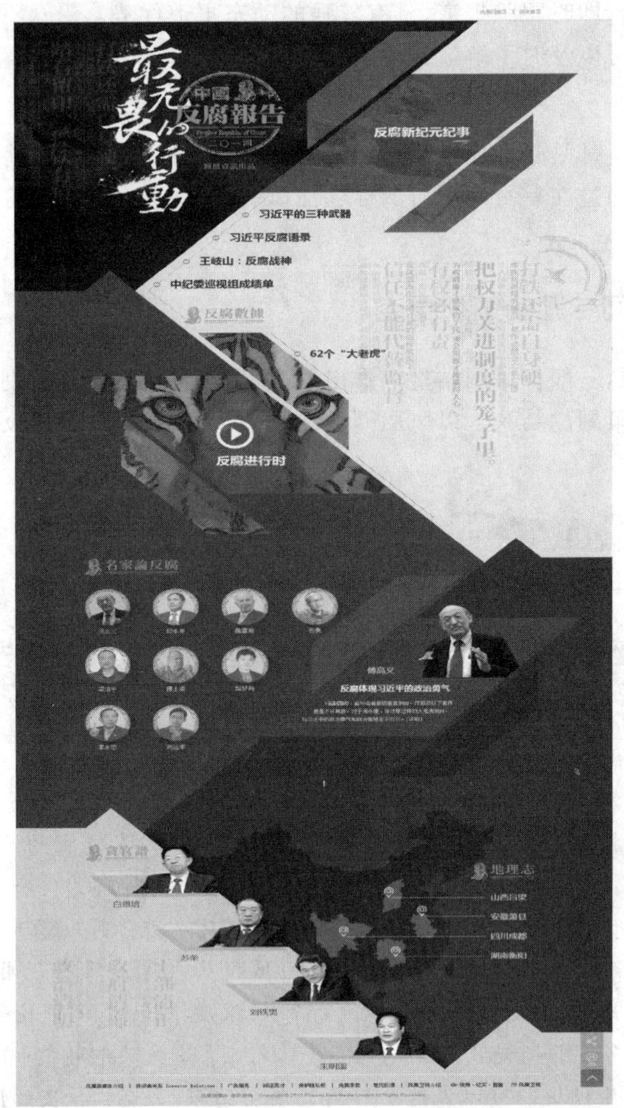

图 13-13　凤凰网资讯频道新闻专题《中国反腐报告》首页

的最上方。而非事件性新闻专题则主要按专题的结构逻辑来依次安排。此外，标题的字号、字体都应有所区别。

3. 加强链接的作用

链接技术的应用，使网站传播的触角可以无限延长。通过链接，网站可以共享互联网平台的信息，将其他网站的相关信息“借”过来，让受众在专题中可以了解全部信息。

4. 设置互动平台

新闻专题，不仅包括事件或话题本身的报道，更有关于这一事件或话题的讨论。设置了互动平台，就可以让受众参与进来。一方面可以活跃“气氛”，让新闻专题更生动活泼；另一方面，受众参与互动本身，又增加了信息的传播量，让专题的内容更丰富了。

5. 多媒体并用

计算机多媒体技术可以对文字、数据、图形、图像、音频、动画等多种媒体信息进行综合处理和管理，所以多媒体并用是网站新闻专题传播的最突出的特点，也是其他媒体难以实现的。策划时，要有意识地将各种媒体传播手段引入其中。文本配图片是网络新闻编辑的基本做法，目前的网络新闻编辑在文本配图片的基础上，还会尽可能地在网页中提供新闻音视频内容，使网络新闻报道更加丰富人们的视听感官，使信息更为直观形象。

第三节　新闻网页策划

一、网页与网页策划

所谓网页是用 HTML 语言编写，通过万维网传播并被 WEB 浏览器翻译成为可以显示出来的集文本、超链接、图片、声音和动画、视频等信息元素为一体的页面文件，是网站的基本单位。

网站下设频道与栏目，而频道与栏目都是由网页组成的。网站，就是网页的集合。网页是网站传播内容与形式的统一。一般来说，网站都有专门的美术编辑或技术人员负责网页的后台制作，网络编辑主要是负责文字修饰、图片选择等内容方面的工作。但是，为了实现内容和形式的统一，也需要网络编辑对网页的风格、样式提出设想和规划。也有的网站，是由网络编辑独立制作网页。

受众进入网站，首先接触的网页是首页。由首页上的标题点击进入的，是次级页。网络编辑，应该根据网站的定位和主要的传播内容，对网站网页的层级、每一层次网页的风格，做出大致的策划。

二、网页策划要考虑的因素

网页是网站新闻信息的具体传播形式，网页的设计，首先要有利于传播，能够吸引受众接收网站信息。同时，又要追求形式上的新颖美观、富有特色。网页策划，是一项具有创新色彩的活动，很难套用固有的模式，在策划时，以下因素需要考虑：

1. 网站定位

内容决定形式，网站的总体定位，决定了网页设计的基本风格及其传播内容的选择。网络编辑在进行网页策划时，一定要首先考虑网站的定位，清楚网站传播信息的主要类别，根据传播内容来确定标题字号、图片处理等具体项目。

2. 层与面的关系

网站的网页是要一级一级打开的，存在着层次递进的关系。而每一层，又是一个独立的平面，具有相对的独立性。网页策划要处理好层与面的关系，既要保证受众能够深入到各个层，还要保证受众随机浏览的需要。可以采取重点推介内容，在首页发布内容，或附带详细导读。而对于一些相对小众的信息，可以采取标题推介的办法。

3. 与推送新闻的竞争

近几年，针对网络海量信息的状况，各网站纷纷出现了推送新闻的传播方式。推送新闻主要有两种方式：一种是单条新闻的推送，另一种是以新闻迷你页面的形式推送。这种方式为受众接收和选择信息提供了方便。网页策划，必须考虑到与这种传播方式的竞争，除了一些大型门户网站外，一般不宜采用繁复的页面设置，尽可能简洁明快。

4. 碎片化传播

由于当下人们生活节奏加快，偏重速度和效率，同时各种媒体的海量信息导致信息严重过剩，所以人们对信息接收具有一定的偏向性，即重图轻文，重短文而轻长文。网络传播呈现碎片化特点。网页设计，必须考虑这一因素。一是尽可能采用图片、视频、动画等形象化语言；二是传播的文本内容要尽量简洁短小，对标题的编排，如字体、颜色、大小、距离等要与正文有明确区分，便于受众在视觉上区分内容结构，从而快速浏览和掌握信息；三是网页风格应活泼清晰，尽量采用多种媒体形式传播。

三、首页的网页规划

首页是网站的门面，是“菜单”，受众要通过进入首页找到自己需要的内容。网页规划就是要吸引受众层层深入，接收网站传播的信息。

首页的设计一般有两种风格。

1. 首页主体式

这种类型的首页，强调首页的作用，将主要的传播内容，都集中在首页。首页的高度相当于三四个屏幕的大小，展示的内容不仅有频道和栏目，还有大量的文章标题、图片。频道和栏目也分得非常细致。这种方法，可以保证受众在首页能够找到更多适合自己的内容，靠首页来吸引受众。缺点是，重点不突出，页面内容太多，给受众眼花缭乱的感觉。所有的门户网站的首页基本都采用这种方式。目前的新闻网站绝大部分都发展成了门户网站，首页采用的都是这一类型。

2. 首页引导式

首页主要起导读的作用。在首页中展示主要的频道和栏目，加上少量的新闻标题。这样的首页比较简洁清晰，靠第二层甚至第三层页面来展示主要传播内容。页面高度只有一到两个屏幕大小。这样做的好处是，受众可以比较方便地找到自己个性化需求的内容，比较方便，重点也比较突出。缺点是首页的冲击力下降，可能会丧失一部分不喜欢深入次级页阅读的受众，也不利于吸引随机阅读的受众。

推送新闻等新兴传播形式的出现，使网页策划几乎只能选择第二种方式。因为，推送新闻的形式倒逼网站必须减少首页的新闻数量。因此，主体式首页类型在当下新的网络传播形式下，已经不再适用，新闻网站首页应该大幅度瘦身、简化，突出导引功能。

首页的版式应该特色鲜明。可以通过策划，确定自己网站独有的颜色定位、重要标识。在版式设计上，可以有一些形式上的变化，形成独特的风格，但要注意不可过分创新，不能喧宾夺主。此外首页的头条一定要被强化突出，可以采用较大字号、较醒目的字体颜色。标题下，还可以有内容摘要，或导语式的副标题。

中国广播网首页如图 13-14 所示。

图 13-14 中国广播网首页

四、次级网页的策划

次级页，是具体传播信息的网页。一般来说，现在的网站不宜设置过多层次的次级页。三级网页是比较通行的做法。也就是“首页—栏目页—文章页”或“一级页名—二级页面—三级页面”结构。大多数网站都是以这三级结构为基准的。当然，也有很多大型门户网站的层级不只三层，如章首引例中的新浪网从网站首页到单独的新闻网页共有五级。不论多少层级，都是以三级网页为基础的。

二级页面是每个栏目起始页，起着承上启下的作用。有些内容，可以在二级网页中展现。三级页面是文章页，位于最底层，当浏览者进入栏目后见到的超级链接，就是通向大篇幅文本的。由于文章页本身包含大量文字，图片不宜安放过多。在上述的三级结构中，二级页面之间、三级页面之间应保持风格一致，也就是基本布局一致。首页与二、三级页面之间的风格也有需要一致之处，但这种要求不十分严格，自由度稍大。

五、网页版式策划

网页的版式，千差万别，但总体上不外是如下三种结构：纵式结构、横式结构和纵横式结构。

纵式结构一般为三纵式，即将网页划分为纵向的三条，将文章、图片等内容分布于这纵向的三栏中。当然，在总体三栏式的基础上，可以有一些变化，比如将相邻的两栏通开，变成一宽一窄两栏，或将三栏破成四栏。新浪网首页就是采用的三纵式结构。

横式结构即将网页横向分为多栏。

纵横式结构，是将纵式结构和横式结构结合起来。或者是整体为横式结构，每一横式板块再用纵式结构，或者整体采用纵式结构，其中的宽栏部分再以横式划分。这种方式，既使页面秩序井然，清晰明了，又不失变化，是目前各类网站首页和频道页采用最多的版式形式(见图 13-15)。

图 13-15　新华网首页版式

此外近年来还出现了杂志式结构。杂志式版式的设计比较灵活,总体特点是具有较强的整体感,页面色彩、造型、布局等样式比较新颖、活泼,有一定的视觉冲击力。

不论采用哪种结构,都要注意以下问题。

1. 错落有致

网页之中,所传播的信息,往往以文字、图片或导读框的形式出现,在安排这些内容时,要错落有致,避免大片的文字,或过多的图片拥挤在一起,造成页面的混乱或失衡。

2. 简洁清晰

阅读网络媒体,比阅读纸质媒体更加容易疲劳。而且,网络媒体是分层传播的,并不需要把所有信息都放到一个页面上。所以页面设置必须做到条块分明,简洁清晰。

3. 对比有度

在内容安排上,要有主有次,颜色运用、字号处理上,都要形成一定的对比度。如果没有对比,什么都是重点,就会给人眼花缭乱的感觉,反而没有了重点。但对比不可过于强烈。比如,重点推介的文章可以用大字号,但大得离谱的话,就会给人头重脚轻的感觉,不利于传播也不美观。

第四节 网络多媒体新闻编辑

网络的优势,在于它可以综合地运用各种媒体手段,正如《明尼阿波利斯明星论坛报》的在线编辑鲁斯特科茨所说:"对于网络内容,你得在一天之内就完成它的脱胎换骨,甚至用更短的时间。因为你的目标—市场、用户—正在离你而去,你需要加大马力追上他们。如果你希望吸引更多的人,你就不得不拥抱你的对手们——电视、广播、报纸等媒体公司,联合他们来创建地方性门户,为用户提供一个一站购齐式的目的地。"

一、图片

现代社会已经进入了"读图时代",图片可以让受众直观地看到新闻事实的场景,正所谓"有图有真相"。好的图片,能够抓住精彩的瞬间,形成强烈的冲击力和感染力。与文字比较,图片更直观;与视频相比,图片更耐读,可以凝视,反复观看。因此,图片是网络编辑重要的编辑对象。

(一)网站新闻图片的种类

网站新闻频道使用的图片,大致可以分为以下几种:

1. 新闻照片

来自新闻事实现场的照片,可以直接反映新闻事实,具有强烈的现场感。这是网站使用量最大的图片种类。

2. 漫画

用手绘的或电脑合成的漫画，可以生动浅显地说明新闻事实，还可以对新闻事实进行评论，让新闻生动起来。近些年，新闻漫画在网络新闻报道中被越来越多地使用，尤其是在对一些现象类新闻事件的报道中。漫画不仅能直观呈现新闻事件的主要内容，还能用幽默、讽刺的手法表达报道者的观点。这也是比较受网友欢迎的新闻表现形式。

3. 示意图

为了把复杂的新闻事实，用更直观的形式表现出来，有时网站会运用示意图的方式来进行解释。示意图是运用电脑制作的图片，说明方位关系、人物关系、事件发展脉络等用语言文字难以表述的内容。

图 13-16 是凤凰网《中国反腐报告》中数据新闻报道《62 个"大老虎"》中所使用的示意图。展示的是山西交通窝案情况。从图可见，原本需要大篇幅文字说明才能说清楚的内容，只需一张示意图就可以形象、直观地呈现给读者。简单明了，节省了阅读时间，降低了阅读难度。

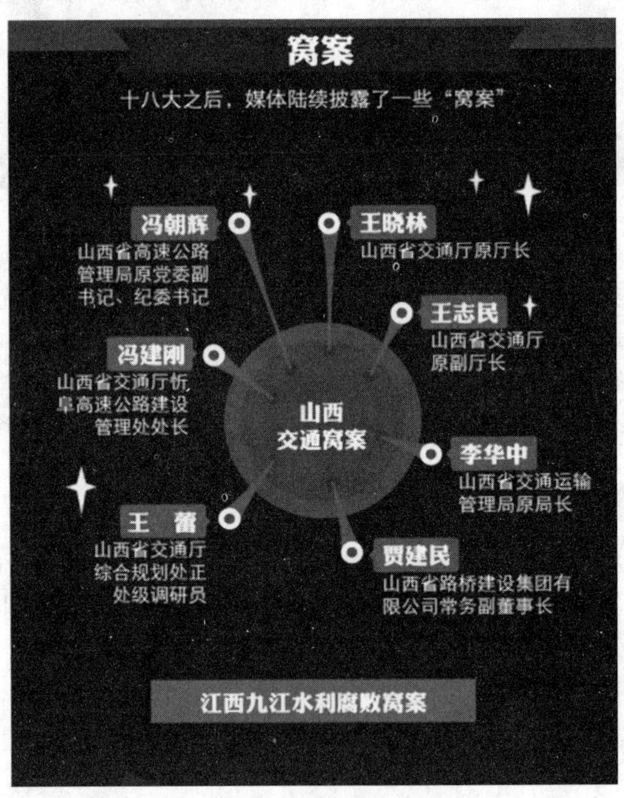

图 13-16 网络新闻示意图

4. 图表

对于新闻稿件中有关数字对比、发展速度一类的内容，可以用柱状图或表格的方式来传播，让受众一目了然掌握新闻稿件的内容。

（二）新闻图片在网络新闻编辑中的应用

1. 与新闻稿件相得益彰

有一些照片，来自新闻现场，信息量很大，与新闻内容直接相关，甚至有一些对新闻事实的说明意义大于文字。对于这类图片，要与新闻稿件相互配合，在编辑处理上，一般都穿插在文本之中。

2. 图片新闻

对于一些事实比较简单，现场感比较强的新闻事件，在编辑时，可以更加突出照片的作用，采用图片新闻的形式，以图片为主来报道新闻。而文字稿则为图片报道服务。

3. 运用示意图和图表来说明新闻

对于新闻稿件中比较复杂的人物关系、方位关系等内容，用文字来表述缺乏直观性，有时让受众难以理解。这种情况，就比较适合使用示意图的方式来传播，而对于一些数字关系，一般比较枯燥，受众心中难以形成对比关系，这种情况则比较适合用图表的方式来展现。

4. 纯美化版面

为了让版面更美观，吸引受众的眼球，网站编辑也可以运用一些美观的图片来修饰版面。这类图片一般信息量不大，有的甚至可能与新闻事实无关，但是作为一种修饰或作为一种隐喻，也能起到帮助传播的作用。当版面文字内容量较大时，适当穿插图片还可以作为一种间隔和停顿，缓解读者的阅读疲劳。

（三）新闻图片编辑要点

1. 注意图片的真实性

“有图有真相”，只是网络上的流行语，其实并不一定准确。有时候，有图未必有真相，因为现在网上的图片来源广泛、良莠不齐，网站编辑要注意图片的真实性，选用的图片一定要查清来源，确保真实性。

2. 坚持新闻性与艺术性的统一

新闻图片，首先得有新闻性，不能只求美观，但是也要有一定艺术性，优中取优，要有信息量。

3. 可以有修饰，但不能作假

网络编辑在处理图片时，可以进行技术上的修饰，使图片更符合网站的要求。但是，绝不能做假，不能 PS(用软件对原始照片进行修改)。原则上，应该是以不影响新闻事实为底线，尊重新闻事实。另外，图片要有信息量，要以新闻图片为主。

4. 运用多种方式展示图片

图片展示的方式有多种，网站编辑要善于学习和掌握最新的图片处理技术，运用各种手段来展示图片。比如，可以运用 Flash 技术，将推介的新闻图片、图表，连续地展示出来。也可以运用数字技术，制作全景特效照片。

二、音频

在网络传播中，各种手段可以综合运用，似乎不需要音频文件了，其实不然。声音，是最基本的信息传播方式，在网络世界里，音频的使用同样不可缺少。音频，是网络新闻信息传播的重要载体。音频在网络时代，依然有其独具魅力的传播优势。另外，有些时候，比如电话采访，只能采集到音频资料，这就需要网络编辑对这些音频资料进行加工处理，以音频文件的方式来进行传播。

网络广播，是网络音频传播的重要内容。网络广播指通过在网上设立广播服务器，在服务器上存储音频文件，用户通过自己的数码装置访问该服务器，并借助相应的软件获取节目文件，在用户自己的接收终端上播放。美国在 1995 年 8 月最早进行互联网音频广播。我国广东珠江经济广播电台在 1996 年 12 月 15 日最早尝试网上实时音频广播。

（一）音频新闻的种类

音频新闻按照传播的方式分，可以分成实时传播和错时传播两种。实时传播就是广播网中播出的广播节目，其形态与传统广播没有大的差异，但播音效果要好于传统广播媒体。错时播出，则是指音频文件的传播，受众可以随时反复收听。从新闻类别来看，音频新闻主要有以下几种。

1. 音频消息

这一类音频新闻主要是通过广播网来传播的，这类新闻时效性比较强，需要即时传播。

2. 录音新闻

一些专题类的新闻，记者进行了深度采访，采录了重要的音响，可以通过后期制作，形成录音新闻，在网站上传播，供受众随时收听。

3. 现场报道

记者在现场实时进行的报道，可以及时反映重大事件的新闻现场的状态，让受众可以在第一时间了解新闻现场的情况。

4. 录音专访

对于一些重要的新闻人物，由记者以对话访谈的形式，制作成录音专访，让受众对新闻人物及新闻事件有深入的了解。

（二）音频新闻的特点

1. 伴随性

音频新闻继承了传统广播媒体伴随性的特征。所谓伴随性，就是指听众可以一心二用，在收听音频新闻的同时，做家务或其他活动。这是音频新闻能够吸引一些固定听众的重要原因。

2. 非线性

这是与传统广播媒体不同的地方。传统的广播媒体是线性播出的，即按照时间顺序来播出节目，信息传播是线性的、稍纵即逝的。而网络音频新闻，作为一个音频文件，可以在互联网上反复收听，打破了时间上线性的限制。

3. 非地域性

传统广播因其信号传播的限制，具有较明显的地域性，人们很少能听到外地的广播节目。但网络音频新闻则打破了这种限制，互联网只有一个，广播节目地域性限制被打破，音频新闻处在开放的状态，人不分南北，谁都可以点击收听。

4. 小众性

传统广播具有鲜明的大众传媒的特征，而网络音频新闻则打破了这种限制。丰富的网络资源，使音频新闻可以迎合小众化群体，针对小众群体策划一些特色很鲜明、分类很细致的音频节目。

5. 参与性

与传统广播节目相比，音频新闻更具有参与性，受众不仅可以对节目品头论足，甚至可以直接参与节目的制作，上传自己的音频新闻作品。

（三）音频新闻编辑要点

音频新闻编辑与传统广播媒体编辑工作有相似之处，但也有诸多不同。网络媒体拥有多种传播手段，音频新闻是诸多手段中的一种，这与传统广播媒体所处的外部环境是有很大差异的。

1. 加强互动性

与听众互动，本来就是广播媒体的优势所在。而网络音频新闻植根于互联网，与受众进行互动是极其方便的。此外，网络音频新闻也更需要广大受众参与讨论互动，这样才能聚集起人气。

2. 口语化

网络音频新闻在采写制作过程中，要注意使用受众乐于接受、浅显易懂的口语来进行传播。网络音频新闻的主持人，要用“说新闻”的方式，和广大受众交流。

3. 情感化

音频节目是听声不见人，能够给受众留下一定的想象空间，受众与主持人的交流也更顺畅。因此，主持人一定要走情感化的路线，从播音风格上、语调上给受众以亲切感，进行情感交流。

4. 优美化

音频新闻主要是靠声音来和受众交流，因此一定要注意音色的美感。优美的声音能够让受众感到听节目是一种享受，从而培养受众的忠诚度。

5. 媒体互动

音频新闻要与文字、图片、视频等互联网上可以运用的媒体手段加强联合互动，这是与互联网时代新的传播形式相适应的。作为声音媒体，其实也是有一定的缺陷的。媒体互动，可以取长补短，发挥自身优势，又可以吸取别家所长。

三、视频

视频新闻是指运用现代电子技术手段，以独立的视频文件的形式来传播的新闻。可以综合运用影像、声音和字幕等多种手段再现新闻事实。伴随着带宽条件的不断改善，视频新闻的普及率将不断提高。视频新闻在网络媒体和网站运营商看来，无疑是一个潜力巨大的价值增长点。

（一）视频新闻的种类

网络视频新闻，大部分来自传统的电视媒体。但是，专门在网上传播的视频新闻节目已经出现了。而且从走势上看，今后这类专门在网络上传播的视频新闻节目会越来越多。目前，视频新闻的种类大概有以下几种。

1. 电视新闻栏目

这类节目，就是电视台播出的新闻节目，通过电视媒体播出后，再通过电视台媒体的网站，在网络上传播。

2. 独立的电视消息

这类视频新闻大多数也来自传统电视媒体，是电视媒体已经播出过的内容。但是，这部分视频新闻是经过重新编辑过的。它是为了在网络上传播，而将独立的一条消息，经过二次编辑，以独立文件的形式再上传网络。

3. 新闻调查

现在已经有专门的传媒公司或媒体人，制作新闻调查类的节目，利用网上的视频平台传播。比如柴静的《穹顶之下》，就是由她本人投资、采制的调查类节目，而且是完全依靠网络媒体传播开来的。

4. 拍客新闻作品

拍客是指那些业余的新闻爱好者，利用摄像机、相机、手机等设备，随手拍下在生活中遇到的新闻现象，并独立制作成视频新闻在网络上传播。作为一种新生事物，拍客的行为还存在着很大的争议。但不可否认的是，其中一些拍客的行为，还是有着规范合法的一面，而且其中不乏优秀作品。

（二）视频新闻的特点

1. 传播速度快

视频新闻称得上是“轻骑兵”，可以与传统电视媒体同步传播，也可以化整为零，将某一个专题的消息制作成独立的视频文件来传播。加之现在非常盛行的分享式的病毒式传播，可以将一条电视新闻迅速在多个平台分享。

2. 更接地气

视频新闻除了有传统主流电视媒体的节目外，还有一些是传媒公司或拍客提供的，这就使新闻更接地气，更贴近百姓的生活。

3. 参与性强

传统的电视媒体有“生产周期”的限制，也有线性播出的限制，而且是单一的视觉媒体，观众很难参与其中。而这些在网络上都不成问题。网络视频节目可以在网上迅速传播，也可以制作专门的栏目，让受众在观看后，可以随时发表意见。

4. 关注度高

一条消息出来，在传统电视媒体很难连篇累牍地反复关注这一条新闻或一个新闻事件。而在网络上，可以在排版时做一个专题，随时有新消息就可以随时发布。信息非常集中，关注起来也非常方便。

（三）视频新闻编辑要点

1. 视频文件的完整独立

传播碎片化，使受众难以接受长篇大论式的传播方式。视频新闻，正是适应这种传播方式而产生的。视频新闻的每个文件都应该是独立成篇的。要有独立的名字，还有字幕、旁白、音效等完整电视节目所应具有的一切元素。

2. 要便于分享

视频新闻要在网上传播，吸引受众来看，只是传播的第一步。视频新闻编辑，必须进行认真的思考和策划，让节目适合被分享，被广大受众分享，才是网络传播的关键。要做到这一点，就要求视频新闻在编辑时，要取一个吸引人的好名字，同时，节目时间不宜过长。

3. 优先搭建平台

视频新闻编辑要注重建立平台，一个视频新闻上传到网络，应该同时搭建起受众发表意见、分享的平台。有了这个平台，就可以将有关信息集中传播，也方便受众在统一的平台内讨论分享。

4. 配合其他传播手段

视频新闻可以配合文字、图片等其他传播手段一起传播，为受众提供多种选择。最好把这些做成一个可供分享的文件，让受众“一站式”接收完整的信息。

5. 加强推送模式的传播

所谓“推送模式”是指网站通过一定的技术标准和协议，利用相应的网络平台，将视频新闻主动送到客户的终端。这是当下非常流行的一种方式，也是极具生命力的传播方式，视频新闻编辑必须充分认识到这一点，在编辑工作中主动适应这一形势，加强推送模式的传播。

四、多媒体手段的综合运用

今天人们处于信息爆炸的时代，受众所面对的是海量新闻，每一条新闻的阅读时间都是有限的，这就要求每一条新闻的编辑都尽可能让读者在最短的时间内读懂信息。所以网络编辑应该充分意识到受众阅读的需求，新闻报道尽可能追求可视化、形象化。如何将内容抽象、过程复杂、数据庞杂的内容更形象化地呈现出来呢？这就需要在网络新闻报道中充分运用图片、图表、图示、漫画、动画、地图、视频等形象化媒介手段化繁为简、化抽象为形象。不仅如此，网络新闻编辑应该充分利用网络的多媒体特性，在每一条网络新闻的编辑中，尽可能将这些多媒体手段整合在一起，力争使网络新闻更为丰富、形象、全面，并能带给受众多感官刺激。

第五节　互动组织与活动策划

一、网络传播互动组织

（一）网络传播互动的概念

所谓互动，就是某一特定环境下两个或两个以上的行动者之间相互作用的过程。互动是网络媒体的核心优势所在。不同的学科对“互动”有着不同的解释。网络传播中的互动(interactivity)是指在互联网上所进行的传播活动中，基于网络技术基础的网站和受众、受众和受众之间在内容和形式上的相互作用。网络媒体颠覆了传统媒体传播者与受众的严格界限，网络传播中二者可以意义互换，受传者可以成为信息的传播者，传播者也可以成为信息的接受者。

互联网媒体传播的特点是具有互动性。网络新闻编辑，必须充分认识到互联网媒体的这一独特属性，并有意识地利用这一属性，做好网络媒体互动组织与有关的活动策划。

（二）网络传播互动的种类

1. 针对某一问题的网络调查

网络调查又称在线调查，是指通过互联网及其调查系统把传统的调查、分析数字化，通过网络发放问卷，收集反馈意见。与传统方法比起来，网络调查可以面向更为广大的调查客体，可以获取大数据的调查结果，受众参与性也极强。

2. 基于数据库的信息查询、订阅服务

网络存储的海量性极大地降低了网站的信息储存成本，同时方便了网民随时查找自己所需要的信息。在新闻网站中，一般都设有本站搜索、相关新闻等搜索工具，网民只要输入自己所需信息的关键词，系统便将本站所有相关新闻信息呈现在网民面前。有些网站还开通了新闻订阅服务，每天或一定周期会把网民感兴趣的新闻信息发到定制的电子邮箱中。

3. 论坛

网上论坛允许网民在不违反网站基本原则的前提下，完全根据自己对某些事物的兴趣来发表评论，甚至可以申请成为版主、管理员。网民的评论通常是围绕着一个主题出现的群发式评论，这个主题可能是某一个最近发生的新闻事件，也可能是由某一网民提出的一个议题。在群发式讨论中，互动是不可避免的，也是推动评论向多元化、持续化方向发展的主要动因。独具特色的论坛成为网站获取成功的重要法宝。如人民网的"强国论坛"，新华网的"发展论坛"、"统一论坛"，大河网的"大河论坛"。

4. 博客、播客

博客、播客，以及与之相类似的传播方式，都是网络时代产生的自媒体，是由网站为网民提供的上传心得文章或自拍视频的网络空间。这种传播方式是网站与受众之间互动的具体体现。它打破了传统的"传者"和"受者"界线分明的模式，每个博客或播客的用户既是传播者也是信息的接收者。

5. 社交网络互动

社交网络已经成为人们在线信息交流、互动的主要媒体，其中最为代表性的是微博和一些受欢迎的社交网站(SNS)。社交网络的实时交互性和自媒体性[①]使其成为最佳的互动平台。借助社交网络所进行的新闻互动主要包括：①搭建社交网络，积极建立互动，捕捉互动资源；②在社交网络中发起互动话题，引发受众关注和评论；③借助社交网络进行网络调查；④对于一些特定新闻事件，可以吸引受众参与到事件中来，进而衍生出更多的互动资源和新闻内容。

（三）网络互动的组织

网络互动主要是要搭建好让受众参与的平台，通过建立平台并形成相应的运行机制，网民们就会自发地投入到互动之中。在互动组织过程中，要注意以下要点：

1. 综合利用网络互动的多种手段

网络互动的手段是多种多样的，如BBS(电子公告牌系统)、网上调查、电子邮箱、社交媒体等，互动时应该尽量多用这些手段，实现综合运用。

2. 加强与传统媒体合作

传统媒体为实现互动有很多经验，对网络媒体是很有意义的借鉴。如聘请专家来

---

① 2003年7月，美国新闻学会媒体中心的谢因波曼和克里斯威理斯联合提出了"We Media(自媒体)"研究报告，他们对"自媒体"的定义是："We Media是普通大众经由数字科技强化与全球知识体系相连之后，一种开始理解普通大众如何提供与分享他们本身的事实、他们本身的新闻的途径。"美国著名硅谷IT(信息技术)专栏作家丹·吉尔默给的专著《自媒体：草根新闻，源于大众，为了大众》认为，自媒体是通过私人化、平民化、普泛化、自主化的传播者，以现代化、电子化的手段，向不特定的大多数或者特定的单个人传递规范性信息及非规范性信息的新媒体的总称。

做嘉宾访谈并形成舆论。传统媒体具有一定的影响力，这是其多年发展积累的结果。传统媒体既包括报纸、杂志、广播、电视这样的常规媒体，也包括一些可提供正规信息的机构。与传统媒体合作，可以提升网站互动的能力，也可以获利更权威的信息，提升网站知名度。

3. 提高网络互动的技术水平

网络互动对技术水平要求很高，只有提高技术，才能最大限度地保证网上调查的可信性和公允性。随着技术水平的提高，可以对网络互动的数据进行分析、整理，以便更好地利用网络互动这一资源，从而有利于新闻网站的建设。

4. 培养网络媒体从业人员

网络媒体人才需要深刻了解网络互动，包括了解利用网络获取信息、交流信息、认证信息的知识。可以说，不懂网络互动的网络媒体人才不是好人才。加强网络传播互动，就会将大量网民生产的信息上传到互动平台，而网民上传的信息大多是质量不高的，这就需要有一支过硬的网络媒体从业人员队伍，尽到把关人的责任。

5. 组建过硬的版主、管理员队伍

网络传播互动，要打破原有的传者与受者界线分明的格局，从某种意义上说，受众从客人变成了主人。在这样的形势下，只有过硬的编辑队伍是不够的，还必须建立过硬的版主、管理员队伍。版主、管理员能够充当二传手的作用，将优秀的部分淘出来，传递给网站的编辑。这不仅决定了信息的质量，同时，过硬的版主、管理员，还可能会通过互动成为名人，反过来提升网站的人气。

二、网络活动策划

互联网提供的，是一个虚拟的世界，网站就是在这样一个虚拟的世界中开展经营活动的。不过，参与这个虚拟世界的活动的，无论是传播者还是信息的接收者，却都是活生生的人。因此，这个虚拟世界必须和现实世界交流融合，并对现实世界产生必要的影响。网站要想获得理想的经营效果，除了自身的努力和奋斗外，还必须在现实世界中，与有关机构或个人开展合作，其中，就不乏与其他机构团体开展的各种形式的活动。

（一）网络活动类型

网络活动是丰富多彩的。但从整体上，可以大致分为以下三种：

1. 媒体之间的互动活动

媒体互动是指各种不同形态的媒体之间开展合作，联合开展活动或进行经营上的合作。网站之间可能会有各种合作互动的活动，网站与报纸、杂志、广播、电视等传统媒体也会开展形式多样的活动。

不同媒体之间，可以就信息方面进行合作，互通有无。可以在新闻线索、采访写作、利用媒体优势宣传等方面实现资源共享。也可以联合起来，组织各种与受众互动的活动。

2. 线上与线下互动活动

网站生存于一个虚拟环境中，但是网站的受众是真实的人。为此，网站必须经常开展一些特色的活动，以此来吸引受众。这些活动应该是线上与线下配合的活动，让网编与受众有实实在在的接触，弥补虚拟空间交流的不足。

3. 与商家客户互动活动

网站的经营离不开商家客户的支持，网站自然也要给商家客户回报。二者的合作，除了广告方面的经营活动外，也可以开展一些特色活动，例如，企业公关宣传活动、网站组织的展会活动、双方合作的企业文化活动等。

（二）组织网络活动的基本原则

网络活动形式多种多样，我们无法确定一个固定的模式，也无法预知具体的活动内容。但有些基本原则是需要遵守的。

1. 创新性原则

每一次网络活动，都应该具有与众不同之处。尽管我们做不到每次活动，每个环节都是全新的，但至少每次活动都有一些创新点。整个活动，都应该围绕这些创新点来进行，力图突出这些点。

2. 可操作性原则

活动要创新，但不宜过于复杂，环节不宜过多。要认真研究活动的资源和环境，让活动方案具有可操作性，切忌脱离实际的过度创新。

3. 严密性原则

要事先反复研究预演活动的全过程，考虑好每一个环节。要做好预案，应对可能发生的意外情况。

4. 效益性原则

网站的活动，必须讲究经济效益，杜绝浪费，力争做到热闹而节俭。

（三）活动策划案的基本结构

为了保证活动顺利进行，不出纰漏，应该事先写好策划案。策划案，就相当于“图纸”，活动的组织者可以参照这份“图纸”按部就班地将活动做出来。

因为活动是千差万别的，所以每份策划案也应该是不同的。但策划案的基本结构，还是能够确定的。关于策划案的基本内容，目前被普遍接受的是“8 要素说”，即不管策划案的具体内容如何，都应包括“5 个 W、2 个 H 和 1 个 E”，共 8 个基本要素：

What、Who、Where、When、Why、How、How much、Effect

What（什么）——策划的目的、内容。

Who（谁）——策划相关人员。

Where（何处）——策划实施场所。

When（何时）——策划的时间。

Why(为什么)——策划缘由、前景。

How(如何)——策划的方法和运转实施。

How much(多少)——策划预算。

Effect(效果)——预测策划结果、效果。

根据这8个要素,可以确定策划案的基本内容,也就是要回答如下的问题:做什么、能不能做、谁来做、怎样做、靠什么做、做了会怎样?具体来说包括以下几个方面:

1. 策划的目的和内容(做什么)

说明策划的核心创意及其意义,这是策划案的核心。策划案的其他各项内容都是为了说明如何实现这个核心创意。

2. 环境分析(能不能做)

通过对系统环境的分析,论证策划是适应外部环境的产物,以此说明策划是切实可行的。

3. 组织机构(谁来做)

确定有关的人员和机构设置,来保证核心创意的实现。

4. 实施程序(怎样做)

确定实现策划目标的具体步骤。

5. 资源保障(靠什么做)

实现策划目标所需要的人财物力资源因素。

6. 效果预测(做了会怎样)

计算投入与产出的比较,预测可能产生利益和风险。

将上述内容再进一步细化,就可以得出策划案的一般结构:

- 策划案名称
- 策划者
- 策划案完成时间
- 策划目标
- 策划的内容
- 环境分析及可行性论证
- 预算表和进度表
- 策划实施所需保障
- 预测效果
- 参考的文献资料
- 其他注意事项

总体来说,网络新闻编辑的主要理念和技巧包括:版面清晰、美观;频道、栏目设置合理,方便用户快速找到所需链接;新闻内容的集纳、整合;报道手段的多媒体融合;在编排上图像优于文字;新闻网页中要重视相关新闻和推荐新闻的链接服务;加强互动,尽可能增加互动组织和活动策划。此外,这是一个被媒介包围的时代,除了互联网,人们日常生活中还大量使用手机、电视、报纸、广播等媒体。所以网络新闻编辑还要展开与其他媒介的融合与合作,特别是向移动互联网的延伸。

本章相关概念

网站频道 website channels
网站栏目 site columns
网站新闻专题 site news topics
网页版式 page layout
互动组织 organizing interaction

思考题

一、简答题

1. 什么是网站频道?什么是网站栏目?
2. 网站、网站频道与网站栏目三者关系如何?
3. 网站频道策划需要注意哪些要点?
4. 网站栏目策划需要注意哪些要点?
5. 网站新闻专题的传播属性有哪些?
6. 网站新闻专题的策划要点有哪些?
7. 怎样进行首页和次级页的策划?
8. 网页的基本结构是怎样的?
9. 网络新闻图片、音频和视频的策划要点是怎样的?
10. 网络互动的组织要点有哪些?

二、综合案例分析题

请比较新浪网《中央 2015 年反腐》和凤凰网《中国反腐报告》两份新闻专题策划在报道角度、报道内容、版式设计、页面版块功能设置及布局、报道体裁及形式、互动组织等方面的优劣,并思考它们是否存在不足,还可以怎样改进。

三、实践题

请选择恰当的选题进行新闻专题策划,先撰写策划书,并根据策划书进行实际操作。

CHAPTER 14

第十四章 移动媒体新闻编辑

本章导言

(1) 移动媒体,又称移动数字媒体或移动互联网媒体,是指以智能手机、平板电脑等移动数字终端为载体,能借助移动通信网络运行各种平台软件及相关应用,以文字、图片、视频等多种方式传播信息和提供信息处理功能的不同于传统媒体的新兴媒介。

(2) 移动媒体具有注重用户性、以人为本、复合化传播、个体化传播等特点。

(3) 移动媒体新闻编辑相较于传统媒体新闻编辑显得更加灵活多样,移动媒体新闻多基于网络平台进行传播,带有时效性、交互性、形式灵活性强的特点,因此在编辑的各个环节与传统媒体有所不同。

(4) 遍布全球的GPRS(通用分组无线业务)网络和CDMA(码分多址)网络设施,使得手机能够为人们最大限度地超越时间与空间的约束获取信息提供可能。手机报依托手机这一载体,在传播过程中也就继承了移动通信"移动性、实时性、简易性、个性化"的特点。

(5) 视频新闻具有有声有画、视听结合、采用蒙太奇手法、拟人际传播、移动性和实时性等特点。

(6) 平板电脑并不是专门用来传播新闻的媒介,但是平板电脑带来的新闻阅读体验和移动传播效果却是颠覆性的。目前,平板电脑的新闻客户端中,数量较多的是传统报纸、杂志和电视台频道、栏目,这其中又以报纸和杂志为重。这类报刊新闻客户端把传统纸质版的内容搬到平板电脑上,以应用程序的形式向用户出售,用户通过下载每个报刊的独立客户端来浏览、阅读。

本章引例

移动数字媒体是指以移动数字终端为载体,通过无线数字技术与移动数字处理技术可以运行各种平台软件及相关应用,以文字、图片、视频等方式展示信息和提供信息处理功能的媒介。(见图 14-1)

当前,移动数字媒体的主要载体以智能手机及平板电脑为主,随着信息技术的发展和通信网络融合,一切能够借助移动通信网络沟通信息的个人信息

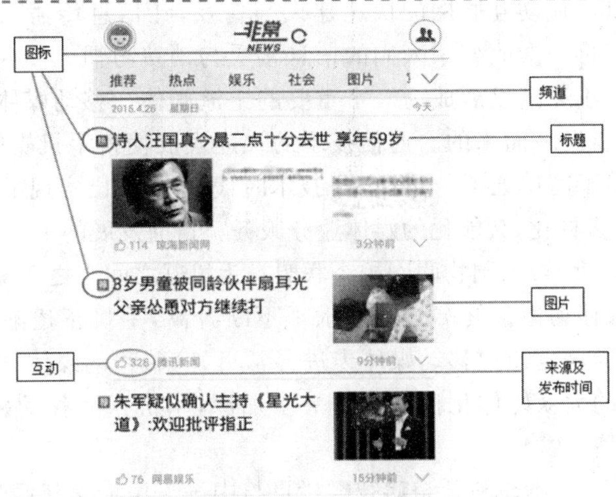

图 14-1　移动数字媒体页面展示

处理终端都可以作为移动媒体的运用平台。如电子阅读器、移动影院、MP3/4、数码摄录相机、导航仪、记录仪等都可以成为移动数字媒体的运用平台。

互联网的快速普及和移动互联网发展步伐的加速促使用户阅读习惯逐渐改变，传统纸质媒体逐渐"失宠"，最近3年，全球传统媒体行业整体萎靡。仅在2009年，美国就有105家报纸倒闭。因此，传统媒体转型，势在必行。

而移动数字媒体的推出则是顺应了移动互联网蓬勃发展的趋势。移动数字媒体应用具有使用便捷、不受时间和地点限制等特点，使其可覆盖面更广；可个性化订制，使其受众范围更广；新闻发生后可通过推送，使用户第一时间获得相关信息。而这都是传统媒体并不具备的优势，因此，发力移动互联网服务应成为各家传统媒体转型的第一步。

传统媒体发行数字媒体移动客户端应多注意市场推广，在各大应用市场上发布官方应用，并及时更新版本；利用互联网与读者便捷沟通的优势，采用迭代开发模式，根据用户的反馈快速调整、完善产品；并且在形式与内容上学习新媒体简、平、快的优点，结合传统媒体自身调查深入、内容有深度的优势，完成传统媒体向新媒体的转型。

第一节　移动媒体的传播特性

移动媒体，又称移动数字媒体或移动互联网媒体，是指以智能手机、平板电脑等移动数字终端为载体，能借助移动通信网络运行各种平台软件及相关应用，以文字、图片、视频等多种方式传播信息和提供信息处理功能的不同于传统媒体的新兴媒介。

人类社会离不开信息的传播。继计算机与互联网改变人们接收信息的行为之后，移动媒体的盛行，以及移动互联网的快速建设与普及，让信息传播在碎片时间、碎片空间上再次得到延伸，再一次改变了人们的信息接受与消费习惯。

如今，移动媒体正逐渐发展成为一个重要的主流媒体。移动媒体的兴起，是伴随着移动通信技术一步步发展而来的。通信技术的飞速发展使得手机媒体成为最主要的移动媒体，手机不再限于简单通话。早在3G技术时代，手机就已实现了全球漫游和高速率的数据传输，促成了多样化、智能化的媒体业务服务。目前发展的4G技术，也正因为其拥有更高的数据传输速度，被中国物联网校企联盟誉为机器之间当之无愧的"高速对话"。

另一方面，随着移动通信终端的技术水平不断升高，手机正逐渐变得体积更小、重量更轻、价格更亲民，这也使得移动媒体走进寻常百姓家，移动媒体的传播范围、影响力不断扩大。使手机的大众媒体化程度更进一步加深，手机这一移动媒体主导未来或将成为大势所趋。

2014年11月12日，腾讯科技企鹅智酷栏目与中国人民大学新闻学院新媒体研究所共同发布了移动媒体趋势报告《中国网络媒体的未来(2014)》。报告指出，至2014年6月，中国手机上网比例首次超过PC(个人计算机)上网比例，手机网民的规模超过了八成。

上述报告结果还指出，传统媒体的要素是内容＋形式，互联网媒体的要素是内容＋形式＋社交，而移动互联网媒体的要素是内容＋形式＋社交＋场景(情境)。移动媒体与传统媒体、互联网媒体的要素相比，场景(情境)的变换是重要区分因素。而"移动"这一明显特征让移动媒体其更具有竞争力，发展具有挑战性，这也使得移动媒体有着自己独特的传播特性。

一、移动媒体的传播优势

1. 移动性

移动媒体与其他媒体的差别主要在于受众能够通过移动终端掌握最新信息。人们在一定程度上脱离了空间时间的束缚，能随时随地接收移动媒体传播的信息。

例如，我们在生活中随处可见的移动电视，在公交、轮船不少交通工具上、商场里甚至街道上，人们都能随时观看正在播出的信息。移动电视真正将信息转化成了视听语言，进行随时随地的传播。这都是移动媒体传播信号可移动的体现。

以个人移动媒体的主要代表手机为例，保罗·利文森在其著作《手机》中认为，手机的出现为人类的传播带来极大的福祉。人类有两种基本的交流方式——说话和走路，可惜，自人类诞生之日起，这两个功能就开始分割，直至手机横空出世，将这两种相对的功能整合起来，集于一身。即使是最神奇的电脑也难以把说话和走路、生产和消费分割开来，唯独手机能够使人一边走路一边说话，一边走路一边发短信。

这都是手机具备的最原始、最传统的"移动性"特征和优势。而我们所说的，当今发展的一些智能手机、平板电脑、电子阅读器等移动媒体，在传播方式上的移动性，不仅有利于受众，同时有利于传播者。即移动媒体这一传播特性所体现来的好处对传受双方来说是相互的。

传播方式上的移动性，不仅能让受众获取信息更加自由，同时，移动媒体的传播者也可通过移动终端第一时间获取受众的信息、随时掌握受众规律，并提供相应服务。移动终端也可根据受众的移动规律、接收信息的内容、时间和空间建立用户坐标系，根据坐标信息扩展服务。例如，通过 GPS、无线信息网络等的定位功能获取用户位置信息，实现 LBS 服务(location based service，基于位置的服务)，提供周边资讯、新闻、团购及优惠信息等。

2. 便捷性

信息传播打破时空限制、携带方便、传播速度快、传播成本低、数字化更智能……这一切都使移动媒体的传播更加具有便捷性。

以手机为例，由于电脑和网络对技术、资金的要求高于手机，而且手机的原始功能就是语音通话，是人们日常生活中最基础又最便捷的功能，消费层次也较低，所以手机的普及率高，能大范围地传递信息。而随着手机往智能化、数字化方向发展后，它的普及率不仅不会降甚至会增加，它仍是大多数人必备的工具，只是除了语音通话外，还融合了新闻、生活、娱乐等多样的信息传播功能。手机正是利用移动媒体本身的便捷性，恰到好处地抓住了受众在繁忙社会生活中追寻安逸的心态、碎片化的时间，同时建立起并利用受众对手机的依赖心理，因此能最大限度地将信息传递给受众。

移动媒体中微博、微信、新闻客户端和各种 APP(应用软件)的发展，使受众往往不用打开电脑、电视，移动媒体已经自动将重大新闻推送到了移动设备中。据《中国网络媒体的未来(2014)》报告显示，近半数用户使用移动终端每天超过 3 小时，近七成用户更多使用移动终端阅读新闻资讯，而依赖电脑看新闻的用户不到一成。移动媒体正以一种飞速发展的趋势成为我们要面对的未来。

对于新闻工作者这一主要传播信息的人群来说，移动媒体也逐渐成为必不可少的联系手段和发稿工具。当面对突发新闻时，记者通过手机或平板电脑等移动媒体，能更方便快捷地把新闻第一时间播报出去，甚至可以配上新闻现场的照片、音频或视频等更直观的资料。

3. 互动性

不少移动媒体与其他媒体相比，在传播上更注重互动性，这也是其最明显的传播优越性之一。像新闻客户端、微信公众号、微博等都是依托移动互联网的优势发展起来的，不管是用智能手机、平板电脑或其他移动终端，这些具有互动功能的软件和平台都会存在，形成“多对多”、“互动性”的传播体系。

传播者通过移动媒体发布信息，可以第一时间得到反馈，并根据反馈继续传播信息。在这个迅速互动的过程中，传播者与受众同时都在获取彼此的信息。互动不仅体现在传播者发布信息后受众的反馈方面，而且在受众前期对信息的选择上，就存在着一种双向互动的选择。例如，由传统媒体报纸延伸出来的手机报，开始拥有了网络的实时写作与文字直播，用户更可以事先通过个人的喜好和需求来订阅相关信息，而不是接受大量的信息后再去逐条筛选。借此互动，过滤了大量无用信息，有效地节省了受众的大量时间。

2005 年，人民网推出国内首家以手机为终端的“两会”无线新闻网，首次实现手机报道国家重大政治活动新闻的历史性突破。“两会”无线网站开通后收到了意想不到的效果，访问人次超过300万，总页面访问量超过1500万，强国论坛总发帖量超过15万条，注册用户过10万。这次合作也是主流媒体首次利用无线互联网对重大新闻事件进行实时报道。可见，利用移动媒体进行实时互动，使得信息传播范围更广，互动性更强。

如今正兴起的微博、微信，也是利用移动媒体拥有强大受众的基础上，在发布信息的同时，更加注重与受众的互动性。如2012年8月推出的微信公众平台，能够与受众进行文字、图片、语音、视频等全方位的沟通和互动。移动媒体能推出实时性强、主动性高、服务性好的信息，最重要的是互动比其他渠道更快，更容易获得公众的认可度。

二、移动媒体的传播特点

1. 注重用户性，以人为本

传统媒介是对人类感官的延伸，而移动媒体同样也是人类感官的延伸，只不过不是在传统的固定的环境里进行延伸，而是在新出现的流动的环境里延伸，将人体的感官调动，使媒体对其产生影响。

这都根据于麦克卢汉所说的“媒介即人的延伸”而来的。实际上不论是传统媒体还是移动媒体，都是在一定条件下强调人的重要性，“受众本位”的思想一直被放在重要位置。而移动媒体本身的特性让传播更加注重受众本身。

受众在移动媒体时代已经不再是单一的信息接收者，他们不仅仅是受众，还是移动媒体的“用户”，即更多的是作为移动媒体大众传播的信息参与者和使用者。受众的这一“用户”特性在移动媒体发展这一阶段得到了极大展现。例如，《中国网络媒体的未来(2014)》报告中显示，近八成用户会利用移动媒体的社交平台主动分享新闻。

又正如尼葛洛庞帝所说的“传送信息的传播者根本不知道传送出去的比特最终会以何种面目——影像、声音还是印刷品——在接收端出现”。移动媒体在对信息传播的编辑时可以同时通过文字、图片、视频、音频一种或多种融合，不仅丰富了信息内容表现形式，也让传播渠道更容易被受众所接受。多样化的传播内容更加体现出对受众感官、心理的重视及以人为本的思想。

2. 复合化传播

移动媒体传播内容的复合化，将大量信息真正迅速传播到广大受众中。也使手机由简单的“通信工具”转变为具有大众传播功能的“媒体传播工具”。移动媒体内容的复合化传播可分为两个方面。

一是移动媒体的传播内容可以兼有文本、音频、视频等多种形式。自我国1998年开通手机短信以来，手机传递的信息从单纯的语音或短信文字，逐步发展到彩信，有了图片。后来多媒体逐渐运用，传递的内容开始融合文字、图片、音频、视频于一体，并借助移动互联网通信的发展，手机用户可以收听电台、订阅手机报、看电视、发邮件、玩游戏……从单一的内容到如今的复合化传播，不少传统媒体也在移动媒体上试图开辟自己的传播平台。中国境内1400多份报纸，已有170家报纸在智能移动终端操作系统上开发了APP。移动媒体正一步步发展成个性化的、具体化的内容媒体的分发渠道。

二是移动媒体的传播内容可根据受众的接受、消费信息的能力，将信息资源更有层次地进行配置、传播与服务。手机报、手机电子杂志等多媒体出版物的诞生，正是满足了特定人群需要这种阅读内容与阅读方式的要求。同时，各种类型 APP 的出现，涵盖了资讯、娱乐、学习、生活等多个方面。

传播内容的复合化特性让不少广告商也找到了投入契机，2013 年 12 月 9 日，腾讯新闻客户端在微信端口有了首支官方广告。利用移动媒体的传播特点，结合内容进行广告传播与营销，与其他媒体相比将有更便捷的形式，收获更广泛的受众。

3. 个体化传播

像手机、平板电脑等移动媒体，一般只有一个主人，即一个受众，它具有高度私密性。这也使得受众希望接收的信息能够更符合自身特点，基于他们自己的需要打造专属的内容。

在小众中，以某种共通的概念为表征，人们也许更容易找到志趣相投的伙伴，以对抗传统大众传播中试图营造的整齐划一的声音，从而舒张了个人的意愿及表达空间，促进了社会的多元化发展进程。

在数字化新媒体时代，受众的这个愿望得以实现。随着科技的发展，移动媒体在内容上的传播开始从“大众服务”到更加精准的“私人订制化”的服务，往往根据受众的自身个性需求来进行有针对性、有效的传播。

传统媒体的一大缺陷就是不能及时地与受众进行互动，以致不能迅速准确掌握受众的需求。移动媒体发展后，如微信公众号后台有小编可以即时交流；手机电视、电台可以实行点播、订阅服务；定位服务能够提供周边信息等。这种“一对一”的个性服务使得受众无论走在哪里，都会感受到移动媒体带来的舒适。

三、关于移动媒体的传播受众

1. 受众更具有主动性

2015 年，由《企鹅智酷》和中国信息通讯研究院政策与经济研究所出品的首份《微信平台数据化研究报告》显示：越来越多的微信用户开始通过移动网络上网，每月数据流量超过 100M 的用户突破 80%；微信逐渐成为人们生活的一部分，平均每天打开微信 10 次以上的用户达到 55.2%。

微博、微信、QQ 等社交软件在移动媒体上的广泛应用，让受众对信息传播拥有了一种主动性。即在自我选择接收信息的同时，也可以传播属于自己的声音。受众从被动接收信息，到主动选择，再到开始独立表达意见与情感。这都取决于移动媒体给予的平台和能够随时随地使用的条件。

主动性本来就应该是传播应有的特性之一，但由于受媒体资源、教育程度、文化差异等因素的影响和限制，在传统大众传播阶段这种能动性慢慢受到压制和侵蚀。传统媒体基本是被动性媒体，受众只是被动接受。随着信息技术的不断进步，人们对传媒内容要求越来越高，更加青睐贴近真实生活的影响，移动媒体正逐渐成为人们表达情感的重要工具。如今用户通过移动终端发表自己的看法和意见，就像打电话和发短信一样是一种随时随地的行为。

2. 受众更具有主导性

移动媒体让社会逐步进入自媒体时代。为何这么说？移动媒体作为可制作和发布内容的工具，在传播中往往让受众更具有主导性，能够让他们自己决定传播内容、传播形式。

手机这一移动媒体原本只有“人际传播”的通信功能，如今连上移动互联网，就像连通到了一个复杂的社会关系网络，利用其功能和传播特征，受众可以自我产生信息、传播信息，并且将信息很快传递给他的社会关系网中的成员。

所以，移动媒体也可以分为个人移动媒体和公共移动媒体两大类。前者可能被认定为更为自由和开放的传播平台，如微博、微信，是相对私有化的媒体平台；而后者则可以被认为是传统媒介的延伸和转身，如部分传统媒体的客户端、微信公众号等，其传播内容更为贴近大众认知水平和平民化视觉习惯。

大众传媒发布的信息经由人际通道，可以惊人的速度和无法预测的方向在人群中扩散，这样一来，大众传播和人际传播通过手机的转发功能实现了共振。从另一个角度看，来自人际渠道的消息，也可能在一定情况下成为大众传播的议题。手机传播中的人际渠道信息通过不断被转发，就可以导致人际领域的信息快速扩散，从而形成类似于大众传播的效应。实质上，在移动媒体的一切传播中，传播内容的优劣很大程度上都由受众来评判，来主导，来选择是否将其转发传播给更多的人，以造成更大影响力。

第二节　移动媒体新闻编辑原理

移动媒体新闻编辑相较于传统媒体新闻编辑显得更加灵活多样，移动媒体新闻多基于网络平台进行传播，带有时效性、交互性、形式灵活性更强的特点，因此在编辑的各个环节与传统媒体有所不同。本节将从四个层次阐述移动媒体新闻编辑原理。

一、选择鉴审

移动媒体新闻的稿件主要来源于传统媒体和网络媒体的记者以及各大通讯社，同时也包括大量的社会自由来稿，如网民来稿、博客、论坛等。这些稿件问题新鲜、有针对性，但水平参差不齐。移动媒体的选稿有两个过程：第一次是选取，即从签约的传统媒体记者或自由撰稿人手中的稿件中进行选择；第二次是推荐，即从已有的稿件库中选择最为新鲜、重要的稿件进行发布。与传统纸质媒体相比，移动媒体因传播成本较低，稿件选择的范围更加广阔，对准确性和严肃性的要求较低。移动媒体稿件选择的基本原则如下。

1. 导向性原则

政治家办报，不但是媒体原创新闻必须坚持的原则，选稿也绝不例外，不能有丝毫含糊。

2. 真实性原则

假新闻绝对不能入列，事涉媒体形象与公信力；选发选编假新闻应被视作媒体编辑的重大失误。

3. 价值性原则

价值性原则是在确保导向正确与真实性的前提下，选稿最重要的标准。应根据其新闻价值的高低来判断。关于新闻价值的定义，大家公认的观点，是对新闻重要性、新鲜性、时效性、思想性等各个方面所做出的综合评价。

4. 适用性原则

不同移动媒体的创办理念、创办方向、受众群体不同。所选择的稿件必须服从于媒体的自身定位及其页面特色，本质是为了满足主流受众的需求。这就要求媒体及其从业者应对自己的主流受众有清晰的认知与判断。比如年龄、性别、职业、知识水平、兴趣爱好等。与此同时，根据移动媒体终端空间有限的特性，稿件应少采用长篇大段的形式，多辅以图片、视频等多媒体信息。

二、加工制作

纸质媒体的每一篇报道都经过一个采写、编辑和设计使其适合印刷报纸呈现的过程。多数的报纸发行人如今已完全能够建立起移动网站服务，对在线新闻报道进行专门处理，以便于搜索引擎的使用，并且习惯于加入背景资料内容或是进行新闻内容的升级。但是媒体仍旧缺乏对于移动终端新闻的专门化处理，即使是在一些最先进的媒体也是这样。很多媒体负责人发现，与其仅仅让内容从桌面互联网“顺流而下”流淌到移动终端，不如在移动领域开始加工制作为独特的移动阅读体验而量身打造的新闻。这样的加工制作需要以下几个步骤：

1. 修改内容

核实新闻事实，修正其中的思想观点。移动媒体编辑要把握好有关的政策、法规界限，认清事物性质，具体问题具体分析。要注意稿件中的说法、做法是否符合法律、政策以及上级的有关规定；在生活中能否行得通、用得上；实行时是否有负面影响。由于移动媒体交互性强，传播速度快，一旦出现错误很难回头更正，最容易造成媒体声誉受损，因此尤其要注意细节，细节决定体验，体验决定用户，一个错字、一个标点都不容忽视。

2. 制作标题

移动媒体新闻标题一般参照网络媒体新闻标题进行制作，其特点在于：超文本链接的分布方式，题文分离，多以一行实题为主，具有多媒体优势。由于只能做一行题，且字数有限，做得不好如“×××再上新水平”、“×××成绩显著”、“×××闪亮登场”等等套话，流于空泛，给人以似曾相识之感，很难吸引网民阅读。同时存在的另一种极端是“语不惊人死不休”，刻意追求标题的冲击力、渲染力，“冰火两重天”、“惊现”等词频频出现，剑走偏锋，有失新闻的真实性。有人甚至在标题中以赵薇、刘德华“私生女”为饵，其实不过是长相相似或演戏时的同剧组的小朋友而已，题文不符，矫揉造作，反而给读者带来一种莫名其妙的感觉。标题“不作为”也罢，过分渲染、做假，其客观效果都是标题的失准甚至失实。因此，标题制作须首先避免上述种种毛病，才能做到恰如其分、准确无误。值得注意的是移动媒体标题党的出现，标题党即互联网上利用各种颇具创意的标题吸引网友眼球，以达到各种目的标题制作者的总称。标题党制作的标题有的新颖幽默，带给读者不一样的阅读体验；有的却严重夸张，缺乏真实性，甚至借此进行违法犯罪活动。具有职业素养的网络新闻从业者应杜绝类似行为。

3. 制作专题

所谓新闻专题，就是在深度报道的理念指导下网络新闻等相关信息的有机组合，也是网络各种传播方式的有机组合。它通常围绕某个新闻事件或社会上存在的某种现象和状态，在一定的时间跨度内，运用消息、通讯、背景资料、述评、评论等文体，调用文字、图片、声音、视频等表现形式，并结合电子公告牌系统等互动手段，通过页面编排与栏目制作，进行连续、全方位、深入的报道。网络新闻专题有巨大的信息容量，使传统大众传播媒介相形见绌。1998 年 9 月，美国独立检察官斯塔尔结束调查总统克林顿与白宫女实习生的绯闻后，长达 400 多页的调查报告以网络新闻专题的形式全文公布，在国际新闻学界引起震动。震动原因不是其中有许多色情内容，而是网络新闻专题报道竟有这么长。要完成同样的任务，报纸、广播、电视都难以胜任。移动媒体新闻还具有得天独厚的用户服务技术基础，如澎湃新闻移动客户端就可以为读者提供跟踪报道、更新提醒的免费服务，让专题的传播效果最大化。

4. 添加多媒体信息

在移动媒体新闻中添加视频、动画、图像、声音等能够有效提升关注度，一些需要用长篇文字阐述的抽象概念也可以用它们加以软化。编辑要有意识地在文章中加入多媒体信息，以调节读者的阅读节奏。

三、策划组织

广义的移动媒体新闻组织策划包括移动媒体的受众定位、经营方针、产品（手机、平板客户端等）设计、制作与营销、广告经营、员工构成、内部管理、资产资金、技术设备，以及其他各类经营活动和社会活动等等，进行运筹和规划。但若将研究的客体落实到移动媒介运作的各个方面就过于复杂了，而且这项研究还会与新闻传播学中的其他子学科如媒介经营管理、广告学、媒介公共关系学的一些内容相重叠。所以，狭义的移动媒体策划就是指移动媒介对于新闻传播活动的策划和组织。根据这一定义，可以将移动媒体策划分为两个步骤。

1. 组织设计页面

移动媒体终端的页面设计不同于传统报纸的排版，且移动终端有着不同的屏幕尺寸（更小）、不同的用户界面（浏览靠点击），以及不同的周边环境（可能周边环境会比较嘈杂）。所以移动终端的报道呈现形式可能会有所不同。要更便于浏览，信息要更为精要，段落要限制长度。正如《波士顿环球报》的戴蒙・基斯所指出的：你最忠实的那部分读者，不管你的媒体形式如何，都会阅读你的内容。要想到达新的、更大的受众群体，你需要让受众的移动阅读有理想的体验。很多新闻组织正在探讨一种说法：移动媒体内容的“原子单位”，或者说能够单独成篇的最小的构成单位。传统上，这种单位应当是一篇文章。但是很多移动媒体发行人认为移动新闻的单位可以简单到是一个段落、一幅图片、一个句子或是一个事实，这些元素可以串起来，也可以独立存在。

2. 策划新闻报道

在整个策划过程中，策划者要通过对信息的获取、传输和加工处理，完成决策、设计、方案试行等工作。方案设计阶段中，创意构思是核心。策划者要依据已经获取的信息，运用创造性思维方式，完成设计方案。现在很多移动媒体新闻网站习惯于照搬传统媒体上的文章，认为可以减少策划成本。但长此以往，读者便不会青睐这些信息复制品堆砌起来的网站，会转而将注意力投向拥有独特精良内容的移动媒介。要提高选题决策水平，首先要善于发现和获取新闻线索，其次要根据所掌握的线索，对与此相关的各方面情况进行调查了解，再在此基础上作出分析，最终确定报道选题。选题决策系统包括报道背景性信息、报道主体信息、报道环境信息（政策性信息、竞争者信息）和报道受体信息（需要性信息、期望性信息）。腾讯新闻的2014年元旦新闻策划就是一个成功范例。针对2014年元旦，腾讯新闻采用多媒体的综合呈现方式，推出了专题策划——“2014年元旦”，与其他门户网站的同主题报道相比，这则策划在内容和技术方式上都有独到之处。在内容上，这则专题有机整合了资讯、娱乐、服务等各类信息，综合性强，其中有几个栏目设置得很有新意。其一是“跨年演唱会”，由于各大卫视的跨年演唱会的放映时间较为集中，受众不可能在同一时间收看各大卫视的跨年演唱会，而这个专题则精选了各家卫视跨年演唱会的精华和主要噱头，满足了受众对于跨年演唱会的期待。其二是“开年大戏”，这一部分简要介绍了开年大剧的播出卫视和主要剧情，给受众假期的收视娱乐提供了有效的参考。其三是“童话2013”，通过采访孩子们一些关乎国计民生的大问题，在孩子们天真无瑕的回答中带领受众回顾刚刚走过的2013年。从而汇成一部“童话”。

四、收集反馈

移动媒体新闻媒介具有传统媒介无法匹敌的交互性，它们与用户的距离很近，收取用户信息十分方便。对反馈信息的收集一方面能促使移动媒介生产符合受众需求的信息产品，提高用户体验，提升受众黏性；另一方面也有利于社会舆情监控。移动媒体反馈的外在形式多种多样，受众浏览新闻网站时反馈可以从他们点击页面的次数和程度表现出来；浏览新闻客户端、论坛、电子公告牌系统时是否发帖回复也可体现出话题是否具有足够的吸引力。

澎湃新闻手机客户端就为受众提供了评论、提问、分享、点“赞”的功能，受众由此得到了更大的自由表达空间，这种反馈更具个性化，在传播反馈机制双向性上更为突出。

移动媒体和社交媒体之间有着千丝万缕的联系，这使得反馈影响可以随时随地发生病毒式蔓延，因此任何有远见的移动媒体都会重视社交媒体在信息传播中的作用。任何关于服务于使用智能手机人群的讨论，几乎都要从社交媒体开始。使用社交媒体来与别人进行交流是最受欢迎的智能手机的使用目的，这比玩游戏、购物、浏览新闻更受欢迎。根据“尼尔森数据”的统计，美国智能手机用户花费在Facebook等社交媒体APP上的时间，是他们花费在新闻APP上的时间的14倍。智能手机用户平均每月在

Facebook 上花费超过 15 个小时的时间。目前，美国华尔街日报媒体融合主编莉斯·赫伦已将华尔街日报与 Facebook 这两个领域融合起来。赫伦认为移动和社交功能应当联系起来，受众行为和受众自身经常是重叠的，它们也是目前新闻收集和生产中最容易产生混乱的方面，也是最具潜力和创新需求的领域。

第三节 手机报与视频新闻编辑

一、手机报的基本内涵

（一）手机报的定义

2004 年，中国第一份手机报诞生。这种依托于手机媒介，由报纸、移动通信商和网络运营商联合建立的信息传播平台，很快因信息短小精悍、传播方便快捷而在市场普及。2005 年年底，全国手机报用户达到 100 万。2008 年年底，全国手机报用户接近 5000 万，每月订费收入超过亿元。① 手机报的诞生让中国新闻媒体市场格局重新洗牌。

那么，对手机报究竟该如何定义？目前，各种学术研究中对手机报的定义可谓众说纷纭，我们可从技术领域、商业模式、受众需求等诸多角度对“手机报”进行诠释：

如中国人民大学新闻学院教授匡文波在《手机媒体概论》一书中认为，“所谓手机报，是将纸质报纸的新闻内容，通过移动通信技术平台传播，使用户能通过手机阅读到报纸内容的一种信息传播业务”②。

也有人认为手机报，是最新电信增值业务与传统媒体结合的产物，也就是将媒体的新闻内容，通过无线技术平台发送到用户的彩信手机上，使用户每天在第一时间通过手机阅读到当天报纸的精华甚至全部内容；或用户通过手机直接访问手机报的 WAB 网站在线浏览。③

从手机报的表现形态上看，手机报已经具备了报纸的几大要素。手机报的传播内容是新闻等资讯；传播渠道是移动通信平台；传播对象是广大手机用户；传播载体是手机终端；传播频率多数为每天一次到两次。与报纸的最大不同点在于，手机报的外在形式并非传统报纸的纸质印刷品。因此，有人直接将“手机报”称作“手机上的报纸”。

不过，从手机报的发展轨迹来看，它已不是纸媒内容的简单复制和拷贝，虽然最初依托于传统媒体生产内容，但发展日渐成熟的手机报已逐渐超脱于传统媒体，成为一种独立的新媒体，是对传统媒体的补充和延伸。

因此，手机报的定义我们可以归纳为：

所谓手机报，就是以手机移动终端为载体，通过无线移动技术平台，定期连续地向

---

① 程明珍：《手机报的传播与编辑特征研究——以〈北青彩信报〉和〈新闻早晚报〉为例》，北京印刷学院学位论文，2011 年。

② 匡文波：《手机媒体概论》，中国人民大学出版社，2006 年版。

③ 屈平：《手机报：有待深入挖掘的金矿》，《传媒》，2007 年第 5 期。

手机用户输送新闻、提供资讯的一种新型的无纸之报。①

（二）手机报的发展背景

1. 影响手机报产生的因素

自1650年世界上第一份印刷日报在德国诞生以来，报纸长期处于大众媒体的强势地位。但随着信息技术的迅猛发展、新媒体的冲击，报纸的数字化转型已呈箭在弦上之势。从20世纪90年代末开始，门户网站的兴起带来了报业转型的第一波浪潮。随着3G时代的到来，手机已成为“第五媒体”，发展前景令人瞩目，并由之产生了“手机报”。可以说，手机报是科技高速发展背景下、传统媒体和电信媒体联姻的成果，也是传统媒体第二次转型探索的产物。

除了通讯技术和手机技术的发展外，受众对信息产品不断增长的消费需求、媒介市场激烈的竞争压力，也在一定程度上刺激着“手机报”这一新媒介产品的面世。

一方面，在现代社会，信息几乎成了人们生存的必要条件。随着现代生活节奏的加快，人们的工作强度增大，看电视、看报纸的时间正在急剧缩短，而等有空再浏览新闻时，“新闻”已经变成了“旧闻”。手机报的出现在一定程度上弥补了这一不足。同时，信息爆炸同时也导致了信息的匮乏，有效信息成了一种稀缺资源，信息订制也就应运而生。手机报的出现实现了信息的按需订购，不同年龄、性别、爱好、信仰、职业的用户都可以根据自己的不同需求订制不同的手机报内容。

而另一方面，进入21世纪以来，媒体市场竞争日益激烈。2005年，中国报业发展遇到转折点。在这一年，曾被称为“中国最后一个暴利行业”的报业进入微利乃至负利时代。随着网站、手机等新媒体的崛起，网络媒体与传统媒体之间既融合又博弈，而报纸、杂志两大平面媒体的广告经营额下滑严重。如若不做出数字化转型，报业的生存将日渐困窘。“手机报”的推出也就势在必行。

2. 手机报的发展历程

全球最早的手机报诞生于日本。1992年日本最大的移动通信公司NTT DoCoMo推出i-mode数据业务，第一次实现了手机上网。当时的i-mode手机售价3万日元，除了具有通话、短信等基本功能外，每一部i-mode手机都有一个“i-mode”键，点击即可享受浏览WEB网页、收发电邮、下载铃声、查询信息等网络服务，具有上手快、操作简单、开机在线、价格适中等特点。因此一经推出就风靡日本，《朝日新闻》、《日本经济新闻》等日本主流传统媒体先后与NTT DoCoMo公司合作，通过i-mode手机向用户提供各类新闻资讯。②

2000年，《人民日报》通过建立日、英文版i-mode手机网站跻身海外市场，但是当时国内还无法享受该服务。2004年，我国才出现了第一份面向国人的手机报《中国妇女报——彩信报》，由一家网络技术公司联手《中国妇女报》开办。

2005年2月，人民网首次实现以手机报传播“两会”新闻的创举；4月，国内第一家

---

① 程明珍：《手机报的传播与编辑特征研究——以〈北青彩信报〉和〈新闻早晚报〉为例》，北京印刷学院学位论文，2011年。

② 匡文波：《手机媒体新媒体中的新革命》，华夏出版社，2010年版。

省级手机报《浙江手机报》诞生；9月，由新华社、中新社和中国移动联手打造的彩信手机报《新闻早晚报》正式开通，成了当时我国订阅率、普及率最高的手机报。

2006年是手机报百家争鸣的一年。新华社、人民网等主流媒体迅速抢占手机报市场份额，通过在江苏、浙江、广东等多地的分社，与当地的运营商共同推出内容侧重本地新闻的手机报，上海解放日报报业集团推出"i-news"WAP版手机报，北京日报报业集团也推出了《北京晚报手机报》等，全国各地开始掀起媒体办手机报的热潮。

2006年11月，贵州省发布了《贵州省手机报暂行办法》，这是国内第一部管理手机报的地方性法规。

2008年开始，中国联通、中国电信等运营商相继斥资开展自营手机报业务，并作为一项手机的套餐业务，免费赠送给用户使用。

2012年是手机报发展转折的一年。据工信部公布的"电信业统计公报"数据显示，当年我国手机报用户数量达到9592.5万，手机报品类达到2000余种。其中，占据国内手机报绝大多数市场份额的当属电信运营商开办的手机报，其市场规模达到19.8亿元。然而到了2012年后期，我国手机报用户数量明显减少，手机报收入大幅下滑，手机报的发展陷入瓶颈期。①

二、手机报的分类与特点

（一）手机报的分类

常见的手机报分类可按地域、内容、付费方式与表现形式来划分：

按地域来分，手机报可分为全国性手机报和地方性手机报；按内容可分为综合性手机报和时政类、经济类、文体类、健康类、科技类等专业性手机报；按付费方式可分为免费手机报、包月手机报和包年手机报。目前最常见的手机报分类则是按表现形式划分为短信型手机报、彩信型手机报、WAP型手机报、IVR手机报。

值得注意的是，严格来讲，手机报也包括近年来兴起的APP应用类客户端模式，但本节后面我们将讨论的"手机报"主要是指彩信型手机报与WAP型手机报，这也是国内最常见、最主流的手机报类型。

1. 短信手机报

短信手机报，即手机报以手机短信的文字形式呈现在手机屏幕上，用户打开短信即可阅读手机报内容。这种手机报的内容是简单的文字与符号的组合，受限于一条短信70个字符的限制，一期短信手机报通常只能包含几条新闻标题，内容简明但单调，难以实现对新闻事件深入和全面的报道。它多用于对突发性重大新闻的即时传播，能够弥补彩信手机报受固定发送时间限制的不足。这一类型的手机报有《东北网短信手机报》等。

2. 彩信手机报

彩信手机报，即以手机彩信形式将文字、图片、声音等元素呈现在手机上。一条彩

① 王强：《中国移动互联网发展报告：2012年中国移动阅读产业分析报告》，社会科学文献出版社，2013年版。

信的容量在 50K 左右，相当于 4000 字左右的文字和 4 至 5 张 jpg 格式的图片。彩信手机报是目前国内最常见的手机报形式，它适用于目前大部分手机用户使用的彩屏手机，相比于短信型手机报，它的内容更多、形式更丰富生动、信息更深入全面，给用户带来了更充分的阅听体验。

如中国移动推出的《手机新闻早晚报》，以图文、声音等多媒体为表现形式，以国际国内新闻、时事评论、文娱资讯、天气彩票等信息为内容，于每天 8 时和 17 时各发送一份编辑好的彩信手机报，用户收到彩信后，打开即可阅读。①

3. WAP 网站型手机报

WAP(Wireless Application Protocol)即无线应用协议，是一项全球性的网络通信协议。它使移动 Internet 有了一个通行的标准，其目标是将 Internet 的丰富信息及先进的业务引入到移动电话等无线终端之中。所谓的无线增值业务，包括手机短信订制、彩铃、彩信的下载以及手机网络游戏等都是在 WAP 上实现的。

WAP 手机报基于 WAP 门户上的站点发布信息，订阅用户通过访问手机报上的 WAP 网站地址，实现在线浏览信息，类似于上网浏览的方式。这种形式的手机报比彩信手机报的容量大，内容不占用手机储存量，而且带有链接，从而实现信息以超文本结构发布。此外，WAP 手机报与短信、彩信手机报最大的不同在于，它并非直接将信息“推”到用户手机上，而是需要用户主动上网阅读。

2006 年 4 月 25 日，《北京科技报》推出了全国首家独立域名的手机报，由无线搜索 Cgogo 提供技术支持，但该手机报仅运营一年便宣告结束。目前，采用 WAP 形式的手机报有《北京晚报》和《中国青年报》等，而新华社和《人民日报》等手机报则提供彩信、WAP 两种形式。短信型手机报、彩信型手机报、WAP 型手机报比较如表 14-1②。

表 14-1　短信型手机报、彩信型手机报、WAP 型手机报比较

类型	短信(SMS)型	彩信(MMS)型	WAP 型
传播符号	文字	文字、图片、声音	文字、图片、声音、视频
内容容量	70 个汉字左右	最大容量 20000 个汉字，一般为 4000～5000 个汉字，3～4 张图片和少量音频	无限定
手机型号	普通手机	支持 GPRS 或 CDMAIX 的彩信手机	支持 GPRS 或 CDMAIX 的彩信手机
订阅费用	包月订阅费	包月订阅费	GPRS 流量费或包月
存储形式	信息存储在手机上，占用手机存储量	信息存储在手机上，占用手机存储量	上网浏览，内容不占用手机存储量

在 3G 普及、4G 已经开始逐渐兴起的今天，各类新闻类 APP、新闻推送网站以及新

① 邓博文：《手机报的困境与出路探析——以〈东北网手机报〉为例》，黑龙江大学学位论文，2014 年。

② 程明珍：《手机报的传播与编辑特征研究——以〈北青彩信报〉和〈新闻早晚报〉为例》，北京印刷学院学位论文，2011 年。

闻搜索引擎等层出不穷，相比于依赖手机上网才能获取信息的 WAP 型手机报，更多的用户选择直接上网的方式获取信息，手机报也逐渐式微。

（二）手机报的特点

1. 手机报的载体特点

遍布全球的 GPRS 网络和 CDMA 网络设施，使得手机能够为人们最大限度地超越时间与空间的约束获取信息提供可能。手机报依托手机这一载体，在传播过程中也就继承了移动通信“移动性、实时性、简易性、个性化”的特点。

1）移动性

手机报依托于手机这一载体，只要有通信网络信号覆盖，无论何时何地，手机都接收信息。

2）实时性

内容制作方将新闻编辑好后，可随时发送至用户手机设备，如地震等重大突发事件发生都可以实现信息的实时传递，手机用户一旦开机就可以接收信息，信息的传递处于开放状态。

3）简易性

手机报的操作十分简单，使用方便，同时可存储、可转发、可删除，最大限度地满足了用户的信息处理需求。

4）个性化

手机是一种个人移动多媒体，其突出表现在接受者对信息具有主动选择权。手机报依托于强大的手机功能，可以实现针对不同受众、不同偏好的差异化、内容化定制，使内容投放更为精准。

2. 手机报的内容特点

手机报在文本内容上取得了信息内容丰富和叙事精练的统一。其主要表现在：

1）内容实用化

手机报由于受限于其内容的长度，无法提供大量、深入的信息，故而其内容以推送实时资讯和提供服务性信息为主。手机报除了新闻信息外，也包含了大量天气预报、电视预报、车票路况等实用信息，有时也提供节庆祝福等个性化服务。同时，手机报的内容也更偏向轻松化和娱乐化。

2）形式多样化

传统报纸是静态的报道，而手机报则提供了多媒体个性化服务，它不仅仅包含文字，也包括了图片、视频、动画等多媒体元素，使受众的阅读更为立体、生动。这一特点是由手机报面向市场推送的这一特质确定的。

3）叙事简单化

一则手机新闻，多则 150 字，少则数十字，如果按照传统新闻文本的结构展开报道是不现实的。手机报的叙事往往十分简单，并往往“以图为先”，力求抓人眼球、自然简明。

三、手机报的编辑

手机报作为一项电信增值业务,区别于传统媒体,并不具有新闻采访权。因而目前国内手机报的内容基本源于存在合作关系的传统媒体和网络媒体。

手机报的最大特点在于"精简"。受限于其容量,一篇手机报往往只能涵盖1000字左右的文章、50K的图片,更多的内容则只能通过链接到WAP站点去呈现。同时,手机报的载体是借助于电子技术、数字技术等高新技术的手机及互联网络,因此实时性、互动性、多媒体性和超链接等网络传播特性,以及不同屏幕尺寸、受众习惯、地域条件等外在因素也势必影响着手机报的编辑业务,并使之具有与传统媒体编辑不同的特点。

(一)手机报的内容选择

手机报的新闻主要来自传统媒体。如《北青彩信报》的新闻内容主要来自《北京青年报》及与其相关的网站。而《新闻早晚报》的新闻主要由新华网、中新网及ESPNSTAR.com.cn这三大网站提供,有时也采集于《中国日报》、和讯网、环球网、国际在线、北青网、新京报、中国青年报和CFP(国务院新闻办公室图片库)。[①] 每天这些新闻网站会提供大量的新闻来源,然而在手机报上,这些内容不可能一一体现,这就涉及手机报内容选择的问题。在确保新闻来源可靠、新闻报道真实客观的基本前提下,手机的内容选择主要有以下四个原则:

1. 早晚各异,有所筛选

移动运营商一般每天会向用户推送两次手机报,有一些手机报周一至周五每天发送两次,而周末则发送一次手机报周末版。当发生重大突发事件时,则会临时推送专题或者特刊,以便用户能在第一时间知晓最新的事件动态。

早报和晚报在报道内容上会有所分工。早报多以当天要闻、时事、评论为主,而晚报则往往更注重休闲类资讯,如推送一些社会新闻和副刊。

2. 硬新闻为主,软新闻为辅

当然,不论推送时间如何,手机报的主要内容仍以新闻资讯为主,这其中又以时事等硬新闻为主,娱乐、文体类软新闻为辅。例如2009年11月6日《新闻早晚报》早报的时事新闻有8条,其中导读中出现"时事"提要3条,如"多国今商讨分区护航"、"外交部回应雅鲁藏布江建坝报道"等[②],既包含国内新闻又包含国际新闻,既包含中央新闻又包括地方新闻,报道范围涵盖十分广泛,注重报道的均衡。

3. 利用导读,一目了然

手机报极短的篇幅决定了新闻的呈现方式更多是超文本式的结构,先看到导读,再

---

① 程明珍:《手机报的传播与编辑特征研究——以〈北青彩信报〉和〈新闻早晚报〉为例》,北京印刷学院学位论文,2011年。

② 程明珍:《手机报的传播与编辑特征研究——以〈北青彩信报〉和〈新闻早晚报〉为例》,北京印刷学院学位论文,2011年。

看到具体的新闻;先看到新闻的标题,再出现新闻的正文。

在阅读手机报时,用户往往先看到导读,再决定是否继续阅读。对于手机而言,每屏只能包含 200 字左右。每期手机报上的第一屏往往都是本期内容的导读。“导读”可以说是手机报的精华所在,也是手机报文本内容中最为特色的一个要素,它在手机报中的作用类似于报纸的“标题”,将手机报的内容以聚合的方式简单、准确地呈现给用户,以言简意赅的方式表达新闻的要点,是手机报不可或缺的一部分。导读往往只有一句话,一般不超过 10 个字,往往是新闻中最重要的内容的提炼。

此外,每期手机报可包含 10～20 条新闻,每条新闻大都为 100～200 字。单篇新闻一般没有传统新闻报道中的导语、主体、背景等多层次结构,而仅有标题和一段正文,交代事件的“5W”和“1H”,让读者了解事件的概貌。与它们的母体报纸相比,手机报的标题往往更为简明扼要,以短小精悍的实题为主。

4. 注重内容的本土化

此外,地方手机报在内容选择和之后我们将谈到的板块设置上,都更注重新闻的本地化,注意新闻对本地受众的贴近性。这一点在社会类新闻和文体娱乐新闻的选题上显得更加明显。

(二) 手机报的板块设置

与传统报纸类似,为了用户能够实现快速阅读,手机报也会进行一定的板块设置,使用户能第一时间找寻到自己关注的信息。除去最上方的报头和日期外,手机报每期一般都会设立 5～10 个板块,其中时事、要闻、评论、体育、娱乐、天气预报往往是最常见的固定板块,除了这些固定板块外,手机报也会设置一些非固定板块,来刊登广告和报道一些当地新闻、突发事件,以及娱乐、养生、彩票开奖等服务性信息,带有一定的互动性。这种非固定板块更常见于晚报中,因为晚报带有更多的娱乐色彩。

值得一提的是,由于没有新闻采访权,大部分的手机报内容都是“复制粘贴”传统媒体或者网络媒体的内容,缺乏内容原创性。然而为了更加吸引读者、建立个性,有些手机报除了以上提及的传统板块设置外,也会开创一些原创板块。如《湖北手机报》开设《东湖评论》版,在每天的早晚报中配一篇小短篇,内容由荆楚网新闻评论中心原创并独立提供。

板块的编排在很大程度上决定着手机报的整体传播效果。具有创意的板块编排能够给读者以新鲜感,变动的内容则从不同的方面吸引着不同的受众。如河南移动网站彩信手机报的频道上,按月份分为几个不同的主题,7 月主打“凤凰大讲堂”,8 月主打“记录中国”,9 月则推出“周末画报”,这种周期性、专题性的板块编排成功吸引了用户的关注,并可以乘机和其他企业进行联合,增加手机报的整体竞争力,使其得以在日益激烈的手机报市场里迅速脱颖而出。

(三) 手机报的表达特色

与传统媒体不同,手机报由于可以呈现音频、视频等多媒体元素,而在表达形式上更加生动、多元和个性。此外,手机报订阅用户具有快速浏览新闻、高效获取信息的碎片化阅读特征,这也决定了手机报在表达上要便于浏览、抓人眼球,即“易读”、“好看”。

注重手机报的视觉效果，是手机报编辑的重要内容。实现手机报的特色表达一般要注意以下几点：

1. 篇幅短小，精悍有力

一条手机彩信的容量为50K，相当于5000字左右的文字，3～4张小尺寸、低像素、低画质的图片。在如此小的容量下，要涵盖时事、要闻、社会、娱乐等诸多内容，大部分的手机报必然要求短小精悍。但短小精悍不能以牺牲新闻事实的准确、客观为代价。手机报的短小精悍是新闻形式上的短小精悍，不同于断章取义的“标题党”，它的新闻五要素是准确而俱全的，能够完整交代新闻的前因后果。经过反复提炼的手机报新闻，往往能够一针见血地指出新闻的关键性事实，并且经得起时间的检验。

2. 语言贴近，避免渲染

此前我们已经说到手机报与传统的报纸不同，它的阅读感受更加亲切，贴近读者。同时手机报的读者群集中在20～35岁的年轻人间，这就要求手机报即使在制作硬新闻时，也要“软制作”。比如有一则不良开发商在钢筋混凝土中用竹签代替钢筋的新闻，手机报在为封面图配文字说明时，没有选择千篇一律的“无良开发商用竹签代替钢筋”或“楼市‘竹签门’”等表述方式，而是采用了“穿竹签的不一定是羊肉串，也可能是砖块”这样幽默的表述方式，为读者营造了一个严肃又不乏趣味的阅读环境。①

但是这个幽默的语言同样是建立在尊重新闻事实的基础上的，幽默绝不等于夸张和过度渲染。应避免具有歧义的语句，让受众望文生义。要杜绝因过分追逐“眼球”而陷入新闻娱乐化的错误趋势里。

3. 图片点睛，以图带文

在手机报的编辑里，因受到技术和容量的限制，每期手机报的插图一般不会超过5幅。但没有图片的手机报在这个视觉传播流行的时代是没有竞争力的，每期手机报往往以图片点睛，起到了“以图带文”，吸引读者阅读的重要作用。

然而由于手机的屏幕相对较小、显示率相对低，不适合表现大场面、细节太多的全景图片，因而手机报更适合选用一些清晰的、表现细节的近景或特写图片，其中又以体育赛事中的细节抓拍和娱乐新闻中的人物近照最受青睐、使用最频繁。

在图片的内容选择上，手机报的图片需要体现当日或近日最精彩的新闻事件，须与手机报的内容本身有所关联，与手机报的报道互相补充，从而产生画面冲击力，而不是盲目地配图，文图分离。

4. 立体表现，形式多样

除了能够承载文字和图片这两大基本元素外，手机报也支持音频、视频、动画等多媒体元素。当然，由于手机报的容量限制，这些多媒体呈现形式更多出现在WAP型的手机报中。多媒体的运用使手机报的表现形式更加生动、丰富，同时也使新闻事实呈现出可视、可听的立体面貌，是对精练的文字报道的补充和延伸。

---

① 张瑞祯：《手机报新闻的特色表达》，《青年记者》，2012年第30期。

四、视频新闻的基本内涵

视觉词汇，也可以称为影像语言或者画面语言，是不同于文字语言的另一套语言符号系统。美国芝加哥大学的学者 W.J.T.米歇尔在《图像转向》一文中指出，“视觉文化是指文化脱离了以语言为中心的理性主义形态，日益转向以形象为中心，特别是以影像为中心的感性主义形态”①。

而美国哈佛大学学者丹尼尔·贝尔在《资本主义文化矛盾》一书中曾说道：“当代文化正在变成一种视觉文化，而不是一种印刷文化，这是千真万确的事实。”②

随着图像采集、处理和显示技术的高速发展，大量的图片、图像进入我们的生活，人们的视觉经验也随之增长，对视觉表达也产生了前所未有的依赖。可以说，我们正处于一个视觉文化流行的年代，视觉符号的编码、传播、解码可谓无处不在。

当视觉文化进入新闻传播领域，建立在图像符号和视觉词汇基础上的新闻很大程度上跨越了单纯的文字报道所具有的时空限制，加快了世界信息的流动与传播。我们常说“眼见为实”，如果仅仅用文字或口头语言的描述传播一条新闻，可能不会给人带来足够的信服，但是如果用影像的方式来展现，其可信度和深度就会大大增加。

在这一背景下，2004 年《华尔街日报》网站率先推出了“视频中心”，在网站的首页显示播出视频框，网民可以观看当日的视频新闻。在《华尔街日报》的记者手册中，记者被要求在采写报纸稿件的同时采回视频、音频原始材料，由专业人员剪辑和后期加工后，为制作报纸视频新闻充当素材。如今，已经有 1000 多家报纸的网站都可以制作高质量的报纸录像，美国 92%的报业网站提供视频并开辟电视频道③。同时，“背包记者”(Backpack Journalist)，也就是具有文字、摄影、摄像技术的全能记者正在崛起，逐渐成为融合新闻采编的核心力量。

对于移动媒体而言，视频新闻正在愈来愈凸显其重要作用。随着近年智能手机的大面积普及和 4G 技术的发展与成熟，随时随地流畅观看清晰的移动视频正在成为广大移动媒体用户生活中的一种信息需求与视觉体验。如何编辑适合在新媒体上传播的视频新闻也成了新闻编辑业务中一个全新的、需要迫切解决的问题。

（一）视频新闻的特点

1. 有声有画，视听结合

相对于传统的文字报道，视频新闻可以同时传播图像和声音，兼具视与听两种优势。用声音和画面构建的新闻事实，具有更直观、更立体的特点，常常让人有身临其境的感觉。视频新闻所具有的这种声画结合的特质决定了其适合传播生活中一些直观的、具有冲击力的事实，并能够在第一时间内产生巨大的传播效果。

---

① 段钢：《视觉文化背景下的图像消费》，《江海学刊》，2006 年第 2 期。

② 丹尼尔·贝尔：《资本主义文化矛盾》，赵一凡等译，三联书店，1989 年版。

③ 郜书锴：《视频新闻：数字报业竞争的新趋向》，《新闻记者》，2009 年第 1 期。

2. 采用蒙太奇的手法

视频并非真实的世界。视频是由“静态画面的快速连续播放形成的视觉错觉”①。由于人具有连贯思维的能力，只要每分钟有24帧静态画面连续播放，我们的视觉错觉就会把其识别成连续不断的动态图像。蒙太奇的影像剪辑手段，有时会帮助我们简洁地诠释新闻，去掉其中繁冗的画面，使视频新闻叙事简洁、架构清晰，从而言简意赅地报道新闻。但有时剪辑后组合的画面，也会传递扭曲事实，甚至伪造事实的新闻事件。

3. 拟人际传播

视频新闻实际上是一种拟人际传播，这一特点在移动媒体上表现尤为明显。人们通过移动媒体的屏幕观看视频新闻，画面中的主持人、受访者无不像是在面对观众进行交谈，他们可感、可观、可听，因而这种交流往往是感性的、私人的，比起一对多、多对多的传播模式更加深入和有效。

4. 移动性和实时性

随着公共Wi-Fi的普及和4G时代的到来，一张高速的信息网络正在快速覆盖我们生活的世界。随时、随地观看视频新闻正在成为手机用户一种新的消费习惯，这同时意味着移动媒体的视频新闻传播将更加即时、便捷和有效。同时，随着智能手机的普及和国内网络的带宽逐渐提高，实时制作和上传新闻视频也不再是空谈。这种移动性和实时性一方面带来的是视频新闻的采编效率提高，采编形式逐步多元化，传播范围大大增加；另一方面，视频新闻的采编人群不再仅仅限于专业的视频采编团队，视频新闻的素材来源更加广泛，但同时也呈现出良莠不齐的特点。

（二）视频新闻的技术基础

视频新闻主要采用流媒体技术。

所谓流媒体，又叫流式媒体，是指采用流式传输的方式在网络上播放的媒体格式。商家通过视频传送服务器把节目当成数据包发出，传送到网络上。用户使用解压设备对这些数据进行解压，节目就会还原成原来的样子显示出来。目前的流媒体技术主要有三种，分别是Microsoft公司的Windows Media，RealNetworks公司的Real Media，以及Apple公司的QuickTime。

此外，流媒体技术不是一种独立的技术，一个完整的流媒体解决方案往往是依托于完美的软硬件集成和强大的传输技术。其中视频新闻的传输技术显得尤为重要，它主要包括预处理技术、缓存技术和传输协议，并依赖于物理层面的信息传输基础设施。这些技术在使用端的计算机上创建了一个缓冲区，在播放前预先下一段数据作为缓冲，在网络速度较慢时，播放程序就会取用缓冲区内的数据。这意味着对于经过压缩处理并上传到网络的视频新闻，用户可以边下载边观看，同时保证播放的流畅和品质，而不必等到整个压缩文件全部下载完毕才能观看。

目前网络上新闻视频的主要格式包括FLV/F4V、MPEG/MPG/DAT、ASF、

① 吴信训：《实用电视传播学》，四川大学新闻系内部资料。

MOV、RMVB 等。

（三）视频新闻的内容来源与平台联动

在国内，目前视频新闻的制作与提供来自三种主要的视频网站：一是以中央电视台、湖南卫视、浙江卫视等为代表的传统媒体视频网站；二是以新浪、搜狐、腾讯、网易等为代表的门户网站；三是以土豆、优酷等为代表的专业类视频网站。

网络视频新闻主要包括电视新闻直播或转播、嘉宾访谈、自制视频等。

2010 年，亿拍科技公司第一次提出了“云报纸”的概念，并分别于 2012 年 5 月和 2013 年 7 月为《京华时报》和《人民日报》成功搭建了“云拍”客户端，发布京华云报纸和人民日报云报纸。云报纸采用了移动终端的图像识别技术，用户只要使用手机扫描传统报纸的报道，就可以在客户端上找到相关新闻的视频报道，查看更丰富的多媒体报道，满足其对新闻资讯延伸的需要。“京华云报纸”的首发被《传媒》杂志评为 2012 年度中国十大传媒事件。

视频新闻和传统媒体的结合，是传播手段的一次全新变革，也是报业数字化转型中一条充满希望的新路径。

五、视频新闻的编辑

（一）视频新闻的要素

从媒介形式来看，视频新闻的要素主要包括画面、声音和文字。

1. 视频新闻的画面

视频新闻的画面可分为拍摄画面和特技画面两种。拍摄画面来源于真实世界中的新闻事件，而特技画面则来源于人工设计与制作，主要用于表现难以拍摄的事件画面，通过虚拟的三维动画和多画屏特技，复原或者组合发生在不同空间和事件的画面，以增大画面的信息量，使抽象的信息更为直观，起到帮助受众理解必要信息的作用。

随着信息技术水平的提高和智能手机性能的飞跃，用户们对视频新闻画面的要求也与日俱增。其中，高质量的画面和流畅的画面剪辑已经日益成为一种不可忽视的用户需求。

2. 视频新闻的声音

视频新闻的声音一般包括人物同期声、现场音响和解说词。人物同期声能够帮助塑造人物的真实形象，展现个性，表达人物的观点、思想与情感。现场音响具有再现现场、增强新闻冲击力、补充新闻信息的功能。而解说词则负责解说不易用画面展现的新闻内容，补充新闻所必需的信息，同时起到精简报道、高度概括的作用，强调新闻的主题。

视频新闻的声音采集质量有时也会影响着整个视频新闻的传播效果。清晰的视频音响能够刺激受众，使受众更充分地感知、解读和记忆信息。

3. 视频新闻的文字

视频新闻中的文字主要起到解释和提示的作用。字幕通过与画面的叠加，起到露出播放平台标识、显示新闻标题、介绍新闻提要、提示解说词、人名、身份、时间、地点等的重要作用，与画面和声音相互配合、相互补充，是视频新闻不可或缺的一环。有时文字也起到插播新闻和广告的作用。

随着视觉文化的不断发展，字幕制作的精细程度和创意含量也会影响一支视频新闻的成败。精美、别开生面的字幕往往能为画面效果加分不少，从而影响着视频新闻的最终传播效果。

（二）视频新闻编辑的基本思路

视频新闻的内容主要是来源于传统媒体和视频网站的素材，因而视频新闻编辑的任务主要是对视频素材进行重新编辑加工。相较于传统的视频新闻编辑，移动媒体的视频新闻编辑具有制作周期短、节目时长短、拍摄门槛低、题材更贴近公众等特点。此外，移动媒体的视频新闻往往与其他形式的新闻报道相联动、互为补充，并通过微博、微信、门户网站等多种平台进行联合发布，传播层次更加丰富，传播效果更加明显。

视频新闻编辑的基本思路可以分为选题、切割、分离、整合、上传。

1. 选题

视频新闻编辑的题材选择遵从基本的新闻价值规律、宣传价值规律，并符合我国的相关法律法规，承担新闻从业者的社会责任。其中确保新闻的真实性是最基本的选题原则。

此外，移动媒体的实力、基本方针、地理位置和从业人员素质等因素也会制约着视频新闻的题材选择。

2. 切割

切割是指对超长的视频新闻进行编辑处理。由于移动媒体的用户具有流动性和碎片化浏览的特征，并不适合长时间观看过长的新闻视频，因此视频新闻宜分条播放，每条控制在3～5分钟，并单独制作新闻视频标题。

3. 分离

分离是指借助计算机软件对视频新闻进行的数字化分离，包括文字与画面的分离，剪辑精彩的镜头、画面，以及分解、提炼素材中的有用信息。

4. 整合

整合是将所有的新闻素材进行重新组合和创作，从而突出视频新闻的焦点，明确视频新闻的主题。在整合时，视频新闻编辑者需要注意控制视频的时间长度，提炼视频中的新闻主题，并注意把控各新闻点分配的比例。

视频新闻的整合也包含对视频新闻的外观包装，比如对运用数据的可视化处理、FLASH动画的加入、压制媒体LOGO、压制字幕等。

5. 上传

视频新闻主要是在线播放的视频，受到网络带宽速度和服务器处理性能的影响，上传时会损失一定的比特率，因此要压缩至合理的清晰度。

根据上传的平台不同，视频编辑根据显示平台预设的视频像素和比特率，合理选择视频新闻的压制精度。

在上传的同时，视频编辑还需要注意选择精彩视频的截图以当做视频的封面。新闻亮点突出、具有冲击力和和谐感的视频画面可以更好地吸引用户点击和观看。同时视频新闻有时需要上传页面的包装、视频简介文字的配合，以达到预期的传播效果。

（三）视频新闻编辑的一般原则

1. 注重事实的完整性，把握信息平衡

在视频新闻剪辑时，面对原始的新闻素材，往往会遇到素材如何取舍的问题。视频新闻的画面应包含事件的基本过程、新闻关键画面、人物情感和动作反应等。解说词和字幕则应对画面未能直观反映但是必须反映的新闻事实做出合适的补充和概括，以保障整个视频事实的完整性。

同时，新闻视频的剪辑，还要考虑平衡的问题。不同的采访对象，尤其是矛盾双方，应给予比例相当的出场和发声机会，以避免新闻报道上的偏向与失衡。

2. 注重叙事的流畅性，语言通俗晓畅

在叙事节奏上，视频新闻应当力图明快晓畅，不拖泥带水。在叙事结构上，由于视频新闻依赖于线性的播放方式，具有画面和声音转瞬即逝的特点，其叙事层次不能过于复杂，画面的剪接与转换应当遵守“静接静、动接动”的基本剪辑技法，以实现叙事流畅，保障新闻报道的信息能够最大限度地被受众接收和理解。

此外，视频新闻的画面语言和文字语言应当平实通俗，符合大众的视听习惯。

3. 注重画面的和谐感，力求重点突出

视频画面的和谐美感，一方面要在画面采集时保证，另一方面也与后期编辑时对画面的选择以及处理有密不可分的关系。

对于新闻视频来说，第一要义是要抓住新闻现场的完整画面，其次是将其置于画面的中心位置，以突出新闻的重点所在。编辑新闻视频画面，应当尽量选择那些重点突出、构图紧凑、噪点较少的画面素材。画面应当要准确地揭示主体与环境的关系，完整表现主体的实际状态。

同时，视频新闻的声画应当互相配合，尤其是应注重解说词与画面的配合。在编辑视频新闻时，解说词往往以镶嵌式的形态呈现，断断续续分布在画面、同期声、人物采访之间，只有放在新闻中，与视频中的其他元素组合才能形成完整的信息链。此外，视频新闻也需要音乐、字幕、特技等元素加以补充或者加强信息，从而形成一个完整的影像。

4. 注意新闻的时长和视频的大小

移动媒体的视频新闻要依托移动媒体平台进行传播，而这又往往受限于数据流量大小和网速快慢的限制。这些视频新闻的受众往往是那些利用工作和生活之余的碎片时间观看新闻视频的人群，因而新闻的时长不宜过长。同时，视频在保留一定清晰度的前提下不宜过大，以确保视频新闻能够流畅地播放，达到预期的传播效果。

第四节 手机客户端的新闻编辑

一、手机客户端

（一）手机客户端的发展

随着智能移动设备的发展，手机智能化，手机应用软件也蓬勃地发展起来。手机屏的大小越来越符合人们的阅读要求，手机网络覆盖面变广，网速变快，通过手机上网成为了人们的一种生活方式。中国互联网络信息中心（CNNIC）的《中国互联网络发展状况调查统计报告》表明，我国已进入移动互联网时代，手机上网用户在 2012 年上半年达到 3.88 亿，手机成为了我国网民的第一大上网终端，见图 14-2。

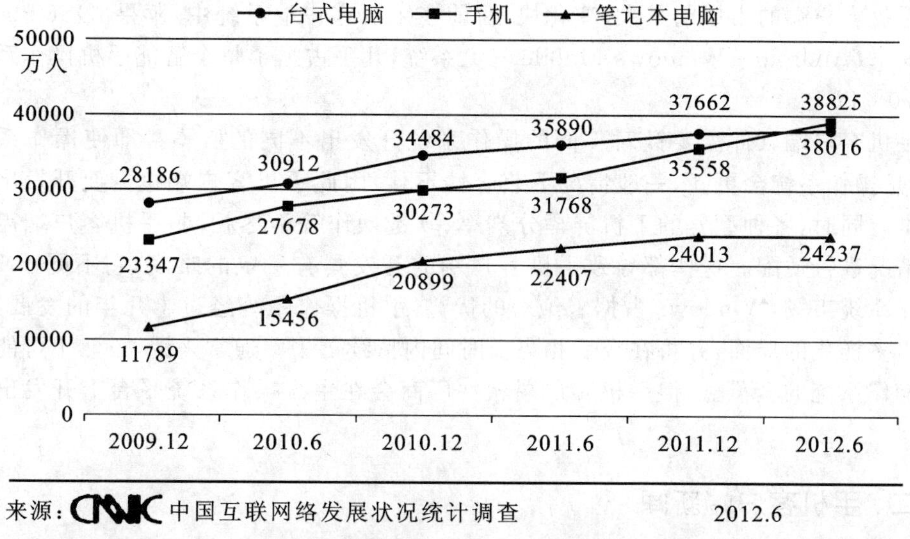

图 14-2 使用各类终端上网的网民规模

手机移动终端的优势是便携、个性化。移动互联网紧抓市场，服务越来越丰富，如媒体传播、信息服务、电子商务服务、公共服务以及生活娱乐服务等，给人们的工作和生活带来了极大的方便。手机客户端软件成为移动互联网发展的主流。对用户来说，手机客户端的易用性至关重要，对于开发商和运营商来说，它是占领手机终端市场的捷径。

（二）手机客户端的概念和分类

手机客户端（Mobile Client）格式，顾名思义就是手机软件的格式。

手机操作系统众多，不同的手机操作系统也有不同的版本。目前市场的手机操作系统有 Symbian（塞班）操作系统、Windows Mobile 操作系统、基于 Linux 的开源操作系统(如Google的Android)、iPhone专用操作系统、BlackBerry(黑梅)专用操作系统和Palm OS专用操作系统等。

根据诺达咨询在2009年11月对智能手机终端市场操作系统平台的调研结果，Symbian操作系统占据着手机操作系统市场的最大份额40.2%，其次是Windows Mobile操作系统，占到了35.5%。

Symbian系统是塞班公司为手机而设计的操作系统。2008年12月2日，塞班公司被诺基亚收购。2009年LG、索尼爱立信等各大厂商纷纷宣布退出塞班平台，转而投入新系统领域，至2010年塞班仅剩诺基亚一家支持。2011年12月21日，诺基亚官方宣布放弃塞班(Symbian)品牌。由于缺乏新技术支持，塞班的市场份额日益萎缩。截至2012年2月，塞班系统的全球市场占有量仅为3%。2012年5月27日，诺基亚彻底放弃开发塞班系统，但是服务将一直持续到2016年。2013年1月24日晚间，诺基亚宣布，今后将不再发布塞班系统的手机，意味着塞班这个智能手机操作系统迎来了谢幕。2014年1月1日，诺基亚正式停止了Nokia Store应用商店内对塞班应用的更新，也禁止开发人员发布新应用。

手机客户端的市场前景大、变化快，目前在手机客户端系统中，苹果iOS(iPhone)、谷歌安卓(Android)、Windows Mobile三大系统，几乎占据了整个智能手机操作系统市场的90%以上。

手机客户端软件需要针对不同的操作系统开发出不同的版本。即使操作系统相同，但是操作系统会更新，一般情况下兼容性不佳，因此手机客户端也需要开发出不同的版本。同时，各种型号的手机屏幕分辨率、软键操作等不尽相同，手机客户端需要对各种情况进行适配。这些都导致手机客户端的开发具有一定的难度，它不同于PC桌面操作系统市场，Windows占据着绝对的优势，手机操作系统经过十几年的发展，已经呈现出多样化的局面，并将在今后相当长时间内持续下去。通常来说，虽然不可能做到所有操作系统的全覆盖，但手机客户端软件厂商会在主流操作系统平台上开发出几个版本。

二、手机客户端新闻

(一) 新闻资讯类手机客户端的兴起

2009年10月，《南方周末》在iPhone上公布自己的客户端，由此揭开中国媒体开发新闻资讯类手机客户端的热潮。此后《人民日报》、《解放日报》等媒体纷纷跟进，同时新闻门户网站如人民网、新浪网等也都着手开发自己的新闻客户端。

浙江日报传媒梦工场研究员徐园指出，目前我国新闻资讯客户端的发展可以分为三个阶段:试探期、稳步发展期和快速发展期。

试探期:2009年至2010年，以第三代苹果手机的发布为契机，智能手机在中国进入了一个快速增长的阶段，这使得一部分传媒集团开始探索在手机上进行新闻播报的可能性，出现了第一代的新闻资讯类手机客户端。

稳步发展期:2010年至2012年，更多的媒体集团加入手机客户端开发大军。这一阶段，主流的媒体集团都已经在筹划或者研发相应的客户端产品，比较典型的有《广州日报》、《潇湘晨报》以及《中国国家地理杂志》等。此外，互联网门户网站、个人也纷纷加入这一队伍中。

快速发展期：2012 年，新闻资讯类手机客户端的竞争开始火热，这已经不仅仅是一个应用产品，而是更多地被赋予了“移动互联网入口”的特征，互联网巨头纷纷加大了投入，越来越多的传媒集团认识到争夺移动用户的必要性。

在《移动新闻阅读报告》中，皮尤研究中心分别对平板电脑和智能手机用户使用网页和手机客户端浏览新闻的情况做了调查。该研究中心在《美国新闻媒体报告 2012》中称：“美国已进入一个以电脑、智能手机、平板电脑为主的多媒体平台的时代，54%的美国人通过至少一种基于网络的数码电子产品获取新闻，最普遍的方式是直接访问新闻机构的网站或者手机 APP。”

根据《2012 年中国移动互联网发展状况调查报告》的数据显示，截至 2011 年 11 月，APP Store（苹果商店）上新闻资讯类 APP 有 11000 款左右，其中，简体中文新闻 APP 接近 300 款。从下载量看，门户式新闻 APP 占据了绝对优势，长期占据苹果商店的新闻 APP 排行前列的有搜狐新闻、新浪新闻、腾讯新闻、网易新闻和凤凰新闻，基本延续了互联网几大门户网站的名字。根据苹果发布的 iTunes Store 中国区 2011 年的下载量（销量）统计排名，iPhone 平台上新闻类排名前五位的依次是 ZAKER、网易新闻、Instapaper、Reeder、腾讯爱看；2011 年 12 月 10 日进行的实时统计，新闻类客户端排名前五位的依此是财经杂志、网易新闻、百度新闻、地产杂志、掌中新浪。

截至 2013 年 4 月，搜狐新闻客户端的安装量已突破 1 亿，成为国内首个用户破亿的新闻客户端。据易观智库发布的《2013 年 3 月中国移动新闻客户端下载量监测报告》显示，截至 2013 年 3 月 31 日，中国新闻资讯 APP 排名前三的客户端及下载份额分别为：搜狐新闻 31.8%，网易新闻 18.0%，腾讯新闻 10.2%。

（二）新闻客户端的分类及特色

移动互联网改变了这个时代的生活方式，除了大家所熟知的“移动”以外，对“个人”内涵的丰富和拓展也是一大亮点。移动互联网具有个人独立使用、即时性强、互动性强和个性化等显著特征。

新闻资讯类客户端有着这些移动互联网的特点，但同时，也具备一些新的特点。

1. 媒体延伸化

为了吸引受众，多数媒体将客户端作为新的传播手段或媒体的附属产品，因此新闻资讯客户端也一定程度上延续了原媒体的新闻理念和运作方式。具有传统媒体背景的新闻资讯客户端也相当于传统媒体的移动窗口，页面细节设计（比如 logo（徽标）、色彩搭配）上保持了媒体产品的一致性，同时注重新闻内容的建设。

2. 体验个性化

在移动互联网时代，智能手机被称为“指尖上的艺术”，手机的触控操作拉近了人机距离，切换、滑动、缩放等操控性功能，还具有人性化皮肤、时间模式、全屏、自适应等个性化操作和选择功能，这些功能的开发和使用，形成了人机互动。

新闻资讯类客户端不再是模式化、单向化的信息产品，而是一个社会化的信息分享和交流的过程。新闻内容的编辑不再是简单收录、统一传达的形式，而是从用户的角度考虑，根据用户的需求进行筛选，又给用户充分选择的机会。在这种模式下，用户可以根据自身的需要，选择自己喜欢的功能，打造一个属于自己的“个人新闻门户”。更好地满足用户的个性化需求。

3. 内容聚合化

“新闻聚合”是指在一个网络平台上汇聚多家网站的不同新闻，移动互联网为“新闻聚合”提供了平台和技术，使其更加丰富和流行。一些新闻资讯类客户端不仅对报纸、杂志、各媒体网站的新闻进行整合，而且利用网络资源对社交媒体的“泛新闻”内容进行聚合，还善于挖掘博客、微博等用户自创内容，将用户的言论变为新闻的一部分，增加其趣味性和可读性。这种对新闻内容的聚合，拓宽了新闻来源，切合了用户的兴趣，避免了用户为筛选新闻而耗费大量时间，实现了新闻的增值。

如“中文报刊”APP，将几百家报纸内容聚合起来，所呈现的信息广度难以比拟。如“搜悦”不仅提供新闻资讯，还将新闻精华置顶区、用户评论、语音评论、个性化订阅、分享收藏、视频、博客、微博、微信、社区、有问必答、百科知识等聚合在一起，应有尽有，而且在该产品下用户账号通用，一款新闻阅读 APP 却将社交网络发挥到极致，满足了用户的所有需求，提高了用户黏性。

4. 操作移动化

移动是手机最大的特性，它打破了时空对于人们阅读的限制。充分利用起人们的碎片时间，让人们在等车、等人的间隙通过手机了解最新信息。《2012 年中国手机网民上网行为研究报告》显示，人们利用手机上网的时间分别集中在睡前(69.7%)、等车时(48.3%)、工作学习时(45.8%)、在图书馆或咖啡厅时(40.9%)、排队时(40%)、上卫生间时(39.3%)。

3G 网络和无线 Wi-Fi 的普及拓宽了网民的上网空间，使用户免于各种各样“线”的烦恼，有学者把这样的改变称为从传统的“围墙花园”过渡到“开放地带”。

移动化的阅读场景是移动互联网时代的阅读趋势。在未来，受众会越来越习惯快速地消费信息内容。

按照新闻资讯客户端安装内容，可以将其划分为三类：综合新闻类、专业资讯类和聚合阅读类。

1）综合新闻类

是指“以文字、图片、视频等多种表现形态，提供社会多领域的新闻资讯，是不同新闻形态的集合体”。这类新闻资讯客户端所提供的内容主要来自本媒体的新闻资源和其他媒体为客户端所提供的新闻资源。综合新闻类成本小，资源优化。其特点是内容丰富，涵盖范围广。如《人民日报》、《腾讯新闻》、《中文报刊》等。

2）专业资讯类

是指“客户端所提供的内容为某一领域或某一群体特定的资讯”。这种客户端分类细，专业性较强，具有特定的受众人群，有时尚类、财经类、科技类等等。

3）聚合阅读类

是指将“各类新闻内容及社交媒体的具有新闻特征的资讯聚合在一起，按照用户个人意愿进行智能化推送并实现个性化定制、定位、社交等多种功能，强调社群化的互动和分享”。这类客户端注重体验与分享的用户感受，更适合移动互联网时代的数字阅读。如ZAKER、今日头条、鲜果联播等。

三、手机客户端新闻的编辑

（一）手机客户端新闻的要素

手机客户端新闻通常包括界面、图标、频道、标题、作者或来源、图片、引言、正文、视频、互动、发布时间等要素。综合、专业、聚合三类的手机客户端新闻的要素组成略有差别，不同的运营商出品的新闻资讯客户端的设计方式也会有所不同，但是总体来说大同小异，基本都包含了以上要素。

（二）手机客户端新闻的编排特点

1. 视觉上做减法不做加法

手机客户端的风格要求简单明了，带给客户方便、快速的使用体验。这也是由手机客户端的移动性与手机阅读的碎片式所决定的。新闻资讯手机客户端简洁的设计、精悍短小的内容、便捷的呈现方式，能够更好地贴合受众在不同移动场景中的使用习惯，满足受众对语境的要求。

视觉上做减法不做加法，如果一个功能不是超过50%的用户都会使用，则需做减法，不能让用户对当前功能的使用方法产生疑惑。在首页或者正文中的链接和按钮，要让用户在点击之前就知道它代表什么。

慎用图标，图标占用界面的空间很大，太多会显得繁杂，所以有效、谨慎地利用图标表达意思显得格外重要。

2. 强化可读视性

随着图像压缩和视频传输技术的不断发展，单纯的文字表述已经很难吸引受众。“图文并茂”是手机新闻客户端最重要的功能之一。新闻客户端呈现多元化，图像、音频、视频与文字有机地结合在一起。

速途研究院2013年10月发布的数据显示，视频行业在移动互联网领域发展迅速，用户规模已突破28200万。在移动互联网时代，视频因其直观、形象的优势，已成为新宠。以搜狐新闻客户端为例，3.7版本正式上线后，“视频”已成为和“新闻”、“订阅”频道同等重要的阅读入径。56网等视频媒体以及搜狐播客等自媒体的入驻使其内容更加丰富，并按照内容的不同将视频分为“热播”、“搞笑”、“娱乐”、“体育”、“美剧”、“综艺”、“电影”等类型，用户可根据兴趣选择观看不同频道的视频栏目。

3. 注重新闻资讯的即时更新与推送

新闻客户端被阅读的时间间隙短、更新时间快，因此新闻资讯的即时更新就显得尤为重要。网易新闻是每隔 30 分钟更新一次，但有突发新闻事件则会即时更新。更新时，要注意更新内容的选择，应该与前一时段的新闻具有差异性，不让受众重复阅读，但是重大新闻事件又应当具有连续性，例如在马航失联一事故中，各大新闻网站就实时更新、连续报道，形成专题。

而新闻首页的更新则应注意涵盖多方面的新闻话题，以网易新闻的首页为例，如图 14-2 所示。

图 14-2　网易新闻客户端 2015 年 4 月 27 日 5:00 首页截图

从图 14-2 可以看出，网易新闻的首页新闻包含了各类新闻，热点突发事件《尼泊尔强震已致 2460 人遇难》，时事类《吸毒市长为多名女性安排工作》、《证券法修订：发审委去留成焦点》，经济类《深圳楼市升温港人组团“抢房”》，娱乐类《李晨代言〈魔剑之刃〉公测》等等新闻，可以满足人们的不同需求。当然，其中以热点、时事新闻为主。

推送功能可以将国内外发生的热点新闻第一时间发送到用户的手机，并以短消息形式提醒用户查阅。新闻客户端的推送消息多以“标题＋导语”的方式简明扼要地概括新闻内容，使用户无需打开新闻客户端即可掌握最新资讯。用户可以根据自己的需要选择是否接受新闻推送，可以选择是否接收订阅频道的消息推送。同时，应该对每个视频和音频都标注时长或大小，提供离线下载功能，用户可根据所处的网络环境来选择直接收看还是离线下载。

4. 有效的新闻信息聚合以及本地化新闻

用户可以根据自己的喜好订阅和排列不同类别的新闻内容，即新闻资讯类手机客户端所具有的“频道”功能。根据用户所订阅的频道来为用户提供有效的新闻信息聚合和推送，差异化、个性化，是手机客户端新闻的重要特点，每一条新闻都要有它的类别归属。频道的归类和划分直接影响着用户的体验好感度，不同的新闻资讯类手机客户端的频道分类不同。

移动网络可以通过特定的定位技术来获取移动终端用户的位置信息（经纬度坐标），然后利用这个定位，为终端用户提供个性化新闻。目前，在移动新闻客户端中，用户可根据自己的位置和自己所关注的城市来订阅当地新闻。地域接近性是新闻价值中一个很重要的方面，比起国内外众多热点资讯，用户也许更关心发生在自己身边的新闻。

从本质上来说本地资讯和频道订阅一样，都是为了实现差异化和精准化而进行的个人新闻定制，目的都是为了与用户需求更加匹配。“内容为王”已经很难单独支撑优势体系，“差异化”才是精准定位用户群体、形成品牌口碑及增强用户黏性的关键。

第五节 平板电脑的新闻编辑

一、平板电脑新闻的基本概念

（一）平板电脑新闻的发展

从人们能够从互联网上获取新闻开始，人们就对“网络会否吞噬传统报业”展开了一场大讨论。从已有经验来看，报纸发行量的下降、传统主流媒体的核心人员跳槽互联网，这些似乎都在证明着报纸在互联网冲击下的颓势。为了在数字冲击下求得新生，各大传统媒体都开始了自建网站、自创客户端的网络化征程。

在这一背景下，2010 年 1 月，iPad 在美国旧金山横空出世。它将软件操作系统与产品硬件高度融合，加入了云计算、流媒体、高清视频、HTML5 技术，使产品的便捷性、流畅度以及操作体验得到了大幅度提升，成为文字、影像、娱乐、游戏各种应用的集大成者。这不仅融合了个人电脑、智能手机等电子设备的优势，同时也具备了传统纸质媒体的部分特性。这使得 iPad 从 2010 年上市起，在 14 个月内便引起了报纸与杂志出版商极大的兴趣。

iPad 上市第一天，包括《纽约时报》、《今日美国》、《华尔街日报》和美联社在内的多家新闻机构就通过开发相应的应用程序使其内容可在 iPad 上阅读与下载。数月后全世界数以百计的新闻机构在 iPad 上投放了自己的新闻应用程序。

随着平板电脑成为一种日常生活方式，三星、联想等品牌进入市场，平板电脑新闻程序不再局限于 iOS 系统，适用于安卓系统、Windows 等系统的平板新闻工具也开始进入市场。国外新闻机构如《纽约时报》、《华尔街日报》、BBC（英国广播公司）、CNN（有线电视新闻网）、《时代》周刊等，国内媒体机构如《人民日报》、新华社、中央电视台、《南方周末》、第一财经、凤凰卫视等编排的新闻资讯成为了平板电脑重要的内容与功能构成。

（二）平板电脑的特点

诞生于 21 世纪的平板电脑可以说填补了小手机与大电脑间的空白点，集笔记本电脑、电子书、有线设备、手机、电子相框等各种电子设备性能于一体，具有高集成性的功能、合适的外形、可操控的触屏、高分辨率的视觉画面以及强大的人机交互等技术特征。这些不仅能给用户带来愉悦的使用体验，而且这些强大的功能运用于新闻报道后，也会产生出不一样的传播特性和价值。

高分辨率的视觉画面和强大的触控功能、随意放大缩小的功能在一定程度上解决了看不清版面上的字的问题，从左往右的滑动翻页使手指在触摸按钮或标识时具有真实感，极大提高了用户阅读的易用感受。在平板电脑里，用户可以随意订阅或删除报刊、电视节目，可以自由下载或卸载 APP 客户端，可以基于地理位置阅读本地化新闻。用户还可以预约各种电视节目、对于不定期更新的新闻报刊可以设置推送服务。在外观使用上，标准化的平板电脑 9.7 英寸，与日常阅读的书籍的大小一般无二，页面尺寸、编排、阅读感受也都贴近纸质版杂志。

（三）平板电脑新闻的形式

客观地说，平板电脑并不是专门用来传播新闻的媒介，但是平板电脑带来的新闻阅读体验和移动传播效果却是颠覆性的。

目前，平板电脑的新闻客户端中，数量较多的是传统报刊、杂志和电视台频道、栏目，这其中又以报纸和杂志为重。这类报刊新闻客户端把传统纸质版的内容搬到平板电脑上，做成应用程序的形式向用户出售，用户通过下载每个报刊的独立客户端来浏览、阅读。这一形式已经成为了各大传统媒体争夺互联网重地的主要形式，凤凰新闻、澎湃新闻、纽约时报、金融时报等都有自己的新闻客户端，提供收费或免费的新闻资讯。

另一种是网络媒体的新闻客户端，有两种形式：集成平台类和实时新闻类。集成平台类的网络媒体新闻客户端主要通过采集各大媒体的内容为读者提供个性化新闻服务，如网易新闻、ZAKER、鲜果联播等；实时类新闻客户端更注重新闻的时效性，如今日头条、即刻新闻等。

二、平板电脑新闻的编辑

（一）平板电脑新闻的编辑原则

平板电脑不同于传统媒体之处在于，它极大调动了人们的视觉、听觉和触觉，将阅读转化为了较往常任何时候都更私人化的阅读过程。因此，强调用户体验成为了编排平板电脑新闻内容与页面的出发点，这也是扩大平板电脑阅读范围与深度的利器。

为了适应新的传播介质，编辑对于平板电脑上的数字内容需要从用户角度出发重新思考，以易读性、易用性、视听享受和交互性为原则，另行安排内容生产。

1. 易读原则

快节奏的现代生活和平板电脑的便携性使人们的阅读节奏也随之加快。易读性，即要求新闻信息易于发现、易于接受、易于理解的程度。它不仅指文本内容的轻松化、明晰化和趣味化，还包括良好的信息展示方法和简洁的外在表现形式。

以在 iPad 用户中广受欢迎的 Pulse 新闻阅读器为例，这个新闻阅读器只能添加最多 20 个 RSS（聚合内容）源，以防止过多的信息为用户带来困扰。另外，Pulse 还充分利用了 iPad 的大尺寸触摸屏，以图文结合的形式按行列出每个 RSS 源的最新内容。只要打开应用，用户关心的内容便一目了然。而当他们点击一篇自己感兴趣的文章时，则既可以查看干净的纯文字版本，也可以轻松切换到文章所在网页中。简洁、易读、风格突出，这些优点让 Pulse 鹤立鸡群，迅速登上付费应用榜的首位。

2. 易用原则

要想吸引、留住继而黏住用户，易用性是每一款产品进行设计时重点考虑的方面。例如，平板电脑的页面切换和按钮点击是靠手指触碰来完成的，但是每个人的手指粗细却不相同，当肥大的手指遇上“娇小”的按钮时，易用性就会出现问题。类似的问题还有很多，比如用横向滑动还是纵向滑动？使用幻灯片呈现图片还是用缩放展示图片？从用户体验角度考虑，采用什么样的设计达到什么程度的易用，必须与新闻产品特性结合起来。

实现易用性还有另一种途径，就是模拟真实的事物。“当一切越接近真实世界时，用户的学习成本越低，产品的易用性就越好。”依照这个理论，在平板电脑中，“相册”就是一堆照片，书就是书架上有封面有形状的书籍，一切物体具有真实的材质纹理，一眼看去与实物毫无二致，操作也就顺理成章了。这也是为什么现在很多报纸、期刊倾向于将纸质原版放到平板电脑中，为用户呈现原汁原味的报刊版面。还有不少平板电脑的新闻客户端在模拟实物的静态外观时，还提供给用户动态翻页或滑动的选择，这种平衡动静的设计极大地减少了使用障碍，增强了用户对于电子产品的使用享受。

3. 交互原则

一种通常对“交互性”的定义，是看用户能在多大程度上对内容进行控制。但是这种交互不只是人与信息的交互，还有人与平板之间的互动。平板电脑新闻并不是简简单单地看与听的过程，而应该加入了用户的自主选择和亲自执行的过程。

以南方周末新媒体有限公司针对 iPad 平台量身打造的“南周阅读器”为例：虽然这个应用程序在内容提供环节，还是以传统的编辑为主要渠道、界面设计也和真实报纸趋同，但是我们能够看到它在电子编辑时代所做的努力——手势控制页面开关，实时更新当下热点新闻，推荐各频道的“十大热门”文章，转发、分享、评论、离线阅读、加星收藏等互动工具将“单向”的新闻传播变为了“一点多向”的传播，实现了个人对机器的动态运用和个人对个人的实时分享，在这种交互过程中，新闻受众的地位得到了空前的提高。

4. 视听享受原则

尽管 iPad 还不能全面支持 Flash，但这不能阻止用户对平板电脑多媒体视听的享受。平板电脑用户，尤其是苹果用户，对于阅读界面几乎有着苛刻的要求。因此，平板电脑新闻的编辑不仅需要注重内容编辑，同时还要注重内容形式的包装，尽可能将平板电脑的硬件优势发挥充分，实现最大的视听享受。

以上海报业集团旗下“界面新闻”的平板客户端为例，每天有大量新闻、生活、娱乐、观点、创意资讯，这些内容不局限于文字图片的简单呈现，而是包含大量多媒体和互动内容，如原创高清视频、高清全屏图片、社交网络共享、与记者的互动追问等。

又如“南都 DAILY”主界面背景能够根据用户所在地位置，实时呈现相应精美的天气场景，“南都 DAILY”这种“很酷、很炫、很精美”的界面不仅受到了青年人的追捧，平板电脑的新兴用户群——中老年群体也惊喜于这样人性化的精良设计，从而成为“南都 DAILY”的忠实用户。

（二）报刊新闻客户端的编辑与排版

在之前的介绍中，我们提到过，报刊新闻客户端是平板电脑的新闻形式中最常见的一种。目前而言，以平板电脑为载体的报刊新闻传播有其独特的编辑方式，我们可以将其概括为“基于数字技术的新型编辑模式”。

目前，报刊平板电脑新闻客户端的版面大致有三种处理：一是对传统报刊的“克隆”，即将纸质报刊内容一模一样地照搬到平板电脑上，保留原来的版面，无论竖放还是横置，画面都不会发生变化；第二种是针对 iPad 的“改造版”，即在原有内容基础上，针对平板电脑的尺寸和特性，重新编排布局，有选择地展示内容；第三种是“杂交”混合传统报刊和平板电脑的版面，以传统报刊为基础上做内容和功能的延展，既展示原汁原味的内容，又推荐精华、评论或发布动态即时新闻。

1. 报刊新闻客户端的版式编辑

报刊新闻客户端在版式编排上是非常机动灵活的，根据不同的受众需求、新闻特点和技术条件可以有多样的编排方式。平板电脑新闻常用的编排方式有等分编排、范式编排、全幅式编排和头条式编排等。

1）等分编排

就是将页面均等划分为若干个板块，适合用于栏目分类、新闻分列等，形成整齐划一的视觉效果，使分类更清晰易读、避免杂乱无章感。

2）范式编排

是将页面按“横三竖二”或“横四竖三”进行分栏设计，栏宽自定义，比规整的范式编排更多了一些变化和灵动。

3）全幅式编排

即整个页面是一张大图片或一篇文章的图形版，这一版式通常用于展现重要的新闻内容或深度报道、新闻评论等，重点明确、单一，能够凸显重要性。

4）头条式编排

即用大幅照片配以标题和正文摘要作为头条，占据页面大块位置。起到突出重点、吸引注意力、快速导读的作用。

2. 报刊新闻客户端的摘要编辑

为了快速浏览，大多数报刊新闻客户端都会设计一个封面页或首页作为当天报纸或新闻的导读，采用“标题＋新闻摘要”的编排方式。通常，标题与传统媒体的标题不会有太大差别，而摘要的编写则大致有三种方式：

1）5W 式摘要

将何人、何时、何地、何事、为何在摘要中予以交代，以简洁的语言说明、概括事件的大致状况。争取在 5 秒的快速阅读中让读者了解新闻的基本内容。

2）悬念式摘要

用最吸引人的兴趣点来设置悬念，吊起阅读者的胃口。有重点地说其一点而不加更多解释，甚至通过合理地设置问题，勾起受众对悬念探究的心理，以激发阅读兴趣。

3）要点式摘要

摘录文章中最具价值或最中心的一段话，直接编写为摘要，直接、明了，紧扣新闻主题。

经典案例 14-1

《新京报》的封面摘要

2015 年 4 月 25 日，尼泊尔发生特大地震。次日，新京报平板电脑新闻客户端首页以专题形式覆盖“尼泊尔地震”的新闻（见图 14-3）。

图 14-3　《新京报》的封面摘要

头条《习近平向尼泊尔总统致慰问电》的摘要是：“称对不幸遇难者表示沉痛的哀悼；中方愿提供一切必要的救灾援助”。这一导语采用的就是要点式的写法，摘录致电内容的中心内容，通过标题和导语，就能够把握新闻的主题。

《武警总医院医疗队飞赴尼泊尔》的摘要是：“26 日凌晨武警总医院医疗分队，赴尼泊尔地震灾区执行救援任务”。涵盖何时、何人、何地、何事、为何，二十几个字概括了新闻大意。

《媒体五问尼泊尔 8.1 级地震》的摘要：“大地震越来越多了吗？此次地震是否会引发中国大陆地震？”这是典型的悬念式摘要，以连续的两个问题，问出读者最关心的问题，让受众有兴趣通过阅读正文了解细节。

思考与提示：

摘要编写最大的忌讳是赘而不详、主题不明。现在依然有部分新闻客户端将文章第一段的几句话自动编录，这种操作既不能突出新闻价值，又无法有效引导用户阅读，是很不当的做法。好的摘要应该能在点明新闻要素的同时，吸引用户点开标题，进行更深入的阅读。

3. 报刊新闻客户端的图片编辑

随着触屏技术和屏幕分辨率的不断提高，平板电脑的屏幕几乎成为了展现图片的最好平台。高清晰度、大幅面的照片在平板电脑上呈现时，不仅其本身有着完美的画质和强烈的视觉冲击力，而且读者在浏览图片时还可以通过手势切换控制图片，实现多图切换和随意滑屏，为用户浏览提供了极大便利。图片本身就有着比文字更强的吸引力和更大的信息含量，因此，图片在平板电脑新闻的编辑中就显得越发重要了。

与传统媒体一样，平板电脑新闻的图片在呈现形式上有单幅图和组图两种形式。但是，组图的呈现方式却更加丰富多彩：有的以左右滑动的方式呈现，有的以上下滚动的方式呈现，有的则编辑为弹窗图，点击小图后弹出更大幅面、高清晰的图片。

图片与说明文字的组合也更加灵活多变。可以将说明与图片本身融为一体，文字本身是图片表达和画面设计的一部分；也可以把说明文字"隐藏"起来，在点击提示按钮后，才会弹出文字。还有一些别具匠心的特殊设计，比如用户只要上下滚动屏幕，就会滚动出现文字等。这些细节的编排能够为追求"体验"的平板电脑用户带来更好的阅读感受，为新闻加分。

（三）网络媒体新闻客户端的编辑

现代生活不仅在生活节奏上有明显的"加速度"，人们对于视野广度的追求也在不断提升，多元的需求和对于速度的追求使得单一的媒体客户端越来越无法满足人们多样的信息需求。因此，各类集成平台类新闻客户端和实时新闻类客户端就应运而生，并在平板电脑的新闻传播中占据了半壁江山。

这一类客户端由于来源纷繁复杂、信息容量更大、编辑规律性低、新闻内容的个性化更强，其排版编辑也应针对这些特点下功夫，满足平板电脑用户随时随地浏览、阅读，快捷掌握第一手信息的需求。

1. 集成平台类新闻客户端的编辑要点

集成平台类新闻客户端是通过 RSS 源，为不同用户提供不同订阅服务的新闻平台。这类新闻客户端的特点是：访问的新闻源多样，新闻内容的编排版式多样，不同新闻源的更新时间不同等。概括来说，就是"难统筹"。因此，集成平台类新闻客户端的编辑需要注意以下三点：

1）合理编排、呈现新闻源的内容页

从首页进入各个新闻源页面后，内容应做到整齐之中有所变化。结合之前提到的"视听享受"原则，应尽量交叉使用不同的页面布局版式，图文搭配，避免视觉上的枯燥乏味。具体的做法包括：以图片带文字，标题结合摘要，文章与文章之间可以纵横交错，通过占据空间大小的不同，形成视觉差，抓住用户的眼球。

但同样需要注意，不能为了视觉上的错落而忽视版式的整洁。依然要保持界限和板块的划分分明，并充分留白。

2）首页版式简洁明了，提供个性化操作

由于根据用户个人爱好集合订阅了不同的新闻源，而各条新闻的比重、用户偏好又较难把握，因此，这类客户端在版式的设计上，一般采用等分编排的形式——所有新闻源订阅所占的空间基本均等，没有主次之分，使整体看上去干净、清爽。当然，随着大数据时代的到来，也开始有新闻客户端根据用户的浏览次数、时间、收藏和分享等数据信息，有倾向地安排各订阅板块。

为了展现用户更多的订阅，这类新闻客户端通常采用滑屏操作。另外，为了满足用户不同的兴趣和爱好偏向，还提供自由排序功能，让用户能够个性化地安排每一个新闻源的位置和前后顺序。

3）不同新闻源间跳转便捷

使用集成平台类新闻客户端，就意味着必须在不同的订阅源中跳跃浏览。如果安排不合理，这种跳跃的流畅度和舒适度就会大打折扣。因此，必须保证用户在进入一个订阅源后，能够便捷地返回或跳转到其他订阅源。由于平板电脑没有统一的规格标准，因此，集成平台类新闻客户端的编辑必须将不同用户的体验和不同新闻源的版式设计纳入考量，把一些辅助功能纳入应用中，让用户能够轻松自然地进入或退出当下页面。

2. 实时新闻类客户端的编辑要点

实时新闻类客户端与集成平台类新闻客户端的区别在于：实时新闻类客户端更注重新闻的时效性，对于新闻源没有明显的划分，不以个性化的订阅功能为卖点。进一步来说，实时新闻的新闻信息更短小精悍、传播速度更快、阅读深度相对较浅。根据这些特点，实时新闻类客户端的编辑有以下两个要点：

1）融合平板电脑自身优势，让新闻“动”起来

平板电脑本身具有包括多媒体展现、网络媒体图片资源丰富、视频资源充沛等特点。利用这些优势，在编辑平板电脑新闻时，可以在导航中加入图片和视频，以方便用户快速、直观地掌握新闻；或者以“视频”、“图片”等小标识引导用户点击观看。通过网络资源的融合运用，让即时新闻丰满起来、“动”起来。

2）增大页面容量，注意多篇报道的比对

即时新闻出于对时效性的追求，在细节、深度上有所欠缺。通过对多新闻源的并列呈现可以弥补一部分细节的缺失，让读者通过不同报道寻找、感受新闻细节，并在比对中探索新闻的深层信息。而要做到多篇报道并列呈现，就需要足够的版面。可以运用平板电脑的触控技术，通过上下、左右滑动增加页面容量。

本章相关概念

移动媒体　mobile media

手机报　mobile news

视频新闻　video news

思考题

简答题

1. 移动媒体的特点是什么?
2. 移动媒体的传播优势是什么?
3. 试论移动新媒体的编辑原理。
4. 简述手机报的特点。
5. 简述手机报的表达特色。
6. 简述视频新闻的特点。
7. 论述视频新闻编辑的原则。
8. 简述新闻客户端的特色。
9. 简述平板电脑新闻编辑的原则。

CHAPTER 15

第十五章 特色类新闻的编辑

本章导言

(1) 财经新闻是新闻细分领域中信息含量更高、采编操作难度也相对较大的一种类型，与文体、社会新闻相比，财经新闻满足的是目标人群相对刚性的信息需求，服务于目标人群的决策行为，与目标人群的切身利益关联度更高，而且信息的呈现方式直接影响到目标人群对其的解读理解和后续决策行为。

(2) 法制新闻是新近或正在发生的关于立法、司法、执法、守法和社会各方面与“法”有关的各种活动、现象和问题的新闻报道，它不仅包括进入司法程序的案件报道(分为犯罪案件报道和非犯罪案件报道两种，)也涵盖包括“公检法”、立法机关即各级人大以及政府执法部门在内的所有司法机关的具有新闻价值的活动及其相关行为的信息传递。

(3) 从广义上说，娱乐新闻就是能使人轻松快乐，供人休闲消遣的新闻报道。狭义的娱乐新闻，一般指的是关于影、视、歌等大众文化的娱乐作品或明星人物的、新近发生或正在发生的、对公众具有娱乐意义的事实的报道。因此，从狭义上说，娱乐新闻就是报道娱乐业的新闻。

(4) 体育新闻是指通过新闻媒介对新近或正在发生的体育赛事、体育活动、体育工作等事实进行的各种形式的及时准确报道，通常有体育消息、体育通讯、体育专题、体育图片新闻和体育新闻视频等主要报道文体。体育新闻是专业新闻中的一个重要门类，具有广泛的接受群体。

(5) 微博，即微博客，源自于英文单词 microblog。作为 Web2.0 的产物，微博属于博客的一种形式，但单篇的文本内容通常限制在一定范围内(国内通常为 140 个汉字)，使用户能够通过微博融合的多种渠道(包括网页、手机、即时通信、博客、SNS 社区、论坛等)发布文字、图片、视频、音频等形式的信息，具有内容碎片化、使用方式便捷、传播迅速、交互性强等特点。

本章引例

北京时间6月14日0时(亚美尼亚当地时间13日20时),欧洲杯预选赛Ⅰ组第6轮开始1场较量,葡萄牙客场3比2逆转亚美尼亚。C罗上演帽子戏法,蒂亚戈被罚下。D组,波兰主场4比0胜格鲁吉亚,仍领先德国1分。莱万多夫斯基上演欧洲杯预选赛史上第2快帽子戏法(4分钟),以7球升至本届预选赛射手榜首位。

——摘自新浪体育

上证所将和中证指数公司合作推出上证50杠杆指数。反向ETF有望将对冲门槛下降到千元级别,化解散户对冲难题,但需要注意的是长期投资杠杆ETF的投资回报可能与目标指数的回报偏离,风险较大。

——摘自新浪财经新闻

6月14日消息,据外国媒体报道,《神探夏洛克》男星本尼迪克特-康伯巴奇的妻子索菲-亨特已为他生下第一个孩子,据透露是个“漂亮的儿子”。康伯巴奇的发言人宣布了这个消息:“本尼迪克特-康伯巴奇和索菲-亨特很高兴地宣布,他们漂亮的儿子诞生了。在接下来宝贵的几周,我们诚恳地请求尊重他们的家庭隐私。”两人于今年情人节奉子成婚,如今终于顺利生下孩子。

——摘自新浪娱乐

北京某公司老板将公司名下已出售或者抵押的房产再次出售,骗取28人5000余万元。案发后,该老板仅退还500余万元。昨天,记者从市高院获悉,市高院近日作出终审判决,因合同诈骗罪判处该公司老板无期徒刑,并责令他的公司退赔4515余万元发还被害人。

——摘自京华时报

(1) 掌握各类特色新闻的概念与特殊性。

(2) 掌握各类特色新闻的功能。

(3) 了解各类特色新闻的编辑原则。

第一节　财经新闻编辑

财经新闻是新闻细分领域中信息含量更高、采编操作难度也相对较大的一种类型,与文体、社会新闻相比,财经新闻满足的是目标人群相对刚性的信息需求,服务于目标人群的决策行为,与目标人群的切身利益关联度更高,而且信息的呈现方式直接影响到目标人群对其的解读理解和后续决策行为。因此,在掌握新闻编辑基本技能的基础上,深入理解财经新闻与其他新闻报道类型相比的特殊性是做好财经新闻编辑工作的前提。

一、财经新闻报道的特殊性

（一）财经新闻报道对象的泛关联性

社会新闻更侧重于环境监测与舆论监督，娱乐体育类新闻更多满足媒体用户的休闲消遣需求，对其报道主要在“5W＋1H”（why、what、where、when、who、how）总体基础上根据具体情况适当选取重点突出放大即可，事件与事件之间的关联性相对较弱，而每一个财经新闻事件的发生发展，背后都有着千丝万缕的关联性因素，需要记者多方收集材料，对事件的背景、来龙去脉、所涉及的利益格局、各方反应和社会影响有客观了解和认知，然后在此基础上依据目标受众人群的关切进行重点梳理和解释呈现。在财经新闻事件的报道中，紧紧满足于5W＋1H等新闻要素的罗列式呈现是远远不够的，需要经由现象揭示背后的趋势脉络与结构性变动及商业逻辑，这样才能满足目标受众的深层需求。

（二）财经新闻报道对象的复杂性与专业性

与其他新闻报道不同，财经新闻的报道可能涉及数据、图表、政策、事件、人物等不同方面，对经济学、财政学、金融学、会计学、财务管理等学科理论的理解则构成优秀报道的深层支撑。报道对象的复杂性与专业性既对记者的综合素质和知识结构提出更高要求，同时也需要记者具备高水准的转换翻译能力，能够在专业敏感性和洞察力之外，将复杂专业的财经数据、财经事件进行生动活泼的大众化解读以迎合普通公众读者的接受偏好与能力，追求高度、深度、温度和趣味度的有机统一。

（三）财经新闻报道取向的追问性、前瞻性和现实干预性

人们阅读财经新闻报道通常不是为了简单的猎奇休闲，而是为了更好优化微观企业、组织或者个体的经济决策，从这一点上说，优秀的财经新闻报道不应拘泥于对事件的当下解读，而是深入事件背后的支配性逻辑、发展演变脉络和变化动因进行深度追问，并以前瞻性眼光关注事件未来走势。“经济预期的自我实现”是现代经济社会的一个基本特征，亦即是说，当社会上的大多数决策主体都依照某种预期进行理性决策的时候，该预期就具备了自我实现的可能。因此，预期管理是现代宏观经济管理的重要方面，而大众传媒又在造就和影响经济预期方面发挥着不可替代的作用。有研究者通过分析研究华尔街日报专栏文章来验证财经报道和股票市场波动之间的因果关系，结果表明特定记者的文章与总的市场表现之间存在因果影响关系。因此，财经新闻报道一方面要客观、真实、及时、准确，另一方面也必须秉持高度的社会责任感，充分预估某些新闻报道可能对社会公众预期产生的影响及其所可能引发的社会心理震荡，在报道措辞和表达角度上仔细斟酌。

二、财经新闻编辑要点

1. 对财经资讯的新闻价值大小精准判断是合理安排版面的基础

重大的突发性社会新闻不是每天都有，但我们生活的经济世界每天都在源源不断

地涌现出各种财经资讯信息流，财经新闻编辑的一个重要基础性工作就是从繁杂多样的财经资讯数据中遴选出社会影响力大尤其是与目标人群的切身利益相关度高的资讯来重点呈现。对于媒体来说，无论是占用版面大小抑或版面位置都是无声的语言，表征出该新闻信息的价值含量。因此，只有从众多财经信息流中清醒判断、识别出最具价值的信息，才能在版面安排和版面语言中对其内在价值有恰如其分的体现。例如，证券新闻则是证券市场或其相关市场新近发生的引起股民关注的报道，在各种信息源中证券新闻的数量是极大的。因此对于采编来说，选稿的难度将是极大的，财经新闻编辑必须熟悉影响证券市场的内外部因素，熟稔财经新闻价值判断的几个维度，具备全局视野，了解当前市场的热点和焦点，才能根据股民投资的信息需求准确遴选稿件。

2. 理清信息主次，补充相关背景信息以便目标人群全面深入理解

如前所述，财经新闻的一大特点就是泛关联性，很多时候一个财经事件的发生都不是孤立的，新闻信息的意义与价值需要与其他数据做对比观照或者置入更大的背景脉络框架之下才能被目标人群充分理解。因此，在对新近发生的新闻事件重点呈现的同时，需要通过"数据链接"、"专业术语释义"、"专家解读"乃至"采访手记"等方式围绕核心信息内容进行多方位补充，以较全面的信息呈现来避免目标人群的误读或者片面理解。对于一些特别重大的财经事件，可能需要在整体上进行系列化报道策划，综合运用多种新闻体裁从不同角度进行解读。在此过程中，既要追求信息全面客观平衡呈现，同时又要分清主次，突出重点。

3. 深入浅出，做好专业资讯的转换翻译与可视化呈现

财经新闻的一大特点就是专业性强，专门术语众多，对数据性信息不能简单拘泥于客观再现，还需要根据需要对数据意义和数据之间的内在关联深入挖掘。财经新闻编辑自身需要具备一定的经济基础知识，但更重要的是清楚明了自身所面对的目标人群的财经知识基础，依据他们的信息接收和解读能力对信息进行处理，做好"转换翻译"。对于复杂的财经数据，可以通过图表化、图形化处理得到更为生动活泼的可视化呈现。例如与 Wall Street Journal 同属道琼斯媒体集团的专业财经新闻网站 Market Watch 推出的 Map of the Market，就是用一幅交互树形图将每日的股票行情可视化，股票以产业分类，每一个色块代表一只股票，色块的大小代表公司市值，色块的颜色深浅代表股票的涨幅/降幅。鼠标在色块上停留就能显示公司和股票的具体信息，以其直观形象的财经数据呈现方式吸引了广泛稳定的用户群体。从认知心理学角度来讲，不同的信息呈现方式本身就对受众的关注焦点和逻辑关联判断产生影响，优秀的财经新闻记者在与时俱进不断跟踪吸纳数据可视化呈现为报道带来的便利优势时，也要本着高度的社会责任意识充分预估相关呈现方式可能对受众产生的认知牵引作用。

4. 直击主流，做好重大事件的选题与编辑策划

对于一家财经媒体而言，除了常规化、常态化、持续性的新闻报道外，树立品牌的一个很重要的途径就是直击主流，对重大事件进行综合性的报道策划，例如财经类杂志的封面文章和财经类报纸的头版头条等都属于此种类型。对于重大选题的把关遴选口径、解读立场和呈现方式直接凸显出该财经媒体的编辑理念和价值立场，从而成为彰显该媒体品牌特色的重要标示。

经典案例 15-1

《中国企业家》与《财经》十八大封面文章对比

创刊于1985年的《中国企业家》杂志着眼于“商界领袖”阶层，从企业家立场出发，见证和总结中国企业领军人物身后代表的商业潮流和睿智的管理理念，凭借其在传播主流商业价值、塑造企业家形象上的独特影响力被公认为是中国主流商业财经杂志中的一面旗帜；而创刊于1998年的《财经》杂志主要读者为中国的中高级投资者、政经决策层、经济研究者、企业管理者，秉承“独立、独家、独到”的新闻理念，紧密注视中国市场经济发展演进的全过程，记录并挖掘中国经济改革、政府决策和资本市场发展过程中的重要事件，也及时报道、评论影响中国与世界发展进程的重大事件和焦点人物。二者虽然同属于泛财经期刊，并且都是在读者群中知名度较高的市场化媒体，读者群覆盖了推动社会向前演进的核心动力人群，但在受众定位、新闻理念、题材选取、编辑风格上四个方面存在明显差异。

十八大作为中国国家领导人新老交替的一次关键盛会，两家财经媒体分别都做了封面文章选题报道，但角度悬殊——《中国企业家》2012年第22期刊发《等待未来》，《财经》则在2012年11月刊发《中国的抉择》。

《等待未来》一文关注的是中国民营经济发展和政治权利更替之间的微妙关系，文章选取十四大召开第二年23名当选全国政协委员的民营企业家中的几个代表性人物做了一次专访和特写，倾听他们内心的政治诉求，回顾他们从发家到与各阶段经济制度博弈做大企业再到当上政协委员前后的人生历程和内心感悟。30年来，民营经济从无到有，发展到现在已然成为中国经济的源泉。走到2012年，中国再次面临和1993年相同的处境，遇到了经济发展方向的选择题，有这样的契机，再来回顾民营企业家集体在上一个阶段的发展过程，归纳总结他们的经验教训以及对政策环境改善的执念就显得更有价值。

《中国的抉择》这篇封面文章在视角上则更为宏阔，正如编者按中一语道破天机的一句话，“然而，比选择权力接棒者更难的，是抉择如何运用这些权力”。编者按中重申了当下最重要的是通过改革来厘清各种权利边界，此文认为改革的方法不是政治或经济体制的单方面改革，而必须进行一场全方面的改革，因为单方面的改革最终会是无效的。经济体制改革需要政治体制改革的支撑，政治改革的路径在于建立法制。这篇文章也算是众多媒体呼吁综合改革的一个典型发声，同时又有《财经》惯有的犀利风格。

三、新技术对财经新闻采编带来的冲击

1. 长综合处理大量财经数据的“机器人新闻”出现

伴随新技术的发展，“机器人新闻”正在成为学界和业界热议的一个话题。以来自

美国的 Automated Insights 公司的主要技术产品是 Wordsmith 为例，该技术平台能够接收几乎任何数据格式(包括 APIs、XML、spreadsheets)等，然后通过算法找出数据特点趋势与内容来龙去脉，生成叙述性的长短文章、报表、可视化图形等，最后借助云服务、通过 API、JSON、XML、Twitter、e-mail 等渠道实时推送文章。AI 有超过 3 亿模板可以供不同的新闻使用，它们在 2013 年就产生了 3 亿篇新闻，比其他所有媒体加起来的还要多。2014 年 7 月，美联社宣布使用其开发的新闻书写软件代替人力写作美国上市公司财报报道稿件，成为具有符号意义的一桩实践。在与 AI 合作前，靠人工美联社每季度只能发布近 300 篇财报文章。而改用自动化系统后，他们将提供多达 4400 篇上市公司的财报数据文章。①

与社会新闻、文体娱乐新闻等相比，财经新闻与数据的积累、处理和解读联系更紧密，以 AI 为代表的智能化数据分析和数据新闻生产模式对财经媒体未来的发展带来的冲击更大。

2. 从精确新闻学到数据新闻学——大数据技术为财经新闻报道带来的蝶变契机

早在 20 世纪 60 年代，美国学者、新闻记者菲利普迈耶提出了精确新闻学的概念，即运用调查、实验和内容分析等社会科学研究方法来收集资料、查证事实，形成更真实反映社会现实生活的报道方式。但是，精确新闻学更侧重于对数据精确度和因果关系的分析，存在着基于样本选择和因果判断上的误差可能。

伴随技术的发展和大数据时代的来临，数据新闻学开始崛起。按照研究机构 Gartner 的看法，大数据是指需要新处理模式才能具有更强的决策力、洞察发现力和流程优化能力的海量、高增长率和多样化的信息资产。通过数据挖掘，可以提取隐含在其中的不为人知的关联关系并揭示某些趋势性的东西。在新闻学领域，大数据作为一种方法论对原有的研究范式带来了强烈的挑战和冲击，并且作为一种有力工具开启了媒体运营创新的又一个起点。2010 年 8 月，首届"国际数据新闻"圆桌会议在阿姆斯特丹举行，对这个概念做出了如下界定："数据新闻是一种工作流程，包括下述基本步骤：通过反复抓取、筛选和重组来深度挖掘数据，聚焦专门信息以过滤数据，可视化的呈现数据并合成新闻故事。"②

数据新闻作为讲故事的新工具与新方法，在解释宏大事件与个人的关联、促动记者角色转变等方面显现出积极作用，并且可以借助于新媒体使新闻报道呈现出"可视性、纵深性、互动性"的特点，满足受众对新闻报道"更精确、更深入、更直观"的要求。在财经新闻操作实践中，利用现代数据挖掘技术，通过对全样本数据的相关性挖掘可以获取到传统方法论范式下无法得到的量化新闻要素，对事件进行全景式呈现和揭示。传统精确新闻学范式下，获取到的信息彼此分立，维度相对单一，而基于大数据的信息处理平台则可以获得包括数字、行为、情感、心理和关系等多维度的复合信息，让财经新闻的报道能够穿越社会表层现象而深入社会发展的内部肌理，同时也为围绕财经媒体价值链进行数据产品的多元开发提供了丰富的想象空间。③

此外，大数据也为财经新闻报道在信息呈现方式方面提供了巨大的创新空间。过

---

① 参见《机器人新闻占领地球！年产新闻 10 亿篇》，腾讯科技 2014 年 10 月 29 日报道。

② 参见方洁、颜东：《全球视野下的"数据新闻"：理念与实践》，《国际新闻界》，2013 年第 6 期。

③ 参见喻国明、李彪、杨雅、李慧娟：《新闻传播的大数据时代》，中国人民大学出版社，2014 年版。

去长期困扰财经记者的一个问题就是如何把复杂的财经图表、庞杂的财经数据及其背后的深度背景关联以浅显易接受的方式传递给目标受众。大数据技术的应用不仅对多维数据的整合深挖可以触达以前新闻报道所无法触及的群体行为分析、情感分析和社会分析等层面，而且在数据的呈现方面越来越朝"趣味、动态、交互"方向发展。财经信息呈现方式交互性的提升也可以形象直观地让受众认知某项公共政策实施对自身的实际影响。例如，英国BBC曾经与某些会计师事务所联合推出《预算计算器：2012年财政预算将如何影响你？》的交互性新闻服务，用户只需在界面上输入个人信息，系统就能自动计算出其需为政府财政预算增加多支付多少税。从认知心理学角度来讲，不同的信息呈现方式本身就对受众的关注焦点和逻辑关联判断产生影响，优秀的财经新闻记者在与时俱进不断跟踪吸纳数据可视化呈现为报道带来的便利优势时，也要本着高度的社会责任意识充分预估相关呈现方式可能对受众产生的认知牵引作用，有选择地使用。

第二节　法制新闻编辑

一、法制新闻的概念、发展与功能

（一）法制新闻的概念

法制新闻这一概念的提出是中国独具的、特有的，西方新闻界没有与"法制新闻"对照的用语，西方媒体一般按照司法程序将其归为三种对应的报道类型：犯罪新闻（crime news）、警察新闻（police news）和法院新闻（court news）[①]。我国长期以来的法制新闻实践，已经把以上三种类型的内容涵盖其中，但由于我国的法制观念和法制基础同西方国家相比还有不少差距，新闻媒体有必要在传播以上三种类型的新闻之外，涵盖更多的法制信息和法制理念。

法制新闻是新近或正在发生的关于立法、司法、执法、守法和社会各方面与"法"有关的各种活动、现象和问题的新闻报道，它不仅包括进入司法程序的案件报道（分为犯罪案件报道和非犯罪案件报道两种）也涵盖包括"公检法"、立法机关即各级人大以及政府执法部门在内的所有司法机关的具有新闻价值的活动及其相关行为的信息传递。

（二）法制新闻产生和发展

在我国，新中国成立之后的50、60、70年代并无"法制新闻"的概念，与法制相关的报道基本上属于社会类新闻，而且由于当时法制建设的薄弱与司法建设的不健全，政法工作的神秘，这类新闻实际上数量也是非常少的。

法制新闻之所以成为今天的一个新闻门类，其决定因素就是法制新闻的大量涌现，而法制新闻的生长、发展牢牢植根于我国民主法制建设发展的土壤之上。[②] 从70年代

---

① 周培勤：《解读美国媒体的庭审报道》，《新闻记者》，2003年第11期。

② 陈应革：《走进法制新闻》，中国大地出版社，2000年版。

末的刑法、刑事诉讼法这“两法”的诞生，到1980年中国新宪法的出台，标志着中国社会主义民主与法制建设春天的到来。党的十五大明确提出了依法治国，建设社会主义法治国家的治国基本方略。党的十八届四中全会决议明确提出，全面推进依法治国，总目标是建设中国特色社会主义法治体系，建设社会主义法治国家。这一切无不昭示着我国民主法制事业的蓬勃发展。

（三）法制新闻的功能

1. 法制信息传播功能

通过法制新闻报道，受众能够及时知晓自己所处的法制环境所发生的新变化，包括新近制定和施行的法律法规、法律设施、法律制度，立法机关和司法部门的重大决策、重大举措、重大行动，以及重大案件等等，从而以新的法律作为准则，规范自身的行为。①

2. 法制宣传教育功能

法制新闻报道在法制宣传教育方面有着其他媒介不可替代的功能，对我国的普法宣传教育发挥了巨大的作用。可以在短时间内把新近出台的法律法规、法律设施和新近发生的重大案件、事件等法制信息，及时地传达到受众之中。

必须指出的是，法制新闻报道是以向受众传播法制信息为主要特征的传播方式，法制宣传教育是以对被宣传对象施以预定的法制影响为目的教育方式，无论是在观念上还是实际工作中都不能将法制新闻报道等同于法制宣传教育。

3. 舆论监督功能

与其他新闻舆论监督相比，法制新闻舆论监督有两个显著的特点：一是功能强作用大。法制新闻监督，说到底就是依法监督。所以，比起伦理规劝和道德说教的舆论监督，法制新闻舆论监督功能更强，作用更大，权威性更高。二是范围广、触及面宽。法律新闻舆论监督所涉及的范围，已经不仅仅限于法制政治领域，而且遍及社会生活的各个领域和各个层面。

4. 法制预警引导功能

当某种可能触犯法制尊严或危害社会治安和人民群众的生命财产安全的事件和现象出现时，法制新闻报道通过及时传播相关信息，向全社会发出警告，引起人们的关注，并且积极地采取一些防治手段来保障自身的利益。比如，某地发生台风、暴雨或地震，可能造成相应地区交通中断或堵塞，受众从法制新闻报道中得知后，得以及时调整自己的出行计划，避免不必要的损失。又比如，某地发现重大抢劫案件，犯罪分子可能从某方向潜逃，可能以某种方式继续犯罪作案。

二、法制新闻编辑的原则与价值选择

（一）法制新闻编辑的原则

法制新闻作为新闻报道的一大类型，除了要遵循新闻传播真实、客观、全面、及时等基本原则外，还应特别恪守作为法制新闻报道的基本准则，以保证法制新闻报道价值目

① 刘斌、李矗：《法制新闻的理论与实践》，中国政法大学出版社，2005年版。

标的实现。

1. 合法守法

新闻报道必须合乎国家的法律精神并遵守法律法规的基本原则。新闻媒体作为本身就以传播法治信息、弘扬法治理念为宗旨的平台[①]，合法守法是其首先必须遵循并强调的基本原则，包括报道主体的合法、报道行为守法及报道内容合法。

2. 尊重和维护法律权威

法制新闻报道不仅应该限制在法律许可的范围内，成为守法、合法的典范，还应该在报道活动中尊重和维护法律的权威和尊严。

法制新闻报道对法律的维护首先表现在对司法独立的尊重。[②] 对于法制新闻而言，杜绝通过连续报道形成舆论高压，对法官的冷静审判形成干扰。或用倾向性的道德评判取代理性的司法审判，成为其护法守则的首要表现。

法制新闻报道对法律权威的维护还表现在对法律程序的尊重上。在法制新闻报道中，新闻报道的时效性追求必须让位于法律程序，避免先于法律判决之前对涉案人员提前定罪，杜绝媒体凌驾于法律之上的越位现象出现。

一切以法律为准绳，充分尊重审判程序、审判活动和审判结果。这一原则主要建立在刑法的无罪推定以及罪刑法定等原则的基础之上。无罪推定主要是指犯罪嫌疑人未经法定程序判决有罪之前，应当假定或认定无罪。[③] 所谓罪行法定，即"法无明文规定不为罪，法无明文规定不处罚"。

3. 保障各方当事人的合法权利

在法制新闻报道中，公民政治权利中的知情权以及人身权利中的肖像权、名誉权、隐私权以及对未成年人等特殊权利，是特别要注意保障的权利。

4. 平等均衡的报道

对于法制新闻报道而言，媒体有平等对待、均衡报道的义务。平等对待就是公正对待指正方和被指正方、受害人和犯罪嫌疑人，给双方同样的发言机会，依据经过了核实的信息完整地表达被采访者的观点，保证对双方报道力度的均衡。

（二）法制新闻报道的价值选择

法制信息的数量每天都在以几何级数字增长，全国各地乃至世界各地，每天都有大量的法律事件在发生，大量案件在审理，每天都有新的法律问题和现象在发生。法制新闻报道不可能"有闻必录"，也不可能即时播报，这就要求有所选择与取舍。法制新闻报道对于信息选择与舍弃的标准及过程，就是"价值选择"。

1. 新闻价值选择

所谓的新闻价值，就是全面考虑新闻的内容，进行系统的分析，从信息的真实性、有效性、趣味性、力度性等多方面加以考虑，判定出新闻消息存在的价值。而衡量新闻价

① 吴玉玲：《电视法制新闻生产的多维考察》，中国传媒大学出版社，2012 年版。

② 龙宗智、李常青：《论司法独立与司法受制》，《法学》，1988 年第 12 期。

③ 樊崇义：《刑事诉讼法实施基本问题与对策研究》，中国人民公安大学出版社，2001 年版。

值的最基本标准和出发点，则是受众的需要和兴趣，越是与受众的切身利益息息相关的、为受众所需要和关注的信息，其新闻价值就越高，就越值得我们选择和报道。

2. 法律价值选择

法律价值的选择，可以说是一种“硬性”的选择。在各种各样的新闻信息中，需要我们辨别和选择那些具有法制特色的法制新闻信息，并使它们的报道内容、报道方式、报道手法，都符合社会主义法治规范，符合社会主义法治精神。法制新闻报道是以传播法律知识、弘扬法治精神为宗旨的，更要严格按照宪法和法律的规定，对信息进行法律价值的过滤和选择。

3. 宣传价值选择

宣传价值也就是新闻信息中所包含的能够证明和说明传播者的政治主张、并有利于传播者控制受众行为的因素及其分量。法制新闻报道同其他类型的新闻报道一样，是党、政府和人民群众的“喉舌”，既要反映人民群众的需要和呼声，又要为宣传和实现党和国家的政治主张服务，即符合党和国家的宣传价值标准。[①]

4. 道德价值选择

法制新闻报道和其他专业新闻报道一样，要以正确的舆论引导人，要以高尚的道德引导人，还需要对法制新闻信息进行道德价值宣传。

法制新闻报道的四种价值选择，有着不同的标准和规则，具有不同的地位和意义。新闻价值选择是基础的价值选择，也是首要的和核心的价值选择。没有了新闻价值，也就不具备新闻报道的属性，也谈不上其他的价值选择了。而宣传价值选择和道德价值选择，则是在前面两个基础价值之后进行的后续选择，也是提升法制新闻报道价值和品位的更高层次的选择。

三、法制新闻报道的形态与语言

（一）法制新闻报道常见体裁和形式

1. 法制消息

法制消息是法制新闻报道中最重要、最常见的样式。它通常以简明扼要的文字、概括叙述的方法、短小精悍的篇幅，快速地反映法制建设的新动态和新风貌见长，具有短、新、快的特点。可细分为动态性法制消息、综合性法制消息、经验性法制消息、法制人物消息等。

2. 法制通讯

法制通讯是对与法制相关的典型事物进行详尽而深入报道的体裁样式。它以报道与法制相关的重大事件、重大案例、典型经验、典型人物见长，强调对事物全貌和过程有一个比较完整的报道，具有内容丰富、情节生动、全面详尽的特点。法制通讯，通常又分为法制工作通讯、法制事件通讯、典型案例通讯、法制人物通讯、法制风貌通讯、法制问

① 刘斌、李矗：《法制新闻的理论与实践》，中国政法大学出版社，2005年版。

题通讯等。

3. 法制特写

法制特写通常抓住法制事物中最重要、最精彩、最富有个性特征的瞬间、局部或片段做文章。它具有笔墨集中、描写精彩、视觉独特的特点。法制特写可以分为法制人物特写、法制风貌特写、法制情景特写等。

4. 法制新闻评论

法制新闻评论通过对新近发生的法制新闻事实进行评价和议论，代表法制媒介就当前法制动态和法制事件发表意见和看法，具有很强的时效性和针对性，是法制媒介的“灵魂”。法制新闻评论可以分为法制社论、法制评论、法制随笔、编者按、编后语等。

（二）法制新闻写作的基本要求

同其他专业新闻写作一样，法制新闻写作除了基础新闻写作的基本特点和要求之外，也有着自身独立的特色和独特的文本风格。

1. 用法律事实说话

法制新闻所采用的事实应当是有充分证据证明的事实，即所采写的事实，是在现实生活中确实发生、有证据可证明的事实。同时新闻与学术报告和法学文书也不相同，不能一味地摘用法律，而是应该摘要与新闻相关的，并且能够将法律与新闻很好地衔接起来，在作者的描述当中，让新闻事实和真实所发生的事件尽可能保持一致，杜绝任意的编撰与修改。[①]

2. 客观的写作手法与平实的语言

法制新闻在写作的过程当中，应该采取“白描”的方式，在对事件进行描述时，所用的语言风格要尽可能的平实，将事实以客观，规正的方式描述出来，且在描述当中要充分地将从现场获取的照片融入到描述中，增加文章的客观性；同时减少一些引用语，而在描述当中所涉及的不是自己的见闻或者事实一定要标注清楚，不能直接当成真实的事件直接采用。

3. 议论要言之有据，评价要中肯

叙述当中应该采用正式的规范的词语，语言也要符合当今的社会主义价值观标准。在涉及对事件的评论时，也必须要以现实为依据，绝对不能够凭借自己的喜好任意地修改，采取夸大或贬低事件的态度。

（三）法制新闻写作要准确使用法律语言

1. 认真吃透法律用语的含义

在进行新闻报道时一定要十分准确地运用法律语言，相关的采编工作人员应完全吃透新闻报道中所涉及的法律词语的意义。

---

① 李矗、李嘉：《法制新闻报道概说》，中国广播电视出版社，2002 年版。

2. 严格区分相近法律术语的不同用法

在新闻报道过程中一定要采用正确的法律语言，对于意义相近的词语，也一定要很好的对其进行区分。如表示规定性的执法与司法的口语表达中有告知、宣告与宣读等，但是这几个词分别有自己特定的语言应用环境。在处理交通案件中，一般就采用“告知”这个词语，说明他被罚的原因；而“宣读”则是对于起诉与宣判时由法官所说的；对于“宣布”就是宣布一些法庭，案件的开审之类。在新闻报道的写作中要特别注意，不要混淆相近词语的含义。

3. 在法律中一些学术的表达方式往往具有不同的意义

在涉及有关法律问题的时候，每一个词都应妥善考虑，或许只是一个简单的词，在法律使用下就代表了不同的含义，使用不慎就会使原本的意思发生扭曲。举例来说，“农业”一词在法律定义下就不单单是指农作，而是宏观意义上的农、林、牧、渔。还包括一些事物的名称简称，英文字母缩写等等，都在立法时被赋予了特定的含义，在使用时要格外注意。指符合条件和资格我们称其为“适格”，处罚结果太轻或太重时是“畸轻畸重”，只有我们了解并熟悉每一个词的用法，才能在进行法律情况报道时，抓住中心，用力适度。

电视法制新闻节目的排头兵——《今日说法》

《今日说法》节目 1999 年 1 月 2 日开播，是中央电视台第一档全日播法制栏目，也是一档我国家喻户晓的品牌栏目。该栏目的理念是“点滴记录中国法治进程”，以“重在普法，监督执法，促进立法、服务百姓”为宗旨，全力打造“中国人的法律午餐”。栏目收视排名长期稳居央视前列，除日常节目外，栏目还推出了元旦、春节、“两会”报道、《小撒探会》、12·4 特别报道、12·4《法治的力量》晚会等特别节目，使栏目实现了更大的社会动员能力和普法功能。

每年全国“两会”期间，《今日说法》都推出围绕我国法制建设工作的系列报道。自 1999 年《今日说法》诞生起，每年“两会”期间，都会推出“两会”系列报道，节目从不同的角度，在回顾立法的同时，有针对性地对“两会”所涉及的法律问题进行了介绍和比较。2014 年，《今日说法》的“两会”系列节目《小撒探会》主题是“2014，我最期待的改变”，从雾霾治理、司法改革等多个社会热点话题切入，问计高层，关注民生，以主持人的体验为线索，强化法律视角，凸显了节目特色。

作为电视法制节目的翘楚，《今日说法》节目无论是内容还是可视性方面，都有许多称道的地方。从内容出发，在选题上贴近民生的同时，也担当起了大众传媒法制监督和法治观的重任，增强节目的“评价”功能，让节目在提供法律知识的同时，也给观众提供了一个思考的平台。[①] 在《从安乐死引出的思考》里，观众同样遭遇到了关于人道主义行为和法律行为的思考 ：安乐死究竟该不该合法化？公民有没有自主的生命权？《今

① 林晓虹：《今日说法的选题特点》，《东南传播》，2007 年第 3 期。

日说法》选取的这个案例，无论是案情本身还是法院最终的判决都既具中国当前的法制特色，又极富广泛的世界性特点，通过这样的选题，广大观众的法律视野得以向纵横发展，分析中国当前、考量世界趋势、追求法律真正的终极目标。

电视节目的可视性是电视艺术的灵魂，是普遍规律，而法理性是法制节目的特质，它是不能和可视性相抗衡的。① 从节目的可视性来分析，《今日说法》节目中展现的案例都比较富于故事性，充满矛盾冲突悬念和错综复杂的变化，这就引起受众的求知欲，从而也就提高了节目的收视率。

节目通过对真实案例的介绍后，主持人会与专家针对案例进行法理分析，这就可以让观众在了解了事件的来龙去脉之后，结合专家的权威意见得到法制教育；这种教育并不是简单的对法条进行罗列说明，而是结合故事的讲述，潜移默化地影响人们的思想意识，从而达到向群众普及法律知识、传达法制信息、培养法律意识、通过案例学会运用法律手段保障自己的权利的目的。这也是《今日说法》开播至今，始终能获得观众极高的忠诚度和满意度的原因。

法制类报纸的先驱与典范——《法制日报》

法制新闻作为一种专业性新闻是以 1980 年《中国法制报》(法制日报前身)的创刊为标志的，跨入 21 世纪中国民主法制建设仍在不断加强，法制新闻进入新的发展阶段，《法制日报》在多年的发展中已经成为法制新闻报道的先驱和典范，是全国法制类报纸中知名度最高传播信息最权威影响力最大的中央级报纸。

在案件报道方面，《法制日报》很少单独地报道案件，而是将案件作为线索向读者揭示其中的法理。法制事件的发生发展充满了矛盾冲突、一波三折，因而对于法制新闻事件的报道不是一次就可以完全彻底地完成，需要记者有寻根究底、连续作战的精神，善于捕捉现象背后的实质。随着事件的延续、事态的扩大，记者不仅要紧抓不放，更需要细微观察，以报道的厚度、深度、立体性思想性来吸引读者，深入挖掘的特点，也体现在法制新闻的连续报道上，包括系列报道和追踪报道两种形式。连续报道是指对新闻人物或事件在一定时间内持续进行的报道，一般用于重大题材或正在发展过程中的事物不断从新的角度反映过程的进展及其在社会上引起的反响收到集中突出的宣传效果，以形成舆论和引起读者的关注。连续报道具有时间长、多频次、大容量的特点，便于挖掘出新闻事件的深度，使报道具有立体感，易于创造新闻的磅礴气势，产生广泛的影响。② 如系列报道《七亿立方米黄河水的“挤”算法则》、《黑河头尾两块绿洲之唱和》。水资源矛盾和水权改革，对西部地区而言突出而紧迫，这组系列报道抓住了主要矛盾，

---

① 成珊:《今日说法的选题艺术》,《中国广播电视学刊》,2003 年第 6 期。

② 吴星、郭雅洁:《法制日报法制新闻的采写特色》,《新闻爱好者》,2010 年第 4 期。

集中深入予以报道。

作为法制类报纸的龙头,《法制日报》同样面临着现实的挑战。一是传统综合类报纸中的法制新闻版面的冲击。《人民日报》、《解放日报》、《羊城晚报》等综合类报纸均开设有法制新闻板面。二是都市报的法制新闻版和社会新闻版的影响和挤压。使得中国法制类报纸发展的空间几乎被挤压殆尽;三是电视法制类栏目和频道的开播,使法制类报纸的生存空间更加有限,一大批读者转向电视。也是以它为代表的所有法制类报纸必须寻求新的突破,进一步凸显报纸特色才能更好地抓住读者。四是网络媒体的影响,这个影响不是单单指向以《法制日报》为代表的法制类报纸,这对整个纸质媒介和电视媒体也是巨大挑战和冲击。

第三节 娱乐新闻编辑

一、娱乐新闻概述

“娱乐”这一词语正在取代20世纪80年代以来的“文艺”而成为公众精神生活的主角,它已经将媒体的审美和消遣功能发挥到前所未有的程度。娱乐新闻大行其道,呈现火爆发展的态势。

(一)娱乐新闻的界定

从内涵上来看,娱乐新闻有广义与狭义之分。从广义上说,娱乐新闻就是能使人轻松快乐,供人休闲消遣的新闻报道。狭义的娱乐新闻,一般指的是关于影、视、歌等大众文化的娱乐作品或明星人物的、新近发生或正在发生的、对公众具有娱乐意义的事实的报道。因此,从狭义上说,娱乐新闻就是报道娱乐业的新闻。①

近年来,人们从外延上对娱乐新闻的界定进行讨论,集中在两对概念的比较上。

一是娱乐新闻与文化新闻。娱乐新闻最早植根于文化新闻中,20世纪90年代逐渐从文化新闻中脱离出来,随着娱乐新闻的迅猛发展,文化新闻基本被涵盖在娱乐新闻中,尤其是商业化媒体一般将文化新闻放在娱乐新闻版块中。从报道内容来看,娱乐新闻侧重于对影视剧、流行音乐、明星的报道,而文化新闻侧重于对文学、美术、严肃音乐、传统戏剧的报道;从报道表现形式上看,娱乐新闻注重故事性和情节性,甚至有一定的戏剧悬念和煽情刺激的因素,而文化新闻强调文化性和高雅性,对报道内容的要求较专业。

二是娱乐新闻与新闻娱乐化。娱乐新闻是与时政新闻、经济新闻、社会新闻等不同门类新闻并列的一个类别,而新闻娱乐化是指一种新闻报道方式或倾向,如强调报道的人情味、故事性、情节性,强化新闻事件的戏剧悬念或煽情、刺激成分。②③ 因此,这两者

---

① 郝雨、宫文婷:《近十年来我国娱乐新闻研究综述》,《当代传播》,2009年第6期。

② 田海涛:《娱乐新闻与新闻娱乐化》,《传媒观察》,2005年第9期。

③ 郝雨、宫文婷:《近十年来我国娱乐新闻研究综述》,《当代传播》,2009年第6期。

也是有所区别的。

(二) 娱乐新闻的特点

社会上对娱乐新闻存在一种“去新闻化”的倾向,娱乐新闻不能被看做新闻,至多称为“娱乐信息”这一观点得到很多人认可,也有人认为,娱乐新闻就是“逗人玩”的,无须关照社会责任。事实上,娱乐新闻归根到底还是新闻,具有所有新闻的共同特点,比如应遵守新闻的真实客观公正的基本规律;应符合及时性、接近性、显著性等新闻价值要素;应遵守新闻写作规律;应承担社会责任等等。

然而,娱乐新闻又不同于严肃的硬新闻,甚至与一些软新闻也有很大区别。娱乐新闻与一般传统新闻在报道内容、报道风格、作用功能等方面都有较大区别。

从报道内容来看,娱乐新闻的以大众文化(影、视、歌等)为主要报道对象,偏重于软性和生活化的内容。

从报道风格来看,娱乐新闻追求轻松活泼的风格,相对于传统新闻的严肃严谨,很多娱乐新闻带有明显的综艺和游戏的色彩。

从价值功能来看,娱乐新闻不过多地承载媒体的社会教育职能、社会整合功能,娱乐新闻推崇的是时尚与流行,它不需过多地承担道德说教和文化传承的任务。

(三) 娱乐新闻的类型

娱乐新闻信息量激增,娱乐新闻向深度拓展,受众对娱乐新闻呈现多元化需求的态势,都使得娱乐新闻传播已经进入分类编辑时代。我们可以将娱乐新闻按照三种不同分类标准进行划分,从报道领域分类,可分为综合新闻、音乐新闻、电影新闻和电视新闻等;从报道地域分类,可分为内地新闻、港台新闻、海外新闻等;按报道形式分类,可分为消息类、专题类和通讯类等。很多娱乐新闻类节目把娱乐新闻细分化,如光线传媒在2003年就把其制作的娱乐新闻节目分为“娱乐现场”、“海外娱乐现场”、“娱乐中心”三个不同报道地域的栏目。[①]

(四) 娱乐新闻的发展历程

娱乐新闻的发展历程可以分为三个阶段。第一阶段在20世纪80年代末到90年代初,特点是娱乐新闻初登上文化新闻的版面,具体表现为出现了以娱乐新闻为主要内容的专版以及以“娱乐”命名的专版如《解放日报》在1984年就创办了名为《影剧天地》的专栏,之后《广州日报》、《文汇报》以及《光明日报》等都开设了专门的娱乐专栏。这段时期的娱乐新闻能够保持健康的品位、轻松活泼的文风和客观及时的报道,满足了受众的娱乐需要。

第二阶段在90年代中期,特点是出现了娱乐新闻与文化新闻并列的情况。一些传统的报纸通过扩版、改版,在文化新闻版之外增设有关娱乐的专版;另一些新创刊的以市场规则运作的都市报、晚报、晨报自创刊始即直接设置“文化娱乐版”。

---

① 张小争等:《明星引爆传媒娱乐经济》,华夏出版社,2005年版。

第三阶段在世纪之交，娱乐新闻传播的地位进一步突出。娱乐新闻普遍存在于各类报纸上，文化新闻已经作为娱乐新闻的一部分，而且娱乐新闻的版数增加，出版频率加快，并根据内容细分。而且其他两大媒体广播和电视更是发挥各自的优势，大量创办娱乐新闻类节目和专栏，之后新兴网络媒体的娱乐新闻数量更是与日俱增。①

阅读娱乐新闻成为人们的一种生活方式，面对这样的娱乐新闻传播潮流，为受众提供全面的娱乐资讯，满足大众的娱乐需求，成为各类媒体的共同追求。

二、娱乐新闻采编的突出问题

（一）娱乐假新闻泛滥

真实是新闻的生命。近年来，失实新闻、虚假新闻频出，娱乐假新闻首当其冲，出现频率明显高于其他类假新闻，已成为“常态”；而且娱乐假新闻多为故意造假，造假成为一些演艺明星维持高关注率的手段，甚至成为记者的工作方式之一；同时公众对娱乐假新闻的容忍度明显高于其他类假新闻。由于娱乐新闻造假的普遍性，学者会质疑娱乐新闻是不是新闻。

新闻要素模糊，没有确切的消息来源，没有当事人的采访。先来一篇爆料，当事人回应再发一篇，还可以借名人炒作一把，这就是炮制娱乐假新闻的惯用手法。娱乐新闻就在这样的爆料、求证、证实中，娱乐了受众，也消磨了信任。

（二）隐私八卦成主流

娱乐新闻数量虽然多，质量不高。点开网络，翻开报纸，明星绯闻占据了某些报纸娱乐新闻版的绝大部分版面。偷拍的明星偷情镜头、窃听的明星私语、道听途说的明星秘闻，事无巨细，甚至咳嗽一声，只要与明星或名人相关，都可以成为娱乐新闻报道的内容，而他们的正常工作反而退居其次。媒体热衷于追踪娱乐圈中的绯闻、丑闻，或许迎合了部分受众的窥私欲，也使得娱乐报道流于低俗化。《大河报》曾在一篇对房祖名的专访里提到，房祖名在接受完该报采访后发出惊叹：“你知道吗？你是第一个访问我时从头到尾都没有提我老爸名字的记者！也是第一个问我从写完《人工墙》之后到外面走了这一圈究竟感受如何的记者哎！”娱乐与文化是天然相连的，娱乐新闻在娱乐大家的同时，还应该具备一定的文化品位。娱乐新闻在满足受众休闲娱乐需求的同时，还可以陶冶受众情操，给予受众审美的体验，满足受众更高层次的精神需求。

（三）恶俗炒作成常态

新闻炒作是在新闻发生和传播过程中，新闻传播者或新闻提供者有意识介入其中，预设或引导、强化部分新闻要素，以达到吸引受众注意的新闻运作手段。恶俗的娱乐新闻炒作现象一般体现在炒作内容低级、炒作频率过高、炒作滋生假新闻三个方面。

炒作内容低级，娱乐新闻炒作往往围绕着婚恋嫁娶、生子、官司或个人恩怨、绯闻、

① 李幸：《文化娱乐新闻的采访与写作》，中国广播电视出版社，2002 年版。

性、艳照等展开。[①] 如范冰冰参演了影视剧《武则天》,几乎所有的娱乐频道都对此事予以了报道,但很少关注剧情、关注演技,娱乐新闻把注意力都放在了她在剧中的低胸唐服上,"抛胸"、"绿茶婊"、"脏蜜"、"外围女"等词语在报道中屡见不鲜。在这些称谓背后,女性性别的娱乐色彩在这种表面堂皇但本质低下的表述里被围观。

炒作频率过高,新的娱乐作品、娱乐活动面世前,是娱乐假新闻炒作的高峰,频频曝出作品相关人员的隐私、绯闻甚至官司,是炒作的惯常手法。

炒作是滋生娱乐假新闻的温床,这是对新闻最大的伤害。在一波接一波的炒作中,信息提供者获得最大利益,媒体得到小利益,受众始终是被愚弄的对象。比如频频曝出的"艳照门"事件,很多是娱乐人物为博眼球的自我炒作,根本不是"被曝光"。

三、娱乐新闻的编辑思路

(一)拓展娱乐新闻的广度和深度

由于娱乐新闻的低俗化和同质化倾向严重,要提升娱乐新闻的品质,避免娱乐报道的同质化倾向,必须拓展娱乐新闻的广度和深度。

1. 广度延伸

近年来,《南方都市报》娱乐版块提出了从"做人的娱乐"转向"做作品的娱乐"的工作宗旨,把关注焦点放在电影作品、电视作品、音乐作品和演出活动本身,而不是参与作品的明星,使报道领域大大拓宽。"做作品的娱乐"使娱乐新闻避免沦为大小明星的宣传报道工具,明星们是不可缺少的一部分,但也只是作品的一部分,同时还摆脱了"性、腥、星"味十足的报道,更没有了绯闻、谣言的立足之地。[②]

2010 年,《广州日报》娱乐部在改版后明确提出"跳出娱乐做娱乐"的概念,即看到娱乐新闻背后的社会、经济、伦理等内容,积极进行跨界思维,依托娱乐事件做出社会新闻、经济新闻、文化新闻,让娱乐新闻真正成为新闻"富矿"。"跳出娱乐做娱乐"从高度上解决了娱乐新闻视野的问题,从报道领域上解决了娱乐新闻的宽度和广度问题,扩充了娱乐新闻的内涵,破除了娱乐新闻只是八卦消遣的偏见,借娱乐新闻这件外衣探讨社会文化心理、伦理价值观念,挖掘经济事件及政策的宽泛影响,从而可以吸引有决策能力的中高端受众群体。[③]

2010 年 4 月楼市新政出台,为规避二套房贷新政,不少夫妻打起假离婚的主意。当年 8 月,家庭伦理剧《复婚》热播,剧中夫妻为购买经济适用房而假离婚,后来被同事举报房没买成,离婚却弄假成真,得到"自由"的丈夫不愿再回"围城",妻子展开了疯狂的复婚计划。2010 年 8 月 6 日,《广州日报》刊登专题《莫用婚姻赌房子》,结合电视剧剧情,联系现实中假离婚现象,通过咨询律师从财产风险、婚姻风险、信用风险等三方面进行提示,警示人们千万不要把婚姻当做经济利益的筹码。这篇报道以热播剧集为契

① 贺小玲:《娱乐新闻病态表现及原因分析》,《今传媒》,2013 年第 1 期。

② 彭莲萍:《娱乐新闻走来新理念——谈谈〈南方都市报〉对娱乐新闻的探索》,《新闻三昧》,2004 年第 5 期。

③ 张素芹:《大娱乐:跳出"娱乐"做娱乐——以〈广州日报〉娱乐新闻实践为例》,《中国记者》,2015 年第 1 期。

机，是一篇融合娱乐新闻、经济经闻、社会新闻元素的杂交新闻，让人耳目一新，也发人深省。

2. 深度拓展

解决娱乐报道低俗化和同质化的问题，还必须尽量突出个性和创新性，挖掘娱乐事件背后的故事，着眼于深度意义而不是表面现象，应当成为媒体努力的方向。

一是追踪热点，及时深挖。编辑应搜索海量娱乐信息，筛选出焦点和热点，从中策划可以做大的选题。娱乐圈每天发生着各种各样的新闻事件，很多事件都有其背后的深刻含义。2014 年 5 月，导演张艺谋的文艺片回归之作《归来》全国公映后迅速成为热点话题，"有一种爱情叫陪伴"是主流论调，观众观影之余纷纷热议，《广州日报》编辑部从中读出了不同于"主流观感"的内容。该报 5 月 30 日在娱乐新闻版块以"归来？归不来！"为题做了整版的策划报道，从两个层面指出：电影中，陆焉识归来了，却走进了自己的"心牢"，诠释了人物的心理真相；电影之外，张艺谋归来了，时代却走远了，洞悉了导演人生观的格局，评论《有一种归来叫"自囚"》把娱乐话题引向纵深，评《归来》只是一个依托，实质是借评电影来探究人生，报道在读者中引起了较大反响。

二是加强策划，多做话题性和主题性专题。随着网络和其他新媒体技术的日益发展，受众获取新闻信息的途径越来越广，讲究深度的主题策划类新闻受到观众青睐，也显示出新闻资源深度开发和利用的市场潜力。

娱乐新闻编辑可以抓住某段时间内娱乐圈中发生的重大事件，比如大片上映、电影节来临、明星重要活动等，整合多方面的新闻资源，运用多个版面全方位地深入报道。娱乐新闻编辑还要善于各种社会热点事件进行"跨界策划"。2008 年汶川地震期间，《南方都市报》娱乐版就策划制作了相关专题，包括采访明星让其讲述感受及善举，配发明星祝福语，并请明星拍摄如何逃生的图片。2014 年雅安地震发生后，《南方娱乐周刊》制作了《与雅安在一起》特刊，并策划明星义捐、杂志义卖，200 多位演艺界明星参与，产生了良好的社会反响。

三是加大评论力度，做有态度、有观点的娱乐新闻。娱乐新闻不应承担太多的社会教化作用，但绝不是放弃媒体应该承担的义务，娱乐新闻同样可以发挥信息管家和意见领袖的职能，寓教于乐。

近年来，《南方都市报》娱乐版提出以娱乐评论打头阵，把娱乐评论作为竞争利器，开设了《娱乐四人吧》、《每日娱论》、《碟评》、《影评》、《乐评》、《视评》等一系列评论栏目，《娱乐四人吧》以编辑记者开辟的个人小专栏组成，轮番上阵，笑谈指点娱乐江湖中人和事，发挥引导受众趣味的作用。《广州日报》2014 年改版后加大了评论的力度，要求娱乐版的头版头条必须配备评论性栏目"头评"，二版若较大也必须配备评论性栏目"娱论"。在周末版，更是开辟了专门的"评论"版面。

（二）协调隐私权与知情权之间的平衡

作为公众人物的名人和明星是娱乐新闻的报道重点，而这类题材也常常引发报道纠纷，需要防范侵犯名誉权和隐私权的问题。

一方面，作为公众人物的明星仍然享有隐私权。身体的隐私是私人生活中最私密、最敏感的领域,属于私人信息,擅自暴露他人的身体隐私,披露他人的裸体照片,则会损害他人的名誉,贬低他人人格。香港某艺人早年裸照遭《东周刊》刊登风波可窥一斑。侵犯私人空间也会引发侵犯隐私纠纷,任何人未经其许可不得擅自闯入私人合法占有的房屋以及其他空间,也不得非法采用红外线扫描、高倍望远镜探测、长焦距拍照等手段窥视个人空间。恶意侵害私人生活私事,严重贬损他人人格尊严的行为,也超出了公众利益的界限,属于基于个人目的的恶意加害行为,应由行为人承担责任。① 如TWINS成员屋内换衣遭偷拍事件就是一个典型案例。

另一方面,明星等公众人物相比普通人在私生活上受到的保护要少,这也是这个群体的特殊属性。因为公众有知情权,希望获得公众人物相关信息的需求应该得到满足。特别是一些公众人物本身作出某些不良行为,更应该受到媒体的监督。因此从最大程度满足受众知情权出发,需要对明星的隐私权做出一定限制,并遵循社会公共利益优先的原则和满足公众合理兴趣的原则。

比如美国媒体对于名人隐私能否被报道的依据,是判断该部分隐私是否具有新闻价值,即看它的公开是否对社会和公共利益有意义,有进步作用,是否属于公众的合理兴趣。② 以张艺谋超生案例来例,张艺谋被媒体曝光现有几位子女的生活情况,从而引发了涉嫌超生的社会话题,由于这件事有关社会公平正义,所以即便属于名人隐私,也符合公众知情权范围。而如果在张艺谋公开家庭现状之后,报道还不断去挖掘张艺谋妻子和子女的生活细节,这就超出公众的合理兴趣范围,会从而受到舆论谴责。

因此,娱乐新闻编辑在平衡公众人物隐私权和受众知情权的过程中要有正确的价值取向,有效地将公众兴趣原则与公共利益原则有机结合,在名人隐私让渡与公众知情权之间寻找到合理支点。行使新闻自由权以不侵害明星基本隐私和人格尊严为前提,但对于明星涉及社会公共利益的个人隐私不应给予克减,以接受舆论监督,满足公众知情权。

(三) 注重版面包装,版式新颖独特

娱乐新闻版面与新闻版面有很大不同,讲究活而不乱,极富形式上的美感。首先,图片的选择严和要求高,不仅仅是为报道新闻配一些明星图片,而是要根据报道选题需要"量身定做"。其次,图片编辑要强化细节和形式上的美感,图片的内容、大小和色调搭配、摆放的位置与编辑意图和报道主题相契合,使得图片精美,花而不乱,版面协调统一,图与图、图与文之间通过巧妙的安排达到良好的审美效果。三是做好标题、小标题、摘要,强化视觉冲击力,适应了"读图时代"受众接受报纸的方式。在崇尚注意力、吸引眼球的年代,娱乐新闻编辑要善于突破常规的版式编排风格,给读者带来一场眼睛的盛宴。

(四) 积淀栏目文化,树立栏目品牌

一个优秀的栏目应该经历三个阶段:首先是办出特色,在同质性栏目中脱颖而出;

① 银春:《我国娱乐新闻的传媒价值取向研究》,山东大学学位论文,2008年。

② 张志安:《我们乐于输出娱乐价值观——专访〈南都娱乐周刊〉执行主编谢晓》,《新闻界》,2014年第4期。

第二个阶段是形成自己的风格；最后的阶段是积淀栏目的文化，形成知名的品牌。作为娱乐新闻栏目，其栏目文化除了内部运作的团队精神、奉献意识、敏锐感知力、前卫表达力等内部质素外，更要成为流行风向标、时尚资讯库，成为权威意见领袖、明星行为镜鉴，成为业界信息首选发布管道、业界舆情科学感知器。[①] 如《南方都市报》近年来不惜人力和物力，精心组织、策划和报道华语传媒大奖活动，推出“华语流行音乐传媒大奖”、“华语电影传媒大奖”等一系列评选活动，传媒大奖以其专业性和权威性在娱乐圈声望渐长，享有很大知名度。借助华语传媒大奖这股东风，南都娱乐成功地在娱乐界的领地内插上了自己的风向标。

第四节　体育新闻编辑

体育新闻作为中外新闻传播活动中一个重要的专业新闻门类，具有自身不可替代的位置和影响力，也受到社会大众的喜好。尤其是当国内外重大体育活动举办时，体育新闻的受关注度更为飙升，各种新闻媒介对这类新闻的报道和评论同样投入不菲。那么从新闻编辑行为环节去审视，体育新闻的这一传播过程则有以下的内容需认知和对待。

一、体育新闻基本认知

（一）体育新闻界定

体育新闻是指通过新闻媒介对新近或正在发生的体育赛事、体育活动、体育工作等事实进行的各种形式的及时准确报道，通常有体育消息、体育通讯、体育专题、体育图片新闻和体育新闻视频主要报道文体。体育新闻是专业新闻中的一个重要门类，具有广泛的接受群体。

（二）体育新闻的类别

1. 体育比赛新闻

包括传统体育项目如放风筝、踩高跷、拔河等和现代体育项目、奥运项目和非奥运项目、群众体育、学校体育、军事体育等活动中有价值的比赛事实的报道。

2. 体育行政新闻

包括对体育管理工作会议、体育工作和活动的研究布置，体育事业开展中的研究、布置与推进等行为中出现的重要事实的报道。

3. 体育经济新闻

包括对体育活动与经济性、商业性活动相结合，产生体育经济效益的相关事实的反

---

① 杨军：《亚新闻品种——娱乐新闻辨析》，《新闻前哨》，2003 年第 11 期。

映与报道。

4. 体育交叉新闻

体育行业(工作)与其他领域行业(工作)发生交叉结合后出现的有价值的事实,经反映报道出来后形成的一种体育新闻类别,如体育社会新闻、体育娱乐新闻、体育法制新闻、体育教育新闻等。

5. 体育文化新闻

将体育行业中的各种工作、活动(如体育史探讨、体育项目研究、体育交流等)作为文化现象对待,加以记录、反映和报道后所形成的一种体育新闻类别。

(三)体育新闻的特征

1. 时间的规定性

大多数情况下,体育新闻通过体育比赛产生,而体育比赛的时间是公认前提下的事先确定。时间的规定性还表现在体育比赛的过程中,双方必须遵守规定的时间进行。体育比赛这种时间的规定性决定了体育新闻的产生和内容表现也同样具有时间上的规定性。

2. 环境的规定性

体育比赛应有规定的场地、规定的器械和公认的规则,这些既构成了体育事实发生的硬环境,也为体育比赛创造了一个公平竞争的软环境。体育比赛事实在发生过程中的环境规定性同样决定了体育新闻内容中环境交代的规定性。

3. 技术的规定性

体育赛事活动往往就是比赛双方在体能技术和对抗战术上的高下强弱之争。因此,各种技术、战术构成了体育赛事活动的本质内涵,而这类技术的比拼又要在必要的规定原则下进行,才能具有公平的前提。由此可见,作为对这种比拼行为反映的体育新闻,同样充满了技术规定性的内容呈现。

4. 过程的竞争性

体育比赛过程充满双方的技术、战术竞争,作为对这种竞争表现过程的事实反映和报道,体育新闻的叙述内容应大量地呈现竞争性过程的符号记录。正是这种风格的内容展现,为体育新闻增添了动态吸引力。

5. 数字的明显性

体育比赛的过程与结果往往以数字的形式反映出来,作为数字化方式体现出来的比赛结果,在体育新闻中占据着重要的地位。数字是对体育比赛的最有力概括与说明,也是体育新闻中常常展示的事实叙述符号。数字的明显出现构成了体育新闻一大特征。

6. 结果的关注性

对赛事结果的报道是体育新闻内容中必须出现的一个元素,这也形成了这种新闻的一个反映模式，但它却被人们关注或评议。对体育新闻中的比赛过程反映和叙述固然重要，而比赛的结果同样构成体育新闻的重大关注价值。

7. 事实的兼顾性

如上述对体育新闻的类别划分所示，体育新闻除了对各类体育赛事的高频度和重点反映外，也不排除对体育行政、体育经济、体育文化等有价值的活动事实的报道。如果没有后面这类事实的出现，体育新闻则是不完美的。因此，体育新闻中的体育事实应该具有赛事与非赛事兼顾的特征。

（四）体育新闻的功能

1. 政治效应

由于新闻传播是一种意识形态领域的活动，体育新闻传播也同样会在一定程度和一定范围内产生相应的社会政治影响即政治效应。体育新闻终归为一定的政治和经济服务。

2. 凝聚效应

体育新闻在唤起和培养人们爱国热情、凝聚民心方面具有很大的独特的优势，对体育赛事报道的关心已成为人们日常精神生活的组成部分。体育新闻的文化辐射与凝聚效应明显。

3. 广告效应

体育活动往往与经济性、商业性行为发生关联，体育新闻由此带有一定的经济色彩，产生相应的广告效应。这种广告效应若从广义上理解，也包括了社会文化层面的宣传效应。

4. 明星效应

体育明星作为一类社会公众人物，凭借其杰出的竞技表现和成绩，往往被媒介关注而成为新闻人物。体育新闻中对这类人物的报道能产生极大的明星效应并催生出众多的崇拜者。

5. 娱乐效应

体育新闻通常是对比赛活动过程与结果的生动报道，体育活动自身具有的娱乐特性使这种新闻带上了相应的娱乐色彩。人们在接触到这类新闻时能感受到一种娱乐效应的存在。

6. 历史效应

体育新闻是对各种有价值的体育事实的反映和记录，随着时间的流逝，这种记录就成了历史的陈迹。它对于后人了解过往的体育活动内涵具有历史面貌呈现的效应，十分珍贵。

二、体育新闻总体编辑要求

编辑好体育新闻，首先应对体育新闻以上所述的内涵界定、类别、特征、功能等有一个基本的了解和认知，这是必要的知识前提。此外，以下的总体要求则是编辑好体育新闻的专业保障，对体育新闻编辑人员来说同样重要。

1. 真实性要求

编辑体育新闻，首先应从这类新闻信息来源的真实性、内容呈现的真实性上认真把关。没有真实作保障的体育新闻，带给广大信息受众的传播结果将是灾难性的负面冲击，因为体育新闻的接收面相当宽广，人们经不起虚假信息的愚弄，其传播后果自然相当严重。

2. 及时性要求

各类体育活动的高频举办和开展，给体育新闻带来了丰富的信息资源，人们对体育新闻过程关注与结果了解的心理往往比较强烈。由此，新闻媒介在编辑处理这类新闻时，如同对待时政新闻、突发性事件新闻一样，也需要及时快捷，以达最佳传播效应。

3. 准确性要求

准确性要求意味着进入记者、编辑传播行为下的体育新闻内容事实与客观发生、出现的体育事实应达到一致，不能有出入，如体育新闻所报道的比赛人员、动作、地点、时间、分数、结果、名次等，都要和已经或正在进行的体育比赛的实情一样。另外，准确性也是新闻真实性的保证，不准确的新闻信息往往表明新闻的欠真实。

4. 客观公正性要求

受人关注、看点多多的体育赛事是体育新闻的重头戏，对比赛双方的客观与公正报道尤其重要。从另一种意义而言，新闻传播所追求的客观公正原则，应该在体育新闻中得到更鲜明的体现。因此，保持体育赛事内容中的客观公正性，是体育新闻编辑的重要处理规则。

5. 全面性要求

从事物的关联性来看，全面性应是客观公正性的一个前提。在体育新闻中，全面展示体育赛事的过程与结果，有助于人们对事实的了解和个人判断，能满足他们对体育新闻信息的知晓心理。那么在体育新闻编辑当中，对全面性如何正确把握也是值得注意的一个方面。

6. 通俗性要求

体育新闻具有广泛的群众基础，受到人们的喜闻乐见。为了获得更好的传播效果，这就要求体育新闻的报道内容应该通俗明了。通俗性一方面表现在新闻语言能让人们容易接收和理解，另一方面则要求报道时对比较专业的体育行业、体育项目用语（术语）作出通俗的解释、说明，让普通大众明白清楚。

7. 娱乐性要求

体育新闻具有娱乐功能，这提示媒介新闻编辑人员在处理日常体育新闻信息稿件时，应留心对体育事实中娱乐性事实的呈现。编辑人员还可从娱乐的报道视角来确立主题，加工、提炼体育事实，处理成能带给人们心理愉悦的体育新闻作品，给其生活增添快乐因子。

8. 平衡性要求

对体育赛事的反映与报道，不是体育新闻的全部内涵，体育工作研究、体育文化交流、体育活动开展等也是体育行业的组成部分。因此，媒介新闻编辑工作中对体育事实信息的选择和发布，要注意必要的平衡，给受众以其他体育信息的告知，而不仅是比赛的报道。

三、报纸体育新闻编辑方法

（一）报纸体育消息

消息是一种内容简洁明了的新闻报道文体，经常是一事一报。报纸体育消息以文字为叙述手段，除了前面所陈的总体编辑要求需遵照之外，还应在文字叙述的准确性与体育新闻表现的活泼性上把关。报纸体育消息在表现形式上要求编辑过程中认真做好标题，包括单一型标题、复合型标题，首先以独特的标题来吸引读者的阅读欲。

主体内容表达上，消息的几种结构可视需要选择，如倒、顺金字塔式结构。对导语的精心处理也是编辑好报纸体育消息的一大基本功，并注意导语与后面主体内容信息避免重复。背景材料往往在消息主体中体现出来，报纸体育消息对这种材料的使用较多，以形成了解赛事的对比参照。根据体育新闻的不同分类，不同题材的报纸体育消息在具体表现上会有个性特征，编辑时宜给予一定的区分。

（二）报纸体育通讯

报纸体育通讯同体育消息相比较，其篇幅长、容量大，主题较深刻，传播效果和社会影响要大，但体育通讯在报纸上的发布量较之消息要少。对报纸体育通讯的编辑除了上述总体编辑要求外，还应按照通讯的基本表达要求，考虑到报纸的版面容量及传播时效特点（慢于消息），在内容深度上多加编辑处理。

报纸体育通讯同一般通讯文体一样，有较固化的表现形式，如总标题有单一型的，也有复合型的（主＋副）。这两类总标题的编辑制作灵活性很大，可虚可实，可用句式也可用词组。报纸体育通讯主体内容表现需要建立必要的形式结构，并且以文中小标题给予体现。这表明了报纸体育通讯写作和编辑的一定难度。

依照一般通讯的分类，报纸体育通讯也可分为体育事件通讯、体育人物通讯、体育工作通讯、体育风貌通讯、体育特写、体育侧记（花絮）等。不同的报纸体育通讯在编辑处理时应根据题材、主题、切入角度和结构设计的不同，予以一定的区别对待。

（三）报纸体育图片新闻

体育图片新闻是通过静态瞬间定格的画面来反映和记录有价值的体育事实的一种新闻样式。这种以画面报道见长的体育新闻经常被报纸采用刊登，是报纸媒介丰富报道形式，调剂报纸版面视觉感受的重要元素。报纸体育图片新闻从内容编辑审视和稿件选择来说，应该注重画面所体现出的重要选题与主题，看重画面内容的真实性和新颖性。另外要考虑到画面中体育事实给读者的视觉冲击力，进而留下较深刻的形象印记。

就报纸体育图片新闻文字板块编辑要领而言，对文字的处理应简洁明了，体现出新闻语言叙述特征。特别是文字内容与画面内容要形成信息呈现的互补关系，而忌讳信息重复。根据报纸版面空间的要求，对体育图片新闻做出纵横尺寸上的剪裁也是编辑工作的一个方面，剪裁效果则以视觉感受最佳为标准。

我国选手获得奥运会第一块金牌

新华社洛杉矶1984年7月29日电（记者高殿民）中国在奥运会历史上“零的纪录”的局面在今天11时10分（北京时间30日凌晨2时10分）被中国射击选手许海峰突破。许海峰以566环的成绩获得男子自选手枪冠军，夺得了本届奥运会的第一块金牌。

中国体育代表团副团长陈先在许海峰获得金牌后对新华社记者发表谈话说，这对中国运动员是极大的鼓舞。这是中国在奥运会历史上得到的第一枚金牌，实现了“零”的突破，在中国体育史上具有深远的意义。他表示感谢运动员和教练做出的艰苦努力。

许海峰今年27岁，是安徽省供销社的职员。他在获得金牌后对新华社记者说，这还不是他最好的成绩，只不过是正常发挥技术。他最好的成绩是583环。他表示要不骄不躁，继续努力，争取今后取得更大成绩。

思考与提示：

(1) 以上是一则获得当年全国“好新闻”（中国新闻奖前身）头名的体育消息，获奖的主要原因是在世界上最先发布这届奥运会首枚金牌的产生，另外就是该体育事实本身对中国所产生的重大意义。消息的结构是“倒金字塔式”。作为一条通讯社通稿，该消息当年被多家报纸在版面显要位置上及时刊登。

(2) 试从受众新闻信息接收频度的视角，分析这条消息存在的不足，注意从标题、导语到主体观察。

(3) 为克服上述不足，根据消息体裁对语言使用简洁性的要求，对该消息做出进一步精练化编辑处理。

四、广播体育新闻编辑方法

（一）广播体育消息

广播体育消息以声音符号传播见长，同样需要简洁和精练。就单纯的播音员口播消息来说，编辑时宜注意广播新闻语言的通俗性表达。这种通俗一方面体现在广播新闻叙述语言的明白晓畅，让听众不产生歧义和费解；另一方面是消息涉及体育行业的专门术语时，编辑应考虑到听众的知识结构和底蕴，尽量做出通俗的说明。

对于混播的广播体育消息，在编辑合成时则做到播音员口播语言和被采访者同期录音语言的有机衔接，并注意对被访者身份加入说话前的提示性说明。如果遇到被访者语言中较难懂的话语，则同样需在编辑过程中加入播音员的解释性说明。另外一种情况是广播体育消息中根据需要加入了被访者同期声之外各种声音（如音乐、物体碰撞声或自然界的声音），则更需要事先编辑时注意多种声音语言的主次与轻重协调性，让听众接收体育消息时感到清楚明了。

（二）广播体育通讯

广播体育通讯的来源有广播电台记者原创性采写、通讯社体育题材通稿采用和转播报纸体育通讯。严格来说以第一类为正宗的广播体育通讯，这种通讯首先以文字表达为基础，再由播音员转述为声音语言，所以它的内容、形式特征和通讯社及报纸体育通讯没有太大的区别，而播出的时段肯定比广播体育消息要长。广播编辑人员在处理正宗的广播体育通讯稿件时，重点应放在把好文字语言的通俗关，这也是后续转为口播和获得更好收听效果的保证。

（三）广播体育综合报道

广播体育综合报道有两种表现类型：其一是上述混播广播体育消息的表现方式，只不过拉长了播出的时间段，所以它出现的声音语言来自播音员、被访者或各种物体、自然界。这种方式下的广播体育综合报道编辑要求与混播广播体育消息相同。其二是除了播出时电台播音员的简短提示性语言外，整个广播体育综合报道的叙述语言均来自电台记者、被访者或各种物体、自然界的同期声合成。其中电台记者的声音最为重要，它是这类广播体育综合报道内容的统摄者、协调者和背景介绍提供者。这类广播体育综合报道的编辑工作，主要在于对各种声音语言的有机组接及合成，并满足播出的时段限制要求。

五、电视体育新闻编辑方法

（一）电视体育消息

电视体育消息是对有价值的体育事实进行简洁明了报道的一种体育新闻，它的形式构成要素是声音、动态画面和必要的文字说明，通常是声、画、文的有机统一。电视体育消息存在三种表现形式。

第一种为最原始的播音员形象出现在电视荧屏中的口播体育新闻，这种播出形式除特殊情形外当今已多不采用；第二种是动态画面配以不出现形象的播音员口播声音，再辅以必要的画面说明文字，几者做到有机结合，成为一条完整的电视体育消息。这是当今常见的一种体育消息播出形式；第三种为混播电视体育消息，除了动态画面元素外，体育事实信息的表达语言则由播音员声音、现场出镜记者同期声、被访者同期声及各种物体、自然界的声音有机构成，或者再辅以必要的画面说明文字。

电视消息的构成元素多样，编辑时需运用到采访素材、人力、设备、场地等条件。电视消息的编辑特别讲究各种构成元素内容之间的转承和对接，技术剪辑要求高。同理，对电视体育消息的编辑也需要付出很多的时间、精力和技术成本，其编辑复杂性也很大。

（二）电视体育专题

电视体育专题是根据策划和选题，采访、制作出来的电视体育新闻样式，它在内容的丰富性、题材的广泛性、主题的深刻性、影响的重大性以及播出的时间长度等方面，通常都高于电视体育消息。因此，电视体育专题无疑成为了电视体育新闻中的重头戏。

电视体育专题根据选题与主题特征可分为人物、事件、工作、活动、项目、风貌、特写等类型。电视体育专题的编辑素材、编辑原理、技术手段、编辑程序等和电视体育消息编辑没有实质性区别，构成元素同样有声音、动态画面和必要的文字说明。但在编辑时间、编辑精力、编辑构思、编辑体力劳动等方面的投入上，电视体育专题明显要大于电视体育消息。从一定意义上比况而言，电视体育专题类似于报纸媒介中的体育通讯。

六、网络体育新闻编辑方法

（一）网络原创体育消息

网络原创体育消息应定义在网站工作人员（编辑、记者）和通讯员经过亲自观察、调查和采访等途径，在收集到相应体育事实材料的基础上，写（创）作出来并在所属或相关网络媒介上独家发布出来的体育消息。在目前网络新闻写（创）作形式和通讯社新闻、报纸新闻写作形式差别并不太明显的情形下，对报纸体育消息的基本编辑方法同样可适用于网络体育消息，包括对网络体育消息导语、主体、背景、消息头这些常规写作格式的审视、修改，大都可用报纸消息的处理方法。

但网络体育消息的标题编辑则和报纸体育消息标题存在较大的不同，原因在于网络媒介电子版面的技术特点和网络自身传播方式的不一样，所以，报纸体育消息上、中、下排列的复合型标题不适合于网络体育消息，而网络体育消息常用的标题则更接近于报纸消息中的单一型双行题（左右并列）。

（二）网络原创体育通讯

网络原创体育通讯的内涵类似于网络原创体育消息，这种通讯的其他内容和形式特征也类似于报纸体育通讯，因而其编辑方法与报纸体育通讯大同小异。但网络体育通讯总标题的编辑和报纸通讯有所不同，原因仍在于网络媒介电子版面的技术特点和网络自身传播方式的不一样。那么，对网络体育通讯总标题的编辑方法可定位于纪实性单行题的修改或重拟，即总标题来自于通讯主体内容中的典型事实概括，而尽量避免虚化的表达。有时为了特别的传播需要，网络体育通讯总标题也可制作成主标题（偏虚）加上副标题（写实）的形式，并左右排列，这和报纸体育通讯总标题中主、副标题的上下空间排列不同。

（三）网络原创体育图片新闻

网络媒介凭借其海量的电子容纳空间，承载了大量的图片新闻，体育图片新闻即为其中的一类，这当中又分为网络原创体育图片新闻和网络改编的体育图片新闻。关于网络原创体育图片新闻的编辑，其原理与方法类似于报纸的体育图片新闻(详见上文)，此处从略。只是网络媒介对原创图片新闻的承载量要远大于报纸媒介，且以超链接的方式储存于网页的电子空间内，不像在报纸的版面上一览无余。网络原创体育图片新闻可以是单幅呈现，也可以是若干幅的组合，网民可通过点击一一浏览画面中的体育实时信息。

（四）网络体育新闻改编

和网络原创体育消息、体育通讯不同，网络媒介上还大量存在着经过改编的体育新闻，包括体育消息、体育通讯、体育图片新闻、体育新闻视频。它们是如何形成的？要加深对这个问题的认识，就应对网络体育新闻改编的内涵做编辑层面的分析，即这是一种利用网络技术手段进行的体育新闻信息重组的编辑行为，被重组的体育新闻信息也多来自于网络自身。网络编辑人员通过下载、复制、重新构思、拆卸、拼装等方式，对所获得的网上其他体育信息进行再度创作，形成改编后的网络体育消息、网络体育通讯，甚至网络图片新闻(对原图片新闻进行尺寸、说明文字的改编)。当然，由于多种原因，网络体育新闻改编的程度会不一样，有的被改头换面，有的也只做少许改动。不管怎样，这种网络改编行为虽然表现出一定的创新色彩，但同时也具有一定的侵权风险，并存在真实性方面的问题。

由上可见，网络体育新闻编辑工作具有一定特殊性和风险性，若要趋利避害地做好网络体育新闻的改编，则需要编辑人员更高的智慧和技术水平。

七、体育新闻信息的组合配置

以上所列陈的体育新闻编辑方法，都是在结合不同新闻媒介传播特征的基础上，就单篇(条)体育新闻的编辑处理原理及基本方法做了述评。他们仅是不同媒介传播体育新闻的前期准备，更重要的是这些经过编辑处理到位的单篇体育新闻信息稿件，还需要在不同媒介物质平台上进行组合与配置，通过以版面、频道、节目、时段、栏目等集合型载体形式刊播后，方能产生社会传播效应，显现出一加一大于二的综合效果，真正实现新闻传播的程序到位。由此可见，对体育新闻信息的后期组合与配置，同样是一道非常重要的必经程序，传播意义重大。

由于报纸、广播、电视、网络等大众传播媒介的形态表征和技术运行特点不同，以单篇稿件形式所承载的体育新闻信息在被组合与配置过程中，肯定存在各自特点，如同单篇体育新闻信息稿件在被编辑处理成熟时表现出不太一样的方法。但它们在组合、配置时的一些目的和要求又具有相同性，如实现组配的信息效应增值，体现组配后的更大传播优势，产生组配前所看不到的某些独特效果，形成媒介的体育新闻品牌版面、品牌节目、品牌栏目等。

其实，对体育新闻信息的组合配置同样是一种新闻编辑行为，只不过是更高层面、更大规模、更系统运作下的编辑工作行为，它对新闻编辑人员的综合素质、管理水平、协调能力、统筹智慧等提出了另一个侧面的要求与检测。鉴于本教材另有相关章节对新闻信息的组合配置以及不同媒介新闻编辑的原理、要求、方法等多有论述和归纳，本节关于“体育新闻编辑”就组合配置方面的内容则不做过多展开。

第五节 “微新闻”编辑

一、微博的发展

（一）微博的定义

微博，即微博客，源自于英文单词 microblog。作为 Web2.0 的产物，微博属于博客的一种形式，但单篇的文本内容通常限制在一定范围内（国内通常为 140 个汉字），使用户能够通过微博融合的多种渠道（包括网页、手机、即时通信、博客、SNS 社区、论坛等）发布文字、图片、视频、音频等形式的信息，具有内容碎片化、使用方式便捷、传播迅速、交互性强等特点。①

北京交通大学经济管理学院企业管理系副教授、国内知名新媒体领域研究学者陈永东在国内率先给出了微博的定义：微博是一种通过关注机制分享简短实时信息的广播式的社交网络平台。在这一概念中，有几个需要强调的关键词，一是关注机制。关注机制指的是微博用户可以通过关注其他用户，与其建立起联系，该用户可随时关注其动态。关注分为单向和双向两种，双向互动即关注双方建立起互动机制，可互相查看对方动态；二是简短，除长微博外，微博一般为 140 字以内；三是实时信息，微博分享信息的速度很快，几乎是实时发布的。四是广播式，微博用户发布的内容，如不经过特殊设置，是可以公开浏览的，每一个用户名就像一个频率，只要用户搜索到该用户名，就可以浏览其发布的信息。

（二）微博的历史

1. 国外微博发展历史

国外最早最出名的微博是 Twitter。2006 年 3 月，博客技术先驱 blogger 创始人埃文·威廉姆斯（Evan Williams）创建 Twitter，它的英文原意为小鸟的叽叽喳喳声，用户能用如发手机短信的数百种工具更新信息。Twitter 是一种社交网络及微博客服务，它把世人的眼光引入了一个叫微博的小小世界里。用户可以经由 SMS、即时通信、电邮、Twitter 网站或 Twitter 客户端软件（如 Twitterrific）输入最多 140 字的文字更新，Twitter 被 Alexa 网页流量统记评定为最受欢迎的 50 个网络应用之一。

在 2007 年 5 月，国际间计算总共有 111 个类似 Twitter 的网站。然而，最值得注意的仍是 Twitter，它于 2007 年在得克萨斯州奥斯汀举办的南非西南会议赢得了部落格类的网站奖。Twitter 的主要竞争对手是 Plurk 和 Jaiku。后来微博客的新服务特色持续诞生，例如 Plurk 有时间轴可以观看整合了视讯和照片的分享，Identi、Pownce 整合了微博客加

① 谢耘耕、徐颖：《微博的历史、现状与发展趋势》，《现代传播》，2011 年第 4 期（总期第 177 期）。

上档案分享和事件邀请,由 Digg 的创始人 Kevin Rose 和另外三位开发者共同发展。

2. 国内微博发展历史

与博客一样,微博是由国外传播到中国来的一种互联网产品。国内微博的发展大致经历了以下三个阶段。

第一个阶段是初步发展阶段。2007 年 5 月,中国大陆第一个微博产品——饭否(fanfou.com)诞生。饭否的诞生,标志着微博进入中国。在此之后,微博网站开始逐渐尽力起来,有叽歪网、做啥网、嘀咕网等。但这些网站都因缺乏经验且尚不成熟而很快夭折了。

第二各阶段是微博快速崛起的阶段。2009—2010 年间,新浪、腾讯、网易等大型综合型网站纷纷建立起微博平台,除此之外,人民网、凤凰网等网站也纷纷建立起自己的微博平台。微博作为一种互联网产品,迅速在中国崛起。[①]

第三个阶段是成熟发展阶段。2011 年以后,新浪微博逐渐在各类微博中脱颖而出,成为微博当中的佼佼者。2014 年 3 月 27 日,新浪微博正式更名为微博,新浪微博也由此逐渐成为微博的代名词。

二、微信的发展

微信(we chat)是腾讯公司于 2011 年 1 月 21 日推出的一款可以发送文字、对讲、视频聊天、晒图、摇出朋友、扫二维码、看新闻、嘀嘀打车、享受打折优惠等的智能手机 APP。[②]

2013 年 1 月 15 日晚,腾讯公司宣布目前微信用户已达 3 亿,用户遍及全球 100 多个国家和地区,共有 15 种外语版本。知名电子政务专家杨冰之认为:微信是除美国 Facebook 以外,互联网应用上最伟大的创新,互联网上伟大的创新产品都是从硅谷出来的,只有微信是在硅谷以外产生的。

三、微信与微博的编辑

微信、微博作为当今中国互联网社交产品的典范,除具备聊天、发布个人状态的功能外,还有一个重要的功能就是个人或官方的传播媒介功能。个人或官方可以通过公众平台发表自己的观点和看法,并实现和特定群体的文字、图片、语音的全方位沟通、互动。这里所讲的微信、微博的编辑,主要是指微信公众号及官方微博的编辑。

(一) 微信的编辑

1. 微信公众号

微信公众号是微信在 2012 年 8 月 18 日推出的一项新功能。微信公众号是主要面

① 谢耘耕、徐颖:《微博的历史、现状与发展趋势》,《现代传播》,2011 年第 4 期(总期第 177 期)。

② 匡文波:《中国微信发展的量化研究》,《国际新闻界》,2014 年第 5 期。

向个人、政府、媒体、企业等推出的合作推广业务。微信公众号可以通过微信渠道将品牌推广给上亿的微信用户，减少宣传成本，提高品牌知名度，打造更具影响力的品牌形象；微信公共号还是传播个人、政府、媒体等个人或组织思想和信息的平台。

2. 微信公众号的分类

微信在 2013 年 8 月 5 日的升级后，微信公众号分为两大类：一类是微信服务号，一类是微信订阅号。这一分类主要是从运营主体上区分的。若运营主体为组织（比如媒体、企业、公益组织），可以申请服务号；而订阅号的运营主体则没有严格的限制，个人和组织均可以申请。

微信服务号与微信订阅好之间主要存在以下四点异同。

一是发送消息的频率，微信服务号每个月（30 天）可发送 4 条群发消息，而微信订阅号每天（24 小时内）可以发送 1 条群发消息。

二是显示位置有区别。微信服务号发送给用户的消息，可以显示在对方聊天列表的首页，即微信的一级菜单中。而微信订阅号推送给用户的消息则需要先进入订阅号列表中，再进行点击，即微信订阅号推送的消息出现在微信平台的二级菜单中。

三是在通讯录中的位置不同。微信服务号会直接显示在用户通讯录的目录当中，而微信订阅号是放在订阅号的文件夹中，再统一收录到微信公众号当中的。

四是自定义菜单。微信服务号支持用户申请自定义菜单，即用户可以根据自己的需要制定菜单，方便用户的选择。而微信订阅号则不支持用户申请自定义菜单。

3. 微信公众号的特点

1）受众定位精准

微信用户可以自行选择对于微信公众号的关注与否。正是由于这种选择的自主性，使得微信公众号受众的定位较为精准。用户对某一主题感兴趣，可以搜索与这一主题相关的公众号，而这一公众号推出的内容是与用户感兴趣的内容相关的，这一内容就得到了有效的传播。例如，对于国内外时事感兴趣的受众，在选择微信公众号时一定会选择那些与时政新闻相关的微信号。那么人民日报的官方微信公众号就是一个很好的选择。据统计，人民日报官方微信公众号时政类文章平均阅读量为 3.8 万，社会生活类平均阅读量为 2.4 万。[①] 由此可以看出，时政类文章的平均阅读量远远高于社会生活类文章的平均阅读量，说明关注人民日报官方微信公众号的受众大多因对时政新闻感兴趣而选择了它。对于微信公众号来说，受众定位的精准性还是比较容易做到的。而正因为精准的受众定位，微信公众号传播的有效性也就比较高。

2）裂变的信息传播方式[②]

微信公众号的内容被已经订阅的用户看到后，用户可将其分享至朋友圈，或是推送给其他好友，这些人就是这条内容的二级受众，如果看到此条内容的二级受众对其感兴趣，他们可能会继续将其推送至他们的朋友圈和好友。这样的传播方式就是裂变的信

① 黄冰亮：《媒介融合下传统党媒的“借船”之路——以〈人民日报〉官方微信公众号为例》，《对外传播》，2014 年第 10 期。

② 宋易康：《试析微信公众平台在媒体营销中的特点、优势及其问题》，《东南传播》，2014 年第 3 期。

息传播方式。裂变的信息传播方式不仅增加信息传播的速度，还增加了信息传播的广度。2014 年 9 月 16 日，人民日报微信公众号发表了一篇《【独家】跟着习大大出访，报纸电视看不到的那些细节》的文章，经过用户的分享转发，5 小时之内，这篇文章的阅读量已达到 4.4 万，获得了 119 个赞。这正是微信公众号裂变式传播的作用。

3）传播的高效性

微信公众号内容的传播是一对多的形式，即由公众号后台发送一条内容，所有关注这一公众号的用户都能够阅读这条内容，且他们的阅读之间互不影响。相比较而言，报纸是多对多的形式，电视节目虽然是一对多的形式，但需要每个用户都在同一时间收看。而微信公众号的传播形式则是新媒体一对多的形式，这种形式使得传播效率大大提高。

4）传播的富媒体性

微信公众号的传播具备了网络传播的富媒体性，集文字、声音、图片、视频于一体，这既满足了受众对于收看内容形式多样化的要求，又使得内容的表现形式不至于枯燥、乏味。除此之外，微信公众号还能够与用后在后台互动，这种功能拉近了传受两者之间的距离，有利于提高受众的阅读黏性。

4. 微信公众号的编辑原则

微信公众号的推送一般包括单图文推送和多图文推送。单图文推送是指一次推送仅包含一条信息，多图文推送是指一次推送中包含了一条头条信息和一条及以上的非头条信息。单图文和多图文推送二者都包含了标题、内容、收尾引导关注、时间等要素。

1）标题

标题对于微信公众号来说，是十分重要的。只有标题足够吸引用户，用户才会点击进入观看内容。如果标题不能达到很好的效果，那么用户可能不会进入内容页面，这直接影响了文章的阅读量。

微信公众号的标题包括标题文字、标题图片和导读三个部分。一般来说，标题的文字部分不宜过长，一般不超过一行。微信公众号的标题行一行为 15 个字，因而标题文字不超过 15 个字为宜。另外，标题文字还应偏重口语化、活泼、有趣，利用一些健康向上的网络词汇加强贴近感。

现在很多微信标题都采用文章标题＋“|”符号＋分类栏目/话题的形式。例如新京报的官方微信公众号就是采用了这种形式，其分类栏目/话题包括“重磅、关注、推荐、涨姿势、调查、图个明白”等。

标题图片应与标题文字相对应、有联系，标题图片的尺寸一般为 360px＊200px，比例失调、过大过小都会造成图片上传时压缩变形，大图一定要先压缩。还应特别注意的是不用血腥、暴力、色情的图片，尽量不涉及有宗教和政治问题的图片。

封面导语只出现在单图文推送当中。封面导语的内容要与标题相符，且能够概括内容中精彩或重要的部分。封面导语部分字数一般限制在 70～140 字。

2）内容

微信公众号推送的内容是整个推送中最重要的部分，内容包括图片、文字、视频等。在编辑时，内容当中的图片大小应为 360px＊200px，字体大小应为 14px 或 16px，这样的格式在手机屏幕上观看是最为舒适的。微信公众号推送的内容中可以插入视频，但一般视频不宜过大过长，因为绝大多数的受众在阅读时是在手机上阅读的，视频过长过大会降低受众的阅读兴趣。

不论对于媒体还是企业来说，微信公众号都是一个很好的营销平台，而推送什么内容则成为了营销最重要的部分。对于媒体特别是传统媒体来说，在媒介融合的大趋势下，微信公众号成为其与网络媒体融合的重要阵地。传统媒体的公众号所推送的内容并不与其在原本媒体中推出的完全一样。以《新京报》为例，《新京报》微信公众账号在兼顾报纸原有核心内容的基础上，添加了更多的原创内容。如广受欢迎的《手记》栏目，就是通过记者手记的形式，对有影响力的新闻事件进行二次开发，给用户提供新闻事件背后更多的故事、背景、细节。可见，纸媒公众号并未简单复制报纸文本。纸媒从业人员在不断揣摩微信用户的心理，通过内容整合与再创造，打造更适合新媒体平台的信息产品。①

对于企业来说，微信公众号同样是一个打造企业品牌形象的很有优势的平台。以CVTE集团为例，CVTE微信公众平台主要面向求职者和其公司内部的在职者，以活泼生动的语言发布日常公司活动，例如"【倒计时15天】CVTE 5月集体婚礼 & 父母体验旅游"等。同时，CVTE集团还开通了面向大学生的微信公众平台"立知"，该平台主要发布一些求职窍门、工作经验等，旨在建立一个碎片化的学习社区。该微信公众平台不是直接地宣传公司价值，而是通过为学生提供有用的服务，从而间接地宣传自身，抓住了大学生这一群体。

3）首尾引导关注

首尾引导关注是微信公众号一个特有的组成部分。微信公众号的影响力大小很大程度上是微信公众号的关注量决定的，因而如何引导受众关注该微信公众号就显得尤为重要。现在的微信公众号常在页首的位置加入醒目的引导关注的标志，吸引受众点击关注。然而这种关注方式较为复杂，需要受众再进入二级页面进行关注，因此在页尾微信公众号通常还会添加自己微信公众平台的二维码，微信提供的功能是长按即可扫描关注，这一关注方法较之前者来说，就要方便许多。

4）时间

微信公众号推送的时间也是十分重要的。一般来说，微信公众号推送的时间应根据其推送的内容来定。媒体的官方微信公众号常在上午八点至十一点半推送自己的内容，因为这一时间正是多数人刚上班或是下班的时间，在这一时间内阅读微信公众号内容的人往往较为集中。而一些有特殊时间要求的微信公众账号，则会在其他特定的时间。例如，关注娱乐、时尚的微信公众号"石榴婆报告"，推送时间是晚上八点到十一点之间，这段时间是其受众(大部分为白领)休息的时间，这一时间内其受众有较完整的空闲时间关注自己喜欢的事物。

总而言之，微信公众平台的编辑既遵循了一些网络媒体编辑的原则，又有其独特的编辑原则。微信公众平台的发展还处于上升的状态，对于其内容的编辑应该与时俱进，

① 参见马莉英:《纸媒微信公众号的新媒体试验》。

方能达到获得更多有效受众、完成更多有效传播的目的。

（二）微博的编辑

微博，即微博客（MicroBlog）的简称，是一个基于用户关系的信息分享、传播以及获取平台，用户可以通过 WEB、WAP 以及各种客户端组建个人社区，以 140 字左右的文字更新信息，并实现即时分享。[①] 微博集合了快速传播性和良好互动性，受到了网友们的极大欢迎。也正是由于这两个优势，运用微博进行新闻传播、营销传播的个人和组织群体越来越多，微博也成为最受欢迎的传播平台之一。

1. 个人微博

在这个快节奏和信息爆炸的时代，个人微博的用途已经不仅仅限于社交和营销。通过个人微博的平台，个人成为传播的主体，自媒体的发展异常迅猛。

根据用户身份的不同，我们将微博的个人用户分为社会公众人物、媒体人和普通用户。社会公众人物和媒体人在一定范围内具有重要影响，为人们广泛知晓和关注，有的还与社会公众利益密切相关。他们的微博常以转发各自领域内的信息和对某一事件发表评论为主，其编辑没有固定的模式，但在编辑过程中应注意真实传播、理性评论、文明发言，对公众产生正面的影响。[②]

普通用户的个人微博以评论、转发他人（特别是官博、社会公众人物的微博）为主，但同时也有一些微博的个人用户通过对某一现象或事件的持续关注建立起了一个可信度较高的话语平台。例如，2012 年微博网友“鲁若晴”牵动了亿万网友的心。她身患白血病，但表现的坦然，其微博内容大多是积极、向上的，为众多微博网友带来了正面的能量，其微博因此受到了多名公众人物的关注，同时，网友还为其进行了线上筹款，新浪微公益平台 16 小时筹集到超过 40 万救助她的善款。

2. 官方微博

与微信公众号类似，官方微博主要是面向媒体、企业、政府等线下实体组织的微博。官方微博的编辑需掌握一定的技巧，才能在公众中产生较大影响力，从而达到其运营官方微博的目的。

1）官方微博的分类

按照使用群体的不同，官方微博可以分为传统媒体的官方微博、政府的官方微博和企业的官方微博。

传统媒体本身设置的门槛较高，公众的可接近性相对较差，而传统媒体的官方微博门槛降低了，受众可以自由发表观点和看法，与受众的互动性提高；此外，传统媒体由于受到时间限制，一些突发性消息不能及时发布，也不能及时跟进，而官方微博的出现正解决了这一时效性的问题。因而对于传统媒体来说，设置官方微博有利于及时获取受众的意见和想法，同时有利于传统媒体本身的发展。

---

① 尹铁男：《微博的定义与现状》，商业英才网。

② 许叶东、陈驰：《自媒体的权利与义务探究——基于对个人微博的调查和研究》，《法治与社会》，2012 年第 11 期。

对于政府来说，其官方微博的建设拉近了政府与群众之间的距离，可以更好地接收民意，并及时向公众反馈和公开政务信息。官方微博的建设为政府和群众间搭建了一座很好的桥梁，成为便民利民的有效措施。

对于企业来说，其官方微博是基于微博出现有一商业化的网络工具，它是一个基于客户关系的信息分享、传播以及获取平台。

2）官方微博的特点

（1）及时性。

及时性是官方微博最重要的特点之一，由于微博随时、随地、任何人、任何方式的特点，使得微博成为了所有媒介中，传播信息最快的方式。及时性的特点对于传统媒体官方微博来说尤其的重要。因为新闻本身要求具有及时性，而传统媒体往往因为自身原因而限制了其及时性，传统媒体的官方微博就弥补了这一缺陷。传统媒体往往通过微博及时发布消息，再通过自身发布更为深度的报道，二者互补，弥补了各自的不足。以人民日报官方微博对于昆明暴恐事件的报道为例，人民日报官方微博对该事件的第一条报道源于22:30对微博用户@8099999（该微博认证为昆明电视台K6春城频道官方微博）的转发。22:46@人民日报发布了第二条微博，在此后直到次日凌晨4:30，人民日报的官方微博对此事进行了持续关注和报道，以确保现场救援情况能够以最快的速度传递。①

（2）交互性。

对于官方微博来说，极强的交互性是其优势之一。官方微博在发布某一话题或者消息后，广大的微博用户可以自由地进行评论和转发，这些互动特别是评论能够使官方微博对舆情做出较为准确的判断。这点对于政务微博和企业微博来说显得尤其的重要。“成都发布”是成都市人民政府新闻办公室的官方微博。2010年6月23日，在新浪微博平台上开通并实名认证。成都市政府新闻办在自我简介中就对外宣称，本微博旨在“及时给朋友们提供有关成都的各类信息”。2011年7月21日，它成为全国第一个“粉丝”数量超过百万的发布类账号，借此，“成都发布”向全社会提出了共建“责任微博”的倡议，对政务微博内容做出了“六项倡议”和“两项承诺”，一时成为政务微博学习的典范。这种制度化、专业化的做法对规范政务微博运营起到了良好的效果，也有助于政府公信力的维护。②

（3）社会功能性。

随着微博在中国的发展，除了微博问政、微博反腐以及一些重大社会公共事件的提出与讨论，微博的社会功能性日益凸显，加快了其在社会大众间的认知度与认可度，而信息散布的平台功能也进一步促成了社会问题从线上活动向线下活动的转变，如2013年年初在社会上引起广泛关注的“微博打拐”就从微博信息传播演变成了全社会参与的社会性事件，微博在“汶川地震”、“马航事件”中起到的社会影响力有目共睹。③

3）官方微博的编辑原则

官方微博要想达到一定的传播效果，就需要在微博的编辑上遵循一定的原则。

（1）语言。

官方微博的语言风格应适当的活泼、有趣，能够灵活运用网络语言和话题桥段，运

---

① 参见樊倩妮：《从“昆明暴恐事件”的报道看传统媒体与媒体微博的联动传播》。

② 参见吴文洵：《政务微博与政府公信力关系研究 ——以“上海发布”为例》。

③ 参见马伊娜：《传统媒体官方微博运营策略研究》。

用最新、最热的网络词汇表达;可对资讯类的标题及内容做一定处理,突出口语化并引导网友参与讨论。在描述时体现互动的意向,尽可能的融合"@、##"标签、表情、投票等互动工具。同时,还可多参与微博热点话题的评论与转发,但尽量不要对内容进行"空转",须有一定的提炼或是新的观点;也可结合自身情况塑造部分自主话题互动。例如玉兔号微博,就利用了活泼、生动的语言,将其在月球上探测的情况反馈给受众,获得了大量的转发和好评。2013 年 12 月 13 日,@月球车玉兔正式开通了官方微博,其活泼亲民的语言立刻引来了 5 万网友的关注,2014 年 1 月 25 日,"玉兔"号故障停止工作,@月球车玉兔发布了一条"啊……我坏掉了"的微博,语言的贴近性获得网友的好评。

(2) 频率。

对于不同类型的官方微博,其更新的频率也有所不同。其中,传统媒体的官方微博频率最为频繁,根据新闻发生的时间不同,传统媒体的官方微博一般会对其进行不定期的更新,据统计,人民日报的官方微博其更新数量在 30~70 条/天。另外,官方媒体还会在每天的更新中穿插心灵感悟、精彩短句、名人语录、图片、音乐等轻松的微博。

(3) 格式。

微博内容的发送一般采取文+配图的形式,有图片的微博更能吸引网友。图片需选择精彩、清楚、信息量大、新闻现场等有冲击力的图片;不用血腥、暴力、色情的图片,尽量不选择涉及宗教和政治问题的图片。在文字方面,官方微博需注意发送的内容必须保证真实、可信,在真实性的基础上再讲求即时性。如果官方微博发布的信息是虚假的,那么很可能对媒体、企业或是政府本身产生极其不良的影响,降低其公信力,情节严重者还可能承担法律责任。2010 年 12 月 6 日,新闻周刊的官方微博在没有核实新闻内容的情况下,转发了金庸先生逝世的微博,后来经证实,为假消息。这对新闻周刊产生了极其不良的影响。

(4) 互动。

官方微博的互动分为常规互动,线上线下互动,处理被@消息、私信消息几类。常规互动分为三类:一是利用@、评论、私信、##标签、发起活动、微群、投片等形式进行互动;二是在日常维护中与粉丝、博友、机构、名人保持互动;三是利用网友原创内容来推动内容生产,善于从用户提供的内容中寻找到有价值信息,转发或参与评论。

线上互动是指定期与网友展开主题互动,如有奖转发评论活动、话题性微博互动;线下互动是指发起主体性线下活动,明确活动主题微博及主题关键词标签,线下活动同时也要配合发起线上互动。这一互动常被企业官方微博所用。例如耐克利用刘翔摔倒的新闻事件进行话题性的微博互动,这是一次十分成功的营销传播。"谁敢拼上所有尊严,谁敢在巅峰从头来过,哪怕会一无所获;谁敢去闯,谁敢去跌,伟大敢。"8 月 7 日伦敦奥运 110 米栏比赛刘翔摔倒之后不到 15 分钟,耐克官方微博 Just Do It 便发布了这条讯息。在随后的 24 小时内,这条讯息被网民自发转发近 13 万次,并收到 26000 多条评论。对于耐克而言,签约形象代言人刘翔的意外退赛本不利于其品牌传播,但这条巧妙的微博讯息,在品牌营销上却有点化腐朽为神奇的功效。

(5) 处理被@消息和私信消息。

对于被@的信息要每条仔细慎重甄别,内容如无法确定真假,可用疑问的句式进行内容转发,或不转发;公益类微博适当选择转发;网友求助类可采取"#城市+人物+事件#”进行转发。而对于私信消息，原则上建议每条回复必回，但可能随着关注量的增大，私信数量也逐渐增多，则可酌情甄选，对于微博内容或线上、线下活动类微博有疑问的网友，应重点给予适当的释疑。

总体来说，官方微博的编辑原则的依据是微博的特性和特点。只有牢牢把握微博的优势和特征，才能更好利用微博服务实体组织。

本章相关概念

财经新闻　financial news
娱乐新闻　entertainment news
法制新闻　legal news
微博　microblog
体育新闻　sports news
体育消息　sports news
体育通讯　sports communication
体育专题　sports column
改编　adaptation

思考题

一、简答题

1. 论述财经新闻报道的特殊性。
2. 简述财经新闻的编辑要点。
3. 简述法制新闻的功能。
4. 论述法制新闻编辑的原则与价值选择。
5. 论述娱乐新闻的编辑思路。
6. 体育新闻以哪种方法分类比较实用?
7. 为什么体育新闻的编辑要考虑从不同媒介的传播技术特征入手较为科学?
8. 网络体育新闻的编辑工作有什么特殊性?
9. 结合实际，论述微博的发展历程与未来发展方向。

二、综合案例题分析

大学第一课　姚明学中国现代史

坐最后一排　认真听课细心笔记

姚学弟来了

在推迟入学了一个多月后，“小巨人”姚明昨日正式进入了上海交大学习，成为了交大经济与管理学院的一名本科生。入学第一天，姚明总共上了6节课，45分钟一节，基础数学、大学英语、中国现代史重大问题研究各两节。姚明显然是个虚心的好学生，作为名人和老板的他，下课时还帮老师擦黑板。普通人都要跳着够着擦黑板，而姚明却要努力地弯下腰去擦。

姚明学弟坐最后一排　同学"淡定哥"爆红

姚明上的现代史课程是在大教室与众同学一起上的，估计这节课只有姚明一人在认真听课，其余人都在看姚明，尽管姚明坐在最后一排。上课期间，不少姚明的同学拍了他的照片放在微博上，照片中姚明或手举下巴听课，或埋头做笔记。这些照片在微博上引起了众同学与粉丝的围观，有高年级的学生称"姚明学弟都来上课了，这年头知识是多么重要啊！"有的同学操心教室门是不是因为姚明而扩大，感慨"这教室的桌椅板凳啥的绝对要 hold 住啊！"有的同情姚明"太显眼，想逃课都没机会"。有同学关心姚明会不会加入学校篮球队。有的则"羡慕"姚明："要考起试来，这身高和视野，作弊无敌了。"

姚明的同桌是一位穿格子上衣戴眼镜的男生，沾姚明的光他的人气迅速上升。从照片上看，无论姚明是抬头还是低头，格子男生始终抬着头盯着黑板，表情认真严肃，丝毫不受姚明气场的影响。有网友评价："姚明旁边的帅哥太淡定了吧！"也有人调侃："旁边的同学是组织故意安排的姚黑吗？脸不改色心不跳的。"

走读上大学　"交大篮球队太专业了"

第一天课程结束后，姚明满足了媒体的好奇心，召开了个媒体见面会，向记者讲述了第一天的学习感受："第一天上课老师对我手下留情，主要是沟通了解，看看我的底子多么薄弱，制定详细的授课教材。实话实说，我是多年没有进过教室了，现在有些唐突，交大给我这样一个机会，还是很感激的。"对于他走进课堂时同学的反应，姚明说："上课的时候都挺好，都盯着老师看，都交学费，别浪费了。"

外界一直关心英语流利的姚明考四六级英语能不能过，姚明说："这个不是交大毕业必考的，最多就是考不过去呗，能怎样呢？当然希望考得过。"交大有自己的篮球队，姚明会去参加交大的篮球比赛吗？姚明调侃："他们太专业了，我只能当业余去玩玩，哈哈，还有，大运会的标准是28岁为止。"对于晚上会不会在学校住宿的问题，姚明说："交大给我特例了，给了我一把专门的椅子，很感谢了，宿舍就不要再破例了，哈哈。"不过从照片上来看，姚明的椅子还是比较小，承受他这样一个庞然大物，不知能 hold 住多久。

（引自2011年11月8日《半岛晨报》，记者 韦伯宁）

(1) 分析、归纳出上述这篇报道体现出来的新闻价值要素。

(2) 分析该报道第三部分的表达特点和全篇的基本报道风格。

(3) 将这篇报道改编成一则不超过400字的体育消息。

参考文献

BIBLIOGRAPHY

[1]宫承波.新媒体概论[M].北京:中国广播电视出版社,2012.

[2]喻国明.传媒经济学教程[M].北京:中国人民大学出版社,2009.

[3]彭兰.数字媒体传播概论[M].北京:高等教育出版社,2011.

[4]王馨颖.媒介融合下新闻编辑职能的转型[J].辽宁经济,2011(11):88-90.

[5]梁潋之.媒介融合背景下我国传统媒体新闻编辑转型研究[D].南宁:广西大学,2013.

[6]张静,顾铮鸣.媒介融合背景下新闻编辑转型研究[J].西部广播电视,2014(9):130.

[7]刘晶.媒介融合背景下新闻编辑转型策略初探[J].神州,2014(2):242.

[8]肖娜.谈新媒体时代新闻编辑的媒介素养[J].编辑之友,2014(9):56-59.

[9]赵振宇.新闻传播策划导论[M].武汉:华中科技大学出版社,2003.

[10]张征.新闻发现论纲[M].北京:中国人民大学出版社,2006.

[11]杨秀国.新闻报道策划[M].北京:人民日报出版社,2012.

[12]南振中.记者的发现力[M].北京:新华出版社,1999.

[13]杨兴锋.南方报业采编经典案例(第一辑)[M].广州:南方日报出版社,2011.

[14]潘堂林.怎样发现新闻[M].武汉:湖北人民出版社,2007.

[15]谭云明.新闻编辑[M].北京:中国传媒大学出版社,2008.

[16]丁柏铨.新闻知识500问[M].长沙:湖南大学出版社,2000.

[17]陈作平.新闻报道新思路[M].北京:中国广播电视出版社,2000.

[18]许颖.新闻采访与写作[M].北京:中国传媒大学出版社,2010.

[19]童兵.典型报道:功能、不足和改革[J].新闻记者,2011(10):13.

[20]吴湘韩.融媒时代重大突发事件报道的组织与策划——以中青报云南鲁甸地震全媒体报道为例[J].中国记者,2014(9).

[21]张立伟.发展报道的宏观策划[J].中国记者,2009(12).

[22]谭立谋,刘红兵.无限风光在险峰——经济难点、热点报道刍议[J].新闻战线,1998(10).

[23]孙杰."焦点访谈"的实践与舆论监督的策略[J].中国记者,1999(1).

[24]傅宁.典型性报道:政府和公众之间[J].电视研究,2007(11):43.

[25]管成云.电视新闻节目的品质状况与改革策略——以中部六省电视台的访谈调查为基础的研究[J].新闻记者,2013(10).

[26]吴闯.试析"走基层"视野中的成就类主题报道——以央视《为了南水北调》系

列报道为例[J].电视研究,2012(10):18.

[27]杨保军.谈谈独家新闻[J].新闻与写作,2003(3):43.

[28]2013年虚假新闻研究报告[J].新闻记者,2014(1).

[29]吴飞.新闻编辑学教程[M].北京:高等教育出版社,2007.

[30]程曼丽、乔云霞.新闻传播学辞典[M].北京:新华出版社,2012.

[31]吴飞.新闻编辑学[M].3版.杭州:浙江大学出版社,2003.

[32]田胜立、肖琼、王红玉、秦洁瑜.网络传播学[M].北京:科学出版社,2001.

[33]郑利平.新闻编辑学新编[M].北京:北京大学出版社,2010.

[34]彭朝丞.标题的制作艺术[M].北京:新华出版社,2005.

[35]陈红梅.新闻编辑[M].武汉:武汉大学出版社,2011.

[36]徐宝璜.新闻学[M].北京:中国人民大学出版社,1994.

[37]蔡雯.新闻编辑学[M].北京:中国人民大学出版社,2006.

[38]庄锦晖.论新闻标题的优化[D].福州:福建师范大学,2003.

[39]李启瑞.形成"注意力经济"[J].中国记者,2014(10).

[40]叶春华.报纸编辑[M].福州:福建人民出版社,2003.

[41]蒋晓丽.新闻编辑学[M].北京:高等教育出版社,2002.

[42]叶苹主.视觉设计创意与方法[M].沈阳:辽宁美术出版社,2011.

[43]赵鼎生.比较报纸编辑学[M].北京:人民日报出版社,2006.

[44]蔡雯,许向东,方洁.新闻编辑学[M].北京:中国人民大学出版社,2014.

[45]郑兴东.报纸编辑学[M].北京:中国人民大学出版社,2001.

[46]黄建军.读图时代的视觉文化及其社会影响[J].丝绸之路,2009(2).

[47]常凌翀.视觉文化时代的视觉化生存研究[D].西安:陕西师范大学,2007.

[48]许向东.互动式信息图表的应用及设计研究[J].国际新闻界,2013,35(1):67-72.

[49]蔡雯、甘露.新闻资源开发设计[M].北京:中国人民大学出版社,2007.

[50]蔡雯.新闻报道策划与新闻资源开发[M].北京:中国人民大学出版社,2004.

[51]毛德宝、李莉、陈珊妍、王珏、毕森.版面编辑设计[M].南京:东南大学出版社,2010.

[52]邢晓蕊.新闻先行,策划制胜——浅谈报纸专刊的经营之道[J].中国地市报人,2014(9).

[53]屈茸,刘智娟.新闻专刊应强化公众服务意识[J].新闻研究导刊,2006(3).

[54]赵文.专刊也要有新闻性[J].青年记者,2004(9).

[55]王雪丽.浅议报纸专刊策划[J].科技创新导报,2007(32).

[56]刘世同.让新闻在专刊的策划中延续[J].新闻窗,2002(4).

[57]王国心.新闻专刊出新的几点思考[J].新闻采编,2000(1).

[58]杨晓宁.新闻专刊:报纸市场的新卖点[J].新闻三昧,2007(6).

[59]甘惜分.新闻学大辞典[M].郑州:河南人民出版社.1993.

[60]吴尚之.抓住机遇,趁势而上,加快推进期刊业融合发展——在第九届中国期

刊创新年会上的讲话[J].出版发行研究,2015(2).

[61]于德山.我国综合类新闻期刊现状及走向[J].当代传播,2005(3).

[62]张作明.期刊编辑应强化四种意识[J].出版科学,2003(4).

[63]罗昶.基于 iPad 平板电脑的传统报刊数字化衍变层次分析[J] .编辑之友,2011 (12) :82-84.

[64]王宏,陈小申,张星剑.数字技术与新媒体传播[M].北京:中国传媒大学出版社,2010.

[65]魏艳.新闻传播学视角下的手机媒体[J].青年记者,2011.

[66]宋克顺.网络时代媒体选稿的价值与原则[J].新闻前哨,2013(1).

[67]陈烁.2014 年重大新闻事件优秀网络专题策划案例分析与经验总结[J].中国科技纵横,2015(3).

[68]唐绪军.报业经济与报业经营[M].北京:新华出版社,1999.

[69]李黄珍."移动"编辑:最具公众影响力的互联网职业[J].职业,2014(4).

[70]陈力丹、李林燕."标题党"用歪了新闻价值理念[J].传媒,2014(10).

[71]唐克龙.中国专业新闻研究:理论与实务[M].北京:新华出版社,2012.

[72]陈 伟.体育新闻传播新视野[M].北京:人民体育出版社,2007.

[73]杨树曾、吴广浩、王建坤.新闻编辑艺术[M].开封:河南大学出版社,1998.

[74]邓利平.新闻编辑学新编[M].北京:北京大学出版社,2010.

[75]金冠军,钱超.微博之于体育传播的特性分析与角色定位[J].新闻记者,2011(9).

推荐阅读书目

《新闻编辑》,谭云明著,中国传媒大学出版社,2008 年版。
《新闻编辑》,吴飞、顾杨丽、王淑华著,中南大学出版社,2006 年版。
《新闻编辑学》,蔡雯著,中国人民大学出版社,2006 年版。
《当代新闻编辑》,张子让著,复旦大学出版社,2004 年版。
《传播学教程》,郭庆光,中国人民大学出版社,1999 年版。
《编辑学导论》,周国清著,湖南师范大学出版社,2008 年版。
《新闻传播艺术论》,郭光华著,岳麓书社,2002 年版。
《新闻发现论纲》,张征著,中国人民大学出版社,2006 年版。
《比较报纸编辑学》,赵鼎生著,人民日报出版社,2009 年版。
《新闻报道策划》,杨秀国著,人民日报出版社,2012 年版。
《记者的发现力》,南振中著,新华出版社,1999 年版。
《经典报纸版式设计》,刘晓璐著,广东人民出版社,2008 年版。
《美国报纸视觉设计》,许期卓著,中国人民大学出版社,2008 年版。
《当代报纸副刊研究》,田建平著,河北大学出版社,2006 年版。
《广播新闻业务》,曹璐、罗哲宇著,中国传媒大学出版社,2010 年版。
《当代电视编辑教程》,张晓锋著,复旦大学出版社,2008 年版。
《广播电视新闻编辑原理与实务》,方毅华著,中国广播电视出版社,2006 年版。
《网络新闻编辑》(修订版),邓炘炘著,中国广播电视出版社,2014 年版。
《网络新闻编辑教程》,彭兰著,武汉大学出版社,2007 年版。
《网络新闻编辑学》(第二版),秦州著,复旦大学出版社,2012 年版。
《网络新闻写作与编辑实务》,詹新惠著,中国传媒大学出版社,2011 年版。
《网页设计与制作》,赵旭霞著,清华大学出版社,2013 年版。
《专业新闻写作概论》,程道才著,中国广播电视出版社,2002 年版。

教学支持说明

“融媒时代普通高等院校新闻传播学类核心课程‘十二五’规划精品教材”系华中科技大学出版社重点教材。

为了改善教学效果，提高教材的使用效率，满足高校授课教师的教学需求，本套教材备有与纸质教材配套的教学课件(PPT 电子教案)。

为保证本教学课件及相关教学资料仅为教材使用者所得，我们将向使用本套教材的高校授课教师和学生免费赠送教学课件或者相关教学资料，烦请授课教师和学生通过电话、邮件或加入华中新闻传播 QQ 群等方式与我们联系，获取“教学课件资源申请表”文档并认真准确填写后发给我们，我们的联系方式说明如下：

地址：湖北省武汉市珞喻路 1037 号华中科技大学出版社有限责任公司营销中心

邮编：430074

电话：027-81321902

传真：027-81321917

E-mail：yingxiaoke2007@163.com

华中新闻传播 QQ 群号：376170040

教学课件资源申请表

填表时间：________年____月____日

1.以下内容请教师按实际情况写，★为必填项。
2.学生根据个人情况如实填写，相关内容可以酌情调整提交。

★姓名		★性别	□男 □女	出生年月		★职务	
						★职称	□教授 □副教授 □讲师 □助教
★学校				★院/系			
★教研室				★专业			
★办公电话			家庭电话			★移动电话	
★E-mail（请清晰填写）						★QQ号/微信号	
★联系地址						★邮编	

★现在主授课程情况		学生人数	教材所属出版社	教材满意度
课程一				□满意 □一般 □不满意
课程二				□满意 □一般 □不满意
课程三				□满意 □一般 □不满意
其　他				□满意 □一般 □不满意

教 材 出 版 信 息		
方向一		□准备写 □写作中 □已成稿 □已出版待修订 □有讲义
方向二		□准备写 □写作中 □已成稿 □已出版待修订 □有讲义
方向三		□准备写 □写作中 □已成稿 □已出版待修订 □有讲义

请教师认真填写表格下列内容，提供索取课件配套教材的相关信息，我社根据每位教师/学生填表信息的完整性、授课情况与索取课件的相关性，以及教材使用的情况赠送教材的配套课件及相关教学资源。

ISBN(书号)	书名	作者	索取课件简要说明	学生人数（如选作教材）
			□教学 □参考	
			□教学 □参考	

★您对与课件配套的纸质教材的意见和建议，希望提供哪些配套教学资源：